李宗侗（一八九五—一九七四）

字文伯，河北省高陽縣人。自幼聰明過人。十七歲時到法國留學，畢業於法國巴黎大學。一九二四年返國，受聘於國立北京大學，兼法文系主任，曾出任故宮博物院秘書長等職。一九四八年，受聘為國立臺灣大學歷史系教授。後歷兼國史館史料審查委員、編譯館編審委員、臺灣省文獻委員會顧問、中華文化復興運動推行委員會委員等職。對中國古代史頗有研究，在學術上時有獨特見解。

夏德儀（一九〇一—一九九八）

號卓如，為臺灣大學歷史系文史淵博精深知名教授。一九〇一年出生於江蘇，北大歷史系畢業，一九四六年來臺任教，先後開授中國通史、中國近代史、中國外交史等課程。教學之餘並擔任中學歷史教科書編委，以及參與臺灣文獻叢刊的史料編纂工作。一九九四年完成《百吉老人自訂年譜》一書。退休後定居美國，一九九八年去世於美國。

國立編譯館中華叢書編審委員會 主編

資治通鑑今註

第九冊

梁紀 陳紀

李宗侗 夏德儀等 校註

臺灣商務印書館

目次 【第九冊】

卷一百五十九　梁紀十五

司馬光編集
林瑞翰註

起旃蒙赤奮若，盡柔兆攝提格，凡二年。（乙丑至丙寅，西元五四五年至五四六年）

高祖武皇帝十五

大同十一年（西元五四五年）

㈠春，正月丙申（十七日），東魏遣兼散騎常侍李獎來聘。

㈡東魏儀同爾朱文暢與丞相司馬任胄、都督鄭仲禮等謀因正月望夜觀打簇戲㊀作亂，殺丞相歡，奉文暢為主。事泄，皆死。文暢，榮之子也。其姊，敬宗之后，及仲禮姊大車，皆為歡妾，有寵，故其兄弟皆不坐。

歡上書言幷州軍器所聚，動須女功，請置宮以處配沒之口，又納吐谷渾之女以招懷之㊁。丁未（二十八日），置晉陽宮。二月庚申（十一日），東魏主納吐谷渾可汗從妹為容華㊂。

㈢魏丞相泰遣酒泉胡安諾槃陀始通使於突厥。突厥本西方小國，姓阿史那氏，世居金山之陽，為柔然鐵工㈣，至其酋長土門，始彊大，頗侵魏西邊。安諾槃陀至，其國人皆喜曰：「大國使者至，吾國其將興矣！」

㈣二月乙未（十六日），東魏丞相歡入朝于鄴，百官迎於紫陌㈤。歡握崔暹手而勞之曰：「往日朝廷豈無法？官莫肯舉劾。中尉盡心徇國，不避豪彊，遂使遠邇肅清。衝鋒陷陣，大有其人，當官正色，今始見之㈥。富貴乃中尉自取，高歡父子無以相報。」賜暹良馬，暹拜，馬驚走，歡親擁之，授以轡。東魏主宴於華林園㈦，使歡擇朝廷公直者勸之酒，歡降階跪曰：「唯暹一人可勸，并請以臣所射賜物㈧千段賜之。」高澄退謂暹曰：「我尚畏羨，何況餘人？」然暹中懷頗挾巧詐。初，魏高陽王斌有庶妹玉儀，不為其家所齒，為孫騰妓，騰又棄之，高澄遇諸塗，悅而納之，遂有殊寵㈨，封琅邪公主。澄謂崔季舒曰：「崔暹必造直諫㈩，我亦有以待之。」及暹諮事，澄不復假以顏色。居三日，暹懷刺⑪墜之於前。澄問何用此為？暹悚然曰：「未得通公主。」澄大悅，把暹臂入見之⑫。季舒語人曰：「崔暹常忿吾佞，在大將軍前，每言叔父可殺，及其自作，乃過於吾。」

㈤夏，五月甲辰（二十六日），東魏大赦。

㈥魏王盟卒⑬。

㈦晉氏以來，文章競為浮華，魏丞相泰欲革其弊，六月丁巳（初十日），魏主饗太廟，泰命大行臺度支尚書領著作蘇綽作大誥宣示羣臣，戒以政事⑭，仍命自今文章皆依此體。

㈧上遣交州刺史楊瞟討李賁⑮，以陳霸先為司馬，命定州刺史蕭勃會瞟於西江⑯，勃知軍士憚遠役，因詭說留瞟。瞟集諸將問計，霸先曰：「交趾叛換，罪由宗室⑰，遂使溷亂數州，逋誅累歲。定州欲偷安目前，不顧大計，節下奉辭伐罪，當死生以之，豈可逗撓不進，長寇沮眾也⑱？」遂勒兵先發。瞟以霸先為前鋒，至交州，【考異】典略作十二月癸丑至交州，姚思廉陳書帝紀在六月，今從之。賁帥眾三萬拒之，敗於朱鳶⑲，又敗於蘇歷江口，賁奔嘉寧城⑳，諸軍圍之。勃，昺之子也㉑。

㈨魏與柔然頭兵可汗謀連兵伐東魏，丞相歡患之，遣行臺郎中杜弼使於柔然，為世子澄求婚。頭兵曰：「高王自娶則可。」歡猶豫未決，婁妃曰：「國家大計，願勿疑也。」世子澄、尉景亦勸之，歡乃遣鎮南將軍慕容儼往聘之，號曰蠕蠕公主㉒。秋，八月，歡親迎於下館㉓。公主至，婁妃避正室以處之㉔，歡跪而拜謝妃曰：「彼將覺之，願絕勿顧。」頭兵使其弟秃突佳來送女，且報聘。仍戒曰：「待見外孫乃歸。」公主性嚴毅，終身不肯華言。歡嘗病不得往，秃突佳怨恚，歡輿疾就之。

(十)冬，十月己未（十四日），詔有罪者復聽入贖㉕。

(十一)東魏遣中書舍人尉瑾來聘。

(十二)乙未（閏月二十日），東魏丞相歡請釋邙山俘囚桎梏，配以民間寡婦㉖。

(十三)十二月，東魏以侯景為司徒，中書令韓軌為司空。戊子（二十四日），以孫騰錄尚書事。

(十四)魏築圓丘於城南㉗。

(十五)散騎常侍賀琛啓陳四事，其一以為：「今北邊稽服㉘，正是生聚教訓之時[19]，而天下戶口減落，關外[20]彌甚，郡不堪州之控摠[21]，縣不堪郡之裒削[22]，更相呼擾，惟事徵斂，民不堪命，各務流移，此豈非牧守之過歟？東境[23]戶口空虛，皆由使命繁數，窮幽極遠，無不皆至。每有一使，所屬搔擾，駑困守宰，則拱手聽其漁獵，桀黠長吏，又因之重為貪殘，縱有廉平，郡猶掣肘，如此雖年降復業之詔，屢下蠲賦之恩，而民不得反其居也。」其二以為：「今天下所以貪殘，良由風俗侈靡使之然也。今之燕喜[24]，相競誇豪，積果如丘陵，列肴同綺繡，露臺之產不周一燕之資[25]，而賓主之間，裁取滿腹，未及下堂，已同臭腐。又畜妓之夫，無有等秩[26]，為吏牧民者致貲巨億[27]，罷歸之日，不支數年，率皆盡於燕飲之物，歌謠之具，所費事等丘山，為歡止在俄頃，乃更追恨向所取之少，如復傳翼，增其搏噬[28]，一何悖哉？其餘淫侈，著之凡百[29]，習以成俗，日見滋甚，欲使人守廉白，安可得邪？誠宜嚴為禁制，道以節儉，糾奏浮華，變其耳目。夫失節之嗟，亦民所自患，正恥不能及羣，故勉彊而為之[30]，苟以純素為先，足正彫流之弊矣！」

其三以為：「陛下憂念四海，不憚勤勞，至於百司，莫不奏事。但斗筲㊶之人，既得伏奏帷扆㊷，便欲詭競求進，不論國之大體，心存明恕，惟務吹毛求疵，擘肌分理㊸，以深刻為能，以繩逐㊹為務，迹雖似於奉公，事更成其威福，犯罪者多，巧避滋甚，長弊增姦，實由於此。誠願責其公平之效，黜其讒慝之心，則下安上謐㊺，無徼倖之患矣！」其四以為：「今天下無事，而猶日不暇給㊻，宜省事息費。事省則民養，費息則財聚，應內省職掌各檢所部，凡京師治、署、邸、肆及國容、戎備㊼、四方屯、傳㊽、邸、治有所宜除，除之，有所宜減，減之，興造有非急者，徵求有可緩者，皆宜停省，以息費休民。故畜其財者，所以大用之也，養其民者，所以大役之也，若言小事不足害財，則終年不息矣！以小役不足妨民，則終年不止矣！如此，則難可以語富彊而圖遠大矣！」啓奏，上大怒，召主書於前口授敕書以責琛㊾，大指以為：「朕有天下四十餘年，公車讜言㊿，日關聽覽，所陳之事，與卿不異，每苦倥傯(五一)，更增惛惑，卿不宜自同闒茸(五二)，止取名字，宣之行路，言我能上事，恨朝廷之不用。何不分別顯言某刺史橫暴，某太守貪殘，尚書、蘭臺某人姦猾，使者漁獵，並何姓名？取與者誰，明言其事，得以誅黜，更擇材良。又士民飲食過差，若加嚴禁，密房曲屋，云何可知？儻家家搜檢，恐益增苛擾。若指朝廷，我無此事[53]，昔之牲牢，久不宰殺[54]，朝中會同，菜蔬而已，若復減此，必有蟋蟀之譏[55]，若以為功德事者，皆是園中之物[56]，變一瓜為數十種，治一菜為數十味，以變故多，何損於事？我自非公宴，不食國家之食[57]，多歷年所，乃至宮人，亦不食國家之食，凡所營造，不關材官及以國匠[58]，皆資雇借以成其事。勇怯不同，貪廉各用，亦非朝廷為之傅翼，卿以朝廷為悖，乃自甘之，當思致悖所以，卿云宜導之以節儉，朕絕房室三十餘年，至於居處，不過一牀之地，雕飾之物，不入於宮，受生不飲酒，不好音聲，所以朝中曲宴，未嘗奏樂，此羣賢之所見也。朕三更出治事，隨事多少，事少午前得竟，事多日昃方食，日常一食，若晝若夜。昔腰腹過於十圍，今之瘦削纔二尺餘，舊帶猶存，非為妄說，為誰為之？救物故也！卿又曰百司莫不奏事，詭競求進。今不使外人呈事，誰尸其任(五九)？專委之人，云何可得？古人云：『專聽生姦，獨任成亂(六〇)』。二世之委趙高，元后之付王莽(六一)，呼鹿為馬，又可法歟？卿云吹毛求疵，復是何人？擘肌分理，復是何事？治、署、邸、肆等，何者宜除？何者宜減？何處興造非急？何處徵求可緩？各出其事，具以奏聞。富國彊兵之術，息民省役之宜，並宜具列，若不具列，則是欺罔朝廷。倚聞重奏(六二)，當復省覽，付之尚書，班下海內，庶惟新之美，復見今日。」琛但謝過而已，不敢復言。

上為人孝慈恭儉，博學能文，陰陽卜筮，騎射聲律，草隸圍碁，無不精妙。勤於政務，冬月四更(六三)竟，即起視事，執筆觸寒，手為皴裂(六四)。自天監中用釋氏法，長齋斷魚肉，日止一食，惟菜羹糲飯(六五)而已。或遇事繁，日移中，則嗽口以過(六六)。身衣布衣，木緜皁帳(六七)，一冠三載，一衾二年，後宮貴妃以下，衣不曳地。性不飲酒，非宗廟祭祀大饗宴及諸法事(六八)，未嘗作樂，雖居暗室，恒理衣冠，小坐盛暑，未嘗褰袒(六九)。對內豎、小臣，如遇大賓，然優假士人太過，牧守多浸漁百姓，使者干擾郡縣，又好親任小人(七〇)，頗傷苛察，多造塔廟，公私費損。江南久安，風俗奢靡，故琛啓及之。上惡其觸實，故怒。

臣光曰：「梁高祖之不終也，宜哉！夫人君聽納之失，在於叢脞(七一)，人臣獻替之病，在於煩碎，是以明主守要道以御萬機之本，忠臣陳大體以格君心之非，故身不勞而收功遠，言至約而為益大也。觀夫賀琛之諫，未至於切直，而高祖已赫然震怒，護其所短，矜其所長，詰貪暴之主名，問勞費之條目，困以難對之狀，責以必窮之辭，自以蔬食之儉為盛德，日昃之勤為至治，君道已備，無復可加，羣臣箴規，舉不足聽。如此，則自餘切直之言過於琛者，誰敢進哉？由是姦佞居前而不見(七二)，大謀顛錯而不知(七三)，名辱身危，覆邦絕祀，為千古所閔笑，豈不哀哉！」

㈥上敦尚文雅，疏簡刑法，自公卿大臣，咸不以鞫獄為意。姦吏招權弄法，貨賂成市，枉濫者多。大率二歲刑已上，歲至五千人，徙居作者具五任(七四)，其無任者著升械(七五)，若疾病，權解之。是後囚徒或有優劇(七六)。時王侯子弟多驕淫不法，上年老，厭於萬幾，又專精佛戒，每斷重罪，則終日不懌(七七)，或謀反逆，事覺，亦泣而宥之(七八)。由是王侯益橫，或白晝殺人於都街，或暮夜公行剽刼，有罪亡命者匿於王家，有司不敢搜捕。上深知其弊，溺於慈愛，不能禁也。

(七)魏東陽王榮為瓜州刺史(七九)，與其壻鄧彥偕行。榮卒，瓜州首望(八〇)表榮子康為刺史，彥殺康而奪其位，魏不能討，因以彥為刺史，屢徵不至，又南通吐谷渾(八一)。丞相泰以道遠，難於動眾，欲以計取之，以給事黃門侍郎申徽為河西大使，密令圖彥。徽以五十騎行，既至，止於賓館。彥見徽單使(八二)，不以為疑。徽遣人微勸彥歸朝，彥不從，徽又使贊成其留計(八三)，彥信之，遂來至館。徽先與州主簿燉煌令狐整(八四)等密謀，執彥於坐，責而縛之，因宣詔慰諭吏民，且云：「大軍續至。」城中無敢動者，遂送彥於長安，泰以徽為都官尚書。

【今註】㈠打簇戲：《北史・爾朱文暢傳》云：「魏氏舊俗以正月十五日夜為打簇戲，能中者即時賞帛。」胡三省曰：「按魏書孝靜帝紀天平四年春正月禁打簇相偷戲，蓋此禁尋弛也。」㈡又納吐谷渾之女以招懷之：胡三省曰：「吐谷渾國於西魏西南，高歡越境納其女以招懷之，蓋欲借其力以侵擾西魏。」㈢容華：前漢女官舊號也，晉位九嬪，宋列五職。㈣突厥本西方小國，姓阿史那氏，世居金山之陽，為柔然鐵工：《北史・突厥傳》云：「突厥之先居西海之右，獨為部落，蓋匈奴之別種也，姓阿史那氏，後為鄰國所破，盡滅其族，有一兒，年且十歲，兵人見其小，不忍殺之，乃刖足斷其臂，棄草澤中，有牝狼以肉餌之，及長，與狼交合，遂有孕焉。彼王聞此兒尚在，重遣殺之，使者見在狼側，幷欲殺狼，於時若有神物投狼於西海之東，落高昌國西北山，山有洞穴，穴內有平壤茂草，周迴數百里，四面俱山，狼匿其中，遂生十男，十男長，外託妻孕，其後各為一姓，阿史那即其一也，最賢，遂為君長，故牙門建狼頭纛，示不忘本也。或云突厥本平涼雜胡，姓阿史那氏，魏太武帝滅沮渠氏，阿史那以五百家奔柔然，世居金山之陽，為柔然鐵工，金山形似兜鍪，借號兜鍪突厥，因以為號。又曰，突厥之先出於索國，在匈奴之北，其部落大人曰阿謗步，兄弟七十人，其一曰伊質泥師都，狼所生也。阿謗步等性並愚癡，國遂被滅，泥師都既別感異氣，能徵召風雨，娶二妻，一孕而生四男，其一變為白鴻，其一國於阿輔水、劍水之間，號為契骨，其一國於處折水，其一居跋斯處折施山，即其大兒也，其種類共奉之為主，娶一妻，所生子皆以母族姓，阿史那是其小妻之子也。此說雖殊，終狼種也。」余按北史狼種之說實即原始社會中氏族之圖騰，蓋假借自然界某一物質為其血統，尊為神聖而崇拜之，其說雖殊而其義則一也，今北美洲印第安人及澳洲之土人尚存此風，我國古史有關此類史料亦屢見不鮮。㈤紫陌：在今河南省臨漳縣西。《水經注》濁漳水自鄴縣西又北逕祭陌西，田融以為紫陌也，石趙建武十一年造紫陌浮橋於水上，即此處也。鄴中記紫陌在鄴城西北五里。㈥當官正色，今始見之：胡三省曰：「言聞之古人，有當官正色者，今始見崔暹也。」正色者，謂立朝不阿，不假人顏色而以剛正自持者也。《書・畢命》：「弼亮四世，正色率下。」正色一辭本此。㈦華林園：鄴與建康皆有華林園，蓋倣洛京之制而作。㈧幷請以臣所射賜物千段賜之：胡三省曰：「時於華林園宴射，賜歡物千段，歡請回以賜暹。」按《北齊書・崔暹傳》作賜物千匹，蓋錦緞之屬也。㈨初，魏高陽王斌有庶妹玉儀，不為其家所齒，為孫騰妓，騰又棄之，高澄遇諸塗，悅而納之，遂有殊寵：胡三省曰：「白居易詩云：『天下無正色，悅目即為姝。』誠有是事。蓋玉儀所乏者非色，必妖媚善蠱惑，故所如眾女謠諑而不見容。」謠諑，競為謠言以譖愬之也，《楚辭・離騷》：「謠諑謂余以善淫。」此正色謂眾所公認之美色，與上當官正色一辭異義。如，往也。㈩崔暹必造直諫：造，作也，言暹必因澄納玉儀事而犯顏直諫也。㈡暹懷刺：刺，名帖也。《續世說》曰：「古者未有紙，削竹木以書姓名，故曰刺，後以書紙，謂之名紙。唐李德裕貴盛，人務加禮，改具銜候起居之狀，謂之門狀。」㈢暹悚然曰，未得通公主：言昔未曾見公主，今懷刺蓋欲謁之也。悚然，恐懼貌。㈢魏王盟卒：盟時為太傅，見上卷大同九年。㈣泰命大行臺度支尚書領著作蘇綽作大誥宣示羣臣，戒以政事：周武王既崩，周公作輔而三監叛周，成王命周公東征以討之，大誥天下。泰蓋命綽倣周書文體作大誥也。⑮上遣交州刺史楊瞟討李賁；賁稱帝見上卷上年。⑯命定州刺史蕭勃會瞟於西江：《五代志》鬱林郡治鬱林縣，梁置定州，在今廣西省貴縣南鬱江南岸。西江註見上卷大同八年。⑰交趾叛換，罪由宗室：謂李賁之叛，咎由武林侯諮也，事見上卷大同七年。鄭康成曰：「叛換猶跋扈也。」韓詩曰：「叛換，武強也。」《文選．左思魏都賦》云：「吞滅咆咻，雲撤叛換。」劉注曰：「叛換猶恣睢也。漢書曰：『項氏叛換。』」三義相近。⑱長寇沮眾：長寇氛而沮眾志也。⑲朱鳶：朱鳶縣自漢以來屬交趾郡，《漢志》作截，《晉志》作鳶，宋廢，故治在今安南河內東南。《五代志》交趾郡舊曰交州，其屬縣有朱鳶縣，舊置武平郡，鳶音緣。⑳嘉寧城：《宋書．州郡志》吳孫皓建衡三年，分交趾立新興郡，幷立嘉寧縣，晉武帝太康三年更郡曰新昌。《五代志》交趾郡嘉寧縣舊置興州、新昌郡，平陳，郡廢，隋文帝開皇十八年改曰峯州，煬帝大業初廢州為縣，屬交趾郡。在今安南北境。㉑勃，昺之子也：吳平侯昺，梁武帝之從父弟也。《梁書》避唐諱作景。㉒號曰蠕蠕公主：胡三省曰：「魏明元帝命柔然曰蠕蠕，謂其蠕動無知識也，阿那瓌封蠕蠕王，雖曰以為國號，猶鄙賤之也，至高歡納其女，號曰蠕蠕公主，則徑以為國號，不復以為鄙賤矣！」㉓下館：魏收曰：「下館即陰館城也。」陰館，漢雁門郡之屬縣也。宋白曰：「後漢雁門郡理陰館，今山北下館城是。」《晉志》無，蓋晉永嘉五年猗盧求句注陘北之地，其縣遂廢也。故城在今山西省代縣西北。㉔公主至，婁妃避正室以處之：婁妃，高歡微時髮妻也，今以國家大計讓正室於蠕蠕公主。㉕詔有罪者復聽入贖：梁除贖罪之科見卷一百四十五天監三年，今復之也。㉖乙未，東魏丞相歡請釋邙山俘囚桎梏，配以民間寡婦：邙山俘囚，邙山之捷所俘西魏之兵也，見上卷大同九年。按十月丙午朔，無乙未，乙未閏月二十日。㉗魏築圜丘於城南：城南，長安城之南也。㉘今北邊稽服：謂與東魏通和也。㉙正是生聚教訓之時：用越伍子胥十年生聚十年教訓之言。㉚關外：胡三省曰：「謂淮、汝、潼、泗新復州郡在邊關之外者。」㉛控揔：捕擊也。㉜裒削：裒與掊同，聚也，裒削，聚斂剖削也。㉝東境：胡三省曰，「東境，謂三吳之地。」㉞燕喜：《詩・閟宮》云：「魯侯燕喜。」鄭箋云：「燕，飲也。」㉟露臺之產不周一燕之資：露臺之產，謂百金也。言時人一燕之資，恆逾百金。漢文帝嘗欲造露臺，召匠計之，直百金，帝曰：「百金，中人十家之產也。」事見卷十五漢文帝後七年。㊱畜妓之夫，無有等秩：言自貴族王公以至庶民，皆競相蓄妓，無有限度。畜與蓄同。㊲巨億：胡三省曰：「巨億者，億億也。」㊳如復傅翼，增其搏噬：胡三省曰：「言罷官家食之人，復出為官，猶不能奮飛之鳥，復傅之羽翼也。」搏噬者以野獸之搏人噬人喻官吏之為害。㊴其餘淫侈，著之凡百：言時人所為淫侈之事以百數，喻其多也。㊵夫失節之嗟，亦民所自患，正恥不能及羣，故勉強而為之：易曰：「不節若，則嗟若無咎。」象曰：「不節之嗟，又誰咎也！」不節與失節義同，猶曰無度，及羣，謂隨俗浮沈也，眾皆奢尚而己不及，是不能及羣也。此言奢侈無度而致困乏，原非人所樂為，正因風俗浮華，恥己之不若人，故不得不勉強而為耳！㊶斗筲：《論語》孔子曰：「斗筲之人，何足算也。」疏云：「斗，量名，容十升，筲，竹器，容斗二升，謂器之小者也。」㊷帷扆：帝座也。《文選・沈約齊故安陸昭王碑文》：「獻替帷扆，實掌喉脣。」〈薛道衡隋高祖頌〉；「運天策於帷扆，播神威於沙朔。」按周禮天子為帷宮，設旌門；扆，戶牖間屏風也，古者天子設黼扆，故帝座亦曰扆座。㊸吹毛求疵，擘肌分理：胡三省曰：「吹毛以求其疵瘢，擘肌以分其肉理，言其苛細。」㊹繩逐：胡三省曰：「繩逐者，繩糾其過而斥逐之也。」㊺謐：靜也。

㊻日不暇給：謂事繁而日不足也。㊼凡京師治、署、邸、肆及國容、戎備：胡三省曰：「治，理事之所，署，舍止之所，邸，諸王列第及諸郡朝宿之區，肆，市列也，國容，禮、樂、車、服、旗、章也，戎備，用兵之器備也。」㊽屯、傳：胡三省曰：「屯，軍屯也，傳，傳驛也。」㊾召主書於前口授敕書以責琛：《南齊書・倖臣傳》曰：「自齊明帝建武以來，詔命殆不關中書，專出舍人，省內舍人四人，所置四省。其下有主書令史，舊用武官，宋改文吏，數無員，莫非左右要密，天下文簿板籍，入副其省，萬機嚴密，有如尚書。」㊿讜言：顏師古曰：「讜言，善言也。」(51)倥偬：事多也，亦日不暇給之義。(52)闒茸：《漢書・司馬遷傳》：「在闒茸之中。」顏師古注：「闒茸，猥賤，闒，下也，茸，細毛也。」故以喻下材不肖之人。(53)若指朝廷，我無此事：帝自言自奉儉薄，無奢侈浪費之事。(54)昔之牲牢，久不宰殺：牲，家畜之供宴饗者，牢，太牢、少牢也。帝事佛，故不宰殺。

(55)蟋蟀之譏：蟋蟀，《詩・唐風》篇名，刺晉僖公儉不中禮也。(56)若以為功德事者，皆是園中之物：胡三省曰：「帝以供佛、供僧，設無遮、無礙會為功德事。」佛門食不及葷，故所供皆園中蔬果之類。(57)我自非公宴，不食國家之食：言所食之費出於私府而不由公賦也。(58)凡所營造，不關材官及以國匠：帝自言凡所營造塔寺，皆由私帑，而不關國家公費。《五代志》梁少府卿下置材官將軍，大匠卿掌土木之工，統左右校諸署。胡三省曰：「國匠者，官給其俸廩以供國家之用者。」(五九)誰尸其任：尸與司同，主也。(六〇)專聽生姦，獨任成亂：《漢書》鄒陽之言。(六一)二世之委趙高，元后之付王莽，趙高事見秦紀，王莽事見漢紀。(六二)倚聞重奏：《梁書・賀琛傳》作佇聞重奏。佇，佇立也，倚，倚席也。倚席以待，蓋責其速奏之義。(六三)四更：古人分夜為五更，以入夜為初更，至五更天明。(六四)皴裂：皴音逡，皮坼裂也。(六五)糲飯：以糙米為飯也。(六六)日移中，則嗽口以過：日移中，日過午也。嗽口以過，謂以水嗽口代食以度日也。(六七)木緜皁帳：以木緜織為皁帳，示儉樸也。木棉，常綠喬木，產於熱帶，高數十丈，莖有刺，掌狀複葉，花紅色，結實長形，種子生長毛，色白質輭，可製茵褥，並可紡織，我國閩粵一帶多植之。胡三省曰：「木緜江南多有之，以春二三月之晦下子種之。既生，須一月三薅，入夏漸茂，至秋生黃花，結實，及熟時，其皮四裂，其中綻出如綿，土人以鐵鋌碾去其核，取如綿者，以竹為小弓，長尺四五寸許，牽弦以彈緜，令其勻細，卷為小筩，就車紡之，自然抽緒如繅絲狀，不勞紉緝，織以為布，自閩廣來者尤為麗密。」(六八)法事：謂佛事也，如說法及供佛施僧之集會皆是。(六九)小坐盛暑，未嘗褰袒：小坐，宮中便坐也；褰袒，褰裳袒裼也。〈鄭風・褰裳〉之詩云：「褰裳涉溱。」王念孫曰：「褰與搴通。」(七〇)又好親任小人：謂朱異之流。南北朝世族率目寒士為小人。(七一)叢脞：《書・益稷》曰：「元首叢脞哉！」孔傳曰：「叢脞，細碎無大略。」蔡傳曰：「叢脞，煩碎也。」(七二)由是姦佞居前而不見：胡三省曰：「謂朱異、周石珍輩也。」(七三)大謀顛錯而不知：胡三省曰：「謂納侯景復與東魏和也。」(七四)五任：胡三省曰：「任，謂其人巧力所任也。五任，謂任攻木者則役之攻木，任攻金者則役之攻金，任攻皮者則役之攻皮，任設色者則役之設色，任摶埴者則役之摶埴。」⑮其無任者著升械：胡三省曰：「魏武帝定甲子科，犯釱左右趾者易以升械，是時乏鐵，故易以木焉。」⑯是後囚徒或有優劇：胡三省曰：「言囚徒有力足以行賂者，則守吏詭言疾病，權解其械而得優寬，其無力以賂吏者則雖實罹疾病亦不得解械，更增苦劇也。」⑰每斷重罪，則終日不懌：佛家戒殺，梁武專精佛戒，故斷重罪則終日不懌也。⑱或謀反逆，事覺，亦泣而宥之：胡三省曰：「如臨賀王正德父子是也。」⑲瓜州刺史：《五代志》敦煌郡舊置瓜州，蓋漢敦煌郡地，今為甘肅省敦煌縣。⑳瓜州首望：望者，當地望族也，瓜州首望，瓜州望族之首。㉑又南通吐谷渾：吐谷渾立國於今青海一帶，地當燉煌之南。㉒單使：胡三省曰：「兵從不多，故曰單使，文選李陵答蘇武書所謂單車之使者也。」㉓贊成其留計：贊成其留敦煌之計。彥不受徵，故曰留計。㉔令狐整：令狐，複姓也。周書令狐整傳整世為西土冠冕，蓋瓜州之望族也。

中大同元年㊀（西元五四六年）

㈠春，正月癸丑（十五日），楊瞟等克嘉寧城㊁，**【考異】**典略作乙未，今從梁帝紀。李賁奔新昌獠中，諸軍頓于江口㊂。

㈡二月，魏以義州刺史史寧㊃為涼州刺史，前刺史宇文仲和據州不受代，瓜州民張保殺刺史成慶以應之，晉昌㊄民呂興殺太守郭肆，以郡應保，丞相泰遣太子太保獨孤信開府儀同三司怡峯與史寧討之。

㊂三月乙巳（初三日），大赦。

㊃庚戌（初八日），上幸同泰寺，遂停寺省㊅講三慧經。【考異】典略云：「癸卯，詔以今月八日於同泰寺設無遮大會，捨朕身及以宮人並所王境土供養三寶，四月丙戌，公卿以錢億萬奉贖。」按韓愈佛骨表云：「三度捨身為寺家奴，若幷此則四矣，」今從梁書。夏，四月丙戌（十四日），解講，大赦，改元㊆。是夜，同泰寺浮圖災。上曰：「此魔也，宜廣為法事。」羣臣皆稱善。乃下詔曰：「道高魔盛，行善鄣生，當窮茲土木，倍增往日。」遂起十二層浮圖，將成，值侯景亂而止。

㊄魏史寧曉諭涼州吏民，率皆歸附，獨宇文仲和據城不下。五月，獨孤信使諸將夜攻其東北，自帥壯士襲其西南，遲明㊇克之，遂擒仲和。

初，張保欲殺州主簿令孤整，以其人望，恐失眾心，雖外相敬，內甚忌之。整陽為親附，因使人說保曰：「今東軍㊈漸逼涼州，彼勢孤危，恐不能敵，宜急分精銳以救之。然成敗在於將領，令狐延保㈩兼資文武，使將兵以往，蔑不濟矣！」保從之。整行及玉門㈡，召豪傑述保罪狀，馳還襲之，先克晉昌，斬呂興，進擊瓜州，州人素信服整，皆棄保來降，保奔吐谷渾。

眾議推整為刺史，整曰：「吾屬以張保逆亂，恐闔州之人俱陷不義，故相與討誅之，今復見推，是效尤㈢也。」乃推魏所遣使波斯者張道義行州事，具以狀聞。丞相泰以申徽為瓜州刺史，召整為壽昌太守㈢，封襄武男。整帥宗族鄉里三千餘人入朝，從泰征討，累遷驃騎大將軍、開府儀同三司，加侍中。

㈥六月庚子（二十九日），東魏以司徒侯景為河南大將軍、大行臺。

㈦秋，七月壬寅（朔），東魏遣散騎常侍元廓來聘。

㈧甲子（二十三日），詔犯罪非大逆，父母、祖父母不坐。

㈨先是江東唯建康及三吳、荊、郢、江、湘、梁、益用錢，其餘州郡雜以穀帛，交、廣專以金銀為貨。上自鑄五銖及女錢，二品並行(二四)，禁諸古錢。普通中，更鑄鐵錢，由是民私鑄者多，物價騰踊，交易者至以車載錢，不復計數(二五)。又自破嶺(二六)以東，八十為百，名曰東錢，江、郢以上七十為百，名曰西錢，建康以九十為百，名曰長錢。

丙寅（二十五日），詔曰：「朝四暮三，眾狙皆喜，名實未虧，而喜怒為用(二七)。頃聞外間多用九陌錢，陌減則物貴，陌足則物賤。非物有貴賤，乃心有顛倒。至於遠方，日更滋甚，徒亂王制，無益民財。自今可通用足陌錢，令書行後百日為期，若猶有犯，男子謫運，女子質作，並同三年(二八)。」詔下而人不從，錢陌益少，至於季年，遂以三十五為百云。

㈩上年高，諸子心不相下。邵陵王綸為丹陽尹，湘東王繹在江州，武陵王紀在益州，皆權侔人主，太子綱惡之，常選精兵以衞東宮。八月，以綸為南徐州刺史。

(十一)東魏丞相歡如鄴(二九)，高澄遷洛陽石經五十二碑於鄴(三〇)。

(十二)魏徙幷州刺史王思政為荊州刺史，使之舉諸將可代鎮玉壁者(二一)，思政舉晉州刺史韋孝寬(二二)，丞相泰從之。

東魏丞相歡悉舉山東之眾將伐魏，癸巳（二十三日），自鄴會兵於晉陽，九月，至玉壁，圍之，以挑西師，西師不出。

(十三)李賁復帥眾二萬自獠中出屯典澈湖(二三)，【考異】典略云渡武平江，據新安村，今從陳帝紀。大造船艦，充塞湖中，眾軍憚之，頓湖口不敢進。陳霸先謂諸將曰：「我師已老(二四)，將士疲勞，且孤軍無援，入人心腹(二五)，若一戰不捷，豈望生全？今藉其屢奔，人情未固，夷獠烏合，易為摧殄，正當共出百死(二六)，決力取之，無故停留，時事去矣！」諸將皆默然莫應(二七)。是夜，江水暴起七丈，注湖中，霸先勒所部兵乘流先進，眾軍鼓譟俱前，賁眾大潰，竄入屈獠洞中。

(十四)冬，十月乙亥（初六日），以前東揚州刺史岳陽王詧為雍州刺史。上捨詧兄弟而立太子綱(二八)，內嘗愧之，寵亞諸子(二九)，以會稽人物殷阜，故用詧兄弟迭為東揚州以慰其心，詧兄弟亦內懷不平。詧以上衰老，朝多秕政(三〇)，遂蓄聚貨財，折節下士，招募勇敢，左右至數千人，以襄陽形勝之地，梁業所基(三一)，遇亂可以圖大功，乃克己為政，撫循士民，數施恩惠，延納規諫，所部稱治。

⒂東魏丞相歡攻玉壁，晝夜不息，魏韋孝寬隨機拒之。城中無水，汲於汾，歡使移汾㉒，一夕而畢。歡於城南起土山，欲乘之以入，城上先有二樓，孝寬縛木接之，令常高於土山以禦之。歡使告之曰：「雖爾縛樓至天，我當穿地取爾。」乃鑿地為十道，又用術士李業興孤虛法㉓，聚攻其北。北，天險㉔也，孝寬掘長塹邀其地道，選戰士屯塹上，每穿至塹，戰士輒禽殺之。又於塹外積柴貯火，敵有在地道內者，塞柴投火，以皮排㉕吹之，一鼓皆焦爛㉖。敵以攻車撞城，車之所及，莫不摧毀，無能禦者，孝寬縫布為幔，隨其所向張之，布既懸空，車不能壞。敵又縛松麻於竿，灌油加火以燒布㉗，幷欲焚樓，孝寬作長鉤，利其刃㉘，火竿將至，以鉤遙割之，松麻俱落。敵又於城四面穿地為二十道，其中施梁柱，縱火燒之，柱折城崩，孝寬於崩處豎木柵以扞之，敵不得入。城外盡攻擊之術，而城中守禦有餘，孝寬又奪據其土山，歡無如之何，乃使倉曹參軍祖珽說之曰：「君獨守孤城，而西方無救，恐

終不能全，何不降也？」孝寬報曰：「我城池嚴固，兵食有餘，攻者自勞，守者常逸，豈有旬朔之間㊴已須救援？適憂爾眾有不返之危。孝寬，關西男子㊵，必不為降將軍也！」珽復謂城中人曰：「韋城主受彼榮祿，或復可爾㊶，自外軍民，何事相隨入湯火中？」乃射募格㊷於城中，云能斬城主降者，拜太尉，封開國郡公，賞帛萬匹。孝寬手題書背返射城外，云：「能斬高歡者準此。」珽，瑩之子也㊸。

東魏苦攻凡五十日，士卒戰及病死者共七萬人，【考異】北史韋孝寬傳云：「苦戰六旬，傷及病死者什四五，」今從北齊書。共為一冢，歡智力皆困，因而發疾，有星墜歡營中，士卒驚懼。十一月庚子（朔），解圍去。

先是歡別使侯景將兵趣齊子嶺㊹，魏建州刺史楊樹鎮車廂，恐其寇邵郡㊺，帥騎禦之。景聞樹至，斫木斷路六十餘里，猶驚而不安，遂還河陽。庚戌（十一日），歡使段韶從太原公洋鎮鄴，辛亥（十二日），徵世子澄會晉陽。魏以韋孝寬為驃騎大將軍、開府儀同三司，進爵建忠公㊻，時人以王思政為知人。

十一月己卯（十一月庚子朔，無己卯），歡以無功表解都督中外諸軍，東魏主許之㊼。

歡之自玉壁歸也，軍中訛言韋孝寬以定功弩射殺丞相。魏人聞之，因下令曰：「勁弩一發，凶身自隕。」歡聞之，勉坐見諸貴，使斛律金作敕勒歌㊽，歡自和之，哀感流涕。

（十六）魏大行臺度支尚書司農卿蘇綽，性忠儉，常以喪亂未平為己任，紀綱庶政，丞相泰推心任之，人莫能間。或出遊，常預署空紙以授綽，有須處分，隨事施行，及還，啓知而已。綽常謂為國之道，當愛人如慈父，訓人如嚴師，每與公卿論議，自晝達夜，事無巨細，若指諸掌，積勞成疾而卒。泰深痛惜之，謂公卿曰：「蘇尚書平生廉讓，吾欲全其素志，恐悠悠之徒，有所未達，如厚加贈謚，又乖宿昔相知之心，何為而可？」尚書令史㊾麻瑤越次進曰：「儉約所以彰其美也。」泰從之，歸葬武功㊿，載以布車一乘，泰與羣公步送出同州(五一)郭外。泰於車後酹酒(五二)，言曰：「尚書平生為事，妻子兄弟所不知者，吾皆知之。唯爾知吾心，吾知爾志，方與共定天下，遽捨吾去，奈何？」因舉聲慟哭，不覺巵落於手。

(七)東魏司徒、河南大將軍、大行臺侯景右足偏短，弓馬非其長，而多謀筭。諸將高敖曹、彭樂等皆勇冠一時，景常輕之，曰：「此屬皆如豕突(三三)，勢何所至？」景嘗言於丞相歡，願得兵三萬，橫行天下，要須濟江縛取蕭衍老公以為太平寺主(三四)。歡使將兵十萬，專制河南，杖任若己之半體。

景素輕高澄，嘗謂司馬子如曰：「高王在，吾不敢有異，王沒，吾不能與鮮卑小兒共事。」子如掩其口。及歡疾篤，澄詐為歡書以召景。先是景與歡約，曰：「今握兵在遠，人易為詐，所賜書皆請加微點。」歡從之，景得書，無點，辭不至，又聞歡疾篤，用其行臺郎潁川王偉計，遂擁兵自固。歡謂澄曰：「我雖病，汝面更有餘憂，何也(三五)？」澄未及對，歡曰：「豈非憂侯景叛邪？」對曰：「然。」歡曰：「景專制河南十四年矣(三六)！常有飛揚跋扈之志，顧我能畜養，非汝所能駕御也。今四方未定，勿遽發哀。庫狄干鮮卑老公、斛律金敕勒老公並性遒直(三七)，終不負汝；可朱渾道元、劉豐生遠來投我(五八)、必無異心；潘相樂本作道人，心和厚，汝兄弟當得其力；韓軌少戇，宜寬借之；彭樂心腹難得，宜防護之(五九)；堪敵侯景者，唯有慕容紹宗，我故不貴之，留以遺汝(六〇)。」又曰：「段孝先(六一)忠亮仁厚，智勇兼備，親戚之中。唯有此子，軍旅大事，宜共籌之。」又曰：「邙山之戰，吾不用陳元康之言(六二)，留患遺汝，死不瞑目。」相樂，廣寧人也。

【今註】㈠中大同元年：是月夏四月，始改元中大同，時尚為大同十二年。㈡楊瞟等克嘉寧城：瞟討李賁，賁奔嘉寧城事見上年。㈢江口：蘇歷江口也。㈣義州刺史史寧：《周書．史寧傳》時東魏亦遣將與寧爭義州，寧先入州，擊破東魏軍，西魏因以為刺史。《魏書．地形志》東魏孝靜帝興和二年置義州，寄治汲郡陳城，領五城、泰寧、新安、澠池、恆農、宜陽、金門等郡。《五代志》汲郡東魏置義州，故治今河南省汲縣。㈤晉昌：《舊唐書．地理志》瓜州晉昌縣，漢煌敦郡冥安縣地，舊置晉昌郡及冥安縣，周改晉昌為永興，隋改為瓜州，武德七年，復為晉昌。故治在今甘肅省安西縣東。㈥上幸同泰寺，遂停寺省：帝屢幸同泰寺，置省其中。㈦改元：改大同十二年為中大同元年。㈧遲明：黎明也。《漢書．高帝紀》：「遲明，圍宛城。」顏師古曰：「史記遲字作遟，」王念孫曰：「今本史記遟作黎。索隱：『黎猶比也，謂比至天明也。』黎，遲聲相近，故漢書作遲，黎明、遲明皆謂比明也。」⑨東軍：謂獨孤信之軍也。信軍自長安西討涼州，故曰東軍。」⑩令狐廷保：令狐整字延保。⑪玉門：玉門縣漢、晉屬酒泉郡。闞駰云：「漢罷玉門關屯，徙其人於此。」故城在今甘肅省玉門縣東。五代志敦煌郡玉門縣後魏置會稽郡，又置玉門郡。⑫效尤：《左傳》曰：「鄭伯效尤，亦將有咎。」又曰：「尤而效之，罪又甚焉！」尤，過也，知其過而蹈襲之也。⑬壽昌太守：《五代志》西城郡石泉縣舊曰永樂，置晉昌郡，西魏改為壽昌郡，又改永樂為石泉。故城今陝西省石泉縣。⑭上自鑄五銖及女錢，二品並行：杜佑曰：「梁武帝鑄錢，肉好周郭，文曰五銖，重二銖三纍二黍；其百文則重一斤二兩，又別鑄除其肉郭，謂之公式女錢，徑一寸，文曰五銖，重如新鑄五銖，二錢並行。及其末也，又有兩柱錢。」⑮交易者至以車載錢，不復計數：物貴錢賤，至以車量錢購物，不復計算錢數也。⑯破嶺：胡三省曰：「破嶺在今鎮江府丹陽縣，秦始皇所鑿，即破岡也。」⑰朝四暮三，眾狙皆喜，名實未虧而喜怒為用：莊子曰：「狙公賦芧，曰：『朝三而暮四。』眾狙皆怒，曰：『朝四而暮三。』眾狙皆悅。名實未虧而喜怒為用，亦因是也。」以喻愚者之昧於審辨而巧者之善於設辭也。⑱男子謫運，女子質作，並同三年：胡三省曰：「謫運者，以謫發之轉運，質作，質其身使居作，皆役之三年，此古所謂三歲刑也。」⑲東魏丞相歡如鄴：自晉陽朝魏主於鄴。⑳高澄遷洛陽石經五十二碑於鄴：洛陽石經見卷五十七漢靈帝熹平四年。㉑使之舉諸將可代鎮玉壁者：西魏僑置并州刺史於玉壁，見上卷大同四年。㉒思政舉晉州刺史韋孝寬：胡三省曰：「晉州屬東魏，韋孝寬遙領刺史耳！」㉓潡湖：胡三省曰：「湖亦當在新昌郡界，」新昌郡在安南境，註已見前。㉔我師已老：楊嘌出師見上年五月，至是幾一年，故自謂師老。㉕入人腹心之地：㉖百死：百死一生。㉗諸將皆默然莫應：胡三省曰：「諸將心不欲戰，故默而莫敢應。」㉘上捨詧兄弟而立太子綱：詧，昭明太子之嫡子也。帝捨嫡孫而立太子綱見卷一百五十五中大通三年。㉙寵亞諸子：言帝寵詧，亞於諸子。㉚秕政：弊政也。《說文》：「秕，不成粟也。」故以為喻。《書》曰：「若粟之有秕。」《後漢書》安帝贊：「秕我王度。」章懷註：「秕，諭穢也。」㉛以襄陽形勝之地，梁業所基：謂梁武自襄陽起兵以得天下也。㉜歡使移汾：高歡使人決汾水上流，令移徙不使近城也。㉝孤虛法：《史記・龜策傳》云：「日辰不全，故有孤虛。」裴駰曰：「甲乙謂之日，子丑謂之辰。六甲孤虛法，甲子旬中無戌亥，戌亥為孤，辰巳為虛，甲戌旬中無申酉，申酉為孤，寅卯為虛，甲申旬中無午未，午未為孤，子丑為虛，甲午旬中無辰巳，辰巳為孤，戌亥為虛，中辰旬中無寅卯，寅卯為孤，申酉為虛，甲寅旬中無子丑，子丑為孤，午未為虛。」章懷注《後漢書・方術傳》云：「孤虛者，孤謂六甲之孤辰，若甲子旬中，戌亥無干，是為孤也，對孤為虛。」《漢書・藝文志》有《風后孤虛》二十卷，蓋戰國陰陽家所撰，託為風后者。㉞天險：謂天然險要，不假人力者也。《魏書・邢巒傳》云：「劍閣天險，古來所稱。」㉟皮排：以皮為吹火之具也。排與韛通。《後漢書・杜詩傳》曰：「造作水排，鑄為農器。」章懷注曰：「冶鑄者為排以吹炭，今激水以鼓之也。排當作橐，古字通用也。」按橐與韛同。㊱一鼓皆焦爛：鼓排吹火，火氣入地道，敵在其中者無所避，故皆焦爛。㊲敵又縛松麻於竿，灌油加火以燒布：松麻易燃，故用之以燒物。㊳孝寬作長鉤，利其刃：胡三省曰：「此所謂鉤刃也。」杜佑曰：「鉤竿如槍，兩旁有曲刃，可以鉤物。」

㊴旬朔之間：猶曰旬月之間也。改月為朔，故旬月亦曰旬朔。旬月即滿月，旬訓為徧，故滿一月謂之旬月。㊵孝寬，關西男子：胡三省曰：「自謂男子，言決不怯懦如婦人。」㊶或復可爾：可爾猶言如此，言或可以身殉國也。㊷募格：立賞格以募人。㊸珽，瑩之子也：祖瑩見卷一百五十普通六年。㊹齊子嶺：《五代志》河內郡王屋縣舊曰長平，後周改曰王屋，有王屋山、齊子嶺，有軹關。元和郡縣志齊子嶺在王屋縣東十二里，宇文周與高齊分境處。在今河南省濟源縣西五十里，一名秦嶺。㊺魏建州刺史楊㩻鎮車廂，恐其寇邵郡：《周書・楊㩻傳》先是㩻攻建州，拔之，已而退還邵郡，建州在東魏境三百餘里，西魏嘉其功，因授為建州刺史。《五代志》絳郡垣縣後魏置邵郡，後周改置邵州，隋煬帝大業初，廢為垣縣，故城在今山西省垣曲縣西。宋白曰：「絳州絳縣本理車箱城，隋移縣理於城北十里。」《元和郡縣志》車廂城在太陰山北，四面懸絕，其城東西長，形如車廂，故名。在今山西省絳縣東南十里。㊻魏以韋孝寬為驃騎大將軍、開府儀同三司，進爵建忠公：賞守玉壁之功也。《周書・韋孝寬傳》進爵建忠郡公。《五代志》京兆郡三原縣後周置建忠郡，故城在今陝西省三原縣東北。㊼十一月己卯，歡以無功表解都督中外諸軍事，東魏主許之：十一月庚子朔，無己卯，十二月己巳朔，己卯十一日，當在十二月。㊽使斛律金作敕勒歌：胡三省曰：「斛律金敕勒部人也，故使作敕勒歌。洪邁曰：『斛律金唱敕律歌，本鮮卑語。』」按古樂府有其辭云：『敕勒川，陰山下，天似穹廬，籠罩四野；天蒼蒼，野茫茫，風吹草低見牛羊。』余謂此後人妄為之耳！敕勒與鮮卑殊

種，斛律金出於敕勒，故使之作敕勒歌，若高歡則習鮮卑之俗者也。」㊾尚書令史：尚書令史自東漢以來有之。崔豹《古今注》曰：「永元三年七月，增尚書令史員，功滿未嘗犯禁者以補小縣。」應劭《漢官儀》曰：「能通蒼頡史篇補蘭台令史，滿歲補尚書令史，滿歲為尚書郎，出亦與郎同宰百里。」《唐六典》曰：「魏、晉以來，令史之任用人常輕，齊、梁、後魏、北齊雖預品秩，益又微矣！」㊿歸葬武功：綽，武功人也。(51)同州：《五代志》馮翊郡後魏置華州，西魏改曰同州。《元和郡縣志》曰：「禹貢云：『漆沮既從，灃水攸同。』言二水至此同流入渭，城居其地，故曰同州。」即今陝西省大荔縣。(52)酹酒：以酒沃地也。酹音耒。(53)豕突：謂馳驟陷陣，如野豕之奔突，喻其有勇而無謀。(54)要須濟江縛取蕭衍老公以為太平寺主：胡三省曰：「太平寺蓋在鄴。」梁武佞佛，數捨身佛寺，故云爾。(55)我雖病，汝面更有餘憂，何也：胡三省曰：「言澄當以得盡總內外大權為喜，不應更有餘憂。」(56)景專制河南十四年矣：胡三省曰：「東魏天平元年，歡使景取荊州，後遂委以河南，至是十三年。歡此語當在來春垂沒之時。」(57)遒直：猶曰勁直也。(58)可朱渾道元、劉豐生遠來投我：可朱渾道元奔東魏見卷一百五十七大同元年，劉豐生奔東魏同卷大同三年。(59)彭樂心腹難得，宜防護之：謂邙山之役縱宇文泰也，事見上卷大同八年。(60)堪敵侯景者，唯有慕容紹宗，我故不貴之，留以遺汝：蓋欲使澄以官爵厚結紹宗之心，故歡特不貴之。(61)段孝先：段韶字孝先。(62)吾不用陳元康之言：謂元康勸歡乘邙山之捷追擊宇文泰而歡不從，事見上卷大同九年。胡三省曰：「邙山之戰，蓋俱傷而兩敗，宇文泰雖力屈而遁，高歡之氣亦衰矣，安敢復深入乎？是以不用陳元康之言也。」

卷一百六十　梁紀十六

司馬光　編集
林瑞翰　註

彊圉單閼，一年。（丁卯，西元五四七年）

高祖武皇帝十六

太清元年㈠（西元五四七年）

㈠春，正月，朔，日有食之，不盡如鉤。

㈡壬寅（初四日），荊州刺史廬陵威王續卒，以湘東王繹為都督荊、雍等九州諸軍事、荊州刺史㈡。

續素貪婪，臨終有啓，遣中錄事參軍㈢謝宣融獻金銀器千餘件，上方知其富，因問宣融曰：「王之金盡此乎？」宣融曰：「此之謂多，安可加也？大王之過，如日月之食，欲令陛下知之，故終而不隱㈣。」上意乃解。

初，湘東王繹為荊州刺史，有微過，續代之，以狀聞㈤，自此二王不通書問。繹聞其死，入閤而躍，屧㈥為之破。

㈢丙午（初八日），東魏勃海獻武王歡卒㈦。歡性深密，終日儼然，人不能測。機權之際，變化若神，制馭軍旅，法令嚴肅，聽斷明察，不可欺犯。擢人受任㈧，在於得才，苟其所堪，無問廝養㈨，有虛聲無實者皆不任用。雅尚儉素，刀劍鞍勒，無金玉之飾。少能劇飲，自當大任，不過三爵。知人好士，全護勳舊㈩，每獲敵國盡節之臣，多不之罪⑪，由是文武樂為之用。世子澄祕不發喪⑫，唯行臺左丞陳元康知之。侯景自念己與高氏有隙，內不自安，辛亥（十三日），據河南，叛歸于魏，潁州刺史司馬世雲以城應之。景誘執豫州刺史高元成、襄州刺史李密、廣州刺史懷朔暴顯等，遣軍士二百人載仗，暮入西兗州，欲襲取之，刺史邢子才覺之，掩捕盡獲之，因散檄東方諸州，各為之備，由是景不能取。諸將皆以景之叛由崔暹⑬，澄不得已，欲殺暹以謝景。陳元康諫曰：「今雖四海未清，綱紀已定，若以數將在外，苟悅其心，枉殺無辜，虧廢刑典，豈直上負天神？何以下安黎庶？晁錯前事⑭，願公慎之。」澄乃止，遣司空韓軌督諸軍討景。

㈣辛酉（二十三日），上祀南郊，大赦。甲子（二十六日），祀明堂。

㈤三月，魏詔自今應宮刑者直沒官，勿刑㉕。

㈥魏以開府儀同三司若干惠為司空，侯景為太傅、河南道行臺、上谷公。

庚辰（十三日），景又遣其行臺郎中丁和來上表，言：「臣與高澄有隙，請舉函谷以東，瑕丘以西，豫、廣、郢、荊、襄、兗、南兗、濟、東豫、洛、揚、北荊、北揚等十三州內附㉖，【考異】梁書景傳云：「與豫州刺史高成、廣州刺史暴顯、潁州刺史司馬世雲、荊州刺史郎椿、襄州刺史李密、兗州刺史邢子才、南兗州刺史石長宣、濟州刺史許季良、東豫州刺史丘元征、洛州刺史爾朱渾願、揚州刺史樂恂、北荊州刺史梅季昌、北揚州刺史元神和等陰結私圖，尅相影會。」蕭韶太清紀又有兗州刺史胡延，豫州刺史傅士哲，揚州刺史可足渾洛，無邢子才，典略有荊州刺史庫狄暢，無高成、暴顯、許季良、爾朱渾願，樂恂、梅季昌，今依梁書，而太清紀有兩豫州，蓋前官也。惟青、徐數州，僅須折簡，且黃河以南，皆臣所職，易同反掌，若齊、宋一平，徐事燕、趙㉗。」上召羣臣廷議，尚書僕射謝舉等皆曰：「頃歲與魏通和㉘，邊境無事，今納其叛臣，竊謂非宜。」上曰：「雖然，得景則塞北可清，機會難得，豈宜膠柱㉙？」

是歲，正月乙卯（十七日），上夢中原牧守皆以其地來降，舉朝稱慶，【考異】典略云去年十一月夜夢，今從梁書。旦見中書舍人朱异，告之，且曰：「吾為人少夢，若有夢必實。」异曰：「此乃宇宙混壹之兆也。」及丁和至，稱景定計，以正月乙卯，上愈神之⑳，然意猶未決。嘗獨言：「我國家如金甌，無一傷缺。今忽受景地，詎是事宜？脫致紛紜，悔之何及㉑？」朱异揣知上意，對曰：「聖明御宇，南北歸仰，正以事無機會，未達其心。今侯景分魏土之半以來，自非天誘其衷㉒，人贊其謀，何以至此？若拒而不納，恐絕後來之望。此誠易見，願陛下無疑。」上乃定議納景。

壬午（十五日），以景為大將軍，封河南王，都督河南、北諸軍事，大行臺，承制如鄧禹故事。

平西諮議參軍周弘正善占候。前此㉓謂人曰：「國家數年後，當有兵起。」及聞納景，曰：「亂階在此矣！」

㈥丁亥（二十日），上耕籍田。

㈦三月庚子（初三日），上幸同泰寺捨身。如大通故事㉔。

㈧甲辰（初七日），遣司州刺史羊鴉仁督兗州刺史桓和㉕、仁州刺史㉖湛海珍等，將兵三萬趣懸瓠，運糧食，應接侯景。

㈨魏大赦。

㈩東魏高澄慮諸州有變，乃自出巡撫，留段韶守晉陽，委以軍事，以丞相功曹趙彥深為大行臺都官郎中，使陳元康豫作丞相歡條教數十紙付韶及彥深在後以次行之。臨發，執彥深手，泣曰：「以母弟相託，幸明此心。」夏，四月壬申（初六日），澄入朝于鄴，東魏主與之宴，澄起舞，識者知其不終㉗。

㈩一丙子（初十日），羣臣奉贖。丁亥（二十一日），上還宮。大赦，改元，如大通故事。

㈩二甲午（二十八日），東魏遣兼散騎常侍李系來聘。系，繪之弟也㉘。【考異】魏帝紀作李緯，今從本傳。

㈩三五月丁酉朔，東魏大赦。

㈩四戊戌（初六日），東魏以襄城王旭為太尉。

高澄遣武衞將軍元柱等將數萬眾晝夜兼行以襲侯景，遇景於潁川北，柱等大敗。景以羊鴉仁等軍猶未至，乃退保潁川㈠元。

㈤甲辰（初八日），東魏以開府儀同三司庫狄干為太師，錄尚書事孫騰為太傅，汾州刺史賀拔仁為太保，司徒高隆之錄尚書事，司空韓軌為司徒，青州刺史尉景為大司馬，領軍將軍可朱渾道元為司空，僕射高洋為尚書令，領中書監，徐州刺史慕容紹宗為尚書左僕射，高陽王斌為右僕射。戊午（二十二日）尉景卒。

㈥韓軌等圍侯景於潁川，景懼，割東荊、北兗州、魯陽、長社四城賂魏以求救㈢〇。尚書左僕射于謹曰：「景少習兵，姦詐難測，不如厚其爵位，以觀其變，未可遣兵也。」荊州刺史王思政㈢一以為若不因機進取，後悔無及，即以荊州步騎萬餘從魯陽關向陽翟㈢二。丞相泰聞之，加景大將軍，兼尚書令，遣太尉李弼、儀同三司趙貴㈢三將兵一萬赴潁川。景恐上責之，遣中兵參軍柳昕奉啓於上，以為：「王旅未接㈢四，死亡交急，遂求援關中，自救目前。臣既不安於高氏，豈見容於宇文？但螫手解腕㉟，事不得已。本圖為國，願不賜咎，臣獲其力，不容即弃。今以四州之地，為餌敵之資，已令宇文遣人入守，自豫州以東，齊海以西，悉臣控壓，見有之地，盡歸聖朝。懸瓠、項城㊱、徐州、南兗事須迎納㊲，願陛下速敕境上，各置重兵，與臣影響，不使差互。」上報之曰：「大夫出境，尚有所專㊳，況始創奇謀，將建大業？理須適事而行，隨方以應，卿誠心有本，何假詞費？」

㈣魏以開府儀同三司獨孤信為大司馬。

㈤六月戊辰（初三日），以鄱陽王範為征北將軍，總督漢北征討諸軍事，擊穰城㊴。

㈥東魏韓軌等圍潁川，聞魏李弼、趙貴等將至，乙巳（六月丙寅朔，無乙巳，或嘗作己巳）引兵還鄴。【考異】周書帝紀三月，李弼救侯景，今從典略。侯景欲因會執弼與貴，奪其軍，貴疑之，不往。貴欲誘景入營而執之，弼止之㊵。

羊鴉仁遣長史鄧鴻將兵至汝水，弼引兵還長安㊶。

王思政入據潁川，景陽稱略地，引兵出屯懸瓠。景復乞兵於魏，丞相泰使同軌㊷防主韋法保及都督賀蘭願德等將兵助之。

大行臺左丞藍田王悅言於泰曰：「侯景之於高歡，始敦鄉黨之情，終定君臣之契㊸，任居上將，位重臺司。今歡始死，景遽外叛，蓋所圖甚大，終不為人下故也。且彼能背德於高氏，豈肯盡節於朝廷？今益之以勢，援之以兵，竊恐貽笑將來也㊹。」泰乃召景入朝。

景陰謀叛魏，事計未成，厚撫韋法保等冀為己用，外示親密無猜間，每往來諸軍間，侍從至少，魏軍中名將皆身自造詣。

同軌防長史裴寬謂法保曰：「侯景狡詐，必不肯入關㊺，欲託款於公，恐未可信，若伏兵斬之，此亦一時之功也。如其不爾，即應深為之防，不得信其誑誘，自貽後悔。」法保深然之，不敢圖景，但自為備而已，尋辭還所鎮㊻。王思政亦覺其詐，密召賀蘭願德等還，分布諸軍，據景七州十二鎮。景果辭不入朝，遺丞相泰書曰：「吾恥與高澄鴈行，安能比肩大弟㊼？」泰乃遣行臺郎中趙士憲悉召前後所遣諸軍援景者，景遂決意來降。魏將任約以所部千餘人降於景，泰以所授景使持節、太傅，大將軍兼尚書令、河南大行臺、都督河南諸軍事回授王思政，思政並讓不受，頻使敦諭，唯受都督河南諸軍事。

(十七)高澄將如晉陽，以弟洋為京畿大都督，留守於鄴，使黃門侍郎高德政佐之。德政，顥之子也㊽。【考異】北史作德正；今從北齊書。丁丑（二十四），澄還晉陽，始發喪。

(十八)秋，七月，魏長樂武烈公若干惠卒㊾。

(十九)丁酉（初二日），東魏主為丞相舉哀，服緦縗㊿，凶禮(五一)依漢霍光故事，贈相國、齊王，備九錫殊禮。戊戌（初二日），以高澄為使持節，大丞相，都督中外諸軍，錄尚書事，大行臺，勃海王。澄啓辭爵位。壬寅（初七日），詔太原公洋攝理軍國，遣中使敦諭澄。

(廿)庚申（二十五日），羊鴉仁入懸瓠城，甲子（二十九日），詔更以懸瓠為豫州，壽春為南豫州，改合肥為合州(五二)。以鵶仁為司、豫二州刺史，鎮懸瓠。西陽太守羊思達州刺為殷史，鎮項城(五三)。

(廿一)八月乙丑（朔），下詔大舉伐東魏，遣南豫州刺史貞陽侯淵明、南兗州刺史南康王會理分督諸將。淵明，懿之子；會理，續之子也。

始，上欲以鄱陽王範為元帥，朱异取急在外(五四)，聞之，遽入曰：「鄱陽雄豪蓋世，得人死力，然所至殘暴，非弔民之材，且陛下昔登北顧亭以望(五五)，謂江右(五六)有反氣，骨肉為戎首。今日之事，尤宜詳擇。」上默然曰：「會理何如？」對曰：「陛下得之矣！」會理懦而無謀，所乘襻輿，施版屋，冠以牛皮(五七)，上聞，不悅。貞陽侯淵明時鎮壽陽，屢請行，上許之。會理自以皇孫復為都督(五八)，自淵明已下，殆不對接。淵明與諸將密告朱异追會理還，遂以淵明為都督。

(廿二)辛未（初七日），高澄入朝于鄴，固辭大丞相。詔為大將軍如故，餘如前命。甲申（二十日），虛葬齊獻武王於漳水之西，潛鑿成安鼓山(五九)石窟佛寺之旁為穴，納其柩而塞之，殺其羣匠。及齊之亡也，一匠之子知之，發石取金而逃。

(廿三)戊子（二十四日），武州刺史蕭弄璋攻東魏礩泉、呂梁二戍(六〇)，拔之。

(廿四)或告東魏大將軍澄，云侯景有北歸之志。會景將蔡道遵北歸，言景頗知悔過，景母及妻子皆在鄴，澄乃以書諭之，語以闔門無恙，若還，許以豫州刺史終其身，還其寵妻愛子，所部文武，更不追攝(六一)。景使王偉復書曰：「今已引二邦(六二)，揚旌北討，熊豹(六三)齊奮，克復中原，幸自取之，何勞恩賜？昔王陵附漢，母在不歸(六四)，太上囚楚，乞羹自若(六五)。矧伊妻子，而可介意，脫謂誅之有益，欲止不能，殺之無損，徒復阬戮。家累在君，何關僕也！」戊子（二十四日），詔以景錄行臺尚書事(六六)。

(廿五)東魏靜帝美容儀，旅力(六七)過人，能挾石師子踰宮牆，射無不中，好文學，從容沈雅，時人以為有孝文風烈，大將軍澄深忌之。始，獻武王自病逐君之醜(六八)，事靜帝禮甚恭，事無大小，必以聞，可否聽旨(六九)。每侍宴，俯伏上壽。帝設法會，乘輦行香，歡執香爐步從，鞠躬屏氣，承望顏色，故其下奉帝，莫敢不恭。及澄當國，倨慢頓甚，使中書黃門郎崔季舒察帝動靜(七〇)，大小皆令季舒知之。澄與季舒書曰：「癡人比復何似(七一)？癡勢小差(七二)未？宜用心檢校。」

帝嘗獵于鄴東，馳逐如飛，監衞都督烏那羅受工伐(七三)從後呼曰：「天子勿走馬，大將軍嗔(七四)。」澄嘗侍飲酒，舉大觴屬帝曰：「臣澄勸陛下酒。」帝不勝忿(七五)，曰：「自古無不亡之國，朕亦何用此生為？」澄怒曰：「朕朕狗腳朕。」使崔季舒毆帝三拳，奮衣而出。明日，澄使季舒入勞帝，帝亦謝焉，賜季舒絹百匹。

帝不堪憂辱，詠謝靈運詩(七六)曰：「韓亡子房奮，秦帝仲連恥，本自江海人，忠義動君子。」常侍侍講潁川荀濟(七七)知帝意，乃與祠部郎中元瑾、長秋卿劉思逸、華山王大器、淮南王宣洪、濟北王徽等謀誅澄。大器，鷙之子也(七八)。

帝謬為敕問濟曰：「欲以何日開講？」乃詐於宮中作土山，開地道向北城至千秋門，門者覺地下響，以告澄。澄勒兵入宮，見帝，不拜而坐，曰：「陛下何意反？臣父子功存社稷，何負陛下邪？此必左右妃嬪輩所為。」欲殺胡夫人及李嬪。帝正色曰：「自古唯聞臣反君，不聞君反臣。王自欲反，何乃責我？我殺王則社稷安，不殺則滅亡無日，我身且不暇惜，況於妃嬪？必欲弒逆，緩速在王。」澄乃下牀[七九]，叩頭大啼謝罪，於是酣飲，夜久乃出。居三日，幽帝於含章堂[八〇]，壬辰（二十八日），烹濟等於市。

初，濟少居江東，博學能文，與上有布衣之舊，知上有大志，然負氣不服，常謂人曰：「會於盾鼻上磨墨檄之[八一]。」上甚不平，及即位，或薦之於上，上曰：「人雖有才，亂俗好反，不可用也。」濟上書諫上崇信佛法，為塔寺奢費，上大怒，欲集朝眾[八二]斬之，朱异密告之，濟逃奔東魏。澄為中書監[八三]，欲用濟為侍讀，獻武王曰：「我愛濟，欲全之，故不用濟，濟入宮必敗。」澄固請，乃許之。及敗，侍中楊遵彥[八四]謂之曰：「衰暮何苦復爾？」濟曰：

「壯氣在耳(八五)！」因下辨(八六)曰：「自傷年紀摧頹，功名不立，故欲挾天子誅權臣。」澄欲宥其死，親問之曰：「荀公何意反？」濟曰：「奉詔誅高澄，何謂反？」有司以濟老病，鹿車載詣東市，并焚之(八六)。

澄疑諮議溫子昇(八七)知瑾等謀，方使之作獻武王碑，既成，餓於晉陽獄，食弊襦而死，棄尸路隅，沒其家口(八八)。太尉長史宋遊道收葬之。澄謂遊道曰：「吾近書與京師諸貴(八九)，論及朝士，以卿僻於朋黨，將為一病，今乃知卿真是重故舊尚節義之人，天下人代卿怖者，是不知吾心也。」

九月辛丑（初七日），澄還晉陽。

(廿五)上命蕭淵明堰泗水於寒山以灌彭城，俟得彭城，乃進軍與侯景掎角(九〇)。

癸卯（初九日），淵明軍于寒山，去彭城十八里，斷流立堰，侍中羊侃監作堰，再旬而成。東魏徐州刺史太原王則嬰城固守，侃勸淵明乘水攻彭城，不從。諸將與淵明議軍事，淵明不能對，但云臨時制宜。

㈥冬，十一月，魏丞相泰從魏主狩于岐陽㈨㈠。

㈦東魏大將軍澄使大都督高岳救彭城，欲以金門郡公㈨㈡潘樂為副，陳元康曰：「樂緩於機變，不如慕容紹宗，且先王之命也㈨㈢，公但推赤心於斯人，景不足憂也。」時紹宗在外，澄欲召見之，恐其驚叛。元康曰：「紹宗知元康特蒙顧待，新使人來餉金㈨㈣，元康欲安其意，受之而厚答其書，保無異也㈨㈤。」乙酉（十月二十二日），以紹宗為東南道行臺，與岳、樂偕行㈨㈥。初，景聞韓軌來，曰：「噉猪腸兒何能為？」聞高岳來，曰：「兵精人凡。」諸將無不為所輕者，及聞紹宗來，叩鞍有懼色，曰：「誰教鮮卑兒解遣紹宗來？若然，高王定未死邪㈨㈦！」

澄以廷尉卿杜弼為軍司，攝行臺左丞。臨發，問以政事之要㈨㈧，可為戒者，使錄一二條，弼請口陳之，曰：「天下大務，莫過賞罰，賞一人使天下之人喜，罰一人使天下之人懼，苟二事不失，自然盡美！」澄大悅，曰：「言雖不多，於理甚要。」

紹宗帥眾十萬據橐駞峴，羊侃勸貞陽侯淵明乘其遠來擊之，不從。旦日，又勸出戰，亦不從。侃乃帥所領出屯堰上。丙午（十一月十三日）紹宗至城下，引步騎萬人攻潼州刺史[九九]郭鳳營，矢下如雨。淵明醉不能起，命諸將救之，皆不敢出。北兗州刺史胡貴孫謂譙州刺史[一〇〇]趙伯超曰：「吾屬將兵而來，本欲何為？今遇敵而不戰乎？」伯超不能對。貴孫獨帥麾下與東魏戰，斬首二百級。伯超擁眾數千不敢救，謂其下曰：「虜盛如此，與戰必敗，不如全軍早歸。」皆曰：「善。」遂遁還。

初，侯景常戒梁人曰：「逐北不過二里。」紹宗將戰，以梁人輕悍。恐其眾不能支，一一引將卒謂之曰：「我當陽退，誘吳兒使前，爾擊其背。」東魏兵實敗走，梁人不用景言，乘勝深入，魏將卒以紹宗之言為信，爭共掩擊之，梁兵大敗，貞陽侯淵明及胡貴孫、趙伯超等皆為東魏所虜，失亡士卒數萬人，羊侃結陳徐還。

上方晝寢，宦者張僧胤白朱异啓事，上駭之[一〇一]，遽起升輿至文德殿閣[一〇二]，异曰：「韓山失律[一〇三]。」上聞之，怳然[一〇四]將墜牀，僧胤扶而就坐，乃歎曰：「吾得無復為晉家乎㉕？」

郭鳳退保潼州，慕容紹宗進圍之。十二月，甲子朔，鳳棄城走。

東魏使軍司杜弼作檄移梁朝曰：「皇家垂統，光配彼天，唯彼吳越㉖，獨阻聲教。元首懷止戈之心，上宰薄兵車之命㉗，遂解縶南冠㉘，喻以好睦㉙，雖嘉謀長筭，爰自我始，罷戰息民，彼獲其利。侯景豎子，自生猜貳，遠託關隴㉚，依憑姦偽，逆主定君臣之分，偽相結兄弟之親，豈曰無恩，終成難養，俄而易慮，親尋干戈，釁暴惡盈，側首無託㉛，以金陵逋逃之藪，江南流寓之地，甘辭卑禮，進孰圖身㉜，詭言浮說，抑可知矣！而偽朝大小，幸災忘義，主荒於上，臣蔽於下，連結姦惡，斷絕鄰好，徵兵保境，縱盜侵國。蓋物無定方，事無定勢，或乘利而受害，或因得而更失，是以吳侵齊境，遂得句踐之師㉝，趙納韓地，終有長平之役㉞；矧乃鞭撻疲民㉟，侵軼徐部㊱，築壘擁川，舍舟徼利，是以援枹秉麾之將，跋距投石之士㊲，含怒作色，如赴私讎。彼連營擁眾，依山傍水，舉螳蜋之斧，被蛣蜣之甲㊳，當窮轍以待輪㊴，坐積薪而候燎㉚。及鋒刃纔交，塵埃且接，已亡戟棄戈，土崩瓦解，掬指舟中，衿甲鼓下㉛，同宗異姓，縲紲㉜相望。曲直既殊，彊弱不等，獲一人而失一國㉝，見黃雀而忘深穽㉞，智者所不為，仁者所不向，誠既往之難逮，猶將來之可追㉟。侯景以鄙俚之夫，遭風雲之會，位班三事㊱，邑啓萬家，揣身量分，久當止足，而周章㊲向背，離披㊳不已。夫豈徒然？意亦可見。彼乃授之以利器，誨之以謾藏㊴，使其勢得容姦，時堪乘便。今見南風不競㊵，天亡有徵，老賊姦謀，將復作矣㊶！然推堅彊者難為功，摧枯朽者易為力，計其雖非孫吳猛將，燕趙精兵，猶是久涉行陳，曾習軍旅，豈同剽輕之師㊷？不比危脆之眾㊸。拒此則作氣不足，攻彼則為勢有餘。終恐尾大於身，踵麤於股㊹，倔彊不掉，狼戾難馴㊺，呼之則反速而釁小，不徵則叛遲而禍大。會應遙望廷尉，不肯為臣㊻，自據淮南，亦欲稱帝㊼但恐楚國亡猨，禍延林木，城門失火，殃及池魚㊽，橫使江淮士子，荊揚人物，死亡矢石之下，夭折霧露之中。彼梁主者，操行無聞，輕險有素，射雀論功，盪舟稱力㊾，年既老矣，耄又及之(四〇)。政散民流，禮崩樂壞，加以用舍乖方，廢立失所(四一)，矯情動俗，飾智驚愚。毒螫滿懷，妄敦戒業，躁競盈胸，謬治清淨(四二)。災異降於上，怨讟興於下，人人厭苦，家家思亂，履霜有漸，堅冰且至(四三)。傳險躁之風俗，任輕薄之子孫，朋黨路開，兵權在外，必將禍生骨肉，釁起腹心，彊弩衝城，長戈指闕。徒探雀鷇，無救府藏之虛(四四)，空請熊蹯，詎延晷刻之命(四五)。外崩中潰，今實其時。鷸蚌相持，我乘其弊(四六)，方使駿騎追風，精甲輝日，四七並列(四七)，百萬為羣，以轉石之形，為破竹之勢(四八)，當使鍾山渡江，青蓋入洛(四九)，荊棘生於建業之宮，麋鹿遊於姑蘇之館(五〇)。但恐革車之所轥轢(五一)，劍騎之所蹂踐，杞梓於焉傾折，竹箭以此摧殘(五二)。若吳之王孫，蜀之公子(五三)，歸款軍門，委命下吏，當即授客卿之秩，特加驃騎之號(五四)，凡百君子，勉求多福。」其後梁室禍敗，皆如弼言。

侯景圍譙城不下，退攻城父，拔之。壬申（初九日），遣其行臺左丞王偉等詣建康，說上曰：「鄴中文武，合謀召臣共討高澄，事泄，澄幽元善見(五五)於金墉，殺諸元六十餘人，河北物情，俱念其主，請立元氏一人以從人望，如此，則陛下有繼絕之名，臣景有立功之效，河之南北為聖朝之邾莒(五六)，國之男女為大梁之臣妾。」上以為然。乙亥（十二日），下詔以太子舍人元貞為咸陽王，【考異】梁紀作戊辰遣貞，今從典略資以兵力，使還北主魏，須渡江(五七)，許即位，儀衛以乘輿之副給之。貞，樹之子也(五八)。

蕭淵明至鄴，東魏主升閶闔門受俘，讓而釋之，送於晉陽大將軍澄，待之甚厚。

慕容紹宗引軍擊侯景，景輜重數千兩，馬數千匹，士卒四萬人，退保渦陽。紹宗士卒十萬，旗甲耀日，鳴鼓長驅而進。景使謂之曰：「公等為欲送客，為欲定雌雄邪？」紹宗曰：「欲與公決勝負。」遂順風布陳，景閉壘，俟風止乃出(五九)。紹宗曰：「侯景多詭計，好乘人背。」使備之，果如其言。

景命戰士皆被短甲，執短刀，入東魏陳，但低視，斫人脛馬足，東魏兵遂敗。紹宗墜馬，儀同三司劉豐生被傷，顯州刺史(六〇)張遵業為景所擒，紹宗、豐生俱奔譙城。裨將斛律光、張恃顯尤之(六一)，紹宗曰：「吾戰多矣，未見如景之難克者也。君輩試犯之。」光等被甲將出，紹宗戒之曰：「勿度渦水。」二人軍於水北，光輕騎射之，景臨渦水謂光曰：「爾求勳而來，我懼死而去(六二)。我，汝之父友(六三)，何為射我？汝豈自解不度水南？慕容紹宗教汝也！」光無以應。景使其徒田遷射光馬，洞胸，光易馬隱樹，又中之，退入於軍。景擒恃顯，既而捨之。光走入譙城，紹宗曰：「今定何如而尤我也？」光，金之子也。

開府儀同三司段韶夾渦而軍，潛於上風縱火，景帥騎入水，出而卻走，草濕不復然。

(廿八)魏岐州久經喪亂，刺史鄭穆初到，有戶三千，穆撫循安集，數年之間，至四萬餘戶，考績為諸州之最，丞相泰擢穆為京兆尹。

(廿九)侯景與東魏慕容紹宗相持數月，景食盡，司馬世雲降於紹宗。

【今註】㈠太清元年：是年四月始改元太清，時尚為中大同二年。㈡以湘東王繹為都督荊、雍等九州諸軍事、荊州刺史：以代廬陵王續也。九州謂荊、雍、湘、司、郢、寧、梁、南秦、北秦。㈢中錄事參軍：胡三省曰：「中錄事參軍蓋使之錄閤中事，在左右親近者也。」㈣故終而不隱：終，卒也。言廬陵王續既卒而不敢隱其生前失行。㈤初，湘東王繹為荊州刺史，有微過，續代之，以狀聞：《北史・廬陵威王續傳》，繹之臨荊州，有宮人李桃兒者以才慧得進，及還，以李氏行，時行宮禁重，續具狀以聞，繹使使者泣訴於太子綱，綱和之不得，繹懼，送李氏還荊州，世所謂西歸內人者。㈥屧：屧與屟同，音燮，履中薦也。《通訓定聲》曰：「屟蓋如今婦女鞵中所施木底也。春秋時吳宮有響屟廊，東宮舊事有絳地文履屟百副。」㈧擢人受任：受當作授，《北齊書・神武帝紀》作授。㈨廝養：《漢書・淮南王傳》：「廝輿之卒。」又〈兒寬傳〉：「嘗為弟子都養。」顏師古曰：「廝，析薪者，養，主給烹炊者也，皆賤役之人。」㈩知人好士，全護勳舊：胡三省曰：「如尉景、司馬子如、孫騰諸人是也。」⑪每獲敵國盡節之臣，多不之罪：胡三省曰：「如泉企，裴讓是也。」⑫世子澄秘不發喪：遵歡遺教也，見上卷上年。⑬諸將皆以景之叛由崔暹：胡三省曰：「崔暹糾劾權貴，諸將恨之，故以景叛為暹罪。」⑭晁錯前事：漢景帝殺錯以謝七國，事見卷十六漢景帝三年。⑮三月，魏詔自今應宮刑者直沒官，勿刑：三月當作二月，下有三月庚子可證，《北史・魏紀》系其事在二月。⑯請舉函谷以東，瑕丘以西，豫、廣、郢、荊、襄、兗、南兗、濟、東豫、洛、揚、北荊、北揚等十三州內附：《魏書・地形志》，瑕丘，魏兗州治也，故城在今山東省滋陽縣西二十五里。又〈地形志〉魏孝明帝正光中置南兗州，治譙城，領陳留、梁郡、下蔡、北梁、馬頭等郡，譙城在今河南省夏邑縣北。又東魏孝靜帝天平二年置北揚州，領陳郡、南頓、汝陰、丹陽、陳留等郡，治項城；武定二年置北荊州，領伊陽、新城、汝北等郡。《五代志》河南陸渾縣有東魏北荊州，淮陽郡項城縣東魏置北揚州。項城故城在今河南省項城縣東北，陸渾故城在今河南省嵩縣東北伏流城北三十餘里，古伊川地也。餘州註已見前。㉗若齊、宋一平，徐事燕、趙：胡三省曰：「齊謂青州，宋謂徐州，燕、趙謂河北之地。」㉘頃歲與魏通和：南北自大同二年東魏請和，自是信使交聘不絕。㉙膠柱：《史記》藺相如謂趙王曰：「王以名使括，若膠柱而鼓瑟耳！括徒能讀其父書傳，不知合變也。」喻拘泥舊規而不知權變也。㉚上愈神之：愈以其夢為神異。㉛嘗獨言我國家如金甌，無一傷缺，今忽受景地，詎是事宜，脫致紛紜，悔之何及：胡三省曰：「獨言者，宴閑之時，非因與侍臣問答，獨言其事。蓋帝欲受景地，念茲在茲而不能自已於言也。」㉜天誘其衷：用左傳甯武子之言。杜預曰：「衷，中也。」㉝上幸同泰寺捨身，如大通故事：大通元年，帝始捨身同泰寺，事見卷一百五十一。㉞兗州刺史桓和：《梁書．武帝紀》作兗州刺史桓和，《北史．梁紀》作土州刺史桓和。《五代志》漢東郡土山縣梁曰龍巢，置土州及東西二永寧、真陽三郡，故治在今湖北省隋縣東北五十里。㉟仁州刺史：《魏書．地形志》梁武帝置仁州，治赤坎城，領臨淮郡，郡領己吾、義城二縣，而已吾為州、郡治所，然則赤坎城當在已吾縣也。《五代志》彭城郡穀陽縣有己吾、義城二縣，後齊併以為臨淮縣。故城在今安徽省靈壁縣東南。㊱澄起舞，識者知其不終：《左傳》周景王喪太子及后，以喪賓宴，晉叔向曰：「王其不終乎！吾聞之，所樂必卒焉。今王樂憂，若卒以憂，不可謂終。」㊲系，繪之弟也：李繪見卷一百五十八大同八年。㊳景以羊鴉仁等軍猶未至，乃退保潁川：胡三省曰：「侯景不敢乘勝北向者，蓋以高歡雖死，高澄猶能用其眾也。」㉚割東荊、北兗州、魯陽、長社四城賂魏以求救：魯陽，時為東魏廣州治，長社，潁州治也，東荊治沘陽，註已見前。胡三省曰：「時無北兗州，唯北荊州治伊陽，與西魏接境，豈史家誤以荊為兗邪！」㉛荊州刺史王思政：思政自玉壁徙鎮荊州見上卷中大同元年。按《周書・王思政傳》思政蓋自玉壁徙鎮恆農，復自恆農遷刺荊州。㉜即以步騎萬餘從魯陽關向陽翟：《水經注》魯陽關左右連山插漢，秀木干雲。張協詩云：「朝登魯陽關，峽路峭且深。」在今河南省南召縣東北，即三鴉之第三鴉也。陽翟縣，漢屬潁川郡，晉屬河南尹，《魏書・地形志》東魏孝靜帝興和元年分置陽翟郡，屬鄭州，今河南省禹縣。㉝儀同三司趙貴：《周書・趙貴傳》貴時為開府儀同三司。㉞王旅未接：謂羊鴉仁等軍未至也。㉟螫手解腕：蝮蛇螫手，壯手解腕。張晏曰：「螫，怒也，毒時怒必螫人也。」㊱懸瓠、項城：東魏豫州治懸瓠，今河南省汝南縣，北揚州治項城，今河南省項城縣東北。㊲影響：言互相呼應如影之隨形，響之應聲也。㊳大夫出境，尚有所專：春秋之義，大夫出疆，專之可也，所謂閫外之寄也。㊴以鄱陽王範為征北將軍，總督漢北征討諸軍事，擊穰城：以應侯景之兵也。穰城今河南省鄧縣，時為魏荊州治。㊵貴欲誘景入營而執之，弼止之：胡三省曰：「李弼之計，以為執侯景不能猝兼河南之地，徒為東魏去疾，故止貴。」㊶羊鴉仁遣長史鄧鴻將兵至汝水，弼引兵還長安：胡三省曰：「東魏之師已退而梁之援兵始來，弼若不還師，則梁、魏之兵必浪戰於汝、潁之閒矣，引兵而還，則禍集於梁。」㊷同軌：《五代志》河南郡熊耳縣後周置同軌郡，故城在今河南省洛寧縣東北。胡三省曰：「周、齊以宜陽為界。以同軌名郡者，言將自此出兵，以軌壹東西，使天下車同軌也。」後周同軌郡，西魏之東宜陽也。㊺侯景之於高歡，始敦鄉黨之情，終定君臣之契：歡與景皆懷朔鎮人，少相友善，見卷一百四十九天監十八年。其後同事爾朱氏，歡既滅爾朱，景遂委質於歡。㊹今益之以勢，援之以兵，竊恐貽笑將來也：謂魏若納歡，歡必叛魏，將羅養虎貽患之譏。㊺侯景狡詐，必不肯應召入朝。㊻尋辭還所鎮：還鎮同軌也。㊼吾恥與高澄雁行，安能比肩大弟：大弟謂宇文泰也。比肩亦雁行之義。禮王制，父之齒隨行，兄之齒雁行。雁行，謂斜列並進，如雁之飛行也。㊽德政，顥之子也：高顥見卷一百四十七天監七年。㊾魏長樂武烈公若干惠卒：若干惠，魏司空。㊿緦縗：緦麻之縗也。㊀凶禮：喪禮也。㊁詔更以懸瓠為豫州，壽春為南豫州，改合肥為合州：梁徙豫州於壽春，南豫州於合肥，見卷一百五十一普通七年。胡三省曰：「後漢豫州治譙，魏治汝南、安成，晉治陳國，晉氏南渡，石氏強盛，祖約自譙城退屯壽春，始僑立豫州於壽春，是後庾亮以豫州刺史鎮蕪湖，毛寶治邾城，趙胤治牛渚，謝尚鎮歷陽，又進馬頭，桓沖戍姑孰，蓋不常厥居也。宋武帝欲開拓河南，綏定豫土，割揚州大江以西悉屬豫州，豫州基地因此而立，永初二年，分淮東為南豫州，治歷陽，淮西為豫州，然猶治壽春也。大明以後，豫州治懸瓠，常珍奇歸北，懸瓠入魏，豫州復治壽陽。齊東昏之時裴叔業又以壽陽附魏，遂以歷陽為豫州，至帝天監中，韋叡克合肥，以為豫州，復以歷陽為南豫州，後復壽陽，又徙豫州復舊治，今得懸瓠，復宋之舊為豫州，以壽陽為南豫，以合肥為合州，南北兵爭，疆埸之閒，一彼一此，易置州郡，類如是矣！」㊂以西陽太守羊思達為殷州刺史，鎮項城：《魏書・地形志》東魏北揚州治項城，梁改置殷州。〔五四〕取急在外：胡三省曰：「謂取休假在外舍也。」余按此取義猶請也，言本非休日，以有急事，故請休在外也。〔五五〕且陛下昔登北顧亭以望：謂大同十年帝幸京口北固樓時也，事見卷一百五十八。〔五六〕江右：胡三省曰：「江、郢、揚、南徐之地為江左，豫、南豫、南兗之地為江右。」江右，謂江左迤西之地也。魏禧《日錄雜說》云：「江東稱江左，江西稱江右，蓋自江北視之，江東在左，江西在右耳！」〔五七〕所乘襻輿，施版屋，冠以牛皮：既施版屋於襻輿，其上復冠以牛皮，蓋欲以禦兵自保。襻，衣系也。胡三省曰：「襻輿者，輿擱施襻，人以肩舉之。」即肩輿也。〔五八〕會理自以皇孫復為都督：胡三省曰：「言既以皇孫之貴自高，又以都督之尊自處。」〔五九〕成安鼓山：《魏書・地形志》司州魏尹臨漳縣有鼓山。《五代志》魏郡成安縣，後齊置。宋白曰：「成安縣本漢斥丘縣地，春秋時乾侯邑也，土地斥鹵，故曰斥丘，其地在鄴北，齊分鄴置成安縣。」即今河北省成安縣。〔六〇〕武州刺史蕭弄璋攻東魏磧泉、呂梁二戍：《五代志》下邳郡下邳縣梁曰歸政，置武州，故城在今江蘇省邳縣東，又武陵郡梁亦置武州，故治今湖南省常德縣，《魏書・地形志》彭城郡呂縣有呂梁城，《五代志》彭城郡彭城縣舊置彭城郡，有呂梁山，水經注泗水過呂縣南，水上有石梁，謂之呂梁，在今江蘇省銅山縣東南五十里，銅山縣，故彭城也，磧泉戍當在其近，權以地望，此武州當指歸政之武州也。〔六一〕更不追攝：攝，收也，拘捕也。〔六二〕二邦：謂梁及西魏。〔六三〕熊豹：武士也，喻其勇猛如熊豹。〔六四〕昔王陵附漢，母在不歸：事見卷九漢高帝元年。〔六五〕太上囚楚，乞羹自若：事見卷十漢高帝四年。〔六六〕戊子，詔以景錄行臺尚書事：上已系戊子日，此戊子為衍文。南朝以錄尚書事之權最重，註已見前，今以景為行臺錄事，蓋重其權位以收其心，並委以河南軍國之任也。（六七）旅力：旅與膂同，脊骨也。（六八）始，獻武王自病逐君之醜：謂迫逐孝武帝使入關中也。北齊文宣帝天保初，謚歡曰獻武。（六九）可否聽旨：聽上旨以斷可否，言不敢專決也。（七〇）使中書黃門郎崔季舒察帝動靜：胡三省曰：「五代志、紀，北齊之制，黃門侍郎屬門下省，中書侍郎屬中書省，分為二官。高澄以崔季舒為中書黃門郎者，蓋澄欲使季舒伺察靜帝，以為黃門郎則侍從左右，以為中書郎則典掌詔命，故兼領二職也。」（七一）癡人比復何似：癡人，謂孝靜帝也，澄忌帝之英斷而不下己，故斥為癡人，比，近也，復何似，謂較諸往昔復如何也。（七二）差：同瘥，疾稍癒也。（七三）監衞都督烏那羅受工伐：胡三省曰：「監衞都督，高氏置此官以監宿衞，所以防制其君者也。烏那羅，虜三字姓。」（七四）嗔：怒也。（七五）帝不勝忿：胡三省曰：「歡舉酒屬帝如儕輩然，無復君臣之敬，故不勝忿。」（七六）詠謝靈運詩：謝靈運作詩事見卷一百二十二宋文帝元嘉十年。（七七）常侍侍講潁川荀濟：胡三省曰：「荀濟以散騎常侍侍講。」（七八）大器，鷙之子也：華山王鷙，平文帝子高涼王孤之六世孫也，卒於大同七年。（七九）澄乃下牀：澄蓋據胡牀而坐。程大昌曰：「今之交牀，本來自虜，始名胡牀，桓伊下馬據胡牀取笛三弄是也。隋高祖意在忌胡，器物涉胡言者咸令改之，乃改交牀，唐穆宗時又名繩牀。」（八〇）幽帝於含章堂：胡三省曰：「含章堂蓋取坤卦含章可貞之義，必在鄴宮之內殿左右。幽者，閉帝於內不使出而專殺於外也。」（八一）會於盾鼻上磨墨檄之：韓翃詩云：「郡公盾鼻好磨墨，走馬為君飛羽書。」盾鼻，盾之鈕也，《北史．荀濟傳》作楯上，無鼻字。言上若有非常之舉，亦當起兵於盾上磨墨作檄以討其罪。(八二)朝眾：朝廷百官也。(八三)澄為中書監：大同十年，東魏以高澄領中書監。(八四)楊遵彥：楊愔字遵彥。(八五)壯氣在耳：謂年雖衰而氣猶壯。(八六)鹿車載詣東市，幷焚之：幷鹿車與濟焚之也。《後漢書・趙熹傳》：「載以鹿車。」章懷注引《風俗通》曰：「俗說鹿車窄小，裁容一鹿。」(八七)諮議溫子昇：子昇蓋為大將軍府諮議參軍。(八八)沒其家口：沒其家口為官奴也。(八九)京師諸貴：胡三省曰：「諸貴，謂司馬子如、孫騰等。」(九〇)掎角：《左傳》曰：「譬如捕鹿，晉人角之，諸戎掎之。」孔穎達疏云：「角之，謂執其角也；掎之，言戾其足也。」(九一)岐陽：岐山之陽。《五代志》扶風郡雍縣有岐陽宮。(九二)金門郡公：《五代志》河南郡宜陽縣東魏置金門郡，故治在今河南省宜陽縣西，縣有金門山，故以名郡。(九三)樂緩於機變，不如慕容紹宗，且先王之命也：高歡令澄用慕容紹宗以敵侯景見上卷上年。(九四)新使人來餉金：新謂新近，不久之前也。餉，饋也。(九五)保無異也：保紹宗必無異心。(九六)乙酉，以紹宗為東南道行臺，與岳、樂偕行：按《魏書・孝靜帝紀》在十月乙酉，十月甲子朔，乙酉二十二日，十一月甲午朔，無乙酉。(九七)若然，高王定未死邪：若然猶言若如此，高王謂高歡。景蓋謂知紹宗之能而能起用之者唯高歡一人，故謂歡未死也。(九八)臨發，問以政事之要：謂杜弼臨發從軍，澄問以政事之要也。《北齊書・杜弼傳》，高歡為大丞相，徵弼為大丞相府法曹，行參軍署記室事，又引弼典掌機密，甚見信待，故問之。(九九)潼州刺史：五代志下邳郡夏丘縣東魏置臨潼郡，梁置潼州。夏丘，今安徽省泗縣治。《魏書・地形志》梁武帝置潼州，東魏孝靜帝武定六年改置睢州，治取慮城，領淮陽、穀陽、睢南、南濟陰、臨潼等郡，取慮城在今江蘇省睢寧縣西南，與夏丘皆臨潼郡之屬縣也。㊵譙州刺史：《魏書・地形志》魏宣武帝景明中置渦陽郡，孝明帝孝昌中陷於梁，治渦陽城，領南譙、汴郡、龍亢、蘄城、下蔡、臨渙、蒙郡等郡。《五代志》譙郡山桑縣後魏渦州渦陽郡，東魏改曰譙州。然則渦陽蓋即隋之山桑也，故城在今安徽省全椒縣西北。㊶宦者張僧胤白朱异啓事，上駭之：非時啓事必有他變，故駭。㊷文德殿閣：胡三省曰：「文德殿，建康宮前殿也。」㊸韓山失律：韓山即寒山，在今江蘇省銅山縣東南十八里。失律，謂軍行失利也。《易・師》初六象辭云：「師出以律，失律，凶也。」後相承為軍行失利之稱。㊹悵然：失意貌。㊺吾得無復為晉家乎：謂將亡於夷狄也。㊻吳越：謂梁。梁立國江左，古吳越之地也。㊼元首懷止戈之心，上宰薄兵車之命：元首謂東魏主，上宰謂高歡，薄，厭薄之也。㊽解縶南冠：《左傳》楚伐鄭，鄭人囚鄖公鍾儀，獻諸晉，晉人囚諸軍府，晉侯觀於軍府，見鍾儀，問之曰：「南冠而縶者誰也？」有司對曰：「鄭人所獻楚囚也。」使稅之，召而問之曰：「能樂乎？」對曰：「先父之職官也，敢有二事？」使與之琴，操南音，公曰：「君王何如？」對曰：「非小人之所得知也。」固問之，對曰：「其為太子也，師保奉之，以朝於嬰齊，而夕於側也，不知其他。」公語范文子，文子曰：「楚囚，君子也，言稱先職，不背本也，樂操土風，不忘舊也，稱太子，抑無私也，名其二卿，尊君也。不背本，仁也；不忘舊，信也；無私，忠也；尊君，敏也。仁以接事，信以守之，忠以成之，敏以行之，事雖大，必濟，君盍歸之使合晉楚之成。」公從之，重為之禮，使歸求成。後遂以南冠為羈囚者之稱。㊾喻以好睦：東魏與梁通好見卷一百五十七大同三年。㊿自生猜貳，遠託關隴：謂侯景叛其故主而降於西魏。㉑側身無託：謂侯景不見容於西魏也。側者，憂懼不自安之義，如曰側身、側席、側目，其義皆同。㉒進孰圖身：胡三省曰：「孰古熟字通，言進軟熟之辭以為容身之圖。」㉓是以吳侵齊境，遂得句踐之師：《左傳》吳伐齊，敗齊師於艾陵，遂與晉侯會於黃池，而越王句踐乘虛伐吳，獲其太子，遂入吳，吳王歸，及越平，其後越遂伐吳而滅之。㉔趙納韓地，終有長平之役：謂趙納韓之上黨而與秦軍戰於長平也，事見卷五周赧王五十三年至五十五年。㉕鞭撻疲民：謂梁朝之民，既疲於賦役，復驅策以應征伐。㉖侵軼徐部：杜預曰：「軼，突也。」徐部，徐州之地也。漢置十三州部刺史，後遂相沿以為州稱。㉗跋距投石之士：《漢書．甘延壽傳》：「投石拔距。」顏師古曰：「拔距者，有人連坐相把，據地距以為堅，而能拔取之，皆言其有手擊之力。」應劭曰：「投石，以石投人也。」王念孫曰：「劉逵云：『拔距，謂兩人以手相案，能拔引之也。』師古之解拔距，蓋本於此。今案投石拔距者，石，擿也，投石猶言投擿，擿亦投也，廣雅：『擿，投也。』石，擿也，賈子連語篇『提石之者猶未肯止，』提亦擿也，史記刺客傳荊軻引其匕首以擿秦王，燕策擿作提是也。拔距，超距也，史記王翦傳『方投石超距』，徐廣云：『超一作拔。』超亦拔也。投石拔距，投石超距，皆四字平列，管子輕重丁篇『戲笑超距』亦四字平列，應劭謂投石為以石投人，劉逵謂拔距為兩人以手相案，能拔引之，皆非是。」其說又與古說異。跋與拔同。㉘舉螳螂之斧，被蛣蜣之甲：《後漢書．袁紹傳》：「運螳螂之斧，禦隆車之隧。」螳臂微有鋒利若斧，用以捕蟲，故以為喻。蛣蜣，蜣蜋也，翼在甲下，故以為喻，皆極言梁兵之輕弱也。㉙當窮轍以待輪：

《莊子》曰：「猶螳蜋之怒臂以當車轍，則必不勝任矣！」陸佃曰：「螳蜋，有斧蟲也，兗人謂之拒斧，奮之當轍不避。」⑳坐積薪而俟燎：《漢書》賈誼曰：「抱火而厝之積薪之下而寢其上，火未及燃，因謂之安。」喻以至危為至安也。㉑掬指舟中，衿甲鼓下：《左傳》楚子圍鄭，晉師救鄭，荀林父帥師及楚子戰于邲，楚人乘之，林父不知所為，鼓於軍中曰：「先濟者有賞。」中軍、下軍爭舟，舟中之指可掬也。又晉伐齊，齊師夜遁，晉師從之，夙沙衛連大車塞隧以殿，殖綽、郭最曰：「子殿齊師，國之辱也。」乃代之殿，衛殺馬於隘以塞道，晉州綽及之，射殖綽中肩，弛弓而自後縛之，其右具丙亦捨兵而縛郭最，皆衿甲面縛，坐於中軍之鼓下。㉒縲紲：縲與纍同，繩索也；紲，繫縛也；所以拘罪人。㉓獲一人而失一國：《左傳》宋猛獲與南宮萬弒其君，宋討之，猛獲奔衛，宋人請之，衛人欲弗許，石祁子曰：「天下之惡一也，惡於宋而保於我，保之何補？得一夫而失一國，與惡而棄好，非謀也。」衛人歸之。失一國，謂失一與國也。引此以喻梁獲一侯景而將失東魏之好。㉔見黃雀而忘深穽：謂見小利而忘大害。㉕誠既往之難逮，猶將來之可追：逮，及也，亦亡羊補牢之義，蓋欲誘梁與之講和以攜侯景。㉖位班三事：三事，三公也。〈小雅・雨無正〉之詩：「三事大夫，莫肯夙夜。」侯景時為東魏司徒。㉗周章：驚懼貌。《文選・左思吳都賦》云：「輕禽狡獸，周章夷猶。」李善註：「云恐懼不知所之也。」㉘離披：分散貌。《楚辭・九辯》：「白露既下百草兮，奄離披此梧楸。」㉙彼乃授之以利器，誨之以謾藏：《老子》曰：「國之利器，不可以授人。」《易》曰：「慢藏誨盜，冶容誨淫。」器，謂權位也，謾與慢同。言既授之以權柄，復守掌不謹，自招禍咎也。㉚南風不競：《左傳》晉圍齊，楚乘其閒伐鄭，晉人聞之，師曠曰：「不害，吾驟南風，又歌北風，南風不競，多死聲，楚必無功。」果如其言，楚在晉南，故云。競，強也。此蓋以師曠之言為喻，謂梁師屢敗也。㉛老賊姦謀，將復作矣：謂侯景將復叛梁。㉜剽輕之師：《漢書》張良曰：「楚兵剽輕。」剽輕，勁疾也。㉝危脆之眾：危殆脆弱之眾。㉞終恐尾大於身，踵麤於股：《左傳》申無宇曰：「末大必折，尾大不掉。」〈秦策〉范睢謂秦王曰：「未嘗聞指大于臂，臂大於股。」《韓非・揚權篇》云：「腓大於股，難以趣走。」其義皆同。㉟倔彊不掉，狼戾難馴：倔彊，梗戾貌；狼戾，很也。㊱會應遙望廷尉，不肯為臣：用蘇峻事為譬，見卷九十三晉成帝咸和二年。㊲自據淮南，亦欲稱帝：用黥布謀反事為喻，見卷十二漢高帝十一年。㊳但恐楚國亡猨，禍延林木，城門失火，殃及池魚：喻無端而受禍也。楚僻處南荒，地多林木，故以為喻。胡三省曰：「池魚，人姓名，風俗通有池仲魚，城門失火，仲魚燒死，故諺曰：『城門失火，殃及池魚。』一曰城門失火，汲城下之池水以救之，池涸則魚受其殃。」按上曰禍延林木，以林木對池魚，當以一曰為是。㊴射雀論功，盪舟稱力：胡三省曰：「國語晉平公射鷃不死，使豎襄搏之失，公怒，將殺之，以告叔向，叔向曰：『君必殺之。昔先君唐叔射兕於徒林以為大甲，以封於晉，今君嗣先君唐叔，射鷃不死，搏之不得，是揚吾君之恥者也，必殺之。』君忸怩顏，乃赦之。」鷃扈小鳥，即鷃雀也。《左傳》齊桓公與蔡姬乘舟于囿，蕩公。杜預注曰：「蕩，搖也。」鷃今《國語》俱作鴳。㊵年既老矣，耄又及之：耄，老而憒亂也。《楚辭》：「心悼怵而耄思。」王逸注曰：「耄，亂也。心中自傷惕而思志為耄亂。」㊶加以用舍乖方，廢立失所：胡三省曰：「用舍乖方，謂免周捨，責顧琛而用朱异，廢立失所，謂御昭明而不立世嫡孫，乃立太子綱也。」舍讀曰捨，用捨猶曰取捨。㊷毒螫滿懷，妄敦戒業，躁競盈胸，謬治清淨：戒業、清淨皆指佛事。言帝性本躁競惡毒而偽為善行以自矯飾。㊸履霜有漸，堅冰且至：《易・坤卦》初六爻辭曰：「履霜堅冰至。」謂因履霜而至堅冰，言其所由來者漸，非一朝一夕之故也。㊹徒探雀鷇，無救府藏之虛：戰國趙司冠圍武靈王於沙丘宮，欲出不得，又不得食，探雀鷇而食之，事見卷四周赧王二十年。雀鷇，雛雀也。㊺空請熊蹯，詎延晷刻之命：《左傳》楚世子商臣圍其父成王，王請食熊蹯而死，不許，乃縊。杜預注曰：「熊蹯難熟，冀久，將有外救。」熊蹯，俗謂之熊掌。㊻鷸蚌相持，我乘其弊：《戰國策》趙且伐燕，蘇代為燕謂惠王曰：「今者臣來，過易水，蚌方出曝而鷸啄其肉，蚌合拑其喙，鷸曰：『今日不雨，明日不雨，即有死蚌。』蚌亦謂鷸曰：『今日不出，明日不出，即有死鷸。』兩者不肯相舍，漁者得而並擒之。今趙且伐燕，燕、趙久相支以弊大眾，臣恐強秦之為漁父也。」㊼四七並列：胡三省曰：「漢光武用二十八將以定天下，後人贊之曰：『授鉞四七。』」㊽以轉石之形，為破竹之勢：《孫子》曰：「任勢者，其戰人也如轉木石，木石之性，安則靜，危則動，方則上，圓則行，故善戰人之勢，如轉圓石於千仞之山者，勢也。」杜預上平吳之策曰：「今兵威已振，譬如破竹，數節之後，皆迎刃而解。」見卷八十一晉武帝太康元年。㊾當使鍾山渡江，青蓋入洛：吳主皓使術士尚廣筮取天下，對曰：「庚子歲青蓋當入洛陽。」其後吳亡，皓入洛，歲在庚子，事見卷七十九晉武帝泰始八年。鍾山渡江為青蓋入洛之對，謂梁終將為東魏所滅。(五〇)荊棘生於建業之宮，麋鹿遊於姑蘇之野：《漢書・伍被傳》淮南王安陰有邪謀，伍被諫曰：「昔子胥諫吳王，吳王不用，迺曰：『臣今見麋鹿遊姑蘇之臺也。』今臣亦將見宮中生荊棘，露霑衣也。」其言本此。(五一)轔轢：車所輾也。《文選・司馬相如上林賦》：「徒車之所轔轢。」(五二)杞梓於焉傾折，竹箭以此摧殘：胡三省曰：「杞梓、竹箭，東南之嘉產也。」杞梓、竹箭，以喻江南佳公子。(五三)若吳之王孫，蜀之公子：《文選・左思三都賦》曰：「東吳王孫，西蜀公子。」弼文本此。(五四)當授客卿之秩，特加驃騎之號：胡三省曰：「李斯自楚入秦為客卿，孫秀自吳奔晉為驃騎將軍，弼以此誘南人，要亦書檄之常談耳！」(五五)元善見：東魏孝靜帝諱善見。(五六)河之南北為聖朝之邾、莒：邾、莒，春秋時小國也，言將以河南為列藩以附於梁也。(五七)須渡江：須，待也。(五八)貞，樹之子也：元樹奔梁，中大通四年為樊子鵠所擒。(五九)景閉壘，俟風止乃出：逆風不利於戰，故俟風止乃出。(六〇)顯州刺史：《魏書・地形志》魏孝莊帝永安中置顯州，治汾州六壁城，領定戎、建平、真君等郡，東魏孝靜帝武定四年，增置武昌郡以屬顯州。六壁城在今山西省孝義縣西。(六一)裨將斛律光、張恃顯尤之：尤，咎也。尤之者，責紹宗敗軍之咎也。(六二)我懼死而去：謂懼見誅於高氏而去魏。(六三)我，汝之父友：光父斛律金與侯景同事爾朱氏及高歡，故景自謂光之父友。

卷一百六十一　梁紀十七

司馬光編集
林瑞翰註

著雍執徐，一年。（戊辰，西元五四八年）

高祖武皇帝十七

太清二年（西元五四八年）

㈠春，正月，己亥（初七日），慕容紹宗以鐵騎五千夾擊侯景㈠，景誑其眾曰：「汝輩家屬已為高澄所殺。」眾信之。紹宗遙呼曰：「汝輩家屬並完，若歸，官勳如舊㈡。」被髮向北斗為誓㈢。景士卒不樂南渡，其將暴顯等各帥所部降於紹宗㈣，景眾大潰，爭赴渦水，水為之不流。景與腹心數騎自硤石濟淮，稍收散卒，得步騎八百人，南過小城，人登陴詬㈤之曰：「跛奴㈥，欲何為邪？」景怒，破城，殺詬者而去，晝夜兼行，追軍不敢逼。【考異】典略雲晝息夜行，追軍漸逼，今從梁書。使謂紹宗曰：「景若就擒，公復何用？」紹宗乃縱之㈦。

㈡辛丑（初九日），以尚書僕射謝舉為尚書令，守吏部尚書王克為僕射。

㈢甲辰（十二日），豫州刺史羊鴉仁，以東魏軍漸逼，稱糧運不繼，棄懸瓠，還義陽，殷州刺史羊思達亦棄項城走㈧。【考異】典略在六月，今從梁帝紀。東魏人皆據之。上怒，責讓鴉仁，鴉仁懼，啓申後期，頓軍淮上㈨。

㈣侯景既敗，不知所適。時鄱陽王範除南豫州刺史，未至㈩，馬頭戍主劉神茂素為監州事韋黯所不容，聞景至，故往候之㈡。景問曰：「壽陽去此不遠，城池險固，欲往投之，韋黯其納我乎？」神茂曰：「黯雖據城，是監州耳！王若馳至近郊，彼必出迎，因而執之，可以集事。得城之後，徐以啓聞，朝廷喜王南歸，必不責也。」景執其手曰：「天教也。」神茂請帥步騎百人先為鄉導，壬子（二十日），景夜至壽陽城下，韋黯以為賊也，授甲登陴，景遣其徒告曰：「河南王戰敗來投此鎮，願速開門。」黯曰：「既不奉敕，不敢聞命。」景謂神茂曰：「事不諧矣。」神茂曰：「黯懦而寡智，可說下也。」乃遣壽陽徐思玉㈢入見黯曰：「河南王，朝廷所重，君所知也，今失利來投，何得不受？」黯曰：「吾之受命，唯知守城。河南自敗，何預吾事？」思玉曰：「國家付君以閫外之略，今君不肯開城，若魏兵來至，河南為魏所殺，君豈能獨存？何顏以見朝廷？」黯然之。思玉出報，景大悅曰：「活我者卿也。」癸丑（二十一日），黯開門納景，景遣其將分守四門，詰責黯，將斬之，既而撫手大笑，置酒極歡。黯，叡之子也㊂。

朝廷聞景敗，未得審問。或云景與將士盡沒，上下咸以為憂。侍中、太子詹事何敬容詣東宮，太子曰：「淮北始更有信，侯景定得身免，不如所傳。」敬容曰：「得景遂死，深為朝廷之福。」太子失色，問其故，敬容曰：「景翻覆叛臣，終當亂國。」太子於玄圃自講老莊㊃，敬容謂學士㊄吳孜曰：「昔西晉祖尚玄虛，使中原淪於胡羯㊅，今東宮復爾，江南亦將為戎乎！」

甲寅（二十二日），景遣儀同三司于子悅馳以敗聞，併自求貶削，優詔不許。景復求資給，上以景兵新破，未忍移易，乙卯（二十三日），即以景為南豫州牧，本官如故，更以鄱陽王範為合州刺史，鎮合肥(一七)。光祿大夫蕭介上表諫曰：「竊聞侯景以渦陽敗績，隻馬歸命，陛下不悔前禍，復敕容納。臣聞凶人之性不移，天下之惡一也(一八)。昔呂布殺丁原以事董卓，終誅董而為賊(一九)，劉牢反王恭以歸晉，還背晉以構妖(二〇)。何者？狼子野心，終無馴狎之性(二一)；養虎之喻，必見飢噬之禍矣(二二)！侯景以凶狡之才，荷高歡卵翼之遇(二三)，位忝臺司，任居方伯(二四)，然而高歡墳土未乾，即還反噬，逆力不逮，乃復逃死關西，宇文不容，故復投身於我。陛下前者所以不逆細流(二五)，正欲比屬國降胡以討匈奴(二六)，冀獲一戰之效耳！今既亡師失地，直是境上之匹夫，陛下愛匹夫而棄與國(二七)，若國家猶待其更鳴之辰，歲暮之效(二八)。臣竊惟侯景必非歲暮之臣，棄鄉國如脫屣，背君親如遺芥，豈知遠慕聖德，為江淮之純臣乎？事迹顯然，無可致惑。臣朽老疾侵，不應干預朝政，但楚囊將死，有城郢之忠(二九)，衛魚臨亡，亦有尸諫之節(三〇)，臣忝為宗室遺老，敢忘劉向之心(三一)？」上歎息其忠，然不能用。介，思話之孫也(三二)。

(五)己未（二十七日），東魏大將軍澄朝于鄴。

㈥魏以開府儀同三司趙貴為司空。

㈦魏皇孫生，大赦。

㈧二月，東魏殺其南兗州刺史石長宣，討侯景之黨也㊂，其餘為景所脅從者皆赦之。

㈨東魏既得懸瓠、項城，悉復舊境，大將軍澄數遣書移㊃，復求通好，朝廷未之許。澄謂貞陽侯淵明曰：「先王與梁主和好，十有餘年，聞彼禮佛文，云奉為魏主，并及先王㊄，此乃梁主厚意，不謂一朝失信，致此紛擾，知非梁主本心，當是侯景扇動耳！宜遣使諮論，若梁主不忘舊好，吾亦不敢違先王之意。諸人並即遣還，侯景家屬，亦當同遣。」淵明乃遣省事夏侯僧辯奉啓於上，稱勃海王弘厚長者，若更通好，當聽淵明還。上得啓流涕，與朝臣議之。右衞將軍朱异、御史中丞張綰等皆曰：「靜寇息民，和實為便。」司農卿傅岐獨曰：「高澄何事須和？必是設間，故命貞陽遣使，欲令侯景自疑。景意不安，必圖禍亂，若許通好，正墮其計中。」异等固執宜和，上亦厭用兵，乃從异言，賜淵明書曰：「知高大將軍禮汝不薄，省啓甚以慰懷，當別遣行人㊱。重敦鄰睦。」僧辯還過壽陽，侯景竊訪知之，攝問㊲具服。乃寫答淵明之書陳啓於上曰：「高氏心懷鴆毒，怨盈北土，人願天從，歡身殞越㊳，子澄嗣惡，計滅待時，所以昧此一勝者，蓋天蕩澄心，以盈凶毒耳㊴！澄苟行合天心，腹心無疾，又何急急奉璧求和？豈不以秦兵扼其喉，胡騎迫其背㊵，故甘辭厚幣，取安大國？臣聞一日縱敵，數世之患㊶，何惜高澄一豎，以棄億兆之心？竊以北魏安彊，莫過天監之始，鍾離之役，匹馬不歸㊷。當其彊也，陛下尚伐而取之，及其弱也，反慮而和之，舍已成之功，縱垂死之虜，使其假命彊梁，以遺後世，非直愚臣扼腕，實亦志士痛心。昔伍相奔吳，楚邦卒滅㊸；陳平去項，劉氏用興㊹。臣雖才劣古人，心同往事㊺，誠知高澄忌賈在翟，惡會居秦㊻，求盟請和，冀除其患。若臣死有益，萬殞無辭，唯恐千載有穢良史。」景又致書於朱异，餉金三百兩，异納金而不通其啓。

己卯（十七日），上遣使弔澄。景又啓曰：「臣與高氏釁隙已深，仰憑威靈，期雪讎恥，今陛下復與高氏連和，使臣何地自處？乞申後戰，宣暢皇威。」上報之曰：「朕與公大義已定，豈有成而相納，敗而相棄乎？今高氏有使求和，朕亦更思偃武，進退之宜，國有常制，公但清靜自居，無勞慮也。」景又啓曰：「臣今蓄糧聚眾，秣馬潛戈，指日計期，克清趙、魏，不容軍出無名，故願以陛下為主耳。今陛下棄臣遐外㊼，南北復通，將恐微臣之身，不免高氏之手。」上又報曰：「朕為萬乘之主，豈可失信於一物？想公深得此心，不勞復有啓也。」

景乃詐為鄴中書，求以貞陽侯易景，上將許之。舍人傅岐㊽曰：「侯景以窮歸義，棄之不祥，且百戰之餘，寧肯束手就縶？」謝舉、朱异曰：「景奔敗之將，一使之力耳！」上從之，復書曰：「貞陽旦至，侯景夕返。」景謂左右曰：「我固知吳老公薄心腸。」王偉說景曰：「今坐聽亦死㊾，舉大事亦死，唯王圖之。」於是始為反計，屬城居民，悉召募為軍士，輒停責市估及田租㊿，百姓子女，悉以配將士。

(十)三月癸巳（初二日），東魏以太尉襄城王旭為大司馬，開府儀同三司高岳為太尉。辛亥（二十日），大將軍澄南臨黎陽，自虎牢濟河至洛陽。魏同軌防長史裴寬與東魏將彭樂等戰，為樂所擒，澄禮遇甚厚，寬得間逃歸，澄由太行返晉陽。

(十一)屈獠洞斬李賁(五二)，【考異】陳高祖紀云，太清元年，蓋謂破賁之年(五三)，今從梁帝紀。傳首建康。賁兄天寶遁入九真，收餘兵二萬圍愛州(五三)，交州司馬陳霸先帥眾討平之。詔以霸先為西江督護、高要太守，督七郡諸軍事。

(十二)夏，四月甲子（初三日），東魏吏部令史張永和等偽假人官，事覺，糾檢、首者六萬餘人(五四)。

(十三)甲戌（十三日），東魏遣太尉高岳、行臺慕容紹宗、大都督劉豐生等將步騎十萬攻魏王思政於潁州(五五)，思政命臥鼓偃旗，若無人者。岳恃其眾，四面陵城，思政選驍勇開門出戰，岳兵敗走。岳更築土山，晝夜攻之，思政隨方拒守，奪其土山，置樓堞以助防守。

(十四)五月，魏以丞相泰為太師，廣陵王欣為太傅，李弼為大宗伯，趙貴為大司寇，于謹為大司空(五六)。

太師泰奉太子巡撫西境，登隴，至原州，歷北長城(七七)，東趣五原至蒲州(七八)，聞魏主不豫而還，及至已愈，泰還華州。

(十五)上遣建康令謝挺、散騎常侍徐陵等聘于東魏(七九)，復修前好，陵，摛之子也(八〇)。

(十六)六月，東魏大將軍澄巡北邊。

(十七)秋，七月，庚寅朔，日有食之。

(十八)乙卯（二十六日），東魏大將軍澄朝于鄴，以道士多偽濫，始罷南郊道壇(八一)。八月庚寅（初二日），澄還晉陽，遣尚書辛術帥諸將略江淮之北，凡獲二十三州。

(十九)侯景自至壽陽，徵求無已，朝廷未嘗拒絕。景請娶于王、謝，上曰：「王、謝門高非偶，可於朱、張以下訪之(八二)。」景恚，曰：「會將吳兒女配奴。」又啓求錦萬匹，為軍人作袍，中領軍朱异議以青布給之，又以臺所給仗多不能精，啓請東治鍛工，欲更營造。景以安北將軍夏侯夔之子譒為長史(八三)，徐思玉為司馬。譒遂去夏稱侯，託為族子。

上既不用景言，與東魏和親。是後，景表疏稍稍悖慢，又聞徐陵等使魏，反謀益甚。元貞知景有異志，累啓還朝(六四)，景謂曰：「河北事雖不果，江南何慮失之？何不小忍？」貞懼，逃歸建康，具以事聞。上以貞為始興內史，亦不問景。

臨賀王正德所至貪暴不法，屢得罪於上，由是憤恨(六五)，陰養死士，儲米積貨，幸國家有變，景知之。正德在北(六六)，與徐思玉相知，景遣思玉致牋於正德曰：「今天子年尊，姦臣亂國，以景觀之，計日禍敗。大王屬當儲貳，中被廢黜(六七)，四海業業(六八)，歸心大王。景雖不敏，實思自效，願王允副蒼生，鑒斯誠款。」正德大喜曰：「侯公之意，闇與吾同，天授我也。」報之曰：「朝廷之事，如公所言，僕之有心，為日久矣！今僕為其內，公為其外，何有不濟？機事在速，今其時矣！」鄱陽王範密啓景謀反。時上以邊事專委朱异，動靜皆關之，异以為必無此理。上報範曰：「景孤危寄命，譬如嬰兒，仰人乳哺，以此事勢，安能反乎？」範重陳之曰：「不早翦撲，禍及生民。」上曰：「朝廷自有處分，不須汝深憂也！」範復請以合肥之眾討之，上不許。

朱异謂範使曰：「鄱陽王遂不許朝廷有一客。」自是範啓，异不復為通。

景邀羊鴉仁同反，鴉仁執其使以聞[六九]。异曰：「景數百叛虜，何能為？」敕以使者付建康獄，俄解遣之。景益無所憚，啓上曰：「若臣事是實，應罹國憲，如蒙照察，請戮鴉仁。」【考異】梁書、南史皆云並抑不奏，典略朱异拒之云云，今從太清紀。景又言：「高澄狡猾，寧可全信？陛下納其詭語，求與連和，臣亦竊所笑也。臣寧堪粉骨，投命讎門[七〇]？乞江西一境，受臣控督，如其不許，即帥甲騎臨江，上向閩越，非唯朝廷自恥，亦是三公旰食[七一]。」上使朱异宣語，答景使曰：「譬如貧家，畜十客五客，尚能得意，朕唯有一客，致有忿言，亦朕之失也。」益加賞賜錦綵錢布，信使相望。

戊戌（初十日），景反於壽陽，以誅中領軍朱异、少府卿徐驎、太子右衛率陸驗、制局監[七二]周石珍為名。异等皆以姦佞驕貪，蔽主弄權，為時人所疾，故景託以興兵。驎、驗，吳郡人；石珍，丹陽人。驎、驗迭為少府丞，以苛刻為務，百賈怨之，异尤與之暱，世人謂之三蠹。司農卿傅岐，梗直士也，嘗謂异曰：「卿任參國鈞(七三)，榮寵如此。比日所聞，鄙穢狼籍，若使聖主發悟，欲免得乎？」异曰：「外間謗讟，知之久矣！心苟無愧，何恤人言？」岐謂人曰：「朱彥和(七四)將死矣！恃諂以求容，肆辯以拒諫，聞難而不懼，知惡而不改，天奪之鑒，其能久乎！」

景西攻馬頭(七五)，【考異】梁書云執太守劉神茂，按神茂素附於景，無煩攻執，今從太清紀、典略。遣其將宋子仙東攻木柵(七六)，執戍主曹璆等。上聞之，笑曰：「是何能為？吾折箠笞之(七七)。」敕購斬景者封三千戶公，除州刺史。

甲辰（十六日），詔以合州刺史鄱陽王範為南道都督，北徐州刺史封山侯(七八)正表為北道都督，司州刺史柳仲禮為西道都督，通直散騎常侍裴之高為東道都督，以侍中、開府儀同三司邵陵王綸持節，董督眾軍以討景。正表，宏之子；仲禮，慶遠之孫；之高，邃之兄子也(七九)。

(廿)九月，東魏濮陽武公婁昭卒。

(廿)侯景聞臺軍討之，問策於王偉。偉曰：「邵陵若至，彼眾我寡，必為所困。不如棄淮南(八〇)，決志東向，帥輕騎直掩建康，臨賀反其內，大王攻其外，天下不足定也。兵貴拙速，宜即進路。」景乃留外弟中軍大都督王顯貴守壽陽。癸未（二十五日），詐稱遊獵，出壽陽，人不之覺。冬，十月庚寅（初三日），景揚聲趨合肥而實襲譙州(八一)，助防董紹先開城降之，【考異】太清紀云，十三日陷譙城，下又云，十三日以王質巡江遏防。典略上作庚戌，下作庚子。按此月戊子朔，蓋三日庚寅也。執刺史豐城侯泰。泰，範之弟也，先為中書舍人，傾財以事時要，超授譙州刺史，至州，偏發民丁，使擔腰輿(八二)扇繖等物，不限士庶，恥為之者，重加杖責，多輸財者，即縱免之，由是人皆思亂。及侯景至，人無戰心，故敗。

庚子（十三日），詔遣寧遠將軍王質帥眾三千巡江防遏。

景攻歷陽太守莊鐵，丁未（二十日），鐵以城降，因說景曰：「國家承平歲久，人不習戰，聞大王舉兵，內外震駭，宜乘此際速趨建康，可兵不血刃而成大功。若使朝廷徐得為備，內外小安，遣羸兵千人，直據采石，大王雖有精甲百萬，不得濟矣。」景乃留儀同三司田英、郭駱守歷陽，以鐵為導，引兵臨江，江上鎮戍，相次啓聞。

上問討景之策於都官尚書羊侃，侃請以二千人急據采石，令邵陵王襲取壽陽，使景進不得前，退失巢穴，烏合之眾，自然瓦解。朱异曰：「景必無度江之志。」遂寢其議。侃曰：「今茲敗矣！」

戊申（二十一日），以臨賀王正德為平北將軍，都督京師諸軍事，屯丹陽郡㊇㊂，正德遣大船數十艘，詐稱載荻，密以濟景。

景將濟，慮王質為梗，使諜視之。會臨川太守陳昕啓稱采石急須重鎮，王質水軍輕弱，恐不能濟㊇㊃，上以昕為雲旗將軍，代質戍采石，徵質知丹陽尹事。昕，慶之之子也㊇㊄。

質去采石而昕猶未下渚㊇㊅，諜告景云：「質已退。」景使折江東樹枝為驗，諜如言返，景大喜曰：「吾事辦矣！」己酉（二十二日），自橫江濟于采石，有馬數百匹，兵八千人。是夕，朝廷始命戒嚴。

景分兵襲姑孰，執淮南太守㊇㊆文成侯寧。

南津校尉江子一帥舟師千餘人欲於下流邀景，其副董桃生家在江北，與其徒先潰走，子一收餘眾步還建康。子一，子四之兄也。太子見事急，戎服入見上，稟受方略。上曰：「此自汝事，何更問為？內外軍事，悉以付汝。」【考異】太清紀云：「太宗見事急，乃入面啓高祖曰：『請以軍事並以垂付，願不勞聖心。』南史云：「帝曰：『此自汝事，何更問為？』」今從典略。太子乃停中書省，指授軍事。物情惶駭，莫有應募者。朝廷猶不知臨賀王正德之情，命正德屯朱雀門，寧國公大臨屯新亭，太府卿韋黯屯六門，繕脩宮城，為受敵之備。大臨，大器之弟也(八八)。

己酉（二十二日），景至慈湖，建康大駭，御街人更相切掠，不復通行。赦東西冶、尚方錢署及建康繫囚，以揚州刺史宣城王大器都督城內諸軍事，以羊侃為軍師將軍副之。南浦侯(八九)推守東府，西豐公(九〇)大春守石頭，輕車長史謝禧、始興太守元貞守白下，韋黯與右衛將軍柳津等分守宮城諸門及朝堂。推，秀之子(九一)；大春，大臨之弟；津，仲禮之父也。攝諸寺庫公藏錢，聚之德陽堂以充軍實(九二)。

庚戌（二十三日），侯景至板橋㊈㊂，遣徐思玉來，求見上，實欲觀城中虛實。上召問之，思玉詐稱叛景，請間陳事。上將屏左右，舍人高善寶曰：「思玉從賊中來，情偽難測，安可使獨在殿上？」朱异侍坐，曰：「徐思玉豈刺客邪？」思玉出景啓，言异等弄權，乞帶甲入朝，除君側之惡，异甚慚悚。

景又請遣了事舍人出相領解㊈㊃，上遣中書舍人賀季、主書郭寶亮隨思玉勞景於板橋，景北面受敕。季曰：「今者之舉，何名？」景曰：「欲為帝也。」王偉進曰：「朱异等亂政，除姦臣耳！」景既出惡言，遂留季。獨遣寶亮還宮。

百姓聞景至，競入城，公私混亂，無復次第。羊侃區分防擬，皆以宗室間之。軍人爭入武庫，自取器甲，所司不能禁㊈㊄。侃命斬數人，方止。

是時梁興四十七年㊈㊅，境內無事，公卿在位及閭里士大夫，罕見兵甲。賊至猝迫，公私駭震。宿將已盡，後進少年並出在外，軍旅指揮，一決於侃。侃膽力俱壯，太子深仗之。

辛亥（二十四日），景至朱雀桁南，太子以臨賀王正德守宣陽門，東宮學士新野庾信守朱雀門，帥宮中文武三千餘人營桁北。太子命信開大桁以挫其鋒，正德曰：「百姓見開桁，必大驚駭，可且安物情。」太子從之。俄而景至，信帥眾開桁，始除一舶，見景軍皆著鐵面，退隱于門。信方食甘蔗(九七)，有飛箭中門柱，信手甘蔗應弦而落，遂棄軍走。南塘游軍沈子睦，臨賀王正德之黨也，復閉桁度景(九八)。太子使王質將精兵三千援信，至領軍府，遇賊，未陳而走。

正德帥眾於張侯橋迎景，馬上交揖，既入宣陽門，望闕而拜，歔欷流涕，隨景度淮。景軍皆著青袍，正德軍並著絳袍碧裏，既與景合，悉反其袍。

景乘勝至闕下，城中恟懼，羊侃詐稱得射書，云邵陵王、西昌侯援兵已至近路(九九)，眾乃小安。西豐公大春棄石頭奔京口，謝禧、元貞棄白下走，津主彭文粲等以石頭城降景，景遣其儀同三司于子悅守之。

壬子（二十五日），景列兵繞臺城，旛旗皆黑，射啓於城中曰：「朱异等蔑弄朝權，輕作威福，臣為所陷，欲加屠戮。陛下若誅朱异等，臣則斂轡北歸。」上問太子有是乎？對曰：「然。」上將誅之，太子曰：「賊以异等為名耳！今日殺之，無救於急，適足貽笑將來。俟賊平，誅之未晚。」上乃止。

景繞城既帀（〇〇），百道俱攻，鳴鼓吹脣，喧聲震地。縱火燒大司馬、東、西華諸門，羊侃使鑿門上為竅（〇一），下水沃火，太子自捧銀鞍往賞戰士，直閤將軍朱思帥戰士數人踰城出外灑水，久之方滅。賊又以長柯斧斫東掖門，門將開，羊侃鑿扇為孔（〇二），以槊刺殺二人，斫者乃退。

景據公車府，正德據左衞府，景黨宋子仙據東宮，范桃棒據同泰寺（〇三）。景取東宮妓（〇四）數百，分給軍士，東宮近城（〇五），景眾登其牆，射城內。至夜，景於東宮置酒奏樂，太子遣人焚之，臺殿及所聚圖書皆盡。景又燒乘黃廄、士林館（〇六）、太府寺。癸丑（二十六日），景作木驢（〇七）數百攻城，城上投石碎之，景更作尖項木驢，石不能破。羊侃使作雉尾炬，灌以膏蠟，叢擲焚之㊇，俄盡。景又作登城樓，高十餘丈，欲臨射城中。侃曰：「車高塹虛，彼來必倒，可臥而觀之。」及車動，果倒。景攻既不克，士卒死傷多，乃築長圍以絕內外，又啓求誅朱异等，城中亦射賞格出外曰：「有能送景首者，授以景位，並錢一億萬，布絹各萬匹。」

朱异、張綰議出兵擊之，上問羊侃，侃曰：「不可，今出人若少，不足破賊，徒挫銳氣，若多，則一旦失利，門隘橋小，必大致失亡。」异等不從，使千餘人出戰，鋒未及交，退走，爭橋赴水死者太半。侃子鷟為景所獲，執至城下以示侃，侃曰：「我傾宗報主，猶恨不足，豈計一子？幸早殺之。」數日，復持來，侃謂鷟曰：「久以汝為死矣，猶在邪？」引弓射之。景以其忠義，亦不之殺。

莊鐵慮景不克，託稱迎母，與左右數十人趣歷陽，先遣書紿田英、郭駱曰：「侯王已為臺軍所殺，國家使我歸鎮。」駱等大懼，棄城奔壽陽。鐵入城，不敢守，奉其母奔尋陽。

十一月，戊午朔，刑白馬，祀蚩尤於太極殿前㉙。臨賀王正德即帝位於儀賢堂㉚，下詔稱：「普通以來，姦邪亂政，上久不豫，社稷將危，河南王景釋位來朝㉛，猥用朕躬，紹茲寶位，可大赦，改元正平㉜。」立其世子見理為皇太子，以景為丞相，妻以女，幷出家之寶貨悉助軍費。於是景營於闕前，分其兵二千人攻東府，南浦侯推拒之，三日，不克，景自往攻之，矢石雨下，宣城王防閤許伯眾潛引景眾登城㉝，辛酉（初四日），克之，殺南浦侯推及城中戰士三千人，載其尸聚於杜姥宅，遙語城中人曰：「若不早降，正當如此。」

景聲言上已晏駕，雖城中亦以為然。壬戌（初五日），太子請上巡城，上幸大司馬門，城上聞蹕聲，皆鼓譟流涕，眾心粗安。

江子一之敗還也㉞，上責之，子一拜謝曰：「臣以身許國，常恐不得其死，今所部皆棄臣去，臣以一夫安能擊賊？若賊遂能至此，臣誓當碎首，以贖前罪，不死闕前，當死闕後。」乙亥（十八日）㉟，子一啓太子與弟尚書左丞子四、東宮主帥子五帥所領百餘人，開承明門出戰，子一直抵賊營，賊伏兵不動[26]，子一呼曰：「賊輩何不速出？」久之，賊騎出，夾攻之。子一徑前，引槊刺賊，從者莫敢繼，賊解其肩而死。子四、子五相謂曰：「與兄俱出，何面獨旋？」皆免冑赴賊。子四中矟，洞胷而死，子五傷脰[27]，還至塹，一慟而絕。

景初至建康，謂朝夕可拔，號令嚴整，士卒不敢侵暴。及屢攻不克，人心離沮，景恐援兵四集，一旦潰去，又食石頭常平諸倉既盡，軍中乏食，乃縱士卒掠奪民米及金帛、子女。是後米一升至七八萬錢，人相食，餓死者什五六。乙丑（初八日），於城東西起土山，驅迫士民，不限貴賤，亂加毆捶，疲羸者因殺以填山，號哭動地，民不敢竄匿，並出從之，旬日間，眾至數萬。城中亦築土山以應之，太子、宣城王已下，皆親負土，執畚鍤[28]。於山上起芙蓉層樓[29]，高四丈，飾以錦罽[30]，募敢死士二千人，厚衣袍鎧，謂之僧騰客，分配二山[31]，晝夜交戰不息。會大雨，城內土山崩，賊乘之，垂入，苦戰不能禁，羊侃令多擲火為火城以斷其路，徐於內築城，賊不能進。

景募人奴，降者悉免為良，得朱异奴以為儀同三司，异家貲產悉與之。奴乘良馬，衣錦袍，於城下，仰詬异曰：「汝五十年仕宦，方得中領軍，我始事侯王，已為儀同矣！」於是三日之中，羣奴出就景者以千數，景皆厚撫以配軍，人人感恩，為之致死。荊州刺史湘東王繹聞景圍臺城，丙寅（初九日），戒嚴，移檄所督湘州刺史河東王譽、雍州刺史岳陽王詧、江州刺史當陽公大心、郢州刺史南平王恪等，發兵入援。大心，大器之弟；恪，偉之子也㊂。

朱异遺景書，為陳禍福，景報書，並告城中士民，以為：「梁自近歲以來，權倖用事，割剝齊民，以供嗜欲，如曰不然，公等試觀今日國家池苑，王公第宅，僧尼寺塔，及在位庶僚，姬妾百室，僕從數千，不耕不織，錦衣玉食，不奪百姓，從何得之？僕所以趨赴闕庭，指誅權佞，非傾社稷。今城中指望四方入援，吾觀王侯諸將，志在全身，誰能竭力致死，與吾爭勝負哉？長江天險，二曹所歎，吾一葦航之[23]。日明氣淨，自非天人允協，何能如是？幸各三思，自求元吉。」景又奉啓於東魏主稱：「臣進取壽春，暫欲停憩，而蕭衍識此運終，自辭寶位，臣軍未入其國，已投同泰捨身。去月二十九日，屆此建康，江海未蘇，干戈暫止，永言故鄉，人馬同戀，尋當整轡，以奉聖顏。臣之母弟，久謂屠滅，近奉明敕，始承猶在[24]，斯乃陛下寬仁，大將軍恩念。臣之弱劣，知何仰報？今輒齎啓，迎臣母弟、妻兒，伏願聖慈，特賜裁放。」己巳（十二日），湘東王繹遣司馬吳曄、天門太守樊文皎等將兵發江陵。

陳昕為景所擒，景與之極飲，使昕收集部曲，欲用之，昕不可，景使其儀同三司范桃棒囚之。昕因說桃棒使帥所部襲殺王偉、宋子仙，詣城降，桃棒從之，潛遣昕夜縋入城。上大喜，敕鐫銀券[25]賜桃棒曰：「事定之日，封汝河南王，即有景眾，并給金帛女樂。」太子恐其詐，猶豫不決，上怒曰：「受降常理，何忽致疑？」太子召公卿會議，朱异、傳岐曰：「桃棒降必非謬。桃棒既降，賊景必驚，乘此擊之，可大破也。」太子曰：「吾堅城自守以俟外援，援兵既至，賊豈足平？此萬全策也！今開門納桃棒，桃棒之情，何易可知？萬一為變，悔無所及。社稷事重，須更詳之。」异曰：「殿下若以社稷之急，宜納桃棒；如其猶豫，非异所知。」太子終不能決。桃棒又使昕啓曰：「今止將所領五百人，若至城門，皆自脫甲，乞朝廷開門賜容，事濟之後，保擒侯景。」【考異】太清紀、南史皆云桃棒求以甲士二千人來降，以景首應購，今從典略。太子見其懇切，愈疑之。朱异撫膺曰：「失此，社稷事去矣！」俄而桃棒為部下所告，景拉殺之㊱。陳昕不知，如期而出，景邀得之，逼使射書城中曰：「桃棒且輕將數十人先入。」景欲衷甲隨之，昕不肯，期以必死，乃殺之。景使蕭見理與儀同三司盧暉略戍東府，見理凶險，夜與羣盜剽刼於大桁，中流矢而死。

邵陵王綸行至鍾離，聞侯景已度采石，綸晝夜兼道，旋軍入援。濟江中流，風起，人馬溺者什一二，遂帥寧遠將軍西豐公㊲大春、新塗公㊳大成、永安侯㊴確、安南侯㊵駿、前譙州刺史趙伯超、武州刺史㉑蕭弄璋等步騎二萬，自京口西上。大成，大春之弟；確，綸之子；駿，懿之孫也。

景遣軍至江乘拒綸軍，趙伯超曰：「若從黃城大路，必與賊遇，不如徑指鍾山㉒，突據廣莫門，出賊不意，城圍必解矣！」綸從之，夜行失道，迂二十餘里㉓。庚辰（二十三日），旦，營於蔣山，景見之大駭，悉送所掠婦女珍貨於石頭，具舟欲走，分兵三道攻綸，綸與戰破之。時山巔寒雪，乃引軍下愛敬寺㉔，景陳兵於覆舟山北。乙酉（二十八日），綸進軍玄武湖側，【考異】太清紀云二十九日，典略云壬午，今從梁帝紀。與景對陳，不戰。至暮，景更約明日會戰，綸許之。安南侯駿見景軍退，以為走，即與壯士逐之，景旋軍擊之，駿敗，走趣綸軍，趙伯超望見，亦引兵走，景乘勝追擊之，諸軍皆潰。綸收餘兵近千人入天保寺，景追之，縱火燒寺，綸奔朱方㉕，士卒踐冰雪，往往墮足。景悉收綸輜重，生擒西豐公大春、安前司馬㉖莊丘慧、主帥霍俊等而還。【考異】典略作廣陵令崔俊，南史作直閤將軍胡子約、廣陵令霍儁，今從太清紀。

丙戌（二十九日），景陳所獲綸軍首虜鎧仗及大春等於城下，使言曰：「邵陵王已為亂兵所殺。」霍俊獨曰：「王小失利，已全軍還京口，城中但堅守，援軍尋至。」賊以刀毆其背，俊辭色彌厲，景義而釋之，臨賀王正德殺之。

是日晚，鄱陽王範遣其世子嗣與西豫州刺史㊲裴之高、建安太守㊳趙鳳舉各將兵入援，軍于蔡洲，【考異】梁帝紀作張公洲，今從太清紀。以待上流諸軍。範以之高督江右援軍事。

景悉驅南岸居民於水北㊴，焚其廬舍，大街已西，掃地俱盡。北徐州刺史封山侯㊵正表鎮鍾離，上召之入援，正表託以船糧未集，不進。景以正表為南兗州刺史，封南郡王，正表乃於歐陽立柵以斷援軍㊶，帥眾一萬，聲言入援，實欲襲廣陵，密書誘廣陵令劉詢，使燒城為應，詢以告南兗州刺史南康王會理。十二月，會理使詢帥步騎千人夜襲正表，大破之，正表走還鍾離。詢收其兵糧，歸就會理，與之入援。

癸巳（初七日），侍中、都官尚書羊侃卒，城中益懼。侯景大造攻具，陳於闕前，大車高數丈，一車二十輪。丁酉（十一日），復進攻城，以蝦蟆車運土填塹。

湘東王繹遣世子方等將步騎一萬人援建康，庚子（十四日），發公安。繹又遣竟陵太守王僧辯將舟師萬人出自漢川，載糧東下㊷。【考異】太清紀云，僧辯將精卒二萬，今從梁書。方等有俊才，善騎射，每戰，親犯矢石，以死節自任。

壬寅（十六日），侯景以火車焚臺城東南樓。材官吳景有巧思，於城內構地為樓，火纔滅，新樓即立。賊以為神。景因火起，潛遣人於其下穿城，城將崩，乃覺之。吳景於城內更築迂城㊸，狀如卻月以擬之，兼擲火焚其攻具，賊乃退走。

太子遣洗馬元孟恭將千人自大司馬門出盪㊹，孟恭與左右奔降於景。

己酉（二十三日），景土山稍逼城樓，柳津命作地道以取其土，外山崩，壓賊且盡；又於城內作飛橋，懸罥二土山，景眾見飛橋迴出，崩騰而走。城內擲雉尾炬焚其東山，樓柵蕩盡，賊積死於城下㊺，乃棄土山，不復修，自焚其攻具。

材官將軍宋嶷降於景，教之引玄武湖水以灌臺城，闕前皆為洪波。

上徵衡州刺史㊻韋粲為散騎常侍，以都督長沙歐陽頠監州事。粲，放之子也㊼。還至廬陵，聞侯景亂，粲簡閱部下，得精兵五千，倍道赴援。至豫章，聞景已出橫江，粲就內史劉孝儀謀之。孝儀曰：「必如此，當有敕，豈可輕信人言，妄相驚動？」或恐不然。時孝儀置酒，粲怒，以杯抵地曰：「賊已度江，便逼宮闕，水陸俱斷，何暇有報？假令無敕，豈得自安？韋粲今日何情飲酒？」即馳馬出，部分將發，會江州刺史當陽公大心遣使邀粲，粲乃馳往見大心，曰：「上游藩鎮，江州去京最近㊽，殿下情計，誠宜在前，但中流任重，當須應接，不可闕鎮。今宜且張聲勢，移鎮溢城㊾，遣偏將賜隨，於事便足。」大心然之，遣中兵柳昕帥兵二千人隨粲。粲至南洲，外弟司州刺史柳仲禮亦帥步騎萬餘人至橫江，粲即送糧仗贍給之，幷散私金帛以賞其戰士。

西豫州刺史裴之高自張公洲㊿遣船度仲禮，丙辰（三十日），夜，粲、仲禮及宣猛將軍李孝欽、【考異】梁帝紀作李遷仕，今從太清紀。前司州刺史羊鴉仁、南陵太守〔五一〕陳文徹合軍屯新林王遊苑。粲議推仲禮為大都督，報下流眾軍〔五二〕，裴之高自以年位恥居其下，議累日不決。粲抗言於眾曰：「今者同赴國難，義在除賊，所以推柳司州者，正以久捍邊疆，先為侯景所憚，且士馬精銳，無出其前，若論位次，柳在粲下，語其年齒，亦少於粲，直以社稷之計，不得復論。今日形勢，貴在將和，若人心不同，大事去矣！裴公朝之舊德，豈應復挾私情，以沮大計？粲請為諸軍解之。」乃單舸至之高營，切讓之曰：「今二宮危逼，猾寇滔天〔五三〕，臣子當戮力同心，豈可自相矛楯〔五四〕？豫州必欲立異，鋒鏑便有所歸〔五五〕。」之高垂泣致謝，遂推仲禮為大都督。宣城內史楊白華遣其子雄將郡兵繼至，援軍大集，眾十餘萬，緣淮樹柵，景亦於北岸樹柵以應之。裴之高與弟之橫以舟師一萬屯張公洲，景囚之高弟姪子孫，臨水陳兵，連鏁列於陳前，以鼎鑊刀鋸隨其後，謂曰：「裴公不降，今即烹之。」之高召善射者使射其子，再發皆不中。景帥步騎萬人於後渚〔五六〕挑戰，仲禮欲出擊之，韋粲曰：「日晚我勞，未可戰也。」仲禮乃堅壁不出，景亦引退。

湘東王繹將銳卒三萬發江陵，留其子綏寧侯(五七)方諸居守，諮議參軍劉之迡等三上牋請留，答教不許。鄱陽王範遣其將梅伯龍攻王顯貴於壽陽，克其羅城(五八)，攻中城，不克而退，範益其眾，使復攻之。

(廿二)東魏大將軍澄患民錢濫惡，議不禁民私鑄，但懸稱市門，錢不重五銖，毋得入市。朝議以為年穀不登，請俟它年，乃止。

(廿三)魏太師泰殺安定國臣王茂而非其罪(五九)，尚書左丞柳慶諫，泰怒曰：「卿黨罪人，亦當坐。」執慶於前，慶辭色不撓，曰：「慶聞君蔽於事為不明，臣知而不爭為不忠，慶既竭忠，不敢愛死，但懼公為不明耳！」泰寤，亟使赦茂，不及，乃賜茂家錢帛，曰：「以旌吾過。」

(廿四)丙辰（三十日）晦，柳仲禮夜入韋粲營，部分眾軍，旦日，會戰，諸將各有接守，令粲頓青塘(六〇)，粲以青塘當石頭中路，賊必爭之，頗憚之。仲禮曰：「青塘要地，非兄不可，若疑兵少，當更遣兵相助。」乃使直閤將軍劉叔胤助之。

【今註】㊀慕容紹宗以鐵騎五千夾擊侯景：東魏慕容紹宗與侯景相持見上卷上年。㊁若歸，官勳如舊：謂若復歸東魏，則所居官及勳階皆復其舊也。㊂被髮向北斗為誓：胡三省曰：「質北斗為誓，以明其言之不欺。」㊃其將暴顯等各帥所部降於紹宗：暴顯為侯景所執見上卷上年。㊄詬：怒罵也。㊅跛奴：侯景右足偏短，故詬為跛奴。㊆景使謂紹宗曰，景若就擒，公復何用，紹宗乃縱之：《吳越春秋》伍子胥曰：「狡兔死，良犬烹，敵國滅，謀臣亡。」范蠡亦有斯言，故人臣苟有才，必養寇以自資也。㊇豫州刺史羊鴉仁以東魏軍漸逼，稱糧運不繼，棄懸瓠，還義陽，殷州刺史羊思達亦棄項城：梁以羊鴉仁鎮懸瓠，羊忠達鎮項城，俱見上卷上年。㊈頓軍淮上：不敢歸義陽也。㊉時鄱陽王範除南豫州刺史，未至：去年梁遣蕭淵明攻彭城，以範代淵明鎮壽陽，時猶未至。㊀故往候之：胡三省曰：「有意見之為故。鄭玄曰：『古者謂候為進。』孔穎達曰：『古時謂迎客為進，漢時謂迎客為候。』今按經傳，迎客為進，則『進使者而問故』之類是也，迎客為候，則鄭注周禮候人云：『候，候迎賓客之來』是也。」㊁壽陽徐思玉：胡三省曰：「徐思玉蓋本壽陽人，仕於東魏，今隨侯景北來。」㊂黯，叡之子也：韋叡，梁之名將。㊃太子於玄圃自講老莊：老莊，道家之學也，魏晉以來，清談者尚之。胡三省曰：「自蕭齊以來，東宮有玄圃。崑崙之山三級，上曰樊桐，二曰玄圃，三曰層城，太帝之所居。東宮次於帝居，故立玄圃。」㊄學士：《五代志》梁秘書省有撰史學士。⑯昔西晉祖尚玄虛，使中原淪於胡羯：事見晉紀。⑰即以景為南豫州牧，本官如故，更以鄱陽王範為合州刺史，鎮合肥：南豫州治壽陽，故徙鄱陽王範刺合州也。《魏書・地形志》梁武帝置合州，治合肥，魏因之，領汝陰、南頓、南梁、北梁、南譙、廬江、西汝南、北陳等郡。汝陰即合肥也，東晉更名。故城在今安徽省合肥縣北。⑱天下之惡一也：用《左傳》石祁子之語，註見上卷。⑲昔呂布殺丁原以事董卓，終誅董而為賊：事見漢靈帝、獻帝紀。⑳劉牢反王恭以歸晉，還背晉以構妖：事見晉安帝紀。㉑狼子野心，終無馴狎之性：《左傳》楚司馬子良生子越椒，子文曰：「必殺之。是子也，熊虎之狀而豺狼之聲，弗殺必滅若敖氏矣。諺曰，狼子野心，是乃狼也，其可畜乎！」㉒養虎之喻，必見飢噬之禍：《史記》張良、陳平說漢王曰：「此天亡楚之時也，不如因其機而遂取之，今釋不擊，此所謂養虎自遺患也。」㉓卵翼之遇：言如鳥孵卵，以翼呴護之也。《左傳》楚子西曰：「勝如卵，餘翼而長之。」勝，白公勝也，子西從子。㉔位忝臺司，任居方伯：侯景仕東魏為司徒，臺司之位也；專制河南，古方伯之任也。㉕不逆細流：李斯上秦王書曰：「江海不擇細流，故能就其深。」喻王者能包容各方人才，故能成其業。㉖正欲比屬國降胡以討匈奴：漢於邊郡置屬國以處降胡，使覘伺匈奴以利征伐，故以為喻。㉗陛下愛匹夫而棄與國：言愛一侯景而棄東魏之好。㉘歲暮之效：歲暮，喻貞臣也。所謂歲寒然後知松柏之後凋。㉙楚囊將死，有城郢之忠：《左傳》楚令尹子囊將死，遺言子庚必城郢，君子謂子囊忠，將死猶不忘衛社稷也。㉚衛魚臨亡，亦有尸諫之節：《韓詩外傳》衛靈公不用蘧伯玉而用彌子瑕，史魚驟諫不從，及病且死，謂其子曰：「我為人臣，生不能進賢退不肖，死不當治喪正室，殯我於室足矣！」衞君聞之，召蘧伯玉而退彌子瑕，史魚生以身諫，死以尸諫，可謂直矣。㉛臣忝為宗室遺老，敢忘劉向之心：漢成帝時，五侯羣弟爭為奢侈，劉向謂陳湯曰：「今災異如此，而外家日盛，其漸必危劉氏，吾幸得以同姓末屬，身為宗室遺老，歷事三主，吾而不言，孰當言者？」遂上封事極諫，事見卷三十漢成帝陽朔二年。《新唐書・宰相世系表》蕭介與梁武帝同十三世祖後漢中山相苞。㉜介，思話之孫也：宋文帝元嘉間，蕭思話歷當方任。㉝東魏殺其南兗州刺史石長宣，討侯景之黨也：石長宣蓋以南兗州附景，故東魏討殺之。㉞書移：書謂國書，移謂移檄也。㉟聞彼禮佛文，云奉為魏主，幷及先王：言梁武帝禮佛時，幷為魏主及高歡祈福也。㊱行人：使者之通稱。管子侈靡：「行人可不有私。」注云：「行人，使人也。」㊲攝問：胡三省曰：「收錄其人而問之也。」㊳人願天從，歡身殞越：謂歡之死，蓋人所祝願，天從而殺之也。㊴所以昧此一勝者，蓋天蕩澄心，以盈凶毒耳：言澄昧於渦陽之勝也。《左傳》楚武王將死，告其夫人鄧曼曰：「余心蕩。」鄧曼曰：「王祿盡乎！盈而蕩，天之道也。」杜預注：「蕩，動散也。」㊵秦兵扼其喉，胡騎迫其背：胡三省曰：「秦兵，謂西魏之兵，西魏據有關西，故曰秦兵；胡騎，謂柔然之兵。」㊶臣聞一日縱敵，數世之患：《左傳》晉先軫之言。㊷鍾離之役，匹馬不歸：梁魏鍾離之戰見卷一百四十六天監六年。㊸昔伍相奔吳，楚邦卒滅：伍相，謂伍奢子子胥也。《左傳》楚殺大夫伍奢，其子奔吳，吳王闔閭用之而霸，卒破楚入郢。㊹陳平去項，劉氏用興：見漢高帝紀。㊺臣雖才劣古人，心同往事：景自謂其才雖不若子胥、陳平，而有滅魏之志，猶子胥之志存滅楚，陳平之興漢也。㊻誠知高澄忌賈在翟，惡會居秦：《左傳》晉靈公之時，賈季奔翟，隨會奔秦，秦人用其謀，晉人患之。趙宣子曰：「隨會在秦，賈季在翟，難日至矣，將若之何？」翟與狄同。㊼棄臣遐外：遐，遠也，謂遠棄而與之絕也。詩曰：「既見君子，不我遐棄。」㊽舍人傅岐：《梁書‧傅岐傳》傅岐先兼中書通事舍人，累遷太僕、司農卿，兼舍人如故。《五代志》梁制中書掌出納帝命，通事舍人入直閤內，職任親重，多以他官兼領，故以其官書之。㊾今坐聽亦死：言坐聽梁朝所為，亦必至於死也。㊿輒停責市估及田租：欲以收民心。市估者，估商旅入市販物之價而取其稅；田租，計田畝所出常租也。㊿屈獠洞斬李賁：賁敗竄屈獠洞見卷一百五十九中大同元年。㊿〔考異〕陳高祖紀云太清元年，蓋謂破賁之年：按《通鑑》書破賁在中大同元年，此云太清元年為破賁元年，似有牴觸。㊿愛州：《五代志》九真郡梁置愛州。故治在今安南北境。㊿糾檢、首者六萬餘人：糾檢，官所糾檢而發之者，首，自首者也。㊿東魏太尉高岳、行臺慕容紹宗、大都督劉豐生等將步騎十萬攻魏王思政於潁川：王思政守潁川事始上卷上年。㊿李弼為大宗伯，趙貴為大司寇，于瑾為大司空：宇文泰相魏，倣成周之制建官。大宗伯，漢宗正之職也，大司寇，廷尉之任也。㊿北長城：胡三省曰：「此蓋秦所築長城也。」㊿東趣五原至蒲州：取道自五原東還至蒲州也。《五代志》河東郡後魏置秦州，後周改曰蒲州，蓋以蒲坂為名也。㊿上遣建康令謝挺、散騎常侍徐陵等聘於東魏：散騎常侍秩在建康令上，時蓋以陵將命而挺副之，陵名不當置挺之下。㊿陵，摛之子也：徐摛見卷一百五十五中大通三年。㊿始罷南郊道壇：魏太武帝崇信寇謙之，置道壇於南郊。㊿王、謝門高非偶，可於朱、張以下訪之：胡三省曰：「朱、張，謂朱異、張綰之族也。」余按《新唐書・柳沖傳》自東晉以還，東南門閥，過江則為僑姓，王、謝、袁、蕭為大，土著則為吳姓，朱、張、顧、陸為大，吳姓者，三國吳世胄之後也，而僑姓門第較吳姓為高，故帝云王、謝門高非偶，可於朱、張以下訪之也。(六三)景以安北將軍夏侯夔之子譒為長史：夔，夏侯詳之子也。詳為梁朝佐命功臣，而夔亦數宣力邊陲，並著聲績。(六四)元貞知景有異志，累啓還朝：景求貞而輔之見上卷上年。(六五)臨賀王正德所至貪暴不法，屢得罪於上，由是憤恨：《北史・正德傳》正德既奔魏而逃歸，上復其本封，正德志行無悛，常公行剝掠，淫虐不革，及隨豫章王北伐，輒棄軍委走，為有司所奏，下獄，上詔曰：「汝以猶子，情兼常愛，故越先汝兒，剖符連郡。往年在蜀，昵近小人，猶謂少年情志未定，更於吳郡殺戮無辜，劫盜財物，雅然無畏，及還京師，專為逋逃，乃至江乘要道，湖頭斷路，遂使京邑士女，早閉晏開，又奪人妻妾，略人子女，我每加掩抑，冀汝自新，了無悛革，怨讐逾甚，遂匹馬奔亡，志懷反噬，遣信慰問，冀汝能還。汝既來歸，謂汝不好文史，志在武功，令汝仗節，董戎前驅，豈謂汝狼心不改，色藏禍胎，志欲覆敗國計以快汝心，今當宥汝以遠。」於是免官削爵，徙臨海郡，未至徙所，道追赦之，復以朱异之言封為臨賀郡王，為丹陽尹，坐所部多劫盜，復為有司所奏，去職，出為南兗州刺史，在任苛刻，人不堪命，從是廢黜，轉增憤恨。(六六)正德在北：謂奔魏時也。(六七)大王當屬儲貳，中被廢黜：正德，臨川靜惠王宏之子也，梁武初未有子，養以為子，及生昭明而以正德還本，詳見卷一百四十九普通三年。(六八)業業：危動貌。(六九)景邀羊鴉仁同反，鴉仁執其使以聞：羊償鴉仁自懸瓠還，頓軍淮上，事見上。(七〇)雝門：胡三省曰：「雝門，謂高氏也。」(七一)三公旰食：旰，日晚也，言國有憂患大臣不得早食。《左傳》楚伍奢聞其子員不歸，曰：「楚君、大夫其旰食乎！」杜預注：「將有吳憂，不得早食。」(七二)制局監：李延壽曰：「外司領武官，有制局監、外監，領器仗兵役，亦用寒人。」又曰：「制局小司，專典兵力，雲陛天居，互設蘭錡，羽林精卒，重屯廣衛，至於元戎啓轍，武侯還麾，遮迾清道，晨行按轡，督察往來，馳騖輦轂，驅役分部，親承几案，領護所攝，示揔成規。」(七三)國鈞：猶曰國柄也，陶人為器，其轉輪曰鈞，蓋權要所在，故以為喻。《淮南子・原道》云：「鈞旋轂轉。」《漢書・董仲舒傳》：「猶泥之在鈞，唯甄者之所為。」顏師古注：「鈞，造瓦之法，其中旋轉者。」(七四)朱彥和：朱异字彥和。(七五)景西攻馬頭戍：胡三省曰：「景自渦陽之敗，南去馬頭，戍主劉神茂迎候之以入壽陽，當塗之馬頭也，今又自壽陽西攻馬頭，則此馬頭在壽陽之西，當淮津濟度之要，薄馬頭以登舟，又非當塗之馬頭也，當塗之馬頭在壽陽東。」按《梁書》及《北史・侯景傳》云景攻馬頭，執太守劉神茂，蓋即馬頭郡也。《宋書・州郡志》宋置馬頭郡，故城在今安徽省懷遠縣東南，當壽陽之東鄙，即漢時當塗之故城也。《梁書》及《北史・侯景傳》但云景攻馬頭，未言西攻，意劉神茂先附景而後復為梁守，而景所攻者即馬頭郡耳！(七六)木柵：胡三省曰：「木柵在荊山西。」(七七)吾折箠笞之：帝輕景眾少，故云。(七八)封山侯：《五代志》合浦郡有封山縣，在今廣東省合浦縣西北。(七九)正表，宏之子；仲禮，慶遠之孫；之高，邃之兄子也：臨川王宏，梁武帝之弟，正表、正德皆宏之子也；柳慶遠、裴邃皆天監名臣。(八〇)不如棄淮南：壽陽，古淮南郡治所。(八一)景揚聲趣合肥而實襲譙州：胡三省曰：「此譙州非渦陽之譙州。魏收志梁置譙州於新昌城，領高塘、臨徐、南梁、新昌郡，其地當在唐廬、和二州之間。宋白曰：『梁大同三年，割北徐州之新昌、南譙州之北譙立為南譙州，居桑根山之西，今滁州城是也。』」按東晉僑治南譙郡，並僑置山桑縣為郡治，梁改曰北譙，兼置譙州，故治在今安徽省全椒縣西北，東魏徙治新昌郡而故城遂廢，新昌亦宋置，即趙宋之滁州，今安徽省滁縣，侯景襲譙，尚治山桑，未移治新昌也。(八二)腰輿：胡三省曰：「腰輿者，人舉之而行，其高纔至腰。」《決疑要錄》云：「腰輿，以手挽之，別於肩輿。」(八三)以臨賀王正德為平北將軍，都督京師諸軍事，屯丹陽郡：胡三省曰：「盧循之寇建康也，徐赤特敗於張侯橋，循兵大至，至丹陽郡，則丹陽郡治蓋近江渚。」(八四)恐不能濟：言王質水軍不足以禦景也。(八五)昕，慶之之子也：陳慶之，梁之驍將，有輔元顥入洛之功。(八六)質去采石而昕猶未下渚：胡三省曰：「未下渚者，未下秦淮渚也。」謂昕時雖受命戍採石，猶留建康未發。(八七)淮南太守：《宋書·州郡志》晉成帝僑立淮南郡於江南，晉末遂割丹陽之于湖縣為淮南境。《五代志》丹陽郡當塗縣，舊置淮南郡。當塗縣，晉成帝分于湖縣僑置，即古姑孰戍也，今為安徽省當塗縣。(八八)大臨，大器之弟也：大臨、大器皆太子綱之子。(八九)南浦侯：《宋書·州郡志》蜀漢後主建興八年，益州牧閻宇表改羊渠立南浦縣，屬巴東郡，今四川省萬縣。(九〇)西豐公：《宋書·州郡志》吳立豐縣，屬臨川郡，晉武帝太康元年更名西豐縣，故城在今江西省臨川縣南。(九一)推，秀之子：安成王秀，梁武帝之弟也。(九二)攝諸寺庫公藏錢，聚之德陽堂以充軍實：胡三省曰：「攝，收也；諸寺，謂十二寺也。」

寺者，官署之稱。《五代志》梁武帝天監七年，以太常為太常卿，大司農為司農卿，少府為少府卿，衞尉為衞尉卿，廷尉為廷尉卿，將作大匠為大匠卿，光祿勳為光祿卿，大鴻臚為鴻臚卿，都水使者為太舟卿，加置宗正卿、太府卿、太僕卿，凡十二卿，即所謂十二寺也。梁書武帝紀天監六年，改閱武堂為德陽堂，在南闕之前。（九三）板橋：張舜民曰：「自建康出秦淮西南行，循東岸行小夾中十里，過板橋店。」在今江蘇省江寧縣西南大勝關南，西北隔大江與江浦縣地相望。（九四）景又請遣了事舍人出相領解：胡三省曰：「了事，猶言曉事也。領，總錄也，解，分判也。領解，總錄景所欲言之事而分判是非也。蓋侯景詭言以怠梁朝君臣，使無戰心。」（九五）軍人爭入武庫，自取器甲，所司不能禁：所司，謂職司武庫者，如武庫令之屬。（九六）是時梁興四十七年：齊和帝中興二年，梁武帝代齊，歷天監十八年，普通七年，大通二年，中大通六年，大同十一年，中大同一年，至是年太清二年，凡四十七年。（九七）甘蔗：一作甘柘，莖高丈餘，徑寸許，為圓柱狀，有節似紫竹，莖中多甘汁，榨其液煎煉製糖，即蔗糖也。原產於亞州溫熱之地，我國閩、廣一帶種植者甚多，又名都蔗，諸蔗。（九八）復閉桁度景：衍，今所謂浮橋也，連船置板其上以渡人。庾信先開桁以絕渡，至是信走，沈子睦因得復閉桁以渡景。（九九）羊侃詐稱得射書，云邵陵王、西昌侯兵已至近路：圍城之中，內外斷絕，繫書於矢，射之以通消息，謂之射書。近路，謂建康之郊也，時邵陵王綸兵已渡江向鍾離，西昌侯淵藻鎮京口。（一〇〇）景繞城既帀：帀音札，周也。（一〇一）竅：孔也，穴也。（一〇二）羊侃鑿扇為孔：扇，門扇也。（一〇三）景據公車府，正德據左衞府，景黨宋子仙據東宮，范桃棒據同泰寺：左衞府，左衞將軍府也，與公車府、東宮、同泰寺皆在臺城外，故景等得據之。《南齊書・百官志》，公車令屬領軍，以受天下章奏，《五代志・梁・公車令》，屬衞尉卿。㉔東宮妓：東宮所蓄女樂也。㉕東宮近城：近臺城也。㉖士林館：大同七年，於宮城西立士林館以延學士，使朱异、賀琛等遞日講述。㉗木驢：杜佑曰：「以木為脊，長一丈，徑一尺五寸，下安六腳，下闊而上尖，高七尺，內可容六人，以濕牛皮蒙之，人蔽其下，舁之直抵城下，木石鐵火所不能敗，用以攻城，謂之木驢。」㉘羊侃使作雉尾炬，灌以膏蠟，叢擲焚之：《梁書・羊侃傳》侃作雉尾炬，施鐵鏃，以油灌之，擲驢上焚之。杜佑曰：「鷰尾炬，縛葦車為之，分為兩岐如鷰尾狀，以油蠟灌之，加火，從城上墜下以燒敵。」雉尾炬亦鷰尾炬之類也。㉙祀蚩尤於太極前殿：應劭曰：「蚩尤亦古天子，好五兵。」故祭之以求福。㉚儀賢堂：《梁書・武帝紀》天監六年改聽訟堂為儀賢堂，在南闕前。㉛釋位來朝：《左傳》王子朝曰：「諸侯釋位，以閒王政。」㉜改元正平：《梁書・侯景傳》，初，童謠有正平之言，故立號以應之。㉝宣城王防閤許伯眾潛引景眾登城：宣城郡王大器，太子綱之嫡長子也，時為臺內大都督，許伯眾為其防閤，在東府，故得為景內應。㉞江子一之敗還也：謂自採石下流邀景敗還時也。㉟乙亥：十一月戊午朔，乙亥十八日，按下有乙丑、丙寅、己巳諸日，乙丑初八日，丙寅初九日，己巳十二日，乙亥當系其後。㊱子之直抵賊營，賊伏兵不動：胡三省曰：「未測其情，故不動。」㊲子五傷脰：《說文》曰：「脰，項也。」㊳畚鍤：杜預曰：「畚，盛土器也。」鍤，鍫也。《釋名》曰：「鍤，插也，插地起土也。」㊴芙蓉層樓：胡三省曰：「芙蓉層樓，下施梠拱，層層疊出，若芙蓉花然。」㊵錦罽：

錦，織綵為文也；罽，織毛為氈布也。㉑二山：胡三省曰：「二山，謂東土山、西土山也。」按《梁書．侯景傳》景於臺城東西各起一土山以臨城內，城內亦作兩山以應之。此二山，謂城內東西二土山也。㉒恪，偉之子也：南平王偉，梁武帝之弟也。㉓長江天險，二曹所歎，吾一葦航之：曹，謂魏武帝、文帝也，事見漢獻帝、魏文帝紀。《詩．衛風》曰：「誰謂河廣？一葦杭之。」注曰：「杭，渡也。」箋云：「誰謂河水廣歟，一葦加之，則可以渡之，喻狹也。」㉔始承猶在：胡三省曰：「承猶奉也，言奉近敕始知母弟尚在也。」㉕銀券：古以鐵券頒賜功臣，其本人及後世子孫如遇犯罪，則以鐵券為證，得推念其功，予以赦減，以鐵為之，取堅久之義也。程大昌《演繁露》曰：「漢高帝與功臣剖符作誓，丹書鐵券，金櫃石室，藏之宗廟，其殆鐵券所始耶！」陸揚《藻薹酌編》云：「鐵券之制如瓦，外刻履歷恩數之詳以記其功，中鐫免罪減祿之數以防其過，字嵌以金，各分左右，左頒功臣，右藏內府，有故則合之以取信。」意梁武所作銀券，亦鐵券之類也。㉖拉殺之：拉斷其軀幹而殺之。㉗西豐公：《宋書．州郡志》西豐縣屬臨川郡，吳立，曰西平，晉武帝太康元年更名西豐。故城在今江西省臨川縣南。㉘新塗公：新塗或作新淦，見下卷。新淦縣，自漢以來屬豫章郡，故城在今江西省清江縣東北，即今樟樹鎮。㉙永安侯：《宋書．州郡志》吳分烏程、餘杭立永安縣，晉武帝太康元年更名武康，屬吳興郡。又《南史．沈約傳》云：「漢靈帝初平五年，分烏程、餘杭為永安縣。」《元和郡縣志》曰：「武康本漢烏程餘不鄉之地，漢末分置永安縣，屬吳興。」或以為漢立，或以為吳立，未知孰是。杜佑曰：「晉以平陽已有永安縣，故改此永安為武康。」此蓋因古縣名立為侯國也，今浙江省武康縣。㉚安南侯：《宋書・州郡志》晉武帝分江安縣立安南縣，屬南平郡，《晉志》作南安。《五代志》巴陵郡華容縣舊曰安南。故城在今湖北省華容縣西。㉛武州刺史：《五代志》武陵郡，梁置武州。今湖南省常德縣。㉜鍾山：即蔣山也。漢末蔣子文為秣陵尉，逐賊至鍾山下，為賊所傷而死。吳大帝時頻見靈異，因為立廟，改名蔣山，宋復曰鍾山。在今南京市朝陽門外，諸葛亮所謂鍾阜龍蟠，石城虎踞者也。㉝迂二十餘里：迂，曲也，遠也。㉞愛敬寺：胡三省曰：「帝事文皇帝、獻皇后孝於鍾山，造大愛敬寺以資福。」㉟朱方：春秋吳邑也，句餘封齊慶封於此。其地在今江蘇省鎮江縣東南。㊱安前司馬：《五代志》梁武帝置二百四十號將軍，安前將軍其一也，諸號將軍各置長史、司馬。㊲西豫州刺史：胡三省曰：「晉安帝分廬江郡立晉熙郡及懷寧縣，梁置西豫州，隋為同安郡。」按《五代志》同安郡梁置豫州，陳曰晉州，隋文帝開皇初曰熙州，又同安郡懷寧縣舊置晉熙郡，在今安徽省潛山縣。蓋梁武帝天監中以合肥為豫州，歷陽為南豫，而晉熙之豫州在其西，故以為西豫州也。㊳建安太守：《宋書・州郡志》建安太守本閩越，秦立為閩中郡，漢武帝世，閩越反，滅之，立為治縣，屬會稽郡，後分治地為會稽東南二部都尉，東部臨海是也，南部建安是也，吳孫休永安三年，分南部立為建安郡。治吳興，南齊因之，即今福建省浦城縣。又《五代志》沔陽郡竟陵縣舊有京山縣，齊置建安郡，京山，漢竟陵縣地也，晉末析置新陽縣，西魏改為角陵，隋曰京山，即今湖北省京山縣。㊴景悉驅南岸居民於水北：水北，秦淮水北岸也。㊵封山侯：《五代》志隋合浦郡有封山縣，又《南齊書・州郡志》越州有封山郡。蓋南齊立封山郡，梁廢郡置縣也，故治在今廣東省合浦縣西北。㊶正表乃於歐陽立柵以斷援軍：胡三省曰：「水經注邗溝水上承歐陽，引江入埭，六十里至廣陵城。以地望考之，此歐陽在今真州界。按江淮之間地名歐陽，見于史者非一處，裴邃移長孫稚欲營歐陽，在壽春境上，吳喜使蕭道成留軍歐陽，在淮陰界。」真州，今江蘇省儀徵縣也。㊷繹又遣竟陵太守王僧辯將舟師萬人出自漢川，載糧東下：《水經注》漢水逕竟陵郡而東南入江，故僧辯得以舟師自竟陵出漢水入江，順流東下也。㊸迂城：迂，曲也，築城作卻月形，故曰迂城。㊹出盪：出盪敵陣也。顧炎武曰：「古人以左右衝殺為盪。」盪與蕩同，動也，謂衝突敵陣，使敵軍動散也。㊺賊積死於城下：胡三省曰：「死於城下者豈真賊哉！侯景驅民以攻城，以其黨迫蹙於後，攻城之人退則死於賊手，進則死於矢石。」㊻衡州刺史：《五代志》南海郡含洭縣，梁置衡州，故城在今廣東省英德縣西。㊼粲，放之子也；韋放見卷一百五十一大通元年。㊽江州去京最近：《宋書・州郡志》江州去建康水行一千四百里。㊾移鎮湓城：湓城，柴桑之湓口城也。晉江州或治尋陽，或治豫章，義熙以後，遂治尋陽，柴桑，尋陽郡治也，在今江西省九江縣西南二十里，湓口在其東北，隋置湓城縣於此，唐改為潯陽，即今江西省九江縣。㊿張公洲：胡三省曰：「考之韋粲傳，張公洲蓋即蔡洲。」蔡洲在今江蘇省江寧縣西南十二里江中，晉蘇峻之亂，陶侃、溫嶠等入援，率舟師四萬次於蔡洲，即此。(51)南陵太守：《五代志》宣城郡南陵縣梁置南陵郡。蓋晉之南陵戍也，故城在今安徽省繁昌縣西北，唐移理青陽城，即今安徽省南陵縣。(52)下流眾軍：謂張公洲之軍也。(53)今二宮危逼，猾寇滔天：二宮謂帝宮及東宮。猾寇，姦狡之寇也。滔天者，言其勢盛大若洪水之漫天。(五四)自相矛楯：謂其言論動作自抵觸也。《韓非子・難勢篇》云：「人有鬻矛與楯者，譽其楯之堅，物莫能陷也，俄而又譽其矛曰：『吾矛之利，物無不陷也。』人應之曰：『以子之矛，陷子之楯，何如？』其人弗能應也。」後世矛楯之說本此。(五五)鋒鏑便有所歸：言將羣起攻之高也。(五六)後渚：秦淮後渚也。胡三省曰：「據韋粲傳，後渚在中興寺前。」(五七)綏寧侯：《宋書・州郡志》宋文帝立綏寧縣，屬廣州南海郡。在今廣東省增城縣西南。(五八)羅城：城外之大城也，羅有廣布羅列之義，故取以為稱。顧祖禹《方輿紀要》唐時高駢帥西川，於成都大城之外，展築羅城，又臨安志唐末錢鏐在臨安，先築夾城，後又築羅城，自秦望山由夾城東亙江干至錢唐湖霍山范浦。(五九)魏太帥泰殺安定國臣而非其罪：言非其罪而殺之也。泰封安定郡公，國臣者，公國之臣也。

(六〇)青塘：《梁書・韋粲傳》柳仲禮曰：「青塘立柵，迫近淮渚。」又據《陳書・武帝紀》，青塘即青溪塘也。青溪塘亦曰青溪，在今江蘇省江寧縣東北，即吳時所鑿東渠也。《寰宇記》曰：「青溪洩玄武湖水，南入秦淮。溪上有柵，東晉蘇峻攻青溪柵，因風縱火，卞壺戰死於此。」今溪水多堙，惟自舊內傍邊出淮青橋與秦淮河合處故迹尚存，其合處有青溪閘口。

卷一百六十二　梁紀十八

司馬光編集
林瑞翰　註

屠維大荒落，一年。（己巳，西元五四九年）

高祖武皇帝十八

太清三年㈠（西元五四九年）

㈠春，正月，丁巳朔，柳仲禮自新亭徙營大桁㈡，會大霧，韋粲軍迷失道，比及青塘，夜已過半，立柵未合，侯景望見之，亟帥銳卒攻粲。粲使軍主鄭逸逆擊之，命劉叔胤以舟師截其後㈢，叔胤畏懦不敢進，逸遂敗。景乘勝入粲營，左右牽粲避賊，粲不動，叱子弟力戰，遂與子尼及三弟助、警、構、從弟昂皆戰死，親戚死者數百人。仲禮方食，投箸被甲㈣，與其麾下百騎馳往救之，與景戰於青塘，大破之，斬首數百級，沈淮水死者千餘人。仲禮稍將及景，而賊將支伯仁自後斫仲禮，中肩，馬陷于淖㈤，賊聚矟刺之，騎將郭山石救之，得免。

仲禮被重瘡，會稽人惠臶吮瘡斷血，故得不死，自是景不敢復濟南岸，仲禮亦氣索，不復言戰矣。

邵陵王綸復收散卒㊅，與東揚州刺史臨城公大連、新淦公大成等自東道並至。庚申（初四日），列營于桁南，亦推柳仲禮為大都督。大連，大臨之弟也。

朝野以侯景之禍，共尤朱异，异慚憤發疾，庚申（初四日），卒。【考異】梁帝紀作乙丑，今從太清紀典略。故事，尚書官不以為贈，上痛惜异，特贈尚書右僕射。

甲子（初八日），湘東世子方等及王僧辯軍至。【考異】梁帝紀作戊辰，今從太清紀。

㈡戊辰（十二日），封山侯正表以北徐州降東魏，東魏徐州刺史高歸彥遣兵赴之。歸彥，歡之族弟也。

㈢己巳（十三日），太子遷居永福省㊆。

高州刺史㊇李遷仕、天門太守樊文皎將援兵萬餘人至城下。臺城與援軍信命久絕，有羊車兒獻策作紙鴟㊈，繫以長繩，寫敕於內，放以從風，冀達眾軍，題云：「得鴟送援軍，賞銀百兩。」太子自出太極殿前，乘西北風縱之，賊怪之，以為厭勝，射而下之。援軍募人能入城送啓者，鄱陽世子嗣左右李朗請先受鞭，詐為得罪，叛投賊，因得入城，城中方知援兵四集，舉城鼓譟。上以朗為直閤將軍，賜金遣之。朗緣鍾山之後，宵行晝伏，積日乃達。癸未（二十七日），鄱陽世子嗣、永安侯確、莊鐵、羊鴉仁、柳敬禮、李遷仕、樊文皎將兵度淮，攻東府前柵，焚之，侯景退。眾軍營於青溪之東，遷仕、文皎帥銳卒五千獨進，深入，所向摧靡。至菰首橋⑩東，景將宋子仙伏兵擊之，文皎戰死，遷仕遁還。敬禮，仲禮之弟也。

仲禮神情傲狠，陵蔑諸將⑪，邵陵王綸每日執鞭至門⑫，亦移時弗見，由是與綸及臨城公大連深相仇怨。大連又與永安侯⑬確有隙，諸軍互相猜阻，莫有戰心。援軍初至建康，士民扶老攜幼以候之，纔過淮，即縱兵剽掠，由是士民失望，賊中有謀應官軍者，聞之亦止。

㈣王顯貴以壽陽降東魏⑭。

㈤臨賀王記室吳郡顧野王起兵討侯景，二月己丑（初三日），引兵來至。

初，臺城之閉也，公卿以食為念，男女貴賤，並出負米，得四十萬斛，收諸府藏錢帛五十萬億，並聚德陽堂，而不備薪芻魚鹽，至是壞尚書省為薪，撤薦(一五)，剉以飼馬，薦盡，又食以飯，軍士無膎(一六)，或煮鎧熏鼠捕雀而食之，御甘露廚(一七)有乾苔(一八)，味酸鹹，分給戰士。軍人屠馬於殿省間，雜以人肉，食者必病。

侯景眾亦飢，抄掠無所獲。東城(一九)有米，可支一年，援軍斷其路，又聞荊州兵將至，景甚患之。王偉曰：「今臺城不可卒拔，援兵日盛，吾軍乏食，若偽求和以緩其勢，東城之米，足支一年，因求和之際，運米入石頭，援軍必不得動，然後休士息馬，繕修器械，伺其懈怠擊之，一舉可取也！」景從之，遣其將任約、于子悅至城下，拜表求和，乞復先鎮(二〇)。太子以城中窮困，白上，請許之。上怒曰：「和不如死。」太子固請曰：「侯景圍逼已久，援軍相仗不戰，宜且許其和，更為後圖。」上遲回久之，乃曰：

「汝自圖之，勿令取笑千載。」遂報許之。景乞割江右四州之地㉑，幷求宣城王大器出送，然後濟江。中領軍傅岐固爭曰：「豈有賊舉兵圍宮闕而更與之和乎？此特欲卻援軍耳！戎狄獸心，必不可信。且宣城，嫡嗣之重㉒，國命所繫，豈可為質？」上乃以大器之弟石城公大款為侍中，出質於景，又敕諸軍不得復進。下詔曰：「善兵不戰，止戈為武。可以景為大丞相，都督江西四州諸軍事，豫州牧，河南王如故。」己亥（十三日），設壇於西華門外，遣僕射王克、上甲侯㉓韶、吏部郎蕭瑳與于子悅、任約、王偉登壇共盟。太子詹事柳津出西華門，景出柵門，遙相對，更殺牲歃血為盟，既盟而景長圍不解，專修鎧仗，託云無船，不得即發。又云：「恐南軍見躡㉔。」遣石城公還臺，求宣城王出送，邀求稍廣，了無去志。太子知其詐言，猶羈縻不絕。韶，懿之孫也㉕。

庚子（十四日），前南兗州刺史南康王會理、前青冀二州刺史湘潭侯退、西昌侯世子彧眾合三萬，至於馬卬洲㉖。【考異】梁帝紀作丁未，今從太清紀、典略。典略云，至於琅邪，今從太清紀、梁帝紀。㉗景慮其自白下而上，啓云：「請北軍聚還

南岸㉘，不爾，防臣濟江。」太子即勒會理自白下城移軍江潭苑。辛丑（十五日），以邵陵王綸為司空，鄱陽王範為征北將軍，

【考異】梁帝紀作蘭亭苑，今從太清紀、典略。

柳仲禮為侍中、尚書右僕射。

景以于子悅、任約、傅士悊皆為儀同三司，夏侯譒為豫州刺史，董紹先為東徐州刺史，徐思玉為北徐州刺史，王偉為散騎常侍。

上以偉為侍中。

乙卯㉙（二十九日），景又啓曰：「適有西岸㉚信至，高澄已得壽陽、鍾離，臣今無所投足，求借廣陵幷譙州，俟得壽陽，即奉還朝廷。」又云：「援軍既在南岸，須於京口度江。」太子並答許之。

癸卯（十七日），大赦。

庚戌（二十四日），景又啓曰：「永安侯確，直閤趙威方頻隔柵見詬，云：『天子自與汝盟，我終當破汝。』乞召侯及威方入，即當引路㉛。」上遣吏部尚書張綰召確，辛亥（二十五日），以確

為廣州刺史，威方為盱眙太守。確累啓固辭不入，上不許。確先遣威方入城，因欲南奔㉜。邵陵王綸泣謂確曰：「圍城既久，聖上憂危，臣子之情，切於湯火，故欲且盟而遣之，更申後計，成命已決，何得拒違？」時臺使周石珍、東宮主書左法生在綸所，確謂之曰：「侯景雖云欲去，而不解長圍，意可見也。今召僕入城，何益於事？」石珍曰：「敕旨如此，郎那得辭？」確意尚堅，綸大怒，謂趙伯超曰：「譙州為我斬之㉝，持其首去。」伯超揮刃眄㉞確，曰：「伯超識君侯，刀不識也。」確乃流涕入城。

上常蔬食，及圍城日久，上廚蔬茹皆絕，乃食雞子。綸因使者蹔通，上雞子數百枚，上手自料簡，歔欷哽咽。

湘東王繹軍於郢州之武城㉟，湘州刺史河東王譽軍於青草湖㊱，信州刺史㊲桂陽王慥軍於西峽口㊳，託云俟四方援兵，淹留不進。中記室參軍蕭賁，骨鯁士也，以繹不早下，心非之。嘗與繹雙六，食子未下，賁曰：「殿下都無下意㊴。」繹深銜之。及得上敕，繹欲旋師，賁曰：「景以人臣舉兵向闕，今若放兵，未及度江，童子能斬之矣，必不為也。大王以十萬之眾，未見賊而退，柰何？」繹不悅，未幾，因事殺之。慥，懿之孫也。

㈥東魏河內民四千餘家，以魏北徐州刺史司馬裔，其鄉里也，相帥歸之〔四〇〕。丞相泰欲封裔，裔固辭曰：「士大夫遠歸皇化，裔豈能帥之？賣義士以求榮，非所願也。」

㈦侯景運東府米入石頭，既畢，王偉聞荊州軍退〔四一〕，援軍雖多，不相統壹，乃說景曰：「王以人臣舉兵，圍守宮闕，逼辱妃主，殘穢宗廟，擢王之髮，不足數罪〔四二〕。今日持此，欲安所容身乎？背盟而捷，自古多矣！願且觀其變。」臨賀王正德亦謂景曰：「大功垂就，豈可棄去？」景遂上啓陳帝十失，且曰：「臣方事睽違，所以冒陳讜直。陛下崇飾虛誕，惡聞實錄，以祅怪為嘉禎，以天譴為無咎，敷演六藝，排擯前儒，王莽之法也，以鐵為貨，輕重無常，公孫之制也〔四三〕，爛羊鐫印，朝章鄙雜，更始、趙倫之化也〔四四〕，豫章以所天為血讎，邵陵以父存而冠布，石虎之風也〔四五〕，修建浮圖，百度糜費，使四民飢餧，苲融、姚興之代也㊻。」又言：「建康宮室崇侈，陛下唯與主書參斷萬機，政以賄成，諸閹豪盛，眾僧殷實，皇太子珠玉是好，酒色是耽，吐言止於輕薄，賦詠不出桑中㊼，邵陵所在殘破，湘東羣下貪縱，南康、定襄之屬，皆如沐猴而冠耳㊽！親為孫姪，位則藩屏，臣至百日，誰肯勤王？此而靈長㊾，未之有也。昔鬻拳兵諫，王卒改善㊿，今日之舉，復奚罪乎？伏願陛下小懲大戒(51)，放讒納忠，使臣無再舉之憂，陛下無嬰城之辱，則萬姓幸甚。」上覽啓，且慙且怒。三月，丙辰朔，立壇於太極殿前，告天地，以景違盟，舉烽鼓譟。

初，閉城之日，男女十餘萬，擐甲者二萬餘人【考異】南史作三萬，今從典略。被圍既久，人多身腫氣急(52)，死者什八九，乘城者不滿四千人，率皆羸喘。横尸滿路，不可瘞埋，爛汁滿溝，而眾心猶望外援，柳仲禮唯聚妓妾，置酒作樂，諸將日往請戰，仲禮不許。

安南侯駿說邵陵王綸曰：【考異】典略云綸已下咸說柳仲禮如此，今從太清紀。「城危如此，而都督不救，若萬一不虞，殿下何顏自立於世？今宜分軍為三道，出賊不意攻之，可以得志。」綸不從。

柳津登城謂仲禮曰：「汝君父在難(五三)，不能竭力，百世之後，謂汝為何？」仲禮亦不以為意。上問策於津，對曰：「陛下有邵陵，臣有仲禮，不忠不孝，賊何由平？」【考異】典略云：「柳仲禮族兄暉謂仲禮曰：『天下事勢如此，何不自取富貴？』仲禮曰：『兄今若為取之？』暉曰：『正當堅營不戰，使賊平臺城，囚天子，徐而縱兵，既破之後，復挾天子令諸侯也。』仲禮納之。」按景既克城，則人情皆去，援軍自散，仲禮安能帥以破景？仲禮閉壁不出，自為重傷而懼耳，非用暉計也，今從太清紀及南史。太清紀又云：「景嘗登朱雀門樓，與之語，又遺以金，自是以後，閉壁不戰。」典略云：「景遺以金鐶。」亦又近誣，今不取。

戊午（初三日），南康王會理與羊鴉仁、趙伯超等進營於東府城北，約夜度軍，既而鴉仁等曉猶未至，景眾覺之，營未立，景使宋子仙擊之，趙伯超望風退走(五四)，會理等兵大敗，戰及溺死者五千人，景積其首於闕下以示城中。

景又使于子悅求和，上使御史中丞沈浚至景所。景實無去志，謂浚曰：「今天時方熱，軍未可動，乞且留京師立効」浚發憤責之，景不對，橫刀叱之(五五)，浚曰：「負恩忘義，違棄詛盟(五六)，固天地所不容。沈浚五十之年，常恐不得死所，何為以死相懼邪？」因徑去不顧，景以其忠直，捨之。

於是景決石闕前水㊼，百道攻城，晝夜不息。邵陵世子堅屯太陽門㊽，終日蒱飲㊾，不恤吏士，其書佐董勛、熊曇朗㊿恨之。丁卯（十二日），夜，向曉，勛、曇朗於城西北樓引景眾登城，永安侯確力戰，不能卻，乃排闥入，啓上云：「城已陷。」上安臥不動，曰：「猶可一戰乎？」確曰：「不可。」歎曰：「自我得之，自我失之，亦復何恨？」因謂確曰：「汝速去，語汝父，勿以二宮為念。」因使慰勞在外諸軍，俄而景遣王偉入文德殿奉謁，上命褰簾開戶，引偉入。偉拜呈景啓，稱為姦佞所蔽，領眾入朝，驚動聖躬，今詣闕待罪。上問景何在？可召來。景入見於太極東堂，以甲士五百人自衞。景稽顙殿下，典儀㊿一引就三公榻，上神色不變，問曰：「卿在軍中日久，無乃為勞？」景不敢仰視，汗流被面。又曰：「卿何州人而敢至此？妻子猶在北邪？」景皆不能對，任約從旁代對曰：「臣景妻子，皆為高氏所屠，唯以一身歸陛下。」上又問：「初度江有幾人？」景曰：「千人。」「圍臺城幾人？」曰：「十萬。」「今有幾人？」曰：「率土之內，莫非己有。」上俛首不言。景復至永福省見太子，太子亦無懼容。侍衞皆驚散，唯中庶子(六二)徐摛、通事舍人(六三)陳郡殷不害側侍。摛謂景曰：「侯王當以禮見，何得如此？」景乃拜。太子與言，又不能對，景退謂其廂公(六四)王僧貴曰：「吾常跨鞍對陳，矢刃交下，而意氣安緩，了無怖心，今見蕭公，使人自慴，豈非天威難犯？吾不可以再見之。」於是悉撤兩宮侍衞，縱兵掠乘輿、服御、宮人皆盡(六五)，收朝士、王侯送永福省，使王偉守武德殿，于子悅屯太極東堂，矯詔大赦，自加大都督中外諸軍、錄尚書事。【考異】梁帝紀無赦，加景官在庚午，今從太清紀。

建康士民逃難四出，太子洗馬蕭允至京口，端居不行，曰：「死生有命，如何可逃？禍之所來，皆生於利，苟不求利，禍從何生？」

己巳（十四日），景遣石城公(六六)大款以詔命解外援軍，【考異】典略在庚午，梁帝紀在辛未，今從太清紀。柳仲禮召諸將議之。邵陵王綸曰：「今日之命，委之將軍。」仲禮熟視不對。裴之高、王僧辯曰：「將軍擁眾百萬，致宮闕淪沒，正當悉力決戰，何所多言？」仲禮竟無一言，諸軍乃隨方各散(六七)，南兗州刺史臨成公大連(六八)、湘東世子方等、鄱陽世子嗣、北兗州刺史湘潭侯退(六九)、吳郡太守袁君正、晉陵太守陸經等各還本鎮。君正，昂之子也(七〇)。邵陵王綸奔會稽，仲禮及弟敬禮、羊鴉仁、王僧辯、趙伯超並開營降，軍士莫不歎憤仲禮等入城，先拜景而後見上，上不與言。仲禮見父津，津慟哭曰：「汝非我子，何勞相見？」

湘東王繹使全威將軍會稽王琳送米二十萬石以饋軍，至姑孰，聞臺城陷，沈米於江而還。

景命燒臺內積尸，病篤未絕者(七一)，亦聚而焚之。庚午(十五日)，詔征、鎮、牧守可復本任，景留柳敬禮、羊鴉仁，而遣柳仲禮歸司州，王僧辯歸竟陵。

初，臨賀王正德與景約，平城之日，不得全二宮。及城開，正德帥眾，揮刀欲入，景先使其徒守門，故正德不果入。景更以正德為侍中、大司馬，百官皆復舊職。

正德入見上，拜且泣，上曰：「啜其泣矣，何嗟及矣(七二)！」

秦郡、陽平、盱眙三郡皆降景(七三)，景改陽平為北滄州，改秦郡為西兗州。

(八)東徐州刺史(七四)湛海珍、北青州刺史(七五)王奉伯【考異】北青州典略作南冀州，今從太清紀。並以地降東魏，青州刺史(七六)明少遐、山陽太守(七七)蕭鄰棄城走，【考異】梁紀在四月，今從太清紀。東魏據其地。

(九)侯景以儀同三司蕭邕為南徐州刺史，代西昌侯淵藻鎮京口，又遣其將徐相攻晉陵，陸經以郡降之。

(十)初，上以河東王譽為湘州刺史，徙湘州刺史張纘為雍州刺史，代岳陽王詧。纘恃其才望，輕譽少年，迎候有闕，譽至，檢括州府付度事(七八)，留纘不遣。聞侯景作亂，頗陵蹙纘，纘恐為所害，輕舟夜遁，將之雍部，復慮詧拒之。纘與湘東王繹有舊，欲因之以殺譽兄弟，乃如江陵。及臺城陷，諸王各還州鎮，譽自湖口歸湘州(七九)，桂陽王慥以荊州督府留軍江陵，欲待繹至拜謁，乃還信州(八〇)。纘遺繹書曰：「河東戴檣上水，欲襲江陵(八一)，岳陽在雍，共謀不逞。」江陵遊軍主(八二)朱榮亦遣使告繹云：「桂陽留此，欲應譽、督。」繹懼，鑿船，沈米，斬纜(八三)，自蠻中步道馳歸江陵，因慥殺之。

侯景以前臨江太守董紹先為江北行臺(八四)，使齎上手敕召南兗州刺史南康王會理。壬午（二十七日），紹先至廣陵，眾不滿二百，皆積日飢疲。會理士馬甚盛，僚佐說會理曰：「景已陷京邑，欲先除諸藩，然後篡位。若四方拒絕，立當潰敗，奈何委全州之地，以資寇手？不如殺紹先，發兵固守，與魏連和，以待其變。」會理素懦，即以城授之(八五)。紹先既入，眾莫敢動。會理弟通理請先還建康，謂其姊曰：「事既如此，豈可闔家受斃？前途亦思立效，但未知天命如何耳？」紹先悉收廣陵文武部曲、鎧仗金帛，遣會理單馬還建康。

(十一)湘潭侯退與北兗州刺史定襄侯祗出奔東魏，侯景以蕭弄璋為北兗州刺史，州民發兵拒之，景遣直閤將軍羊海將兵助之，海以其眾降東魏，東魏遂據淮陰。祗，偉之子也。

(十二)癸未（二十八日），侯景遣于子悅等將羸兵數百東略吳郡。新城戍(八六)主戴僧逷有精甲五千，說太守袁君正曰：「賊今乏食，臺中所得不支一旬，若閉關拒守，立可餓死。」土豪陸映公恐不能勝而資產被掠，皆勸君正迎之。君正素怯，載米及牛酒郊迎，子悅執君正，掠奪財物子女，東人皆立堡拒之。景又以任約為南道行臺，鎮姑孰。夏，四月，湘東世子方等至江陵，湘東王繹始知臺城不守，命於江陵四旁七里樹木為柵，掘塹三重而守之。

(十三)東魏高岳等攻魏潁川，不克，大將軍澄益兵助之，道路相繼，踰年猶不下(八七)，山鹿(八八)忠武公劉豐生建策堰洧水以灌之(八九)，城多崩頹，岳悉眾分休迭進(九〇)，王思政身當矢石，與士卒同勞苦，城中泉涌，懸釜而炊。

太師泰遣大將軍趙貴督東南諸州兵救之，自長社以北，皆為陂澤。兵至穰(九一)，不得前。東魏使善射者乘大艦，臨城射之，城垂陷。燕郡景惠公慕容紹宗與劉豐生臨堰視之，見東北塵起，同入艦坐避之，俄而暴風至，遠近晦冥，纜斷，飄船徑向城，城上人以長鉤牽船，弓弩亂發，紹宗赴水溺死，豐生游上向土山，城上人射殺之。

㈣甲辰（十九日），東魏進大將軍勃海王澄位相國，封齊王，加殊禮(九二)。丁未（二十二日），澄入朝于鄴，固辭不許。澄召將佐密議之，皆勸澄宜膺朝命，獨散騎常侍陳元康以為未可，澄由是嫌之，崔暹乃薦陸元規為大行臺郎，以分元康之權。

㈤湘東王繹之入援也，令所督諸州皆發兵，雍州刺史岳陽王詧遣府司馬劉方貴將兵出漢口，繹召詧使自行，詧不從。方貴潛與繹相知，謀襲襄陽，未發，會詧以他事召方貴，方貴以為謀泄，遂據樊城拒命，詧遣軍攻之。

繹厚資遣張纘，使赴鎮。纘至大堤(九三)，詧已拔樊城，斬方貴。纘至襄陽，詧推遷未去，但以城西白馬寺處之，詧猶總軍府之政，聞臺城陷，遂不受代。助防杜岸紿纘曰：「觀岳陽勢不容使君，不如且往西山(九四)以避禍。」岸既襄陽豪族，兄弟九人，皆以驍勇著名(九五)，纘乃與岸結盟，著婦人衣，乘青布輿，逃入西山。詧使岸將兵追擒之，纘乞為沙門，更名法纘，詧許之。

㈥荊州長史王沖等上牋於湘東王繹，請以太尉都督中外諸軍事，承制主盟㊈㊅，繹不許。丙辰（丙辰在五月，四月無丙辰）又請以司空主盟，亦不許。

㈦上雖外為侯景所制，而內甚不平。景欲以宋子仙為司空，上曰：「調和陰陽，安用此物㊈㊆？」景又請以其黨二人為便殿主帥㊈㊇，上不許，景不能強，心甚憚之。太子入泣諫，上曰：「誰令汝來？若社稷有靈，猶當克復，如其不然，何事流涕？」景使其軍士入直省中，或驅驢馬，帶弓刀，出入宮庭，上怪而問之，直閤將軍周石珍對曰：「侯丞相甲士。」上大怒，叱石珍曰：「是侯景，何謂丞相？」左右皆懼。是後，上所求多不遂志，飲膳亦為所裁節，憂憤成疾，太子以幼子大圜屬湘東王繹，并剪爪髮以寄之。

五月丙辰（初二日），上臥淨居殿，口苦，索蜜不得，再曰：「荷，荷。」遂殂，年八十六。景祕不發喪，遷殯於昭陽殿，迎太子於永福省，使如常入朝。王偉、陳慶皆侍太子，太子嗚咽流涕，不敢泄聲，殿外文武皆莫之知。

(十八)東魏高岳既失慕容紹宗等，志氣沮喪，不敢復逼長社城(九九)。陳元康言於大將軍澄曰：「王自輔政以來，未有殊功，雖破侯景，本非外賊(一〇〇)。今潁川垂陷，願王自以為功。」澄從之，戊寅（二十四日），自將步騎十萬攻長社，親臨作堰，堰三決，澄怒，推負土者及囊幷塞之。

(十九)辛巳（二十七日），發高祖喪(一〇一)，升梓宮於太極殿。是日，太子即皇帝位，大赦。侯景出屯朝堂(一〇二)，分兵守衞。

(二十)壬午（二十八日），詔北人在南為奴婢者皆免之，所免萬計。景或更加超擢，冀收其力。

高祖之末，建康士民，服食器用，爭尚豪華，糧無半年之儲，常資四方委輸(一〇三)。自景作亂，道路斷絕，數月之間，人至相食，猶不免餓死，存者百無一二(一〇四)，貴戚豪族，皆自出採稆(一〇五)，填委溝壑，不可勝紀。

癸未（二十九日），景遣儀同三司來亮入宛陵(一〇五)，宣城太守楊白華誘而斬之。甲申（三十日），景遣其將李賢明攻之，不克。【考異】典略在四月，今從太清紀。景又遣中軍㉖侯子鑒入吳郡，以廂公蘇單于為吳郡太守，遣儀同宋子仙等將兵東屯錢塘，新城戍主戴僧遏拒之。御史中丞沈浚避難東歸，至吳興，太守張嵊與之合謀舉兵討景。嵊，稷之子也㉘。東揚州刺史㉙臨城公大連亦據州，不受景命。景號令所行，唯吳郡以西，南陵以北而已。

㈡一魏詔太和中代人改姓者皆復其舊㉚。

（廿二）六月丙戌（初二日），以南康王會理為侍中、司空【考異】梁紀作戊戌，今從太清紀。

（廿三）丁亥（初三日），立宣城王大器為皇太子【考異】太清紀云七日，今從梁帝紀及典略。

（廿四）初，侯景將使太常卿南陽劉之遴授臨賀王正德璽綬，之遴剃髮僧服而逃之。之遴博學能文，嘗為湘東王繹長史，將歸江陵，繹素嫉其才，己丑（初五日），之遴至夏口，繹密送藥殺之而自為誌銘，厚其贈賻。

（廿五）壬辰（初八），封皇子大心為尋陽王，大款為江陵王，大臨為南海王，大連為南郡王，大春為安陸王，大成為山陽王，大封為宜都王。【考異】太清紀、典略並與立太子同日，今從梁帝紀。

(廿六)長社城中無鹽，人病攣腫，死者什八九。大風從西北起，吹水入城，城壞。東魏大將軍澄令城中曰：「有能生致王大將軍㉑者封侯，若大將軍身有損傷，親近左右皆斬。」王思政帥眾據土山㉒，告之曰：「吾力屈計窮，唯當以死謝國。」因仰天大哭，西向再拜，欲自刎。都督駱訓曰：「公常語訓等，汝齎我頭出降，非但得富貴，亦完一城人。今高相既有此令，公獨不哀士卒之死乎？」眾共執之，不得引決。澄遣通直散騎趙彥深就土山遺以白羽扇，執手申意，牽之以下。澄不令拜，延而禮之。思政初入潁川，將士八千人，及城陷，纔三千人，卒無叛者。澄悉散配其將卒於遠方，改潁州為鄭州㉓，禮遇思政甚重。西閤祭酒㉔盧潛曰：「思政不能死節，何足可重？」澄謂左右曰：「我有盧潛，乃是更得一王思政。」潛，度世之曾孫也㉕。初，思政屯襄城，欲以長社為行臺治所㉖，遣使者魏仲啓陳於太師泰，并致書於淅州刺史㉗崔猷。

猷復書曰：「襄城控帶京洛，實當今之要地，如有動靜，易相應接。潁川既鄰寇境，又無山川之固，賊若潛來，徑至城下。莫若頓兵襄城，為行臺之所，潁川置州，遣良將鎮守，則表裏膠固㉘，人心易安，縱有不虞，豈能為患？」仲見泰，具以啓聞㉙，泰令依猷策，思政固請，且約賊水攻期年、陸攻三年之內，朝廷不煩赴救，泰乃許之。及長社不守，泰深悔之。猷，孝芬之子也㉚。

侯景之南叛也㉛，丞相泰恐東魏復取景所部地，使諸將分守諸城，及潁川陷，泰以諸城道路阻絕，皆令拔軍還。

(廿七)上甲侯韶自建康出奔江陵，稱受高祖密詔徵兵，【考異】梁帝紀在五月，今從太清紀。以湘東王繹為侍中、假黃鉞、大都督、中外諸軍事、司徒、承制，自餘藩鎮，並加位號

(廿八)宋子仙圍戴僧逷，不克。丙午（二十二日），吳盜陸緝等【考異】典略作戊子、陸黯，今太清紀、南史。起兵襲吳郡，殺蘇單于，推前淮南太守文成侯寧為主。

(廿九)臨賀王正德怨侯景賣己，密書召鄱陽王範，使以兵入，景遮得其書。癸丑（二十九日），縊殺正德。【考異】典略，五月，正德死，今從太清紀南史。

以儀同三司郭元建為尚書僕射，北道行臺，總江北諸軍事，鎮新秦㊂，封元羅等諸元十餘人皆為王。【考異】太清紀在八月二十八日，今從典略。景愛永安侯確之勇，常寘左右。邵陵王綸潛遣人呼之，確曰：「景輕佻，一夫力耳！我欲手刃之，正恨未得其便。卿還啓家王，勿以確為念。」景與確遊鍾山，引弓射鳥，因欲射景，弦斷不發，景覺而殺之。【考異】太清紀確死在九月，今從典略。

(卅)湘東王繹娶徐孝嗣孫女為妃，生世子方等。妃醜而妒，又多失行，繹二三年一至其室。妃聞繹當至，以繹目眇，為半面妝以待之，繹怒而出，故方等亦無寵，及自建康還江陵，繹見其御軍和整，始歎其能。入告徐妃，妃不對，垂泣而退。繹怒，疏其穢行，牓于大閤。方等見之，益懼。

湘州刺史河東王譽驍勇得士心，繹將討侯景，遣使督其糧眾。譽曰：「各自軍府，何忽隸人？」使者三返，譽不與。方等請討之，繹乃以少子安南侯方矩為湘州刺史㊂，使方等將精卒二萬送之。【考異】太清紀云：「初，上遣諮議參軍周弘直往湘州，報河東王譽，云：『侯景既須撲滅，今欲遣荊州兵力，使汝東往，但使諸蕭有一人能匡國難，吾無所惜。』譽對弘直攘袂云：『身始至鎮，百度俱闕，征伐之任，便未能行。』又遣舍人虞預至譽所曰：『周弘直還，知汝必不能自出師，吾今便長驅席捲，還望三湘兵糧，以相資給。』譽又拒絕，意色殊憤。上又遣錄事參軍劉穀往雍，宣旨於岳陽王詧曰：『吾舟艦足乘，唯糧仗闕少。湘州有米，已就譽求，雍部精兵，必能分遣，行留之計，爾自擇之。』詧答曰：『兵馬蓄扞所須，非敢減徹。襄陽形勝之地，豈可暫虛？』穀出，謂雍州別駕甄玄成曰：『觀殿下辭色，曾無匡復之意，卿是股肱所寄，可相毗贊邪？』答曰：『樊沔衝要，王業所基，人情驍勇，山川險要，君其雅識，寧俟多言？』穀曰：『本論東討，共征獯逆，義異西伯，非敢聞命。』於是湘、雍二蕃成亂謀矣。是月，上遣世子方等往湘州，具陳軍國之計，誡方等曰：『吾近累遣使往湘，並未相脣齒，今故令汝至彼，必望申吾意，若能相隨，不可，留王沖權知州事。』譽遂不受命，潛圖構逆。」此皆蕭韶為元帝隱惡飾辭耳，今從梁書、南史。

方等將行，謂所親曰：「是行也，吾必死之。死得其所，吾復奚恨？」

(卅)侯景以趙威方為豫章太守，江州刺史尋陽王大心遣軍拒之，擒威方繫州獄，威方逃還建康。

(卅一)湘東世子方等軍至麻溪(三四)，河東王譽將七千人擊之，方等軍敗，溺死。安南侯方矩斂餘眾還江陵，湘東王繹無戚容。繹寵姬王氏生子方諸，王氏卒，繹疑徐妃為之(三五)，逼令自殺，妃赴井死，葬以庶人禮，不聽諸子制服。

(卅二)西江督護陳霸先欲起兵討侯景，景使人誘廣州刺史元景仲(三六)，許奉以為主。景仲由是附景，陰圖霸先。霸先知之，與成州刺史(三七)王懷明等集兵南海(三八)，馳檄以討景仲，曰：「元景仲與賊合從。」朝廷遣曲陽侯勃為刺史，軍已頓朝亭(三九)，景仲所部聞之，皆棄景仲而散，秋，七月甲寅（朔），景仲縊於閤下，霸先迎定州刺史蕭勃鎮廣州。

前高州刺史蘭裕，欽之弟也㉚，與其諸弟扇誘始興等十郡攻監衡州事歐陽頠，勃使霸先救之，悉擒裕等，【考異】太清紀擒裕在八月，今從陳書。勃因以霸先監始興郡事。

㊹湘東王繹遣竟陵太守王僧辯、信州刺史東海鮑泉擊湘州，分給兵糧，刻日就道。僧辯以竟陵部下未盡至，欲俟眾集然後行，與泉入白繹，求申期㉛，繹疑僧辯觀望，案劍厲聲曰：「卿憚行拒命，欲同賊邪？今日唯有死耳！」因斫僧辯，中其左髀，悶絕，久之方蘇，即送獄。泉震怖，不敢言。僧辯母徒行流涕入謝，自陳無訓，繹意解，賜以良藥，故得不死。丁卯（十四日），鮑泉獨將兵伐湘州。【考異】太清紀作八日，或者八日受命，丁卯乃行也。

㊺陸緝等競為暴掠，吳人不附，宋子仙自錢塘旋軍擊之㉜，壬戌（初九日），緝棄城，奔海鹽㉝，子仙復據吳郡。戊辰（十五日），侯景置吳州於吳郡，以安陸王大春為刺史。

(卅六)庚午（十七日），以南康王會理兼尚書令。【考異】太清紀在八月二十六日，今從典略。

(卅七)鄱陽王範聞建康不守，戒嚴欲入，僚佐或說之曰：「今魏人已據壽陽，大王移足，則虜騎必窺合肥，前賊未平，後城失守，將若之何？不如待四方兵集，使良將將精卒赴之，進不失勤王，退可固本根。」範乃止。會東魏大將軍澄遣西兗州刺史李伯穆逼合肥，又使魏收為書諭範，範方謀討侯景，藉東魏為援，乃帥戰士二萬出東關，以合州輸伯穆，并遣諮議㉞劉靈議送二子勤、廣為質於東魏以乞師。範屯濡須以待上游之軍，遣世子嗣將千餘人守安樂柵㉟，上游諸軍皆不下，範糧乏，采菰稗菱藕以自給㊱。勤、廣至鄴，東魏人竟不為出師，範進退無計㊲，乃泝流西上，軍於樅陽㊳。景出屯姑孰，範將裴之悌以眾降之。之悌，之高之弟也。

(卅八)東魏大將軍澄詣鄴，辭爵位殊禮，且請立太子。澄謂濟陰王暉業曰：「此讀何書？」暉業曰：「數尋伊霍之傳，不讀曹馬之書㊴。」

(卅九)八月，甲申朔，侯景遣其中軍都督侯子鑒等擊吳興。

㊵己亥（十六日），鮑泉軍於石椁寺，河東王譽逆戰而敗，辛丑（十八日），又敗於橘洲㊵，戰及溺死者萬餘人。譽退保長沙，泉引軍圍之。

㊶辛卯（初八日），東魏立皇子長仁為太子㊶。

勃海文襄王澄以其弟太原公洋次長㊷，意常忌之。洋深自晦匿，言不出口，常自貶退，與澄言，無不順從。澄輕之，常曰：「此人亦得富貴，相書亦何可解㊸？」洋為其夫人趙郡李氏營服玩，小佳，澄輒奪取之。夫人或恚，未與，洋笑曰：「此物猶應可求，兄須㊹何容吝惜？」澄或愧不取，洋即受之，亦無飾讓。每退朝還第，輒閉閤靜坐，雖對妻子，能竟日不言，或時袒跣奔躍，夫人問其故？洋曰：「為爾漫戲㊺。」其實蓋欲習勞。

初，澄獲徐州刺史蘭欽子京以為膳奴㊻，【考異】陳元康傳作蘭固成，今從北齊帝紀。欽請贖之，不許。京屢自訴，澄杖之曰：「更訴，當殺汝。」京與其黨六人謀作亂，澄在鄴，居北城東柏堂，嬖琅邪公主㊼，欲其往來無閒，侍衛者常遣出外。辛卯（初八日），澄與散騎常侍陳元康、吏部尚書侍中楊愔、黃門侍郎崔季舒屏左右，謀受魏禪，署擬百官。蘭京進食，澄卻之，謂諸人曰：「昨夜夢此奴斫我，當急殺之。」京聞之，寘刀盤下，冒言進食。澄怒曰：「我未索食，何為遽來？」京揮刀曰：「來殺汝。」澄自投傷足，入於牀下，賊去床弒之。愔狼狽走，遺一靴，季舒匿於廁中。元康以身蔽澄，與賊爭刀，被傷，腸出，庫直王紘冒刃禦賊，紇奚舍樂鬬死。時變起倉猝，內外震駭，太原公洋在城東雙堂，聞之，顏色不變，指揮部分，入討羣賊，臠(四八)而斬之，徐出，曰：「奴反，大將軍被傷，無大苦也。」內外莫不驚異(四九)。洋祕不發喪。陳元康手書辭母，口占(五〇)使功曹參軍祖珽作書，陳便宜，至夜而卒，洋殯之第中，詐云出使，虛除元康中書令，以王紘為領左右都督。紘，基之子也(五一)。勳貴以重兵皆在并州，勸洋早如晉陽，洋從之，夜召大將軍督護太原唐邕，使部分將士，鎮遏四方。邕支配須臾而畢，洋由是重之。癸巳（初十日），洋諷東魏主以立太子，大赦。

澄死問漸露，東魏主竊謂左右曰：「大將軍今死，似是天意，威權當復歸帝室矣！」洋留太尉高岳、太保高隆之、開府儀同三司司馬子如、侍中楊愔守鄴，餘勳貴皆自隨。甲午（十一日），入謁東魏主於昭陽殿，從甲士八千人，登階者二百餘人，皆攘袂扣刃，若對嚴敵，令主者[五二]傳奏曰：「臣有家事，須詣晉陽。」再拜而出，東魏主失色，目送之曰：「此人又似不相容，朕不知死在何日。」晉陽舊臣宿將素輕洋，及至，大會文武，神彩英暢，言辭敏洽，眾皆大驚。澄政令有不便者，洋皆改之。高隆之、司馬子如等惡度支尚書崔暹，奏暹及崔季舒過惡，鞭二百，徙邊。

㊷侯景以宋子仙為司徒，郭子建為尚書左僕射，與領軍任約等四十人並開府儀同三司，仍詔自今開府儀同，不須更加將軍[五三]。是後開府儀同至多，不可復記矣。

㊸鄱陽王範自樅陽遣信告江州刺史尋陽王大心，大心遣信邀之，範引兵詣江州，大心以湓城處之。

㊹吳興兵力寡弱，張嵊書生，不閑[五四]軍旅。或勸嵊效袁君正以郡迎侯子鑒[五五]，嵊歎曰：「袁氏世濟忠貞[五六]，不意君正一旦隳之。吾

豈不知吳郡既沒，吳興勢難久全，但以身許國，有死無貳耳！」

九月，癸丑朔，子鑒軍至吳興，嵊戰敗還府，整服安坐，子鑒執送建康。侯景嘉其守節，欲活之，嵊曰：「吾忝任專城，朝廷傾危，不能匡復，今日速死為幸。」景猶欲全其一子，嵊曰：「吾一門已在鬼錄(五七)，不就爾虜求恩。」景怒，盡殺之，幷殺沈浚(五八)。

㊃河東王譽告急於岳陽王詧，詧留諮議參軍濟陽蔡大寶守襄陽，帥眾二萬騎二千伐江陵以救湘州。湘東王繹大懼，遣左右就獄中問計於王僧辯，僧辯具陳方略，繹乃赦之，以為城中都督。乙卯（初三日），詧至江陵，作十三營以攻之，會大雨，平地水深四尺，詧軍氣沮。

繹與新興太守(五九)杜崱有舊，密邀之，乙丑（十三日），崱與兄岸、岸弟幼安、兄子龕各帥所部降於繹。岸請以五百騎襲襄陽，晝夜兼行，去襄陽三十里，城中覺之。蔡大寶奉詧母龔保林(六〇)登城拒戰，詧聞之，夜遁，棄糧食金帛鎧仗於湕水(六一)，不可勝紀。張纘病足，詧載以隨軍，及敗走，守者恐為追兵所及，殺之，棄尸而去。【考異】太清紀云：「詧使制文檄，纘曰：『吾蒙朝廷不世之榮，又荷湘東王國士之眷，今日雖死，義無操筆。』及軍敗，將殺之，纘曰：『若使南師必振，北賊將亡，吾雖死，無所恨。』遂殺之，棄尸於江陵北湖。」又云：「諸將並欲追，上以如子之情，情所未忍。曰：『彼不應來而來，明其為逆，我應逐不逐，見我之弘。』」此蓋亦蕭韶之虛美，今從南史。詧至襄陽，岸奔廣平（六二）依其兄南陽太守巘。

（四五）湘東王繹以鮑泉圍長沙，久不克，怒之，以平南將軍王僧辯代為都督，數泉十罪，命舍人羅重懽與僧辯偕行。泉聞僧辯來，愕然曰：「得王竟陵來助我，賊不足平。」拂席待之。僧辯入，背泉而坐，曰：「鮑郎卿有罪，令旨（六三）使我鎖卿，卿勿以故意見期（六四）。」使重懽宣令，鎖之牀側。泉為啓自申（六五），且謝淹緩（六六）之罪，繹怒解，遂釋之。

（四六）冬，十月，癸未朔，東魏以開府儀同三司潘相樂為司空。

（四七）初，歷陽太守莊鐵帥眾歸尋陽王大心（六七），大心以為豫章內史。鐵至郡，即叛，推觀寧侯永為主。永，範之弟也。丁酉（十五日），鐵引兵襲尋陽，大心遣其將徐嗣徽逆擊，破之。鐵走至建昌（六八），光遠將軍韋構邀擊之，鐵失其母、弟、妻子，單騎還南昌（六九），大心遣構將兵追討之。

(四八)宋子仙自吳郡趣錢塘，劉神茂自吳興趣富陽，前武州刺史富陽孫國恩以城降之

(四九)十一月，乙卯（初四日），葬武皇帝于脩陵，【考異】太清紀云十四日梓宮達於脩陵，今從梁書。廟號高祖。

(五十)百濟遣使入貢，見城闕荒圮〔七〇〕，異於曩來〔七一〕，哭於端門〔七二〕。侯景怒，錄送莊嚴寺〔七三〕，不聽出。

(五一)壬戌（十一日），宋子仙急攻錢塘，戴僧逷降之。

(五二)岳陽王詧使將軍薛暉攻廣平，拔之，獲杜岸，送襄陽。詧拔其舌，鞭其面，支解而烹之，又發其祖父墓，焚其骸而揚之，以其頭為漆椀。詧既與湘東王繹為敵，恐不能自存，遣使求援於魏，請為附庸〔七四〕。丞相泰令東閤祭酒榮權使於襄陽。

繹使司州刺史柳仲禮鎮竟陵以圖詧，詧懼，遣其妃王氏及世子嶚為質於魏。丞相泰欲經略江漢，以開府儀同三司楊忠都督三荊等十五州諸軍事，鎮穰城。仲禮至安陸，安陸太守柳勰以城降之。仲禮留長史馬岫與其弟

子禮守之，帥眾一萬趣襄陽，泰遣楊忠及行臺僕射長孫儉將兵擊仲禮以救詧。

(五三)宋子仙乘勝度浙江，至會稽，邵陵王綸聞錢塘已敗，出奔鄱陽。【考異】南史云：「東土皆附綸，臨城公大連懼將害己，乃圖之，綸覺之，乃去。」今從典略。鄱陽內史開建侯（七五）蕃以兵拒之，範進擊蕃（七六），破之。

(五四)魏楊忠將至，義陽太守（七七）馬伯符以下溠城降之（七七），忠以伯符為鄉導。伯符，岫之子也。

(五五)南郡王大連為東揚州刺史，時會稽豐沃，勝兵（七八）數萬，糧仗山積。東土人懲侯景殘虐，咸樂為用，而大連朝夕酣飲，不恤軍事。司馬東陽（七九）異凶狡殘暴，為眾所患，大連悉以軍事委之。十二月庚寅（初九日），宋子仙攻會稽，大連棄城走，異奔還鄉里，尋以其眾降於子仙。大連欲奔鄱陽，異為子仙鄉導，追及大連於信安（八〇），【考異】典略云：「十二月庚子，朔，擒大連。」按是月壬午朔，今從太清紀。執送建康。帝聞之，引帷自蔽，掩袂而泣（八一）。於是三吳盡沒於景，公侯在會稽者俱南度嶺。景以留異為東陽太守，收其妻子為質。

(七六)己酉（二十八日），東魏以并州刺史彭樂為司徒。

(七七)邵陵王綸進至九江，尋陽王大心以江州讓之，綸不受，引兵西上。

(七八)始興太守陳霸先結郡中豪傑，欲討侯景，郡人侯安都、張偲等各帥眾千餘人歸之。霸先遣主帥杜僧明將二千人頓於嶺上(八二)，廣州刺史蕭勃遣人止之曰：「侯景驍雄，天下無敵，前者援軍十萬，士馬精彊，猶不能克(八三)。君以區區之眾，將何所之？如聞嶺北王侯又皆鼎沸，親尋干戈(八四)，以君疏外，詎可暗投(八五)？未若且留始興，遙張聲勢，保太山之安也。」霸先曰：「僕荷國恩，往聞侯景度江，即欲赴援，遭值元、蘭梗我中道(八六)，今京都覆沒，君辱臣死，誰敢愛命？君侯體則皇枝，任重方岳(八七)，遣僕一軍，猶賢乎已(八八)，乃更止之乎？」乃遣使間道詣江陵受湘東王繹節度。時南康土豪蔡路養起兵據郡，勃乃以腹心譚世遠為曲江令(八九)，與路養相結，同遏霸先。

(五九)魏楊忠拔隨郡(九〇)，執太守桓和。

(六十)東魏使金門公潘樂等將兵五萬襲司州刺史夏侯強，降之，於是東魏盡有淮南之地(九一)。

【今註】㊀太清三年：是年，東魏孝靜帝武定七年，翌年為齊所篡。㊁柳仲禮自新亭徙營大桁：營於朱雀桁之南。㊂命劉叔胤以舟師截其後：胡三省曰：「截其渡淮之路。」㊃仲禮方食，投箸被甲：按《梁書》、《南史・侯景傳》皆作仲禮聞粲敗，不遑貫甲，《南史・柳仲禮傳》云仲禮方食，投箸被練。練，帛也，《通鑑》改練為甲，非也。㊄淖：汙泥。㊅邵陵王綸復收散卒：邵陵王綸敗走見上卷上年。㊆太子遷居永福省：胡三省曰：「永福省在禁中，自宋以來，太子居之，取其福國於有永也。」㊇高州刺史：《五代志》高涼郡梁置高州。故城在今廣東省陽江縣西三十里。㊈紙鴟：即紙鳶也。用細竹為骨，以紙或薄絹黏之作鳥形，斜綴以綫，引綫乘風而上，俗稱鷂子。或以笛縛鳶首，使風入笛，聲如鳴箏，謂之風箏。㊉菰首橋：胡三省曰：「橋在清溪上。菰首，今人謂之茭白。」⑪仲禮神情傲狠，陵蔑諸將：《南史・柳仲禮傳》仲禮少有膽氣，勇力兼人，為司州刺史，梁武思見其面，使畫工圖之，然青塘挫衂，壯氣外衰，不復言戰矣，自是神情傲狠，陵蔑諸將。⑫邵陵王綸每日執鞭至門：胡三省曰：「凡部將見諸帥，執鞭以為禮。」⑬永安侯：永安本漢之彘縣也，順帝陽嘉三年，更名永安。《晉書・地理志》永安縣屬陽平郡，《宋書・州郡志》晉成帝咸康三年征西將軍庾亮以司州僑戶立南河東郡，並僑立永安縣以屬之，今湖北省松滋縣地也。又三國吳置永安縣，晉改曰武康，註見上卷上年。⑭王顯貴以壽陽降東魏：侯景命王顯貴守壽陽見上卷上年。⑮薦：藉也，編草以為臥薦也。⑯膎：《說文》曰：「膎，脯也。」鍇注：「古謂脯之屬為膎，因通謂儲蓄食味為膎，故南史孔靖飲宋高祖無膎，取伙雞卵為肴，又王儉云：『庾郎食膎有二十七種』是也。」又太玄云：「多田不婁，費我膎功。」范望注曰：「熟食曰膎。」⑰甘露廚：胡三省曰：「釋氏謂營膳之所曰甘露廚。」⑱乾苔：胡三省曰：「苔生於海，其形如髮，春二三月間，海人採取之，成片納土窖中，出而曬之，令乾，南人多食之。」余按乾苔即紫菜也，藻類，生淺海巖石上，全體扁平，長一二寸，呈廣披針形或橢圓形，邊緣為波狀，色有紅紫、綠紫、黑紫等，乾貯以供食用。⑲東城：即東府城。⑳乞復先鎮：乞復鎮壽陽也。㉑景乞割江右四州之地：胡三省曰：「江右四川，南豫、西豫、合州、光州。」㉒且宣城，嫡嗣之重：宣城王大器，太子綱之嫡長子也。㉓上甲侯：宋白曰：「江州德安縣，本蒲塘場，晉建興初始以為郡，領尋陽、上甲、柴桑、九江等縣，義熙中，以尋陽入柴桑，上甲入彭澤。」《晉書・地理志》晉安帝義熙八年，省上甲縣入彭澤縣，故址在今江西省湖口縣南。按蕭韶封上甲侯，則梁時似嘗復置也。㉔恐南軍見躡：躡，追躡也。援軍時皆屯秦淮南岸，景軍北岸，故謂之南軍。㉕韶，懿之孫也：長沙宣武王懿，文帝之長子，帝之兄也。㉖馬卬洲：胡三省曰：「馬卬洲，蓋即今王家沙，老鸛觜一帶。」老鸛觜，今名新河，在今江蘇省江寧縣黃天蕩之南，即老鸛河也。金兀朮鑿老鸛河故道以通秦淮，即此。㉗〔考異〕典略云至於琅邪，今從太清紀、梁帝紀：胡三省曰：「馬卬洲即琅邪也。晉置琅邪郡於江乘蒲州上，即今王家沙也。」㉘請北軍聚還南岸：北軍謂馬卬洲之軍，以其地在臺城之北，南岸，謂秦淮南岸。㉙乙卯：二月丁亥朔，乙卯二十九日，按下庚戌景又上啓，庚戌二十四日，則乙卯似有誤。㉚西岸：胡三省曰：「大江西岸即歷陽。」㉛引路：言引兵就路北還。㉜因欲南奔：胡三省曰：「確蓋欲南奔荊、江二鎮。」㉝譙州為我斬之：令趙伯超斬永安侯確也。伯超嘗為譙州刺史，故稱之。㉞眄：自斜視也。㉟武城：《水經注》武口水上通安陸之延頭，南至武城入大江。一曰武口城，在今湖北省黃陂縣東南。㊱青草湖：《水經注》湘水出汨羅口，西北逕磊石山西，而北對青草湖，亦或謂之為青草山也，西對懸城口，又北得九口，並湘浦也。祝穆曰：「青草湖一名巴丘湖，北洞庭，南瀟湘，東納汨羅之水，自昔與洞庭並稱。」《名勝志》曰：「青草湖以多生青草，故名。水涸則山足，水盈則與洞庭相捐。」在今湖南省岳陽縣西南，湘水所匯，為洞庭之南浦，接湘陰縣界。胡三省曰：「按一湖之內，南名青草，北名洞庭，中有沙洲間之，所謂重湖也。」㊲信州刺史：《五代志》巴東郡梁置信州。按信州，唐之夔州也，故治在今四川省奉節縣東北。㊳西峽口：《水經注》江水自魚腹縣故城南又東逕廣溪峽，斯乃三峽之首也，峽中有瞿塘、黃龕二灘，夏水迴復，沿泝所忌。按廣溪峽即瞿塘峽也，以瞿塘灘而得名，在今四川省奉節縣東十三里。㊴貢嘗與繹雙六，食子未下，貢曰，殿下都無下意：胡三省曰：「雙六亦博之一名。戰國策曰：『博之所以貴梟者，便則食，不便則止。』可以食子而未下者，擬議其便否也，貢因其未下，借雙六以諷其不下救君父。」㊵東魏河內民四千餘家，以魏北徐州刺史司馬裔，其鄉里也，相帥歸之：《周書·司馬裔傳》，裔，河內溫人也，晉宣帝弟太常馗之後，魏孝武西遷，裔自鄴潛歸鄉里，於溫城起義，送款西魏，頻與東魏交戰，每有克獲，授河內郡守，尋加持節、平東將軍、北徐州刺史。㊶王偉聞荊州軍退：謂湘東王繹旋師也。㊷擢王之髮，不足數罪：《史記》范睢責須賈曰：「汝罪有幾？」曰：「擢賈之髮以續賈之罪，尚未足也。」㊸以鐵為貨，輕重無常，公孫之制也：帝制鐵錢，而漢公孫述據蜀亦用鐵錢，故以為言。㊹爛羊鐫印，朝章鄙雜，更始、趙倫之化也：漢更始濫授官爵，長安為之語曰：「爛羊胃，騎都尉；爛羊頭，關內侯。」事見漢紀，又晉趙王倫篡位，貂蟬盈坐，時人為之語曰：「貂不足，狗尾續。」皆極言授官之濫也。㊺豫章以所天為血仇，邵陵以父存而冠布，石虎之風也：豫章王綜、邵陵王倫事見卷一百五十普通六年，石虎父子事見晉成帝紀。㊻修建浮圖，百度糜費，使四民飢餒，笮融、姚興之代也：帝佞佛，廣建浮圖，糜費不貲。四民，謂士，農，工，商也。笮融事佛事見漢獻帝紀，姚興事佛事見晉安帝紀。㊼桑中：《詩·鄘風》篇名，述衞之公室淫亂，男女相奔，至於世族在位，亦相竊妻妾，期於幽遠。㊽南康、定襄之屬，皆如沐猴而冠耳：沐猴而冠，用《史記》、《漢書》語。沐猴，獮猴也，譏人之徒具衣冠，若獮猴之著冠帶也。南康王會理，帝子績之子也，時鎮廣陵；定襄侯祗，南平王偉之子也，時鎮淮陰。㊾靈長：謂國祚綿長也。《晉書·王敦傳》論：「賴嗣君英略，晉祚靈長。」㊿昔鬻拳兵諫，王卒改善：兵諫，謂以兵迫君使之從善也。《左傳》鬻拳強諫楚子，楚子弗從，臨之以兵，懼而從之。鬻拳曰：「吾懼君以兵，罪莫大焉。」遂自刖。(51)小懲大戒：《易·繫辭》曰：「小人不恥不仁，不畏不義，不見利不勸，不威不懲，小懲而大誡，此小人之福也。」疏云：「此明小人之道，不能恆善，若因懲誡而得福也。」戒與誡同。(五二)：氣急：呼吸喘急。(五三)汝君父在難：帝，仲禮之君；津，仲禮之父也。(五四)趙伯超望風退走：寒山敗衂，玄武湖潰師，伯超膽氣已衰，故望風而退。(五五)橫刀叱之：示將殺浚。(五六)詛盟：猶盟誓也。《書・呂刑》曰：「罔中于信，以覆詛盟。」(五七)於是景決石闕前水：景引玄武湖水以灌台城，闕前皆為洪波，見上卷上年。(五八)太陽門：臺城六門之一。(五九)蒱飲：為樗蒱之戲，且飲酒也。(六〇)熊曇朗：胡三省曰：「考之南史，此熊曇朗非後來為盜於豫章之熊曇朗也。南史侯景傳作白曇朗。」(六一)典儀：杜佑曰：「典儀，官名，即周之司儀，南北朝齊、梁、陳及後魏均置之，唐隸門下省，掌贊唱之節及殿廷版位之次。」(六二)中庶子：《晉書・職官志》太子中庶子，職如侍中。(六三)通事舍人：東宮通事舍人即中舍人也。《晉書・職官志》中舍人與中庶子共掌文翰，職如黃門侍郎。沈約曰：「中舍人，職若中書通事舍人。」杜佑曰：「中舍人，凡奏事文書皆綜典之，職如中書郎。」(六四)廂公：《南史・侯景傳》景之親貴隆重者，號曰左右廂公。(六五)於是景悉撤兩宮侍衛，縱兵掠乘輿服御，宮人皆盡：兩宮，謂帝宮及東宮也。《南史・侯景傳》云：「初，簡文寒夕詩云：『雪花無有襈，冰鏡不安台。』又詠月云：『飛輪了無轍，明鏡不安臺。』後人以為詩讖，謂無襈者，是無帝，不安台者，臺城不安；輪無轍者，以邵陵名綸，空有赴援名也。」(六六)石城公：《五代志》宣城郡秋浦縣舊曰石城。故城在今安徽省貴池縣西。(六七)諸軍乃隨方各散：胡三省曰：「言諸軍各隨所來之方散去也。」(六八)南兗州刺史臨成公大連：胡三省曰：

「按姚思廉梁書，大連封臨城縣公，自東揚州入援，臺城既陷，復還會稽。參考通鑑前後所書皆然，此誤以東揚州為南兗州，當書南兗州刺史南康王會理、東揚州刺史臨城公大連，蓋傳寫逸南康王會理東揚州刺史十字。」《五代志》宣城郡南陵縣有臨城縣，隋平陳，併入南陵縣，故城在今安徽省青陽縣南五里。(六九)北兗州刺史湘潭侯退：胡三省曰：「此亦當書北兗州刺史定襄侯祗，前青、冀二州刺史湘潭侯退。」《五代志》衡山郡有湘潭縣，故城在今湖南省攸縣西北。(七〇)君正，昂之子也：袁昂，顗之子也，大通中，仕梁位至司空。(七一)病篤未絕者：篤，病甚也；未絕，言猶有餘息也。(七二)啜其泣矣，何嗟及矣：詩中谷有蓷：「有女仳離，啜其泣矣，啜其泣矣，何嗟及矣！」啜，泣漣漣貌；何嗟及矣，言事已至此，嗟悔無及也。(七三)秦郡、陽平、盱眙三郡皆降景：《宋書・州郡志》曰：「晉武帝分扶風為秦國，中原亂，其民南流，寄居堂邑，堂邑本為縣，前漢屬臨淮，後漢屬廣陵，晉又屬臨淮，晉惠帝永興元年分臨淮、淮陵立堂邑郡，安帝改堂邑為秦郡。」《五代志》江都郡六合縣舊曰尉氏，置秦郡，故治在今江蘇省六合縣北。又《五代志》江都郡安宜縣梁置陽平郡，故治在今江蘇省寶應縣西南。《魏書・地形志》梁武帝置淮州，領盱眙、山陽、淮陰、陽平四郡，魏因之。《五代志》江都郡盱眙縣魏置盱眙郡，故治在今安徽省盱眙縣東北(七四)東徐州刺史：《五代志》下邳郡梁置東徐州。隋下邳郡治宿豫，在今江蘇省宿遷縣東南。(七五)北青州刺史：《五代志》東海郡懷仁縣梁置南、北二青州，在今江蘇省贛榆縣西。(七六)青州刺史：此謂南青州刺史也，參見上註。(七七)山陽太守：《五代志》江都郡山陽縣舊置山陽郡，今江蘇省淮安縣。(七八)檢括州府付度事：胡三省曰：「付度者，前刺史以州府之若事若物付度後刺史。」(七九)譽自湖口歸湘州：胡三省曰：「洞庭、青草共為一湖，湖口在巴陵。」巴陵，今湖南省岳陽縣。(八〇)桂陽王慥以荊州督府留軍江陵，欲待繹至拜謁，乃還信州：湘東王繹以荊州刺史都督荊、雍等九州諸軍事，河東、岳陽、桂陽諸王皆在督中，故欲謁之。(八一)河東戴檣上水，欲襲江陵：上水，泝流而上也，言河東王譽將自湘州泝江以襲江陵。檣，船上桅竿也，所以掛帆。(八二)遊軍主：軍有主有副，遊軍主，領遊軍之將也。(八三)纜：繫舟之索也。(八四)侯景以前臨江太守董紹先為江北行臺：董紹先降侯景見上卷上年。《五代志》歷陽郡烏江縣梁置臨江郡，在今安徽省和縣東北。(八五)即以城授之：謂南康王會理不聽僚佐之計而以廣陵授董紹先也。(八六)新城戍：《宋書・州郡志》浙江西南名為桐溪，吳立為新城縣後幷入桐廬縣。梁蓋於其地置戍，曰新城戍，即今浙江省新登縣。(八七)東魏高岳等攻魏潁川，不克，大將軍澄益兵助之，道路相繼，踰年猶不下：去年四月，高岳等攻潁川，至是踰年。(八八)山鹿：《五代志》朔方郡長澤縣，後魏置闡熙郡及山鹿縣，其地在今陝西省靖邊縣境。(八九)堰洧水以灌之：堰洧水以灌潁川也。《水經》洧水出河南密縣西南馬領山，東南過長社縣北。長社，東魏潁川郡治也。(九〇)分休迭進：迭，更迭也，分兵輪休而更進以攻敵。甲部休則乙部進，乙休則丙進，周而復始，攻者得番休而應者不勝其勞。(九一)穰：穰城也，今河南省鄧縣。(九二)東魏進大將軍勃海王澄位相國，封齊王，加殊禮：據《北齊書・文宣帝紀》，時東魏令澄贊拜不名，入朝不趨，劍履上殿，所謂殊禮也。(九三)大堤：沈約《州郡志》華山郡治大堤，《五代志》襄陽郡漢南縣宋曰華山，置華山郡，西魏改縣曰漢南，《唐書・地理志》唐併漢南入宜城縣，元豐九域志宣城在襄州南九十里，即今湖北省宣城縣。」(九四)西山：胡三省曰：「西山，謂萬山以西中廬縣諸山也。」(九五)岸既襄陽豪族，兄弟九人，皆以驍勇著名：《梁書．杜岸傳》岸兄弟九人，兄嵩、岑、嵸、岌、嶷、巘及弟崱、幼安並以膽勇稱。(九六)主盟：主諸藩之盟。(九七)調和陰陽，安用此物：三公燮理陰陽，論道經邦，言宋子仙非其人也。(九八)便殿主帥：杜佑曰：「便殿者，寢側之別殿。」胡三省曰：「梁禁中諸殿皆有主帥。」(九九)長社城：杜佑曰：「許州長葛縣，故長社城，王思政所守也。」故城在今河南省長葛縣西。(一〇〇)雖破侯景，本非外賊：太清元年，高澄繼歡輔政，次年破侯景。景本魏臣，故云非外賊。(一〇一)發高祖喪：帝以丙辰殂，至是凡歷二十六日。(一〇二)朝堂：胡三省曰：「朝堂蓋在太極殿左右。」(一〇三)委輸：章懷注《後漢書》云：「委輸，轉運也。」段玉裁曰：「委者，委隨也，委輸者，委隨輸寫也。以車遷賄曰委輸，亦單言曰輸。」委隨，迂遠也。委與逶同。(一〇四)自景作亂，道路斷絕，數月之間，人至相食，猶不免餓死，存者百無一二：《金陵記》曰：「梁都之時，戶二十八萬，西石頭城，東至倪塘，南至石子岡，北通蔣山，南北各四十里。侯景之亂，至於陳時，中外人物，不迨宋、齊之半。」(一〇五)稆：野禾。(一〇六)宛陵：宛陵縣漢屬丹陽郡，晉分屬宣城郡，郡治在焉。《五代志》宣城郡治宣城縣，舊曰宛陵，今安徽省宣城縣。(一〇七)中軍：胡三省曰：「中軍，中軍都督也。」(一〇八)嵊，稷之子也：張稷事齊東昏侯而殺其君，後死於鬱洲。(一〇九)東揚州刺史：《五代志》會稽郡梁置東揚州。會稽郡治，今浙江省紹興縣。(一一〇)魏詔太和中代人改姓者皆復其舊：太和改姓事見卷一百四十齊明帝建武三年。(一一一)王大將軍：先是西魏以王思政守玉壁之功授驃騎大將軍，太清元年，復授思政大將軍，故以稱之。㉒王思政帥眾據土山：先是東魏高岳築土山以攻潁川，思政奪而據之。㉓改潁州為鄭州：《魏書・地形志》潁州本治長社，至是改曰鄭州，治潁陰城，領許昌、潁川、陽翟三郡。潁陰縣，漢、晉屬潁川郡，魏太武帝真君七年併入臨潁縣，東魏孝靜帝元象二年復置，仍屬潁川郡，今河南省許昌縣。㉔西閤祭酒：《五代志》後齊以太師、太傅、太保為三師，大司馬、大將軍為二大，太尉、司徒、司空為三公，各置東、西閤祭酒。㉕潛，度世之曾孫也：盧度世，盧玄之子也，事魏太武帝為齊州刺史，著績邊陲。㉖初，思政屯襄城，欲以長社為行臺治所：太清元年，西魏授王思政河南大行臺，都督河南諸軍事。㉗淅州刺史：《五代志》淅陽郡西魏置淅州，《唐書・地理志》鄧州內鄉縣本淅陽郡治，今為河南省內鄉縣。㉘膠固：膠亦固也。〈小雅・隰桑〉云：「德音孔膠。」傳曰：「膠，固也。」《文選・曹冏六代論》云：「諸侯強大，磐石膠固。」㉙仲見泰，具以啓聞：具以思政所請及崔猷所報啓聞於泰也。㉚猷，孝芬之子也：崔孝芬為高歡所殺，猷逃入關，事見卷一百五十六中大通六年。㉛侯景之南叛也：事見卷一百六十太清元年。㉜新秦：胡三省曰：「舊置秦郡於六合。新秦即秦郡也，簡文帝之廢也，元建自秦郡馳還諫景，此可證也。」秦郡故治在今江蘇省六合縣北，註已前上。㉝繹乃以少子安南侯方矩為湘州刺史：欲以代河東王譽也。㉞麻溪：水經注湘水自臨湘縣西又北合麻溪水口，又北逕瀏口戍，其地蓋在臨湘縣北，瀏口戍南。臨湘，今湖南省長沙縣。㉟繹疑徐妃為之：疑其殺王姬也。妃性妬，故繹疑之。㊱廣州刺史元景仲：元景仲，灋僧之子也，普通六年，父子歸梁。㊲成州刺史：《五代志》蒼梧郡梁置成州，今為廣西省蒼梧縣。㉘南海：《五代志》南海郡舊置廣州，又南海縣舊置南海郡。隋南海縣本秦之番禺，自秦以來為南海郡及廣州治所，今為廣東省廣州市。㉙朝亭：胡三省曰：「酈道元曰：『廣州城東北三十里有朝臺，昔尉佗因岡作臺，北面朝漢，圓基千步，直峭百丈，頂上三畝，復道迴環，逶迤曲折，朔望升拜，名曰朝臺。』」或以為朝亭在今廣東省治西十里之戙船澳，《宋書・羊玄保傳》泰始四年劉思道攻廣州，刺史羊希遣兵禦之於朝亭，即此，非尉佗所作之朝臺也。《水經注》引裴淵《廣州記》曰：「廣州城北有尉佗墓，墓後有大岡，謂之馬鞍岡。」蓋佗所作朝臺處。㉚高州刺史蘭裕，欽之弟也：蘭欽見卷一百五十七大同元年。《五代志》高涼郡，梁置高州。在今廣東省陽江縣西三十里。㉛中期：中，重也，再也。《書・堯典》：「中命羲叔。」注曰：「中，重也。」中期，重為期日也。㉜宋子仙自錢塘旋軍擊之：時宋子仙率眾擊戴僧逷，屯於錢塘。㉝海鹽：海鹽縣本春秋越之武原鄉也，秦以為縣，屬吳郡，漢順帝時陷為湖，其地在今浙江省平湖縣東南。晉徙今治，宋、齊因之，侯景置武原縣於此，陳廢郡，尋省海鹽縣入鹽官縣，唐復置，即今治也。㉞諮議：諮議參軍也。㉟安樂柵：胡三省曰：「安樂柵者，範所立柵，以安樂名之。」㊱采苽、稗、菱、藕以自給：苽與菰同，一名蔣，又曰雕胡，生淺水中，高五六尺，春月生新芽如筍，謂之茭白，秋結實，謂之菰米，亦曰雕胡米，稗實似稻，尖圓而細，供家畜飼料之用。菱與蔆同，芰也。《本草綱目》曰：「芰實角棱峭，故謂之蔆，或呼為蔆角。」藕，蓮之地下莖也，橫臥泥中，色白而肥，甘脆可食。㊲範進退無計：胡三省曰：「進則孤贏之軍不足以制侯景，退則合肥已為東魏人所據。」㊳樅陽：樅陽縣漢屬廬江郡，晉省。《五代志》同安郡同安縣舊曰樅陽，並置樅陽郡。按《宋書》、《南齊書・州郡志》皆無樅陽郡，蓋梁所置也，今為安徽省桐城縣。㊴數尋伊霍之傳，不讀曹馬之書：伊霍謂伊尹、霍光，有輔主之忠；曹馬謂曹氏、司馬氏，曹篡漢而司馬篡魏，故以譏澄。㊵橘洲：《水經注》湘水北過臨湘縣西，又北過南津城西，西對橘洲，在今湖南省長沙縣西湘江中，一名水鷺洲。《方輿勝覽》湘江中有四洲，曰橘洲、直洲、誓洲、白水洲，夏月水泛，惟此不沒，土多美橘，故名。㊶辛卯，東魏立皇子長仁為太子：按上有己亥、辛丑諸日，己亥十六日，辛丑十八日，辛卯當在其前。㊷勃海文襄王澄以其弟太原公洋次長：次長，言於兄弟行，澄居長而洋次之也。㊸此人亦得富貴，相書亦何可解：胡三省曰：「古之唐舉、許負皆相視人之骨法狀貌以知吉凶貴賤，有相書傳於世。」㊹須：求也，意所欲也。㊺漫戲：隨意之所之以為戲也。㊻初，澄獲徐州刺史蘭欽子京以為膳奴：蘭欽仕梁為徐州刺史。㊼澄在鄴，居北城東柏堂，嬖琅邪公主：澄嬖琅邪公主事始見卷一百五十九大同十一年。㊽臠：切肉為塊也。㊾內外莫不驚異：胡三省曰：「洋素自晦匿，今遇變而不為之變，故皆驚而異之。」㊿口占：《漢書・陳遵傳》：「口占書吏。」顏師古曰：「占，隱度也，口隱其辭以授吏也。」後人因謂作詩文不起草曰口占。(51)紘，基之子也：王基見卷一百五十六中大通六年。(52)主者：胡三省曰：「主者，主朝儀者也。」(53)仍詔自今開府儀同，不須更加將軍：胡三省曰：「梁制雖三公亦加將軍號，今開府儀同亦不加。」(54)閑：習也。(55)或勸嵊效袁君正以郡迎侯子鑒：袁君正以吳郡迎子鑒事見上三月。(56)袁氏世濟忠貞：袁氏自淑至顗、粲及昂皆以忠貞著節，君正，昂之子也。㊼鬼錄：死者名籍也。《文選・魏文帝與吳質書》云：「昔年疾疫，親故多罹其災，觀其姓名，已為鬼錄。」又〈陶潛挽歌〉云：「昨暮同為人，今旦在鬼錄。」㊽幷殺沈浚：浚有責侯景之怨，故景求而害之。㊾新興太守：《續漢郡國志》注引《魏志》曰：「漢獻帝建安二十年，省雲中、定襄、五原、朔方各置一縣，領其民，合以為新興郡。」《晉書・地理志》新興郡屬幷州。《宋書・州郡志》晉江左僑立新興郡於荊州界，領定襄、廣牧、新豐三縣。《五代志》南郡安興縣，舊置廣牧、安襄縣，故治在今湖北省江陵縣東。㊿龔保林：《漢書・外戚傳》漢宮中女官有保林，位視百石。顏師古曰：「保，安也，言其可安眾如林也。」《南齊書・皇后傳》齊高帝建元三年，太子宮置三內職，良娣比開國侯，保林比五等侯，才人比駙馬都尉。(51)湕水：湕今通作建。源出湖北荊門縣南虎牙關，今名建陽河，一名大漕河，南流入江陵縣長湖。(52)廣平：《宋書・州郡志》晉江左僑立廣平郡，治襄陽，宋以南陽郡之朝陽縣為實土，並置廣平縣為郡治，在今河南省鄧縣東南八十里。(53)令旨：胡三省曰：「時繹下書於所部稱令，故曰令旨。」(54)勿以故意見期：謂勿以故人而期以私意相袒也。(55)為啓自申：申，明也，理也。(56)淹緩：王逸曰：「淹，久也。」凡軍稽留不速進謂之淹緩。(57)初，歷陽太守莊鐵帥眾歸尋陽王大心：鐵歸大心見卷一百六十一太清二年。(58)建昌：《續漢郡國志》漢和帝永元十六年，分海昬縣立建昌縣，屬豫章郡。宋省海昬縣，移建昌縣於海昬故縣，即今江西省永修縣。(59)單騎還南昌：莊鐵為豫章內史，南昌，豫章治所也，故城在今江西省南昌縣東。(60)荒圮：荒廢頹毀也。(61)曏來：曏，昔也。曏來猶曰前時。(62)錄送莊嚴寺：錄：拘錄也。胡三省曰：「莊嚴寺近建康南郊壇。」（七三）端門：臺城正南面之中門。（七四）附庸：鄭康成曰：「附庸，以國事附於大國也。」（七五）開建侯：《五代志》開建縣屬熙平郡，今廣東省開建縣。（七六）範進擊蕃：範為誤文，當作綸。（七七）義陽太守馬伯符以下溠城降之：《五代志》漢東郡唐城縣後魏曰灄西，置義陽郡，西魏改灄西為下溠，隋文帝開皇十六年，改下溠曰唐城，有灄水。杜佑曰：「下溠戍在漢東郡襄陽縣東南百餘里。」故城在今湖北省隋縣西北。（七八）勝兵：勝，任也，言其材勇足任兵者。（七九）東陽：《宋書・州郡志》吳孫皓寶鼎元年分會稽西部都尉立東陽郡，治長山縣，今浙江省金華縣。（八〇）信安：《宋書・州郡志》漢獻帝初平三年，分太末立新安縣，晉武帝太康元年，更名信安，屬東陽郡。《五代志》東陽郡有信安縣。宋白曰：「信安縣，漢太末縣地，漢末為新安，晉為信安，唐為衢州治所。」其故城在今浙江省衢縣境。（八一）帝聞之，引帷自蔽，掩袂而泣：南郡王大連，帝之子也，故不忍見其俘執。（八二）嶺上：胡三省曰：「嶺謂大庾嶺也。」註見下卷。（八三）前者援軍十萬，士馬精強，猶不能克：謂柳仲禮勤王之師也，事見上。（八四）如聞嶺北王侯，又皆鼎沸，新尋干戈：謂湘東王繹、河東王譽、岳陽王詧等，事亦見上。（八五）以君疏外，詎可暗投：陳霸先鎮始興，於梁為外郡，又非梁宗室，於族屬為疏也。《漢書》鄒陽曰：「明月之珠，夜光之璧，以暗投於道，眾莫不按劍相眄者，無因而至前也。」後遂以喻懷才不遇或事非其主曰明珠暗投。（八六）遭值元、蘭梗我中道：元、蘭，謂元景仲及蘭裕，事見上。（八七）君侯體則皇枝，任重方岳：蕭勃，梁武帝從弟吳平侯昺之子也；為廣州刺史，專制一方，古方岳之任也。（八八）遣僕一軍，猶賢乎已：猶賢乎已，用孔子之言。已，止也，言勃不自勤王，若遣已赴援，猶勝乎止而不遣軍也。(六九)曲江令：曲江縣漢屬桂陽郡，吳屬始興郡。《五代志》南海郡曲江縣，舊置始興郡，今廣東省曲江縣也，唐時為韶州。(七〇)隨郡：《五代志》漢東郡隨縣舊置隨郡，今湖北省隨縣治。隨，《五代志》作隋。(七一)於是東魏盡有淮南之地：東魏初使辛術略江淮之地見上卷上年，至是方盡有淮南之地。

卷一百六十三　梁紀十九

司馬光編集
林瑞翰註

上章敦牂，一年。（庚午，西元五五〇年）

太宗簡文皇帝上㈠

大寶元年㈡（西元五五〇年）

㈠春，正月，辛亥朔，大赦，改元。

㈡陳霸先發始興，至大庾嶺㈢，蔡路養將二萬人軍於南野㈣以拒之。路養妻姪蘭陵蕭摩訶，年十三，單騎出戰，無敢當者。杜僧明馬被傷，陳霸先救之，授以所乘馬，僧明上馬復戰，眾軍因而乘之，路養大敗，脫身走。霸先進軍南康，【考異】太清紀在二月，今從陳帝紀。湘東王繹承制授霸先明威將軍、交州刺史。

㈢戊辰（十八日），東魏進太原公高洋位丞相，都督中外諸軍，錄尚書事，大行臺，齊郡王。

㈣庚午（二十日），邵陵王綸至江夏，郢州刺史南康王恪㈤郊迎，以州讓之，綸不受，乃推綸為假黃鉞，都督中外諸軍事，承制，置百官。【考異】太清紀云：「三月，綸逼奪恪州，徙恪於郡廨。」今從梁書、典略。

㈤魏楊忠圍安陸，柳仲禮馳歸救之㊅。諸將恐仲禮至則安陸難下，請急攻之。忠曰：「攻守勢殊，未可猝拔，若引日勞師，表裏受敵，非計也。南人多習水軍，不閑野戰，仲禮師在近路，吾出其不意，以奇兵襲之，彼怠我奮，一舉可克，克仲禮則安陸不攻自拔，諸城可傳檄定也。」乃選騎二千，銜枚夜進，敗仲禮於漴頭㊆【考異】太清紀作潼頭，在去年十二月，今從典略。獲仲禮及其弟子禮，盡俘其眾，馬岫以安陸、別將王叔孫以竟陵皆降於忠，於是漢東之地盡入於魏。

㈥廣陵人來嶷說前廣陵太守祖皓曰：「董紹先輕而無謀，人情不附，襲而殺之，此壯士之任也。今欲糾帥義勇，奉戴府君，若其克捷，可立桓文之勳，必天未悔禍，猶足為梁室忠臣。」皓曰：「此僕所願也。」乃相與糾合勇士，得百餘人。癸酉（二十三日），襲廣陵，斬南兗州刺史董紹先，據城，馳檄遠近，推前太子舍人蕭勔為刺史，仍結東魏為援。皓，晅之子㊇；勔，勃之兄也。

乙亥（二十五日），景遣郭元建帥眾奄至，皓嬰城固守。

㈦二月，魏楊忠乘勝至石城⑨，欲進逼江陵。湘東王繹遣舍人庾恪說忠曰：「詧來伐叔⑩，而魏助之，何以使天下歸心？」忠遂停湕北⑪，繹遣舍人王孝祀等送子方略為質以求和，魏人許之。繹與忠盟曰：「魏以石城為封⑫，梁以安陸為界，請同附庸，並送質子，貿遷有無⑬，永敦鄰睦。」忠乃還。

㈧宕昌王梁彌定為其宗人獠甘所襲，彌定奔魏，獠甘自立。羌酉傍乞鐵忽據渠株川，與渭州民鄭五醜合諸羌以叛魏，丞相泰使大將軍宇文貴、涼州刺史史寧討之，擒斬鐵忽、五醜，寧別擊獠甘，破之。獠甘將百騎奔生羌⑭鞏廉玉，寧復納彌定於宕昌，置岷州於渠株川⑮，進擊鞏廉玉，斬獠甘，虜廉玉送長安。

㈨侯景遣任約、于慶等帥眾二萬攻諸藩⑯。

㈩邵陵王綸欲救河東王譽而兵糧不足，乃致書於湘東王繹曰：「天時地利，不及人和⑰，況於手足肱支，豈可相害？今社稷危恥，創巨痛深，唯應剖心嘗膽，泣血枕戈⑱，其餘小忿，或宜容貰⑲。

若外難未除，家禍仍構，料今訪古，未或不亡。夫征戰之理，唯求克勝，至於骨肉之戰，愈勝愈酷，捷則非功，敗則有喪，勞兵損義，虧失多矣！侯景之軍所以未窺江外⑳者，良為藩屏盤固，宗鎮彊密，弟若陷洞庭㉑，不戢兵刃，雍州疑迫，何以自安？必引進魏軍，以求形援，弟若不安，家國去矣！必希解湘州之圍，存社稷之計。」繹復書，陳譽過惡不赦㉒，且曰：「昝引楊忠來相侵逼，頗遵談笑，用卻秦軍㉓，曲直有在，不復自陳，臨湘旦平，暮便即路㉔。」綸得書投之於案，慷慨流涕曰：「天下之事，一至於斯，湘州若敗，吾亡無日矣㉕！」侯景遣侯子鑒帥舟師八千，自帥徒兵㉖一萬攻廣陵，三日克之，執祖皓，縛而射之，箭徧體，然後車裂以狥，城中無少長，皆埋之於地，馳馬射而殺之。【考異】太清紀曰：「城中數百人。」典略曰：「死者八千人。」今從南史。以子鑒為南兗州刺史，鎮廣陵，景還建康。

(十一)丙戌（初六日），以安陸王大春為東揚州刺史，省吳州㉗。乙巳（二十五日），以尚書僕射王克為左僕射。

(十二)庚寅（初十日），東魏以尚書令高隆之為太保。

(十三)宣城內史楊白華進據安吳㉘，侯景遣于子悅帥眾攻之，不克。

(十四)東魏行臺辛術將兵入寇，圍陽平，不克。

(十五)侯景納上女溧陽公主，甚愛之。三月甲申（三月庚戌朔，無甲申）景請上禊宴於樂遊苑㉙，帳飲三日，上還宮，景與公主共據御牀，南面並坐，羣臣文武列坐侍宴。

(十六)庚申（十一日），東魏進丞相洋爵為齊王。

(十七)臨川內史始興王毅㉚等擊莊鐵，鄱陽王範遣其將巴西侯瑱救之，毅等敗死，

(十八)鄱陽世子嗣與任約戰於三章，約敗走，嗣因徙鎮三章，謂之安樂柵㉛。

(十九)夏，四月，庚辰朔，湘東王繹以上甲侯韶為長沙王㉜。

(廿)丙午（二十七日），侯景請上幸西州，上御素輦，侍衛四百餘人，景浴鐵數千，翼衛左右㉝。上聞絲竹，悽然泣下，命景起舞，景亦請上起舞。酒闌，坐散，上抱景於牀曰：「我念丞相。」景曰：「陛下如不念臣，臣何得至此？」逮夜乃罷。

時江南連年旱蝗，江、揚尤甚，百姓流亡，相與入山谷江湖采草根、木葉、菱芡(三四)而食之，所在皆盡，死者蔽野，富室無食，皆鳥面鵠形，衣羅綺，懷珠玉，俯伏牀帷，待命聽終，千里絕烟(三五)，人迹罕見，白骨成聚如丘隴焉！景性殘酷，於石頭立大碓，有犯法者擣殺之。常戒諸將曰：「破柵平城，當淨殺之，使天下知吾威名。」故諸將每戰勝，專以焚掠為事，斬刈人如草芥，以資戲笑，由是百姓雖死，終不附之。又禁人偶語，犯者刑及外族(三六)。為其將帥者悉稱行臺，來降附者悉稱開府，其親寄隆重者曰左右廂公，勇力兼人者曰庫直都督(三七)。

(廿一)魏封皇子儒為燕王，公為吳王。

(廿二)侯景召宋子仙還京口(三八)。

(廿三)邵陵王綸在郢州，以聽事為正陽殿，內外齋閤，悉加題署，其部下陵慕軍府，郢州將佐莫不怨之。諮議參軍江仲舉，南平王恪之謀主也，說恪圖綸，恪驚曰：「若我殺邵陵，寧靜一鎮，荊、益兄弟，必皆內喜(三九)，海內若平，則以大義責我矣！且巨逆未梟(四〇)，骨肉相殘，自亡之道也，卿且息之。」仲舉不從，部分諸將，刻日將發，謀泄，綸壓殺之。恪狼狽往謝，綸曰：「羣小所作，非由兄也㊶，兇黨已斃，兄勿深憂！」

（卅四）王僧辯急攻長沙，辛巳（初一日），克之㊷，執河東王譽斬之，傳首江陵，湘東王繹反其首而葬之㊸。

初，世子方等之死㊹，臨蒸周鐵虎㊺功最多，譽委遇甚重。僧辯得鐵虎，命烹之，呼曰：「侯景未滅，奈何殺壯士？」僧辯奇其言而釋之，還其麾下。

繹以僧辯為左衛將軍，加侍中鎮西長史。繹自去歲聞高祖之喪，以長沙未下，故匿之。壬寅（二十三日），始發喪，刻檀為高祖像，置於百福殿，事之甚謹，動靜必咨焉。繹以為天子制於賊臣，不肯從大寶之號，猶稱太清四年。丙午（二十七日），繹下令大舉討侯景，移檄遠近。

（卅五）鄱陽王範至湓城，以晉熙為晉州㊻，遣其世子嗣為刺史，江州郡縣，多輒改易㊼。尋陽王大心政令所行，不出一郡㊽，大心遣兵擊莊鐵，嗣與鐵素善，請發兵救之，範遣侯瑱帥精甲五千助鐵，由是二鎮互相猜忌，無復討賊之志。大心使徐嗣徽帥眾二千築壘稽亭㊾以備範，市糴不通，範數萬之眾，無所得食，多餓死。範憤恚，疽發於背，五月乙卯（初七日），卒。【考異】典略作己酉，今從太清紀。其眾祕不發喪，奉範弟南安侯恬為主，有眾數千人。

㊻丙辰（初八日），侯景以元思虔為東道大行臺，鎮錢唐。丁巳（初九日），以侯子鑒為南兗州刺史。

㊼東魏齊王洋之為開府也㊿，勃海高德政為管記(51)，由是親昵，言無不盡。金紫光祿大夫丹陽徐之才、北平太守(52)廣宗(53)宋景業皆善圖讖，以為太歲在午，當有革命，因德政以白洋，勸之受禪。洋以告婁太妃，太妃曰：「汝父如龍，兄如虎，猶以天位不可妄據，終身北面，汝獨何人，欲行舜禹之事乎？」洋以告之才，之才曰：「正為不及父兄，故宜早升尊位耳！」洋鑄像，卜之而成，乃使開府儀同三司段韶問肆州刺史斛律金，金來見洋，固言不可，

以宋景業首陳符命，請殺之。洋與諸貴議於太妃前，太妃曰：「吾兒懦直，必無此心，高德政樂禍教之耳！」洋以人心不壹，遣高德政如鄴，察公卿之意，未還，洋擁兵而東，至平都城〔五四〕，召諸勳貴議之，莫敢對。長史杜弼曰：「關西，國之勍敵〔五五〕，若受魏禪，恐彼挾天子〔五六〕，自稱義兵而東向，王何以待之？」徐之才曰：「今與王爭天下者，彼亦欲為王所為，縱其屈彊〔五七〕，不過隨我稱帝耳！」弼無以應。高德政至鄴，諷公卿，莫有應者。

司馬子如逆洋於遼陽〔五八〕，固言未可。洋欲還，倉丞李集〔五九〕曰：「王來為何事，而今欲還？」洋偽使於東門殺之，而別令賜絹十匹，遂還晉陽，自是居常不悅。徐之才、宋景業等日陳陰陽雜占云：「宜早受命。」高德政亦敦勸不已，洋使術士李密卜之，遇大橫，曰：「漢文之卦也〔六〇〕。」又使宋景業筮之，遇乾之鼎〔六一〕，曰：「乾，君也；鼎，五月卦也，宜以仲夏受禪。」或曰：「五月不可入官，犯之，終於其位〔六二〕。」景業曰：「王為天子，無復下期，豈得不終於其位乎？」洋大悅，乃發晉陽。

高德政錄在鄴諸事條進於洋，洋令左右陳山提馳驛齎事條并密書與楊愔。是月，山提至鄴，楊愔即召太常卿邢邵議造儀注，祕書監魏收草九錫、禪讓、勸進諸文㊁，引魏宗室諸王入北宮，留於東齋。甲寅（初六日），東魏進洋位相國，總百揆，備九錫。洋行至前亭㊃，所乘馬忽倒，意甚惡之，至平都城，不肯復進。高德政、徐之才苦請，曰：「山提先去，恐其漏泄。」即命司馬子如、杜弼馳驛續入，觀察物情，子如等至鄴，眾人以事勢已決，無敢異言。洋至鄴，召夫㊄齎築具集城南，高隆之請曰：「用此何為？」洋作色曰：「我自有事，君何問為？欲族滅邪？」隆之謝而退。於是作圓丘，備法物。丙辰（初八日），司空潘樂、侍中張亮、黃門郎趙彥深等求入啓事，東魏孝靜帝在昭陽殿見之。亮曰：「五行遞運，有始有終㊅，齊王聖德欽明，萬方歸仰，願陛下遠法堯舜。」帝斂容曰：「此事推挹㊆已久，謹當遜避。」又曰：「若爾，須作制書。」中書郎崔劼、裴讓之曰：「制已作訖。」使侍中楊愔進之。東魏主既署，曰：「居朕何所？」愔曰：「北城別有館宇。」帝乃下御坐，步就東廊，詠范蔚宗後漢書贊曰：「獻生不辰，身播國屯，終我四百，永作虞賓(六八)。」所司請發(六九)，帝曰：「古人念遺簪弊履，朕欲與六宮別，可乎？」高隆之曰：「今日天下，猶陛下之天下，況在六宮？」帝步入與妃嬪已下別，舉宮皆哭。趙國李嬪誦陳思王(七〇)詩云：「王其愛玉體，俱享黃髮期(七一)。」直長趙道德以車一乘候於東閤(七二)，帝登車，道德超上抱之，帝叱之曰：「朕自畏天順人，何物奴敢逼人如此？」道德猶不下，出雲龍門，王公百僚拜辭，高隆之灑泣，遂入北城，居司馬子如南宅(七三)，遣太尉彭城王韶等奉璽綬禪位于齊(七四)。【考異】北齊書、北史高德政傳云：「五月六日，留咸陽王坦等，七日，司馬子如等至鄴，九日，文宣至城南頓。」案後魏書、北史帝紀皆云：「辛亥，王如鄴，甲寅，加九錫，丙辰，魏主遜位，戊午，王即帝位。」典略，辛亥，王還鄴。以長曆推之，此月己酉朔，皆不與德政傳日相應，蓋辛亥始自晉陽如鄴，非到鄴之日也。

(廿)戊午（十一日），齊王即皇帝位于南郊(七五)，大赦，改元天保。自魏敬宗以來，百官絕祿，至是始給復之。己未（十二日），封東魏主為中山王，待以不臣之禮。追尊齊獻武王為獻武皇帝，廟號太祖，後改為高祖，文襄王為文襄皇帝，廟號世宗。辛酉（十四日），尊王太后婁氏為皇太后。乙丑（十八日），降魏朝封爵有差，其宣力霸朝，及西南投化者〔七六〕，不在降限。

(廿九)文成侯寧起兵於吳，有眾萬人。己巳（二十二日），進攻吳郡〔七七〕。行吳郡事侯子榮逆擊，殺之。寧，範之弟也。子榮因縱兵大掠郡境。自晉氏渡江，三吳最為富庶，貢賦商旅，皆出其地，及侯景之亂，掠金帛既盡，乃掠人而食之，或賣於北境，遺民殆盡矣！是時唯荊、益所部尚完實，太尉益州刺史武陵王紀移告征鎮，使世子圓照帥兵三萬受湘東王節度。圓照軍至巴水〔七八〕，【考異】南史云：「六月辛酉，紀遣圓照東下。」按六月己卯朔，無辛酉，典略在五月，或者五月辛酉歟。繹授以信州刺史，令屯白帝〔七九〕，未許東下。六月辛巳（初三日），以南郡王大連行揚州事。

(卅)江夏王大款、山陽王大成、宜都王大封自信安間道奔江陵。

(卅一)齊主封宗室高岳等十人、功臣庫狄干等七人皆為王〔八〇〕。癸未（初五日），封弟浚為永安王，淹為平陽王，瀓為彭城王，演為常山王，渙為上黨王，淯為襄城王，湛為長廣王，湝為任城王，湜為高陽王，濟為博陵王，凝為新平王，潤為馮翊王，洽為漢陽王。

㊷鄱陽王範既卒，侯瑱往依莊鐵，鐵忌之，瑱不自安。丙戌（初八日），詐引鐵謀事，因殺之，自據豫章。

㊸尋陽王大心遣徐嗣徽夜襲湓城，安南侯恬、裴之橫等擊走之。

㊹齊主娶趙郡李希宗之女，生子殷及紹德，又納段韶之妹，及將建中宮，高隆之、高德政欲結勳貴之援，乃言漢婦人不可為天下母，宜更擇美配，帝不從，丁亥（初九日），立李氏為皇后，以段氏為昭儀，子殷為皇太子。庚寅（十二日），以庫狄干為太宰，彭樂為太尉，潘相樂為司徒，司馬子如為司空。【考異】典略在五月乙丑，今從北齊帝紀。辛卯（十三日），以清河王岳為司州牧。

㊺侯景以羊鵾仁為五兵尚書，庚子（二十二日），鵾仁出奔江西，將赴江陵，至東莞㊁，盜疑其懷金，邀殺之。【考異】太清紀在十月，今從梁帝紀、典略。

㊻魏人欲令岳陽王詧發哀嗣位，詧辭不受，丞相泰使榮權冊命詧為梁王，始建臺，置百官㊂。

㊼陳霸先修崎頭古城㊃，徙居之。

(卅八)初，燕昭成帝奔高麗(八四)。使其族人馮業以三百人浮海奔宋，因留新會(八五)。自業至孫融，世為羅州刺史(八六)，融子寶為高涼太守(八七)。高涼洗氏(八八)，【考異】典略作沈氏，今從隋書。世為蠻酋，部落十餘萬，家有女，多籌略，善用兵，諸洞皆服其信義，融聘以為寶婦，融雖累世為方伯，非其土人，號令不行，洗氏約束本宗，使從民禮，每與寶參決辭訟，首領有犯，雖親戚無所縱舍，由是馮氏始得行其政。

高州刺史(八九)李遷仕據大皋，遣使召寶，寶欲往，洗氏止之曰：「刺史無故不應召太守，必欲詐君共反耳！」寶曰：「何以知之？」洗氏曰：「刺史被召援臺，乃稱有疾，鑄兵聚眾而後召君，此必欲質君以發君之兵也，願且無往以觀其變。」數日，遷仕果反，遣主帥杜平虜將兵入灨石(九〇)，城魚梁(九一)以逼南康。霸先使周文育擊之，洗氏謂寶曰：「平虜，驍將也，今入灨石，與官軍相拒，勢未得還，遷仕在州，無能為也。君若自往，必有戰鬬，宜遣使卑辭厚禮，告之曰：『身未敢出，欲遣婦參。』彼聞之，必憙而無備，我將千餘人，步擔雜物，唱言輸賧(九二)，得至柵下，破之必矣！」寶從之，遷仕果不設備，洗氏襲擊，大破之，遷仕走保寧都(九三)，文育亦擊走平虜，據其城。

洗氏與霸先會于灨石，還謂寶曰：「陳都督非常人也，甚得眾心，必能平賊，君宜厚資之。」

湘東王繹以霸先為豫州刺史，領豫章內史。

(三九)辛丑（二十三日），裴之横攻稽亭，徐嗣徽擊走之。

(四十)秋，七月辛亥（初三日），齊立世宗妃元氏為文襄皇后(九四)，宮曰靜德，又封世宗子孝琬為河間王，孝瑜為河南王。乙卯（初七日），以尚書令封隆之錄尚書事，尚書左僕射平陽王淹為尚書令。

(四一)辛酉（十三日），梁王詧入朝于魏。

(四二)初，東魏遣儀同武威諜雲洛等(九五)迎鄱陽世子嗣，使鎮皖城(九六)，嗣未及行，任約軍至，洛等引去，嗣遂失援，出戰，敗死，約遂略地至湓城。尋陽王大心遣司馬韋質出戰而敗，帳下猶有戰士千餘人，咸勸大心走保建州(九七)，大心不能用。戊辰（二十日），以江州降約。

先是大心使太子洗馬韋臧鎮建昌，有甲士五千，聞尋陽不守，欲帥眾奔江陵，未發，為麾下所殺。臧，粲之子也(九八)。于慶略地至豫章，侯瑱力屈降之，慶送瑱於建康。景以瑱同姓，待之甚厚，留其妻子及弟為質，遣瑱隨慶徇蠡南(九九)諸郡，以瑱為湘州刺史。【考異】太清紀在十一月，今從典略。

初，巴山(一〇〇)人黃法氍有勇力，侯景之亂，合徒眾保鄉里。太守賀詡下江州(一〇一)，命法氍監郡事。法氍屯新淦(一〇二)，于慶自豫章分兵襲新淦，法氍敗之，陳霸先使周文育進軍擊慶，法氍引兵會之。

(四三)邵陵王綸聞任約將至，使司馬蔣思安將精兵五千襲之，約眾潰，思安不設備，約收兵襲之，思安敗走。

(四四)湘東王繹改宜都為宜州(一〇三)，以王琳為刺史。

(四五)是月，以南郡王大連為江州刺史。

(四六)魏丞相泰以齊主稱帝，帥諸軍討之，以齊王廓鎮隴右，徵秦州刺史宇文導為大將軍，都督二十三州諸軍事，屯咸陽，鎮關中。

(四七)益州沙門孫天英帥徒數千人夜攻州城，武陵王紀與戰，斬之。

(四八)邵陵王綸大脩鎧仗，將討侯景，湘東王繹惡之㉔。八月甲午（十七日），遣左衛將軍王僧辯、信州刺史鮑泉等帥舟師一萬東趣江郢，【考異】典略云：「九月戊申朔，繹遣僧辯。」按太清紀，事在八月末，今從梁簡文帝紀。聲言拒任約，且云迎邵陵王還江陵，授以湘州。

(四九)齊王初立，勵精為治，趙道德以事屬黎陽太守㉕清河房超，超不發書，棓殺㉖其使，齊主善之，命守宰各設棓以誅屬請之使。久之，都官中郎㉗宋軌奏曰：「若受使請賕，猶致大戮，身為枉法，何以加罪？」乃罷之。司都功曹㉘張老上書請定齊律，詔右僕射薛琡等取魏麟趾格㉙更討論損益之。

齊主簡練六坊㉚之人，每一人必當百人，任其臨陳必死㉛，然後取之，謂之百保鮮卑㉜，又簡華人之勇力絕倫者謂之勇士，以備邊要㉝。

始立九等之戶㉞，富者稅其錢，貧者役其力。

(五十)九月丁巳（初十日），魏軍發長安㉟。

(五一)王僧辯軍至鸚鵡洲㊱，郢州司馬劉龍虎等潛送質於僧辯，邵陵王綸聞之，遣其子威正侯礩將兵擊之，龍虎敗，奔於僧辯。綸以書責僧辯曰：「將軍前年殺人之姪㉗，今歲伐人之兄㉘，以此求榮，恐天下不許。」僧辯送書於湘東王繹，繹命進軍。辛酉（十四日），綸集其麾下於西園㉙，涕泣言曰：「我本無佗，志在滅賊，湘東常謂與之爭帝，遂爾見伐。今日欲守則交絕糧儲，欲戰則取笑千載，不容無事受縛，當於下流避之。」麾下壯士，爭請出戰，綸不從，與礩自倉門登舟北出㉚，僧辯入據郢州。繹以南平王恪為尚書令、開府儀同三司，世子方諸為郢州刺史，王僧辯為領軍將軍。

綸遇鎮東將軍裴之高於道，之高之子畿掠其軍器，綸與左右輕舟奔武昌涠飲寺，僧瀍馨匿綸於巖穴之下，綸長史韋質、司馬姜律等聞綸尚存，馳往迎之，說七柵流民㉛以求糧仗。綸出營巴水，流民八九千人附之，稍收散卒，屯於齊昌㉜。遣使請和於齊，齊以綸為梁王。

㉝湘東王繹改封皇子大款為臨川王，大成為桂陽王，大封為汝

南王。

(五三)癸亥（十六日），魏軍至潼關。

(五四)庚午（二十三日），齊主如晉陽，命太子殷居涼風堂監國(二三)。

(五五)南郡王中兵參軍張彪等起兵於若邪山(二四)，攻破浙東諸縣，有眾數萬，吳郡人陸令公等說太守南海王大臨往依之，大臨曰：「彪若成功，不資我力，如其橈敗，以我自解(二五)，不可往也。」

(五六)任約進寇西陽、武昌。

初，寧州刺史彭城徐文盛募兵數萬人討侯景，湘東王繹以為秦州刺史(二六)，使將兵東下，與約遇於武昌。繹以廬陵王應為江州刺史，以文盛為長史，行府州事，督諸將拒之。應，續之子也(二七)。邵陵王綸引齊兵未至，移營馬柵，距西陽(二八)八十里。任約聞之，遣儀同叱羅子通(二九)等將鐵騎二百襲之，綸不為備，策馬亡走。時湘東王繹亦與齊連和，故齊人觀望，不助綸。定州刺史田祖龍迎綸，綸以祖龍為繹所厚，懼為所執，復歸齊昌。行至汝南(三〇)，魏所署汝南城主李素，綸之故吏也，開城納之，任約遂據西陽、武昌。【考異】

梁帝紀在十一，今從太清紀。

(七七)裴之高帥子弟部曲千餘人至夏首，湘東王繹召之，以為新興、永寧二郡太守㉛，又以南平王恪為武州刺史，鎮武陵㉜。

(七八)初，邵陵王綸以衡陽王獻為齊州刺史，鎮齊昌，任約擊擒之，送建康，殺之。【考異】梁帝紀在十一月，今從太清紀。獻，暢之孫也㉝。

(七九)乙亥（二十八日），進侯景位相國，封二十郡，為漢王，加殊禮。

(八〇)岳陽王詧還襄陽㉞。

(八一)黎州㉟民攻刺史張賁，賁棄城走，州民引氐酋北益州刺史㊱楊法琛據黎州，命王、賈二姓詣武陵王紀，請法琛為刺史，紀深責之，囚法琛質子崇顒、崇虎。冬十月，丁丑朔，法琛遣使附魏。

(八二)己卯（初三日），齊主至晉陽宮㊲。廣武王長弼與幷州刺史段韶不協，齊主將如晉陽，長弼言於帝曰：「韶擁彊兵在彼，恐不如人意㊳。豈可徑往投之？」帝不聽。既至，以長弼語告之，曰：「如君忠誠，人猶有讒，況其餘乎？」

長弼，永樂之弟也㊴。乙酉（初九日），以特進元韶為尚書左僕射，段韶為右僕射。

㊸乙未（十九日），侯景自加宇宙大將軍，都督六合諸軍事，以詔文呈上，上驚曰：「將軍乃有宇宙之號乎！」

㊹立皇子大鈞為西陽王，大威為武寧王，大球為建安王，大昕為義安王㊵，大摯為綏建王㊶，大圜為樂良王㊷。【考異】太清紀在十一月十四日，今從梁帝紀。

齊東徐州刺史行臺辛術鎮下邳，十一月，侯景徵租入建康，術帥眾渡淮斷之㊸，燒其穀百萬石，遂圍陽平。景行臺郭元建引兵救之，壬戌（十六日），術略三千餘家還下邳。

㊺武陵王紀帥諸軍發成都，【考異】南史云十一月壬寅，按是月壬子朔，無壬寅。湘東王繹遣使以書止之曰：「蜀人勇悍，易動難安，弟可鎮之，吾自當滅賊。」又別紙曰：「地擬孫、劉，各安境界，情深魯、衞，書信恆通㊹。」

㊻甲子（十八日），南平王恪帥文武拜牋推湘東王繹為相國，總百揆，繹不許。

㊼魏丞相泰自弘農為橋，濟河，至建州。丙寅（二十日），齊主

自將，出頓東城〔四五〕。泰聞其軍容嚴盛，歎曰：「高歡不死矣！」會久雨，自秋及冬，魏軍畜產多死〔四六〕，乃自蒲阪還。於是河南自洛陽，河北自平陽已東，皆入於齊〔四七〕。

㈥丁卯（二十一日），徐文盛軍貝磯〔四八〕，任約帥水軍逆戰，文盛大破之，斬叱羅子通、趙威方，仍進軍大舉口〔四九〕。侯景遣宋子仙等將兵二萬助約，以約守西陽，久不能進，自出屯晉熙。【考異】典略：「七月，景軍次濡須，使梁仲宣知留府事。」按典略，九月景請梁妃主同宴，梁帝紀十月乙未景逼太宗幸西州，不容七月已在濡須，今因南康王會理事見之。太清紀、梁書、典略晉熙皆作皖口，今從南史。南康王會理以建康空虛，與太子左衛將軍柳敬禮、西鄉侯勸、東鄉侯勔謀起兵誅王偉，安樂侯乂理出奔長蘆〔五〇〕，集眾得千餘人。建安侯賁、中宿世子〔五一〕子邕知其謀，以告偉，偉收會理、敬禮、勸、勔及會理弟祁陽侯〔五二〕通理，俱殺之，【考異】典略云：「十二月癸未，建安侯賁等告會理。」梁帝紀十月壬寅，景害會理，今從太清紀。乂理為左右所殺。錢塘褚冕以會理故舊，捶掠千計，終無異言。會理隔壁謂之曰：「褚郎卿豈不為我致此？卿雖忍死明我，我心實欲殺賊。」冕竟不服，景乃宥之。勸，昺之子；賁，正德之弟子；子邕，憺之孫也。

帝自即位以來，景防衛甚嚴，外人莫得進見，唯武林侯諮及僕射王克、舍人殷不害並以文弱得出入臥內，帝與之講論而已。及會理死，克、不害懼禍，稍自疏，諮獨不離帝，朝請無絕，景惡之，使其仇人刁戍刺殺諮於廣莫門外。【考異】太清紀在會理死前，今從南史。

帝之即位也，景與帝登重雲殿(五三)，禮佛為誓，云：「自今君臣，兩無猜貳，臣固不負陛下，陛下亦不得負臣。」及會理謀泄，景疑帝知之，故殺諮。帝自知不久，指所居殿謂殷不害曰：「龐涓當死此下。」

景自帥眾討楊白華于宣城，白華力屈而降。景以其北人(五四)，全之，以為左民尚書，誅其兄子彬以報來亮之怨(五五)。十二月丙子朔，景封建安侯賁為竟陵王，中宿世子子邕為隨王，仍賜姓侯氏(五六)。

(六九)辛丑（二十六日），齊主還鄴(五七)。

(七十)邵陵王綸在汝南，脩城池，集士卒，將圖安陸，魏安州刺史(五八)馬祐以告丞相泰，泰遣楊忠將萬人救安陸。

(七一)武陵王紀遣潼州刺史(五九)楊乾運、南梁州刺史譙淹合兵二萬討楊法琛，法琛發兵據劍閣以拒之。

㈦侯景還建康㈥。

㈧初，魏敬宗以爾朱榮為柱國大將軍㈥，位在丞相上，榮敗，此官遂廢。大統三年，文帝復以丞相泰為之㈥，其後功參佐命，望實懼重者，亦居此官，凡八人，曰安定公宇文泰、廣陵王欣、趙郡公李弼、隴西公李虎、河內公獨孤信、南陽公趙貴、常山公于謹、彭城公侯莫陳崇，謂之八柱國。泰始籍民之才力者為府兵，身租、庸、調一切蠲之㈥。以農隙講閱戰陳，馬畜糧備，六家供之，合為百府，每府一郎將主之，分屬二十四軍。泰任總百揆，督中外諸軍，欣以宗室宿望，從容禁闥而已，餘六人各督二大將軍，凡十二大將軍㈥，每大將軍各統開府二人，開府各領一軍。是後，功臣位至柱國大將軍開府儀同三司、儀同三司者甚眾，率為散官，無所統御，雖有繼掌其事者，聞望皆出諸公之下云。

㈨齊主命散騎侍郎宋景業造天保曆行之㈥。

【今註】㈠太宗簡文皇帝：帝諱綱，字世纘，小字六通，高祖第三子，昭明太子母弟也。㈡大寶元年：是歲，北齊文宣帝廢東魏孝靜帝自立，改武定八年為天保元年。㊂大庾嶺：在今江西省大庾縣南，廣東省南雄縣之北，為五嶺之一。《水經注》連水出南康縣涼熱山，山即大庾嶺，五嶺之最東，故曰東嶠。《元和郡縣志》大庾嶺本名塞上，漢伐南越，有監軍姓庾城於此地，故名。按《漢書．南粵王傳》，呂嘉反，使人函封漢使節置塞上，即此嶺也。《後漢書．郡國志》作臺嶺。又《南康記》曰：「庾嶺多梅，亦曰梅嶺。」嶺路險阻，當贛、粵之衝。㊃南野：南野縣漢屬豫章郡，晉屬南康郡，隋初縣廢。故城在今江西省南康縣西南章江南岸。㊄郢州刺史南康王恪：南康當作南平，參考前後及《梁書》可見。㊅魏楊忠圍安陸，柳仲禮馳歸救之：仲禮自安陸將兵趣襄陽見上卷武帝太清三年。㊆漴頭：今湖北省安陸縣西北二十里之石漴村，古漴頭也，亦曰潼頭。杜佑曰：「漴音崇，水所衝曰漴。」㊇皓，暅之子：祖暅見卷一百四十七武帝天監十三年。㊈石城：《五代志》竟陵郡長壽縣後周置石城郡，今湖北省鍾祥縣。㊉詧來伐叔：湘東王繹於詧為叔，事見上卷武帝太清三年。㊀㊀溠北：溠水之北也。溠水註見上卷。㊀㊁以石城為封：封，界限也。《左傳》曰：「田有封洫。」《莊子》曰：「夫道未始有封。」註云：「道無不在，有何封域也。」㊀㊂貿遷有無：胡三省曰：「遷，徙也。徙有之無以相貿易也。」㊀㊃生羌：羌之居塞外而不羈屬於魏者。㊀㊄置岷州於渠株川：《五代志》臨洮郡臨洮縣西魏置溢樂縣，並置岷州。即今甘肅省岷縣。㊀㊅侯景遣任約、于慶等帥眾二萬攻諸藩：諸藩，謂梁宗室諸王之出鎮在外者。㊀㊆天時地利，不及人和：用孟子之言。㊀㊇唯應剖心嘗膽，泣血枕戈：胡三省曰：「越王勾踐臥薪嘗膽求以報吳，晉劉琨枕戈待旦，志梟逆虜。」剖心，開佈誠心也。《禮・檀弓》曰：「高子皋之執親之喪也，泣血三年。」鄭注曰：「言泣無聲如血出。」孔穎達疏云：凡人涕淚必因悲聲而出，若血出則不由聲也。今子皋悲無聲，其涕亦出，故云泣血。」⑲容貫：貫，貸也，容貫猶曰寬容。⑳江外：胡三省曰：荊州治江陵，在江北，故曰江外。」㉑洞庭：胡三省曰：「湘州之地，襟帶洞庭，故謂湘州為洞庭。」㉒陳譽過惡不赦：言河東王譽罪大惡極，法所不赦。㉓頗遵談笑，用卻秦軍：用魯仲連談笑而卻秦軍事以自誇大。㉔臨湘旦平，暮便即路：謂其志必下湘州也。臨湘縣自漢以來屬長沙郡，時為湘州及長沙郡治所，隋改臨湘縣曰長沙縣，今湖南省長沙縣是也。胡三省曰：「即路，就路也，承上文而言，若欲攻襄陽，考之下文，蓋謂討侯景。」㉕湘州若敗，吾亡無日矣：綸知繹既下湘州之後繼將圖己，故云然。㉖徒兵：步兵也。㉗省吳州：侯景置吳州見上卷武帝太清三年。㉘安吳：沈約曰：「安吳，吳立。」晉屬宣城郡，隋省安吳入涇縣，在今安徽省涇縣西南五十里，今有安吳市及安吳渡。㉙三月甲申，侯景請上禊宴於遊樂苑：三月庚戌朔，無甲申，因《南史・侯景傳》之誤也，按下有庚申，則甲申或當作甲寅。禊宴，因祓禊而設宴飲也。《風俗通》曰：「禊者潔也。」禊亦作祓，《史記・外戚世家》武帝禊霸上，《漢書・外戚傳》作祓霸上。徐廣曰：「三月上巳臨水祓除謂之禊。」胡三省曰：「樂遊苑在玄武湖南。」㉚臨川內史始興王毅：王毅始興人，為臨川內史。胡三省曰：「毅即毅，後人傳寫，變立為ヨ耳。」㉛嗣因徙鎮三章，謂之安樂柵：去年嗣守安樂柵，今徙鎮三章，亦以安樂名柵。㉜湘東王繹以上甲侯韶為長沙王：上甲侯韶奔江陵見上卷太清三年。按《梁書》，長沙宣武王懿卒，子元王業嗣封，業卒，子章王孝儼嗣封，孝儼卒，子齊嗣封，上甲侯韶，業弟臨汝侯猷之子也，於齊為叔父。時齊在建康，湘東王繹以韶歸之，遂以為長沙王。㉝景浴鐵數千，翼衞左右：景以浴鐵士數千自隨也，分衞左右如張兩翼，故曰翼衞。胡三省曰：「浴鐵者，言鐵甲堅滑若以水浴也。」㉞菱芡：菱與蔆同，註見上卷，芡狀似蓮，葉浮水面，花梗出水上，花後結刺球，內含圓子數十，曰芡實，其仁可供食用，其地下莖如藕，亦可食。㉟千里絕烟：烟與煙同。斷炊無食，故絕烟。㊱外族：胡三省曰：「男子謂舅家為外家，婦人謂父母之家為外家。外族，外家之族。」㊲庫直都督：《南史・侯景傳》誤作庫真部督。㊳侯景召宋子仙還京口：去年景遣宋子仙徇揚州，今召還京口。㊴若我殺邵陵，寧靜一鎮，荊、益兄弟，必皆內喜：荊、益兄弟，謂湘東王繹、武陵王紀也，繹時鎮荊州，紀鎮益州。內喜者，內心喜悅也。按梁武八男，長昭明太子、次豫章王綜、次簡文帝、次南康王績、次廬陵王續，次邵陵王綸、次湘東王繹、次武陵王紀，時惟帝及綸、繹、紀存，餘皆前卒，帝既蒙塵，綸於兄弟之次當立，恪若除綸則人望歸於荊、益，必皆內喜也。㊵巨逆未梟：巨逆謂侯景，斬首懸之木端以示眾曰梟。㊶非由兄也：南平王恪，南康元襄王偉之子也，於綸為兄，故綸以兄稱之。㊷王僧辯急攻長沙，辛巳，克之：四月庚辰朔，辛巳初二日。按上有丙午，丙午二十七日，而此云辛巳者，史併其事於繹下令討侯景而追言之也。《南史・梁紀》繹克湘州在四月，《梁書・元帝紀》在五月辛未。㊸反其首而葬之：反其首於長沙與身俱葬。㊹初，世子方等之死：方等討河東王譽敗死見上卷武帝太清三年。㊺臨蒸周鐵虎：《陳書・周鐵虎傳》，周鐵虎不知何許人，梁世南渡，事河東王譽，譽為湘州刺史，以鐵虎為臨蒸令，《通鑑》蓋逸令字。《宋書・州郡志》臨蒸縣屬衡陽郡，晉屬湘東郡。《水經注》臨蒸縣本漢酃縣地，吳分置臨蒸縣，屬衡山郡。《五代志》衡山郡衡山縣，舊置湘東郡，隋廢郡，幷省臨蒸、新城、重安三縣立衡山縣。《衡州志》曰：「吳分酃縣立臨蒸縣，俯臨蒸水。其氣如蒸。」即今湖南省衡陽縣。按《晉書・地理志》，《宋書・州郡志》俱作烝，後譌為蒸。㊻以晉熙為晉州：《宋書・州郡志》晉熙郡，晉安帝分廬江郡立。《五代志》同安郡懷寧縣舊置晉熙郡，即今安徽省潛山縣，鄱陽王範立以為晉州。㊼江州郡縣，多輒改易：胡三省曰：「改易郡縣守令也。」㊽尋陽王大心政令所行，不出一郡：言大心政令所行，惟尋陽一郡而已。大心時為江州刺史，尋陽，江州治也。㊾稽亭：胡三省曰：「據齊書晉安王子懋傳，子懋謀舉兵於江州，宣城王遣裴叔業襲湓城，子懋先已具船於稽亭渚，聞叔業得湓城，乃據州自衛，則稽亭渚在江州城東也。」江州治尋陽，今江西省九江縣。尋陽記云：「稽亭北瞰大江，南望高岳，以淹留遠客，因以為名。」㊿東魏齊王洋之開府也：洋為開府見卷一百五十七武帝大同元年。(51)管記：胡三省曰：「管記即記室參軍之職。」(52)北平太守：《魏書・地形志》北平縣，漢、晉屬中山郡，孝明帝孝昌中分中山郡置北平郡，治北平城，屬定州。故治在今河北省滿城縣北。(53)廣宗：《魏書・地形志》廣宗縣，後漢屬鉅鹿郡，晉屬安平國，孝文帝太和十一年立為廣宗郡，尋罷，孝明帝孝昌中復立，屬司州。故治在今河北省威縣東。(54)平都城：平都城，戰國趙簡子所立，在今山西省和順縣西，隋置平城縣，屬太原郡。(55)關西，國之勁敵：謂宇文氏也。(56)天子：謂西魏主。(57)屈彊：屈彊，不順貌。

屈亦作倔，註已見前。（五八）遼陽：遼陽縣自漢末以來屬樂平郡。《五代志》太原郡遼山縣後魏曰遼陽，後齊省，隋文帝開皇十年復立，改曰遼山縣，故城在今山西省遼縣北三里。（五九）倉丞李集：《北齊書・文宣帝紀》作尚食丞李集。《五代志》後齊之制，門下省尚食局置典御二人，丞、監各四人；又司農寺有太倉及水次諸倉，皆置令、丞。（六〇）遇大橫：曰，漢文之卦也：大橫註見卷十三漢高后八年。（六一）遇乾之鼎：胡三省曰：「乾之初九、九五，二爻動，變而之鼎。」（六二）五月不可入官，犯之終於其位：胡三省曰：「陰陽家之說，上官忌正月、五月、九月。」上官，猶今言上任也。終於其位，言不復升擢。（六三）秘書監魏收草九錫、禪讓、勸進諸文：自王莽以後，凡禪代者皆先備九錫，而後奉表三讓，百僚三表勸進而後即位，故令收預草諸文。（六四）前亭：胡三省曰：「前亭在晉陽之東，平都城之西。」（六五）夫：夫役也。（六六）五行遞運，有始有終：謂朝代之禪遞，猶五德終始，以木代水，以火代木，以土代火，以金代土，以水代金也。蓋戰國時代陰陽家之說。（六七）推挹：推，讓也；挹與抑同，遜也。（六八）詠後漢書范蔚宗後漢書贊曰，獻生不辰，身播國屯，終我四百，永作虞賓：范曄字蔚宗，作《後漢書》，此漢獻帝紀之贊辭也。章懷註曰：「辰，時也，播，遷也，言獻帝生不逢時，身既播遷，國又屯難也。漢有天下四百年而運終。虞賓，謂虞以堯子丹朱為賓，書曰：『虞賓在位』是也，以喻山陽公為魏之賓也。」孝靜帝蓋以漢獻帝自況。（六九）所司請發：所司謂司掌禪代之事者，請發者，請帝出宮居別館也。（七〇）陳思王：魏武帝之子曹植也，封陳王，謚曰思。（七一）黃髮期：黃髮，謂老人也，人老則髮黃，故云。《詩・閟宮》曰：「黃髮台背。」箋云：「皆壽徵也。」（七二）直長趙道德以車一乘候於東閤：胡三省曰：「直長，官名，凡殿中諸局各有奉御，有直長，趙道德蓋尚乘直長也，亦高氏之私人。東閤，即東閤門。」余按《五代志》太僕寺之屬有驊騮署，掌御馬及諸鞍乘，置令、丞，又置奉承直長二人。⑬居司馬子如南宅：胡三省曰：「司馬子如有宅在太原，故謂鄴城之宅為南宅。」⑭遣太尉彭城王韶等奉璽綬禪位於齊：武帝中大通六年，東魏孝靜帝立，至太清三年，凡十六年而亡。⑮齊王即皇帝位於南郊：帝諱洋，字子進，渤海王歡之第二子，澄之母弟也。胡三省曰：「歡以渤海王贈齊王，洋又進爵齊王，且高氏本渤海人，渤海故齊地，故遂號曰齊。」⑯其宣力霸朝及西、南投化者：高歡、高澄之世，東魏政在高氏，建台置官，號稱霸府。宣力霸朝，謂羣僚之臣事高氏者也。西、南投化者，謂自關西及江南來投者。⑰文成侯寧起兵於吳，有眾萬人，己巳，進攻吳郡：胡三省曰：「吳郡治吳縣，寧蓋起兵於吳縣界，進攻吳郡城也。按侯景傳寧起兵于吳西鄉，去年陸緝等推寧據吳郡，宋子仙擊之，敗走，今復起兵于西鄉也。」⑱巴水：《水經注》巴水出晉昌郡宣漢縣巴嶺山，西南流歷巴中，逕巴郡故城南，又西南入于江。巴郡今四川省巴縣。⑲繹授以信州刺史，令屯白帝：《五代志》巴東郡梁置信州。治人復縣，古白帝城也，在今四川省奉節縣東北。⑳齊主封宗室高岳等十人、功臣庫狄干等七人皆為王：《北齊書·文宣帝紀》，時封宗室高岳為清河王，高隆之為平原王，高歸彥為平秦王，高思宗為上洛王，高長弼為廣武王，高普為武興王，高子瑗為平昌王，高顯國為襄樂王，高叡為趙郡王，高孝緒為循城王，又封功臣庫狄干為章武王，斛律金為咸陽王，賀拔仁為安定王，韓軌為安德王，可朱渾道元為扶風王，彭樂為陳留王，潘相欒為河東王。（八一）鴉仁出奔江西，將赴江陵，至東莞：胡三省曰：「南徐州有東莞郡，不在江西，意者東莞其東關之誤與！」（八二）丞相泰使榮權冊命詧為梁王，始建台，置百官：詧字理孫，武帝之孫，昭明太子之第三子也。（八三）崎頭古城：崎，曲岸也。《元豐九城志》大庾縣古南野也，有峽頭鎮。峽頭即崎頭之訛，城在今江西省大庾縣東百里章江之岸曲處。（八四）初，燕昭成帝奔高麗：事見卷一百二十三宋文帝元嘉十三年。（八五）新會：《宋書・州郡志》晉恭帝元熙二年，分南海立新會郡。《五代志》南海郡新會縣舊置新會郡，即今廣東省新會縣。（八六）羅州刺史：《五代志》高涼郡石龍縣舊置羅州，在今廣東省化縣東北。（八七）高涼太守：高涼縣，漢屬合浦郡，《宋書・州郡志》漢獻帝建安二十三年吳分立高涼郡，《五代志》高涼郡高涼縣舊置高涼郡，在今廣東省陽江縣西。（八八）洗氏：洗音銑，南海番禺多洗氏，蓋高涼蠻酋姓也，見姓氏尋源。（八九）高州刺史：《五代志》高涼郡梁置高州。治高涼，今廣東省陽江縣西。（九〇）灨石：灨本作贛，水名，以章、貢二水合流，故曰贛水也。《陳書・武帝紀》南康贛石，舊有二十四灘，灘多巨石，行旅者以為難，即今江西省贛江之十八灘，蓋章貢二水自贛縣北會流後，曲折西北流至萬安縣，多險灘，統曰贛石，所謂贛灘三百里也。（九一）魚梁：魚梁城在今江西省萬安縣南五里，萬安縣志魚梁城近惶恐灘。惶恐灘，贛石之險灘也，故霸先城其地以逼南康。（九二）賧：同倓，蠻夷以財贖罪也。（九三）寧都：《宋書・州郡志》南康公國有楊都縣，吳立，晉武帝太康元年更名寧都。《五代志》南康郡虔化縣舊曰寧都，今江西省寧都縣。（九四）齊立世宗妃元氏為文襄皇后：北齊文襄皇帝廟號世宗，后，東魏孝靜帝之女也。（九五）諜雲洛等：胡三省曰：「雲當作云，諜云，虜複姓，柔然阿那瓌之求附於魏也，魏遣諜云具仁往使，諜云之為姓尚矣！」(九六)皖城：胡三省曰：「蓋即皖縣古城也。」漢皖縣屬廬江郡，晉廢，故城在今安徽省潛山縣。(九七)咸勸大心走保建州：《五代志》弋陽郡殷城縣，舊曰包信，梁置義城郡及建州，故城在今河南省商縣西。胡三省曰：「後漢汝南郡有苞信縣，江左僑置於弋陽界，帳下勸大心走保之者，便於入齊也。」(九八)臧，粲之子也：韋粲死於青塘之戰，見上卷武帝太清三年。(九九)蠡南：彭蠡湖以南。(〇〇)巴山：《五代志》臨川郡崇仁縣梁置巴山郡。故城在今江西省崇仁縣西南三十里。(〇一)太守賀詡下江州：自巴山順流赴江州為下。(〇二)新淦：新淦縣漢屬豫章郡，《五代志》屬廬陵郡。故城在今江西省清江縣東北，即今樟樹鎮。(〇三)湘東王改宜都為宜州：《宋書・州郡志》蜀漢先主分南郡立宜都郡。梁以宜都郡置宜州。《五代志》夷陵郡，梁置宜州，又夷道縣舊置宜都郡，故治在今湖北省宜都縣西北。(〇四)邵陵王綸大脩鎧仗，將討侯景，湘東王繹惡之：惡其成功，兵力益強，且為人望所歸，將與己爭帝也。(〇五)黎陽太守：《魏書・地形志》司州黎陽郡，孝明帝孝昌中分汲郡置，治黎陽城，在今河南省濬縣東北。(〇六)棓殺：棓，大杖也，以杖擊殺之也。(〇七)都官中郎：《五代志》北齊之制，都官尚書掌畿內非違得失事，有郎中一人。此中郎蓋郎中之誤也。(〇八)司都功曹：胡三省曰：「司都功曹，司州之功曹也，時都鄴，以鄴為司州治所，北齊主或居晉陽，不常居鄴也。」(〇九)魏麟趾格：魏羣臣議律於麟趾閣，稱麟趾格，見卷一百五十八武帝大同七年。(一〇)六坊：胡三省曰：「魏齊之間，宿衞之士，分為六坊。」(一一)任其臨陳必死：任，保任也。(一二)百保鮮卑：胡三省曰：「百保，言其勇可保一人當百人也。高氏以鮮卑創業，當時號為健鬥，故衞士皆用鮮卑，猶今北人謂勇士為霸都魯也。」㉓邊要：邊境險要之地。㉔九等之戶：戶分上、中、下三等，每等復分上、中、下，是為九等。㉕發長安：東伐齊。㉖鸚鵡洲：《水經注》江水自長沙下雋縣北又東北至江夏沙羨縣西北，江之右岸，當鸚鵡洲南，有江水右迤，謂之驛渚。在今湖北省漢陽縣西南大江中，昔漢末黃祖為江夏太守，祖長子射大會賓客，有獻鸚鵡者，使彌衡作賦，因以得名。㉗將軍前年殺人之姪：謂殺河東王譽也，譽於湘東王繹為姪。㉘今歲伐人之兄：綸於繹為兄。㉙西園：胡三省曰：「園在郢城西偏，故曰西園，又有東園，在城東湖上。」㉚與礩自倉門登舟北出：胡三省曰：「據姚思廉梁書，倉門，郢城北門，帶江阻險。」㉛七柵流民：時流民於北江州結七柵以相保。㉜齊昌：《魏書・地形志》北江州，梁置，魏因之，治鹿城關，領義陽、齊昌、新昌、梁安、光城、齊興等郡。宋白曰：「吳置蘄春郡，晉惠帝改為西陽郡，南齊、北齊改西陽為齊昌郡，唐復為蘄州。」故城在今湖北省蘄春縣西北。㉝命太子殷居涼風堂監國：《北史・齊樂陵王百年傳》百年見武成帝於玄都苑涼風堂，則涼風堂在鄴宮玄都苑中。㉞若邪山：若邪山在今浙江省紹興縣南二十里，漢武帝元鼎六年討東越，以越侯為戈船下瀨將軍出若邪，齊明帝時何子季隱居若邪山，即此。㉟如其撓敗，以我自解：撓，屈也。言彪若敗則將歸罪於大臨以自解於侯景。㊱秦州刺史：胡三省曰：「五代志江都郡六合縣舊置秦邢，後齊置秦州。抑梁已置之歟！」秦郡，宋之僑郡也，並置縣為郡治，在今江蘇省六合縣北。㊲應，續之子也：廬陵王續，武帝之子也，卒於太清元年。㊳西陽：西陽縣漢屬江夏郡。《宋書・州郡志》西陽縣，魏屬弋陽郡，晉惠帝弋陽為西陽國，故城在今湖北省黃岡縣東。㉙叱羅子通：胡三省曰：「叱羅，虜複姓。」㉚汝南：《魏書・地形志》郢州汝南郡治上蔡，《五代志》竟陵郡舊置郢州，又所領漢東縣舊曰上蔡。然則汝南城即隋之漢東縣也，故城在今湖北省鍾祥縣北。㉛新興、永寧二郡太守：胡三省曰：「新興郡置於江陵縣界，永寧郡置於襄陽南漳縣界。」㉜以南平王恪為武州刺史，鎮武陵：《五代志》武陵郡梁置武州，又所領武陵縣舊置武陵郡。今湖南省常德縣。㉝獻，暢之孫也：衡陽宣王暢，武帝之弟。㉞岳陽王詧還襄陽：自朝魏而還也。時受魏封為梁王，岳陽，其舊爵也。㉟黎州：《五代志》義城郡，梁曰黎州。隋義城郡，唐之利州也，今為四川省廣元縣。㊱北益州刺史：胡三省曰：「魏以武興為東益州。氐王楊氏居之，梁蓋以為北益州。按下卷楊法琛治平興，則梁置北益州於平興也。」平興，氐酋楊難當分白水置，《五代志》義城郡景谷縣，舊曰白水，置平興郡，故治在今四川省昭化縣西北。㊲晉陽宮：晉陽宮，齊獻武王歡所置也。《唐書・地理志》唐以晉陽為北都，晉陽宮在都之西北，宮城周二千五百二十步，崇四丈八尺，都城左汾右晉，潛丘在中，長四千三百二十一步，廣三千一百二十二步，周萬五千一百五十三步，其崇四丈，汾東曰東城。㊳韶擁彊兵在彼，恐不如人意：言恐韶為變也。㊴長弼，永樂之弟也：高永樂，齊獻武王之從祖兄子也。㊵義安王：《齊書・州郡志》雍州寧蠻府所領有義安左郡，其地當在今湖北境。㊶綏建王：《宋書・州郡志》宋文帝元嘉十三年立綏建郡於漢南海郡四會縣地。《五代志》南海郡四會縣舊置綏建郡，今廣東省四會縣。㊷樂良王：胡三省曰：「樂良，史無所考，此時諸王所封皆郡名也，當在大同中所分二十餘州，不知處所之數。」

㊸術師眾渡淮斷之：斷其漕運之道也。㊹地擬孫、劉，各安境界，情深魯、衞，書信恆通：地擬孫劉，言欲與紀分地而治，如吳、蜀各為一國也；情深魯、衞，謂兄弟也。㊺齊主自將，出頓東城：東城，即晉陽之東城也。㊻魏軍畜產多死：鮮卑行軍，皆以畜產自隨，用充軍食。㊼於是河南自洛陽，河北自平陽已東皆入於齊：胡三省曰：「邊民見魏師無功，齊能自立，心無反側，疆場遂定。」㊽貝磯：《水經注》江水自邾縣南又東逕貝磯北。在今湖北省黃岡縣西大江南岸。㊾大舉口：《水經注》江水自貝磯北又東逕磯北，北岸烽火洲，即舉洲也，北對舉口，舉水出龜頭山，西北流逕蒙籠戍南，梁定州治也，又西南逕梁司、豫二州東，又西南逕齊安郡西，又東南歷赤亭下，分為二水，南流於江，謂之舉口。在今湖北省黃岡縣西北舉水入江處。㊿長蘆：今江蘇省高淳縣西北有長蘆鎮，瀕石臼湖，隔湖對安徽省當塗縣境。(51)中宿世子：中宿侯世子也。《晉書・地理志》始興郡有中宿縣，《水經注》溱水又南逕中宿縣，吳孫皓分四會之北鄉立焉。故城在今廣東省清遠縣西北六十里。(52)祁陽侯：《宋書・州郡志》吳立祁陽縣，屬零陵郡，故城在今湖南省祁陽縣東南。(53)重雲殿：胡三省曰：「據梁紀，重雲殿在華林園。」(54)景以其北人：楊白華，大眼之子也，本魏人，與宣武靈皇后私，懼而奔梁。(55)誅其兄子彬以報來亮之怨：楊白華殺來亮見上卷武帝太清三年。(56)景封建安侯賁為竟陵王，中宿世子邕為隨王，仍賜姓侯氏：賞告會理之功也。(57)齊主還鄴：自晉陽還也。(58)安州刺史：《五代志》安陸郡梁置南司州，西魏改曰安州。今為湖北省安陸縣。(59)潼州刺史：《元和郡縣志》梓潼郡梁置潼州，今為四川省三台縣。(60)侯景還建康：自晉熙還也。(61)魏敬宗以爾朱榮

為柱國大將軍：魏孝莊帝廟號敬宗。魏以榮為柱國大將軍見卷一百五十二武帝大通二年。胡三省曰：「柱國大將軍，魏初官也，世祖以加太尉長孫嵩。」㊅大統三年，文帝復以丞相泰為之：西魏大統三年，梁武帝大同三年也，事見卷一百五十七。㊆泰始籍民之才力者為府兵，身租、庸、調一切蠲之：唐府兵之制本此。凡受田之丁歲輸粟謂之租，隨鄉所出每丁歲輸絹、綾、絁、布、綿、麻謂之調，用人之力歲役二十日，閏加五日，不役者日折絹三尺謂之庸。唐租、庸、調亦本周之制也。㊇凡十二大將軍：時廣平王元贊、淮王元育、齊王元廓、章武郡公宇文導、平原郡公侯莫陳順、高陽郡公達奚武、陽平公李遠、范陽公豆盧寧、化政公宇文貴、博陵公賀蘭祥、陳留公楊忠、武威公王雄，凡十二人，皆授使持節大將軍。㊈齊主命散騎侍郎宋景業造天保曆行之：《五代志》時齊文宣帝命散騎侍郎宋景業叶圖讖，造天保曆，景業奏依握誠圖及元命包言齊受錄之期，當魏終之紀，得乘三十五以為蔀，應六百七十六以為章，文宣大悅，乃施用之。

卷一百六十四 梁紀二十

司馬光編集
林瑞翰註

起重光協洽，盡玄默涒灘，凡二年。（辛未至壬申，西元五五一年至五五二年）

太宗簡文皇帝下

大寶二年㈠（西元五五一年）

㈠春，正月，新吳㈡余孝頃舉兵拒侯景，景遣于慶攻之，不克。

㈡庚戌（初五日），湘東王繹遣護軍將軍尹悅、安東將軍杜幼安、巴州刺史王珣將兵二萬，自江夏趣武昌㈢，【考異】典略在去年十一月，今從太清紀。受徐文盛節度。

㈢楊乾運攻拔劍閣，楊法昌退保石門㈣，乾運據南陰平㈤。

㈣辛亥（初六日），齊主祀圜丘。

㈤張彪遣其將趙稜圍錢塘，孫鳳圍富春㈥，侯景遣儀同三司田遷，趙伯超救之，稜，鳳敗走。【考異】典略：「去年十一月，彪自圍錢塘，與趙伯超戰，敗于臨平，死者八萬餘人，走還剡，伯超兄子稜在彪軍中，謀殺彪，偽請與彪盟，引小刀披心出血自歃，彪信之，亦取刀刺血報之，刀適至心，稜以手按之，刀斜入不深，彪頓絕，稜謂已死，出外告彪諸將云：『彪已死，當共求富貴。』彪左右韓武入視之，彪已蘇，細聲謂曰：『我尚活，可與手。』武遂誅稜，彪復奉表於湘東王繹。」今從太清紀。稜，伯超之兄子也。

(六)癸亥（十八日），齊主耕藉田，乙丑（二十日），享太廟。

(七)魏楊忠圍汝南，李素戰死㊆。一月乙亥（朔），城陷，執邵陵攜王綸，殺之，【考異】太清紀云：「宇文泰遣忠襲綸，詐稱來相禮接，綸白服與相見，執而害之。」今從梁書、南史。投尸江岸，岳陽王詧取而葬之。

(八)或告齊太尉彭樂謀反，壬辰（十八日），樂坐誅。

(九)齊遣散騎常侍曹文皎使於江陵，【考異】典略在正月甲午朔，今從太清紀。湘東王繹使兼散騎常侍王子敏報之。

(十)侯景以王克為太師，宋子仙為太保，元羅為太傅，郭元建為太尉，張化仁為司徒㊇，任約為司空，王偉為尚書左僕射，索超世為右僕射。景置三公官，動以十數，儀同尤多，以子仙、元建、化仁為佐命元功，偉、超世為謀主，于子悅、彭雋主擊斷㊈，陳慶、呂季略、盧暉略、丁和等為爪牙，梁人為景用者則故將軍趙伯超、前制局監周石珍、內監㊉嚴亶、邵陵王記室伏知命，自餘王克、元羅及侍中殷不害、太常周弘正等，景從人望，加以尊位，非腹心之任也。

(十一)北兗州刺史蕭邕謀降魏，侯景殺之。

(十二)楊乾運進據平興(二一)，平興者，楊法琛所治也，法琛退保魚石洞，乾運焚平興而歸。

(十三)李遷仕收眾還擊南康(二二)，陳霸先遣其將杜僧明等拒之，生擒遷仕，斬之。【考異】太清紀在四月，云：「遷仕追霸先於雩都縣，連營相拒百餘日，是月，廣州刺史蕭勃遣歐陽頠水步萬餘人來援，頠與戰，大破之，斬遷仕首，餘黨悉降，霸先引軍前進。」今從陳書。湘東王繹使霸先進兵取江州，以為江州刺史。

(十四)三月丙午（初二日），齊襄城王淯卒。

(十五)庚戌（初六日），魏文帝殂(二三)，太子欽立(二四)。

(十六)乙卯（十一日），徐文盛等克武昌，進軍蘆州(二五)。

(十七)己未（十五日），齊以湘東王繹為梁相國，建梁臺，總百揆，承制。

(十八)齊司空司馬子如自求封王，齊主怒，庚申（十六日），免子如官。

(十九)任約告急，侯景自帥眾西上，攜太子大器從軍以為質，留王偉居守。閏月（梁閏三月），景發建康，【考異】漢帝紀三月丁未，景發京師，典略云，閏三月丁未。按乙卯，徐文盛克武昌，不容丁未景已發建康，閏三月甲戌朔，無丁未，蓋字誤也。自石頭至新林，舳艫相接。約分兵襲破定州刺史田龍祖於齊安〔一六〕。壬寅（二十九日），景軍至西陽，與徐文盛夾江築壘，癸卯（三十日），文盛擊破之，射其右丞庫狄式和，墜水死，景遁走還營。

(廿)夏，四月甲辰（朔），魏葬文帝于永陵。

(廿一)郢州刺史蕭方諸，年十五，以行事鮑泉和弱，常侮易之，或使伏牀騎背為馬，恃徐文盛軍在近，不復設備，日以蒱酒為樂〔一七〕。侯景聞江夏空虛，乙巳（初二日），使宋子仙、任約帥精騎四百由淮內襲郢州〔一八〕，丙午（初三日），大風疾雨，天色晦冥，有登陴望見賊者，告泉曰：「虜騎至矣！」泉曰：「徐文盛大軍在下，賊何由得至？當是王珣軍人還耳！」既而走告者稍眾，始命閉門，子仙等已入城，方諸方踞泉腹，以五色彩辮其鬚，見子仙至，方諸迎拜，泉匿於牀下，子仙俯窺見泉鬚間綵，驚愕，遂擒之，及司馬虞豫，送於景所。景因便風，中江舉帆，遂越文盛等軍，丁未（初四日），入江夏，文盛眾懼而潰，與長沙王韶⑲等逃歸江陵。王珣、杜幼安以家在江夏，遂降於景。

湘東王繹以王僧辯為大都督，帥巴州刺史⑳丹陽淳于量、定州刺史杜龕、宜州刺史㉑王琳、郴州刺史㉒裴之橫東擊景，徐文盛以下，並受節度。戊申（初五日），僧辯等軍至巴陵㉓，聞郢州已陷，因留戍之。

繹遺僧辯書曰：「賊既乘勝，必將西下，不勞遠擊，但守巴丘㉔，以逸待勞，無虜不克。」又謂將佐曰：「賊若水步兩道直指江陵，此上策也；據夏首，積兵糧，中策也；悉力攻巴陵，下策也。巴陵城小而固，僧辯足可委任。景攻城不拔，野無所掠，暑疫時起，食盡兵疲，破之必矣！」乃命羅州刺史徐嗣徽自岳陽、武州刺史杜崱自武陵引兵會僧辯㉕，景使丁和將兵五千守夏首，宋子仙將兵一萬為前驅，趣巴陵，分遣任約直指江陵，景帥大兵水步繼進。於是緣江戍邏，望風請服。景拓邏至於隱磯㉖，僧辯乘城固守，偃旗臥鼓，安若無人。壬戌（十九日），景眾濟江㉗，【考異】梁帝紀作甲子，今從太清紀。遣輕騎至城下，問城內為誰？答曰：「王領軍。」騎曰：「何不早降？」僧辯曰：「大軍但向荊州，此城自當非礙㉘。」騎去，頃之，執王珣等至城下，使說其弟琳，琳曰：「兄受命討賊，不能死難，曾不內慚，翻欲賜誘？」取弓射之，珣慚而退。

景肉薄百道攻城，城中鼓譟，矢石雨下，景士卒死者甚眾，乃退。僧辯遣輕兵出戰，凡十餘返，皆捷。景被甲在城下督戰，僧辯著綬乘輿，奏鼓吹巡城，景望之，服其膽勇。

岳陽王詧聞侯景克郢州，遣蔡大寶將兵一萬進據武寧㉙，遣使至江陵，詐稱赴援。眾議欲答以侯景已破，令其退軍，湘東王繹曰：「今語以退軍，是趣之令進也。」乃使謂大寶曰：「岳陽累啓連和，不相侵犯，卿那忽據武寧？今當遣天門太守胡僧祐精甲二萬、鐵馬五千頓㵐水，待時進軍。」詧聞之，召其軍還。僧祐，南陽人也。

（廿）五月，魏隴西襄公李虎卒。

（廿一）侯景晝夜攻巴陵，不克，軍中食盡，疾疫死傷太半。湘東王繹遣晉州刺史蕭惠正將兵援巴陵，惠正辭不堪，舉胡僧祐自代。僧祐時坐謀議，忤旨繫獄㉚，繹即出之，拜武猛將軍，令赴援。戒之曰：「賊若水戰，但以大艦臨之，必克；若欲步戰，自可鼓棹直就巴丘，不須交鋒也。」

僧祐至湘浦㉛，景遣任約帥銳卒五千據白堉以待之，僧祐由它路西上，約謂其畏己，急追之，及於芊口㉜，呼僧祐曰：「吳兒何不早降？走何所之？」僧祐不應，潛引兵至赤沙亭㉝，會信州刺史陸法和至，與之合軍。法和有異術，隱於江陵百里州㉞，衣食居處，一如苦行沙門㉟，或豫言吉凶，多中，人莫能測。侯景之圍臺城也，或問之，曰：「事將何如？」法和曰：「凡人取果，宜待熟時，不撩㊱自落。」固問之，法和曰：「亦克，亦不克㊲。」及任約向江陵，法和自請擊之，繹許之。壬寅（三十日），約至赤亭㊳，六月甲辰（初二日），僧祐、法和縱兵擊之，約兵大潰，殺溺死者甚眾，擒約送江陵。景聞之，乙巳（初三日），焚營宵遁，以丁和為郢州刺史，留宋子仙等，眾號二萬，戍郢城，別將支化仁鎮魯山，【考異】梁帝紀作魏司徒張化仁，按魏司徒安得為景守城，今從典略。范希榮行江州事，【考異】典略云江州刺史，今從太清紀。儀同三司任延和、晉州刺史[39]夏侯威生守晉州，景與麾下兵數千順流而下，丁和以大石墭殺鮑泉及虞預，沈於黃鶴磯[40]。任約至江陵，繹赦之，徐文盛坐怨望，下獄死。

巴州刺史余孝頃[41]遣兄子僧重將兵救鄱陽，于慶退走。【考異】長曆六月癸卯朔，太清紀一日慶走，二日擒任約，三日景走，今從梁帝紀。

繹以王僧辯為征東將軍、尚書令，胡僧祐等皆進位號，使引兵東下。陸法和請還，既至，謂繹曰：「侯景自然平矣！蜀賊將至[42]，請守險以待之。」乃引兵屯峽口[43]。庚申（十八日），王僧辯至漢口，先攻魯山，擒支化仁送江陵。辛酉（十九日），攻郢州，克其羅城，斬首千級。宋子仙退據金城，僧辯四面起土山攻之。

豫州刺史荀朗自巢湖出濡須邀景[44]，破其後軍，景奔歸船，前後相失。太子船入樅陽浦[45]，船中腹心皆勸太子因此入北，太子曰：「自國家喪敗，志不圖生，主上蒙塵，寧忍違離左右？吾今若去，是乃叛父，非避賊也。」因涕泗[46]嗚咽，即命前進。

甲子（二十二日），宋子仙等困蹙，乞輸郢城，身還就景。王僧辯偽許之，命給船百艘以安其意，子仙謂為信然，浮舟將發，僧辯命杜龕帥精勇千人攀堞而上，鼓譟奄進，水軍主宋遙帥樓船暗江雲合㊼。子仙且戰且走，至白楊浦㊽，大破之，周鐵虎生擒子仙及丁和，送江陵殺之。

㊾庚午（二十九日），齊主以司馬子如高祖之舊，復以為太尉㊾。

㊿江安侯圓正為西陽太守㊿，寬和好施，歸附者眾，有兵一萬。湘東王繹欲圖之，署為平南將軍，及至，弗見，使南平王恪與之飲醉，因囚之內省，分其部曲，使人告其罪，荊益之釁，自此起矣。

(51)陳霸先引兵發南康，灨石舊有二十四灘，會水暴漲數丈，三百里間，巨石皆沒(52)霸先進頓西昌(53)。

(54)鐵勒將伐柔然，突厥酋長土門邀擊，破之，盡降其眾五萬餘落。土門恃其彊盛，求婚於柔然，柔然頭兵可汗大怒，使人詈辱之曰：「爾，我之鍛奴也(55)，何敢發是言？」土門亦怒，殺其使者，遂與之絕而求婚於魏，魏丞相泰以長樂公主妻之。

(廿六)秋，七月乙亥（初四日），湘東王繹以長沙王韶監郢州事。丁亥（十六日），侯景還至建康(五四)。【考異】典略作六月壬戌，太清紀作七月二十日，今從梁帝紀。于慶自鄱陽還豫章，侯瑱閉門拒之，慶走江州，據郭默城(五五)，繹以瑱為兗州刺史(五六)，景悉殺瑱子弟(五七)。

辛丑（三十日），王僧辯乘勝下湓城，陳霸先帥所部三萬人將會之，屯于巴丘(五八)。西軍乏食(五九)，霸先有糧五十萬石，分三十萬石以資之。八月，壬寅朔，王僧辯前軍襲于慶，慶棄郭默城走，范希榮亦棄尋陽城走。晉熙王僧振等起兵圍郡城，僧辯遣沙州刺史(六〇)丁道貴助之，任延和等棄城走。湘東王繹命僧辯且頓尋陽，以待諸軍之集。

初，景既克建康，常言吳兒怯弱，易以掩取，當須拓定中原，然後為帝。景尚帝女溧陽公主，嬖之，妨於政事，王偉屢諫景，景以告主，主有惡言，偉恐為所讒，因說景除帝。及景自巴陵敗歸，猛將多死(六一)，自恐不能久存，欲早登大位。王偉曰：「自古移鼎(六二)，必須廢立，既示我威權，且絕彼民望。」景從之，使前壽光殿學士謝昊為詔書，以為：「弟姪爭立㊃，星辰失次，皆由朕非正緒㊄，召亂興災，宜禪位於豫章王棟。」使呂季略齎入，逼帝書之。棟，歡之子也㊅。

戊午（十七日），景遣衞尉卿彭儁等帥兵入殿，廢帝為晉安王，幽於永福省，悉撤內外侍衞，使突騎左右守之，牆垣悉布枳棘㊅。庚申（十九日），下詔迎豫章王棟。棟時幽拘，廩餼甚薄，仰蔬茹為食，方與配張氏鉏葵㊆，法駕奄至，棟驚不知所為，泣而升輦。景殺哀太子大器、尋陽王大心、西陽王大鈞、建平王大球、義安王大昕及王侯在建康者二十餘人。

太子神明端嶷㊇，於景黨未嘗屈意，所親竊問之，太子曰：「賊若於事義㊈未須見殺，吾雖陵慢呵叱，終不敢言，若見殺時至，雖一日百拜，亦無所益。」又曰：「殿下今居困阨，而神貌怡然，不貶平日㊉何也？」太子曰：「吾自度死日必在賊前，若諸叔能滅賊，賊必先見殺，然後就死。若其不然，賊亦殺我以取富貴，安能以必死之命為無益之愁乎？」及難，太子顏色不變，徐曰：「久知此事，嗟其晚耳！」刑者將以衣帶絞之，太子曰：「此不能見殺。」命取帳繩絞之而絕。

壬戌（二十一日），棟即帝位，【考異】典略作壬辰誤，今從太清紀。大赦，改元天正。太尉郭元建聞之，自秦郡馳還，謂景曰：「主上，先帝太子，既無愆失，何得廢之？」景曰：「王偉勸吾云早除民望，吾故從之以安天下。」元建曰：「吾挾天子，令諸侯，猶懼不濟，無故廢之，乃所以自危，何安之有？」景欲迎帝復位，以棟為太孫，王偉曰：「廢立大事，豈可數改邪？」乃止。

乙丑（二十四日），景又使殺南海王大臨於吳郡，南郡王大連於姑孰，【考異】太清紀云於九江，今從梁書。安陸王大春於會稽，高唐王大壯於京口㊆。以太子妃賜郭元建，元建曰：「豈有皇太子妃，乃為人妾乎？」竟不與相見，聽使入道。

丙寅（二十五日），追尊昭明太子為昭明皇帝，豫章安王㊆為安皇帝，金華敬妃為敬太皇太后㊆，豫章太妃王氏為皇太后，妃張氏為皇后，以劉神茂為司空。

(七)九月癸巳（二十三日），齊主如趙、定二州(七四)，遂如晉陽。己亥（二十九日），湘東王繹以尚書令王僧辯為江州刺史，江州刺史陳霸先為東揚州刺史。

(卅)王偉說侯景弑太宗以絕眾心，景從之。冬，十月壬寅（初二日），夜，偉與左衞將軍彭雋、王脩纂進酒於太宗曰：「丞相以陛下幽憂既久，使臣等來上壽。」太宗笑曰：「已禪帝位，何得言陛下？此壽酒將不盡此乎(七五)？」於是雋等齎曲項琵琶(七六)，與太宗極飲。太宗知將見殺，因盡醉曰：「不圖為樂之至於斯也。」既醉而寢，偉乃出，雋進土囊，脩纂坐其上而殂(七七)。偉撤門扉為棺，遷殯於城北酒庫中。太宗自幽縶之後，無復侍者及紙，乃書壁及板障(七八)，為詩及文數百篇，辭甚悽愴。景諡曰明皇帝，廟號高宗(七九)。

(卌)侯景之逼江陵也，湘東王繹求援於魏，命梁、秦二州刺史宜豐侯(八〇)循以南鄭與魏，召循還江陵。循以無故輸城，非忠臣之節，報曰：「請待改命。」魏太師泰遣大將軍達奚武

【考異】南史宜豐侯脩，今從梁書。

將兵三萬取漢中，又遣大將軍王雄出子午谷，攻上津[八一]，循遣記室參軍沛人劉璠求援於武陵王紀，紀遣潼州刺史楊乾運救之。循，恢之子也[八二]。

王僧辯等聞太宗殂，丙辰（十六日），啓湘東王繹請上尊號，【考異】典略作乙卯，今從太清紀。繹弗許。

(卅二)司空東道行臺劉神茂聞侯景自巴丘敗還，陰謀叛景，吳中士大夫咸勸之，乃與儀同三司尹思合、劉歸義、王曄、雲麾將軍元頵等據東陽以應江陵，遣頵及別將李占下據建德江口[八三]，張彪攻永嘉，克之。新安民程靈洗起兵據郡以應神茂，於是浙江以東皆附江陵，湘東王繹以靈洗為譙州刺史，領新安太守[八四]。

(卅三)十一月乙亥（初五日），王僧辯等復上表勸進，湘東王繹不許。戊寅（初八日），繹以湘州刺史安南侯方矩為中衞將軍以自副，【考異】梁書在八月辛亥，今從太清紀。方矩，方諸之弟也。以南平王恪為湘州刺史。

侯景以趙伯超為東道行臺，據錢塘，以田遷為軍司，據富春。以李慶緒為中軍都督、謝答仁為右廂都督、李遵為左廂都督以討劉神茂。

(卌四)己卯（初九日），加侯景九錫，漢國置丞相以下官。己丑（十九日），豫章王棟禪位於景，景即皇帝位於南郊，還登太極殿，其黨數萬，皆吹脣鼓譟而上，大赦，改元太始。封棟為淮陰王，幷其二弟橋、樛同鎖於密室。

王偉請立七廟，景曰：「何謂七廟？」偉曰：「天子祭七世祖考。」幷請七世諱，景曰：「前世吾不復記，唯記我父名標，且彼在朔州(八五)，那得來噉此？」眾咸笑之。景黨有知景祖名乙羽周者，自外皆王偉制其名位，追尊父標為元皇帝。

景之作相也，以西州為府，文武無尊卑，皆引接，及居禁中，非故舊不得見，由是諸將多怨望。景好獨乘小馬，彈射飛鳥(八六)，王偉每禁止之，不許輕出，景鬱鬱不樂，更成失志，曰：「吾無事為帝，與受擯不殊(八七)。」

(卌五)壬辰（二十二日），湘東王以長沙王韶為郢州刺史。

(卌六)益州長史劉孝勝等勸武陵王紀稱帝，紀雖未許而大造乘輿車服(八八)。

十二月丁未（初八日），謝答仁、李慶緒攻建德，擒元頵、李占送建康，景截其手足以徇，經日乃死。

(廿七)齊主每出入，常以中山王自隨，王妃太原公主(八九)恆為之飲食，護視之。是月，齊主飲公主酒，使人鴆中山王殺之(九〇)，并其三子，諡王曰魏孝靜皇帝，葬於鄴西漳北。其後，齊主忽掘其陵，投梓宮於漳水。齊主初受禪，魏神主悉寄於七帝寺(九一)，至是亦取焚之。彭城公元韶以高氏壻(九二)，寵遇異於諸元，開府儀同三司美陽公元暉業(九三)，以位望隆重，又志氣不倫，尤為齊主所忌，從齊主在晉陽，暉業於宮門外罵韶曰：「爾不及一老嫗，負璽與人(九四)，何不擊碎之？我出此言，知即死，爾亦詎得幾時？」齊主聞而殺之，及臨淮公元孝友，皆鑿汾水冰，沈其尸。孝友，彧之弟也(九五)。齊主嘗剃元韶鬢鬚，加之粉黛以自隨，曰：「吾以彭城為嬪御。」言其懦弱如婦人也。

【今註】(一)大寶二年：是年八月，侯景廢帝，立豫章王棟，改元天正。(二)新吳：《宋書・州郡志》

漢靈帝中平中立新吳縣，屬豫章郡。《五代志》隋文帝開皇九年省新吳縣入豫章郡建昌縣。故城在今江西省奉新縣西三十里。㊂自江夏趨武昌：《五代志》江夏郡江夏縣舊置江夏郡，今湖北省武昌縣；又武昌縣舊置武昌郡，即今湖北省鄂城縣。㊃楊乾運攻拔劍閣，楊法昌退保石門：武陵王紀遣楊乾運討楊法琛，法琛發兵據劍閣拒戰見上卷上年。《水經注》小劍戍西去大劍山三十里，連山絕險，飛閣通衢，謂之劍閣。大劍山一曰劍門山，即古梁山也，在今四川省劍閣縣北。胡三省曰：「輿地廣記曰：『大劍山有小石門，穿山通道，六丈有餘，即秦所通石牛道也。』又魏收志武都郡治石門縣，隋為將利縣，魏志東益州武興郡有石門縣，仇池郡有西石門縣，輿地紀勝龍州江油縣東百里有石門戍。杜佑曰：『龍州治江油縣，有石門山，與氐分界。』蓋蜀多山險，地之以石門名者多矣，唐志利州景谷縣有石門關，此蓋楊法昌退保之地。」唐景谷縣在今四川省昭化縣西北。㊄乾運據南陰平：胡三省曰：「晉永嘉流寓，置南陰平於縣竹之萇楊，楊乾運既拔劍閣，無緣棄險退據縣竹，五代志南梁州有陰平縣，宋之北陰平郡也，九域志劍州東北五十五里有劍門縣，西北百六十里有陰平縣，乾運所據其北陰平歟！若漢志之陰平道則今之文州是也，又在西北，故以此為南陰平。」㊅張彪遣其將趙稜圍錢塘，孫鳳圍富春：彪起兵討侯景見上卷上年。㊆魏楊忠圍汝南，李素戰死：李素納邵陵王綸見上卷上年，故楊忠伐之。㊇張化仁為司徒：胡三省曰：「張化仁或即支化仁。」《梁書》、《南史・侯景傳》皆作張化仁，支張音似而譌。㊈擊斷：擊姦斷獄。㊉內監：胡三省曰：「內監，領內器仗。」㊁平輿：《五代志》義城郡景谷縣舊曰白水，置平輿郡。《唐書・地理志》高祖武德四年以利州之景谷及龍州之方維置沙州，太宗貞觀元年，州廢，省方維為鎮，以景谷還利州，其西有石門關。劉昫曰：「利州景谷縣，漢白水縣地，宋置平興縣，隋為景谷縣。」《元和郡縣志》隋景谷縣，因縣北景谷為名。故城在今四川省昭化縣西北。⑫李遷仕收眾還擊南康：去年李遷仕自南康敗走保寧都。今還擊南康也。⑬魏文帝殂：年四十五。⑭太子欽立：欽，文帝之長子也，母曰乙弗氏，既立，是為廢帝。⑮蘆洲：《水經注》江水自沙羨縣西北又東逕邾縣故城南，城南對蘆洲，亦謂之羅洲。在今湖北省鄂城縣西三十里，鄂城縣即古武昌郡治也。胡三省曰：「蘆洲在武昌西，昔伍子胥去楚出關，於江上求渡，漁父歌曰：『灼灼兮已私，與子期兮蘆之漪。』既渡，解劍與之，辭不受，漁父遂覆舟而死，即其處。」按今見〈漁父歌〉云：「日月昭昭兮寢已馳，與子期兮蘆之漪。」與胡注異。⑯約分兵襲破定州刺史田龍祖於齊安：胡三省曰：「上卷作田祖龍，此作田龍祖，必有一誤。」《五代志》永安郡黃岡縣齊曰南安，又置齊安郡。《元豐九域志》黃岡縣有齊安鎮，蓋故齊安郡治也，在今湖北省黃岡縣西北。⑰日以蒱酒為樂：日以摴蒱為戲，並飲酒為樂也。⑱使宋子仙、任約帥精騎四百由淮內襲郢州：胡三省曰：「自西陽至江夏百五十餘里，景使宋子仙等蓋由蘆洲上流渡兵以襲之。」⑲長沙王韶：湘東王繹封上甲侯韶為長沙王見上卷上年。⑳巴州刺史：《五代志》巴陵郡梁置巴州。今湖南省岳陽縣。㉑宜州刺史：《五代志》夷陵郡梁置宜州。故城在今湖北省宜昌縣西北。㉒郴州刺史：《五代志》桂陽郡梁置郴州。今湖南省郴縣。㉓巴陵：宋置巴陵郡，梁兼置巴州於此，註見前。胡三省曰：「自江陵至巴陵四百一十里，自巴陵至江夏三百五十里。」㉔賊既乘勝，必將西下，不勞遠擊，但守巴丘：自江夏溯江至江陵當曰西上。巴丘即巴陵也，有巴丘山。《水經》湘水北至巴丘山入於江。注曰：「山在湘水右岸，山有巴陵故城，本吳之巴丘邸閣城也，晉太康元年，立巴陵縣於此，宋元嘉十六年立巴陵。城跨岡嶺，濱阻三江。」《三國吳志・周瑜傳》瑜卒於巴丘，裴松之以為即巴陵也，吳使魯肅以萬人屯巴丘，亦此。㉕乃命羅州刺史徐嗣徽自岳陽、武州刺史杜崱自武陵引兵會僧辯：《五代志》巴陵郡湘陰縣梁置嶽陽郡及羅州，又武陵郡梁置武州。隋湘陰縣在今湖南省湘陰縣南二十五里，武陵郡治今湖南省常德縣。㉖景拓邏至於隱磯：拓，開擴也；邏，巡哨也。拓邏，謂廣布哨邏以張大兵勢也。《水經注》長江自長沙下雋縣北又東逕彭城磯，北對隱磯，又東則烏林也，吳黃蓋敗魏武處。隱磯在今湖南省臨湘縣東北，大江北岸，與彭城磯隔江相對。㉗景眾濟江：自隱磯濟江。㉘大軍但向荊州，此城自當非礙：言景兵但向荊州，此城不足為景兵遮礙。㉙武寧：《五代志》竟陵郡樂鄉縣舊置武寧郡，故城在今湖北省荊門縣北。㉚僧祐時坐謀議，忤旨繫獄：《梁書・胡僧祐傳》時西沮蠻反，湘東王繹使僧祐討之，令盡誅其渠帥，僧祐諫，忤旨下獄。㉛湘浦：湘水入江之口也。《水經注》巴陵西對長洲，其洲南分湘浦，北屆大江，故曰三江也，三水所會，亦謂之三江口，又北對養口，咸湘浦也。㉜芊口：《梁書・胡僧祐傳》，芊口在南平郡南安縣界。三國吳置南安縣，隋為巴陵華容縣，故城在今湖南省華容縣西。㉝赤沙亭：《水經注》澧水東逕作唐縣南，又東逕南安縣南，又東與赤沙湖水會。《岳陽風土記》赤沙湖，夏、秋水漲，與洞庭湖通，一名赤亭湖，本赤湖，梁太清六年湘東王遣胡僧祐、陸法和誅侯景將任約，於此為亭，因名焉。又《巴陵志》洞庭湖在巴丘西，西吞赤沙，南連青草，橫亙七八百里，又有赤亭城，二面臨水，即胡僧祐所據。杜佑曰：「巴陵郡西華容界有赤亭城，城近赤亭湖，因名，任約擒於此。」在今湖南省華容縣南。㉞百里洲：《水經注》引盛弘之《荊州記》曰：「枝江縣治百里洲，縣左右有數十洲，槃布江中，其百里洲最為大也。」在今湖北省枝江縣東，松滋縣北，接江陵縣界。㉟苦行沙門：沙門之能清苦守戒行者。㊱撩：挑而取之也。㊲亦克，亦不克：亦克，謂侯景取臺城；亦不克，謂景終當敗亡也。㊳晉州刺史：《五代志》同安郡梁置豫州，後改曰晉州，又所領懷寧縣舊置晉熙郡。蓋梁於晉熙郡立晉州也，故治即今安徽省潛山縣。㊴赤亭：《水經注》舉水源出龜頭山，西北流逕蒙蘢戍南，又西流合垂山之水，又東南流歷赤亭下，又南流注於江。赤亭在今湖北省黃岡縣北。㊵丁和以大石塩殺鮑泉及虞預，沈於黃鶴磯：塩當作磕，擊也。《水經注》黃鶴磯直鸚鵡洲之下尾，在今湖北省武昌縣西大江中，其東南二里有黃鶴山。㊶巴州刺史余孝頃：余孝頃起於新吳，梁授以巴州刺史。㊷蜀賊將至：謂武陵王紀將擁兵東下也。㊸峽口：胡三省曰：「巫峽之口也。」㊹豫州刺史荀朗自巢湖出濡須邀景：《陳書・荀朗傳》，侯景之亂，朗招率徒旅據巢湖，簡文帝密詔授朗豫州刺史，使討侯景。㊺樅陽浦：樅陽河入江之口也，在今安徽省懷寧縣東北。《太平寰宇記》樅陽河西引練潭，北通孔城，南達大江。㊻涕泗：《詩・陳風・澤陂》曰：「涕泗滂沱。」注曰：「自目曰涕，自鼻曰泗。」㊼暗江雲合：胡三省曰：「言樓船四合如雲，江為之暗。」余按暗江猶言蔽江也。㊽白楊浦：胡三省曰：「白楊浦蓋去郢城未遠。」郢城，江夏郡治也，今湖北省武昌縣，其北十里，有白楊壘，蓋即其地。又齊東昏侯永元末，梁武帝起兵攻郢城，遣唐修屯兵白楊壘，即白楊浦也。㊾齊主以司馬子如高祖之舊，復以為太尉：是年三月，子如免司空，今復以為太尉。㊿江安侯圓正為西陽太守：圓正，武陵王紀之第二子也。《宋書・州郡志》晉武帝太康元年立江安縣，屬南平郡，《水經注》杜預克定江南，罷華容縣立江安縣，按《宋書・州郡志》晉武帝太康元年省華容縣，後復立，蓋華容初省為江安，後復與江安並置也。江安故城在今湖北省公安縣北。又《宋書・州郡志》西陽本漢江夏郡之屬縣也，魏立弋陽郡，晉惠帝又分弋陽為西陽國，宋為西陽郡。《五代志》永安郡黃岡縣後周置弋州，統西陽、弋陽、邊城三郡，故城在今湖北省黃岡縣東。㊶灨石舊有二十四灘，會水暴漲數丈，三百里間，巨石皆沒：《水經注》豫章水一曰贛水，導源聶都山，東北流逕南野縣北，贛川石阻，水急行難，傾波委注六十餘里，又北逕贛縣東，縣即南康郡治，右會湖漢水而北入江。湖漢水出雲都縣，西北流逕金雞石，又西北逕贛縣東而西入豫章水。湖漢水即今所謂貢水也。《章貢圖經》曰：「贛水自贛縣北流一百八十里，至萬安縣界，由萬安而上，為灘十有八，怪石如精鐵突兀廉厲，錯峙波面。自贛水而上信豐，寧都，俱有石磧，險阻視十八灘，故俚俗以為上下三百里贛石。」㊷西昌：《宋書・州郡志》吳立西昌縣，屬廬陵郡，故城在今江西省泰和縣西。㊸爾，我之鍛奴也：《北史・突厥傳》，突厥之先阿史那以五百家奔蠕蠕，世居金山之陽，為蠕蠕鐵工，故云然。㊹景還至建康：攻巴陵敗還。㊺郭默城：《元和郡縣志》晉成帝咸和四年，郭默叛，陶侃討默，默乃以布囊盛米為壘以應陶，今稱陶公壘。世亦謂之郭默城，在今江西省九江縣東北。㊻繹以瑱為兗州刺史；據《陳書・侯瑱傳》，湘東王繹授瑱南兗州刺史。(五七)景悉殺瑱子弟，侯景留瑱子弟為質見上卷上年。(五八)陳霸先帥所部三萬人將會之，屯于巴丘：此巴丘，吳所置巴丘縣也，非巴陵之巴丘，隋幷入廬陵郡新淦縣，故城在今江西省峽江縣北。(五九)西軍乏食：西軍謂王僧辯之軍也，自荊州來，故謂之西軍。(六〇)沙州刺史：《魏書・地形志》梁武帝置沙州，治白沙關城，領建寧、齊安二郡。《五代志》永安郡黃岡縣舊有齊安郡，又麻城縣梁置建寧郡。白沙關在今河南省光山縣西南一百四十里，接湖北省黃安縣界，魏宣武帝景明四年，魏將元英攻梁義陽，破梁將吳子陽於白沙，即此。(六一)景自巴陵敗歸，猛將多死：猛將謂宋子仙、丁和之屬。(六二)移鼎：周武王克商，移九鼎於洛邑，故後謂奪人之國者曰移鼎。(六三)弟姪爭立：弟謂湘東王繹、武陵王紀，姪謂河東王譽、岳陽王詧。(六四)皆由朕非正緒：簡文帝非昭明太子之後，故曰非正緒。(六五)棟，歡之子也：華容公歡，昭明太子之子也。(六六)枳棘：蘇頌曰：「枳木似橘而小，葉如橙而多刺。」沈括曰：「棗棘皆從朿，棗獨生，高而少橫枝，棘列生，卑而成林。」(六七)方與配張氏鉏葵：配，匹也，夫婦相匹耦，故云配，今通稱妻曰配，如元配，繼配。鉏今通作鋤。葵，草也。(六八)端嶷：端肅嶷重。(六九)事義：胡三省曰：「事義猶言事宜也。」(七〇)不貶平日：貶，減也，言太子神貌怡然不減平日。(七一)景又使殺南海王大臨於吳郡，南郡王大連於姑孰，安陸王大春於會稽，高唐王大壯於京口：諸王皆簡文帝之子也。按《梁書・帝紀》及〈太宗十一王傳〉，大臨時為吳郡太守，大連時為江州刺史，在姑孰，大連時為東揚州刺史，大壯時為南徐州刺史，皆就其任所而殺之。《梁書・簡文帝紀》作大壯，〈太宗十一王傳〉作大莊。(七二)豫章安王：華容公歡進封豫章王，薨諡曰安。㊂金華太妃為敬太皇太后：金華太妃，昭明太子妃蔡氏也，《南史・梁昭明太子傳》，太子薨，武帝為妃別立金華宮，供侍一同常儀，薨諡曰敬。按《梁書》、《南史》皆曰追尊金華敬妃為敬皇后，蓋時妃已薨，故從夫諡曰皇后，此作太皇太后，非也。㊃趙、定二州：《五代志》趙郡大陸縣舊曰廣阿，置敷州，後改為趙州，今河北省隆平縣。《魏書・地形志》定州領中山、常山、鉅鹿、博陵、北平等郡，治中山郡盧奴縣，《五代志》博陵郡舊置定州，所領鮮虞縣舊曰盧奴，後齊廢盧奴入安喜，隋文帝開皇初改置鮮虞縣。《水經注》滱水南有盧奴故城，黑水曰盧，不流曰奴，故城藉水以取名。即今河北省定縣。㊄此壽酒將不盡此乎：言壽將盡於此酒也。㊅曲項琵琶：傅玄〈琵琶賦序〉云：「漢遣公主嫁烏孫，念其行道思慕，故使工人裁筑為馬上之樂。今觀其器中虛外實，天地象也；盤圓柄直，陰陽敘也；柱十有二，配律呂也；四絃，法四時也；以方俗語之曰琵琶，取其易傳於外國也。風俗通云：『以手琵琶，因以為名。』釋名曰：『推手前曰批，引手卻曰把。』杜摯曰：『秦人苦長城之役，絃鼗而鼓之。』並未詳孰是。今清樂奏琵琶，俗謂之秦漢子，圓體修頸而小，疑是弦鼗之遺制，其他皆充上銳下曲項，形制稍大，疑此是漢制，兼似兩制者謂之秦漢，蓋謂通用秦漢之法。」又《釋名》曰：「枇杷本出胡中，馬上所鼓也。」《隋書・音樂志》亦云：「今曲項琵琶，豎頭箜篌之徒並出自西域，非華夏舊器。」其說與傅玄異。劉洵曰：「琵琶四絃，曲項琵琶五絃，出胡中。」㊆修篡坐其上而殂：帝殂年四十九。㊇板障：胡三省曰：「柱間不為壁，以板為障，施以丹漆，因謂之板障。」㊈景謐曰明皇帝，廟號高宗：其後元帝追謚帝曰簡文皇帝，廟號太宗。(八〇)宜豐侯：《晉書・地理志》豫章郡有宜豐縣，蓋三國吳析建城縣置，故城在今江西省宜豐縣北三十里。(八一)上津：《五代志》西城郡豐利縣梁置南上洛郡，西魏改曰豐利郡，後周省豐利郡入上津郡。然則隋豐利縣，故上津縣地也，故城在今陝西省白河縣南。(八二)循，恢之子也；鄱陽王恢，武帝之弟也。(八三)建德江口：《宋書・州郡志》吳郡建德縣，三國吳分富春縣立。《五代志》隋平陳，廢建德、太末、豐安三縣立金華縣，屬東陽郡。唐復置建德縣，為睦州治所，即今浙江省建德縣。胡三省曰：「今東陽江，新安江合於建德城南十里。」所謂江口也。(八四)湘東王繹以靈洗為譙州刺史，領新安太守：以譙州刺史之位寵之而實領新安太守之職。《魏書・地形志》梁武帝置譙州，魏因之，治新昌城，領高塘、臨徐、南梁、新昌等郡。《五代志》江都郡清流縣舊置新昌郡及南譙州，即今安徽省滁縣。《宋書・州郡志》漢獻帝建安十三年，孫權分丹陽郡立新都郡，晉武帝太康元年改名新安郡，《五代志》遂安郡雉山縣舊置新安郡，平陳，廢為新安縣，煬帝大業初，改名雉山縣。在今浙江省淳安縣西。(八五)且彼在朔州：魏改懷朔鎮為朔州。侯景本懷朔鎮人，故其父在朔州。(八六)景好獨乘小馬，彈射飛鳥：胡三省曰：「彈射飛鳥，北俗也。」(八七)吾無事為帝，與受擯不殊：景謂為帝如被擯斥，故不欲為。景既僭立，不得縱意遊樂，故以為言。(八八)益州長史劉孝勝等勸武陵王紀稱帝，紀雖未許而大造乘輿車服：乘輿車服，天子之車服也。言紀雖未許孝勝之請而心然之。(八九)王妃太原公主：太原公主，勃海王歡之女也，為東魏孝靜帝后，齊受禪貶為中山王妃。(九〇)使人鴆中山王殺之：時年二十八。(九一)齊主初受禪，魏神主悉寄於七帝寺：胡三省曰：「以寄魏七廟神主，故謂之七帝寺。」㊈彭城西元韶以高氏壻：元韶娶魏孝武帝后，高歡之女也。㊉美陽公元暉業：魏濟陰王暉業，齊受禪，降封美陽公。㊉爾不及一老嫗，負璽與人：韶奉璽於齊見上卷上年。王莽篡漢，遣王舜求璽於元后，后不肯與，曰：「我漢家老寡婦，旦暮且死，欲與此璽俱葬，終不可得。」事見漢紀，暉業蓋引此以譏韶。㊉孝友，彧之弟也：魏臨淮王彧，魏明元帝子臨淮王譚之曾孫也。

世祖孝元皇帝㊀上

承聖元年㊁（西元五五二年）

㈠春，正月，湘東王以南平內史王褒為吏部尚書。褒，騫之孫也㊂。

㈡齊人屢侵侯景邊地，甲戌（初五日），景遣郭元建帥步軍趣小峴，侯子鑒帥舟師向濡須。己卯（初十日），至合肥，【考異】典略二月庚子，子鑒等圍合肥，克其羅城，今從太清紀。齊人閉門不出，乃引還。

㈢丙申（二十七日），齊主伐庫莫奚，大破之，俘獲四千人，雜畜十餘萬。

齊主連年出塞，給事中兼中書舍人唐邕練習軍書，自督將以降勞效本末及四方軍士彊弱多少，番代往還，器械精粗，糧儲虛實，靡不諳悉。或於帝前簡閱，雖數千人，不執文簿，唱其姓名，未嘗謬誤。帝嘗曰：「唐邕彊幹，一人當千。」又曰：「邕每有軍事，手作文書，口且處分，耳又聽受，實異人也。」寵待賞賜，羣臣莫及。

㈣魏將王雄取上津、魏興，東梁州刺史安康李遷哲㊃軍敗降之。

㈤突厥土門襲擊柔然，大破之，柔然頭兵可汗自殺，其太子菴羅辰及阿那瓌從弟登注俟利、登注子庫提並帥眾奔齊，餘眾復立登注次子鐵伐為王。土門自號伊利可汗，號其妻為可賀敦，子弟謂之特勒，【考異】諸書或作敕勒，今從劉昫舊唐書及宋祁新唐書。別將兵者皆謂之設。

㈥湘東王命王僧辯等東擊侯景，二月庚子（初三日），諸軍發尋陽，舳艫數百里，陳霸先帥甲士三萬、舟艦二千自南江出湓口，會僧辯於白茅灣㊄，築壇歃血，共讀盟文，流涕慷慨。癸卯（初五日），僧辯使侯瑱襲南陵、鵲頭二戍㊅，克之。戊申（初十日），僧辯等軍于大雷㈦，丙辰（十八日），發鵲頭，戊午（二十日），侯子鑒還至戰鳥㈧，西軍奄至，子鑒驚懼，奔還淮南㈨。

㈦侯景儀同三司謝答仁攻劉神茂於東陽，程靈洗、張彪皆勒兵將救之，神茂欲專其功，不許營於下淮。或謂神茂曰：「賊長於野戰，下淮地平，四面受敵，不如據七里瀨㈩，賊必不能進。」不從。神茂偏裨多北人，不與神茂同心，別將王曅、酈通並據外營，降於答仁，劉歸義、尹思合等棄城走。神茂孤危，辛未（二月己亥朔，辛未在三月），亦降於答仁，答仁送之建康。

㈧癸酉（三月初五日），王僧辯等至蕪湖，侯景守將張黑棄城走。景聞之，甚懼，下詔赦湘東王繹、王僧辯之罪，眾咸笑之。侯子鑒據姑孰南洲以拒西師，景遣其黨史安和等將兵二千助之。三月己巳朔，景下詔欲自至姑孰，又遣人戒子鑒曰：「西人善水戰，勿與爭鋒，往年任約之敗㈡，良為此也。若得步騎一交，必當可破。汝但結營岸上，引船入浦以待之。」子鑒乃捨舟登岸，閉營不出。

僧辯等停軍蕪湖十餘日，景黨大喜，告景曰：「西師畏吾之彊，勢將遁矣，不擊且失之。」景乃復命子鑒為水戰之備。丁丑（初九日），僧辯至姑孰，子鑒帥步騎萬餘人度洲，於岸挑戰，又以鵃䑶千艘載戰士㈡，【考異】典略作烏鵲舫千艘，今從梁書。僧辯麾細船皆令退縮，留大艦夾泊兩岸，子鑒之眾謂水軍欲退，爭出趨之，大艦斷其歸路，鼓譟大呼，合戰中江，子鑒大敗，士卒赴水死者數千人，子鑒僅以身免，收散卒走還建康，據東府。僧辯留虎臣將軍莊丘慧達鎮姑孰，引軍而前，歷陽戍迎降。景聞子鑒敗，大懼，涕下覆面，引衾而臥，良久方起，歎曰：「誤殺乃公。」

庚辰（十二日），僧辯督諸軍至張公洲㈢，【考異】典略作戊寅，今從太清紀。辛巳（十三日），乘潮入淮，進至禪靈寺㈣前，景召石頭津主張賓使引淮中舣䑽㈤及海艟㈥，以石縋之，塞淮口，緣淮作城，自石頭至於朱雀桁㈦，十餘里中，樓堞相接。

僧辯問計於陳霸先，霸先曰：「前柳仲禮數十萬兵，隔水而坐，韋粲在青溪，竟不度岸，賊登高望之，表裏俱盡，故能覆我師徒㊅。今圍石頭，須度北岸，諸將若不能當鋒，霸先請先往立柵。壬午（十四日），霸先於石頭西落星山築柵，【考異】陳書云，橫隴立柵，今從典略。眾軍次連八城，直出石頭西北。景恐西州路絕，自帥侯子鑒等亦於石頭東北築五城以遏大路。景使王偉守臺城。乙酉（十七日），景殺湘東王世子方諸、前平東將軍杜幼安。

㈨劉神茂至建康，丙戌（十八日），景命為大剉碓㊈，先進其足，寸寸斬之，以至於頭，留異外同神茂而潛通於景，故得免禍。

㈩丁亥（十九日），王僧辯進軍招提寺㊉北，侯景帥眾萬餘人、鐵騎八百餘匹，陳於西州之西。陳霸先曰：「我眾賊寡，應分其兵勢，以彊制弱，何故聚其鋒銳，令致死於我？」乃命諸將分處置兵。景衝將軍王僧志陳，僧志小縮，霸先遣將軍安陸徐度將弩手二千橫截其後，景兵乃卻㊁。霸先與王琳、杜龕等以鐵騎乘之，僧辯以大兵繼進，景兵敗退，據其柵。龕，岸之兄子也㊂。景儀同三司盧暉略守石頭城，開北門降，僧辯入據之。景與霸先殊死戰，景帥百餘騎，棄矟執刀，左右衝陳，陳不動，眾遂大潰。諸軍逐北至西明門[二三]，景至闕下，不敢入臺，召王偉責之曰：「爾令我為帝，今日誤我。」偉不能對，繞闕而藏。景欲走，偉執鞚諫曰：「自古豈有叛天子邪？宮中衛士，猶足一戰，棄此將欲安之？」景曰：「我昔敗賀拔勝，破葛榮[二四]，揚名河朔，度江平臺城，降柳仲禮如反[二五]，今日，天亡我也。」因仰觀石闕，歎息久之，以皮囊盛其江東所生二子[二六]，掛之鞍後，與房世貴等百餘騎東走，欲就謝答仁於吳。侯子鑒、王偉、陳慶奔朱方，僧辯命裴之橫、杜龕屯杜姥宅，杜崱入據臺城。僧辯不戢軍士，剽掠居民，男女裸露，自石頭至於東城，號泣滿道。是夜，軍士遺火焚太極殿及東西堂，寶器、羽儀、輦輅無遺。戊子（二十日），僧辯命侯瑱等帥精甲五千追景，王克、元羅等帥臺內舊臣迎僧辯於道，僧辯勞克曰：「甚苦事夷狄之君。」克不能對，又問璽紱何在？克良久曰：「趙平原[二七]持去。」僧辯曰：「王氏百世卿族，一朝而墜。」

僧辯迎太宗梓宮，升朝堂，帥百官哭踊如禮。己丑（二十一日），僧辯等上表勸進，【考異】梁帝紀：「戊子，王以賊平告明堂大社，己丑，僧辯等奉表。」按表文云：「衆軍以戊子總集建康。」豈是日告捷，即能達江陵乎？蓋僧辯等以己丑日發表勸進耳！且迎都建業，湘東王答曰：「淮海長鯨，雖云授首，襄陽短狐，未全革面㉘，太平玉燭㉙，爾乃議之。」庚寅（二十二日），南兗州刺史㉚郭元建、秦郡戍主郭正買、陽平戍主魯伯和、行南徐州事郭子仲並據城降。

僧辯之發江陵也，啓湘東王曰：「平賊之後，嗣君萬福，未審何以為禮？」王曰：「六門之內，自極兵威㉛。」僧辯曰：「討賊之謀，臣為己任，成濟之事，請別舉人㉜。」王乃密諭宣猛將軍朱買臣，使為之所。及景敗，太宗已殂，豫章王棟及二弟橋、樛相扶出於密室，逢杜崱於道，為去其鎖。二弟曰：「今日始免橫死矣。」棟曰：「倚伏難知㉝，吾猶有懼。」辛卯（二十三日），遇朱買臣，呼之就船共飲，未竟，並沈於水。

僧辯遣陳霸先將兵向廣陵，受郭元建等降，又遣使者往安慰之。諸將多私使，別索馬仗，會侯子鑒度江，至廣陵，謂元建等曰：「我曹，梁之深讎，何顏復見其主？不若投北，可得還鄉。」遂皆降齊。

霸先至歐陽㉞，齊行臺辛術已據廣陵，王偉與侯子鑒相失，直濆戍主㉟黃公喜獲之，送建康。王僧辯問曰：「卿為賊相，不能死節，而求活草間邪？」偉曰：「廢興命也，使漢帝早從偉言，明公豈有今日㊱？」尚書左丞虞隲嘗為偉所辱，乃唾其面，偉曰：「君不讀書，不足與語。」隲慙而退。

僧辯命羅州刺史㊲徐嗣徽鎮朱方㊳。壬辰（二十四日），侯景至晉陵，得田遷餘兵㊴，因驅掠居民，東趨吳郡。

(十一)夏，四月，齊主使大都督潘樂與郭元建將兵五萬攻陽平，拔之。

(十二)王僧辯啓陳霸先鎮京口。【考異】陳紀，高祖應接郭元建還，僧辯啟高祖鎮京口。按是時徐嗣徽為南徐州刺史，蓋霸先但領兵戍京口耳，未為刺史也。

(十三)益州刺史太尉武陵王紀頗有武略，在蜀十七年，南開寧州、越巂，西通資陵、吐谷渾，內脩耕桑、鹽鐵之政，外通商賈、遠方之利，故能殖其財用，器甲殷積，有馬八千匹。聞侯景陷臺城，湘東王將討之，謂僚佐曰：「七官文士，豈能匡濟㊵？」內寢柏殿杜繞節生花，紀以為己瑞。乙巳（初八日），即皇帝位，改元天正，立子圓照為皇太子，圓正為西陽王，圓滿為竟陵王，圓普為譙王，圓肅為宜都王。以巴西梓潼二郡太守永豐侯㊶撝為征西大將軍、益州刺史，封秦郡王。司馬王僧略、直兵參軍徐怦固諫，不從。僧略，僧辯之弟；怦，勉之從子也㊷。

初，臺城之圍，怦勸紀速入援，紀意不欲行，內銜之。會蜀人費合告怦反，怦有與將帥書云：「事事往人口具。」紀即以為反徵，謂怦曰：「以卿舊情，當使諸子無恙。」對曰：「生兒悉如殿下，留之何益㊸？」紀乃盡誅之，梟首於市，亦殺王僧略。永豐侯撝歎曰：「王事不成矣！善人，國之基也，今先殺之，不亡何待？」

紀徵宜豐侯諮議參軍劉璠為中書侍郎，使者八反，乃至。紀令劉孝勝深布腹心，璠苦求還，中記室韋登私謂璠曰：「殿下忍而蓄憾，足下不留，將致大禍，孰若共構大廈，使身名俱美哉！」璠正色曰：「卿欲緩頰㊹於我邪？我與府侯㊺分義已定，豈以夷險易其心乎？殿下方布大義於天下，終不逞志於一夫。」紀知必不為己用，乃厚禮遣之，以宜豐侯循為益州刺史，封隨郡王，以璠為循府長史，蜀郡太守。

(十四)謝答仁討劉神茂還，至富陽，聞侯景敗走，帥萬人欲北出候之，趙伯超據錢塘拒之。侯景進至嘉興㊻，聞伯超叛之，乃退據吳。己酉（十二日），侯瑱追及景於松江㊼，景猶有船二百艘，眾數千人，瑱進擊，敗之，擒彭雋、田遷、房世貴、蔡壽樂、王伯醜。瑱生剖雋腹，抽其腸，雋猶不死，手自收之，乃斬之。景與腹心數十人單舸走，推墮二子於水，將入海，瑱遣副將焦僧度追之。景納羊侃之女為小妻，以其兄鵾為庫直都督，待之甚厚。鵾隨景東走，與景所親王元禮、謝葳蕤密圖之，葳蕤，答仁之弟也。景下海，欲向蒙山㊽，乙卯（十八日），景晝寢，鵾語海師㊾：「此中何處有蒙山？汝但聽我處分。」遂直向京口，至胡豆洲，景覺，大驚，問岸上人，云郭元建猶在廣陵，景大憙，將依之，鵾拔刀叱海師向京口，【考異】典略云舟人李橫文紿景向南徐州，今從梁書。因謂景曰：「吾等為王効力多矣，今至於此，終無所成，欲就乞頭以取富貴。」景未及答，白刃交下，景欲投水，鵾以刀斫之，景走入船中，以佩刀抉船底，鵾以矟刺殺之。尚書右僕射索超世在別船，葳蕤以景命召而執之，南徐州刺史徐嗣徽斬超世(五〇)，以鹽內景腹中，送其尸於建康，僧辯傳首江陵，截其手使謝葳蕤送於齊，暴景尸於市，士民爭取食之，并骨皆盡(五一)，溧陽公主亦預食焉。【考異】典略云，復烹溧陽公主，今從南史。初，景之五子在北齊，世宗剝其長子面而烹之，幼者皆下蠶室(五二)。齊顯祖(五三)即位，夢獼猴坐其御牀，乃盡烹之。

趙伯超、謝答仁皆降於侯瑱，瑱并田遷等送建康，王僧辯斬房世貴於市，送王偉、呂季略、周石珍、嚴亶、趙伯超、伏知命於江陵。丁巳（二十日）湘東王下令解嚴。

(十五)乙丑（二十八日），葬簡文帝於莊陵，廟號太宗。

(十六)侯景之敗也，以傳國璽自隨，使其侍中兼平原太守趙思賢掌之，曰：「若我死，宜沈於江，勿令吳兒復得之。」思賢自京口濟江，遇盜，從者棄之草間，至廣陵，以告郭元建，元建取之，以與辛術，壬申（五月初五日），術送之至鄴(五四)。

㈦甲申（五月十七日），齊以吏部尚書楊愔為右僕射，以太原公主妻之，公主，即魏孝靜帝之后也。

㈧楊乾運至劍北[七五]，魏達奚武逆擊之，大破乾運於白馬[七六]，陳其俘馘於南鄭城下，且遣人辱宜豐侯循，循怒，出兵與戰，都督楊紹伏兵擊之，殺傷殆盡。

劉璠還至白馬西[七七]，為武所獲，送長安，太師泰素聞其名，待之如舊交時。

南鄭久不下，武請屠之，泰將許之，璠請之於朝[七八]，泰怒，不許，璠泣請不已，泰曰：「事人當如是。」乃從其請。

㈨五月庚午（初三日），司空南平王恪等復勸進，湘東王猶不受，遣侍中豐城侯[七九]泰謁山陵，【考異】梁書在四月，官為司空，太清紀在此月，官太宰，今從梁書。脩復廟社。戊寅（十一日），侯景首至江陵，梟之於市三日，煮而漆之，以付武庫。

庚辰（十三日），以南平王恪為揚州刺史，甲申（十七日），以王僧辯為司徒、鎮衛將軍，封長寧公[八〇]，陳霸先為征虜將軍、開府儀同三司，封長城縣侯(六一)。乙酉（十八日），誅侯景所署尚書僕射王偉、左民尚書呂季略、少府周石珍、舍人嚴亶於市，趙伯超、伏知命餓死於獄，以謝答仁不失禮於太宗，特宥之。

王偉於獄中上五百言詩(六二)，湘東王愛其才，欲宥之，有嫉之者言於王曰：「前日偉作檄文，甚佳。」王求而視之，檄云：「項羽重瞳，尚有烏江之敗，湘東一目，寧為赤縣所歸？」王大怒，釘其舌於柱，剜腹臠肉而殺之。

(廿)丙戌（十九日），齊合州刺史斛斯昭攻歷陽，拔之。

(廿一)丁亥（二十日），下令以王偉等既死，自餘衣冠舊貴，被逼偷生，猛士勳豪，和光苟免者，皆不問。

(廿二)扶風民魯悉達糾合鄉人以保新蔡(六三)，力田蓄穀。時江東饑亂，餓死者什八九，遺民攜老幼歸之，悉達分給糧廩，全濟甚眾，招集晉熙等五郡，盡有其地，使其弟廣達將兵從王僧辯討侯景，景平，以悉達為北江州刺史(六四)。

(廿三)齊主使其散騎常侍曹文皎等來聘，湘東王使散騎常侍柳暉等報之，且告平侯景，亦遣舍人魏彥告于魏。

(廿四)齊主使潘樂、郭元建將兵圍秦郡，行臺尚書辛術諫曰：「朝廷與湘東王信使不絕，陽平，侯景之土，取之可也，今王僧辯已遣嚴超達守秦郡，於義何得復爭之？且水潦方降，不如班師。」弗從。陳霸先命別將徐度引兵助秦郡固守，齊眾七萬，攻之甚急，王僧辯使左衛將軍杜崱救之，霸先亦自歐陽來會，與元建大戰於士林(六四)，大破之，斬首萬餘級，生擒千餘人，元建收餘眾北遁，猶以通好，不窮追也。

辛術遷吏部尚書。自魏遷鄴以後，大選之職(六五)，知名者數人，互有得失。齊世宗(六六)少年高朗，所弊者疏，袁叔德沈密謹厚，所傷者細，楊愔風流辯給，取士失於浮華，唯術性尚貞明，取士必以才器，循名責實，新舊參舉，管庫必擢，門閥不遺(六七)，考之前後，最為折衷。

(廿五)魏達奚武遣尚書左丞柳帶韋入南鄭說宜豐侯循曰：「足下所固者險，所恃者援，所保者民。今王旅深入，所憑之險，不足固也；

白馬破走，酋豪不進㈥，所望之援，不可恃也；長圍四合，所部之民，不可保也。且足下本朝喪亂，社稷無主，欲誰為為忠乎？豈若轉禍為福，使慶流子孫邪？」循乃請降。帶韋，慶之子也㈨。開府儀同三司賀蘭德願聞城中食盡，請攻之，大都督赫連達曰：「不戰而獲城，策之上者，豈可利其子女，貪其財貨而不愛民命乎？且觀其士馬猶彊，城池尚固，攻之縱克，則彼此俱傷，如困獸猶鬬㈦，則成敗未可知也。」武曰：「公言是也。」乃受循降，獲男女二萬口而還，於是劍北皆入於魏。

㈯六月丁未（十一日），齊主還鄴，乙卯（十九日），復如晉陽。

㈰庚寅（六月丁酉朔，無庚寅，當是庚申之譌），立安南侯方矩為王太子。

㈱齊遣散騎常侍謝季卿來賀平侯景。

㈲衡州刺史王懷明作亂，廣州刺史蕭勃討平之。

㈳齊政煩賦重，江北之民，不樂屬齊，其豪傑數請兵於王僧辯，僧辯以與齊通好，皆不許。秋，七月，廣陵僑人㈦朱盛等潛聚黨數千人，謀襲殺齊刺史溫仲邕，遣使求援於陳霸先，云已克其外城，霸先使告僧辯，僧辯曰：「人之情偽，未易可測，若審克外城，僧辯亟須應援，如其不爾，無煩進軍。」使未報，霸先已濟江，僧辯乃命武州刺史杜崱等助之，會盛等謀泄，霸先因進軍圍廣陵。

(卅一)八月，魏安康人黃眾謀反，攻魏興，執太守柳檜，進圍東梁州(七二)，令檜誘說城中，檜不從而死。檜，虯之弟也(七三)。太師泰遣王雄與驃騎大將軍武川宇文虯討之。

(卅二)武陵王紀舉兵由外水東下，以永豐侯撝為益州刺史，守成都，使其子宜都王圓肅副之。

(卅三)九月甲戌（初九日），司空南平王恪卒。甲申（十九日），以王僧辯為揚州刺史。

(卅四)齊主使告王僧辯、陳霸先曰：「請釋廣陵之圍，必歸廣陵、歷陽兩城。」霸先引兵還京口，江北之民從霸先濟江者萬餘口。湘東王以霸先為征北大將軍、開府儀同三司、南徐州刺史，徵霸先世子昌(七四)及兄子頊詣江陵，以昌為散騎常侍，頊為領直(七五)。

（卌五）宜豐侯循之降魏也，丞相泰許其南還，久而未遣，從容問劉璠曰：「我於古誰比？」對曰：「璠常以公為湯武，今日所見，曾桓、文之不如。」泰曰：「我安敢比湯武？庶幾望伊、周，何至不如桓文？」對曰：「齊桓存三亡國（七六），晉文公不失信於伐原。」語未竟，泰撫掌曰：「我解爾意，欲激我耳！」乃謂循曰：「王欲之荊，為之益（七七）？」」循請還江陵，泰厚禮遣之。【考異】典略云，十月乙未朔，太祖謂循云云，按太清紀，是月循至江陵，今從之。循以文武千家自隨，湘東王疑之，遣使覘察，相望於道，始至之夕，命刼竊其財，及旦，循啓輸馬仗，王乃安之，引入對泣，以循為侍中、驃騎將軍、開府儀同三司。

（卌六）冬，十月，齊主自晉陽如離石，自黃櫨嶺起長城，北至社平戍（七八）四百餘里，置三十六戍。

（卌七）戊申（十四日），湘東王執湘州刺史王琳於殿中，殺其副將殷晏。琳本會稽兵家，其姊妹皆入王宮，故琳少在王左右。琳好勇，王以為將帥，琳傾身下士，所得賞賜，不以入家，麾下萬人，多江淮羣盜，從王僧辯平侯景，與杜龕功居第一，在建康恃寵縱暴，僧辯不能禁，僧辯以宮殿之燒〔七九〕，恐得罪，欲以琳塞責，乃密啓王請誅琳。王以琳為湘州，琳自疑及禍，使長史陸納帥部曲赴湘州，身詣江陵陳謝，謂納等曰：「吾若不返，子將安之？」咸曰：「請死之。」相泣而別。至江陵，王下琳吏。辛酉（二十七日），以王子方略為湘州刺史，又以廷尉黃羅漢為長史，使與太舟卿〔八〇〕張載至巴陵，先據琳軍。載有寵於王，而御下峻刻，荊州人疾之如讎，羅漢等至琳軍，陸納及士卒並哭，不肯受命，執羅漢及載。王遣宦者陳旻往諭之，納對旻刳載腹，抽腸以繫馬足，使繞而走，腸盡氣絕，又臠割出其心，向之抃舞〔八一〕，焚其餘骨，以黃羅漢清謹而免之。納與諸將引兵襲湘州，時州中無主，納遂據之。

〔卌八〕公卿藩鎮數勸進於湘東王，十一月丙子（十二日），世祖即皇帝位於江陵，改元〔八二〕，大赦。是日，帝不升正殿，公卿陪列而已。

〔卌九〕丁丑（十三日），以宜豐侯循為湘州刺史。

〔五十〕己卯（十五日），立王太子方短為皇太子，更名元良，皇子方智為晉安王，方略為始安王，方等之子莊為永嘉王〔八三〕，追尊母阮脩容(八四)為文宣皇后。

侯景之亂，州郡太半入魏。自巴陵以下至建康，以長江為限，荊州界北盡武寧，西拒峽口(八五)，嶺南復為蕭勃所據，詔令所行，千里而近(八六)，民戶著籍，不盈三萬而已。

(四)陸納襲擊衡州刺史丁道貴於淥口(八七)破之，道貴奔零陵，其眾悉降於納。上聞之，遣使徵司徒王僧辯、右衞將軍杜崱、平北將軍裴之橫，與宜豐侯循共討納。循軍巴陵以待之。

侯景之亂，零陵人李洪雅據其郡，上即以為營州刺史(八八)。洪雅請討陸納，上許之，丁道貴收餘眾與之俱。納遣其將吳藏襲擊，破之，洪雅等退保空雲城(八九)，【考異】典略作空零城，今從梁書。藏引兵圍之。頃之，納請降，求送妻子(九〇)，上遣陳旻至納所，納眾皆泣，曰：「王郎被囚，故我曹逃罪於湘州，非有他志也。」乃出妻子付旻，旻至巴陵，循曰：「此詐也，必將襲我。」乃密為之備，納果夜以輕兵繼旻後，約至城下鼓譟。十二月壬子（十九日），晨，去巴陵十里(九一)，眾謂已至，即鼓譟，軍中皆驚。循坐胡牀，於壘門望之，納乘水來攻，矢下如雨，循方食甘蔗，略無懼色，徐部分將士擊之，獲其一艦，納退保長沙。

㈣壬子（十九日），齊主還鄴，戊午（二十五日），復如晉陽。

【今註】㈠世祖孝元皇帝：帝諱繹，字世誠，小字七符，武帝第七子也。㈡承聖元年：西魏廢帝元年。是年十一月湘東王繹即位，方改元承聖。㈢褒，騫之孫也：王騫，齊高帝佐命王儉之子也。㈣東梁州刺史安康李遷哲：《五代志》西城郡安康縣舊曰寧都，齊置安康郡，後魏置東梁州。《魏書・地形志》安康縣，漢時漢中郡之安陽縣地也。故城在今陝西省漢陰縣西。㈤陳霸先帥甲士三萬、舟艦二千自南江出湓口，會僧辯於白茅灣：胡三省曰：「贛水謂之南江，過彭澤縣西，注于彭蠡，北入于江。白茅灣在桑落洲西，桑落洲在湓城東北大江中。南史王僧辯傳，霸先帥眾五萬出自南江，前軍五千行至湓口，蓋水陸俱下也。」按〈尚書纂傳〉引蘇軾曰：「豫章江入彭蠡而東至海為南江。」蓋以豫章水會江水為南江也。湓口，湓水入江之處也，在今江西省九江縣西，亦曰湓浦。《元和郡縣志》湓口城漢灌嬰所築。《晉書・地理志》柴桑有湓口關，蓋古湓口城也，為六朝戍守重地。白茅灣在今江西省九江縣東北與安徽省宿松縣接界處。㈥僧辯使侯瑱襲南陵、鵲頭二戍：《五代志》宣城郡南陵縣，梁置，並置南陵郡。蓋晉南陵戍地也，在今安徽省繁昌縣西北。胡三省曰：「鵲頭在銅陵。」按《當塗縣志》，鵲江在當塗縣北五十里，遶出蕪湖，蓋自銅陵鵲頭山為鵲頭，至三山為鵲尾，故江曰鵲江，岸曰鵲岸也。在今安徽省銅陵縣西北十里，為江流險要處。㊆大雷：《五代志》同安郡望江縣，陳置大雷郡。蓋晉大雷戍而陳置為郡也。晉安帝義熙六年，劉裕討盧循，自雷池進軍大雷，宋武帝孝建元年，臧質叛，使其將魯弘下戍大雷，即此，今為安徽省望江縣。㊇侯子鑒還至戰鳥：子鑒蓋自合肥還。杜佑曰：「宣洲南陵縣有鵲洲，有戰鳥圻，孤在江中，本名孤圻，昔桓溫舉兵東下，住此圻，中宵鳥驚，溫謂官軍圍之，既而定，以羣鳥驚噪，因名戰鳥。」㊈淮南：《五代志》丹陽郡當塗縣舊置淮南郡，即今安徽省當塗縣。㊉七里瀨：七里瀨在今浙江省桐廬縣嚴陵山西，一名七里灘。《太平寰宇記》七里瀨即富春渚也，兩山聳起壁立，連亙七里，土人謂之瀧，水駛如箭，諺云：「有風七里，無風七十里。」言舟行難於牽挽，惟視風為遲速也。⑪往年任約之敗：約敗見上年。⑫又以鵃䑠千艘載戰士：《梁書・王僧辯傳》子鑒以鵃䑠千艘，並載戰士，兩邊悉八十棹，棹手皆越人，去來趣襲，捷過風電。鵃䑠，小船也，見《玉篇》。《正字通》云：「船小而長者曰鵃䑠。」⑬張公洲：胡三省曰：「張公洲即蔡洲。」在今江蘇省江寧縣西南十二里江中。註見前。⑭禪靈寺：胡三省曰：「禪靈寺，齊武帝所建。」⑮舣艄：即艖䑨也，船短而深者曰艖䑨，見《方言》。⑯海艟：即艨艟也，亦作艨衝。《釋名》曰：「外狹而長曰艨衝，以衝突敵船也。」⑰緣淮作城，自石頭至于朱雀桁：《陳書・高祖紀》朱雀桁作青溪。青溪在今江蘇省江寧縣東北，即吳時所鑿之東渠也，註已見前。⑱前柳仲禮數十萬兵，隔水而坐，韋粲在青溪，竟不渡岸，賊登高望之，表裏俱盡，故能覆我師徒：事見卷一百六十二武帝太清三年。表裏俱盡者，言敵方行陳營屯之勢，盡入目中也。師徒，謂士卒也，《左傳》曰：「凡克邑，不用師徒曰取。」⑲大剗碓：胡三省曰：「大剗碓者，為大剗刀，發機如碓，使人踏之。」⑳招提寺：胡三省曰：「招提寺在石頭城北。」㉑霸先遣將軍安陸徐度將弩手二千橫截其後，景兵乃卻：胡三省曰：「弩矢之力可以及遠，橫截其後，箭鋒所到，敵必驚卻。」㉒龕，岸之兄子也：龕，杜岸兄岑之子也。岸死於武帝太清三年荊、雍二州構難之時。㉓西明門：西明門，建康外城西中門。㉔我昔敗賀拔勝，破葛榮：侯景敗賀拔勝見卷一百五十六武帝中大通六年。破葛榮見卷一百五十二武帝大通二年。㉕度江平臺城，降柳仲禮如反掌：事見卷一百六十二武帝太清三年。反掌，言其易也。㉖以皮囊盛其江東所生二子：江東所生二子，景至建康所生之子也。㉗趙平原：侯景侍中趙思賢也，兼平原太守。㉘淮海長鯨，雖云授首，襄陽短狐，未全革面：淮海，揚州也，《書・禹貢》曰：「淮海惟揚州。」長鯨，謂侯景，以喻不義之人。《左傳》曰：「古者明王伐不敬，取其鯨鯢而封之，以為大戮。」杜預註：「鯨鯢，大魚名，以喻不義之人吞食小國。」孔穎達疏引裴淵《廣州記》云：「鯨鯢長百尺，雄曰鯨，雌曰鯢。」此曰長鯨，蓋以對短狐。短狐，謂岳陽王詧也，詧據襄陽與湘東王繹為敵，故以斥之。狐原作弧，後譌為狐。《漢書・五行志》：「蜮生南越，在水旁，能射人，南方謂之短弧。」顏師古曰：「即射工也，亦呼水弩。」按《詩・何人斯》：「為鬼為蜮。」傳云：「蜮，短狐也。」阮元《校勘記》曰：「段玉裁云『弧作狐誤。』是也。釋文蜮下云：『短狐也。』正義云：『蜮，短狐。』今說文本蜮下皆誤，漢書五行志注作弧，不誤。」革面，喻改過從善也，《易》曰：「君子弱變，小人革命。」注曰：「居變之終，變道已成，君子處之，能成其文，小人樂成，則變面以順上也。」㉙玉燭：《爾雅》云：「春為青陽，夏為朱明，秋為白藏，冬為玄英，四時和，謂之玉燭。」釋云：「此釋太平之時，四時和暢，以致嘉祥之事也。云春為青陽者，言春之氣和，則青而溫陽也；云夏為朱明者，言夏之氣和，則赤而光明也；云秋為白藏者，言秋之氣和，則白而收藏也；云冬為玄英者，言冬之氣和，則黑而清英也；四時和謂之玉燭者，言四時和氣，溫潤明照，故謂之玉燭。李巡云：『人君德美如玉而明若燭。』聘義云：『君子比德如玉焉！』是知人君若德輝動於內，則和氣應於外，統而言之，謂之玉燭也。」㉚南兗州刺史：《五代志》江都郡梁置南兗州，治江陽縣，舊曰廣陵，今為江蘇省江都縣。㉛六門之內，自極兵威：湘東王繹蓋欲令僧辯便宜弒簡文帝也。臺城六門曰大司馬門、萬春門、東華門、西華門、太陽門、承明門。㉜成濟之事，請別舉人：成濟弒魏高貴鄉公，僧辯欲避弒君之惡，故云。㉝倚伏難知：言禍福尚難測也。賈誼〈鵩鳥賦〉云：「禍兮福所倚、福兮禍所伏。」㉞歐陽：即歐陽戍也，宋沈慶之討竟陵王誕，至歐陽戍，即此，在今江蘇省儀徵縣東北，直廣陵故城西南六十里。《水經注》吳城邗溝上承歐陽，引江入埭，六十里至廣陵城。㉟直瀆戍主：《宋書・州郡志》晉安帝立直瀆縣，屬盱眙郡，故城在今安徽省盱眙縣境。㊱使漢帝早從偉言，明公豈有今日：謂臺城之破，僧辯已降侯景，景不用偉言而縱僧辯還竟陵，使有今日也。僧辯降景見卷一百六十二武帝太清三年。㊲羅州刺史：《五代志》高涼郡石龍縣舊置羅州，在今廣東省化縣東北。㊳朱方：春秋吳邑也，《左傳》齊慶餘奔吳，吳句餘與之朱方。其地當在今江蘇省丹徒縣東南。㊴侯景至晉陵，得田遷餘兵：景遣遷東攻劉神茂，有餘兵在晉陵。㊵七官文士，豈能匡濟：言湘東王繹無武略，不能匡濟國難。湘東於兄弟次第七，故以七官呼之。㊶永豐侯：《晉書・地理志》吳立始安郡，下置永豐縣。《元和郡縣志》吳甘露元年，析漢荔浦縣之永豐鄉置永豐縣，《水經注》永豐縣本蒼梧之北鄉也，孫皓割以為縣。蓋荔浦時屬蒼梧。故治在今廣西省荔浦縣西北五十里。㊷怦，勉之從子也：徐勉，梁初賢相。㊸生兒悉如殿下，留之何益：胡三省曰：「以譏切武陵王紀不能救君父。」㊹緩頰：婉言解說也。《漢書》高帝謂酈食其曰：「緩頰往說魏王豹。」顏師古曰：「緩頰，徐言引譬喻也。」㊺府侯：謂宜豐侯循。㊻嘉興：《宋書・州郡志》嘉興縣屬吳郡，本名長水，秦改曰由拳，吳孫權黃龍四年，由拳縣生嘉禾，改曰禾興，孫皓父名和，又改名曰嘉興，故城在今浙江省嘉興縣南。㊼松江：太湖之支流也，即今吳淞江，古稱笠澤，在今江蘇省吳縣南。㊽景下海，欲向蒙山：《梁書・侯景傳》景自滬瀆下海。滬瀆在今上海市東北，松江之下流也。《吳郡志》松江東瀉海曰滬海，亦謂之滬瀆。滬，水名也，凡水發源而注海曰瀆，今吳淞江直趨而東，無復有瀆，其東西蘆浦，止通潮汐而已。《魏書・地形志》東安郡新泰縣有蒙山，在今山東蒙陰縣南，接費縣界，即古龜蒙也，亦曰東蒙，註已詳前。景蓋欲浮海趣山東，復入齊也。㊾海師：習知海道者，猶今之引水、領港。㊿南徐州刺史徐嗣徽斬超世：侯景以王偉、索超世為謀主。(51)暴景尸於市，士民爭取食之，幷骨皆盡：《梁書・侯景傳》，景暴尸於市，百姓爭取屠膾噉食，焚骨揚灰，曾罹其禍者乃以灰和酒飲之。(52)幼者皆下蠶室：蠶室，受宮刑者所居。《後漢書・光武帝紀》：「詔死罪繫囚，皆一切募下蠶室。」章懷注曰：「蠶室，宮刑獄名，有刑者畏風，須暖，作窨室蓄火如蠶室，因以名焉！」(53)齊顯祖：齊文宣帝廟號顯祖。(54)壬申，術送之至鄴：《北齊書・文宣帝紀》在四月壬申，按四月戊戌朔，無壬申，蓋在五月。(55)劍北：劍閣之北。(56)白馬：《魏書・地形志》華陽郡沔陽縣有白馬城。《水經注》白馬城西帶濜水，南面沔州，城側二水之交，亦曰濜口城。在今陝西省沔縣西北，亦曰白馬戍，即漢陽平關也，南北朝謂之白馬城。(57)劉璠還至白馬西：璠自成都還也。(58)璠請之於朝：朝謂西魏朝也。(59)豐城侯：《宋書・州郡志》吳立富城縣，屬豫章郡，晉武帝太康元年，更名豐城縣。故城在今江西省豐城縣西南。(60)以王僧辯為司徒、鎮衞將軍，封長寧公，陳霸先為征虜將軍、開府儀同三司，封長城縣侯：賞平侯景之功也。《五代志》梁武帝制二百四十號將軍，分為二十四班，以班多為貴，鎮衞將軍，二百四十號之首也。又二百四十號將軍無征虜之號，當是湘東復置。《梁書・王僧辯傳》封永寧郡開國公。《宋書・州郡志》晉安帝僑立長寧郡，屬荊州，宋明帝改曰永寧郡，並置長寧縣為郡治，《五代志》南郡長林縣舊曰長寧縣，故治在今湖北省荊門縣西北。《通鑑》作長寧公，則似是縣公也。又《宋書・州郡志》晉武帝太康三年分烏程縣立長城縣，屬吳興郡。《元和郡縣志》曰：「昔吳王闔閭使弟夫槩居此，築城狹而長，因以為名。」故城在今浙江省長興縣東。(61)五百言詩：胡三省曰：「五百言詩，今之五十韻詩也。」(62)扶風民魯悉達糾合鄉人以保新蔡：《陳書・魯悉達傳》悉達祖斐，仕齊為衡州刺史，父益之，仕梁為新蔡、義陽二郡太守，故悉達家焉。胡三省曰：「沈約宋志江州所部有南新蔡郡，不言僑置之地，但云去江都水行一千三百七十六里有餘，以水程約言之，南新蔡郡當置於今蘄州界。五代志蘄州黃梅縣舊曰永興，隋開皇初改曰新蔡。蓋因南新蔡郡以名縣也。劉昫曰：『黃梅縣，宋分置新蔡郡。』」黃梅故縣在今湖北省黃梅縣西北。(六三)北江州刺史：《魏書・地形志》梁武帝置北江州，治鹿城關，魏因之，領義陽、齊昌、新昌、梁安、光城、齊興等郡。《五代志》永安郡木蘭縣梁曰梁安，置梁安郡，又有永安、義陽二郡，後齊置湘州，後改為北江州。又《魏書・地形志》北江州義陽郡領義陽縣，為州郡治，然則鹿城關蓋在義陽，即隋之木蘭縣也，在今湖北省黃安縣南。(六四)士林：胡三省曰：「士林在六合縣界。」(六五)大選之職：即吏部尚書之職。吏部選為大選。(六六)齊世宗：齊文襄帝廟號世宗。(六七)管庫必擢，門閥不遺：管庫，胥吏之職也；門閥，世族子弟也。言取士必以才器，不以門第之高下為取捨。(六八)白馬破走，酋豪不進：酋豪，謂白馬氏酋楊乾運。(六九)帶韋，慶之子也：柳慶見卷一百六十一武帝太清二年。(七〇)困獸猶鬥：《左傳》吳王夫槩之言。(七一)廣陵僑人：言本非廣陵人而僑居廣陵者。(七二)東梁州：《五代志》西城郡梁置梁州，尋改曰南梁州，西魏改置東梁州，故治即今陝西省安康縣。(七三)檜，蚪之弟也：柳蚪，柳慶之兄也，見卷一百五十一武帝大同三年。(七四)徵霸先世子昌：霸先封長城縣侯，以昌為世子。(七五)領直：胡三省曰：「梁宿衛之官有四廂領直，蓋領直衛之士，因以名官。」(七六)齊桓存三亡國：《左傳》宋司馬子魚曰：「齊桓存三亡國以屬諸侯。」杜預注曰：「三亡國：魯、衛、邢。」(七七)王欲之荊，為之益：問循欲往荊州就湘東王繹，抑還益州就武陵王紀。武陵王紀封循為隋郡王，故宇文泰以王稱之。(七八)自黃櫨嶺起長城北至社平戍：社平，《北齊書》、《北史・齊文宣帝紀》作社于。胡三省曰：「此長城蓋起於唐石州，北抵武州之境。按斛律金傳，黃櫨嶺在烏突戍東。」黃櫨嶺在今山西省汾陽縣西北六十里，接離石縣界。(七九)僧辯以宮殿之燒：謂僧辯初下建康時所屬軍人遺火燒太極殿及東西堂。(八〇)太舟卿：《五代志》梁武帝天監七年，制十二卿，以都水使者為太舟卿，位視中書郎，列卿之最末者也，主舟航堤渠。(八一)抃舞：拊手而舞。(八二)改元：梁武帝既殂，湘東王繹仍用太清年號，至是始改太清六年為承聖元年。(八三)方等之子莊為永嘉王：方等伐河東王譽於湘州，戰敗而死，見卷一百六十二武帝太清三年，故以封其子莊。(八四)阮脩容：《宋書・後妃傳》云，修容，魏文帝所制，自晉以來，位列九嬪。(八五)荊州界北盡武寧，西拒峽口：北盡武寧，與梁王詧分界，西拒峽口，與武陵王紀分界。(八六)千里而近：言不及千里也。(八七)淥口：《荊州記》豫章康樂縣淥水，水色碧綠，取以釀酒，味極甘美，與湘東酃湖酒世稱酃淥酒。淥口，即淥水入湘江之口也。《唐書・地理志》長沙有淥口戍，在今湖南省醴陵縣西。(八八)零陵人李洪雅據其郡，上即以為營州刺史：《五代志》零陵郡永陽縣舊曰營陽，梁改曰永陽，置永陽郡。蓋因營陽之名而置營州。營陽郡故治在今湖南省道縣北。(八九)空雲城：《水經注》湘水自酃縣西又北逕建寧縣，有空冷峽，驚浪雷奔，迅同三峽。張舜民《郴行錄》自醴陵江口南行十餘里到空靈岸，蓋即《水經注》之空冷峽也。《梁書・王僧辯傳》作空靈灘，空雲蓋空靈之誤，在今湖南省湘潭縣北六十里。(九〇)求送妻子：求送妻子為質以示誠款。(九一)晨，去巴陵十里：言陸納兵夜行至晨，距巴陵相去十里。

卷一百六十五　梁紀二十一

起昭陽作噩，盡閼逢閹茂，凡二年。（癸酉至甲戌，西元五五三年至五五四年）

司馬光編集
林瑞翰註

世祖孝元皇帝下

承聖二年（西元五五三年）

㈠春，正月，王僧辯發建康，承制使陳霸先代鎮揚州㊀。

㈡丙子（十三日），山胡圍齊離石，戊寅（十四日），齊主討之，未至，胡已走，因巡三堆㊁，大獵而歸。

㈢以吏部尚書王褒為左僕射。

㈣己丑（二十六日），齊改鑄錢，文曰常平五銖㊂。

㈤二月庚子（初七日），李洪雅力屈，以空雲城降陸納㊃，納囚洪雅，殺丁道貴。納以沙門寶誌詩讖有十八子，以為李氏當王㊄，甲辰（十一日），推洪雅為主，號大將軍，使乘平肩輿，引鼓吹，納帥眾數千，左右翼從。

㈥魏太師泰去丞相大行臺為都督中外諸軍事。

㈦王雄至東梁州，黃眾寶帥眾降㈥太師泰赦之，遷其豪帥於雍州。

㈧齊主送柔然可汗鐵伐之父登注及兄庫提還其國㈦，鐵伐尋為契丹所殺。國人立登注為可汗，登注復為其大人阿富提所殺，國人立庫提。

㈨突厥伊利可汗卒，子科羅立，號乙息記可汗。【考異】顏師古隋書突厥傳云，弟逸可汗立，今從周書及北史。三月，遣史獻馬五萬于魏。柔然別部又立阿那瓌叔父鄧叔子為可汗，【考異】魏書、北史蠕蠕傳，皆云立鐵伐為可汗，突厥傳皆云立鄧叔子為可汗，蓋諸部分散，各有所立也。乙息記擊破鄧叔子於沃野北木賴山。乙息記卒，捨其子攝圖而立其弟俟斤，號木杆可汗。【考異】周書作木杆，隋書作俟斗木杆，今從北史。木杆狀貌奇異，性剛勇，多智略，善用兵，鄰國畏之。

㈩上聞武陵王紀東下，使方士畫版為紀像，親釘支體以厭之，又執侯景之俘以報紀㈧。

初，紀之舉兵，皆太子圓照之謀也。圓照時鎮巴東㈨，執留使者，啓紀云：「侯景未平，宜急進討，已聞荊鎮為景所破。」紀信之，趣兵東下。上甚懼，與魏書曰：「子糾親也，請君討之㊉。」太師泰曰：「取蜀制梁，在茲一舉。」諸將咸難之㊁，大將軍代人尉遲迥，泰之甥也㊂，獨以為可克。泰問以方略，迥曰：「蜀與中國隔絕，百有餘年，恃其險，不虞我至，若以鐵騎兼行襲之，無不克矣！」泰乃遣迥督開府儀同三司原珍等六軍，甲士萬二千，騎萬匹，自散關伐蜀。【考異】典略在正月戊辰，今從周紀。

⑾陸納遣其將吳藏、藩烏黑、李賢明等下據車輪㊂。【考異】梁紀云，二月丙子，按長曆，二月無丙子，梁紀誤。王僧辯至巴陵，【考異】典略云，三月辛酉，按長歷，是月癸亥朔，無辛酉，典略誤。宜豐侯循讓都督於僧辯，【考異】僧辯傳云，與陳霸先讓都督，今從典略。僧辯弗受，上乃以僧辯、循為東西都督。夏，四月丙申（初四日），僧辯軍於車輪。【考異】典略作甲子，非也，今從梁紀。

⑿吐谷渾可汗夸呂雖通使於魏而寇抄不息，宇文泰將騎三萬，踰隴至姑臧討之，夸呂懼，請服，既而復通使於齊。涼州刺史史寧覘知其還，襲之於赤泉㊃，獲其僕射乞伏觸狀。

⒀陸納夾岸為城，以拒王僧辯。納士卒皆百戰之餘，僧辯憚之，

不敢輕進，稍作連城以逼之。納以僧辯為怯，不設備，五月甲子（初三日），僧辯命諸軍水陸齊進，急攻之。僧辯親執旗鼓，宜豐侯循親受矢石，拔其二城，納眾大敗，步走保長沙。乙丑（初四日），僧辯進圍之。僧辯坐壟上，視築圍壘，吳藏、李賢明帥銳卒千人開門突出，蒙楯直進，趨僧辯。時杜崱、杜龕並侍左右，甲士衞者止百餘人，力戰拒之，僧辯據胡牀不動，裴之橫從旁擊藏等，藏等敗退，賢明死，藏脫走入城。

(一四)武陵王紀至巴郡，聞有魏兵，遣前梁州刺史巴西譙淹還軍救蜀。初，楊乾運求為梁州刺史，紀以為潼州刺史(一五)，楊灋琛求為黎州刺史，以為沙州(一六)，二人皆不悅。

乾運兄子略說乾運曰：「今侯景初平，宜同心戮力(一七)，保國寧民，而兄弟尋戈(一八)，此自亡之道也。夫木朽不雕(一九)，世衰難佐，不如送款關中，可以功名兩全。」乾運然之，令略將二千人鎮劍閣，又遣其壻樂廣鎮安州(二〇)，與灋琛皆潛通於魏。魏太師泰密賜乾運鐵券，授驃騎大將軍、開府儀同三司、梁州刺史(二一)。

尉遲迥以開府儀同三司侯呂陵始[22]為前軍，至劍閣，略退就樂廣，翻城應始，始入據安州。甲戌（十二日），迥至涪水[23]，乾運以州降，迥分軍守之，進襲成都。時成都見兵不滿萬人，倉庫空竭，永豐侯撝嬰城自守，迥圍之，譙淹遣江州刺史[24]景欣、幽州刺史趙拔扈援成都，迥使原珍等擊走之。

武陵王紀至巴東，聞侯景已平，乃自悔，召太子圓照責之。對曰：「侯景雖平，江陵未服。」紀亦以既稱尊號[25]，不可復為人下，欲遂東進。將卒日夜思歸，其江州刺史王關業以為宜還救根本，更思後圖，諸將皆以為然，圓照及劉孝勝固言不可，紀從之，宣言於眾曰：「敢諫者死。」己丑（二十八日），紀至西陵，軍勢甚盛，舳艫翳川[26]，護軍陸灄和築二城於峽口兩岸，運石填江，鐵鎖斷之。

帝拔任約於獄，以為晉安王司馬[27]，使助灄和拒紀[28]，謂之曰：「汝罪不容誅，我不殺，本為今日。」因撤禁兵以配之，仍許妻以廬陵王續之女，使宣猛將軍劉棻與之俱。

㈤庚辰（十五日），巴州刺史余孝頃將兵萬人會王僧辯於長沙。

㈥豫章太守觀寧侯永昏而少斷，左右武蠻奴用事，軍主文重疾之。永將兵討陸納，至宮亭湖，重殺蠻奴，永軍潰，奔江陵，重將其眾奔開建侯蕃㊄，蕃殺之而有其眾。

㈦六月壬辰（朔），武陵王紀築連城，攻絕鐵鎖，陸瀍和告急相繼，上復拔謝答仁於獄㊅，以為步兵校尉㊆，配兵使助瀍和。又遣使送王琳令說諭陸納，乙未（初四日），琳至長沙，僧辯使送示之，納眾悉拜，且泣，使謂僧辯曰：「朝廷若赦王郎，乞聽入城。」僧辯不許，復送江陵。陸瀍和求救不已，上欲召長沙兵，恐失陸納，乃復遣琳，許其入城。琳既入，納遂降，湘州平。【考異】梁紀，乙酉，湘州平，按長曆，是月無乙酉，梁紀誤。上復琳官爵，使將兵西援峽口。

㈧甲辰（十三日），齊章武景王庫狄干卒。

㈨武陵王紀遣將軍侯叡將眾七千築壘與陸瀍和相拒，上遣使與紀書，許其還蜀，專制一方，紀不從，報書如家人禮㊇。

陸納既平，湘州諸軍相繼西上，上復與紀書曰：「吾年為一日之長，屬有平亂之功，膺此樂推，事歸當璧〔三三〕，儻遣使乎，良所遲也〔三四〕，如曰不然，於此投筆，友於兄弟，分形共氣，兄肥弟瘦，無復相見之期；讓棗推梨，永罷懽愉之日〔三五〕。心乎愛矣，書不盡言〔三六〕。」紀頓兵日久，頻戰不利，又聞魏寇深入，成都孤危，憂懣不知所為，乃遣其度支尚書樂奉業詣江陵求和，請依前旨還蜀。奉業知紀必敗，啓上曰：「蜀軍乏糧，士卒多死，危亡可待。」上遂不許其和。

紀以黃金一斤為餅，餅百為篋，至有百篋，銀五倍於金，錦罽繒綵稱是，每戰，懸示將士，不以為賞。寧州刺史陳智祖請散之以募勇士，弗聽，智祖哭而死。有請事者，紀稱疾不見，由是將卒解體。秋，七月辛未（十一日），巴東民符昇等斬峽口城主公孫晃，降於王琳。【考異】典略作丙戌，今從梁書。謝答仁、任約進攻侯叡，破之，拔其三壘，於是兩岸十四城俱降。紀不獲退〔三七〕，順流東下，遊擊將軍樊猛追擊之，紀眾大潰，赴水死者八千餘人，猛圍而守之。上密敕猛曰：「生還不成功也㊳。」猛引兵至紀所，紀在舟中，繞牀而走，以金囊擲猛曰：「以此雇卿，送我一見七官。」猛曰：「天子何由可見？殺足下金將安之？」遂斬紀及其幼子圓滿，陸灋和收太子圓照兄弟三人送江陵。上絕紀屬籍，賜姓饕餮氏㊴，下劉孝勝獄㊵，已而釋之。

上使謂江安侯圓正曰：「西軍已敗，汝父不知存亡。」意欲使其自裁㊶，圓正聞之，號哭稱世子不絕聲㊷，上頻使覘之，知不能死，移送廷尉獄，見圓照曰：「兄何乃亂人骨肉，使痛酷如此？」圓照唯云：「計誤。」上並命絕食於獄，至齧臂啖之，十三日而死，遠近聞而悲之。

乙未（乙未八月初五日，七月辛酉朔，無乙未），王僧辯還江陵，詔諸軍各還所鎮。

(廿)魏尉遲迥圍成都五旬，永豐侯撝屢出戰，皆敗，乃請降，諸將欲不許，迥曰：「降之則將士全，遠人悅，攻之則將士傷，遠人懼。」遂受之。八月戊戌（初八日），撝與宣都王圓肅帥文武詣軍門降，迴以禮接之，與盟於益州城北，吏民皆復其業，唯收奴婢及儲積以賞將士，軍無私焉。魏以撝及圓肅並為開府儀同三司，以迴為大都督，益、潼等十二州諸軍事，益州刺史。

㈩庚子（初十日），下詔將還建康，領軍將軍胡僧祐、太府卿黃羅漢、吏部尚書宗懍、御史中丞劉瑴諫曰：「建業王氣已盡，與虜正隔一江㊸，若有不虞，悔無及也。且古老相承云：『荊州洲數滿百，當出天子㊹。』今枝江生洲，百數已滿，陛下龍飛，是其應也。」上令朝臣議之，黃門侍郎周弘正、尚書右僕射王褒曰：「今百姓未見輿駕入建康，謂是列國諸王，願陛下從四海之望。」時羣臣多荊州人，皆曰：「弘正等，東人也㊺，志願東下，恐非良計。」弘正面折之曰：「東人勸東，謂非良計，西人欲西，豈成長策？」上笑，又議於後堂，會者五百人，上問之曰：「吾欲還建康，諸卿以為如何？」眾莫敢先對，上曰：「勸吾去者左袒。」左袒者過半。武昌太守朱買臣言於上曰：「建康舊都，山陵所在㊻，荊鎮邊疆，非王者之宅㊼。願陛下勿疑，以致後悔。臣家在荊州，豈不願陛下居此？但恐是臣富貴，非陛下富貴耳！」上使術士杜景豪卜之，不吉，對上曰：「未去。」退而言曰：「此兆為鬼，賊所留也。」上以建康彫殘，江陵全盛，意亦安之，卒從僧祐等議。

(廿二)以湘州刺史王琳為衡州刺史。

(廿三)九月庚午（十一日），詔王僧辯還鎮建康，陳霸先復還京口。丙子（十七日），以護軍將軍陸灋和為郢州刺史。灋和為政不用刑獄，專以沙門灋及西域幻術教化，部曲數千人，通謂之弟子。

(廿四)契丹寇齊邊，壬午（二十三日），齊主北巡冀、定、幽、安(四八)，遂伐契丹。

(廿五)齊主使郭元建治水軍二萬餘人於合肥，將襲建康，納湘潭侯退(四九)，又遣將軍邢景遠、步大汗薩(五〇)帥眾繼之，【考異】梁書作邢杲遠、步六汗薩，今從北齊書、北史。陳霸先在建康，聞之，白上，上詔王僧辯鎮姑孰以禦之。

(廿六)冬，十月丁酉（初八日），齊主至平州，從西道趣長塹(五一)，使司徒潘相樂帥精騎五千自東道趣青山。辛丑（十二日），至白狼城(五二)，壬寅（十三日），至昌黎城，使安德王(五三)韓軌帥精騎四千，東斷契丹走路。癸卯（十四日），至陽師水[五四]，倍道兼行，掩襲契丹。

齊主露髻肉袒，晝夜不息，行千餘里，踰越山嶺，為士卒先，唯食肉飲水，壯氣彌厲。甲辰（十五日），與契丹遇，奮擊，大破之，虜獲十餘萬口，雜畜數百萬頭。潘相樂又於青山破契丹別部。丁未（十八日），齊主還至營州[五五]。

(廿七)己酉（二十日），王僧辯至姑孰，遣婺州刺史[五六]侯瑱、吳郡太守張彪、吳興太守裴之橫築壘東關，以待齊師。

(廿八)丁巳（二十八日），齊主登碣石山，臨滄海，遂如晉陽。以肆州刺史斛律金為太師，召還晉陽，拜其子豐樂為武衛大將軍，命其孫武都尚義寧公主[五七]，寵待之厚，羣臣莫及。

(廿九)閏月丁丑（十九日），南豫州刺史侯瑱[五八]與郭元建戰於東關，齊師大敗，溺死者萬計，湘潭侯退，復歸於鄴，王僧辯還建康。

(卅)吳州刺史[五九]開建侯蕃恃其兵彊，貢獻不入，上密令其將徐佛受圖之。佛受使其徒詐為訟者，詣蕃，遂執之。上以佛受為建安太守，以侍中王質為吳州刺史。質至鄱陽，佛受置之金城，自據羅城，掌門管(六〇)，繕治舟艦甲兵，質不敢與爭。故開建侯部曲數千人攻佛受，佛受奔南豫州，侯瑱殺之，質始得行州事。

(卌一)十一月戊戌（初十日），以尚書右僕射王褒為左僕射，湘東太守張綰為右僕射。

(卌二)己未（十二月初二日），突厥復攻柔然(六一)，柔然舉國奔齊。

(卌三)癸亥（十二月初六日），齊主自晉陽北擊突厥，迎納柔然，廢其可汗庫提，立阿那瓌子菴羅辰為可汗，置之馬邑川(六二)，給其廩餼繒帛，親追突厥於朔州，突厥請降，許之而還，自是貢獻相繼。魏尚書元烈謀殺宇文泰，事泄，泰殺之。

(卌四)丙寅（十二月初九日），上使侍中王琛使於魏。太師泰陰有圖江陵之志，梁王詧聞之，益重其貢獻(六三)。

(卌五)十二月，齊宿預民東方白額以城降(六四)，江西州郡皆起兵應之。

【今註】(一)王僧辯發建康，承制使陳霸先代鎮揚州：帝徵僧辯討陸納，僧辯使霸先自京口代己鎮揚州。(二)三堆：《魏書．地形志》肆州永安郡平寇縣，太武帝太平真君七年併三堆、朔方、定陽屬焉。

《五代志》樓煩郡秀容縣後齊置平寇縣。隋秀容縣今為山西省忻縣。㊂齊改鑄錢，文曰常平五銖：《五代志》齊文宣帝除魏永安五銖錢，改鑄常平五銖，重如其文，其錢甚貴，且製造甚精。㊃李洪雅力屈，以空雲城降陸納：去年陸納將吳臧引兵攻洪雅。空雲當作空靈，註見上卷上年。㊄納以沙門寶誌詩讖有十八子，以為李氏當王：《南史・王僧辯傳》，先是天監中沙門釋寶誌為讖云：「太歲龍，將無理，蕭經霜，草應死，餘人散，十八子。」時言蕭氏當滅，李氏代興。又《南史・隱逸傳》，釋寶誌不知何許人，俗呼為誌公，好為讖記，所謂誌公符是也。㊅王雄至東梁州，黃眾寶帥眾降：黃眾寶反見上卷上年。㊆齊主送柔然可汗鐵伐之父登注及兄庫提還其國：登注等奔齊見上卷上年。㊇又執侯景之俘以報紀：欲以戢紀之兵。㊈巴東：《五代志》巴東郡人復縣舊曰魚復，置巴東郡，故治在今四川省奉節縣東北。㊉子糾親也，請君討之：《左傳》齊無知弒其君，雍廩殺無知，公子小白自莒入于齊，魯莊公伐齊，納子糾，魯師敗績，齊鮑叔帥師來言曰：「子糾親也，請君討之。」乃殺子糾。子糾之於公子小白，猶武陵王紀之於元帝也，故襲此語以請魏師。⑪諸將咸難之：咸以伐蜀為難也。⑫大將軍代人尉遲迥，泰之甥也：周立府兵之制，有八柱國，十二大將軍，每大將軍各領開府二人，見卷一百六十三簡文帝大寶元年。《周書・尉遲迥傳》，迥之先，魏之別種，號尉遲部，因以為氏。⑬車輪：胡三省曰：「按下文陸納夾岸為城，甲子，王僧辯攻拔之，乙丑，進圍長沙，則車輪之地蓋據湘江之要，去長沙不遠也。」則車輪當在今湖南省湘陰縣之北，湘江之要隘也。⑭赤泉：《唐書・地理志》涼州姑臧縣有赤水軍，本赤烏鎮。《元和郡縣志》赤水軍本赤烏鎮地，有赤泉，因名，軍之大者莫如赤水，幅員五千一百八十里，前距吐番，北臨突厥。在今甘肅省武威縣。㈤揚乾運求為梁州刺史：紀以為潼州刺史：《五代志》西城郡梁置梁州。西城治金川，在今陝西省安康縣西北。又《五代志》金山郡西魏置潼州，蓋梁已置此州也。金山治巴西，舊涪縣治也，即今四川省緜陽縣。㈥楊法琛求為黎州刺史，以為沙州：《五代志》義城郡梁曰黎州。義城治緜谷縣，舊曰興安，置晉壽郡。蓋為漢壽縣地，晉曰晉壽，分置興安縣也，即今四川省廣元縣。其地濱嘉陵江東岸，扼秦蜀要道，東北由棧道通陝西，南循嘉陵江以通巴閬，西入劍閣斜趨成都，蓋自秦中入蜀，以此為首險。縣北三十里嘉陵江中有朝天峽，萬仞陡起，削峙如門，舟行絕險，自此捨舟登陸，勢益高聳，危峯屏列，深澗幽邃，所謂廣元棧道也，故法琛求鎮黎州。胡三省曰：「梁蓋即以平興為沙州。」平興，法琛所治，隋為義城郡景谷縣，在今四川省昭化縣西北，北周於此置沙州，隋廢，唐復置，又廢，蓋沿梁之舊稱也。平興註參見上卷簡文帝大寶二年。㈦戮力：並力也。戮與勠同。㈧兄弟尋戈：《左傳》子產曰：「昔高辛氏有二子，伯曰閼伯，季曰沈實，不相能也，日尋干戈，以相征討。」㈨夫木朽不雕：《論語》孔子曰：「朽木，不可雕也。」喻人之志氣昏惰，不堪造就。㈩安州：《五代志》普安郡梁置南梁州，後改為安州，普安舊曰南安，西魏改曰普安，今為四川省劍閣縣。㈪魏太師密賜乾運鐵券，授驃騎大將軍，開府儀同三司，梁州刺史：《周書・盧辯傳》，西魏之官，驃騎大將軍、開府儀同三司位次柱國大將軍。《五代志》漢川郡舊置梁州，漢川治南鄭，今陝西省南鄭縣。㈫侯呂陵始：胡三省曰：「侯呂陵，虜三字姓。」㈬涪水：《水經注》涪水出廣漢屬國剛氏道徼外，東南流逕涪縣西，又東南逕綿竹縣北，又東南逕江油戍北，又東南逕南安郡南，又西至成都入於江。涪縣，潼州治也。㉔江州刺史：《五代志》隆山郡隆山縣，舊曰犍為，置江州，即今四川省彭山縣。㉕紀亦以既稱尊號：紀稱尊號見上卷上年。㉖翳川：猶曰蔽江也。翳，蔽也，《楚詞》：「石磣嵯以翳日。」㉗帝拔任約於獄，以為晉安王司馬：帝封子方智為晉安王。約兵敗被擒見上卷簡文帝大寶二年。㉘使助灋和拒紀：胡三省曰：「赤亭之戰，法和活約，是有舊恩，故使助之。」㉙重將其將奔開建侯蕃：蕃時為吳州刺史，鎮鄱陽。《宋書・州郡志》宋文帝分臨賀郡之封陽縣立開建縣，今為廣東省開建縣。㉚上復拔謝答仁於獄：梁平侯景，得謝答仁而囚之，見上卷上年。㉛步兵校尉：《五代志》梁制東宮置屯騎、步兵、翊軍三校尉各一人，謂之三校，位視謁者僕射。㉜報書如家人禮：不肯定君臣之分而用兄弟之禮也。㉝事歸當璧：當璧者，為君臨民之符也。《左傳》楚共王無冢適，有寵子五人，請神擇於五人者使主社稷，乃徧以璧見於羣望曰：「當璧而拜者，神所立也。」既乃埋璧於太室之庭，使五人齊入而拜，康王跨之，靈王肘加焉，子干、子晳皆遠之，平王弱，抱而入，再拜皆壓紐，後三王卒有楚國。㉞良所遲也：遲，待也，企望也。《後漢書・章帝紀》：「朕思遲直士。」章懷註：「遲猶希望也。」何若瑤曰：「遲者待也，思遲直士，思待直士也。」㉟兄肥弟瘦，無復相見之期，讓棗推梨，永罷懽愉之日：《後漢書・趙孝傳》，孝性友悌，王莽時，天下亂，人相食，孝弟禮為賊所得，賊欲啖之，孝自縛詣賊以自代云：「禮久餓羸瘦，不如孝肥飽。」賊義而並釋之。《南史・王泰傳》，泰數歲時，祖母集諸孫侄，散栗棗於牀，羣兒競取之，泰獨不取，問其故，對曰：「不取，自當得賜。」由是中表異之。又《文士傳》，孔融兄弟七人，融第六，幼有自然之性，四歲時，每與諸兄共食梨，融輒引小者，問其故，答曰：「小兒法當取小者。」由是宗族奇之。㊱心乎愛矣，書不盡言：胡三省曰：「言兄弟之愛存之於心，非書翰之間所能盡言也。」㊲紀不獲退：兩岸諸城俱降，歸道既斷，故不獲退。㊳生還不成功也：帝蓋欲殺武陵王紀，不欲生致之。㊴上絕紀屬籍，賜姓饕餮氏：屬籍，宗室之籍也。《左傳》魯季文子曰：「昔帝鴻氏有不才子，掩義隱賊，好行兇德，醜類惡物，頑嚚不友，是與比周，天下之民，謂之渾敦，少皞氏有不才子，毀信廢忠，崇飾惡言，靖譖庸回，服讒蒐慝，以誣盛德，天下之民，謂之窮奇，顓頊氏有不才子，不可教訓，不知話言，告之則頑，舍之則嚚，傲很明德，以亂天常，天下之民，謂之檮杌，此三族也，世濟其凶，增其惡名，以至於堯，堯不能去，縉雲氏有不才子，貪於飲食，冒於貨賄，侵欲崇侈，不可盈厭，聚斂積實，不知紀極，不分孤寡，不恤窮匱，天下之民，以比三凶，謂之饕餮。」杜預注曰：「貪財為饕，貪食為餮。」帝蓋以縉雲氏不才子比武陵王紀也。㊵下劉孝勝獄：孝勝鼓成武陵王紀稱帝舉兵之謀，故下之獄。㊶上使謂江安侯圓正曰，西軍已敗，汝父不知存亡，意欲使其自裁：帝囚圓正見上卷簡文帝大寶二年。㊷號哭稱世子不絕聲：怨世子圓照之誤武陵王紀也。㊸建業王氣已盡，與虜正隔一江：言建康逼近齊境，與齊止一江之隔。王氣已盡，言其形勢不復可恃也。㊹荊州洲數滿百，當出天子：《水經注》引盛弘之《荊州記》曰：「自枝江縣西至上明東及江津，其中有九十九洲。楚諺云：『洲不百，故不出王者。』」㊺弘正等，東人也：周弘正、王褒，周顗、王導之族也，自晉室南渡，世居建康，故謂為東人。㊻建康舊都，山陵所在：梁武帝葬脩陵，簡文帝葬莊陵，皆在建康。㊼荊鎮邊疆，非王者之宅：荊州被邊，自東晉以來為重鎮，精兵所出。㊽冀、定、幽、安：四州名。《五代志》信都郡舊置冀州，今河北省冀縣，博陵郡舊置定州，今河北省定縣，涿郡舊置幽州，今河北省大興縣西南，安樂郡舊置安州，所領燕樂縣，後魏置廣陽郡，領大興、方城、燕樂三縣，後齊廢郡，以大興、方城入焉。《魏書・地形志》魏獻文帝皇興二年置安州，治方城，領密雲、廣陽、安樂三郡，則方城蓋隋之燕樂也，在今河北省密雲縣東北。㊾齊主使郭元建治水軍二萬餘人於合肥，將襲建康，納湘潭侯退：湘潭侯退北奔見卷一百六十二武帝太清二年。㊿步大汗薩：胡三省曰：「步大汗，虜三字姓。」(51)長塹：胡三省曰：「曹操征烏桓，出盧龍塞，塹山堙谷五百餘里，後人因謂之長塹。」按《魏志》魏武使田疇引軍出盧龍塞，塹山堙谷五百餘里，逕白檀，歷平岡，登白狼以望柳城。則長塹當在盧龍塞東北，白檀之西南。盧龍塞在今河北省遷安縣西北。(52)白狼城：《魏書・地形志》營州建德郡治白狼城，所屬廣都縣，魏太武帝太平真君八年併白狼、建德、望平三縣屬焉。白狼，漢右北平郡之屬縣也，晉以來曰白狼城。《水經注》白狼水出白狼縣東南，北流，西北屈逕廣成縣故城南，又北逕白狼縣故城東，又東北逕昌黎縣故城西。故城在今熱河省淩源縣南。(53)安德王：《魏書・地形志》魏安定王中興初，分樂陵郡置安德郡，治般縣，屬滄州。般，漢平原郡之屬縣也，故治即今山東省陵縣。(54)陽師水：胡三省曰：「唐志貞觀三年以契丹室韋部落置師州及陽師縣於營州之廢陽師鎮，即此。」今為河北省房山縣地。(55)營州：《五代志》遼西郡舊置營州，治柳城，柳城，古和龍也，後魏亦置營州於此，今熱河省朝陽縣。(五六)婺州刺史：《五代志》東陽郡，平陳，置婺州，蓋梁已先置此州也。東陽郡治金華，舊曰長山，隋文帝開皇十二年改曰東陽，十八年改曰金華，今為浙江省金華縣。(五七)拜其子豐樂為武衞大將軍，命其孫武都尚義寧公主：斛律金子羨，字豐樂，武都，金子光之子也。(五八)南豫州刺史侯瑱：《陳書・侯瑱傳》瑱以功除南豫州刺史，鎮于姑熟。(五九)吳州刺史：《五代志》鄱陽郡梁置吳州。治鄱陽縣，即今江西省鄱陽縣。(六〇)門管：門籥也。(六一)己未，突厥復攻柔然：《北齊書》在十二月己未，十二月戊午朔，己未初二日。(六二)馬邑川：《水經注》馬邑川水出馬邑西川，東逕馬邑縣故城南而東注桑乾水。馬邑縣今山西省朔縣。(六三)太師泰陰有圖江陵之志，梁王詧聞之，益重其貢獻：欲倚魏以報河東王譽之讎也。(六四)齊宿預民東方白額以城降：東方，複姓也，以宿預城降梁。

承聖三年(一)（西元五五四年）

(一)春，正月癸巳（初六日），齊主自離石道討山胡，遣斛律金從顯州(二)道、常山王演從晉州道夾攻，大破之，男子十三以上皆斬，【考異】北史作十二以上，今從典略。女子及幼弱以賞軍，遂平石樓(三)，石樓絕險，自魏世所不能至，於是遠近山胡，莫不懾服。有都督戰傷，其什長(四)

路暉禮不能救，帝命刳其五藏㊄令九人食之，肉及穢惡皆盡，自是始為威虐。

㈡陳霸先自丹徒濟江圍齊廣陵，秦州刺史嚴超達自秦郡進圍涇州㊅，南豫州刺史侯瑱、吳郡太守張彪皆出石梁為之聲援。辛丑（十四日），使晉陵太守杜僧明帥三千人助東方白額。

㈢魏太師泰始作九命之典。以敍內外官爵，改流外品為九秩㊆。

㈣魏主自元烈之死，有怨言，密謀誅太師泰，臨淮王育、廣平王贊垂涕切諫，不聽。泰諸子皆幼，兄子章武公導、中山公護㊇皆出鎮，唯以諸壻為心膂。大都督清河公李基、義城公李暉、常山公于翼，俱為武衞將軍㊈，分掌禁兵。基，遠之子；暉，弼之子；翼，謹之子也。由是魏主謀泄㊉，泰廢魏主，置之雍州㈩，立其弟齊王廓㈢，【考異】國典云，三月，廢帝；四月，立恭帝，北史皆在正月，今從之。去年號，稱元年，復姓拓跋氏，九十九姓改為單者，皆復其舊㈢魏初統國三十六，大姓九十九㈣，後多滅絕，泰乃以諸將功高者為三十六姓，次者為九十九姓，所將士卒，亦改從其姓㈤。

㈤三月，丁亥（朔），長沙王韶取巴郡㈥。

㈥甲辰（十八日），以王僧辯為太尉、車騎大將軍。【考異】典略作二月甲子，今從梁紀。

㈦丁未（二十一日），齊將王球攻宿預，杜僧明出擊，大破之，球歸彭城。

㈧郢州刺史陸灋和上啓，自稱司徒，上怪之，王褒曰：「灋和既有道術，容或先知。」戊申（二十二日），上就拜灋和為司徒。

㈨己酉（二十三日），魏侍中宇文仁恕來聘，會齊使者亦至江陵，帝接仁恕不及齊使，仁恕歸，以告太師泰，帝又請據舊圖定疆境㈦，辭頗不遜。泰曰：「古人有言：『天之所棄，誰能興之㈧？』其蕭繹之謂乎？」荊州刺史長孫儉屢陳攻取之策，泰徵儉入朝，問以經略，復命還鎮，密為之備。馬伯符密使告帝㈨，帝弗之信。

㈩柔然可汗菴羅辰叛齊，齊主自將出擊，大破之，菴羅辰父子北走大保。

安定王賀拔仁獻馬，不甚駿，齊主拔其髮，免為庶人，輸晉陽負炭。

(十一)齊中書令魏收撰魏書㈩，頗用愛憎為褒貶，每謂人曰：「何物小子，敢與魏收作色？舉之則使升天，按之則使入地。」既成，中書舍人盧潛奏收誣罔一代，罪當誅，尚書左丞盧斐、頓丘李庶皆言魏史不直。收啓齊主云：「臣既結怨彊宗(十一)，將為刺客所殺。」帝怒，於是斐、庶及尚書郎中王松年皆坐謗史，鞭二百，配甲坊(十二)；斐，庶死於獄中，潛亦坐繫獄，然時人終不服，謂之穢史。潛，度世之曾孫；斐，同之子；松年，遵業之子也(十三)。

(十二)夏，四月，柔然寇齊肆州，齊主自晉陽討之，至恆州，柔然散走。帝以二千餘騎為殿，宿黃瓜堆，柔然別部數萬騎奄至，帝安臥，平明，乃起，神色自若，指畫形勢，縱兵奮擊，柔然披靡，因潰圍而出。柔然走，追擊之，伏尸二十餘里，獲菴羅辰妻子，虜三萬餘口，令都督善無高阿那肱帥騎數千塞其走路。時柔然軍猶盛，阿那肱以兵少請益，帝更減其半，阿那肱奮擊，大破之，菴羅辰超越巖谷，僅以身免。

㈢丙寅（十一日），上使散騎常侍庾信等聘於魏。

㈣癸酉（十八日），以陳霸先為司空。

㈤丁未（五月二十二日），齊主復自擊柔然，大破之㉔。

㈥庚戌（二十五日），魏太師泰酖殺廢帝。

㈦五月，魏直州㉕人樂熾、洋州㉖人黃國等作亂，開府儀同三司高平田弘、河南賀若敦共討之，不克。太師泰命車騎大將軍李遷哲與敦共討熾等，平之，仍與敦南出徇地，至巴州㉗，巴州刺史牟安民降之，【考異】典略云，斬梁巴州刺史牟安平，今從周書、北史。巴濮㉘之民，皆附於魏。蠻酋向五子王陷白帝，遷哲擊之，五子王遁去，遷哲追擊，破之。泰以遷哲為信州刺史，鎮白帝。信州先無儲蓄，遷哲與軍士共採葛根為糧。時有異味㉙輒分嘗之，軍士感悅，屢擊叛蠻，破之。羣蠻懾服，皆送糧餼，遣子弟入質，由是州境安息，軍儲亦贍。

㈧柔然乙旃達官寇魏廣武㉚，柱國李弼遣擊㉛破之。

(十九)廣州刺史曲江侯勃，自以非上所授[三二]，內不自安，上亦疑之，勃啓求入朝，五月乙巳（二十日），上以王琳為廣州刺史，勃為晉州刺史[三三]。上以琳部眾彊盛，又得眾心，故欲遠之。琳與主書廣漢李膺厚善，私謂膺曰：「琳，小人也[三四]，蒙官拔擢至此。今天下未定，遷琳嶺南，如有不虞，安得琳力？竊揆官意，不過疑琳，琳分望有限[三五]，豈與官爭為帝乎？何不以琳為雍州刺史，鎮武寧，琳自放兵作田，為國禦捍。」膺然其言而弗敢啓。

(二十)散騎郎新野庾季才言於上曰：去年八月丙申（初六日），月犯心中星，今月丙戌（朔），赤氣干北斗。心為天王，丙主楚分，臣恐建子之月[三六]，有大兵入江陵，陛下宜留重臣鎮江陵，整旆還都，以避其患，假令魏虜侵蹙，止失荊、湘，在於社稷，猶得無慮。」上亦曉天文，知楚有災，歎曰：「禍福在天，避之何益？」

(廿一)六月壬午（二十七日），齊步大汗薩將兵四萬趣涇州，王僧辯使侯瑱、張彪自石梁引兵助嚴超達拒之，瑱、彪遲留不進。將軍尹令思將萬餘人謀襲盱眙，齊冀州刺史段韶將兵討東方白額於宿預，廣陵、涇州皆來告急，諸將患之。韶曰：「梁氏喪亂，國無定主，人懷去就，彊者從之。霸先等外託同德，內有離心，諸君不足憂，吾揣之熟矣！」乃留儀同三司敬顯携㉗等圍宿預，自引兵倍道趣涇州，塗出盱眙，令思不意齊師猝至，望風退走。韶進擊超達，破之，回趣廣陵，陳霸先解圍走，杜僧明還丹徒，侯瑱、張彪還秦郡，吳明徹圍海西㉘，鎮將中山郎基固守，削木為箭，翦紙為羽，圍之十旬，卒不能克而還。

㈦柔然帥餘眾東徙，且欲南寇，齊主帥輕騎邀之於金川㉙，柔然聞之，遠遁，營州刺史靈丘王峻設伏擊之，獲其名王數十人。

㈧鄧至羌檐桁失國，奔魏，太師泰使秦州刺史宇文導將兵納之。

㈨齊段韶還至宿預，使辯士說東方白額，白額開門請盟，因執而斬之。

㈩秋，七月庚戌（二十六日），齊主還鄴。

㈪魏太師泰西巡至原州。

㈫八月壬辰（八月乙卯朔，無壬辰），齊以司州牧清河王岳為太保㊵，司空尉粲為司徒，太子太師侯莫陳相為司空，尚書令平陽王淹錄尚書事，常山王演為尚書令，中書令上黨王渙為左僕射。

(廿八)乙亥（二十一日），齊儀同三司元旭坐事賜死。丁丑（二十三日），齊主如晉陽。

齊主之未為魏相也，太保錄尚書事平原王高隆之常侮之，及將受禪，隆之復以為不可㊶，齊主由是銜之。崔季舒譖隆之，每見訴訟者，輒加哀矜之意，以示非己能裁，帝禁之尚書省。隆之嘗與元旭飲，謂旭曰：「與王交，當王死不相負。」人有密言之者，帝由是發怒，令壯士築百餘拳㊷而捨之，辛巳（二十七日），卒於路。久之，帝追忿隆之，執其子慧登等二十人於前，帝以鞭叩鞍，一時頭絕，並投尸漳水，又發隆之冢，出其尸，斬截骸骨，焚之，棄於漳水。

(廿九)齊王使常山王演、上黨王渙、清河王岳、平原王段韶帥眾於洛陽西南築伐惡城、新城、嚴城、河南城，九月，齊主巡四城，欲以致魏師，魏師不出，乃如晉陽。

㈩魏宇文泰命侍中崔猷開回車路以通漢中㊸。

㈩㈠帝好玄談，辛卯（初八日），於龍光殿講老子。

㈩㈡曲江侯勃遷居始興，王琳使副將孫瑒先行據番禺。

㈩㈢乙巳（十二日），魏遣柱國常山公于謹、中山公宇文護、大將軍楊忠將兵五萬入寇。冬，十月壬戌（初九日），發長安。長孫儉問謹曰：「為蕭繹之計，將如之何？」謹曰：「耀兵漢沔，席卷度江，直據丹陽㊹，上策也；移郭內居民，退保子城，峻其陴堞以待援軍，中策也；若難於移動，據守羅郭，下策也。」儉曰：「揣繹定出何策？」謹曰：「下策。」儉曰：「何故？」謹曰：「蕭氏保據江南，綿歷數紀㊺，屬中原多故，未遑外略，又以我有齊氏之患，必謂力不能分，且繹懦而無謀，多疑少斷，愚民難與慮始，皆戀邑居，所以知其用下策也。」

癸亥（初十日），武寧太守宗均告魏兵且至。帝召公卿議之，領軍胡僧祐、太府卿黃羅漢曰：「二國通好，未有嫌隙，必應不爾。」侍中王琛曰：「臣揣宇文容色，必無此理㊻。」乃復使琛使魏。

丙寅（十二日），于謹至樊鄧，梁王詧帥眾會之，丁卯（十四日），帝停講㊼，內外戒嚴。王琛至石梵㊽未見魏軍，馳書報黃羅漢曰：「吾至石梵，境上帖然，前言皆兒戲耳！」帝聞而疑之。庚午（十七日），復講，百官戎服以聽。

辛未（十八日），帝使主書李膺至建康，徵王僧辯為大都督、荊州刺史，命陳霸先徙鎮揚州。僧辯遣豫州刺史侯瑱帥程靈洗等為前軍，兗州刺史杜僧明帥吳明徹等為後軍。甲戌（二十一日），帝夜登鳳皇閣，徙倚㊾歎息曰：「客星入翼軫㊿，今必敗矣！」嬪御皆泣。

陸灋和聞魏師至，自郢州入漢口，將赴江陵，帝使逆之曰：「此自能破賊，但鎮郢州，不須動也。」灋和還州，堊其城門，著衰經，坐葦席，終日乃脫之(51)。

十一月，帝大閱於津陽門外(52)，遇北風暴雨，輕輦還宮。

癸未（朔），魏軍濟漢，于謹令宇文護、楊忠帥精騎先據江津，斷東路[53]。甲申（初二日），護克武寧，執宗均。是日帝乘馬出城行柵[54]，插木為之，周圍六十餘里。以領軍將軍胡僧祐都督城東諸軍事，尚書右僕射張綰為之副；左僕射王褒都督城西諸軍事，四廂領直元景亮為之副，王公已下各有所守。丙戌（初四日），命太子巡行城樓，令居人助運木石。夜，魏軍至黃華，去江陵四十里。丁亥（初五日），至柵下，戊子（初六日），雋州刺史[55]裴畿、畿弟新興太守機、武昌太守朱買臣、衡陽太守謝答仁開枇杷門出戰，裴機殺魏儀同三司胡文伐。畿，之高之子也[56]。

帝徵廣州刺史王琳為湘東刺史，使引兵入援。丁酉（十五日），柵內火，焚數千家及城樓二十五，帝臨所焚樓，望魏軍濟江，四顧歎息。是夜，遂止宮外，宿民家。己亥（十七日），移居祇洹寺。于謹令築長圍，中外信命始絕。

庚子（十八日），信州刺史徐世譜、晉安王司馬任約等築壘於馬頭[57]，遙為聲援。

是夜，帝巡城，猶口占為詩，羣臣亦有和者。

帝裂帛為書趣王僧辯曰：「吾忍死待公，可以至矣！」壬寅（二十日），還宮。癸卯（二十一日），出長沙寺。戊申（二十六日），王褒、胡僧祐、朱買臣、謝答仁等開門出戰，皆敗還。己酉（二十七日），帝移居天居寺，癸丑（十二月初一日），移居長沙寺[78]。朱買臣按劍進曰：「唯斬宗懍、黃羅漢，可以謝天下[79]。」帝曰：「曩實吾意，宗、黃何罪？」二人退入眾中。

王琳軍至長沙，鎮南府長史裴政[80]請間道先報江陵，至百里洲，為魏人所獲。梁王詧謂政曰：「我武皇帝之孫也，不可為爾君乎？若從我計，貴及子孫，如或不然，腰領分矣。」政詭對曰：「唯命。」詧鎖之至城下，使言曰：「王僧辯聞臺城被圍[81]，已自為帝，王琳孤弱，不能復來。」政告城中曰：「援兵大至，各思自勉。吾以間使被擒，當碎身報國。」監者擊其口，詧怒，使速殺之。西中郎參軍蔡大業[82]諫曰：「此民望也，殺之則荊州不可下矣！」乃釋之。政，之禮之子[83]；大業，大寶之弟也。

時徵兵四方，皆未至。甲寅（十二月初二日），魏人百道攻城，【考異】梁紀作辛卯，誤也，今從典略。城中負戶蒙楯，胡僧祐親當矢石，晝夜督戰，獎勵將士，明行賞罰，眾咸致死，所向摧殄，魏不得前。俄而僧祐中流矢死，內外大駭，魏悉眾攻柵，反者開西門納魏師。帝與太子、王褒、謝答仁、朱買臣退保金城，令汝南王大封、晉熙王大圓質于謹以請和(六四)。

魏軍之初至也，眾以王僧辯子侍中顗可為都督，帝不用，更奪其兵，使與左右十人入守殿中，及胡僧祐死，乃用為都督城中諸軍事。裴畿、裴機、歷陽侯峻皆出降，于謹以機手殺胡文伐，並畿殺之。峻，淵猷之子也(六五)。

時城南雖破，而城北諸將猶苦戰，日暝，聞城陷，乃散。帝入東閣竹殿，命舍人高善寶焚古今圖書十四萬卷，【考異】隋經籍志云，焚七萬卷，南史云，十餘萬卷。按王僧辯所送建康書已八萬卷，并江陵舊書，豈止七萬卷乎？今從典略。將自赴火，宮人左右共止之。又以寶劍斫柱，令折，歎曰：「文武之道，今夜盡矣(六六)！」乃使御史中丞王孝祀作降文。謝答仁、朱買臣諫曰：「城中兵眾猶彊，乘闇突圍而出，賊必驚，因而薄之，可度江就任約(六七)。」帝素不便走馬，曰：「事必無成，祇增辱耳！」答仁求自扶，帝以問王褒，褒曰：「答仁，侯景之黨，豈足可信？成彼之勳，不如降也！」答仁又請守子城，收兵可得五千人，帝然之，即授城中大都督，配以公主。既而召王褒謀之，以為不可。答仁請入不得，歐血而去。

于謹徵太子為質，帝使王褒送之。謹子以褒善書，給之紙筆，乃書曰：「柱國常山公家奴王褒(六八)。」有頃，黄門郎裴政犯門而出，帝遂去羽儀文物，白馬素衣出東門，抽劍擊闔(六九)曰：「蕭世誠(七〇)一至此乎！」魏軍士度塹，牽其轡，至白馬寺北，奪其所乘駿馬，以駑馬代之，遣長壯胡人手扼其背以行，逢于謹，胡人牽帝使拜。【考異】典略云：「謹擒梁主，令西至龍泉廟，出武陵、河東二王子孫於獄，列於沙州，鎖械嚴酷，瘡痍腐爛，引梁主使視之，謂曰：『此皆骨肉，忍虐如此，何以為君？』上無以應。」按武陵諸子先已餓死，河東子孫亦應不存，今不取。梁王詧使鐵騎擁帝入營，囚於烏幔之下，甚為詧所詰辱。乙卯（十二月初三日），于謹令開府儀同三司長孫儉入據金城。帝紿儉云：「城中埋金千斤，欲以相贈。」儉乃將帝入城，帝因述詧見辱之狀，謂儉曰：「向聊相紿，欲言此耳！豈有天子自埋金乎？」儉乃留帝於主衣庫㈦。

帝性殘忍，且懲高祖寬縱之弊，故為政尚嚴。及魏師圍城，獄中死囚且數千人，有司請釋之以充戰士，帝不許，悉令棓殺之，事未成而城陷。

中書郎殷不害先於別所督戰，城陷，失其母。時冰雪交積，凍死者填滿溝塹，不害行哭於道，求其母尸，無所不至，見溝中死人，輒投下捧視，舉體凍濕，水漿不入口，號哭不輟聲，如是七日，乃得之。

十二月丙辰㈢（初四日），徐世譜、任約退戍巴陵。

于謹逼帝使為書召王僧辯，帝不可。使者曰：「王今豈得自由？」帝曰：「我既不自由，僧辯亦不由我。」又從長孫儉求宮人王氏、荀氏及幼子犀首，儉並還之。或問何意焚書？帝曰：「讀書萬卷，猶有今日，故焚之。」

㈣庚申（初八日），齊王北巡至達速嶺，行視山川險要，將起長城。

(卌五)辛未（十九日），帝為魏人所殺(七二)。梁王詧遣尚書傅準監刑，以土囊隕之。詧使以布帊(七三)纏尸，斂以蒲席，束以白茅，葬於津陽門外，并殺愍懷太子元良、始安王方略、桂陽王大成等。世祖(七四)性好書，常令左右讀書，晝夜不絕，雖熟睡，卷猶不釋，或差誤及欺之，帝輒驚寤。作文章，援筆立就。常言我韜於文士(七五)，愧於武夫，論者以為得言。

魏立梁王詧為梁主，資以荊州之地，延袤三百里，仍取其雍州之地(七六)。詧居江陵東城，魏置防主，將兵居西城，名曰助防，外示助詧備禦，內實防之。以前儀同三司王悅留鎮江陵。于謹收府庫珍寶及宋渾天儀、梁銅晷表(七七)、大玉徑四尺及諸灋物，盡俘王公以下，及選百姓男女數萬口為奴婢，【考異】典略作五十萬，今從梁紀、北史。分賞三軍，驅歸長安，小弱者皆殺之，得免者三百餘家，而人馬所踐及凍死者什二三。

魏師之在江陵也，梁王詧將尹德毅說詧曰：「魏虜貪惏(七八)，肆其殘忍，殺掠士民，不可勝紀。江東之人，塗炭至此，咸謂殿下為之。殿下既殺人父兄，孤人子弟，人盡讎也，誰與為國？今魏之精銳，盡萃於此，若殿下為設享會，請于謹等為歡，預伏武士，因而斃之，分命諸將，掩其營壘，大殲羣醜，俾無遺類，收江陵百姓，撫而安之，文武羣寮，隨材銓授，魏人懾息，未敢送死，王僧辯之徒，折簡可致，然後朝服濟江，入踐皇極(七九)，晷刻之間，大功可立。古人云：『天與不取，反受其咎(八〇)。』願殿下恢弘遠略，勿懷匹夫之行(八一)。」詧曰：「卿此策非不善也，然魏人待我厚，未可背德，若遽為卿計，人將不食吾餘(八二)。」既而闔城長幼被虜，又失襄陽，詧乃歎曰：「恨不用尹德毅之言。」

王僧辯、陳霸先等共奉江州刺史晉安王方智為太宰，承制。

王褒、王克、劉瑴、宗懍、殷不害及尚書右丞吳興沈炯至長安，太師泰皆厚禮之。泰親至于謹第，宴勞極歡，賞謹奴婢千口及梁之寶物幷雅樂一部，別封新野公(八三)。

謹固辭，不許。謹自以久居重任，功名既立，欲保優閑，乃上先所乘駿馬及所著鎧甲等，泰識其意，曰：「今巨猾未平，公豈得遽爾獨善㈣?」遂不受。

㈤是歲，魏秦州刺史章武孝公宇文導卒。

㈦魏加益州刺史尉遲迥督六州，通前十八州，自劍閣以南，得承制封拜及黜陟。迥明賞罰，布威恩，綏輯新民，經略未附，華夷懷之。

【今註】㊀承聖三年：西魏恭帝元年。㊁顯州：《魏書・地形志》魏孝莊帝永安中置顯州，治汾州六壁城，在今山西省孝義縣西。㊂石樓：《五代志》龍泉郡樓山縣有北石樓山，又石樓縣舊置吐京郡及吐京縣。宋白曰：「石樓縣本漢土軍縣，後魏置叶京郡，蓋胡俗譯言音訛變，故曰吐京也，隋改縣曰石樓。」《水經注》石樓山，蒲川水所出，山在今山西省石樓縣東南，石樓縣即漢土軍縣故治也。㊃什長：十人之長也。㊄五藏：心、肝、脾、肺、腎，謂之五藏，今藏通作臟。《韓詩外傳》云：「精藏於腎，神藏於心，魂藏於肝，魄藏於肺，志藏於脾，此謂五藏。」㊅涇州：杜佑曰：「揚州天長縣，梁於石梁置涇州。」《五代志》江都郡永福縣舊曰沛，梁置涇州及涇城、東陽二郡，陳廢州，併二郡為沛郡，後周改沛郡為石樑郡，改沛縣曰石樑縣。蓋東晉之石樑戍也，宋明帝泰始中，蕭道成破薛安都，屯石樑澗北，議築壘於其地，即此，故城在今安徽省天長縣西北。㊆魏太師泰始命作九命之典，以敍內外官爵，改流外品為九秩：《五代志》曰：「周太祖初據關內，官名未改魏號，及方隅粗定，改創章程，命尚書令盧辯遠師周之建職，置三公、三孤以為論道之官，次置六卿以分司庶務。其內命謂王朝之臣，三公九命，三孤八命，六卿七命，上大夫六命，中大夫五命，下大夫四命，上士三命，中士再命，下士一命。其外命謂諸侯及其臣，諸公九命，諸侯八命，諸伯七命，諸子六命，諸男五命，諸公之孤、卿四命，侯之孤卿、公之大夫三命，子、男之孤卿、侯、伯之大夫、公之上士再命，子、男之大夫、公之中士、侯伯之上士一命，公之下士，侯、伯之中士、下士，子、男之士不命。其制祿秩，下士一百二十五石，中士已上至於上大夫各倍之，上大夫是為四千石，卿二分，孤三分，公四分，各益其一，公因盈數為一萬石。其九秩一百二十石，八秩至於七秩每二秩六分而下各去其一，二秩俱為四十石。凡頒祿視年之上下，畝至四釜為上年，上年頒其正，三釜為中年，中年頒其半，二釜為下年，下年頒其一，無年為凶荒，不頒祿。」《周書・盧辯傳》曰：「柱國大將軍，大將軍，正九命。驃騎、車騎等大將軍、開府儀同三司、雍州牧，九命。驃騎、車騎等將軍，左右光祿大夫，戶三萬以上州刺史，正八命。征東、征西、征南、征北、中軍、鎮軍、撫軍等將軍，左右金紫光祿大夫，大都督，戶二萬以上州刺史、京兆尹，八命。平東、平西、平南、平北、前後將軍、左右將軍，左右銀青光祿大夫，帥都督，戶一萬以上刺史，柱國大將軍府長史、司馬、司錄，正七命。冠軍、輔國等將軍，太中、中散等大夫，都督，戶五千以上刺史、戶一萬五千以上郡守，七命。鎮遠、建志等將軍，諫議、誠議等大夫，別將開府長史、司馬、司錄，戶一萬以上郡守，大呼藥，正六命。中堅、寧朔等將軍、左右中郎將、儀同府、正八命州長史、司馬、司錄，戶五千以上郡守，小呼藥，六命。寧遠、揚烈、伏波等將軍，左右員外常侍，統軍、驃騎、車騎府、八命州長史、司馬、司錄，柱國大將軍府中郎、掾，戶一千以上郡守，長安、萬年縣令，正五命。輕車將軍、奉車、奉騎等都尉，四征、中、鎮、撫軍府、正七命州長史、司馬、司錄，開府府中郎、掾、屬，戶不滿千以下郡守，戶七千以上縣令、正八命州呼藥，五命。宣威、明威等將軍，武賁、冗從等給事，儀同府中郎、掾、屬，柱國大將軍府列曹參軍，四平、前後左右將軍府、七命州長史、司馬、司錄，正八命州別駕，戶四千以上縣令、八命州呼藥，正四命。襄威、厲威將軍，給事中、奉朝請，軍主、開府府列曹參軍，冠國、輔國府、正六命州長史、司馬、司錄，正七命州別駕、正八命州治中，七命郡丞，戶二千以上縣令、正七命州呼藥，四命。威烈、討寇將軍，左右員外侍郎，幢主，儀同府、正八命州列曹參軍，柱國府參軍，鎮遠、建忠、中堅、寧朔府長史、司錄，正六命州別駕，正七命州治中，正六命郡丞、戶五百以上縣令、七命州呼藥，正三命。蕩寇、蕩難將軍，武騎常侍、侍郎，開府府參軍，驃騎、車騎府、八命州列曹參軍，寧遠、揚烈、伏波、輕車府長史，正六命州治中、六命郡丞、戶不滿五百以下縣令、戍主、正六命州呼藥，三命。殄寇、殄難將軍，彊弩司馬，四征、中、鎮、撫府、正七命州列曹參軍，正五命郡丞，正二命。掃寇，掃難將軍，武威司馬，四平、前後左右府、七命州列曹參軍，戍副，五命郡丞，二命。曠野、橫野將軍，殿中員外二司馬，冠軍、輔國府、正六命州列曹參軍，正一命。武威、武牙將軍，淮海、山林二都尉，鎮遠、建忠、中堅、寧朔、寧遠、揚烈、伏波、輕車府列曹參軍，一命。初，太祖欲行周官，命蘇綽專掌其事，未幾而綽卒，乃令辯成之，於是依周禮，建六官，置公卿大夫士，幷撰次朝儀、車服、器用，多依古禮，革漢魏之法，事並施行，自茲厥後，世有損益，朝出夕改，莫能詳錄。于時雖行周禮，其內外眾職，又兼用秦漢等官，其紀、傳內更有餘官而於此不載者，亦史闕文也。」㈧泰兄子章武公導、中山公護：導、護，皆泰兄邵惠公顥之子也。㈨大都督清河公李基、義城公李暉、常山公于翼俱為武衞將軍：《五代志》齊領軍府下置左右衞，左右衞將軍各一人，掌左右廂所主朱華閣以外，各武衞將軍二人為之貳。胡三省曰：「魏武為丞相，有武衞營。元魏之制迄于高齊，左右衞將軍各一人，掌左右廂所主朱華閣以外，各武衞將軍二人貳之。宇文相魏，亦置武衞將軍以掌宿衞，而盧辯所定九命無其官，此蓋猶在盧辯定官之前，以武衞授諸壻，然宇文所置如大都督八命，帥都督正七命，抑李基等皆以大都督敘官邪！」余按《五代志》及《周書・盧辯傳》，辯雖制定九命之典，至魏恭帝三年始命行之，是時諸官尚因魏之舊也。㈩由是魏主謀泄：禁兵皆宇文泰諸甥所掌，魏主欲誅泰，必與之謀，故謀泄。㈡泰廢魏主，置之雍州：置之雍州之廨舍。㈢立其弟齊王廓：廓，文帝之第四子也。㈢九十九姓改為單者皆復其舊：魏孝文帝令國中鮮卑悉改為漢姓，見卷一百四十齊明帝建武三年。㈣魏初統國三十六，大姓九十九：《魏書・序》紀魏始祖成帝毛時，統國三十六，大姓九十九。時當後漢匈奴既衰，鮮卑始盛之際也。㈤泰乃以諸將功高者為三十六姓，次者為九十九姓，所將士卒，亦改從其姓：洪邁曰：「西魏以中原故家易賜蕃姓，如李弼為徒何氏，趙肅、趙貴為乙弗氏，劉亮為侯莫陳氏，楊忠為普六茹氏，王雄為可頻氏，李虎、閻慶為大野氏，辛威為普毛氏，田宏為紇干氏，耿豪為和稽氏，王勇為庫汗氏，楊紹為比利氏，侯植為侯伏侯氏，竇熾為紇豆陵氏，李穆為擒拔氏，陸通為步六孤氏，楊纂為莫胡盧氏，冠儁為若口引氏，段永為爾綿氏，韓褒為侯呂陵氏，裴文舉為賀蘭氏，陳析為尉遲氏，樊深為萬紐于氏。」⑯長沙王韶取巴郡：胡三省曰：「魏得成都，未暇東略，故韶得乘而取之。」《五代志》巴郡巴縣舊置巴郡，今四川省巴縣。⑰帝又請據舊圖定疆境：舊圖，謂梁武帝全盛時舊疆也。⑱天之所棄，誰能與之：用《左傳》晉胥午之言。⑲馬伯符密使告帝：伯符以下溠城降魏見卷一百六十二武帝太清三年。⑳齊中書令魏收撰魏書：《北齊書・魏收傳》，齊文宣帝天保二年詔收撰魏史。㉑臣既結怨彊宗：胡三省曰：「盧、李，山東望族，故以為彊宗。」㉒甲坊：造甲之所。㉓潛，度世之曾孫；斐，同之子；松年，遵業之子也：盧度世見卷一百三十二宋明帝泰始三年，盧同見卷一百四十八梁武帝天監八年，王遵業見卷一百五十二梁武帝大通二年。㉔丁未，齊主復自擊柔然，大破之：《北齊書・文宣帝紀》在五月，五月丙戌朔，丁未二十二日。㉕直州：《五代志》西城郡安康縣舊曰寧都，齊置安康郡，後魏置東梁州，後梁改曰直州，故城在今陝西省漢陰縣西二十四里。㉖洋州：《五代志》漢川郡西鄉縣舊曰豐寧，置洋州及洋川郡。故城在今陝西省西鄉縣南。㉗巴州：《五代志》清化郡舊置巴州。隋清化郡治化成縣，今四川省巴中縣。㉘巴濮：胡三省曰：「春秋巴子之國，三巴郡地是也；春秋百濮之地，在西城、上庸之間。」《左傳》麇人率百濮聚於選。杜預曰：「百濮，夷也。」孔穎達疏：「釋例建寧郡南有濮夷，無君長總統，各以邑落自聚，故稱百濮。」晉建寧故城在今湖北省石首縣，百濮在其南。又《文選・張子平蜀都賦》云：「於東則左縣巴中，百濮所充。」注云：「今巴中七姓有濮。」則是巴中亦有百濮聚居也。㉙異味：佳餚也。㉚廣武：《魏書・地形志》東夏州偏城郡治廣武縣。《五代志》延安郡豐林縣後魏置廣武縣及偏城郡，故城在今陝西省膚施縣東南。㉛遣擊：胡三省曰：「遣擊恐當作追擊。」㉜廣州刺史曲江侯勃自以非上所授：勃為廣州刺史，蓋陳霸先所推，見卷一百六十二武帝太清三年，故云非上所授。㉝晉州刺史：《五代志》同安郡梁置豫州，後改曰晉州。今安徽潛山縣。㉞琳，小人也：琳本會稽兵家，故云。㉟琳分望有限：胡三省曰：「言自揆分，不敢懷非望也。」㊱建子之月：夏正十一月。㊲敬顯攜：按《北齊書・段韶傳》，攜當作儁。㊳海西：海西縣前漢屬東海郡，後漢屬廣陵郡，齊明帝置東海郡。《魏書・地形志》齊明帝置東海郡，東魏孝靜帝武定七年改置海西郡，治襄賁縣。《五代志》東海郡漣水縣舊曰襄賁，置東海郡，東魏改曰海安。安蓋西之譌也。故治在今江蘇省漣水縣北。㊴金川：胡三省曰：「唐志單于府帶金河縣，其即金川歟！」金河縣故治在今綏遠省歸綏縣南。㊵八月壬辰，齊以司州牧清河王岳為太保：八月乙卯朔，無壬辰，《北齊書・文宣帝紀》作八月庚子，按是月亦無庚子，而其下有乙亥，蓋當為庚午之誤，庚午十六日。㊶及將受禪，隆之復以為不可：事見卷一百六十三簡文帝大寶三年。㊷今壯士築百餘拳：築，擊也，取築土之義。㊸魏宇文泰命侍中崔猷開回車路以通漢中：胡三省曰：「按北史崔猷傳，泰欲開梁漢舊路，乃命猷開通車路，鑿山堙谷五百餘里，至于梁州。此特因舊路開而廣之，以通車耳。前史蓋誤以通字為迴，傳寫者又去其旁為回也。」㊹席卷度江，直據丹陽：謂自江陵東還建康。㊺蕭氏保據江南，綿歷數紀：十二年為一紀。

自梁武代齊，至是凡五十三年。(四六)臣撝宇文容色，必無此理：王琛去年使魏，故自云撝其容色，必不至有興兵南侵之舉。(四七)帝停講：停講老子也。(四八)石梵：杜預曰：「石梵在沔州沔口上。」又《梁書・安成王秀傳》，秀薨於竟陵之石梵。則石梵時在竟陵郡界。(四九)徙倚：《楚辭》曰：「然隱憫而不達兮，獨徙倚而彷徉。」王逸注：「徙倚，猶低佪也。」(五〇)客星入翼軫：翼軫，楚荊州分。(五一)瀧和還州，堊其城門，著衰絰，坐葦席，終日乃脫之：史言瀧和能先知，故預為喪君之服。堊，白土也，堊其城門，以白土塗其城門，示有喪也。(五二)帝大閱於津陽門外：帝既建都江陵，仿洛陽、建康之制建十二門，而以故都城門名之。津陽門，城南面東來第二門也。(五三)斷東路：斷東兵赴援江陵之路。(五四)行柵：行，巡行也。(五五)巂州刺史：《五代志》越巂郡後周置嚴州，隋文帝開皇六年改曰西寧州，十八年又改曰巂州。蓋梁已先置是州也。故城即今四川省西昌縣。(五六)幾，之高之子也：侯景既陷臺城，裴之高以兵屬江陵。(五七)馬頭：《水經注》江水又東逕江陵縣故城南，城南有江津戍，戍南對馬頭岸。在今湖北省公安縣東北，隔江與故江陵城相對。(五八)癸丑，移居長沙寺：十一月癸未朔，無癸丑，蓋十二月朔，史脫十二月三字。(五九)朱買臣按劍進曰，唯斬宗懍、黃羅漢可以謝天下：以懍、羅漢諫帝還建康也，事見上。(六〇)鎮南府長史裴政：王琳為鎮南將軍，以裴政為府長史。(六一)王僧辯聞臺城被圍：時都江陵，建臺於此，故亦謂江陵為臺城。(六二)西中郎參軍蔡大業：梁置西中郎將於襄陽，以蔡大業為參軍。(六三)政，之禮之子：裴之禮，裴邃之子也。(六四)今汝南王大封、晉熙王大圓質於于謹以請和：大封、大圓，皆簡文帝之子。(六五)峻，淵猷之子也：淵猷，長沙懿王之子也。(六六)文武之道，今夜盡矣：胡三省曰：「焚書折劍，以為文武道盡。」(六七)可度江就任約：時約屯馬頭，與江陵一江之隔。(六八)柱國常山公家奴王褒：于瑾為柱國大將軍，封常山公，故褒書此以媚之。(六九)抽劍擊闔：杜預曰：「闔，門扇也。」(七〇)蕭世誠：世誠，帝字也。(七一)儉乃留帝於主衣庫：此主衣庫蓋在江陵金城中之禁中。(七二)帝為魏人所殺：時年四十七。(七三)布帊：帛三幅曰帊，見《說文》新附。鄭珍曰：「帛三幅曰帊，三者二之誤。」(七四)世祖：梁敬帝謚帝曰元，廟號世祖。(七五)韜於文士：胡三省曰：「今人謂器弊有餘用者為寬韜，與此同義。」(七六)魏立梁王詧為梁主，資以荊州之地，延袤三百里，仍取其雍州之地：魏既克江陵以資詧，因取襄樊之地為己有也。胡三省曰：「資以江陵緣江之地。延袤三百里，廣不及三百里也。」東西曰廣，南北曰袤。(七七)于瑾收府庫珍寶及宋渾天儀、梁銅晷表：胡三省曰：「宋渾天儀，元嘉十三年錢樂之所鑄也，梁銅晷表，武帝所造。」(七八)貪惏：《說文》曰：「河內之北謂貪曰惏。」段玉裁曰：「惏與婪音義同。」(七九)然後朝服濟江，入踐皇極：謂還建康即位也。(八〇)天與不取，反受其咎：《漢書》蒯通之言。(八一)匹夫之行：胡三省曰：「匹夫之行，小廉小謹以自託於鄉黨。」(八二)人將不食吾餘：《左傳》鄧祁侯之言。(八三)別封新野公：謹既封常山公，今又封新野公，故曰別封。(八四)今巨猾未平，公豈得遽爾獨善：巨猾，謂北齊也。《孟子》曰：「達則兼善天下，窮則獨善其身。」

卷一百六十六　梁紀二十二

起旃蒙大淵獻，盡柔兆困敦，凡二年。（乙亥至丙子，西元五五五年至五五六年）

司馬光編集
林瑞翰註

敬皇帝㊀

紹泰元年㊁（西元五五五年）

㈠春，正月，壬午朔，邵陵太守㊂劉棻將兵援江陵，至三百里灘，部曲宋文徹殺之，帥其眾還據邵陵。

㈡梁王詧即皇帝位於江陵㊃，【考異】周書詧傳云，詧在位八載，保定二年薨，然則詧雖以甲戌年為魏所立，乙亥年乃即位改元也。改元大定。追尊昭明太子為昭明皇帝，廟號高宗，妃蔡氏為昭德皇后，尊其母龔氏為皇太后，立妻王氏為皇后，子巋為皇太子，賞刑制度，並同王者，唯上疏於魏則稱臣，奉其正朔，至於官爵其下，亦依梁氏之舊，其勳級則兼用柱國等名㊄。以諮議參軍蔡大寶為侍中、尚書令，參掌選事，外兵參軍太原王操為五兵尚書。大寶嚴整有智謀，雅達政事，文辭贍速，後梁主推心任之，以為謀主，比之諸葛孔明，操亦亞之。追贈邵陵王綸太宰，諡曰壯武，河東王譽丞相，諡曰武桓㈥。以莫勇為武州刺史，魏永壽為巴州刺史㈦。

㈢相州刺史王琳將兵自小桂㈧北下，至蒸城㈨，聞江陵已陷，為世祖發哀，三軍縞素，遣別將侯平帥舟師攻後梁。琳屯兵長沙，傳檄州郡，為進取之計，長沙王韶及上游諸將皆推琳為盟主。

㈣齊主使清河王岳將兵攻魏安州⑩以救江陵。岳至義陽，江陵陷，因進軍臨江，郢州刺史陸灋和及儀同三司宋蒞舉州降之，【考異】北史宋蒞作宋苣，今從北齊紀。又北齊紀云：「壬寅岳度江，克夏首，送法和。」按典略，甲午，齊已召岳還，今從典略。長史江夏太守王珉不從，殺之。甲午（十三日），齊召岳還，使儀同三司清都慕容儼⑪戍郢州。【考異】梁紀，四月，灋和降齊，遣侯瑱討之。按齊主與王僧辯書云：「清河王岳今次漢口，與陸居士相會。」然則灋和先已降齊也，今從典略。王僧辯遣江州刺史侯瑱攻郢州，任約、徐世譜、宜豐侯循皆引兵會之。

㈤辛丑（二十日），齊立貞陽侯淵明為梁主⑫，使其上黨王渙將兵送之，徐陵、湛海珍等皆聽從淵明歸⑬。

㈥二月癸丑（初二日），晉安王至自尋陽，入居朝堂，即梁王位，時年十三。以太尉王僧辯為中書監、錄尚書、驃騎大將軍，都督中外諸軍事，加陳霸先征西大將軍，以南豫州刺史侯瑱為江州刺史，湘州刺史蕭循為太尉，廣州刺史蕭勃為司徒，鎮東將軍張彪為郢州刺史。

(七)齊主先使殿中尚書邢子才馳傳詣建康與王僧辯書，以為：「嗣主沖藐(一四)，未堪負荷(一五)，彼貞陽侯，梁武猶子，長沙之胤(一六)，以年以望，堪保金陵，故置為梁主，納於彼國，卿宜部分舟艦，迎接今主，幷心一力，善建良圖。」乙卯（初四日），貞陽侯淵明亦與僧辯書求迎。僧辯復書曰：「嗣主體自宸極，受於乂祖(一七)，明公儻能入朝同獎王室，伊呂之任，僉曰仰歸。意在主盟，不敢聞命。」甲子（十三日），齊以陸灋和為都督荊雍等十州諸軍事、太尉、大都督、西南道大行臺，又以宋蒞為郢州刺史，蒞弟簉為湘州刺史。甲戌（二十三日），上黨王渙克譙郡(一八)。己卯（二十八日），淵明又與僧辯書，僧辯不從。

(八)魏以右僕射申徽為襄州刺史(一九)。

(九)侯平攻後梁巴、武二州，故劉棻主帥趙朗殺宋文徹，以邵陵歸于王琳。

(十)三月，貞陽侯淵明至東關，散騎常侍裴之横禦之。齊軍司尉瑾、儀同三司蕭軌南侵皖城㊀，晉州刺史蕭惠以州降之。齊改晉熙為江州㊁，以尉瑾為刺史。丙戌（初六日），齊克東關，斬裴之横，俘數千人，王僧辯大懼，出屯姑孰，謀納淵明。

(土)丙申（十六日），齊主還鄴，封世宗二子孝珩為廣寧王，延宗為安德王。

(土)孫瑒聞江陵陷，棄廣州還，曲江侯勃復據有之㊂。

(圭)魏太師泰遣王克、沈炯等還江南㊃，泰得庾季才，厚遇之，令參掌太史。季才散私財，購親舊之為奴婢者。泰問何能如是？對曰：「僕聞克國禮賢，古之道也㊄。今郢都㊅覆沒，其君信有罪矣，搢紳何咎皆為皁隸㊆？鄙人羈旅，不敢獻言，誠竊哀之，故私購之耳！」泰乃悟曰：「吾之過也。微君，遂失天下之望。」因出令免梁俘為奴婢者數千口。

㈣夏，四月庚申（初十日），齊主如晉陽。

㈤五月庚辰（朔），侯平等擒莫勇、魏永壽。江陵之陷也，永嘉王莊㉗生七年矣，尼灋慕匿之，王琳迎莊，送之建康。

㈥庚寅（十一日），齊主還鄴。

㈦王僧辯遣使奉啓於貞陽侯淵明，定君臣之禮，又遣別使奉表於齊，以子顯及顯母劉氏、弟子世珍為質於淵明，【考異】典略，三月辛卯，遣廷尉張種等送質於鄴。按淵明五月始入建康，疑太早，恐非。遣左民尚書㉘周弘正至歷陽奉迎，因求以晉安王為皇太子，淵明許之。淵明求度衞士三千，僧辯慮其為變，止受散卒㉙千人。庚子（二十一日），遣龍舟灋駕迎之。淵明與齊上黨王渙盟於江北，辛丑（二十二日），自采石濟江。【考異】梁紀，七月辛丑，淵明濟江，甲辰，入京師。北齊紀，五月，淵明入建業。按典略，五月庚子僧辯逆淵明，辛丑，濟江，癸卯，至建康，今從之。於是梁輿南度，齊師北返。僧辯疑齊擁檝中流㉚，不敢就西岸，齊侍中裴英起衞送淵明與僧辯會於江寧。癸卯（二十四日），淵明入建康，望朱雀門而哭，逆者以哭對。丙午（二十七日），即皇帝位，改元天成。以晉安王為皇太子，王僧辯為大司馬，陳霸先為侍中。

(十八)六月庚戌朔，齊發民一百八十萬築長城，自幽州夏口西至恒州，九百餘里(三一)，命定州刺史趙郡王叡將兵監之。叡，琛之子也(三二)。

(十九)齊慕容儼始入郢州，而侯瑱等奄至城下，儼隨方備禦，瑱等不能克。儼閒出擊瑱等軍，大破之。城中食盡，煮草木根葉及靴皮、帶角食之，與士卒分甘共苦，堅守半歲，人無異志。貞陽侯淵明立，乃命瑱等解圍，瑱還鎮豫章。齊人以城在江外難守，因割以還梁。儼歸，望齊主，悲不自勝，齊主呼前，執其手，脫帽看髮，歎息久之。

(廿)吳興太守杜龕，王僧辯之壻也。僧辯以吳興為震州(三三)，用龕為刺史，又以其弟侍中僧愔為豫章太守。

(廿一)壬子（初三日），齊主以梁國稱藩，詔凡梁民，悉遣南還。

(廿二)丁卯（初八日），齊主如晉陽，壬申（二十二日），自將擊柔然。秋，七月己卯（朔），至白道(三四)，留輜重，帥輕騎五千追柔然，壬午（初四日），及之於懷朔鎮，齊主親犯矢石，頻戰，大破之，至于沃野，獲其酋長及生口二萬餘，牛羊數十萬。壬辰（十四日），還晉陽。

(廿三)八月辛巳（八月己酉朔，無辛巳），王琳自蒸城還長沙。

(廿四)齊主還鄴，以佛道二教不同，欲去其一，集二家學者論難於前，遂敕道士皆剃髮為沙門，有不從者，殺四人，乃奉命，於是齊境皆無道士[35]。

(廿五)初，王僧辯與陳霸先共滅侯景[36]，情好甚篤。僧辯為子頠娶霸先女，會僧辯有母喪，未成昏。僧辯居石頭城，霸先在京口，僧辯推心待之，頠兄顗屢諫不聽。及僧辯納貞陽侯淵明，霸先遣使苦爭之，往返數四，僧辯不從。霸先竊歎謂所親曰：「武帝子孫甚多，唯孝元能復讎雪恥[37]，其子何罪而忽廢之？吾與王公並處託孤之地，而王公一旦改圖，外依戎狄，援立非次，其志欲何所為乎？」乃密具袍數千領及錦綵金銀為賞賜之具，會有告齊師大舉至壽春將入寇者，僧辯遣記室江旰告霸先，使為之備，霸先因是留旰於京口，舉兵襲僧辯。九月壬寅（二十五日），召部將侯安都、周文育及安陸徐度、錢塘杜稜謀之，稜以為難，霸先懼其謀泄，以手巾㊳絞稜，悶絕於地，因閉於別室，部分將士，分賜金帛，以弟子著作郎㊴曇朗鎮京口，知留府事，使徐度、侯安都帥水軍趨石頭，霸先帥馬步自江乘羅落㊵會之。是夜，皆發，召杜稜與同行，知其謀者唯安都等四將，外人皆以為江旰徵兵禦齊，不之怪也。

甲辰（二十七日），安都引舟艦將趣石頭，霸先控馬未進。安都大懼，追霸先罵曰：「今日作賊，事勢已成，生死須決，在後欲何所望？若敗俱死，後期得免斫頭邪？」霸先曰：「安都嗔我。」乃進。

安都至石頭城北，棄舟登岸。石頭城北接岡阜，不甚危峻，安都被甲，帶長刀，軍人捧之，投於女垣㊶內，眾隨而入，進及僧辯臥室，霸先兵亦自南門入。僧辯方視事，外白有兵，俄而兵自內出，僧辯遽走，遇子頠，與俱出閤，帥左右數十人苦戰於聽事前，力不敵，走登南門樓，拜請求哀。霸先欲縱火焚之，僧辯與頠俱下就執。霸先曰：「我有何辜，公欲與齊師賜討？」且曰：「何意全無備？」僧辯曰：「委公北門[四二]，何謂無備？」是夜，霸先縊殺僧辯父子，既而竟無齊兵，亦非霸先之譎也。

前青州刺史新安程靈洗帥所領救僧辯，力戰於石頭西門，軍敗，霸先遣使招諭，久之，乃降，霸先深義之，以為蘭陵太守，使助防京口。

乙巳（二十八日），霸先為檄佈告中外，列僧辯罪狀，且曰：「資斧所指，唯王僧辯父子兄弟，其餘親黨，一無所問。」丙午（二十九日），貞陽侯淵明遜位，出就邸，【考異】梁書：九月丙午，帝即皇帝位；十月己巳，大赦，改元。按長曆，丙午，九月二十九日，己巳，十月二十二日，豈有即位二十四日始改元大赦乎？蓋丙午復梁王位，十月乃即帝位耳！典略，丁未廢貞陽侯，出就邸，今並從陳書。百僚上晉安王表，勸進。冬，十月己酉（初二日），晉安王即皇帝位，大赦，改元[四三]，中外文武賜位一等，以貞陽侯淵明為司徒，封建安公。告齊云：「僧辯陰圖篡逆，故誅之。」仍請稱臣於齊，永為藩國。齊遣行臺司馬恭與梁人盟於歷陽。

(十六)辛亥（初四日），齊主如晉陽。

（三七）壬子（初五日），加陳霸先尚書令，都督中外諸軍事，車騎將軍，揚、南徐二州刺史。癸丑（初六日），以宜豐侯循為太保，建安公淵明為太傅，曲江侯勃為太尉，王琳為車騎將軍、開府儀同三司。

（三八）戊午（十一日），尊帝所生夏貴妃為皇太后，立妃王氏為皇后。

（三九）杜龕恃王僧辯之勢，素不禮於陳霸先，在吳興，每以灋繩其宗族，霸先深怨之。及將圖僧辯，密使兄子蒨還長城㊵，立柵以備龕。僧辯死，龕據吳興拒霸先，義興太守韋載以郡應之。【考異】典略作韋載，今從梁、陳書。㊶吳郡太守王僧智，僧辯之弟也，亦據城拒守。【考異】南史云，僧智奔任約，今從典略。陳蒨至長城收兵，纔數百人，杜龕遣其將杜泰將精兵五千奄至，將士相視失色，蒨言笑自若，部分益明，眾心乃定。泰晝夜苦攻，數旬不克而退。

霸先使周文育攻義興，義興屬縣卒皆霸先舊兵，善用弩，韋載收得數十人，繫以長鎖，命所親監之，使射文育軍，約曰：「十射不兩中者死。」故每發，輒斃一人，文育軍稍卻，載因於城外據水立柵，相持數旬，杜龕遣其從弟北叟將兵拒戰，北叟敗，歸於義興。

霸先聞文育軍不利，辛未（二十四），自表東討，留高州刺史侯安都、石州刺史㊻杜稜宿衛臺省。甲戌（二十七日），軍至義興，丙子（二十九日），拔其水柵。

譙秦二州刺史㊼徐嗣徽、從弟嗣先，僧辯之甥也，僧辯死，嗣先亡就嗣徽，嗣徽以州入於齊。及陳霸先東討義興，嗣徽密結南豫州刺史任約將精兵五千乘虛襲建康。是日，襲據石頭，遊騎至闕下，侯安都閉門藏旗幟，示之以弱，令城中曰：「登陴闚賊者斬。」及夕，嗣徽等收兵還石頭，安都夜為戰備，將旦，嗣徽等又至，安都帥甲士三百開東西掖門㊽出戰，大破之，嗣徽等奔還石頭，不敢復逼臺城。

陳霸先遣韋載族弟翽齎書諭載，丁丑（三十日），載及杜北叟皆降，霸先厚撫之，以翽監義興郡，引載置左右，與之謀議。霸先卷甲還建康，【考異】梁書十一月庚寅，霸先還建康。按庚寅十一月十三日，太晚，且庚寅以前，霸先已有在建康與齊相拒事迹，今從陳書。使周文育討杜龕，救長城。將軍黃他攻王僧智於吳郡，不克，霸先使寧遠將軍裴忌助之。忌選所部精兵，輕行倍道，自錢塘直趣吳郡㊾，夜至城下，鼓譟薄之，僧智以為大軍至，輕舟奔吳興。忌入據吳郡，因以忌為太守。

十一月己卯（初二日），齊遣兵五千度江據姑孰以應徐嗣徽、任約，陳霸先使合州刺史徐度立柵於冶城㊿。庚辰（初二日），齊又遣安州刺史(五一)翟子崇、楚州刺史(五二)劉士榮、淮州刺史(五三)柳達摩將兵萬人，於胡墅(五四)度米三萬石、馬千匹入石頭。

霸先問計於韋載，載曰：「齊師若分兵先據三吳之路，略地東境，則時事去矣！今可急於淮南因侯景故壘築城以通東道轉輸(五五)，分兵絕彼之糧運，則齊將之首，旬日可致。」霸先從之。癸未（初六日），使侯安都夜襲胡墅，【考異】典略作己巳，按長曆，是月戊寅朔，無己巳，今從陳書。燒齊船千餘艘，仁威將軍周鐵虎斷齊運輸，擒其北徐州刺史(五六)張領州，仍遣韋載於大航築侯景故壘，使杜稜守之。齊人於倉門、水南(五七)立二柵，與梁兵相拒。壬辰（十五日），齊大都督蕭軌將兵屯江北。

(卅)初，齊平秦王歸彥幼孤，高祖令清河昭武王岳養之(五八)。岳情禮甚薄，歸彥心銜之。及顯祖即位，歸彥為領軍大將軍，大被寵遇，岳謂其德己，更倚賴之。岳屢將兵立功，有威名，而性豪侈，好酒色，起第於城南(五九)，聽事後開巷。歸彥譖之於帝曰：「清河僭擬宮禁，制為永巷，但無闕耳！」帝由是惡之。帝納倡婦薛氏於後宮，岳先嘗因其姊迎之至第，帝夜遊於薛氏家，其姊為其父乞司徒，帝大怒，懸其姊鋸殺之，讓岳以姦，岳不服，帝益怒。己亥（二十二日），使歸彥鴆岳。岳自訴無罪，歸彥曰：「飲之則家全。」飲之而卒，葬贈如禮。

薛嬪(六〇)有寵於帝，久之，帝忽思其與岳通，無故斬首，藏之於懷，出東山宴飲，勸酬始合，忽探出其首，投於柈(六一)上，支解其尸，弄其髀為琵琶，一座大驚。帝方收取，對之流涕，曰：「佳人難再得(六二)。」載尸以出，被髮步哭而隨之。

(卅一)甲辰（二十七日），徐嗣徽等攻冶城柵，陳霸先將精甲自西明門出擊之，嗣徽等大敗，留柳達摩等守城，自往採石迎齊援。

(卌二)以郢州刺史宜豐侯循為太保，廣州刺史曲江侯勃為司空，并徵入侍。循受太保而辭不入，勃方謀舉兵，遂不受命。

(卌三)鎮南將軍王琳侵魏，魏大將軍豆盧寧(六三)禦之。

(卌四)十二月，癸丑（初七日），侯安都襲秦郡，破徐嗣徽柵，俘數百人，收其家，得其琵琶及鷹，遣使送之曰：「昨至弟處得此，今以相還。」嗣徽大懼。丙辰（初十），陳霸先對治城立航(六四)，悉度眾軍，攻其水南二柵(六五)。柳達摩等度淮置陳，霸先督兵疾戰，縱火燒柵，齊兵大敗，爭舟相擠，溺水者以千數，呼聲震天地，盡收其船艦。是日，嗣徽與任約引齊兵水步萬餘人還據石頭，霸先遣兵詣江寧，據要險，嗣徽等水步不敢進，頓江寧浦口，霸先遣侯安都將水軍襲破之，嗣徽等單舸脫走，盡收其軍資器械。己未（初十日），霸先四面攻石頭，城中無水，升水直絹一匹。庚申（十一日），達摩遣使請和於霸先，且求質子。時建康虛弱，糧運不繼，朝臣皆欲與齊和，請以霸先從子曇朗為質(六六)。霸先曰：「今在位諸賢，欲息肩於齊(六七)，若違眾議，謂孤愛曇朗，不恤國家。今決遣曇朗，棄之寇庭，齊人無信，謂我微弱，必當背盟，齊寇若來，諸君須為孤力鬪也。」乃與曇朗及永嘉王莊、丹陽尹王沖之子珉為質[六八]，與齊人盟於城外[六九]，將士恣其南北[七〇]。辛酉（十二日），霸先陳兵石頭南門，送齊人歸北，徐嗣徽、任約皆奔齊，收齊馬仗船米不可勝計。齊主誅柳達摩。

壬戌（十三日），齊和州長史烏丸遠[七一]自南州奔還歷陽。

江寧令陳嗣、黃門侍郎曹朗據姑孰反，霸先命侯安都等討平之。

霸先恐陳曇朗亡竄，自帥步騎至京口迎之。

（七五）交州刺史劉元偃帥其屬數千人歸王琳。

（七六）魏以侍中李遠為尚書左僕射。

（七七）魏益州刺史宇文貴使譙淹從子子嗣誘說淹以為大將軍，淹不從，斬子嗣。貴怒，攻之，淹自東遂寧徙屯墊江[七二]。

（七八）初，晉安[七三]民陳羽世為閩中豪姓，其子寶應多權詐，郡中畏服。侯景之亂，晉安太守賓化侯雲以郡讓羽，羽老，但治郡事，令寶應典兵。時東境荒饉，而晉安獨豐衍，寶應數自海道出，寇抄臨安(七四)、永嘉、會稽，或載米粟與之貿易，由是能致富彊。侯景平，世祖因以羽為晉安太守。及陳霸先輔政，求傳位於寶應，霸先許之。

(卅九)是歲，魏宇文泰諷淮安王育上表請如古制降爵為公，於是宗室諸王皆降為公。

(卌)突厥木杆可汗擊柔然鄧叔子，滅之，叔子收其餘燼奔魏。木杆西破嚈噠(七五)，東走契丹，北幷契骨(七六)，威服塞外諸國，其地東自遼海，西至西海(七七)，長萬里，南自沙漠以北五六千里(七八)皆屬焉。木杆恃其彊，請盡誅鄧叔子等於魏，使者相繼於道，太師泰收叔子以下三千餘人付其使者，盡殺之於青門(七九)外。

(卌一)初，魏太師泰以漢魏官繁，命蘇綽及尚書令盧辯依周禮更定六官。

【今註】㈠敬皇帝：帝諱方智，字慧相，小字法真，元帝之第九子也。㈡紹泰元年：五月，貞陽侯改元天成，十月，帝方改元紹泰。㈢邵陵太守：《宋書・州郡志》吳孫皓寶鼎元年分零陵北部都尉立邵陵郡。《五代志》長沙郡邵陽縣舊置邵陵郡。今湖南省寶慶縣。㈣梁王詧即皇帝位於江陵：詧字理孫，梁昭明太子第之三子也。㊄其勳級則兼用柱國等名：柱國之官，本魏所置而北周因之，後梁以為勳級之首。勳與勛同，功也，勳級所以表功。㊅追贈邵陵王綸太宰，謚曰壯武，河東王譽丞相，謚曰武桓：邵陵王死見卷六十四簡文帝大寶二年，河東王譽死見卷六十三簡文帝大寶元年。㊆以莫勇為武州刺史，魏永壽為巴州刺史：胡三省曰：「武州、巴州皆置於江陵之南岸，二將尋為侯平所擒，不能有二州也。」《五代志》巴陵郡梁置巴州，今湖南省岳陽縣，武陵郡梁置武州，今湖南省常德縣。㊇小桂：胡三省曰：「據姚思廉陳書，小桂，嶺名。」《輿地志》：「連州桂陽縣，漢屬桂陽郡，所謂小桂也。」晉陶侃執劉沈於小桂，即此，今為廣東省連縣。㊈蒸城：胡三省曰：「蓋漢臨烝縣古城也，在衡州界。」《五代志》衡山郡衡山縣，隋初省臨烝、新城、重安三縣入焉。衡山，今湖南省衡陽縣。㊉安州：《五代志》安陸郡西魏置安州，故治在今湖北省安陸縣。⑪清都慕容儼：《北齊書・慕容儼傳》，儼，清都成安人，慕容廆之後也。《五代志》後齊置成安縣，屬魏郡。《魏書・地形志》，東魏都鄴，以魏郡置魏尹，《五代志》齊官有清都尹，蓋改魏尹為清都尹也。⑫齊立貞陽侯淵明為梁主：寒山之敗，淵明沒於北齊，見卷一百六十武帝太清元年。⑬徐陵、湛海珍等皆聽從淵明歸：徐陵使東魏見卷一百六十一武帝太清二年。魏既禪於齊，而梁又值侯景之亂，以是留北。湛海珍降魏見卷一百六十二武帝太清三年。今皆遣歸。⑭沖藐：幼弱也。《左傳》僖九年：「以是藐諸孤，辱在大夫。」杜預注曰：「言其幼賤與諸子縣藐。」⑮未堪負荷：《左傳》子產曰：「其父析薪，其子弗克負荷。」喻繼承先業之不易也。⑯彼貞陽侯，梁武猶子，長沙之胤：胡三省曰：「貞陽雖為繫臣於齊，而貞陽侯則梁爵也，故於僧辯書稱彼貞陽侯。」貞陽侯淵明，武帝長兄長沙宣武王懿之子也，故曰猶子。《禮・檀弓》云：「喪服，兄弟之子，猶子也。」⑦嗣主體自宸極，受於乂祖：晉安王即敬帝也，孝元帝之子，故曰體自宸極。宸極，天帝之所居，故以喻君位。劉琨《勸進表》曰：「陛下宜遺小禮，存大務，援據圖籙，居正宸極。」胡三省曰：「乂當作文，蓋用受終于文祖事。」《書・舜典》：「受終于文祖。」鄭康成曰：「文祖者，五府之大名，猶周之明堂。」《史記》索隱曰：「五府，五帝之廟，蒼曰靈府，赤曰文祖，黃曰神斗，白曰顯紀，黑曰元矩，唐虞謂之五府，周謂明堂，皆祀五帝之所。」⑧譙郡：胡三省曰：「梁置合州於合肥，立南譙郡於襄安縣界，襄安，漢之巢縣也，梁置蘄縣，隋改曰襄安。唐復曰巢縣。」故治即今安徽省巢縣。⑨襄州刺史：胡三省曰：「魏既得梁雍州，改曰襄州，因襄陽以名州也。」《五代志》襄陽郡帶襄陽縣，江左並僑置雍州，西魏改曰襄州。即今湖北省襄陽縣。⑩皖城：胡三省曰：「晉熙郡懷寧縣，漢之皖城也。」《宋書・州郡志》晉熙郡治懷寧縣，晉安帝分廬江郡立。《五代志》懷寧縣屬同安郡，舊置晉熙郡。今為安徽省潛山縣。⑪晉州刺史蕭惠以州降之，齊改晉熙為江州：《五代志》同安郡梁置豫州，後改曰晉州，後齊改曰江州，所領懷寧縣舊置晉熙郡。懷寧即皖城也，見上註。胡三省曰：「齊晉州治平陽城，故此晉州改為江州。」⑫孫瑒聞江陵陷，棄廣州還，曲江侯勃復據有之：勃棄廣州居始興以避王琳見上卷元帝承聖三年，今復據之。⑬魏太師泰遣王克、沈炯等還江南：魏軍陷江陵，王克等入長安亦見上卷元帝承聖三年。⑭僕聞克國禮賢，古之道也：胡三省曰：「武王克商，釋箕子囚，式商容閭，封比干墓，所謂禮賢也。」㉕郢都：江陵，楚之故都，古郢城也。㉖皁隸：賤臣也。《左傳》士臣皁，皁臣輿，輿臣隸。㉗永嘉王莊：莊，世子方等之子，元帝之孫也。㉘左民尚書：《晉書・職官志》晉武帝太康中始置左民尚書，與吏部、殿中、五兵、田曹、度支合為六曹。㉙散卒：胡三省曰：「散卒者，冗散之卒，非敗散之卒也。」然則此散卒但備衞從儀仗而非戰士。㉚擁檝中流：胡三省曰：「檝與楫同，櫂也，所以撥水行船，擁檝附船而不鼓，則船定而不進。」余按擁有羣聚之義，如曰擁擠，擁兵，楫亦舟也，蓋舟必有楫，故舟楫並稱。《書・說命》：「若濟巨川，用汝作舟楫。」是也。擁楫中流，謂聚兵船於江中，以備非常耳！㉛齊發民一百八十萬築長城，自幽州夏口西至恆州九百餘里：胡三省曰：「幽州夏口蓋即居庸下口也。幽州軍都縣西北有居庸關，㶟餘水出上谷沮陽縣之東，南流出關，謂之下口。夏當作下。」《魏書・地形志》魏道武帝都平城置司州，孝文帝遷洛，改置恆州。《五代志》馬邑郡雲內縣有後魏都，置司州，又有後齊安遠、臨塞、威遠、臨陽等郡，屬北恆州，後周並廢，改置雲中縣，隋改曰雲內縣。蓋齊因魏舊，於平城置北恆州也。㉜叡，琛之子也：趙郡王琛，齊神武帝歡之弟也。㉝僧辯以吳興為震州：胡三省曰：「因震澤以為州名。」震澤即荻塘也，在今浙江省吳興縣東。㉞白道：《水經注》雲中郡有白道嶺、白道川。《魏書・明元帝紀》泰常四年西巡雲中，踰白道，北獵野馬於辱孤山，即此，其地在今綏遠省歸綏縣北。《太平寰宇記》白道川當原陽鎮北，欲至山上，當路有千餘步地土白如石灰色，遙去百里即見之，即陰山道也。㉟道士：胡三省曰：「今道家有大霄琅書經云：『人行大道，號曰道士。士者何？理也，事也，身心順理，唯道是從，從道為事，故曰道士。』今按前說，是道流借吾儒經解大義，以演繹道士二字。道流雖曰宗老子，而西漢以前未嘗以道士自名，至東漢始有張道陵、于吉等，其實與佛教皆起於東漢之時。」㊱初，王僧辯與陳霸先共滅侯景：事見卷一百六十四元帝承聖元年。㊲唯孝元能復仇雪恥：謂誅滅侯景也。㊳手巾：洗面之巾也。《世說．文學篇》云：「謝鎮西聞殷浩能清言，造之，殷作數百語，既有佳致，兼辭條豐蔚，甚足以動心駭聽，謝注神傾意，不覺汗流交面，殷徐語左右，取手巾與謝郎拭面。」蓋東晉以還，即有是稱。㊴弟子著作郎曇朗：《南史．陳宗室諸王傳》，曇朗，霸先母弟休先之子也。㊵江乘羅洛：胡三省曰：「江乘羅洛，江乘縣之羅洛橋，自江乘至羅洛橋，京口趨建康之大路，劉裕伐桓玄由此。」江乘故城在今江蘇省句容縣北。㊶女垣：《說文通訓定聲》曰：「古城用土，加以專牆，為之射孔，曰女垣。凡言王言馬，皆大意，言女，皆小意，猶言小牆也。」亦曰女牆，按即城堞也。㊷委公北門：王僧辯委陳霸先以鎮京口之任，京口建康之北門也，江左以來，號稱北府。㊸改元：改元紹泰。㊹長城：長城，吳興之屬縣也，陳霸先及其宗族世居之。《宋書．州郡志》晉武帝太康三年分烏程縣立長城縣，屬吳興郡。《元和郡縣志》，昔闔閭使弟夫槩居此，築城狹而長，因以為名。故城在今浙江省長興縣東。

㊺〔考異〕典略作韋載，今從梁、陳書：胡三省曰：「今按典略若作韋載、則與梁，陳書同，不須考異矣！」㊻石州刺史：胡三省曰：「五代志永平郡梁置石州，隋後改曰藤州。」按今本《五代志》云永平郡平陳置藤州，未云梁置石州也，疑有脫略，隋永平郡治永平縣，故治在今廣西省藤縣北。

㊼譙、秦二州刺史：《五代志》江都郡清流縣舊曰頓丘，置新昌郡及南譙州，開皇初，改曰滁州，即今安徽省滁縣。《魏書・地形志》，譙州，梁武帝置，魏因之，治新昌城，蓋即此也。又《五代志》江都郡六合縣舊曰尉氏，置秦郡，後齊置秦州。蓋梁先置秦州於此而後齊因之也，即今江蘇省六合縣。㊽東西掖門：臺城正南門曰端門，其左右二門曰東西掖門。㊾輕行倍道，自錢塘直趣吳郡：軍行不隨輜重曰輕行；倍道，兼程而行也。胡三省曰：「按陳霸先自義興還建康，遣裴忌助黃他攻吳郡，自錢塘直趣吳郡非路也，錢塘必誤。」㊿冶城：在今江蘇省江寧縣西，本吳冶鑄之所，因以為名，見《六朝事迹》。(51)安州刺史：《五代志》鍾離郡定遠縣，舊曰東城，梁改曰定遠，置臨濠郡及安州，故城在今安徽省定遠縣東。(52)楚州刺史：《魏書・地形志》梁武帝置北徐州於鍾離，東魏孝靜帝武定七年改曰楚州。《五代志》鍾郡後齊曰西楚州。蓋時去武定七年未久，仍曰楚州，其後始改曰西楚州耳！故城在今安徽省鳳陽縣東北。(53)淮州刺史：《五代志》江都郡山陽縣有後魏淮陰郡，東魏改為淮州，今為江蘇省淮安縣。(54)胡墅：胡三省曰：「胡墅在大江北岸，對石頭城。」在今江蘇省六合縣東。(55)今可急於淮南因侯景故壘築城以通東道轉輸：淮南，秦淮水之南也，侯景圍臺城，築壘於此。東道，謂三吳也。(56)北徐州刺史：《五代志》琅邪郡舊置北徐州，後周改曰沂州，治臨沂，故城在今山東省臨沂縣東南。(57)倉門、水南：胡三省曰：「倉門，石頭倉城門；水南，秦淮水之南。」(58)初，齊平秦王歸彥幼孤，高祖令清河昭武王岳養之：《北齊書・平秦王歸彥傳》，歸彥，齊神武帝歡之族弟也，父徽於歡舊恩甚篤，故歡憐其孤而命岳養之。高祖，歡廟號。(59)城南：鄴城

之南。(六〇)薛嬪：即倡婦薛氏。(六一)柈：同槃，見《玉篇》，盤之本字。(六二)佳人難再得：《漢書・李延年歌》曰：「北方有佳人，絕世而獨立，一顧傾人城，再顧傾人國，寧不知傾城與傾國，佳人難再得。」(六三)豆盧寧：豆盧，複姓也。〈姓氏志〉豆盧本姓慕容氏，燕北地王精降魏，北人謂歸義為豆盧，因賜以為姓。(六四)航：連舟為浮橋也。(六五)水南二柵：胡三省曰：「即倉門、水南二柵。」(六六)請以霸先從子曇朗為質：曇朗時鎮京口，知留府事。(六七)息肩於齊：用《左傳》鄭子駟請息肩於晉語。杜預曰：「以負擔喻。」言得休兵息民，如弛其肩上負擔也。(六八)乃與曇朗及永嘉王莊、丹陽尹王沖之子珉為質：與者，言以曇朗等與齊為質也。胡三省曰：「與當作以，則文意明順。」(六九)城外：石頭城外。(七〇)恣其南北：恣其意之所適，欲適南者南歸，欲適北者北歸也。(七一)齊和州長史烏丸遠：胡三省曰：「烏丸蓋出於東胡烏丸之種，因以為姓。」《五代志》歷陽郡後齊立和州，即今安徽省和縣。(七二)淹自東遂寧徙屯墊江：《五代志》遂寧郡方義縣梁曰小溪，置東遂寧郡，即今四川省遂寧縣。墊江縣漢屬巴郡，漢獻帝建安六年廢屬巴西郡，蜀漢後主建興十五年復舊，見《宋書・州郡志》。《五代志》巴郡巴縣舊置巴郡，後周廢枳、墊江二縣入焉，即今四川省巴縣。(七三)晉安：《宋書・州郡志》吳立東安縣，晉武帝太康元年更名晉安縣，太康三年，分建安郡立晉安郡。《五代志》建安郡閩縣舊曰東候官，置晉安郡。故治在今福建省閩候縣東北。(七四)臨安：《宋書・州郡志》吳分餘杭為臨水縣，晉武帝太康元年更名臨安。《五代志》無臨安郡及臨安縣，有餘杭郡，治錢唐，即梁之臨安也，在今浙江省臨安縣北四里。(七五)嚈噠：《周書・異域傳》，嚈噠，大月氏之種類，在于闐之西，東去長安一萬百里，其王治拔底延城，蓋王舍城也，其城方十餘里，刑法風俗與突厥略同。㈤契骨：部落名，胡三省以為即《唐書》之結骨。按《唐書》，結骨蓋堅昆之訛音也，又曰紇骨、居勿、黠戛斯，唐時嘗置堅昆都督府以鎮之。其種人所居地約在今新疆省哈密縣之西，焉耆縣以北之地。㈦西海：即青海也，古曰西海。㈧南自沙漠以北五六千里：《周書・異域傳》自沙漠以北，北至北海五六千里皆屬焉。北海，謂今西伯利亞之貝加爾湖。《漢書》匈奴徙蘇武於北海上無人處，即此。㈨青門：《水經注》長安東出南頭第一門曰霸城門，王莽更名仁壽門，民見門色青，又名青城門，或曰青綺門，亦曰青門，門外舊出好瓜，昔廣陵人邵平為秦東陵侯，秦破，為布衣，種瓜此門，瓜美，世謂之東陵瓜，是以阮籍〈詠懷詩〉云：「昔聞東陵瓜，近在青門外，連畛拒阡陌，子母相鉤帶。」指謂此門也。

太平元年㈠（西元五五六年）

㈠春，正月丁丑朔，魏初建六官㈡，以宇文泰為太師、大冢宰，柱國李弼為太傅、大司徒，趙貴為太保、大宗伯㈢，獨孤信為大司馬，于謹為大司寇，侯莫陳崇為大司空，自餘百官，皆倣周禮。

㈡戊寅（初二日），大赦。其與任約、徐嗣徽同謀者，一無所問。癸未（初七日），陳霸先使從事中郎江旰說徐嗣徽使南歸，嗣徽執旰送齊。

㈢陳蒨、周文育合軍攻杜龕於吳興，龕勇而無謀，嗜酒常醉，其將杜泰陰與蒨等通。龕與蒨等戰敗，泰因說龕使降，龕然之。其妻王氏㊃曰：「霸先讎隙如此，何可求和？」因出私財賞募，復擊蒨等，大破之，既而杜泰降於蒨，龕尚醉，未覺，蒨遣人負出於項王寺㊄前斬之。【考異】梁書，太平元年正月癸未，杜龕降，詔賜死。陳書，紹泰元年十二月，杜龕以城降，明年正月癸未，誅杜龕於吳興，龕從弟北叟、司馬沈孝敦並賜死。典略，魏恭帝二年十二月，蒨命劉澄等攻龕，大敗之，龕乃降，明年正月丁亥，周鐵虎送杜龕祠項王神，使力士拉龕於坐，從弟北叟、司馬沈孝敦並賜死，今從南史。王僧智與其弟豫章太守僧愔俱奔齊。【考異】梁書、南史王僧辯傳，僧辯既亡，僧智得就任約，約敗走，僧智肥不能行，又遇害，僧智弟僧愔位譙州刺史，征蕭勃，及聞兄死，引軍還，時吳州刺史羊亮隸在僧愔下，與僧愔不平，密召侯瑱，見禽。僧愔以名義責瑱，瑱乃委罪於將羊鯤，斬之，僧愔復得奔齊。陳書、南史侯瑱傳則云，僧辯使其弟僧愔與瑱共討蕭勃，及陳武帝誅僧辯，僧愔陰欲圖瑱，及奪其軍，瑱知之，盡收僧愔徒黨，僧愔奔齊。典略，魏恭帝三年正月，初，僧愔與瑱共討曲江侯勃，至是吳州刺史羊亮說僧愔襲瑱，而翻以告瑱，瑱攻之，僧愔奔齊。凡此諸說，莫知孰是，今約其梗概言之。東揚州刺史張彪，素為王僧辯所厚，不附霸先。二月庚戌（初五日），陳蒨、周文育輕兵襲會稽，彪兵敗，走入若邪山中㊅。蒨遣其將吳興章昭達追斬之。

東陽太守留異饋蒨糧食，霸先以異為縉州刺史㈦。

江州刺史侯瑱本事王僧辯，亦擁兵據豫章及江州，不附霸先，霸先以周文育為南豫州刺史，使將兵擊湓城。庚申（十五日），又遣侯安都、周鐵虎將舟師立柵於梁山以備江州。

㈣癸亥（十八日），徐嗣徽、任約襲采石，執戍主明州刺史張懷鈞㈧送於齊。

㈤後梁王擊侯平於公安，平與長沙王韶引兵還長沙，王琳遣平鎮巴州。

㈥三月壬午（初七日），詔雜用古今錢。

㈦戊戌（二十三日），齊遣儀同三司蕭軌、庫狄伏連、堯難宗、東方老等與任約、徐嗣徽合兵十萬入寇，出柵口㈨，向梁山，陳霸先帳內盪主㈩黃叢逆擊，破之，齊師退保蕪湖。霸先遣定州刺史沈泰等就侯安都共據梁山以禦之。周文育攻湓城，未克，召之還。夏，四月丁巳（十三日），霸先如梁山，巡撫諸軍。

㈧乙丑（二十一日），齊儀同三司婁叡討魯陽蠻，破之。

(九)侯安都輕兵襲齊行臺司馬恭於歷陽，【考異】梁書云，壬午，安都襲恭。按長曆，是月乙巳朔，無壬午。大破之，俘獲萬計。

(十)魏太師泰尚孝武妹馮翊公主，生略陽公覺，姚夫人生寧都公(二)毓。毓於諸子最長，娶大司馬獨孤信女。泰將立嗣，謂公卿曰：「孤欲立子以嫡，恐大司馬有疑，如何？」眾默然，未有言者。尚書左僕射李遠曰：「夫立子以嫡，不以長(三)，略陽公為世子，公何所疑？若以信為嫌，請先斬之。」遂拔刀而起，泰亦起曰：「何至於是。」信又自陳解，遠乃止。於是羣公並從遠議。遠出外，拜謝信，曰：「臨大事，不得不爾！」信亦謝遠曰：「今日賴公決此大議。」遂立覺為世子。

(十一)太師泰北巡。

(十二)五月，齊人召建安公淵明，詐許退師，【考異】典略云：「五月，齊主在東山飲酒，投杯赫怒，召魏收於前，立為制書，欲自將西討長安，令上黨王渙將兵伐梁，於是渙南侵。」按梁、陳、北齊帝紀及渙傳皆無是事，今去之。陳霸先具舟送之。癸未（初九日），淵明疽發背卒。甲申（初十日），齊兵發蕪湖，庚寅（十六日），入丹楊縣(三)，丙申（二十二日），至秣陵故治(四)，陳霸先遣周文育屯方山㊄，徐度頓馬牧㊅，杜稜頓大航南以禦之。

㊂齊漢陽敬懷王洽卒㊆。

㊃辛丑（二十七日），齊人跨淮立橋柵度兵，夜至方山，徐嗣徽等列艦於青墩，至於七磯，以斷周文育歸路。文育鼓譟而發，嗣徽等不能制，至旦，反攻嗣徽，嗣徽驍將鮑砰獨以小艦殿軍，文育乘單舴艋㊇與戰，跳入艦中，斬砰，仍牽其艦而還。嗣徽眾大駭，因留船蕪湖，自丹楊步上。陳霸先追侯安都、徐度皆還㊈。癸卯（二十九），齊兵自方山進及倪塘⑳，遊騎至臺，建康震駭。帝總禁兵出頓長樂寺，內外纂嚴。

霸先拒嗣徽等於白城㉑，適與周文育會。將戰，風急，霸先曰：「兵不逆風。」文育曰：「事急矣，何用古灋？」抽槊上馬先進，風亦尋轉，殺傷數百人。

侯安都與嗣徽等戰於耕壇南㉒，安都帥十二騎突其陳，破之，生擒齊儀同三司乞伏無勞。【考異】南史作乞伏無芳，今從陳書。

霸先潛撤精卒三千配沈泰度江襲齊行臺趙彥深於瓜步，獲艦百餘艘，粟萬斛。

六月甲辰（朔），齊兵潛至鍾山，侯安都與齊將王敬寶戰於龍尾㉓，軍主張纂戰死。丁未（初四日），齊師至幕府山㉔，霸先遣別將錢明將水軍出江乘邀擊齊人糧運，盡獲其船米，齊軍乏食，殺馬驢食之。庚戌（初七日），齊軍踰鍾山，霸先與眾軍分頓樂遊苑東及覆舟山北，斷其衝要。壬子（初九日），齊軍至玄武湖西北，將據北郊壇㉕，眾軍自覆舟東移頓壇北，與齊人相對。會連日大雨，平地水丈餘，齊軍晝夜坐立泥中，足指皆爛，懸鬲㉖以爨，而臺中及潮溝㉗北路燥，梁軍每得番易。

時四方壅隔，糧運不至，建康戶口流散，徵求無所。甲寅（十一日），少霽，霸先將戰，調市人得麥飯，分給軍士，士皆飢疲。會陳蒨饋米三千斛、鴨千頭，霸先命炊米煑鴨，人人以荷葉裹飯，媲以鴨肉數臠㉘，乙卯（十二日），未明，蓐食。比曉，霸先帥麾下出幕府山。

侯安都謂其部將蕭摩訶曰：「卿驍勇有名，千聞不如一見。」

摩訶對曰：「今日令公見之。」及戰，安都墜馬，齊人圍之，摩訶單騎大呼，直衝齊軍，齊軍披靡，安都乃免。

霸先與吳明徹、沈泰等眾軍首尾齊舉，縱兵大戰，安都自白下〔二九〕引兵橫出其後，齊師大潰，斬獲數千人，相蹂踐而死者不可勝計，生擒徐嗣徽及弟嗣宗，斬之以徇。追奔至於臨沂〔三〇〕，其江乘、攝山〔三一〕、鍾山等諸軍，相次克捷，虜蕭軌、東方老、王敬寶等將帥凡四十六人，其軍士得竄至江者，縛荻筏〔三二〕以濟，中江而溺，流尸至京口，翳水彌岸，唯任約、王僧愔得免。

丁巳（十四日），眾軍出南州，燒齊舟艦。戊午（十五日），大赦。己未（十六日）解嚴，軍士以賞俘貿酒〔三三〕，人裁得一醉。庚申（十七日），斬齊將蕭軌等，齊人聞之，亦殺陳曇朗。

霸先啓解南徐州以授侯安都〔三四〕。

(去)侯平頻破後梁軍，以王琳兵威不接，更不受指麾。琳遣將討之，平殺巴州助防呂旬，收其眾奔江州，侯瑱與之結為兄弟，琳軍勢益衰。乙丑（二十二日），遣使奉表詣齊，并獻馴象〔三五〕。

江陵之陷也，琳妻蔡氏、世子毅皆沒于魏，琳又獻款于魏以求妻子，亦稱臣于梁。

㈥齊發丁匠三千餘萬脩廣三臺㊱宮殿。

㈦齊顯祖之初立也，留心政術，務存簡靖，坦於任使㊲，人得盡力，又能以瀍馭下，或有違犯，不容勳戚，內外莫不肅然，至於軍國機策，獨決懷抱，每臨行陳，親當矢石，所向有功，數年之後，漸以功業自矜，遂嗜酒淫泆㊳，肆行狂暴，或身自歌舞，盡日通霄，或散髮胡服，雜衣錦綵，或袒露形體，塗傅粉黛，或乘驢、牛、橐駞、白象，不施鞍勒，或令崔季舒、劉桃枝負之而行，擔胡鼓拍之㊴，勳戚之第，朝夕臨幸，游行市里，街坐巷臥，或盛夏日中暴身，或隆冬去衣馳走，從者不堪，帝居之自若。三臺構木，高二十七丈，兩棟㊵相距二百餘尺，工匠危怯，皆繫繩自防，帝登脊疾走㊶殊無怖畏，時復雅儛，折旋中節，傍人見者，莫不寒心。嘗於道上問婦人曰：「天子何如？」曰：「顛顛癡癡，何成天子？」帝殺之。

婁太后以帝酒狂，舉杖擊之，曰：「如此父生如此兒。」帝曰：「即當嫁此老母與胡。」太后大怒，遂不言笑。帝欲太后笑，自匍匐，以身舉牀，墜太后於地，頗有所傷。既醒，大慚恨，使積柴熾火，欲入其中，太后驚懼，親自持挽，強為之笑，曰：「曏汝醉耳！」帝乃設地席，命平秦王歸彥執杖，口自責數㊷，脫背就罰。謂歸彥曰：「杖不出血，當斬汝。」太后前自抱之，帝流涕苦請，乃笞腳五十，然後衣冠拜謝，悲不自勝，因是戒酒一旬，又復如初。

帝幸李后家，以鳴鏑㊸射后母崔氏，罵曰：「吾醉時，尚不識太后，老婢何事？」馬鞭亂擊一百有餘。雖以楊愔為相，使進廁籌，以馬鞭鞭其背，流血浹袍，嘗欲以小刀剺其腹，崔季舒託俳言曰㊹：「老小公子惡戲。」因掣刀去之。又置愔於棺中，載以轜車㊺，又嘗持槊走馬，以擬左丞相斛律金之胸者三，金立不動，乃賜帛千段。高氏婦女，不問親疏，多與之亂，或以賜左右，又多方苦辱之。彭城王浟太妃爾朱氏，魏敬宗㊻之后也，帝欲烝之，不從，手刃殺之。故魏樂安王元昂，李后之姊壻也，其妻有色，帝數幸之，欲納為昭儀，召昂令伏，以鳴鏑射之百餘下，凝血垂將一石，竟至於死，后啼不食，乞讓位於姊，太后又以為言，帝乃止。又嘗於眾中召都督韓哲，無罪斬之。作大鑊㊼、長鋸、剉碓之屬，陳之於庭，每醉，輒手殺人以為戲樂。所殺者多，令支解，或焚之於火，或投之於水。楊愔乃簡鄴下死囚，置之仗內㊽，謂之供御囚㊾。帝欲殺人，輒執以應命，三月不殺則宥之。

開府參軍裴謂之上書極諫，帝謂楊愔曰：「此愚人，何敢如是？」對曰：「彼欲陛下殺之，以成名於後世耳！」帝曰：「小人我且不殺，爾焉得名？」

帝與左右飲酒，曰：「樂哉！」都督王紘曰：「有大樂，亦有大苦。」帝曰：「何謂也？」對曰：「長夜之飲，不寤國亡身隕，所謂大苦。」帝縛紘，欲斬之，思其有救世宗之功㊿，乃捨之。

帝遊宴東山，以關隴未平，投盃震怒，召魏收於前，立為詔書，宣示遠近，將事西行，魏人震恐，常為度隴之計(五一)，然實未行。一日，泣謂羣臣曰：「黑獺[52]不受我命，奈何？」都督劉桃枝曰：「臣得三千騎，請就長安擒之以來。」帝壯之，賜帛千匹。趙道德進曰：「東西兩國，彊弱力均，彼可擒之以來，此亦可擒之以往。桃枝妄言應誅，陛下奈何濫賞？」帝曰：「道德言是。」回絹賜之。

帝乘馬欲下峻岸，入於漳[53]，道德攬轡回之，帝怒，將斬之，道德曰：「臣死不恨，當於地下啓先帝，論此兒酣酗[54]顛狂，不可教訓。」帝默然而止。它日，帝謂道德曰：「我飲酒過[55]，須痛杖我。」道德抶之[56]，帝走，道德逐之，曰：「何物人為此舉止？」典御丞[57]李集面諫，比帝於桀紂，帝令縛置流中[58]，沈沒久之，復令引出，謂曰：「吾何如桀紂？」集曰：「向來彌不及矣！」帝又令沈之，引出，更問，如此數四，集對如初。帝大笑，曰：「天下有如此癡人，方知龍逢、比干未是俊物[59]。」遂釋之，頃之，又被引入見，似有所諫，帝令將出要斬，其或斬或赦，莫能測焉，內外懵懵[60]，各懷怨毒，而素能默識彊記，加以嚴斷，羣下戰慄，不敢為非。又能委政楊愔，愔總攝機衡，百度修敕(六一)，故時人皆言主昏於上，政清於下。

愔風表鑒裁(六二)，為朝野所重，少歷屯阨(六三)，及得志，有一餐之惠者必重報之，雖先嘗欲殺己者亦不問。典選二十餘年，以獎拔賢才為己任，性復彊記，一見皆不忘其姓名，選人魯漫漢自言猥賤，獨不見識，愔曰：「卿前在元子思坊(六四)，乘短尾牝驢，見我不下，以方麴障面，我何為不識卿？」漫漢驚服。

(十八)秋，七月甲戌（朔），前天門太守樊毅襲武陵，殺武州刺史衡陽王護，王琳使司馬潘忠擊之，執毅以歸。護，暢之孫也(六五)。

(十九)丙子（初三日），以陳霸先為中書監、司徒、揚州刺史，進爵長城公，餘如故。

(廿)初，余孝頃為豫章太守，侯瑱鎮豫章，孝頃於新吳縣(六六)別立城柵，與瑱相拒。瑱使其從弟奫守豫章，悉眾攻孝頃，久不克，築長圍守之。癸酉（七月甲戌朔，無癸酉，當作癸未），侯平發兵攻奫，大掠豫章，焚之，奔於建康。瑱眾潰，奔湓城，依其將焦僧度，僧度勸之奔齊，會霸先使記室濟陽蔡景歷南上(六七)，說瑱令降，瑱乃詣闕歸罪，霸先為之誅侯平。丁亥（十四日），以瑱為司空。

南昌民熊曇朗世為郡著姓。曇朗有勇力，侯景之亂，聚眾據豐城(六八)為柵，世祖(六九)以為巴山太守。江陵陷，曇朗兵力浸彊，侵掠鄰縣。侯瑱在豫章，曇朗外示服從，而陰圖之。及瑱敗走，曇朗獲其馬仗。

(廿)己亥（二十六日），齊大赦。

(廿一)魏太師泰遣安州長史鉗耳康買(七〇)使於王琳，琳遣長史席豁報之，且請歸世祖及愍懷太子之柩(七一)，泰許之。

(廿二)八月己酉（初七日），鄱陽王循卒於江夏，弟豐城侯泰監郢州事。王琳使兗州刺史吳藏攻江夏，不克而死。

(廿三)魏太師泰北度河(七二)。

(廿四)魏以王琳為大將軍，長沙郡公。

(廿五)魏江州刺史(七三)陸騰討陵州(七四)叛獠，獠因山為城，攻之難拔，騰乃陳伎樂於城下一面，獠棄兵，攜妻子臨城觀之，騰潛師三面俱上，斬首萬五千級，遂平之。騰，侯之玄孫也(七五)。

(廿七)庚申（十八日），齊主將西巡，百官辭於紫陌，帝使矟騎(七六)圍之，曰：「我舉鞭，即殺之。」日宴，帝醉不能起。黃門郎是連子暢(七七)曰：「陛下如此，羣臣不勝恐怖。」帝曰：「大怖邪？若然，勿殺。」遂如晉陽。

(廿八)九月壬寅（朔），改元大赦。以陳霸先為丞相，錄尚書事，鎮衛大將軍，揚州牧，義興公(七八)。以吏部尚書王通為右僕射。

(廿九)突厥木杆可汗假道於涼州以襲吐谷渾，魏太師泰使涼州刺史寧師騎隨之，至番禾(七九)，吐谷渾覺之，奔南山。木杆將分兵追之，寧曰：「樹敦(八〇)、賀真二城，吐谷渾之巢穴也，拔其本根，餘眾自散。」木杆從之。木杆從北道趣賀真，寧從南道趣樹敦。吐谷渾可汗在賀真，使其征南王將數千人守樹敦。木杆破賀真，獲夸呂妻子，寧破樹敦，虜征南王，還與木杆會於青海(八一)。木杆歎寧勇決，贈遺甚厚。

(卌)甲子（二十三日），王琳以舟師襲江夏，冬，十月壬申（朔），豐城侯泰以州降之。

(卌一)齊發山東寡婦二千六百人以配軍，有夫而濫奪者什二三。

(卌二)魏安定文公宇文泰還至牽屯山而病(八二)，驛召中山公護(八三)，護至涇州，見泰，泰謂護曰：「吾諸子皆幼，外寇方彊，天下之事，屬之於汝，宜努力以成吾志。」乙亥（初四日），卒於雲陽(八四)，護還長安，發喪。

泰能駕御英豪，得其力用，性好質素，不尚虛飾，明達政事，崇儒好古，凡所施設，皆依倣三代而為之。

丙子（初五日），世子覺嗣位為太師、柱國、大內冢宰，出鎮同州(八五)，時年十五。

中山公護，名位素卑，雖為泰所屬，而羣公各圖執政，莫肯服從。護問計於大司寇于謹，謹曰：「謹早蒙先公非常之知，恩深骨肉，今日之事，必以死爭之。若對眾定策，公必不得讓。」明日，羣公會議，謹曰：「昔帝室傾危，非安定公無復今日(八六)。今公一旦違世，嗣子雖幼，中山公，親其兄子，兼受顧託，軍國之事，理須歸之。」辭色抗厲(八七)，眾皆悚動。護曰：「此乃家事，護雖庸昧，何敢有辭？」謹素與泰等夷(八八)，護常拜之，至是謹起而言曰：「公若統理軍國，謹等皆有所依。」遂再拜，羣公迫於謹，亦再拜，於是眾議始定。護綱紀內外，撫循文武，人心遂安。

㊸十一月辛丑（朔），豐城侯泰奔齊，齊以為永州刺史(八九)。詔徵王琳為司空(九〇)，琳辭不至，留其將潘純陀監郢州，身還長沙，魏人歸其妻子。

㊹壬子（十二日），齊主詔以魏末豪傑，糾合鄉部，因緣請託，各立州郡，離大合小，公私煩費，丁口減於疇日(九一)，守令倍於昔時。且要荒(九二)向化，舊多浮偽，百室之邑，遽立州名，三戶之民，空張郡目(九三)。循名責實，事歸焉有？於是併省三州一百五十三郡。

㊺詔分江州四郡置高州(九四)，以明威將軍黃灋氍為刺史，鎮巴山(九五)。

㊻十二月壬申（初二日），以曲江侯勃為太保。

㊼甲申（二十三日），魏葬安定文公。丁亥（二十六日），以岐

陽之地封世子覺為周公。

[四八]初，侯景之亂，臨川[九六]民周續起兵郡中，始興王毅以郡讓之而去。續部將皆郡中豪族，多驕橫，續裁制之，諸將皆怨，相與殺之。續宗人迪，勇冠軍中，眾推為主。迪素寒微，恐郡人不服，以同郡周敷族望高顯，折節交之，敷亦事迪甚謹。迪據上塘[九七]，敷據故郡。朝廷以迪為衡州刺史，領臨川內史[九八]。時民遭侯景之亂，皆棄農業，羣聚為盜，唯迪所部獨務農桑，各有贏儲，政教嚴明[九九]，徵斂必至，餘郡乏絕者，皆仰以取給。

迪性質朴，不事威儀，居常徒跣，雖外列兵衞，內有女伎，挼繩破篾[一〇〇]，傍若無人。訥於言語，而襟懷信實，臨川人皆附之。

[四九]齊自西河總秦戍築長城，【考異】去歲六月，已云築長城，而地名長短不同，不知與此為一事，為二事？北齊書、北史皆然，今皆存之。東至於海，前後所築東西凡三千餘里，率十里一戍，其要害置州鎮凡二十五所。

[五〇]魏宇文護以周公幼弱，欲早使正位，以定人心，庚子（三十日），以魏恭帝詔禪位於周[一〇一]，使大宗伯趙貴持節奉冊，濟北公迪

致皇帝璽紱，恭帝出居大司馬府。

【今註】㊀太平元年：是年九月，方改元太平。是歲，西魏禪於周。㊁魏初建六官：《周書・盧辯傳》，六官者，天官府管冢宰等眾職，地官府領司徒等眾職，春官府領宗伯等眾職，夏官府領司馬等眾職，秋官府領司寇等眾職，冬官府領司空等眾職。㊂以宇文泰為太師、大冢宰，柱國李弼為太傅、大司徒，趙貴為太保、大宗伯：《北史・盧辯傳》時置太師、太傅、太保各一人，是曰三孤，位在六卿上。㊃其妻王氏：杜龕妻王氏，僧辯女也。㊄項王寺：胡三省曰：「項羽起吳下，故後人為立寺於吳興。」㊅彪兵敗，走入若邪山中：彪本起兵於若邪山，見卷一百六十三簡文帝大寶元年。㊆縉州刺史：胡三省曰：「因縉雲山而置縉州。五代志處州括蒼縣有縉雲山。」處州即後之永嘉郡也。按唐於於括蒼分置縉雲縣，幷置縉雲郡，亦因縉雲山以為名也，即今浙江省縉雲縣地。㊇執戍主明州刺史張懷鈞：《五代志》日南郡交谷縣梁置明州，其地在今安南北境。張懷鈞蓋以明州刺史領采石戍主也。㊈柵口：即柵江口也，在今安徽省和縣西南一百五十里，與無為縣分中流為界，即古濡須口也。㊉盪主：胡三省曰：「盪主，主勇士，以突盪敵人。」⑪寧都公：《五代志》西城郡安康縣舊曰寧都。故城在今陝西省漢陰縣西。⑫夫立子以嫡不以長：《春秋公羊傳》之言。⑬齊兵發蕪湖，入丹楊縣：胡三省曰：「此丹楊縣乃漢古縣，非今鎮江府之丹楊縣也。據沈約志，晉武帝太康三年，分丹楊縣立于湖縣，于湖今太平州也，丹楊縣地當在太平州東北。」《宋書・州郡志》晉僑置淮南郡於于湖，《五代志》丹陽郡當塗縣舊置淮南郡。蓋隋廢淮南郡及于湖縣入當塗也，故城在今安徽省當塗縣南，丹楊故縣則在當塗縣東，《元豐九城志》當塗縣有丹陽鎮，即故縣也。㊃秣陵故治：《宋書・州郡志》秣陵本名金陵，秦始皇改曰秣陵，去京邑六十里，晉安帝義熙九年，移治京邑在鬬場。胡三省曰：「鬬場猶今言教場，晉成帝咸和中詔內外諸軍戲於南郊之場，因名戲場亦曰鬬場。」其故址在今江蘇省舊江寧縣東南六十里秣陵橋東北。㊄方山：一曰方山埭，在今江蘇省江寧縣東南，秦淮水經其下。《丹陽記》秦始皇鑿方山，其斷處為瀆，則今淮水。㊅馬牧：胡三省曰：「馬牧，牧馬之地。」㊆齊漢陽敬懷王洽卒：洽，齊文宣帝之弟也。㊇單舴艋：舴艋，小舟也。一舟獨出曰單。㊈陳霸先追侯安都、徐度皆還：安都、度守時屯梁山，今追還建康以禦齊師。㊉倪塘：倪一作兒。在今江蘇省江寧縣東南。㊁白城：在今江蘇省江寧縣東。《梁書・武帝紀》帝起兵向建康，使王茂斜趨白城，即此。江寧府志府東北三十里有白山，南接鍾山，白城故墟當在其地。㊂耕壇：《宋書・禮志》文帝元嘉二十年，令司空、大司農、京尹、令、尉度宮之辰地八里之外，整制千畝，開阡陌，立先農壇於中，阡西陌南，設御耕壇於中，阡東陌北。蓋天子親耕藉田，祭先農於田所，故有耕壇。㊂龍尾：胡三省曰：「鍾山之龍尾也。自山趾築道陂陀以登山曰龍尾。」㊃幕府山：在今江蘇省江寧縣北長江之南岸。《輿地紀勝》晉元帝初渦江，王導建幕府其上，因名。江寧府志幕府山有五峯，南曰北固峽，中有石洞幽邃，中峯上有虎跑泉，西北峯曰峽蘿，亦名翠羅，上有達摩洞，又山之中南麓，即武帳岡也。㊄北郊壇：晉成帝立北郊壇於覆舟山南，宋文帝以其地為樂遊苑，移北郊壇於覆舟山西，見《宋書・禮志》。《元和郡縣志》覆舟山，鍾山之西足也，形如覆舟，故名。即玄武山也，在今南京市太平門內。㉖鬲：鬲音歷。《爾雅》曰：「鼎款足者謂之鬲。」《說文》曰：「鬲，鼎屬也，實五觳。」斗二升曰觳。㉗潮溝：胡三省曰：「潮溝，吳孫權所開以引潮，抵于秦淮。」㉘婫以鴨肉數臠：臠，塊切肉也。胡三省曰：「以鴨肉蓋飯上曰婫，今江東人猶謂以物蒙頭曰婫。」㉙白下：白下城在今江蘇省江寧縣西北，本名白石陂，晉成帝咸和三年，陶侃討蘇峻至石頭，從部將李根言，築壘於白石，即白下城也。宋文帝元嘉二十年閱武於白下，即此。㉚臨沂：《宋書・州郡志》晉成帝咸康元年，桓溫領南琅邪太守，鎮江乘之蒲洲金城上，求割丹陽之江乘縣境立郡，又分江乘立臨沂縣。宋白曰：「臨沂山西北臨大江。」故城在今江蘇省江寧縣東北三十里。㉛攝山：即棲霞山也，在今江蘇省江寧縣東北。江乘《地記》曰：「山多藥草，可以攝生，故名攝山。」㉜荻筏：荻，草名，似芒而大。荻筏者，縛荻為筏以濟江。㉝以賞俘貿酒：以俘馘之賞為貿酒之資。貿，市也。㉞霸先啓解南徐州以授侯安都：賞禦齊之功也。㉟馴象：胡三省曰：「安南出象處曰象山，歲一捕之，縛欄道旁，中為大穽，以雌象前行為媒，遺甘蔗於地，傅藥蔗上，雄象來食蔗，漸引入欄，閉其中，就穽中教習馴擾之，始甚咆哮，穽深不可出，牧者以言語諭之，久則漸解人意。」《漢書・武帝紀》元狩二年，南越獻馴象。顏師古曰：「馴者，教能拜起周章，從人意也。」㊱三臺：胡三省曰：「三臺在鄴城，曹操所築。」《三國魏志・武帝紀》，建安十五年作銅雀臺，十八年作金虎臺，其後又作冰井臺，其上複道，樓閣相通，名曰三臺。㊲坦於任使：言任使之際，能以坦懷待人也。㊳淫泆：孔穎達曰：「淫謂嗜欲過度，泆謂放恣無藝。」無藝亦無度也。段玉裁曰：「凡言淫泆者，皆謂太過。」㊴擔胡鼓拍之：擔，負也。以手拍擊胡鼓使成聲也。劉昫曰：「腰鼓大者瓦，小者木，皆廣首而纖腹，本胡鼓也。」㊵棟：殿屋之中梁也。㊶帝登脊疾走：登棟脊疾走。㊷口自責數：自責而數罪也。㊸鳴鏑：矢發射時有聲者曰鳴鏑，古謂之嚆矢。成玄英曰：「嚆，箭鏃有吼猛聲也。」㊹俳言：俳諧之語。㊺轜車：喪車也。㊻魏敬宗：魏孝莊帝廟號敬宗。㊼大鑊：鼎大而無足曰鑊。㊽置之仗內：胡三省曰：「殿庭左右立仗。」㊾供御囚：囚犯之供帝殺虐以恣樂者。㊿帝縛紘，欲斬之，思其有救世宗之功：齊文襄王澄廟號世宗。澄死，王紘嘗冒刃禦賊，見卷一百六十二武帝太清二年。(51)常為度隴之計：欲度隴阪西遷以避齊兵也。(52)黑獺：宇文泰字。(53)入於漳：欲入於漳水。(54)酣酗：飲酒而樂曰酣，使酒為凶曰酗。(55)飲酒過：謂飲酒過量也。(56)抶：笞擊。(57)典御丞：《五代志》後齊制官，多循後魏之舊，門下省設尚食、尚藥二局，各置典御及丞，尚食總知御膳事，尚藥總知御藥事。(58)流中：水流之中。(59)方知龍逢、比干未是俊物：龍逢，夏之忠臣，諫桀而死，比干，殷之忠臣，諫紂而死。言李集之骨梗，較之龍逢、比干尤有過之。(60)懵懵：憂痛也。(61)修敕：敕，飭也，理也。(62)鑒裁：識見深遠而能裁物。裁，識別也。(63)少歷屯阨：爾朱氏之亂，屠害楊氏，惟愔得脫，潛竄累載，復投高歡，又以讒嫉逃隱海島，其後歡知其存，始訪而用之。屯，難也；阨，危困也。(64)元子思坊：胡三省曰：「元子思坊，鄴城中坊名，魏侍中元子思居此，後謀西奔被誅，時人因以名坊。」子思，魏平文帝子高涼王孤之七世孫也。(65)護，暢之孫也：

衡陽宣王暢，武帝之弟。(六六)新吳縣：《宋書・州郡志》漢靈帝中平中立新吳縣，屬豫章郡。故城在今江西省奉新縣西三十里。(六七)南上：自建康泝流南至湓城為南上。(六八)豐城：《宋書・州郡志》吳立富城縣，屬豫章郡，晉武帝太康元年，更名豐城縣。故城在今江西省豐城縣西南。(六九)世祖：元帝廟號世祖。(七〇)鉗耳康買：胡三省曰：「鉗耳，夷姓也，出於西羌。」(七一)且請歸世祖及愍懷太子之柩：《梁書・愍懷太子傳》，西魏師既陷荊城，太子與世祖同為魏人所害。(七二)魏太師泰北度河：《周書・文帝紀》泰度北河。(七三)江州刺史：《五代志》隆山郡隆山縣舊曰犍為，置江州。即今四川省彭山縣。(七四)陵州：《五代志》隆山郡西魏置陵州，治仁壽縣，在今四川省仁壽縣東。(七五)騰，俟之玄孫也：陸俟事魏太武帝及文成帝，以子麗誅宗愛功封東平王。(七六)矟騎：騎兵之執矟者。《釋名》曰：「矛長丈八尺曰矟，馬上所持。」矟音槊。(七七)是連子暢：《魏書・官氏志》內入諸姓有是連氏，虜複姓也。(七八)以陳霸先為丞相，錄尚書事，鎮衞大將軍，揚州牧，義興公：鎮衞將軍，梁二百四十號將軍之首也，元帝嘗以授王僧辯。霸先自長城縣公進爵義興郡公。《五代志》毗陵郡義興縣舊曰陽羨，置義興郡。故治在今江蘇省宜興縣南五里。(七九)番和：番和縣漢屬張掖郡，魏分置番和郡。《五代志》武威郡番和縣後魏置番和郡。故城在今甘肅省永昌縣西。如淳曰：「番音盤。」(八〇)樹敦：胡三省曰：「樹敦城在曼頭山北，吐谷渾之舊都也。周穆王時，犬戎樹惇居之，因以名城，祭公謀父所謂犬戎樹惇，能帥舊德者也。」(八一)青海：《魏書・吐谷渾傳》，青海周回千餘里，海內有小山，每冬冰合後，以良牝馬置此山，至來春收之，馬皆有孕，所生得駒，號為龍種，必多駿異。在今青海省之東北境，東距省治西寧二百五十里，古曰鮮水，又曰西海，至北魏始名青海也。（八二）魏安定文公宇文泰還至牽屯山而病：自北河還也。杜佑曰：「牽屯在平涼高平縣，亦曰汧屯山，今謂之笄頭山。」按笄頭山一曰雞頭山，即崆峒山也，在今甘肅省平涼縣西。（八三）中山公護：護，宇文泰長兄顥之子也。（八四）卒於雲陽：泰卒年五十。雲陽縣漢屬馮翊郡，《魏書・地形志》屬北地郡，《五代志》京兆郡雲陽縣後周置雲陽郡，故城在今陝西省涇陽縣北。（八五）世子覺嗣位為太師、柱國、大冢宰，出鎮同州：胡三省曰：「宇文泰輔政，多居同州，以其地扼關河之要，齊人或來侵軼，便於應接也。」《五代志》馮翊郡後魏置華州，西魏改曰同州，故治即今陝西省大荔縣。（八六）昔帝室傾危，非安定公無復今日：胡三省曰：「謂魏孝武帝為高歡所逼，遁逃入關，宇文泰迎而輔之以立國於關右。」（八七）辭色抗厲：語聲高亢而容色嚴厲。（八八）等夷：夷，平也，等夷猶曰等列。（八九）齊以為永州刺史：《五代志》零陵郡隋初置永州，齊未能有其地也，按《五代志》別無永州，其地未詳。（九〇）詔徵王琳為司空：齊詔也。（九一）嚮日：猶曰昔日。（九二）要荒：遠方之國也，引古要服、荒服為言。古代京畿之外，分地為五等，侯服、甸服、綏服、要服、荒服也。孔安國曰：「服五百里，四方相距為五千里。要者，要束以文教，荒者，言荒忽又簡略。」（九三）百室之邑，遽立州名，三戶之民，空張郡目：胡三省曰：「此謂梁末所置州郡在江淮之間者也。」（九四）詔分江州四郡置高州：胡三省曰：「四郡，蓋臨川、安成、豫章、巴山，以其地在南江之西，負山面水，據高臨深，因名高州。」（九五）巴山：宋白曰：「梁大同二年，分廬陵之興平、臨川之新建三縣立西寧、巴山二縣，並立巴山郡，其郡古迹在撫州崇仁縣巴山之北。」故城在今江西省崇仁縣西南三十一里，以巴山為名。㊈臨川：臨川，漢豫章郡南城縣地也，後漢和帝永元八年分立臨汝縣，吳孫皓太平二年分豫章東部都尉立臨川郡，以臨汝、南城二縣屬焉。《五代志》臨川郡臨川縣舊置臨川縣。故城在今江西省臨川縣西。㊉上塘：胡三省曰：「上塘下卷作工塘，必有一誤。」按《陳書・周迪傳》作工塘。㊇朝廷以迪為衡州刺史，領臨川內史：帶衡州刺史銜領臨川內史事。㊈政教嚴明：州郡下令謂之教。⑩挼繩破篾：挼，以兩手切摩也。篾，竹皮也。⑩以魏恭帝詔禪位於周：魏道武帝以晉孝武帝太元二十一年改元建國，歷十二世至孝武帝永熙三年西遷，凡歷一百三十九年而分為東、西魏，又歷三世至西魏恭帝三年禪于周，凡一百六十年而亡。

卷一百六十七　陳紀一

司馬光編集
曲守約註

起彊圉赤奮若，盡屠維單閼，凡三年。（丁丑至己卯，西元五五七年至五五九年）

高祖武皇帝

永定元年㈠（西元五五七年）

㈠春，正月，辛丑，周公即天王位㈡，柴燎告天㈢，朝百官於露門㈣，追尊王考文公為文王，妣為文后。大赦，封魏泰帝為宋公。以木德承魏水，行夏之時㈤，服色尚黑㈥，以李弼為太師，趙貴為太傅，大冢宰獨孤信為太保，大宗伯中山公護為大司馬㈦㈧。

㈡詔以王琳為司空驃騎大將軍，以尚書右僕射王通為左僕射。

㈢周王祀圜丘，自謂先世出於神農㈨，以神農配二丘㈩，始祖獻侯⑪配南北郊，文王配明堂，廟號太祖。癸卯，祀方丘⑫，甲辰，祭大社，除市門稅⑬。乙巳，享太廟，仍用鄭玄議，立太祖與二昭二穆為五廟，其有德者別為祧廟不毀⑭。辛亥祀南郊。壬子，立王后元氏⑮，後魏文帝之女，晉安公主也。

㈣齊南安城主⑯、馮顯請降於周，周柱國宇文貴使豐州刺史⑰太原郭彥將兵迎之，遂據南安。

㈤吐谷渾為寇於周，攻涼、鄯、河三州⑱，秦州都督⑲遣渭州刺史于翼赴援⑳，翼不從，僚屬㉑咸以為言㉒，翼曰：「攻取之術，非夷俗所長㉓，此寇之來，不過抄掠邊牧㉔，掠而無獲，勢將自走；勞師而往，必無留及。翼揣之已了㉕，幸勿復言！」數日，問㉖至，果如翼所策㉗㉘。

㈥初梁世祖以始興郡為東衡州，以歐陽頠㉙為刺史，久之，徙頠為郢州刺史，蕭勃留頠不遣㉚。世祖以王琳代勃為廣州刺史，勃遣其將孫瑒㉛監廣州，盡帥所部，屯始興以避之，頠別據一城，不往謁，閉門自守，勃怒，遣兵襲之，盡收其貨財㉜馬仗，尋赦之，使復其所，與之結盟，江陵陷，頠遂事勃㉝。二月，庚午，勃起兵於廣州，遣頠及其將傅泰、蕭孜為前軍。孜，勃之從子也㉞。【考異】陳書南史周文育傳，皆作子，今從梁書帝紀。南江州刺史余孝頃㉟以兵會之。【考異】典略作南康州刺史，今從梁書。詔平西將軍周文育帥諸軍討之[二六]。

(七)癸酉，周王朝日於東郊，戊寅，祭大社[二七]。

(八)周楚公趙貴、衞公獨孤信，故皆與太祖等夷[二八]，及晉公護[三九]專政，皆怏怏[四〇]不服，貴謀殺護，信止之。開府儀同三司[四一]宇文盛告之，丁亥，貴入朝，護執而殺之，免信官[四二]。

(九)領軍將軍徐度出東關侵齊，戊子，至合肥，燒齊船三千艘。

(十)歐陽頠等出南康，頠屯豫章之苦竹灘，傅泰據蹠[四三]口城，余孝頃遣其弟孝勱[四四]守郡城，自出豫章，據石頭[四五][四六]。巴山太守熊曇朗誘頠共襲高州刺史瀷𨏔，又語瀷𨏔，約共破頠，且曰：「事捷，與我馬仗。」遂出軍，與頠俱進，至瀷𨏔城下，曇朗陽敗[四七]走，瀷𨏔乘之，頠失援而走，曇朗取其馬仗，歸於巴山[四八]。周文育軍少船，余孝頃有船，在上牢，文育遣軍主焦僧度襲之，盡取以歸；仍於豫章立柵[四九]，軍中食盡，諸將欲退，文育不許，使人間行[五〇]遺周迪書，約為兄弟。迪得書甚喜，許饋[五一]以糧。於是文育分遣老弱，乘故船，沿[五二]流俱下，燒豫章柵，偽若[五三]遁去者，孝頃望之，大喜，不復設備；文育山間道兼行據芊韶㊹，芊韶上流、則歐陽頠蕭孜，下流、則傅泰、余孝頃營，文育據其中間，築城饗士㊺。頠等大駭，頠退入泥溪，文育遣嚴威將軍周鐵虎等襲頠，癸巳，擒之。文育盛陳兵甲，與頠乘舟而宴，巡蹠口城下，使其將丁法洪攻泰擒之㊻，孜孝頃退走。

㈩甲午，周以于謹為太傅，大宗伯侯莫陳崇為太保，晉公護為大冢宰，柱國、武川賀蘭祥為大司馬，高陽公達奚武為大司寇㊼。周人殺魏恭帝。

㈪三月，庚子，周文育送歐陽頠、傅泰於建康，丞相霸先與頠有舊，釋而厚待之。

㈫周晉公護以趙景公獨孤信名重，不欲顯誅之，己酉，逼令自殺㊽。

㈬甲辰，以司空王琳為湘、郢二州刺史。

㈭曲江侯勃在南康，聞歐陽頠等敗，軍中恟懼㊾，甲寅，德州刺史㊿陳法武、前衡州刺史譚世遠，攻勃殺之(六一)。

(十六)夏，四月，己卯，鑄四柱錢，一當二十〔六二〕，

(十七)齊遣使請和。

(十八)壬午，周王謁成陵〔六三〕，乙酉，還宮。

(十九)齊以太師斛律金為右丞相，前大將軍可朱渾道元為太傅〔六四〕，開府儀同三司賀拔仁為太保，尚書令常山王演為司空，錄尚書事長廣王湛為尚書令，右僕射楊愔為左僕射，仍加開府儀同三司，并省尚書右僕射崔暹〔六五〕為左僕射，上黨王渙錄尚書事〔六六〕。

(廿)丁亥，周王享太廟。

(廿一)壬辰，改四柱錢一當十，丙申，復閉細錢〔六七〕。

(廿二)故曲江侯勃主帥蘭敳襲殺譚世遠，軍主夏侯明徹殺敳〔六八〕，持勃首降。勃故記室〔六九〕李寶藏奉懷安侯任〔七〇〕據廣州〔七一〕，蕭孜、余孝頃猶據石頭為兩城，各據其一，多設船艦，夾水而陳。丞相霸先遣平南將軍侯安都助周文育擊之，戊戌，安都潛師，夜燒其船艦，文育帥水軍，安都帥步軍，進攻之，蕭孜出降，孝頃逃歸新吳〔七二〕，文育等引兵還。丞相霸先以歐陽頠聲著南土〔七三〕，復以頠為衡州刺

史(七四)，使討嶺南；未至，其子紇已克始興(七五)。頠至嶺南，諸郡皆降，遂克廣州，嶺南悉平(七六)(七七)。

(七三)周儀同三司齊軌謂御正中大夫(七八)薛善曰：「軍國之政(七九)當歸天子，何得猶在權門。」善以告晉公護，護殺之，以善為中外府司馬(八〇)(八一)。

(七四)五月，戊辰，余孝頃遣使詣丞相府乞降。

(七五)王琳既不就徵(八二)，大治舟艦，將攻陳霸先。六月，戊寅，霸先以開府儀同三司侯安都為西道都督，周文育為南道都督，將舟師二萬，會武昌，以擊之(八三)。

(七六)秋，七月，辛亥，周王享太廟。

(七七)河南北大蝗，齊主問魏郡丞(八四)崔叔瓚曰：「何故致蝗(八五)？」對曰：「五行志，『土功不時，蝗蟲為災(八六)。』今外築長城，內興三臺，殆以此乎！」齊主怒，使左右毆(八七)之，擢(八八)其髮，以溷沃其頭(八九)(九〇)，曳足以出，叔瓚、季舒之兄也。

(七八)八月，丁卯，周人歸梁世祖之柩，及諸將家屬千餘人於王琳。

戊辰，周王祭大社。

㈦甲午，進丞相霸先位太傅，加黃鉞，殊禮㈨，贊拜不名㈨。九月，辛丑，進丞相為相國，總百揆㈨，封陳公，備九錫，陳國置百司㈨㈨。

㈩周孝愍帝性剛果㈨，惡晉公護之專權，司會㈨李植自太祖時為相府司錄㈨，參掌朝政，軍司馬㈨孫恒亦久居權要㈩，及護執政，植、恒恐不見容㈩，乃與宮伯㈩乙弗鳳、賀拔提等，共譖之於周王，植、恒曰：「護自誅趙貴以來，威權日盛，謀臣宿將㈩，爭往附之，大小之政皆決於護，以臣觀之，將不守臣節㈩。願陛下早圖之。」王以為然。鳳提曰：「以先王之明，猶委植恒以朝政，今以事付二人，何患不成？且護常自比周公，臣聞周公攝政七年㈩，陛下安能七年邑邑㈩如此乎！」王愈信之，數引武士㈩，於後園講習，為執縛之勢㈩，植等又引宮伯張光洛同謀，光洛以告護，護乃出植為梁州刺史，恒為潼州刺史㈩，欲散其謀。後王思植等，每欲召之，護泣諫曰：「天下至親，無過兄弟，若兄弟尚相疑，它人誰可信者！太祖以陛下富於春秋(二〇)，屬(二一)臣後事，臣情兼家國(二二)，實願竭其股肱(二三)。若陛下親覽萬機(二四)，威加四海，臣死之日，猶生之年(二五)，但恐除臣之後，姦回(二六)得志，非唯不利陛下，亦將傾覆社稷，使臣無面目見太祖於九泉(二七)；且臣既為天子之兄，位至宰相，尚復何求(二八)！願陛下勿信讒臣之言，疎棄骨肉。」王乃止，不召，而心猶疑之。鳳等益懼，密謀滋甚(二九)，刻日(三〇)召羣公入醮(三一)，因執護誅之。張光洛又以告護，護乃召柱國(三二)賀蘭祥(三三)、領軍尉遲綱等謀之，祥等勸護廢立。時綱總領禁兵(三四)，護遣綱入宮，召鳳等議事，及至，以次執送護第，因罷散宿衞兵。王方悟，獨在內殿，令宮人執兵自守(三五)，護遣賀蘭祥逼王遜位(三六)，幽於舊第(三七)，悉召公卿會議，廢王為略陽公，迎立岐州刺史寧都公(三八)毓。公卿皆曰：「此公之家事，敢不唯命是聽！」乃斬鳳等於門外，孫恒亦伏誅(三九)。時李植父柱國大將軍遠鎮弘農，護召遠及植還朝，遠疑有變，沈吟(四〇)久之，乃曰：「大丈夫寧為忠鬼(四一)，安可作叛臣邪！」遂就徵。既至長安，護以遠功名素重(四二)，猶欲全之(四三)，引與相見，謂之曰：

「公兒遂有異謀，非止屠戮護身[34]，乃是傾危宗社[35]，叛臣賊子，理宜同疾[36]，公可早為之所[37]。」乃以植付遠，遠素愛植，植又口辯，自陳初無此謀，遠謂植信然[38]；詰朝[39]將植謁護[40]，護謂植已死，左右白植亦在門，護大怒曰：「陽平公[41]不信我。」乃召入，仍命[42]遠同坐，令略陽公與植相質[43]於遠前，植辭窮[44]，謂略陽[45]曰：「本為此謀，欲安社稷，利至尊[46]耳，今日至此，何事云云[47]。」遠聞之，自投於牀[48]，曰：「若爾[49]，誠合[50]萬死。」於是護乃害植，幷逼遠，令自殺。植弟叔詣[51]、叔謙、叔讓亦死，餘子以幼得免[52]。初遠弟開府儀同三司穆知植非保家之主[53]，每勸遠除之，遠不能用，及遠臨刑，泣謂穆曰：「吾不用汝言，以至此。」穆當從坐[54]，以前言獲免，除名為民[55]，及其子弟亦免官。植弟淅州[56]刺史基尚義歸公主[57]，當從坐，穆請以二子代基命，護兩釋之[58]。後月餘，護弒略陽公，黜王后元氏為尼。癸亥，寧都公自岐州至長安，甲子，即天王位，大赦。

(卅)冬，十月，戊辰，進陳公爵為王，辛未，梁敬帝禪位於陳。

(卅二)癸酉，周魏武公李弼卒(五九)。

(卅三)陳王使中書舍人劉師知(六〇)引宣猛將軍(六一)沈恪勒兵入宮，衞送梁主如別宮，恪排闥(六二)見王，叩頭謝曰：「恪身經事蕭氏(六三)，今日不忍見此，分受死耳(六四)，決不奉命。」王嘉其意，不復逼，更以盪主(六五)王僧志代之(六六)。乙亥，王即皇帝位于南郊，還宮，大赦，改元。奉梁敬帝為江陰王，梁太后為太妃，皇后為妃；以給事黃門侍郎蔡景歷為祕書監，兼中書通事舍人。是時政事皆由中書省，置二十一局，各當尚書諸曹，總國機要，尚書唯聽受而已。

(卅四)丙子，上幸鍾山，祠蔣帝廟。庚辰，上出佛牙於杜姥宅(六七)，設無遮大會(六八)，帝親出闕前膜拜(六九)。辛巳，追尊皇考文讚為景皇帝，廟號太祖，皇妣董氏曰安皇后，追立前夫人錢氏為昭皇后，世子克為孝懷太子，立夫人章氏為皇后。章后，烏程人也。置刪定郎，治律令(七〇)。

(卅五)乙酉，周王祀圜丘，丙戌，祀方丘，甲午，祭太社。戊子，太祖神主祔太廟，七廟始共用一太牢(七一)，始祖薦首(七二)，餘皆骨體。

(廿六)侯安都至武昌，王琳將樊猛棄城走，周文育自豫章會之。安都聞上受禪歎曰：「吾今茲(七三)必敗，戰無名矣(七四)。」時兩將俱行，不相統攝(七五)，部下交爭，稍不相平(七六)，軍至郢州，琳將潘純陀於城中，遙射官軍(七七)，安都怒，進軍圍之，未克，而王琳至弇口(七八)，安都乃釋郢州，悉眾詣沌口，留沈泰一軍守漢曲。安都遇風不得進，琳據東岸，安都據西岸，相持數日，乃合戰，安都等大敗。【考異】典略云：「乙亥，安都敗。」陳書云：「是月，敗績。」按高祖以乙亥受禪，安都聞之而歎，豈同日乎？今從陳書。安都、文育及裨將(七九)徐敬成、周鐵虎、程靈洗皆為琳所擒(八〇)，沈泰引軍奔歸，琳引見諸將與語，周鐵虎辭氣不屈(八一)，琳殺鐵虎(八二)而囚安都等，總以一長鎖繫之(八三)，置琳所坐艦(八四)下，令所親宦者王子晉掌視之(八五)。琳乃移湘州軍府(八六)就郢城，又遣其將樊猛襲據江州。

(廿七)十一月，丙申，上立兄子蒨(八七)為臨川王，頊為始興王(八八)，弟子曇朗已死，而上未知，遙立為南康王。

(廿八)庚子，周王享太廟，丁未，祀圜丘，十二月庚午，謁成陵，癸酉，還宮。

(三九)譙淹帥水軍七千，老弱三萬(八九)自蜀江東下(九〇)欲就王琳；周使開府儀同三司賀若敦、叱羅暉等擊之，斬淹，悉俘其眾(九一)。

(四〇)是歲，詔給事黃門侍郎(九二)蕭乾招諭閩中(九三)，時熊曇朗在豫章(九四)，周迪在臨川(九五)，留異在東陽(九六)，陳寶應在晉安(九七)，共相連結，閩中豪帥往往立砦以自保(九八)。上患之，使乾諭以禍福(九九)，豪帥皆帥眾請降，即以乾為建安太守(一〇〇)(一〇一)。乾，子範之子也(一〇二)。

(四一)初，梁興州刺史席固以州降魏，周太祖以固為豐州刺史(一〇三)，久之，固猶習梁法(一〇四)，不遵北方制度，周人密欲代之而難其人(一〇五)，乃以司憲中大夫(一〇六)令孤整權鎮(一〇七)豐州，委以代固之略(一〇八)，整廣布威恩，傾身撫接(一〇九)，數月之間，化洽州府(一一〇)，於是除整豐州刺史，以固為湖州刺史(一一一)，整遷豐州於武當，旬日之間，城府周備，遷者如歸(一一二)。固之去也，其部曲多願留為整左右(一一三)，整諭以朝制，弗許，莫不流涕而去(一一四)。

(四二)齊人於長城內築重城(一一五)，自庫洛枝東至鳴紇戍(一一六)。凡四百餘里。

初，齊有術士言亡高者黑衣，故高祖每出，不欲見沙門[二七]。顯祖在晉陽，問左右：「何最黑？」對曰：「物無過於漆。」帝以上黨王渙於兄弟第七，使庫直都督[二八]破六韓伯昇之鄴徵渙，渙至紫陌橋[二九]殺伯昇而逃，浮河南度，至濟州，為人所執，送鄴[三〇]。帝之為太原公也，與永安王浚皆見世宗，帝有時洟[三一]出，浚責帝左右曰：「何不為二兄拭鼻[三二]？」帝深銜之[三三]，及即位，浚為青州刺史，聰明矜恕[三四]，吏民悅之。浚以帝嗜酒，私謂親近曰：「二兄因酒敗德[三五]。朝臣無敢諫者。大敵未滅[三六]，吾甚以為憂，欲乘驛至鄴面諫[三七]，不知用吾不[三八]？」或密以白帝，帝益銜之。浚入朝，從幸東山，帝裸裎[三九]為樂，浚進諫曰：「此非人主所宜[四〇]。」帝不悅。浚又於屏處[四一]召楊愔，譏其不諫。帝時不欲大臣與諸王交通，愔懼，奏之，帝大怒曰：「小人由來難忍[四二]。」遂罷酒還宮。浚尋還州，又上書切諫；詔徵浚，浚懼禍，謝疾，不至[四三]。帝遣馳驛收浚[四四]，老幼泣送者數千人，至鄴，與上黨王渙，皆盛以鐵籠，寘於北城地牢，飲食溲穢，共在一所[四五][四六]。

【今註】㈠永定五年：是年十月受禪，始改元永定。自十月以前，猶是梁太平二年。㈡周公即天王位：公名覺，字陁羅尼，宇文泰第三子。摹仿周禮，而稱天王。㈢柴燎告天：燎焚；柴燎、謂焚柴。《爾雅・釋天》：「祭天曰燔柴。」注：「既祭，積柴燒之。」郝懿行疏：「燔柴二事，燔以玉幣，柴以牲體。」按柴燎與燔柴之意實頗相同。㈣露門：胡三省曰：「露門，即古之路門，路、大也。宇文建國，率倣古制，故外朝曰路門。鄭玄曰：『外門曰皐門，朝門曰應門，內有路門。』孔穎達曰：『爾雅門屏之間謂之宁。郭曰，人主視廟，所宁立處。李巡曰，正門外兩塾間曰宁，謂天子受朝於路門外之朝，於門外而宁立，以待諸侯之至，故曰當宁而立也。』」㈤行夏之時：用寅正也。㈥服色尚黑：《周書・孝閔帝紀》：「百官奏議云，『惟文王誕玄氣之祥，有黑水之讖，服色宜烏。』」此為服色尚黑之原因所在。㈦大宗伯中山公護為大司馬：胡三省曰：「後周太祖初據關右，官名未改魏號。及城內粗定，改定章程，命尚書令盧辯遠師周制，置三公、三孤，以為論道之官；次置六卿，以分司庶務。閔帝受禪，大司馬掌兵，宇文護居之，以專兵要。」㈧辛丑，周公即天王位……大宗伯中山公護為大司馬：按此段乃錄自《周書・孝閔帝紀》，字句大致相同。㈨自謂先世出於神農：《周書・文帝紀》：「其先出自炎帝神農氏，為黃帝所滅，子孫遯居朔野。有葛烏菟者，雄武多算略，鮮卑慕之，奉以為主。其後曰普回，因狩得玉璽三紐，有文曰皇帝璽，普回心異之，以為天授。其俗謂天曰宇，謂君曰文，因號宇文國，幷以為氏焉。」㈩以神農配二丘：二丘，圜丘、方丘。⑪始祖獻侯：《周書・文帝紀》：「普回子莫那自陰山南徙，始居遼西，是曰獻侯。」⑫祀方丘：

方丘，祭地之壇也。謂於方丘之上祀地。《隋書・禮儀志》一：「後周憲章姬周，祭祀之式，多依儀禮。司量掌為壇之制，圓丘三成，成崇一丈二尺，深二丈，上徑六丈，十有二階，每等十有二節，在國陽七里之郊。圓壝徑三百步，內壝半之，方一成，下崇一丈，徑六丈八尺，上崇五尺，方四丈。八方，方一階，階十級，級一尺。方丘在國陰六里（胡引《五代志》作十里）之郊，丘一成，八方，下崇一丈，方六丈八尺，上崇五尺，方四丈，方一階，尺一級，（胡引《五代志》作：「八方、一階，級一尺。」按二者皆有訛誤。今綜合二文，及上圓丘：「八方，方一階，階十級，級一尺」之文例衡之，此當作八方，方一階，階一級，級一尺。）其壝八面，徑百二十步，內壝半之。南郊為方壇於國南五里，其崇一丈二尺，其廣四丈，其壝方百二十步，內壝半之。神州之壇崇一丈，方四丈，在北郊方丘之右，其壝如方丘，其祭圓丘及南郊，並正月上辛，圓丘，則以其先炎帝神農氏配昊天上帝於其上。」㈢除市門稅：魏末羣盜並起，國用不足，稅入市門者人一錢，今除之。㈣仍用鄭玄議，立太祖與二昭二穆為五廟，其有德者，別為祧廟不毀：《禮記・王制》：「天子七廟，三昭三穆，與太祖之廟而七。」鄭玄注：「此周制，七者：太祖及文王、武王之祧，與親廟四。」《決疑要》注：「凡昭穆，父南面，故曰昭，昭明也；子北面，故曰穆，穆順也。」㈤周王祀圜丘……壬子，立王后元氏：按此段乃錄自《周書・孝閔帝紀》，字句大致相同。㈥齊南安城主：《隋書・地理志》：「永安郡黃岡縣，齊曰南安。」城主初為主兵之官，出戍主而得名，其規模簡陋之城鎮，當亦兼掌民事。㈦豐州刺史：《隋書・地理志》中：「淅陽郡武當縣，舊置武當郡又僑置始平郡，後改為齊興郡，梁置興州，後周改為豐州。」〔一八〕吐谷渾為寇於周，攻涼鄯河三州：《隋書・地理志》上：「武威郡，舊置涼州，西平郡，舊置鄯州，枹罕郡，舊置河州。」〔一九〕秦州都督：胡三省曰：「此秦州都督，蓋都督河、渭、涼、鄯諸州也。後周九命之制，都督八命，其授柱國大將軍，開府儀同者，並加使持節大都督，蓋九命也。」〔二〇〕赴援：謂率兵自他處前往救援。〔二一〕僚屬：僚佐屬員。〔二二〕咸以為言：謂皆勸翼應往援之。〔二三〕非夷俗所長：謂非夷狄政俗之所擅長。〔二四〕抄掠邊牧：抄劫掠奪邊境牧畜之牲畜。〔二五〕揣之已了：測度甚為明確。〔二六〕問：音問。按此辭為六朝所通用。《晉書・符登載記》：「登乃具丕死問，於是為丕發喪。」《宋書・劉穆之傳》：「高祖在長安：聞問驚慟，哀惋者數日。」同書〈謝晦傳〉：「穆之喪問至，高祖哭之甚慟。」同書〈廬陵王義真傳〉：「初高祖聞青泥敗，未得義真審問，有前至者訪之。」皆其例證。又核此辭，乃由聲問簡刪而成。《漢書・蘇武傳》：「前發匈奴時，胡婦適產一子通國，有聲問來。」先謙曰：「聲問，猶言音問。」是古曰聲問，而六朝則書作問也。〔二七〕果如翼所策：謂果如翼之所策料。〔二八〕吐谷渾為寇於周，……問至，果如翼所策：按此段乃錄自《周書・于翼傳》，字句幾全相同。〔二九〕頠：音ㄨ。〔三〇〕不遣：不遣之使行。〔三一〕勃遣其將孫瑒：按《陳書・歐陽頠傳》瑒作場。〔三二〕貨財：〈歐陽頠傳〉作貲財，核六朝常用貲財一辭，當以沿用原文為是。〔三三〕初梁世祖以始興郡為東衡州……江陵陷，頠遂事勃：按此段乃節錄〈歐陽頠傳〉之事，文字則多用其舊。〔三四〕孜蕭之從子也：考異曰：「陳書南史周文育傳，皆作子；今從梁書帝紀。」按《通鑑》之所以從《梁書・帝紀》者，以比段事，《梁書・敬帝紀》敘述較詳，當可信賴，故因而依之。《陳書・周文育傳》則敘述較略，而《南史・周文育傳》，則全本《陳書》，雖為二書，實與一書等耳，夫既如此，故通鑑遂選取敘述較詳者之文字焉。㉟南江州刺史余孝頃：《陳書・周文育傳》：「時新吳洞主余孝頃，舉兵應勃。」蓋此時余孝頃方為新吳洞主，而就置南江州，命為刺史耳。㊱二月庚午，勃起兵於廣州……詔平西將軍周文育帥諸軍討之：按此段乃本於《梁書・敬帝紀》，字句大致相同。㊲戊寅，祭大社：大讀作太，《周書・孝閔帝紀》作太社，是其證。㊳故皆與太祖等夷：宇文泰廟號太祖，夷、平，等夷，謂齊平也。㊴晉公護：宇文護自中山公進封晉公。㊵怏怏：心不滿足。㊶開府儀同三司：《周書・盧辯傳》：「周制，開府儀同者，並加使持節大都督，正九命。」意謂開置府署，威儀同於三公之府。㊷周楚公趙貴、衛公獨孤信……護執而殺之，免信官：按此段乃錄自《周書・趙貴傳》，而稍有溢出。㊸蹠：音隻。㊹勱：音邁。㊺自出豫章，據石頭：《水經注》：「贛水逕豫章郡北，水之西岸有石盤，謂之石頭，津步之處也。」㊻歐陽頠等出南康……自出豫章據石頭：按此段乃錄自《陳書・周文育傳》，字句大致相同。㊼陽敗：猶佯敗。㊽巴山太守熊曇朗……取其馬仗，歸於巴山：按此段乃錄自《陳書・熊曇朗傳》，字句大致相同。㊾仍於豫章立柵：仍、因，謂因於豫章立柵。㊿間行：由間道經行。(51)饋：贈給。(52)沿：同沿。(53)偽若：假裝如。(54)芊韶：胡三省曰：「梁書，芊韶在巴山界。」(55)饗士：犒勞士卒。(56)周文育軍少船……使其將丁法洪攻泰，擒之：按此段乃錄自《陳書・周文育傳》，字句幾全相同。(57)甲午，周以大宗伯侯莫陳崇為太保……高陽公達奚武為大司寇：按此段乃錄自《周書・孝閔帝紀》，字句大致相同。(五八)周晉公護以趙景公獨孤信……逼令自殺：按此段乃錄自《周書・獨孤信傳》，字句大致相同。(五九)恟懼：擾恐畏懼。(六〇)德州刺史：《隋書・地理志》下：「日南郡，梁置德州。」(六一)甲寅，德州刺史陳法武……攻勃殺之：按此事乃本於《梁書・敬帝紀》。(六二)鑄四柱錢，一當二十：《隋書・食貨志》：「始梁末又有兩柱錢，及鵝眼錢。于時人雜用，其價同，但兩柱重而鵝眼輕，私家多鎔錢。」至是乃鑄四柱錢，一當細錢二十。(六三)周王謁成陵：周太祖陵曰成陵。(六四)齊以太師斛律金為右丞相，前大將軍可朱渾道元為太傅：《隋書・百官志》中：「後齊制官，多循後魏，置太師、太傅、太保，是為三師，擬古上公，非勳德崇者不居；次有大司馬、大將軍，是為二大，並典司武事；次置太尉、司徒、司空，是為三公。皆第一品。」可朱渾道元、據本傳前為車騎大將軍。〈百官志〉中：「驃騎、車騎將軍（二將軍加大者，在開國郡公下。）開國郡公為從一品。」(六五)并省尚書右僕射崔暹：自高歡居晉陽，并州有行臺尚書令僕等官，及齊顯祖受魏禪，遂以并州行臺為并省，位任亞於鄴省。(六六)齊以太師斛律金為右丞相……上黨王渙錄尚書事：按此段乃錄自《北齊書・文宣紀》天保八年文，字句完全相同。(六七)丙申，復閉細錢：閉、謂閉絕不使行；細錢、小而賤之錢，為民間所私鑄者。《隋書・食貨志》：「梁普通中，乃議盡罷銅錢，更鑄鐵錢，人以鐵賤易得，並皆私鑄。及大同已後，所在鐵錢遂如丘山，物價騰貴，交易者以車載錢，不復計數，而唯論貫。」夫錢敝如此，焉能不禁閉之哉！(六八)軍主夏侯明徹殺戢：據《陳書・周文育傳》，夏侯明徹乃譚世遠之軍主，軍主上當添世遠二字，以明其所屬。(六九)記室：掌書記者。陳代王侯府中皆有記室之位。(七〇)懷安侯任：胡三省曰：「任亦蕭氏子，封懷安侯。何承天志，鬱林郡有懷安縣。」(七一)故曲江侯勃主帥蘭裕……奉懷安侯任據廣州：按此段乃錄自《梁書・敬帝紀》，字句大致相同。(七二)蕭孜、余孝頃猶據石頭為兩城……孝頃逃歸新吳：按此段乃錄自《陳書・侯安都傳》，字句大致相同。(七三)聲著南土：聲譽著於南方。(七四)衡州刺史：按《隋書・地理志》下：「南海郡、含洭縣，梁置衡州。」(七五)始興：今廣東省始興縣。(七六)悉平：皆平。(七七)丞相霸先以歐陽頠聲著南土……嶺南悉平：按此段乃錄自《陳書・歐陽頠傳》，字句大致相同。(七八)御正中大人：《周書・盧辯傳》：「至如初置四輔官，及六府諸司，復置中大夫，幷御正，內史增置上大夫等。」是周固有御正之職也，又《隋書・百官志》中：「中大夫五命。」此中大夫爵位之等級也。(七九)軍國之政：按《周書・薛善傳》作：「兵馬萬機。」意謂軍國之事，《通鑑》遂因而改成此文。(八〇)以善為中外府司馬：中外府，為都督中外諸軍事府之簡稱。(八一)周儀同三司齊軌……以善為中外府司馬：按此段乃錄自《周書・薛善傳》，字句大致相同。(八二)不就徵：不赴徵召。(八三)王琳既不就徵……會武昌以擊之：按此段乃錄自《陳書・周文育傳》，而稍有溢出。(八四)魏郡丞：《隋書・百官志》中〈後齊篇〉：「三等上郡丞，為第六品。」(八五)何故致蝗：謂何故召致蝗災。(八六)五行志，土功不時，蝗蟲為災：按此乃《漢書・五行志》之語，意謂興土木之功不時，勞民動眾，則蝗來為災也。(八七)毆：同毆，謂擊之。(八八)擢：拔。(八九)以溷沃其頭：《隋書・五行志》下作：「以溷中物塗其頭。」意謂以屎尿澆之。(九〇)河南北大蝗……以溷沃其頭：按此段乃錄自《隋書・五行志》下，字句大致相同。(九一)殊禮：殊異之禮。(九二)贊拜不名：贊拜不自稱其名。(九三)總百揆：

總領百官。(九四)陳國置百司：於陳國中亦置百官，謂宛如天子之儀也。(九五)甲午，進丞相霸先位太傅……陳國置百司：按此段乃錄自《梁書・敬帝紀》，稍有刪節，存留者，字句大致相同。(九六)剛果：剛毅果決。(九七)司會：《周禮・天官》：「司會掌聽財用之會計，以詔王及冢宰。」後周之制，司會中大夫屬大冢宰，五命。(九八)相府司錄：《周書・盧辯傳》：「柱國大將軍府長史、司馬、司錄，正七命。」相府司錄，總錄相府之機務。(九九)軍司馬：胡三省曰：「軍司馬、中大夫，五命。」(一〇〇)權要：權貴勢要。(一〇一)見容：被容納。(一〇二)宮伯：《周禮・天官》：「宮伯、掌王宮之士庶子，凡在版者，掌其政令，行其秩敘，作其徒役之事。以時頒其衣裘，掌其誅賞。」後周左宮伯中大夫，五命。(一〇三)宿將：舊將。(一〇四)不守臣節：不守為臣之節操。(一〇五)臣聞周公攝政七年：《書・洛誥》：「惟周公誕保文武受命，惟七年。」(一〇六)邑邑：同悒悒，不得志貌。(一〇七)數引武士：數率武士。(一〇八)執縛之勢：執人縛人之款式。(一〇九)乃出植為梁州刺史，恆為潼州刺史：《隋書・地理志》上：「漢川郡，舊置梁州。金山郡，西魏置潼州。」(一一〇)富於春秋：謂年紀甚輕。(一一一)屬：屬託。(一一二)臣情兼家國：以家，則兄弟之親，以國，則君臣之義。(一一三)股肱：猶言手足之力。(一一四)陛下親覽萬機：謂親執國政。(一一五)臣死之日，猶生之年：《漢書・賈誼傳》：「為過秦論曰：『試使山東之國，與陳涉度長絜大，比權量力，不可同年而語矣。』」此為年之如此用法之早見者。按臣死之日，猶生之年二句，六朝頗盛用之。《世說・言語》，陶公疾篤條，注王隱《晉書》載侃臨終表曰：「願陛下速選臣代，使必得良才，奉宣王猷，遵成志業，則雖死之日，猶生之年。」《晉書・庾亮傳》：「明帝即位，以為中書監。亮上書讓曰，『願陛下垂天地之鑒，察臣之愚，則臣雖死之日，猶生之年矣。』……亮上疏曰，『豈有不忠不孝，如臣之甚，不能伏劍北闕，偷存視息，雖生之日，亦猶死之年。』」同書〈杜弢傳〉：「乃遺應詹書曰，『迎皇輿於閶闔，掃長蛇於荒裔，雖死之日，猶生之年也。』」核年字之意，與日字相同，皆謂時也。其例證為《晉書‧紀瞻傳》：「上疏曰，『臣聞易失者時，不再者年。』」同書〈夏侯湛傳〉：抵廣曰，『有司不能竟其文，當年不能編其籍。』」同書〈王羲之傳〉：「遺浩書曰，『況遇千載一時之運，顧智力屈於當年，何得不權輕重而處之也！』」同書〈庾亮傳〉：「亮與郗鑒牋曰，『豈與殿中將軍、司馬督，同年而語哉！』」同書〈習鑿齒傳〉：「臨終上疏曰，『宣皇帝勢逼當年，力制魏氏。……道不足，則不可謂制當年，當年不制於魏，則魏未曾為天下之主。』」同書〈苻生載記〉：「負殊曰，『三王異政，五帝殊風，趙多姦詐，秦以義信。豈可同年而語哉！』」同書〈文苑傳〉史臣曰：「匪惟高步當年，故以騰華終古。」《世說‧賞譽》王夷甫語樂令條，注〈王澄別傳〉：「澄從兄戎、兄夷甫，名冠當年。」此年皆謂時也。又日亦含有時意，佐證為：《漢書‧張耳陳餘傳》：「夫臣之與主，豈可同日道哉！」（賈誼〈過秦論〉作：「不可同年而語。」足知年日二字之意，酷甚相同。）《晉書‧華譚傳》：「對曰，『誠闡四門之秋，興禮教之日也。』」同書〈陸雲傳〉：「移書曰，『誠巖穴耀穎之秋，河津託乘之日也。』」同書〈郗鑒傳〉：「鑒曰，『武秋失節之士，何可同日而言。』」《世說‧雅量》謝公與人圍棋條，注《續晉陽秋》：「方命駕出墅，與兄子玄圍棋，夜還，乃處分，少日皆辦，破賊又無喜容。」此諸日皆指時而言。尤有進者，即同日亦有作同時者，《晉書・韓伯傳》：「與夫容已順眾者，豈得同時而共稱哉！」由上諸引證，足知古代視年、日、時之為一意矣。既係一意，故行文時欲免其重複單調，遂變化使用，因而成臣死之日，猶生之年之一形式焉。㉖姦回：姦詐回邪。㉗見太祖於九泉：謂死後於地下見太祖。㉘尚復何求：意謂無復所求。㉙滋甚：益甚。㉚刻日：規定日期。㉛醵：合飲。㉜柱國：謂國之柱石，《周書・盧辯傳》：「柱國大將軍，正九命。」㉝賀蘭祥：《周書》本傳：「其先與魏俱起，有紇伏者，為賀蘭莫何弗，因以為氏。」㉞總領禁兵：總領宿衛宮禁之兵。㉟令宮人執兵自守：令宮人執持兵器，以自守衛。㊱遜位：讓位。㊲幽於舊第：幽囚於略陽公舊第。㊳寧都公：《隋書・地理志》上：「西城郡、安康縣，舊曰寧都。」㊴周孝閔帝性剛果……孫恆亦伏誅：按此段乃用《周書・孝閔帝紀》又晉蕩公護傳之文，字句大致相同。㊵沈吟：謂低吟而不決之貌。㊶寧為忠鬼：寧乃於二者中而選擇其一之辭，忠鬼謂忠於國而被殺也。㊷素重：猶夙著。㊸猶欲全之：尚欲保全之。㊹非止屠戮護身：謂非止屠戮護我本人。㊺傾危宗社：傾危宗廟社稷。㊻同疾：同恨。㊼早為之所：猶早為之安置。㊽自陳初無此謀，遠謂植信然：按《周書・李賢附遠傳》，謂植信然作：「謂為信然。」語較靈活，當沿用之。㊾詰朝：明朝。㊿將植謁護：謂攜植謁護。(51)陽平公：李遠封陽平公。(52)仍命：因命。(53)質：相對質訊。(54)辭窮：謂無辭以答。(55)謂略陽曰：略陽下當有公字。(56)至尊：謂天子，亦即略陽公。(57)何事云云：事，用；云云猶言如此如此，乃指上相質而言。(58)自投於牀：謂自牀上投墜於牀下。(59)若爾：若果如此。(60)誠合：猶誠當。(61)植弟叔詣：按〈李賢附遠傳〉，詣作諧，以下之叔謙、叔讓推之，詣乃諧之破體。(五二)時李植父柱國人將軍遠鎮弘農……叔讓亦死，餘子以幼得免：按此段乃錄自《周書・李賢附遠傳》，字句大致相同。(五三)保家之主：謂保家之人。(五四)從坐：從而受刑。(五五)除名為民：於仕宦簿中除去其名，免而為民。(五六)淅州：《隋書・地理志》中：「淅陽郡，西魏置淅州。」(五七)義歸公主：公主、宇文泰之女。(五八)初遠弟開府儀同三司穆……以二子代基命，護兩釋之：按此段乃錄自《隋書・李穆傳》，字句大致相同。(五九)周魏武公李弼卒：按《周書・明帝紀》作：「太師趙國公李弼薨。」二書說不相同。查《周書・李弼傳》云：「孝閔帝踐阼，進封趙國公，元年十月薨於位，尋追封魏國公。」蓋《周書》據當時史館記注入錄，而《通鑑》則依以最後封號為準之義例，而本列傳，改作魏武公。二書皆有所憑，然以《通鑑》之例，為得史法之正宗焉。(六〇)使中書舍人劉師知。《隋書・百官志》上：「國之政事，並由中書省。有中書舍人五人，分掌二十一局事，各當尚書諸曹，並為上司，總國內機要，而尚書唯聽受而已，被委此官，多擅威勢。」(六一)宣猛將軍：《隋書・百官志》上，宣猛品第八。(六二)排闥：謂推開宮門。(六三)恪身經事蕭氏：《陳書・沈恪傳》：「侯景圍臺城，恪加右軍將軍，為東土山主，晝夜拒戰，以功封東興侯。」身經事，謂親自歷事。又蕭氏，本傳作蕭家，緣家氏義同，故改書。(六四)分受死耳：謂在職分上，惟有受不奉詔之死刑而已。(六五)盪主：主驍銳跳盪之兵，猶北齊之直盪都督。(六六)使中書舍人劉師知……更以盪主王僧志代之：按此段乃錄自《陳書・沈恪傳》，字句大致相同。(六七)上出佛牙於杜姥宅：《陳書・高祖紀》下：「齊初僧統法獻於烏纏國得佛牙，常在定林上寺。梁天監末，為攝山慶雲寺沙門慧興保藏，慧興將終，以屬弟慧志。承聖末，慧志密送于帝，至是乃出。」(六八)設無遮大會：無遮會，印度國俗常舉行之。梵語般闍于瑟，義譯曰無遮會。無遮者，寬容無阻之意，即賢聖道俗貴賤上下，一律參預，平等行財法二施之大法會也。(六九)膜拜：胡禮拜也。(七〇)丙子，上幸鍾山，祠蔣帝廟……置刪定郎，治律令：按此段乃錄自《陳書・高祖紀》下，字句大致相同。(七一)一共用一太牢：牛羊豕具為一太牢。(七二)始祖薦首：以太牢之頭，進於始祖。(七三)今茲：今此。(七四)吾今茲必敗，戰無名矣：始者以王琳不應王召而討之，今既受梁禪，則安都之師為無名。(七五)統攝：猶統轄。(七六)不相平：謂各懷有怨意。(七七)官軍：為六朝習用之稱謂語，散見六朝各書，不勝枚舉，乃由王師演變而來。(七八)弇口：弇水入江之口，正對北岸大軍山。(七九)裨將：偏將。(八〇)侯安都至武昌……及裨將徐敬成為琳所擒：按此段乃錄自《陳書・侯安都傳》，字句大致相同。(八一)不屈：猶不撓。(八二)琳引見諸將……琳殺鐵虎：按此數句，乃錄自《陳書・周鐵虎傳》。(八三)總以一長鏁繫之：以一長鎖鍊總繫此諸人。鏁同鎖。(八四)艑：大船，音槅。(八五)掌視之：主監視之。(八六)軍府：軍事府署。(八七)蒨：音ㄑㄧㄢˋ。(八八)頊為始興王：頊時在長安，亦遙立也。頊音旭。(八九)老弱三萬：按《周書・賀若敦傳》，老弱作口累，口累謂累贅之人，亦即老弱之意。當以保持原文特殊辭語，而作口累為宜。(九〇)自蜀江東下：按《賀若敦傳》蜀江作墊江，當以沿用原地名為宜，蓋若書作墊江，則讀者亦知該江之在巴蜀也。(九一)譙淹帥水軍七千……斬淹，悉俘其眾：按此段乃錄自《周書・賀若敦傳》，字句大致相同。(九二)給事黃門侍郎：《隋書・百官志》上：「黃門侍郎，第四品。」給事，謂供事禁省。(九三)招諭閩中：招撫曉諭，閩中今之福建。⑭豫章：郡名，漢置，在今江西省地，治南昌，即今南昌縣。⑮臨川：郡名，治臨汝，在今江西省臨川縣西。⑯東陽：郡名，即今浙江省金華縣。⑰晉安：《隋書・地理志》下：「建安郡南安，舊曰晉安。」⑱立砦以自保：依險立木壘石以自保守，曰砦。音寨。⑲諭以禍福：以禍福之道喻之，蓋言降則有福，而不降則致禍也。⑳建安太守：《隋書・地理志》下：「建安郡、建安縣，舊置建安郡。」㉑詔給事黃門侍郎蕭乾……即以乾為建安太守：按此段乃錄自《陳書・蕭乾傳》，字句幾全相同。㉒乾，子範之子也：蕭子範，齊豫章王嶷之子。㉓梁興州刺史席固以州降魏，周太祖以固為豐州刺史：《隋書・地理志》中：「淅陽郡、武當縣，舊置武當郡，後改為齊興郡，梁置興州，後周改為豐州。」㉔習梁法：效習梁朝之法制。㉕而難其人：謂而難其人選。㉖司憲中大夫：《唐六典》：「後周秋官置司憲中大夫二人，掌丞司寇之法，以左右刑罰。蓋比御史中丞之職也。」㉗權鎮：暫時鎮守。㉘委以代固之略：任以代固之策略。㉙傾身撫接：屈身安撫接待。㉚化洽州府：恩化融洽於州府。㉛湖州刺史：《隋書・地理志》下：「春陵郡、湖陽縣，西魏改曰昇州，後又改曰湖州。」㉜遷者如歸：謂遷者如歸市，言其多也。㉝願留為整左右：謂願留為整之左右，亦即願為整之部屬。㉞初梁興州刺史席固……莫不流涕而去：按此段乃錄自《周書・令狐整傳》，字句幾全相同。㉟築重城：謂於長城內又築一道城垣。㊱自庫洛枝東至鳴紇戍：按《北齊書・文宣紀》天保八年文作：「自庫洛拔而東，至於塢紇戍。」北史亦同之。文字有異。㊲高祖每出，不欲見沙門：以沙門衣緇故。㊳庫直都督：按《北齊書・上黨剛肅王渙傳》作：「庫真都督。」㉙紫陌橋：在鄴城。㉚初齊有術士言亡高者黑衣……為人所執，送鄴：按此段乃錄自《北齊書・上黨王渙傳》，字句大致相同。㉛洟：鼻液曰洟。㉜何不為二兄拭鼻：帝為高祖第二子，故其諸弟以二兄稱之。㉝深銜之：甚銜恨之。㉞矜恕：矜憫仁恕。㉟敗德：謂敗壞德行。㊱大敵未滅：大敵，謂周也。㊲面諫：猶親諫。㊳不知用吾不：謂不知用吾之諫不。㊴裸裎：露體。裎音呈。㊵此非人主所宜：此非人主所宜為。㊶屏處：隱蔽之處。㊷難忍：難以容忍，謂若忍之，則以後又復生事。㊸謝疾不至：猶辭疾不至。㊹帝遣馳驛收浚：按遣下當有一使字。《北齊書・永安王浚傳》作：「上怒，馳驛收浚。」若添遣字，則自須連增一使字。㊺飲食溲穢，共在一所：飲食與大小便，皆在一處。㊻帝之為太原公也……飲食溲穢，共在一所：按此段乃錄自《北齊書・永安王浚傳》，字句大致相同。

二年（西元五五八年）

㈠春，正月，王琳引兵下至湓城，屯於白水浦，帶甲㈠十萬。琳以北江州刺史曾悉達為鎮北將軍，上亦以悉達為征西將軍，各送鼓吹㈡女樂㈢，悉達兩受之，遷延顧望，皆不就㈣。上遣安西將軍沈泰襲之，不克㈤。琳欲引軍東下，而悉達制其中流㈥，琳遣使說誘，終不從。己亥，琳遣記室宗虩㊆，求援於齊，且請納梁永嘉王莊，以主梁祀㊇。衡州刺史周迪欲自據南川㊈，乃總召所部八郡㊉守宰結盟，齊言⑪入赴，上恐其為變，厚慰撫之。新吳洞主余孝頃遣沙門道林說琳曰：「周迪、黃法𣰰，皆依附金陵，陰窺間隙⑫，大軍若下，必為後患⑬；不如先定南川，然後東下。孝頃請席卷所部⑭，以從下吏⑮。」琳乃遣輕車將軍樊猛、平南將軍李孝欽、平東將軍劉廣德，將兵八千，赴之，使孝頃總督三將，屯於臨川故郡，徵兵糧⑯於迪，以觀其所為⑰。以開府儀同三司侯瑱為司空，衡州刺史歐陽頠為都督交廣等十九州諸軍事⑱廣州刺史。

㈡周以晉公護為太師。

㈢辛丑，上祀南郊，大赦，乙巳，祀北郊。

㈣辛亥，周王耕籍田。

癸丑，周立王后獨孤氏⑲。

㈤戊午，上祀明堂。

㈥二月，壬申，南豫州刺史沈泰奔齊，【考異】北齊帝紀在八月，今從陳帝紀。

㈦齊北豫州刺史司馬消難，以齊主昏虐⑳滋甚，陰為自全之計，曲意撫循所部，消難尚高祖㉑女，情好㉒不睦，公主訴之。上黨王渙之亡也，鄴中大擾，疑其赴成皐㉓，消難從弟子瑞為尚書左丞，與御史中丞畢義雲有隙，義雲遣御史張子階，詣北豫州，采風聞㉔，先禁消難典籤家客等㉕，消難懼，密令所親中兵參軍裴藻，託以私假㉖，間行入關㉗，請降于周㉘。三月，甲午，周遣柱國達奚武，大將軍楊忠，帥騎士五千迎消難，從間道馳入齊境五百里，前後三遣使報消難，皆不報㉙；去虎牢三十里㉚，武疑有變，欲還，忠曰：「有進死，無退生㉛。」獨以千騎夜趨城下，城四面峭絕㉜，但聞擊柝聲㉝，武親來，麾數百騎西去㉞，忠勒㉟餘騎不動，俟門開而入，馳遣召武，齊鎮城㊱伏敬遠勒甲士二千人，據東城㊲，舉烽嚴警㊳，武憚之，不欲保城，乃多取財物，以消難及其屬先歸，忠以三千騎為殿㊴，至洛南，皆解鞍而臥，齊眾來追，至洛北，忠謂將士曰：「但飽食，今在死地，賊必不度水㊵。」已而果然，乃徐引還㊶。武歎曰：「達奚武自謂天下健兒，今日服矣㊷㊸。」

周以消難為小司徒㊹。【考異】北齊帝紀，「四月，消難叛。」今從周書典略。

(八)丁酉，齊主自晉陽還鄴。【考異】北齊帝紀：「天保七年八月，帝如晉陽。」不言其還。八年四月：「帝在城東馬射，敕京師婦女悉赴觀。」是在鄴也。此月又言至自晉陽，六月乙丑，帝自晉陽北巡。則又復在晉陽。必有差互，今不敢增損。㊺

(九)齊發兵援送梁永嘉王莊於江南，冊拜王琳為梁丞相、都督中外諸軍、錄尚書事，琳遣兄子叔寶帥所部十州刺史子弟赴鄴，琳奉莊即皇帝位，【考異】北齊帝紀：「十一月，丁巳，琳遣使請立莊，仍以江州內屬，令莊居之。十二月，癸酉，詔莊為梁主，進居九派。」今從陳書及典略。然陳書典略皆云：「立莊於郢州。」按琳時在湓城，蓋始居江州，後遷郢州耳。改元天啓。追謚建安公淵明曰閔皇帝。莊以琳為侍中、大將軍、中書監，餘依齊朝之命㊻。

(十)夏，四月，甲子，上享太廟。

乙丑，上使人害梁敬帝，立梁武林侯諮之子季卿為江陰王。

(十一)己巳，周以太師護為雍州牧。

甲戌，周皇后獨孤氏殂。

(十二)辛巳，齊大赦。

齊主以旱祈雨於西門豹祠，不應，毀之，并掘其冢㊼。

(十三)五月，癸巳，余孝頃等屯二萬軍於工塘，連八城，以逼周迪，迪懼，請和，幷送兵糧，樊猛等欲受盟而還，孝頃貪其利，不許，樹柵圍之，由是猛等與孝頃不協。

(十四)周以大司空侯莫陳崇為大宗伯。

(十五)癸丑，齊廣陵南城主(四八)張顯和、長史張僧那，各帥所部來降。辛丑，齊以尚書令、長廣王湛錄尚書事(四九)，驃騎大將軍、平秦王歸彥為尚書左僕射甲辰，以前左僕射楊愔為尚書令。

(十六)辛酉，上幸大莊嚴寺捨身，壬戌，羣臣表請還宮。

(十七)六月，乙丑，齊主北巡，以太子殷監國，因立大都督府，與尚書省分理眾務，仍開府置佐(五〇)，齊主特崇其選(五一)，以趙郡王叡為侍中，攝(五二)太都督府長史(五三)。

(十八)己巳，詔司空侯瑱與領軍將軍徐度，帥舟師為前軍，以討王琳。

(十九)齊主至祁連池(五四)，戊寅，還晉陽。

(廿)秋，戊戌，上幸石頭。送侯瑱等。

(廿一)高州刺史(五五)黃法氍、吳興大守沈恪、寧州刺史(五六)周敷，合兵救周迪，敷自臨川故郡斷江口，分兵攻余孝頃別城，樊猛等不救，而沒[57]；劉廣德乘流先下，故獲全；孝頃等皆棄舟，引兵步走，迪追擊，盡擒之，送孝頃及李孝欽於建康，歸樊猛於王琳[58]。甲辰，上遣吏部尚書謝哲往諭王琳。哲，朏之孫也。

(廿二)八月，甲子，周大赦。

(廿三)乙丑，齊主還鄴。

(廿四)辛未，詔臨川王蒨西討，以舟師五萬發建康，上幸冶城寺送之。

(廿五)甲戌，齊主如晉陽。

(廿六)王琳在白水浦，周文育、侯安都、徐敬成許王子晉以厚賂[59]，子晉乃偽以小船依䑽而釣，夜載之上岸，入深草中，步投陳軍，還建康自劾[60]，上引見，並宥之[61]，戊寅，復其本官。謝哲返命[62]，王琳請還湘州，詔追眾軍還，癸未，眾軍至自大雷[63]。

(廿七)九月，甲申[64]，周封少師元羅為韓國公，以紹魏後。丁未，周王如同州。冬，十月，辛酉，還長安。

(廿八)余孝頃之弟孝勱及子公颺，猶據舊柵，不下。庚午，詔開府儀同三司周文育都督眾軍，出豫章討之[65]。

㈤齊三臺成，更名銅爵曰金鳳，金虎曰聖應，冰井曰崇光㊅。十一月，甲午，齊主至鄴，大赦㊆。齊主遊三臺，戲以槊刺都督尉子輝，應手而斃。【考異】北史作子耀，今從北齊書、典略。常山王演以帝沈湎，憂憤形於顏色，帝覺之曰：「但令汝在，我何為不從樂㊅！」演唯涕泣拜伏，竟無所言，帝亦大悲，抵盃於地㊈，曰：「汝似嫌㊉我如是，自今敢進酒者，斬之。」因取所御盃㊀，盡壞棄，未幾，沈湎益甚，或於諸貴戚家㊁，角力㊂批㊃拉，不限貴賤，唯演至，則內外肅然。演又密撰事條㊄，將諫，其友王晞以為不可，演不從，因間極言㊅，遂逢大怒。演性頗嚴，尚書郎中剖斷有失㊆，輒加捶楚㊇，令史姦慝㊈，即考竟㊉。帝乃立演於前，以刀鐶擬脅㊀，召被演罰者，臨以白刃，求演之短㊁，咸無所陳㊂，乃釋之，晞、昕之弟也。帝疑演假辭於晞以諫，欲殺之，王私謂晞曰㊃：「王博士明日當作一條事㊄，為欲相活㊅，亦圖自全，宜深體㊆，勿怪㊇。」乃於眾中杖晞二十，帝尋發怒，聞晞得杖，以故不殺㊈，髡鞭配甲坊㊉，居三年，演又因諫爭，大被毆㊀撻，【考異】北史孝昭紀云：「文宣賜帝魏時宮人，醒而忘之，謂帝擅取，遂令刀鐶亂築，因此致困。」

今從北史王晞傳。(九二)閉口不食。太后日夜涕泣，帝不知所為，曰：「儻小兒死(九三)，奈我老母何(九四)！」於是數往問演疾，謂曰：「努力彊食(九五)，當以王晞還汝。」乃釋晞，令詣演，演抱晞曰：「吾氣息(九六)惙然(九七)，恐不復相見。」晞流涕曰：「天道神明(九八)，豈令殿下遂斃此舍(九九)，至尊親為人兄(一〇〇)，尊為人主(一〇一)，安可與計(一〇二)！殿下不食，太后亦不食，殿下縱不自惜(一〇三)，獨不念太后乎(一〇四)？」言未卒，演強坐而飯(一〇五)，晞由是免徒(一〇六)，還為王友。及演錄尚書事，除官者皆詣演謝，去必辭(一〇七)。晞言於演曰：「受爵天朝(一〇八)，拜恩私第(一〇九)，自古以為不可。宜一切約絕(一一〇)。」演從之。久之，演從容謂晞曰：「主上起居不恒，卿宜耳目所具(一一一)，吾豈可以前逢一怒，遂爾結舌(一一二)。卿宜為撰諫草(一一三)，吾常伺便極諫。」晞遂條十餘事(一一四)以呈，因謂演曰：「今朝廷所恃者惟殿下，乃欲學匹夫耿介，輕一朝之命(一一五)，狂藥(一一六)令人不自覺，刀箭豈復識親疏(一一七)，一旦禍出理外(一一八)，將奈殿下家業(一一九)何！奈皇太后何！」演欷歔(一二〇)不自勝，曰：「乃至是乎(一二一)！」明日見晞曰：「吾長夜久思，今遂息意(一二二)。」即命火，對晞焚之(一二三)。後復承間苦諫(二四)，帝使力士反接(二五)，拔白刃注頸(二六)罵曰：「小子何知，是誰教汝？」演曰：「天下噤口(二七)，非臣誰敢有言。帝趣(二八)杖亂捶之數十，會醉臥，得解。帝褻黷(二九)之遊，徧於宗戚(三〇)，所往留連(三一)，唯至常山第，多無適(三二)而去(三三)。尚書左僕射崔暹屢諫，演謂暹曰：「今太后不敢言，吾兄弟杜口，僕射獨能犯顏(三四)，內外深相感愧(三五)(三六)。」

太子殷自幼溫裕(三七)開朗，禮士好學，關覽時政(三八)，甚有美名。帝嘗嫌太子得漢家性質(三九)，不似我，欲廢之。帝登金鳳臺，召太子，使手刃囚(四〇)，太子惻然有難色(四一)，再三不斷其首，帝大怒，親以馬鞭撞之，太子由是氣悸語吃(四二)，精神昏擾(四三)(四四)。帝因酣宴，屢云：「太子性懦，社稷事重，終當傳位常山。」太子少傅魏收謂楊愔曰：「太子、國之根本，不可動搖，至尊三爵之後，每言傳位常山，令臣下疑貳；若其實也，當決行之，此言非所以為戲，恐徒使國家不安。」愔以收言白帝，帝乃止(四五)。帝既殘忍，有司訊囚，莫不嚴酷，或燒犁耳使立其上，或燒車釭(四六)使以臂貫之，既不勝苦，皆至誣伏。唯三公郎中〔四七〕、武強蘇瓊，歷職中外〔四八〕，所至皆以寬平為治，時趙州及清河〔四九〕。屢有人告謀反者，前後皆付瓊推檢〔五〇〕，事多申雪〔五一〕。尚書崔昂謂瓊曰：「若欲立功名，當更思餘理〔五二〕，數雪反逆，身命何輕〔五三〕！」瓊正色曰：「所雪者，寃枉耳，不縱反逆也〔五四〕。」昂大慚〔五五〕。帝怒臨漳令嵇曄〔五六〕舍人李文思〔五七〕，以賜臣下為奴，中書侍郎〔五八〕、彭城鄭頤私誘祠部尚書王昕〔五九〕曰：「自古無朝士為奴者。」昕曰：「箕子為之奴〔六〇〕。」頤以白帝曰：「王元景比陛下於紂。」帝銜之。頃之，帝與朝臣酣飲，昕稱疾〔六一〕不至，帝遣騎執之，見方搖膝吟詠，遂斬於殿前，投尸漳水〔六二〕。齊主北築長城，南助蕭莊，士馬死者，以數十萬計；重以〔六三〕脩築臺殿，賜與無節〔六四〕，府藏之積，不足以供。乃減百官之祿，撤軍人常廩〔六五〕，併省〔六六〕州郡縣鎮戍〔六七〕之職，以節費用焉。

〔卅〕十二月，庚寅，齊以可朱渾道元為太師〔六八〕，尉粲為太尉，冀州刺史段韶為司空，常山王演為大司馬，長廣王湛為司徒。

〔卅一〕壬午，周大赦。

(卅二)齊主如北城，因視永安簡平王浚、上黨剛肅王渙於地牢，帝臨穴謳歌，令浚等和之，浚等惶怖且悲，不覺聲顫(六九)，帝愴然，為之下泣，將赦之，長廣王湛素與浚不睦，進曰：「猛虎安可出穴！」帝默然。浚等聞之，呼湛小字曰：「步落稽，皇天見汝(七〇)。」帝亦以浚與渙皆有雄略(七一)，恐為後害，乃自刺渙，又使壯士劉桃枝就籠亂刺，槊每下，浚渙輒以手拉折之(七二)，號哭呼天，於是薪火亂投，燒殺之，填以土石，後出之，皮髮皆盡，尸色如炭，遠近為之痛憤。帝以儀同三司劉郁捷殺浚，以浚妃陸氏賜之(七三)，馮文洛殺渙，以渙妃李氏賜之，二人、皆帝家舊奴也。陸氏尋以無寵於浚得免。

(卅三)高涼太守(七四)馮寶卒，海隅擾亂，寶妻冼氏懷集(七五)部落，數州晏然(七六)。其子僕、生九年(七七)，是歲、遣僕帥諸酋長(七八)入朝，詔以僕為陽春太守(七九)。

(卅四)後梁主遣其大將軍王操將兵，略取(八〇)王琳之長沙、武陵、南平等郡(八一)。

【今註】㊀帶甲：謂武裝精良之士卒。㊁鼓吹：《樂府詩集》：「鼓吹之樂，有賜給功臣者，如班超拜長史，假鼓吹麾幢；其餘軍中馬上道路所奏，通謂之鼓吹。魏晉之世，鼓吹甚輕，牙門、督將、五校均用之；宋齊以後，則甚重矣。」鼓吹為鼓鉦簫笳等合奏之樂隊。㊂女樂：即女伎。㊃遷延顧望，皆不就：謂遲延觀望，而不肯立就其所任命。㊄琳以北江州刺史魯悉達為鎮北將軍……沈泰襲之，不克：按此段乃錄自《陳書・魯悉達傳》，字句大致相同。㊅悉達制其中流：謂悉達控制長江之中流，使琳不得上下。㊆虩：音ㄒㄧˋ。㊇請納梁永嘉王莊以主梁祀：莊質齊，見上卷梁敬帝紹泰元年。㊈欲自據南川：胡三省曰：「自南康至豫章之地，謂之南川，以南江所經言之也。」㊉乃總召所部八郡：迪所部八郡，為：南康、宜春、安城、廬陵、臨川、巴山、豫章、豫寧。⑪齊言：共言。《陳書・周迪傳》作：「聲言。」⑫陰窺間隙：謂暗中窺伺間隙。⑬必為後患：謂必為後方之患。⑭席卷所部：猶盡率所部。⑮以從下吏：謂以從將軍下吏之後，蓋不敢斥言將軍，故稱其屬下之小吏，以示尊敬也。⑯徵兵糧：謂徵兵士及糧草。⑰衡州刺史周迪欲自據南川……徵兵糧於迪，以觀其所為：按此段乃本於《陳書・周迪傳》，而事言多有溢出。⑱衡州刺史歐陽頠為都督交廣等十九州諸軍事：按十九州之名，具載《陳書・歐陽頠傳》，茲不詳。⑲周立王后獨孤氏：後、獨孤信之女。⑳昏虐：昏瞶暴虐。㉑高祖：高歡廟號高祖。㉒情好：猶今言感情。㉓疑其赴成皋：齊北豫州治虎牢、成皋之地。㉔采風聞：求採所風聞事之證驗。㉕先禁消難典籤家客等：先禁、謂先行囚禁。典籤、掌文書之吏。《南史・呂文顯傳》：「故事，府州部內，論書皆籤，前直敘所論之事，後云謹籤，日月下又云某官某籤，置典籤以典之。」㉖私假：個人之休假。㉗間行入關：微行進入關中。㉘齊北豫州刺史司馬消難……間行入關，請降于周：按此段乃併合《北齊書・司馬子如傳》及〈酷吏畢義雲傳〉，二文而成，而仍稍有溢出。㉙皆不報：皆不回報。㉚去虎牢三十里：《周書・楊忠傳》作：「去豫州三十里。」蓋虎牢為北齊豫州轄地，故二名稱遂隨意施用之。㉛有進死，無退生：謂惟有前進而死，不得退後而生。㉜城四面峭絕：謂四周之城墻，甚為峻峭，而不可攀援。㉝擊柝聲：柝、以木為之，擊之以警夜也。㉞麾數百騎西去：指揮率領數百騎西行。㉟勒餘騎：勒謂部勒，此與率字之意酷同。㊱鎮城：即防城大都督之任。㊲據東城：東城、虎牢城之東偏也。㊳舉烽嚴警：舉燃烽火，嚴加警備。㊴為殿：為殿後。㊵今在死地，賊必不敢度水：謂今處於必死之地，賊必不敢渡水，以與我戰。㊶乃徐引還：乃徐徐引兵而還。㊷今日服矣：謂今日乃服楊忠之勇壯矣。㊸周遣柱國達奚武、大將軍楊忠……今日服矣：按此段乃錄自《周書・楊忠傳》，字句幾全相同。㊹以消難為小司徒：《唐六典》：「周之地官小司徒，中大夫也。後周依周官。」杜佑《通典》：「後周地官小司徒，上大夫，六命。」㊺〔考異〕必有差互，今不敢增損：按北齊帝紀於天保七年至九年間，幸晉陽及由晉陽還鄴，常有脫漏，而非有差互，若將其脫漏處補足之，則行跡豈非釐然甚明確乎！㊻齊發兵援送梁永嘉王莊於江南……餘依齊朝之命：按此段乃本於《北齊書・王琳傳》，字句大致相同。㊼齊主以旱祈雨於西門豹祠，不應，毀之，並掘其冢：戰國時，魏以西門豹為鄴令，鑿十三渠以利民，故祠冢皆在鄴。㊽齊廣陵南城主：按所云南城，乃將城內劃為東西南北四區，而各置軍主負責以守之，非謂其城內別有一城名南城也。㊾辛丑、齊以尚書令長廣王湛錄尚書事：按《北齊書・文宣紀》天保九年五月文作「辛巳」，然與下之甲辰不符，故《通鑑》遂改作辛丑。㊿仍開府置佐：謂因開建府寺，設置僚佐。(51)崇其選：尊崇其人選。(52)攝：兼理。(53)齊主北巡，以太子殷監國……攝大都督府長史：按此段乃錄自《北齊書・趙郡王琛附子叡傳》，字句大致相同。(54)齊主至祁連池：胡三省曰：「即汾陽之天池，北人謂天為祁連。」(55)高州刺史：《陳書・黃法𣰰傳》：「太平元年，割江州四郡置高州。」(56)寧州刺史：《陳書・周敷傳》：「敷鎮臨川故郡，梁元帝授敷寧州刺史。」是寧州乃即臨川故郡而置。(57)沒：敗沒。(58)高州刺史黃法𣰰……歸樊猛於王琳：按此段乃本於《陳書・周迪傳》〈周敷傳〉及〈黃法𣰰傳〉三傳而成，然仍多溢出。又歸樊猛於王琳，〈周迪傳〉作生擒李孝欽、樊猛、余孝頃送于京師，說不相同。(59)厚賂：厚重財禮。(60)自劾：自行彈劾。(61)王琳在白水浦……上引見，並宥之：按此段乃錄自《陳書・侯安都傳》，字句幾全相同。(62)返命：謂返回報命。(63)謝哲返命……眾軍至自大雷：按此段乃錄自《陳書・高祖紀》下永定二年文，字句大致相同。(64)九月甲申，周封少師元羅為韓國公：按《周書・明帝紀》二年九月文作：「甲辰，封少師元羅為韓國公。」以下之丁未推之，甲申當作甲辰。(65)余孝頃之弟孝勱……出豫章討之：按此段乃用《陳書・高祖紀》下及〈周文育傳〉之文，字句大致相同。(66)齊三臺成，更名銅爵曰金鳳，金虎曰聖應，冰井曰崇光：胡三省曰：「魏武築三臺於鄴城西北，皆因城為之基。中曰銅爵臺，高十丈，石虎更增二丈；南曰金虎臺，北曰冰井臺，皆高八丈。」(67)十一月甲午，齊主至鄴，大赦：按《北齊書．文宣紀》天保九年十一月文，作：「甲午，帝至自晉陽，丁酉大赦。」是大赦上，當添丁酉二字。(六八)但令汝在，我何為不從樂：按《北齊書．孝昭帝紀》，從樂作縱樂，是從乃讀作縱。(六九)抵盃於地：謂置杯於地。(七〇)嫌：惡。(七一)所御盃：所進用之盃。(七二)貴戚家：權貴親戚之家。(七三)角力：兩手相搏，以較量力氣。(七四)批：手擊。(七五)事條：謂將事分為條款，而表奏之。(七六)因間極言：乘間澈底言之。(七七)剖斷有失：剖析處斷，生有錯誤。(七八)捶楚：謂撲打。(七九)姦慝：姦詐邪惡。(八〇)即考竟：立即考訊定案。(八一)以刀鐶擬脅：以刀鐶擬演脅，示將築殺之。(八二)求演之短：求演之錯失。(八三)陳：言。(八四)王私謂晞曰：胡三省曰：「王、即演也，通鑑因齊史，修治有未純者耳。」(八五)明日當作一條事：謂明日當作一件事，或明日當作一事。條字乃指事之單位而言。(八六)為欲相活：謂為欲活汝。(八七)宜深體：宜深體知。(八八)勿怪：切勿見怪。(八九)以故不殺：以其得杖之故，謂非教演為之，遂不殺。(九〇)髡鞭配甲坊：剔其髮，鞭笞之，然後分配於製甲仗之坊，以事勞役。(九一)敺：同毆。(九二)〔考異〕北史孝昭紀云：「文宣賜帝魏時宮人，醒而忘之，謂帝擅取，遂令刀鐶亂築，因此致困。」今從北史王晞傳：按上二文亦見於《北齊書．孝昭紀》及〈王昕附晞傳〉，《北齊書》雖至宋代已殘闕，而為館閣諸臣取《北史》之所訂補，然究保存原有文字不少，故仍宜以《北齊書》為據，而盡量採用《北齊書》之記載焉。(九三)儻小兒死：小兒指演，北齊人呼小兒常非真指小兒，而係於其喜愛者之親稱。(九四)奈我老母何：謂將如何對待我老母！(九五)彊食：謂勉彊加餐。(九六)氣息：謂口中所出之氣息。(九七)惙然：《類箴》：「惙、困劣也。」音輟。(九八)天道神明：謂天道甚為神靈。

⑨豈令殿下遂斃此舍：言豈令殿下竟死於此。⑩至尊親為人兄：謂天子於親屬關係上，為汝之兄。⑪尊為人主：謂於地位之尊崇上，則為國人之主。⑫安可與計：言難與計校是非。⑬殿下縱不自惜：殿下縱然不自愛惜。⑭獨不念太后乎：獨、豈，謂豈不念太后乎。⑮強坐而飯：勉強起坐而進飲食。⑯晞由是免徒：胡三省曰：「配甲坊徒刑也，由此得免。」按〈王昕附晞傳〉，徒作徙，徙謂徙配於甲坊。意俱可通。⑰除官者皆詣演謝，去必辭：按〈王昕附晞傳〉作：「新除官者，必詣王謝職，去必辭。」是謝謂謝所委之職，而去必辭者，謂赴任時，必面辭行也。⑱受爵天朝：謂受爵於天子。⑲拜恩私第：猶謝恩於私門。⑳宜一切約絕：謂宜皆下令禁絕之。㉑卿宜耳目所具：謂卿宜耳目有所聞見。㉒結舌：謂閉口結舌而不言也。㉓宜撰諫草：宜撰諫諍之草稿。㉔遂條十餘事：遂條錄十餘事。㉕一朝之命：謂極短促之生命。㉖狂藥：謂酒。㉗刀箭豈復識親疏：謂刀箭無知，豈復知人世之親疏。㉘禍出理外：禍患軼出於道理之外，亦即所謂意外之禍。㉙殿下家業：殿下家中之產業，於常山王演言，則亦即齊國。㉚欷歔：悲泣。㉛乃至是乎：謂竟至此乎。㉜息意：謂打消進諫之意。㉝焚之：焚諫草也。㉞苦諫：苦苦諫諍。㉟反接：執其兩手向後而縛之。㊱注頸：猶置於頸。㊲噤口：閉口。㊳趣：讀曰促。㊴褻黷：猥褻渫黷。黷音獨。㊵宗戚：宗室親戚。㊶留連：盤樂忘返。㊷無適：不極歡。㊸帝疑演假辭於晞以諫……唯至常山王第，多無適而去：按此一大段，乃錄自《北齊書．王昕附晞傳》，字句幾全相同。㊹犯顏：謂犯顏直諫。㊺內外深相感愧：謂宮庭內外之人，深覺愧慚，蓋愧其不能進諫也。㊻尚書左僕射崔暹屢諫……內外深

相感愧：按此段乃錄自《北齊書・崔暹傳》，字句大致相同。㊲溫裕：溫和從容。㊳關覽時政：謂通省時政。㊴得漢家性質：鮮卑謂中國人為漢。言得漢人之稟性。㊵使手刃囚：使其親殺囚徒。㊶惻然有難色：哀惻有為難之色，意謂不忍自殺之。㊷氣悸語吃：氣息畏悸而語言蹇滯。㊸精神昏擾：精神昏亂。㊹太子殷自幼溫裕開朗……精神昏擾：按此段乃錄自《北齊書・廢帝紀》，字句大致相同，惟次序間有移植。㊺帝因酣宴，屢云……愔以收言白帝，帝乃止：按此段乃錄自《北齊書・魏收傳》，字句大致相同。㊻車釭：車轂中鐵也。㊼三公郎中：《隋書・百官志》中：「後齊尚書列曹三公郎中屬殿中尚書，掌五時讀時令，諸曹囚帳，斷罪赦日，建金雞等事。」㊽歷職中外：歷職京中京外。㊾趙州及清河：按《北齊書・循吏蘇瓊傳》作：「趙州及河南中。」㊿推檢：推察檢案。(51)申雪：申理雪白。(52)當更思餘理：謂當思其他道理。(53)數雪反逆，身命何輕：謂數申雪反逆之人，將不顧己之生命乎！(54)所雪者，寃枉耳，不縱反逆也：謂所雪者，乃寃枉之人，非取縱釋反逆者也。(55)唯三公郎中武強蘇瓊……不縱反逆也，昂大慚：按此段乃錄自《北齊書・循吏蘇瓊傳》，字句幾全相同。(56)曄：音一せ、。(57)舍人李文思：按《北齊書・王昕傳》作：「舍人李文師。」(58)中書侍郎：《隋書・百官志》中：「中書侍郎，從第四品。」(59)鄭頤私誘祠部尚書王昕：按《北齊書・王昕傳》，鄭頤作鄭子默，子默當係頤之字。(60)箕子為之奴：此《論語》孔子之言。(61)稱疾：自言有疾。(62)帝怒臨漳令稽曄……遂斬於殿前，投尸漳水：按此段乃錄自《北齊書・王昕傳》，字句大致相同。(63)重以：加以。(64)賜與無節：謂賜與無度。(65)軍人常廩：軍人日常所用之糧。(六六)併省：合併省減。(六七)鎮戍：鎮守防戍。(六八)十二月庚寅，齊以可朱渾道元為太師：按《北齊書・文宣紀》天保九年十二月文，庚寅作戊寅，以上文之癸酉推之，當以戊寅為是。(六九)聲顫：聲音顫抖。(七〇)皇天見汝：謂皇天見汝所為之姦惡，意為皇天必不宥恕汝也。(七一)雄略：雄才大略。(七二)拉折：扯住而折之。(七三)齊主如北城，因視永安簡平王浚……以浚妃陸氏賜之：按此段乃錄自《北齊書・永安簡平王浚傳》，字句大致相同。(七四)高涼太守：按《隋書・地理志》下，高涼郡轄連江、電白諸縣，是當在今廣西省東南一帶地域。(七五)懷集：懷撫安集。(七六)晏然：安然。(七七)生九年：猶年九歲。(七八)遣僕帥諸酋長：遣僕御帥諸酋長。(七九)陽春太守：《隋書・地理志》下：「高涼郡陽春，梁置陽春郡，平陳郡廢。」(八〇)略取：奪取。(八一)後梁主遣其大將軍王操將兵，略取王琳之長沙等郡。按此數句乃錄自《周書・蕭詧傳》。

三年（西元五五九年）

㈠春，正月，己酉，周太師護上表歸政(一)，周王始親萬機(二)，軍旅之事，護猶總之(三)。初改都督州軍事為總管(四)。

㈡王琳召桂州刺史(五)淳于量，量雖與琳合，而潛通(六)於陳。二月，辛酉，以量為開府儀同三司(七)。

㈢壬午，侯瑱引兵，焚齊舟艦於合肥。

㈣丙戌，齊主於甘露寺㈧禪居深觀㈨，唯軍國大事乃以聞。尚書左僕射崔暹卒，齊主幸其第㈩，哭之，謂其妻李氏曰：「頗思暹乎？」對曰：「思之。」帝曰：「然則，自往省之⑪。」因手斬其妻，擲首牆外。

㈤齊斛律光將騎一萬，擊周開府儀同三司曹回公，斬之，柏谷城主薛禹生棄城走，遂取文侯鎮，立戍置柵⑫而還⑬。

㈥三月，戊戌，齊以高德政為尚書右僕射。

㈦吐谷渾寇周邊，庚戌，周遣大司馬賀蘭祥擊之。

㈧丙辰，齊王至鄴。

㈨梁永嘉王莊至郢州，遣使入貢於齊。王琳遣其將雷文策，襲後梁監利太守蔡大有，殺之⑭。

㈩齊主之為魏相也，膠州刺史⑮定陽文肅侯杜弼為長史，帝將受禪，弼諫止之⑯；帝問治國當用何人，對曰：「鮮卑車馬客⑰，會須⑱用中國人。」帝以為譏己，銜之。高德政用事，弼不為之下⑲，嘗於眾前面折德政，德政⑳數言其短於帝，弼恃舊㉑不自疑。夏，帝因飲酒，積其愆失㉒，遣使就州斬之，既而悔之，驛追不及㉓㉔。

(十一)閏四月，戊子，周命有司更定新曆。

(十二)丁酉，遣鎮北將軍徐度，將兵城南皖口㉕。

(十三)齊高德政與楊愔同為相，愔常忌之。齊主酣飲，德政數彊諫，齊主不悅，謂左右曰：「高德政恒以精神凌逼人㉖。」德政懼，稱疾，欲自退。帝謂楊愔曰：「我大憂德政病。」對曰：「陛下若用為冀州刺史，病當自差㉗。」帝從之，德政見除書㉘，即起，帝大怒召德政，謂曰：「聞爾病，我為爾針㉙。」親以小刀刺之，血流霑㉚地；又使曳下，斬去其足，劉桃枝執刀不敢下，帝責桃枝曰：「爾頭即墮地。」桃枝乃斬其足之三指。帝怒不解，囚德政於門下㉛，其夜，以氈輿㉜送還家，明旦，德政妻出珍寶滿四牀，欲以寄人㉝；帝奄至其宅，見之，怒曰：「我御府猶無是物。」詰其所從得，皆諸元賂之㉞，遂曳出斬之，妻出拜，又斬之，并其子伯堅㉟。以司州牧、彭城王浟為司徒㊱，侍中、高陽王湜㊲為尚書右僕射。乙巳，以湝兼太尉。齊主封子紹廉為長安王㊳。

(十四)辛亥，周以侯莫陳崇為大司徒，達奚武為大宗伯，武陽公㊴豆盧寧㊵為大司寇，柱國、輔城公㊶邕為大司空。

乙卯，周詔有司無得糾赦前事㊷，唯廄庫㊸倉廩，與海內所共㊹，若有侵盜，雖經赦宥，免其罪，徵備如法㊺㊻。

(十五)周賀蘭祥與吐谷渾戰，破之，拔其洮陽、洪和二城㊼，以其地為洮州㊽。

(十六)五月，丙辰朔，日有食之。

(十七)齊太史奏：「今年當除舊布新。」齊主問於特進、彭城西元韶曰：「漢光武何故中興？」對曰：「為誅諸劉不盡。」於是齊主悉殺諸元以厭之。癸未，誅始平西元世哲等二十五家㊾，囚韶等十九家，韶幽於地牢，絕食，啗衣袖而死㊿。

(十八)周文育、周迪、黃法𣰰共討餘公颺(五一)，豫章太守熊曇朗引兵會之，眾且萬人。文育軍於金口(五二)。

公颺詐降，謀執文育，文育覺之，囚送建康。文育進屯三陂，王琳遣其將曹慶帥二千人救余孝勱，慶分遣主帥常眾愛與文育相拒，自帥其眾攻周迪，及安南將軍吳明徹，迪等敗，文育退據金口，熊曇朗因其失利，謀殺文育，以應眾愛。監軍孫白象聞其謀，勸文育先之，文育不從；時周迪棄船走，不知所在，乙酉，文育得迪書，自齎[53]以示曇朗，曇朗殺之於坐[54]，而併其眾，因據新淦[55]城。曇朗將兵萬人，襲周敷，敷擊破之，曇朗單騎奔巴山。

(十九)魯悉達部將梅天養等引齊軍入城，悉達帥麾下[56]數千人濟江[57]自歸，拜平南將軍、北江州[58]刺史[59]。

(廿)六月，戊子，周以霖雨，詔羣臣上封事[60]極諫，左光祿大夫[61]、猗氏[62]樂遜上言四事：其一，以為比來[63]守令[64]代期[65]既促，責[66]其成效，專務威猛，今關東之民，淪陷塗炭[67]，若不布政優優[68]，聞諸境外[69]，何以使彼勞民歸就樂土[70]？其二，以為頃者魏都洛陽，一時殷盛[71]，貴勢之家，競為侈靡，終使禍亂交興[72]，天下喪敗[73]。比來、朝貴[74]器服稍華，百工造作，務盡[75]奇巧，臣誠恐物逐好移[76]，有損政俗[77]。其三，以為選曹補擬[78]，宜與眾共之[79]，今州郡選置，猶集鄉閭(八〇)，況天下銓衡(八一)，不取物望(八二)！既非機事(八三)，何走可密(八四)，其選置之日，宜令眾心明白(八五)，然後呈奏。其四，以為高洋據有山東，未易猝制(八六)，譬猶碁劫相持，爭行先後(八七)，若一行(八八)不當，或成彼利，誠應捨小營大(八九)，先保封域(九〇)，不宜貪利邊陲，輕為舉動(九一)。

(廿)周處士韋夐，孝寬之兄也，志尚夷簡(九二)，魏周之際，十徵(九三)不屈，周太祖甚重之，不奪其志；世宗禮敬尤厚，號曰(九四)逍遙公，晉公護延之至第，訪以政事。護盛脩第舍，夐仰視堂，歎曰：「酣酒嗜音，峻宇(九五)彫牆(九六)，有一於此，未或(九七)不亡。」護不悅(九八)。驃騎大將軍(九九)開府儀同三司寇儁、讚之孫也，少有學行，家人常賣物(一〇〇)，多得絹五匹(一〇一)，儁於後知之，曰：「得財失行(一〇二)，吾所不取。」訪主還之(一〇三)。敦睦(一〇四)宗族，與同豐約，教訓子孫，必先禮義。自大統中，稱老疾，不朝謁(一〇五)，世宗虛心欲見之，儁不得已，入見，王引之(一〇六)同席而坐，問以魏朝舊事，載以御輿，令於王前乘之以出，顧謂左右曰：「如此之事，唯積善者，可以致之(一〇七)。」

(廿二)周文育之討余孝勱也，帝令南豫州刺史侯安都繼之，文育死，安都還遇王琳將周炅[一八]、周協南歸[一九]，與戰擒之；孝勱弟孝猷帥所部四千家詣安都降。安都進軍至左里[二〇]，擊曹慶、常眾愛，破之，眾愛奔廬山，庚寅，廬山民斬之，傳首[二一][二二]。

(廿三)詔臨川王蒨於南皖口置城，使東徐州刺史吳興錢道戢守之。

(廿四)丁酉，上不豫，丙午，殂。上臨戎[二三]制勝，英謀獨運[二四]，而為政務崇寬簡[二五]，非軍旅急務，不輕調發[二六]，性儉素[二七]，常膳不過數品[二八]，私宴用瓦器蚌盤[二九]，殽核[三〇]充事而已[三一]；後宮無金翠之飾，不設女樂[三二]。時皇子昌在長安，內無嫡嗣，外有彊敵，宿將[三三]皆將兵在外，朝無重臣，唯中領軍杜稜[三四]典宿衛兵[三五]在建康，章皇后[三六]召稜及中書侍郎蔡景歷入禁中，定議[三七]，祕不發喪[三八]，急召臨川王蒨於南皖。景歷親與宦者宮人，密營歛具[三九]，時天暑，須治梓宮[四〇]，恐斤斧之聲聞於外，乃以蠟為祕器[四一]，文書詔敕，依舊宣行[四二][四三]。侯安都軍還，適至南皖，與臨川王俱還朝，甲寅，王至建康，入居中書省，安都與羣臣定議，奉王嗣位；王謙讓不敢當，皇后以昌故，未肯下令，羣臣猶豫不能決。安都曰：「今四方未定，何暇及遠(三四)。臨川王有大功於天下，須共立之(三五)。今日之事，後應者斬。」即按劍上殿，白皇后出璽，又手解(三六)蒨髮，推就喪次(三七)，遷殯大行(三八)於太極西階(三九)。皇后乃下令，以蒨纂承(四〇)大統(四一)。是日，即皇帝位，大赦。秋，七月，丙辰，尊皇后為皇太后，辛酉，以侯瑱為太尉，侯安都為司空(四二)。

(廿五)齊顯祖將如晉陽，乃盡誅諸元，或祖父為王，或身嘗貴顯，皆斬於東市，其嬰兒投於空中，承之以矟，則後死者，凡七百二十一人，悉棄尸漳水。剖魚者往往得人爪甲(四三)，鄴下(四四)為之久不食魚(四五)。使元黃頭與諸囚，自金鳳臺各乘紙鴟(四六)以飛，黃頭獨能至紫陌乃墮，仍付御史中丞畢義雲餓殺之；唯開府儀同三司元蠻、祠部郎中(四七)元文遙等數家獲免。蠻，繼之子，常山王演之妃父；文遙，遵之五世孫也。定襄令元景安、虔之玄孫也，欲請改姓高氏，其從兄景皓曰：「安有棄其本宗，而從人之姓者乎！丈夫寧可玉碎，何能瓦全。」景安以其言白帝，帝收景皓誅之，賜景安姓高氏(四八)。

(廿六)八月，甲申，葬武皇帝於萬安陵(四九)，廟號高祖。

(廿七)戊戌，齊封皇子紹義為廣陽王，以尚書右僕射、河間王孝琬為左僕射，都官尚書崔昂為左僕射(五〇)。

(廿八)周御正中大夫(五一)崔猷建議，以為聖人沿革(五二)因時制宜，今天子稱王，不足以威天下(五三)，請遵秦漢舊制，稱皇帝，建年號(五四)。乙亥，周王始稱皇帝，追尊文王曰文皇帝，改元武成。

(廿九)癸卯，齊詔：「民間或有父祖冒姓(五五)元氏，或假託攜養者(五六)，不問世數遠近(五七)，悉聽改復本姓(五八)。」

(卅)初，高祖追諡兄道譚為始興昭烈王，以其次子頊襲封，及世祖即位，頊在長安未還，上以本宗乏饗，戊戌，詔徙封頊為安成王，皇子伯茂為始興王(五九)。

(卅一)初，周太祖平蜀，以其形勝之地，不欲使宿將居之，問諸子誰可往者，皆不對；少子安成公憲請行，太祖以其幼，不許。壬子，周主以憲為益州總管，時年十六，善於撫綏(六〇)，留心政術，眾人悅之㊅。九月，乙卯，以大將軍、天水公廣為梁州總管。廣，導之子也。

㊈辛酉，立皇子伯宗為太子。

㊉己巳，齊主如晉陽。

㊍辛未，周主封其弟輔城公邕為魯公，安成公憲為齊公，純為陳公，盛為越公，達為代公，通為冀公，逌㊅為滕公。

㊎乙亥，立太子母吳興沈妃為皇后。

㊏周少保、懷寧莊公蔡祐卒。

㊐齊顯祖嗜酒成疾，不復能食，自知不能久，謂李后曰：「人生必有死，何足致惜！但憐正道尚幼㊅，人將奪之耳。」又謂常山王演曰：「奪則任汝㊅，慎勿殺也。」尚書令、開封王㊅楊愔，領軍大將軍、平秦㊅王歸彥，侍中、廣漢㊅燕子獻，黃門侍郎鄭頤，皆受遺詔輔政。冬，十月，甲午，殂，癸卯，發喪，羣臣號哭㊅，無下泣者，唯楊愔涕泗㊅嗚咽㊆。太子殷即位，大赦。庚戌，尊皇太后為太皇太后，皇后為皇太后，詔：「諸土木金鐵雜作㊆一切停罷。」

(四八)王琳聞高祖殂，乃以少府卿、吳郡孫瑒為郢州刺史，總留任(七二)，奉梁永嘉王莊出屯濡須口(七三)，齊揚州道行臺慕容儼帥眾臨江，為之聲援(七四)。十一月，乙卯，琳寇大雷(七五)，詔侯瑱、侯安都及儀同徐度，將兵禦之。安州(七六)刺史吳明徹夜襲湓城，琳遣巴陵太守任忠擊明徹，大破之，明徹僅以身免，琳因引兵東下。

(四九)齊以右丞相斛律金為左丞相，常山王演為太傅，長廣王湛為太尉，段韶為司徒，平原王淹(七七)為司空，高陽王湜為尚書左僕射，河間王孝琬為司州牧，侍中燕子獻為右僕射。

辛未，齊顯祖之喪至鄴(七八)。

(五〇)十二月，戊戌，齊徙上黨王紹仁為漁陽王，廣陽王紹義為范陽王，長樂王紹廣為隴西王(七九)(八〇)。

【今註】㈠歸政：歸政事於君上。㈡始親萬機：《周書・明帝紀》武成元年文作：「帝始親覽萬機。」是親萬機即親覽萬機也。㈢護猶總之：護仍總錄之。㈣周太師護上表歸政……初改都督州軍事為總管：按此段乃錄自《周書・明帝紀》武成元年文，字句幾全相同。㈤桂州刺史：《隋書・地理志》下：「始安郡、梁置桂州。」㈥潛通：暗通。㈦王琳召桂州刺史淳于量……以量為開府儀同三司：按此段乃錄自《陳書・淳于量傳》，字句大致相同。㈧甘露寺：《北齊書・文宣紀》：「天保十年正月，帝如遼陽甘露寺。」是甘露寺乃在遼陽地方。㈨禪居深觀：謂於深觀中事靜坐禪。《北齊書・高德政傳》：「德政乃稱疾，屏居佛寺，兼學坐禪。」是禪居即坐禪之佐證。㈩幸其第：臨幸其第。㈡自往省之：自往省視之。㈢置柵：置戍四周之圍柵，柵與壁壘頗相似，特以木為之。㈢齊斛律光將騎一萬……立戍置柵而還：按此段乃錄自《北齊書・斛律金附光傳》，字句完全相同。㈣王琳遣其將雷文策，襲後梁監利太守蔡大有，殺之：按《周書・蕭詧傳》，雷文策作雷又柔。又此數句乃錄自〈蕭詧傳〉。㈤膠州刺史：《隋書・地理志》中：「高密郡，舊置膠州。」㈥帝將受禪，弼諫止之：見卷一百六十三簡文帝大寶元年。㈦鮮卑車馬客：謂鮮卑人乃乘車馬之賓客而已，意謂其無能為也。㈧會須：猶合須。㈨不為之下：謂不肯以其位高，而為之屈。㈩面折德政：當面折辱德政。按其折德政之語，具載於《北齊書・杜弼傳》，文云：「黃門在帝左右，何得聞善不驚，唯好減削抑挫。」㈡恃舊：恃舊誼。㈢愆失：過失。㈢驛追不及：謂遣驛傳追而未及。㈣帝問治國當用何人……既而悔之，驛追不及：按此段乃錄自《北齊書・杜弼傳》，字句大致相同。㈤南皖口：皖水入江之口也。㈥恆以精神凌逼人：常以顏色精神，凌逼他人。㈦病當自差：謂病當自瘳。㈥見除書：見除拜之冊書。㈨我為爾針：醫家按穴用針，可以愈疾，故云然。㈩霑地：使地浸濕。㈢囚德政於門下：囚德政於門下省。㈢氈輿：輿輪以氈裹之，免其顛簸。㈢欲以寄人：欲以寄藏於他人之家。㈣皆諸元賂之：皆魏氏宗室所賂遺者。㈤齊高德政與楊愔同為相……妻出拜，又斬之，幷其子伯堅：按此段乃錄自《北齊書・高德政傳》，字句大致相同。㊱以司州牧彭城王浟為司徒：按《北齊書・文宣紀》天保十年文，及〈彭城王浟傳〉，司徒皆作司空，當改從之。㊲湜：音殖。㊳齊主封子紹廉為長安王：按《北齊書・文宣紀》天保十年文，及〈隴西王紹廉傳〉，皆作長樂郡王。安當作樂。㊴武陽公：《隋書・地理志》上：「犍為郡、犍為縣，後周置，曰武陽。」㊵豆盧寧：《周書・豆盧寧傳》：「其先本姓慕容氏，前燕之支庶也，歸魏，賜姓豆盧氏，或云避難改焉。」㊶輔城公：《隋書・地理志》中：「襄城郡、郟城縣，開皇十八年，改汝南曰輔城。」㊷無得糾赦前事：謂不得糾舉大赦以前之事。㊸廄庫：廄棚府庫。㊹海內所共：海內所共有者。㊺徵備如法：徵收賠償，如法度之所規定。㊻周詔有司無得糾赦前事……徵備如法：按此段乃錄自《周書・明帝紀》，而多有刪削。㊼拔其洮陽洪和二城：按《周書・賀蘭祥傳》，洪和作共和。〈明帝紀〉武成元年文及〈吐谷渾傳〉，則作洪和。《通鑑》因採二文之洪和以入錄焉。㊽周賀蘭祥與吐穀谷戰……以其地為洮州：按此段乃錄自《周書・賀蘭祥傳》，字句大致相同。㊾誅始平公元世哲等二十五家：按《北齊書・元韶傳》作：「誅元世哲、景武等二十五家。」〈文宣紀〉天保十年文則作：「始平公元世東、元景式等二十五家。」《通鑑》則從〈元韶傳〉文。㊿齊太史奏，今年當除舊布新……啗衣袖而死：按此段乃錄自《北齊書・元韶傳》，字句大致相同。(51)余公颺：余孝頃子，音揚。(52)金口：自豫章西南入象牙江，至金溪口。(53)齎：攜持，音咨。(54)周文育、周迪、黃法𣰰共討余公颺……曇朗殺之於坐：按此段乃錄自《陳書・周文育傳》，字句大致相同。(55)新淦：今江西省新淦縣。淦音甘。(五六)麾下：猶今之部下。(五七)濟江：渡江。(五八)北江州：《隋書・地理志》下：「宣城郡、南陵縣，陳置北江州。」(五九)魯悉達部將梅天養等……北江州刺史：按此段乃錄自《陳書・魯悉達傳》，字句大致相同。(六〇)封事：奏事以布函密封之。故名曰封事。(六一)左光祿大夫：《周書・盧辯傳》：「光祿大夫八命。」(六二)猗氏：今山西省猗氏縣。(六三)比來：近來。(六四)守令：郡守縣令。(六五)代期：更代之期限。(六六)責：求。(六七)塗炭：泥炭。(六八)布政優優：《詩經・商頌》之辭，優優和也(六九)境外：四境之外。(七〇)樂土：指周言。(七一)殷盛：殷富繁盛。(七二)禍亂交興：謂禍亂並起。(七三)喪敗：衰敗。(七四)朝貴：朝廷貴達。(七五)務盡：專務窮極。(七六)物逐好移：謂平民隨逐好尚而轉移。(七七)政俗：政治風俗。(七八)補擬：欲補充之官及擬定之人。(七九)宜與眾共之：謂宜與眾共評議之。(八〇)猶集鄉閭：謂猶集鄉閭之人共議之。(八一)銓衡：銓選衡量。(八二)物望：謂人望。(八三)機事：機密之事。(八四)何足可密：有何足秘密者。(八五)明白：知曉，謂確知其為賢士。(八六)猝制：倉猝制服。(八七)碁劫相持，爭行先後：奕碁有劫，彼此爭行以相持，以先後著決一枰之勝負。(八八)一行：猶一著。(八九)營大：求大(九〇)封域：封內之區域。(九一)周以霖雨，詔羣臣上封事……不宜貪利邊陲，輕為舉動：按此段乃錄自《周書・儒林樂遜傳》，除多有刪節外，字句則多相同。(九二)志尚夷簡：志趣操尚，平夷純簡。(九三)十徵：十次徵辟。(九四)號曰：稱曰。(九五)峻宇：高峻之室宇。(九六)彫牆：雕繪之牆垣。彫同雕。(九七)未或：未有。(九八)周處士韋敻……護不悅：按此段乃錄自《周書・韋敻傳》，字句大致相同。(九九)驃騎大將軍：《周書・盧辯傳》：「驃騎大將軍正九命。」(一〇〇)常賣物：按常嘗通。(一〇一)家人常賣物，多得絹五匹：蓋後周時以實物之布絹為交易媒介，故云多賣得絹五匹。㉒得財失行：猶得財虧行。㉓訪主還之：訪尋吃虧之人而還之。㉔敦睦：敦厚和睦。㉕朝謁：參朝謁見。㉖引之：猶延之。㉗驃騎大將軍開府儀同三司冠儁……唯積善者，可以致之：按此段乃錄自《周書・冠儁傳》，字句大致相同。㉘炅：音桂。㉙遇王琳將周炅、周協南歸：王琳使周炅助曹慶攻周迪，自南川歸也。㉚進軍至左里：按《陳書・侯安都傳》，左里作禽奇洲。《通鑑》乃從〈高祖紀〉。㉛傳首：傳送其首級。㉜周文育之討余孝勱也……盧山民斬之，傳首：按此段乃錄自《陳書・侯安都傳》，除刪削外，字句大致相同。㉝臨戎：臨當戰事。㉞英謀獨運：自己運用獨特之謀略。㉟寬簡：寬弘簡易。㊱調發：賦調徵發。㊲儉素：猶儉約樸素。㊳常膳不過數品：謂常膳時，肴饌不過數種。㊴蚌盤：胡三省曰：「蚌盤者，髹器以蚌為飾，今謂之螺鈿。」㊵殽核：菜殽水果。㊶充事而已：猶今曰應典罷了。㊷上臨戎制勝……後宮無金翠之飾，不設女樂：按此段乃本於《陳書・高祖紀》下之文，而改易處頗多。㊸宿將：舊將。㊹稜：音ㄌㄥˊ。㊺典宿衞兵：掌領宿衞兵士。㊻章皇后：高祖之后。㊼定議：決定計議。㊽秘不發喪：付之秘密，而不發喪開弔。㊾歛具：裝歛之器具，㊿梓宮：天子之棺。(51)秘器：《漢書・孔光傳》：「光父霸薨，賜東園秘器。」秘器、兇器，亦即棺也。(52)宣行：宣佈頒行。(53)時內無嫡嗣，外有彊敵……文書詔敕，依舊宣行：按此段乃錄自《陳書・蔡景歷傳》，字句大致相同。(54)何暇及遠：意指立皇子昌之事。(55)須共立之：應共立之。(56)手解：親解。(57)侯安都軍還……手解蒨髮，推就喪次：按此段乃錄自《陳書・侯安都傳》，字句大致相同。(58)大行：即大行皇帝。(59)太極西階：殆指太極殿西堂而言。㊵纂承：繼承。㊶大統：重大世統。㊷皇后乃下令……侯安都為司空：按此段乃錄自《陳書・世祖紀》永定三年文，字句大致相同。㊸得人爪甲：得死者之指爪指甲。㊹鄴不：即鄴中，下含中意，說已見上。㊺齊顯祖將如晉陽……鄴下為之久不食魚：按此段乃錄自《北齊書・元韶傳》，字句大致相同。㊻紙鴟：以紙為鴟之形。㊼祠部郎中：《隋書・百官志》中：「尚書省四曹，祠部統祠部，掌醫藥、死喪、贈賜等事。」㊽使元黃頭與諸囚……賜景安姓高氏：按《通鑑》載北齊事，類見於《北齊書》諸紀傳，惟此則未見，當另有所本。㊾八月甲申葬武皇帝於萬安陵：按《陳書・高祖紀》下：「永定三年八月甲午，羣臣上謚曰武皇帝，廟號高祖，丙申，葬萬安陵。」《通鑑》誤將二日併為一日，宜改作甲午，或作丙申。㊿都官尚書崔昂為左僕射：按上云河間王孝琬為左僕射，則此不得復為左僕射。又《北齊書・崔昂傳》作右僕射。是左當改作右。(51)周御正中大夫：《隋書・百官志》中：「周中大夫五命。」(52)沿革：沿同沿，謂沿襲改革。(53)以威天下：以威制天下。(54)周御正中大夫崔猷建議……稱皇帝，建年號：按此段乃錄自《周書・崔猷傳》，除刪削外，字句大致相同。(55)冒姓：非其本性而取以為姓，是為冒姓。(56)或假託攜養者：《北齊書・文宣紀》天保十年文，此句作：「或假託攜認，妄稱姓元者。」當添妄稱姓元四字，以使語意明確不移。(57)世數遠近：謂代數久近。(58)齊詔民間或有父祖，冒姓元氏……悉聽改復本姓：按此段乃錄自《北齊書・文宣紀》天保十年文，字句大致相同。(59)初高祖追謚兄道譚為始興昭烈王……皇子伯茂為始興王：按此段乃錄自《陳書・始興王伯茂傳》，字句大致相同。(60)撫綏：

撫育綏輯。(六一)初周太祖平蜀……留心政術，眾人悅之：按此段乃錄自《周書・齊煬王憲傳》，字句頗有改易。(六二)逌：音由。(六三)正道尚幼：正道為北齊廢帝殷之字。(六四)奪則任汝：謂可任汝奪之。(六五)開封：《隋書・地理志》中：「滎澤郡、浚儀縣，東魏置梁州陳留郡，後齊廢開封郡入。」(六六)平秦：《隋書・地理志》上：「扶風郡、雍縣，後魏置平秦郡。」疑平秦王歸彥之封號，即指此而言。(六七)廣漢：《隋書・地理志》上：「蜀郡、雒縣，舊曰廣漢，又置廣漢郡。」(六八)號哭：謂大聲號哭而無淚也。(六九)涕泗：眼淚及鼻液。(七〇)嗚咽：泣不成聲。(七一)雜作：各種營作。(七二)總留任：總領留守之任。(七三)濡須口：濡須水入江之口，在今安徽省無為縣東。(七四)聲援：作聲勢上之援助。(七五)大雷：《隋書・地理志》下：「同安郡、望江縣，陳置大雷郡。」(七六)安州：《隋書・地理志》下：「寧越郡、梁置安州。」(七七)平原王淹：按《北齊書・廢帝紀》及〈高祖十一王平陽王淹傳〉，平原當作平陽。(七八)齊顯祖之喪至鄴：自晉陽至鄴。(七九)齊徙長樂王紹廣為隴西王：按《北齊書・文宣四王隴西王紹廉傳》，紹廣乃係紹廉之訛。(八〇)齊以右丞相斛律金為左丞相……長樂王紹廣為隴西王：按此段乃錄自《北齊書・廢帝紀》，字句大致相同。

卷一百六十八 陳紀二

起上章執徐，盡玄默敦牂，凡三年。（庚辰至壬午，西元五六〇年至五六二年）

司馬光編集
曲守約註

世祖文皇帝上

天嘉元年（西元五六〇年）

㈠春，正月，癸丑朔，大赦，改元。

㈡齊大赦，改元乾明。

㈢辛酉，上祀南郊。

㈣齊高陽王湜㊀以滑稽㊁便辟㊂，有寵於顯祖，常在左右執杖，以撻諸王，太皇太后深銜之，及顯祖殂，湜有罪㊃，太皇太后杖之百餘，癸亥，卒㊄。

㈤辛未，上祀北郊。

㈥齊主自晉陽還至鄴㊅。

㈦二月，乙未，高州刺史紀機自軍所㊆逃還宣城，據郡應王琳，涇令賀當遷討平之(八)。王琳至柵口(九)，侯瑱督諸軍出屯蕪湖，相持百餘日，東關春水稍長，舟艦得通，琳引合肥漅湖之眾，舳艫(一〇)相次而下，軍勢甚盛。瑱進軍虎檻洲，琳亦出船，列於江西，隔洲而泊，明日合戰，琳軍少却(一一)，退保西岸，及夕，東北風大起，吹其舟艦，並壞沒於沙中(一二)，浪大不得還浦，及旦風靜，琳入浦治船，瑱等亦引軍退入蕪湖。周人聞琳東下，遣都督荊襄等五十二州諸軍事、荊州刺史史寧，將兵數萬，乘虛襲郢州，孫瑒嬰城自守(一三)，琳聞之，恐其眾潰(一四)，乃帥舟師東下，去蕪湖十里而泊，擊柝(一五)聞於陳軍。齊儀同三司劉伯球將兵萬餘人助琳水戰，行臺慕容恃德之子子會將鐵騎二千，屯蕪湖西岸，為之聲勢。丙申，瑱令軍中晨炊蓐食(一六)以待之，時西南風急，琳自謂得天助，引兵直趣建康，瑱等徐出蕪湖，躡其後(一七)，西南風翻為陳用，琳擲火炬(一八)以燒陳船，皆反燒其船。瑱發拍以擊琳艦(一九)，又以牛皮冒(二〇)蒙衝(二一)小船，以觸其艦，并鎔鐵灑之，琳軍大敗，軍士溺死者什二三，餘皆棄船登岸，為陳軍所殺殆盡。齊步軍在西岸者，自相蹂踐(二二)，並陷於蘆荻泥淖中㉓，騎皆棄馬脫走㉔，得免者什二三。擒劉伯球、慕容子會，斬獲萬計，盡收梁齊軍資器械。琳乘舴艋㉕冒陳走㉖，至湓城，欲收合離散，眾無附者，乃與妻妾左右十餘人奔齊，先是，琳使侍中袁泌、【考異】北齊書作長史袁泌，今從陳書。御史中丞劉仲威，侍衞永嘉王莊，及敗，左右皆散，泌㉗以輕舟送莊達於齊境，拜辭而還，遂來降，仲威奉莊奔齊。泌，昂之子也㉘㉙。樊猛及其兄毅帥部曲來降。

(八)齊葬文宣皇帝于武寧陵，廟號高祖，後改曰顯祖㉚。

(九)戊戌，詔衣冠士族㉛、將帥戰兵，陷在王琳黨中者，皆赦之，隨材銓敍㉜㉝。

(十)己亥，齊以常山王演為太師、錄尚書事，以長廣王湛㉞為大司馬，并省錄尚書事㉟，以尚書左僕射、平秦王歸彥為司空，趙郡王叡為尚書左僕射。詔：「諸元良口㊱配沒入宮㊲，及賜人者，並縱遣㊳。」

(十一)乙巳，以太尉侯瑱都督湘、巴等五州諸軍事，鎮湓城。

(十二)齊顯祖之喪，常山王演居禁中護喪事㊴，婁太后欲立之而不果，太子即位，乃就朝列[40]，以天子諒陰，詔演居東館[41]，欲奏之事，皆先咨決[42]。楊愔等以演與長廣王湛位地親逼[43]，恐不利於嗣主[44]，心忌之。居頃之，演出歸第[45]，【考異】北齊書孝昭紀云：「除太傅錄尚書，朝政皆決於帝。月餘，乃居藩邸。」今從楊愔傳。自是詔敕多不關預[46]。或謂演曰：「鷙鳥離巢，必有探卵[47]之患，今日王何宜屢出[48]。」中山太守陽休之詣演，演不見，休之謂王友王晞曰：「昔周公朝讀百篇書，夕見七十士，猶恐不足，錄王[49]何所嫌疑[50]，乃爾[51]拒絕賓客！」先是顯祖之世，羣臣人不自保，及濟南王立[52]，演謂王晞曰：「一人垂拱，吾[53]曹亦保優閑[54]。」因言：「朝廷寬仁[55]，真守文[56]良主。」晞曰：「先帝時東宮委一胡人傅之[57]，今春秋尚富[58]，驟覽萬機，殿下宜朝夕先後[59]，親承音旨[60]，而使他姓[61]出納詔命，大權必有所歸[62]，殿下雖欲守藩，其可得邪[63]！借令[64]得遂冲退[65]，自審[66]家祚[67]得保靈長[68]乎！」演默然久之，曰：「何以處我？」晞曰：「周公抱成王，攝政七年，然後復子明辟[69]，惟殿下慮之。」演曰：「我何敢自比周公！」晞曰：「殿下今日地望[70]，欲不為周公，得邪？」演[71][72]不應。顯祖常遣胡人康虎兒保護太子，故晞言及之。齊主將發晉陽(七三)，時議謂：「常山王必當留守根本之地(七四)。」執政欲使常山王從帝之鄴，留長廣王鎮晉陽，既而(七五)又疑之，乃敕二王俱從至鄴，外朝聞之，莫不駭愕(七六)。又敕以王晞為并州長史，演既行(七七)，晞出郊送之，演恐有覘察(七八)，命晞還城，執晞手曰：「努力自慎。」躍馬而去。平秦王歸彥總知禁衛，楊愔宣敕留從駕五千兵於西中(七九)，陰備非常。至鄴數日，歸彥乃知之，由是怨愔(八〇)。領軍大將軍可朱渾天和，道元之子也(八一)，【考異】典略云：「道元弟。」今從北齊書。尚帝姑東平公主(八二)，每曰：「若不誅二王，少主無自安之理。」燕子獻謀處太皇太后於北宮，使歸政皇太后。又自天保八年已來，爵賞多濫，楊愔欲加澄汰(八三)，乃先自表解開府(八四)，及開封王諸叨竊(八五)恩榮者，皆從黜免(八六)，由是嬖寵(八七)失職之徒，盡歸心二叔(八八)。

平秦王歸彥初與楊燕同心(八九)，既而中變，盡以疏忌(九〇)之迹告二王。侍中宋欽道，弁之孫也(九一)。顯祖使在東宮教太子以吏事，欽道面奏帝稱：「二叔威權既重，宜速去之。」帝不許，曰：「可與令公[九二]共詳其事。」愔等議出二王為刺史，以帝慈仁，恐不可所奏[九三]，乃通啓[九四]皇太后，具述安危。宮人李昌儀[九五]，高仲密之妻[九六]也，李太后以其同姓，甚相昵愛[九七]，以啓示之，昌儀密啓太皇太后。愔等又議不可令二王俱出，乃奏以長廣王湛鎮晉陽，以常山王演錄尚書事，二王既拜職，乙巳，於尚書省大會百僚，愔等將赴之；散騎常侍、兼中書侍郎鄭頤止之，曰：「事未可量，不宜輕脫[九八]。」愔曰：「吾等至誠體國[九九]，豈常山拜職有不赴之理[一〇〇]！」長廣王湛旦伏家僮數十人於錄尚書後室[一〇一]，仍與席上勳貴[一〇二]賀拔仁、斛律金等數人相知[一〇三]，約曰：「行酒至愔等，我各勸雙盃[一〇四]，彼必致辭[一〇五]，我一曰執酒[一〇六]，二曰執酒，三曰何不執！爾輩即執之。」及宴如之，愔大言曰：「諸王反逆，欲殺忠良邪！尊天子，削諸侯，赤心[一〇七]奉國[一〇八]，何罪之有！」常山王演欲緩之，湛曰：「不可。」於是拳杖亂毆[一〇九]，愔及天和、欽道，皆頭面血流，各十人持之[一一〇]，燕子獻多力，頭又少髮，狼狽排眾走出門，斛律光逐而擒之，子獻歎曰：「丈夫為計遲，遂至於此。」使太子太保薛孤延等執頤於尚藥局㉑，頤曰：「不用智者言，至此，豈非命也！」二王與平秦王歸彥、賀拔仁、斛律金擁愔等唐突㉒入雲龍門㉓，見都督叱利騷，招之不進㉔，使騎殺之。開府儀同三司成休寧抽刃呵演㉕，演使歸彥諭之，休寧厲聲不從，歸彥久為領軍，素為軍士所服，皆弛仗㉖，休寧方歎息而罷。

演入至昭陽殿，湛及歸彥在朱華門㉗外，帝與太皇太后並出㉘，太皇太后坐殿上，皇太后及帝側立，演以塼叩頭進言曰：「臣與陛下，骨肉至親，楊遵彥㉙等欲獨擅朝權㉚，威福自己㉛，自王公已下，皆重足屏氣㉜，共相脣齒㉝，以成亂階㉞；若不早圖，必為宗㉟社之害。臣與湛為國事重㊱，賀拔仁、斛律金惜獻武皇帝㊲之業，共執遵彥等入宮，未敢刑戮，專輒之罪㊳，誠當萬死㊴。」時庭中及兩廡㊵衞士二千餘人皆被甲待詔，武衞娥永樂㊶武力絕倫，素為顯祖所厚，叩刀㊷仰視，【考異】北齊書作領軍劉桃枝，今從北史。帝不睨之㊸。帝素吃訥㊹，倉猝不知所言。太皇太后令卻，仗不退㊺，又厲聲曰㊻：「奴輩即今頭落。」乃退㊼，永樂內刀㊽而泣，太皇太后因問：

「楊郎(三九)何在？」賀拔仁曰：「一眼已出(四〇)。」太皇太后愴(四一)然曰：「楊郎何所(四二)能為？留使(四三)，豈不佳邪！」乃讓帝曰：「此等懷逆，欲殺我二子(四四)，次將及我(四五)，爾何為縱之(四六)！」帝猶不能言。太皇太后怒且悲曰：「豈可使我母子，受漢老嫗(四七)斟酌(四八)。」太后拜謝(四九)，太皇太后又為太后誓言：「演無異志，但欲去逼(五〇)而已。」演叩頭不止，太后謂帝：「何不安慰爾叔？」帝乃曰：「天子亦不敢為叔惜(五一)，況此漢輩(五二)，但匄(五三)兒命，兒(五四)自下殿去，此屬任叔父處分(五五)。」遂皆斬之。長廣王湛以鄭頤昔嘗譖己，先拔其舌，截其手，而殺之。演令平秦王歸彥引侍衛之士，向華林園，以京畿軍士(五六)入守門閤(五七)，斬娥永樂於園。太皇太后臨愔喪，哭曰：「楊郎忠而獲罪。」以御金(五八)為之一眼，親內之曰：「以表我意。」演亦悔殺之，於是下詔罪狀愔等(五九)，且曰：「罪止一身(六〇)，家屬(六一)不問。」頃之復簿錄五家(六二)，王晞固諫，乃各沒一房(六三)，孩幼盡死，兄弟皆除名(六四)。以中書令趙彥深代楊愔總機務，鴻臚少卿楊休之(六五)私謂人曰：「將涉千里，殺騏驎(六六)而策蹇驢(六七)，可悲之甚也(六八)！」

戊申，演為大丞相、都督中外諸軍、錄尚書事，湛為大傅、京畿大都督，段韶為大將軍，平陽王淹為大尉，平秦王歸彥為司徒，彭城王浟為尚書令(六九)。

(十三)江陵之陷也，長城世子昌及中書侍郎頊，皆沒於長安，高祖即位，屢請之於周，周人許而不遣(七〇)，高祖殂，周人乃遣昌還；以王琳之難，居於安陸(七一)，琳敗，昌發安陸，將濟江，致書於上，辭甚不遜(七二)，上不懌(七三)，召侯安都從容謂曰：「太子將至，須別求一藩(七四)，為歸老(七五)之地。」安都曰：「自古豈有被代天子(七六)，臣愚不敢奉詔(七七)。」因請自迎昌(七八)，於是羣臣上表請加昌爵命，庚戌，以昌為驃騎將軍、湘州牧，封衡陽王。

(十四)齊大丞相演如晉陽，既至，謂王晞曰：「不用卿言，幾至傾覆，今君側雖清(七九)，終當何以處我(八〇)？」晞曰：「殿下往時位地，猶可以名教出處(八一)，今日事勢，遂關天時(八二)，非復人理所及(八三)。」演奏趙郡王叡為長史，王晞為司馬(八四)。三月，甲寅，詔：「軍國之政(八五)，皆申晉陽(八六)，稟大丞相規筭(八七)(八八)。」

(十五)周軍初至郢州，助防張世貴舉外城以應之(八九)，所失軍民(九〇)三千餘口，周人起土山長梯(九一)，晝夜攻之，因風縱火(九二)，燒其內城南面五十餘樓(九三)，孫瑒兵不滿千人，身自(九四)撫循(九五)，行酒賦食(九六)，士卒皆為之死戰(九七)，周人不能克。乃授瑒柱國(九八)、郢州刺史，封萬戶郡公，瑒偽許以緩之(九九)，而潛修(一〇〇)戰守之備，一朝而具(一〇一)，乃復拒守。既而周人聞王琳敗，陳兵將至，乃解圍去，瑒集將佐(一〇二)謂之曰：「吾與王公(一〇三)同獎(一〇四)梁室，勤(一〇五)亦至矣。今時事如此，豈非天乎！」遂遣使奉表(一〇六)，舉中流之地來降(一〇七)。王琳之東下也，帝徵南川兵，江州刺史周迪、高州刺史黃法氍，帥舟師將赴之，熊曇朗據城列艦，塞其中路(一〇八)，迪等與周敷共圍之，琳敗，曇朗部眾離心，迪攻拔其城，虜男女萬餘口，曇朗走入村中，村民斬之，丁巳，傳首建康，盡滅其族(一〇九)。齊軍先守魯山，戊午，棄城走，詔南豫州刺史程靈洗守之(一一〇)。

(十六)甲子，置沅州、武州(一一一)，以右衛將軍吳明徹為武州刺史，以孫瑒為湘州刺史，瑒懷不自安(一一二)，固請入朝，徵為中領軍，未拜，除吳郡太守㉓。

(七)壬申，齊封世宗之子孝珩為廣寧王，長恭為蘭陵王。

(八)甲戌，衡陽獻王昌入境，詔主書舍人㉔緣道迎候，丙子，濟江，中流殞之㉕，使以溺告。侯安都以功進爵清遠公㉖。初、高祖遣滎陽毛喜從安成王頊詣江陵，梁世祖以喜為侍郎，沒於長安㉗，與昌俱還，因進和親㉘之策，上乃使侍中周弘正通好於周㉙。夏，四月，丁亥，立皇子伯信為衡陽王，奉獻王祀㉚。

(九)周世宗明敏有識量，晉公護憚之，使膳部中大夫㉛李安寘毒於糖䭔㉜而進之㉝，帝頗覺之，庚子，大漸㉞，口授遺詔五百餘言㉟，且曰：「朕子年幼，未堪當國㊱，魯公朕之介弟㊲，寬仁大度，海內共聞，能弘㊳我周家，必此子也。」辛丑㊴，殂。魯公幼有器質，特為世宗所親愛，朝廷大事，多與之參議，性深沈有遠識，非因顧問㊵，終不輒言㊶。世宗每歎曰：「夫人不言，言必有中㊷。」壬寅，魯公即皇帝位，大赦㊸。

(廿)五月，壬子，齊以開府儀同三司劉洪徽為尚書右僕射。

(廿一)侯安都父文捍為始興內史，卒官(三四)，上迎其母還建康，母固求停鄉里(三五)；乙卯，為置東衡州(三六)，以安都從弟曉為刺史，安都子祕纔九歲，上以為始興內史，並令在鄉侍養(三七)。

六月，壬辰，詔葬梁元帝於江寧，車旗禮章(三八)，悉用梁典。

(廿二)齊人收永安、上黨二王遺骨，葬之。敕上黨王妃李氏還第，馮文洛尚以故意(三九)脩飾(四〇)詣之，妃盛列左右，立文洛於階下，數之(四一)曰：「遭難流離，以至大辱(四二)，志操寡薄(四三)，不能自盡(四四)，幸蒙恩詔，得反藩闈(四五)，汝何物奴(四六)，猶欲見侮(四七)。」杖之一百，血流灑地(四八)。

(廿三)秋，七月，丙辰，封皇子伯山為鄱陽王。

(廿四)齊丞相演以王晞懦緩(四九)，恐不允(五〇)武將之意，每夜載入，晝則不與語，嘗進晞密室，謂曰：「比王侯諸貴，每見敦迫(五一)，言我違天不祥(五二)，恐當或有變起(五三)，吾欲以法繩之(五四)，何如？」晞曰：「朝廷(五五)比者疏遠親戚(五六)，殿下倉猝所行，非復人臣之事(五七)，芒刺在背(五八)，上下相疑，何由可久(五九)！殿下謙退，粃糠神器(六〇)，實恐違上玄(六一)之意，墜先帝之基㉒。」演曰：「卿何敢發此言！須致卿於法㉓。」晞曰：「天時人事，皆無異謀㉔，是以敢冒犯斧鉞，抑亦神明㉕所贊耳㉖。」演曰：「拯難匡時㉗，方俟聖哲㉘，吾何敢私議㉙，幸勿㉚多言。」丞相從事中郎陸杳㉛將出使，握晞手使之勸進㉜，晞以杳言告演，演曰：「若內外咸有此意，趙彥深朝夕左右，何故初無一言㉝！」晞乃以事隙㉞密問彥深，彥深曰：「我比亦驚此聲論㉟，每欲陳聞，則口噤㊱心悸㊲，弟既發端㊳，吾亦當昧㊴死一披肝膽㊵。」因共勸演㊶，演遂言於太皇太后，趙道德曰：「相王㊷不効周公輔成王，而欲骨肉相奪㊸，不畏後世謂之簒邪！」太皇太后曰：「道德之言，是也。」未幾㊹，演又啓云：「天下人心未定，恐奄忽㊺變生，須早定名位㊻。」太皇太后乃從之。八月、壬午，太皇太后下令廢齊主為濟南王，出居別宮，以常山王演入纂㊼大統，且戒之曰：「勿令濟南有他也㊽。」肅宗即皇帝位於晉陽，大赦，改元皇建。太皇太后還稱皇太后，皇太后稱文宣皇后，宮曰昭信㊾。乙酉，詔紹封功臣㊿，禮賜耆(51)老，延訪(52)直言，褒賞死事[253]，追贈名德[254][255]。帝謂王晞曰：「卿何為自同外客[256]，略[257]不可見，自今假非局司[258]，但有所懷[259]，隨宜作一牒[260]，候少隙[261]，即徑進也[262]。」因敕與尚書陽休之、鴻臚卿崔劼[263]等三人，每日職務罷，並入東廊，共舉錄[264]歷代禮樂職官及田市徵稅[265]，或不便於時，而相承施用[266]，或自古為利，而於今廢墜；或道德高雋，久在沈淪[267]；或巧言眩俗[268]，妖邪害政[269]者，悉令詳思，以漸[270]條奏。朝晡[271]給御食[272]畢景[273]聽還[274]。帝識度[275]沈敏，少居臺閣[276]，明習吏事，即位尤自勤勵，大革顯祖之弊，时人服其明，而譏其細[277]。嘗問舍人裴澤在外議論得失[278]，澤率爾[279]對曰：「陛下聰明至公，自可遠侔古昔[280]，而有識之士，咸言傷細[281]，帝王之度，頗為未弘。」帝笑曰：「誠如卿言，朕初臨萬機[282]，慮不周悉[283]，故致爾耳[284]。此事安可久行，恐後又嫌疏漏[285]。」澤由是被寵遇。庫狄顯安侍坐，帝曰：「顯安，我姑之子[286]，今序家人之禮，除君臣之敬[287]，可言我之不逮[288]。」顯安曰：「陛下多妄言[289]。」帝曰：「何故？」對曰：「陛下昔見文宣以馬鞭撻人，常以為非，今自行之[290]，非妄言邪。」帝握其手謝之，又使直言，對曰：「陛下太細，天子乃更似吏。」帝曰：「朕甚知之，然無法日久㉛，將整之㉜，以至無為耳㉝。」又問王晞，晞曰：「顯安言是也。」顯安，干之子也。羣臣進言，帝皆從容受納。性至孝，太后不豫㉞，帝行不能正履㉟，容色貶悴㊱，衣不解帶，殆將四旬，太后疾小增，即寢伏閤㊲外，食飲藥物，皆手親之㊳。太后嘗心痛不自堪，帝立侍帷前，以爪掐掌㊴代痛㊵，血流出袖，友愛諸弟，無君臣之隔㊶㊷。戊子，以長廣王湛為右丞相，平陽王淹為太傅，彭城王浟為大司馬。

㈤周軍司馬㊸賀若敦帥眾一萬，奄至㊹武陵，武州刺史吳明徹不能拒，引軍還巴陵。

㈥江陵之陷也，巴湘㊺之地皆入於周，周使梁人守之，太尉侯瑱等將兵逼湘州，賀若敦將步騎救之，乘勝深入㊻，軍於湘川㊼。九月，乙卯，周將獨孤盛將水軍與敦俱進，辛酉，遣儀同三司徐度將兵，會侯瑱於巴丘，會秋水汎溢，盛㊽敦糧援斷絕，分軍抄掠，以供資費，敦恐瑱知其糧少，乃於營內多為土聚㊾㊿，覆之以米，召旁村人(三五一)，陽有訪問(三五二)，隨即遣之，瑱聞之，良以為實(三五三)。敦又增脩營壘，造廬舍，為(三五四)久留之計，湘羅之間(三五五)，遂廢農業，瑱等無如之何(三五六)。先是、土人或乘(三五七)輕船，載米粟雞鴨以餉瑱軍，敦患之，乃偽為土人裝船(三五八)，伏甲士於中，瑱軍人望見，謂餉船(三五九)之至，逆來(三六〇)爭取，敦甲士出而擒之；又敦軍數有叛人乘馬投瑱者，敦乃別取(三六一)一馬，牽以趣船，令船中逆以鞭鞭之，如是者再三(三六二)，馬畏船不上，然後伏兵於江岸，使人乘畏船馬(三六三)以招瑱軍，詐云投附(三六四)，瑱遣兵迎接，競來(三六五)牽馬，馬既畏船，不上，伏兵發，盡殺之。此後實有饋餉(三六六)及亡降者，瑱猶謂之詐，並拒擊之(三六七)(三六八)。冬十月、癸巳，瑱襲破獨孤盛於楊葉州(三六九)，盛收兵登岸，築城自保。丁酉，詔司空侯安都帥眾(三七〇)會瑱南討(三七一)。

㈦十一月，辛亥，齊主立妃元氏為皇后，世子百年為太子，百年時纔五歲，齊主徵前開府長史盧叔虎為中庶子(三七二)，叔虎、柔之從叔也，帝問時務於叔虎，叔虎請伐周，曰：「我彊彼弱，我富彼貧，其勢相懸；然干戈不息(三七三)，未能幷吞者，此失於不用彊富也。

輕兵野戰，勝負難必(二七四)，是胡騎之法，非萬全之術也。宜立重鎮於平陽(二七五)，與彼蒲州(二七六)相對，深溝高壘，運糧積甲(二七七)，彼閉關不出，則稍蠶食其河東之地，日使窮蹙(二七八)；若彼出兵，非十萬以上，不足為我敵。所損糧食(二七九)，咸出關中，我軍士年別一代(二八〇)，穀食(二八一)豐饒，彼來求戰，我則不應，彼若退去，我乘其弊(二八二)，自長安以西，民疏城遠(二八三)，敵兵來往，實自艱難，與我相持，農業且廢(二八四)，不過三年，彼自破矣(二八五)。」帝深善之(二八六)。

(廿八)齊主自將擊庫莫奚，至天池，庫莫奚出長城北遁(二八七)，齊主分兵追擊，獲牛羊七萬而還(二八八)。

(廿九)十二月，乙未，詔：「自今孟春訖於夏首(二八九)，大辟事已款者(二九〇)，宜且申停(二九一)(二九二)。」

(卅)己亥，周巴陵城主尉遲憲降，遣巴州刺史侯安鼎(二九三)守之。庚子，獨孤盛將餘眾自楊葉洲潛遁(二九四)。

(卅一)丙午，齊主還晉陽，齊主斬人於前，問王晞曰：「是人應死不？」晞曰：「應死(二九五)，但恨死不得其地耳(二九六)。臣聞刑人於市，與眾棄之(三七)，殿庭非行戮之所。」帝改容謝曰(三八)：「自今當為王公(三九)改之。」帝欲以晞為侍郎(四〇)，苦辭不受，或勸晞勿自疏(四一)，晞曰：「我少年以來，閱要人(四二)多矣，得志少時(四三)鮮不顛覆(四四)，且吾性實疏緩，不堪時務(四五)，人主恩私(四六)，何由可保，萬一(四七)披猖(四八)，求退無地(四九)。非不好作要官(五〇)，但思之爛熟(五一)耳(五二)。」

(卌三)初齊顯祖之末，穀糴踊貴(五三)，濟南王(五四)即位，尚書左丞蘇珍芝建議修石鼈等屯(五五)，自是淮南軍防足食(五六)；肅宗即位，平州刺史嵇曄(五七)建議，開督亢陂(五八)置屯田，歲收稻粟數十萬石，北境周贍(五九)；又於河內置懷義等屯，以給河南之費，由是稍止轉輸之勞(六〇)。

【今註】㈠湜：音殖。㈡滑稽：《史記・滑稽傳》索隱：「姚察曰，『滑稽、猶俳諧也，以其言語滑利，智計捷出，故云滑稽也。』」㈢便辟：朱元晦曰：「習於威儀而不直。」㈣及顯祖殂，湜有罪：按其罪具載於《北齊書・高陽王湜傳》，文云：「文宣崩，兼司徒，導引梓宮，吹笛云，『至尊頗知臣不？』又擊胡鼓為樂。」㈤齊高陽王湜以滑稽便辟……太皇太后杖之百餘，癸亥，卒：按此段乃錄自《北齊書・高陽王湜傳》，字句大致相同。㈥齊主自晉陽還至鄴：按齊主至鄴，通鑑未言其日期，而《北齊書・廢帝紀》乾明元年正月文則云：「癸亥，高陽王湜薨。是月車駕至自晉陽。」

是齊主上當添是月二字。㈦軍所：侯瑱軍前。㈧高州刺史紀機……涇令賀當遷討平之：按此數句乃錄自《陳書・世祖紀》天嘉元年文。㈨柵口：胡三省曰：「柵口在濡須口之東，水導巢湖，今謂之柵江口。」㈩舳艫：音逐盧。《漢書・武帝紀》李斐注：「舳，船後持柂處也；艫，船前頭刺櫂處也。」㈡少却：少退。㈢吹其舟艦，並壞沒於沙中：按《陳書・侯瑱傳》：「吹其舟艦，舟艦益壞，沒于沙中，溺死者數十百人。」益壞、謂多壞也。又下文云：「風靜，琳入浦治船。」最是未盡壞之證。本此，則《通鑑》舟艦並壞之並，自當改作益字。㈢嬰城自守：憑四周之城垣，以事拒守。㈣潰：散。㈤擊柝：謂擊柝之聲，柝、行夜所擊之木。音託。㈥蓐食：謂早食於寢蓐。㈦躡其後：跟隨其後。㈧火炬：火把。㈨發拍以擊琳艦：胡三省曰：「戰船前後置拍竿，以拍敵船。」㈩冒：謂以牛皮冒於船板之外。㈡蒙衝：戰船。㈢蹂踐：蹂躪踐踏。㈢淖：濘泥，音鬧。㈣脫走：脫身而走。㈤舴艋：音窄猛，小舟。㈥冒陳走：陳讀曰陣，謂越陣而走。㈦侍中袁泌：考異曰：「北齊書作長史袁泌，今從陳書。」按《陳書・袁泌傳》：「及莊僭立，以泌為侍中，丞相長史。」以泌同時任有二職，而二書各擇書其一，遂致不同，然核其實，皆其所拜任之官職也。㈥泌，昂之子也：袁昂著名節於齊梁之問。㈦先是琳使侍中袁泌……泌，昂之子也：按此段乃錄自《陳書・袁泌傳》，字句大致相同。㈢齊葬文宣皇帝于武寧陵，廟號高祖，後改曰顯祖：按《北齊書・文宣紀》作：「乾明元年二月丙申，葬於武寧陵，謚曰文宣皇帝，廟號威宗。武平初又改為文宣，廟號顯祖。」是廟號高祖當作廟號威宗。㈡衣冠士族：衣以章身，冠以斂髮，士大夫所服御也，後因以稱搢紳之家。《後漢書・羊涉傳》：「家世衣冠族。」《文選・任昉宣德皇后令》：「衣冠泯絕，禮樂崩喪。」（李注：「袁子曰，『古者命士以上，皆有冠冕，謂之冠族之家。』」）皆其證。衣冠又有作冠帶者。《晉書・李重傳》：「上疏陳九品曰，『則冠帶之倫，將不分而自均，即土斷之實行矣。』」同書〈夏侯湛傳〉：「作抵疑曰，『是以得接冠帶之末，充乎士大夫之列。』」由之，衣冠之指士族而言，信無疑矣。㉒銓敍：銓選敍錄。㉓詔衣冠士族……隨才銓敍：按此段乃錄自《陳書・世祖紀》天嘉元年文，而多有刪削。㉔湛：音ㄓㄢˋ。㉕并省錄尚書事：晉陽幷州，故曰幷省。㉖良口：良善之口，猶良家子也。㉗配沒入宮：配置沒收入於宮中者。㉘縱遣：放遣。㉙護喪事：監護喪事。㊵朝列：《北齊書・孝昭紀》作朝班，是列即班也。㊶東館：胡三省曰：「東館蓋在鄴宮昭陽殿東。」㊷咨決：咨請決斷。㊸親逼：親近逼迫。㊹以天子諒陰……恐不利於嗣主：按此段乃錄自《北齊書・楊愔傳》，而次序多有顛倒。㊺演出歸第：謂歸常山王第。㊻關預：關白參預。㊼探卯：探而取之。㊽自是詔敕多不關預……今口王何宜屢出：按此段乃錄自《北齊書・孝昭紀》，字句大致相同。㊾錄王：演以常山王錄尚書事，故稱為錄王。㊿嫌疑：嫌惡疑懼。(51)乃爾：謂乃如此。(52)濟南王：即廢帝殷，後被廢為濟南王。(53)垂拱：謂無為而治，亦即不事殺戮。(54)優閑：優遊閑逸。(55)朝廷寬仁：朝廷、此處指天子言。(56)守文：謂遵成法，不用武功。(57)先帝時，東宮委一胡人傳之：胡人即下文所云之康虎兒。(58)今春秋尚富：謂今上年齡尚青。(59)宜朝夕先後：宜朝夕在其前後。(60)音旨：天子之音旨。(61)他姓：此言非君王同姓之人。(62)大權必有所歸：凡掌出納詔命者，日久，大權必將歸之。(六三)其可得邪：猶豈可得耶。(六四)借令：假令。(六五)沖退：謙沖退讓。(六六)自審：自度。(六七)家祚：家祚猶云國祚。演以叔父之親，與國共同休戚，故云家祚。(六八)靈長：靈效長久。(六九)復子明辟：辟、君，謂歸政於子之明君。(七〇)地望：地位聲望。(七一)得邪：猶謂豈可得耶。(七二)先是顯祖之世，羣臣人不自保……欲不為周公，得邪：按此段乃錄自《北齊書・王昕附晞傳》，字句大致相同。(七三)齊主將發晉陽：發晉陽者，嗣位而詣鄴。(七四)必當留守根本之地：高歡建大丞相府於晉陽，文宣席之以移魏鼎，宿將勁兵咸在焉，故以為根本之地。(七五)既而：已而，亦即接著。(七六)駭愕：驚駭愕詫。(七七)既行：已行。(七八)覘察：伺察。(七九)西中：晉陽在鄴西，故謂之西中。(八〇)平秦王歸彥總知禁衞……由是怨愔：按此段乃錄自〈平秦王歸彥傳〉，字句大致相同。(八一)領軍大將軍可朱渾天和、道元之子也：考異曰：「典略云，『道元弟，今從北齊書。』」按《北齊書・楊愔附燕子獻傳》：「可朱渾天和、道元之季弟也。」是《北齊書》亦作季弟，而《通鑑》云：「今從北齊書，作道元之子。」未知何據。(八二)帝姑東平公主：齊主之姑，則高歡之女也。(八三)澄汰：以水為諭，澄者去泥滓，汰者去沙石。(八四)解開府：解去開府之位。(八五)叨竊：謂非所當有而有之也。叨音滔。(八六)黜免：罷免。(八七)嬖寵：猶嬖幸。(八八)二叔：演、湛，皆齊主之叔。(八九)初與楊燕同心：按《北齊書・楊愔傳》及〈孝昭紀〉，皆作楊愔，〈平秦王歸彥傳〉前亦作楊愔，未審何故，後突作楊燕。《通鑑》未加注意，竟隨之作燕，此燕實當改作愔，以藉期一律。(九〇)疏忌：疏離忌嫉。(九一)宋欽道，弁之孫也：宋弁見任於魏孝文帝。(九二)令公：楊愔時為尚書令，故稱之為令公。(九三)不可所奏：謂不准所奏。(九四)通啓：通表啓。〔九五〕昌儀：蓋太后宮中女官之名。〔九六〕高仲密之妻：高仲密因妻而外叛，事見卷一百五十八梁武帝大同九年。〔九七〕昵愛：親愛。〔九八〕輕脫：輕易佻脫，亦即大意而不加戒備。〔九九〕至誠體國：至誠體念國家。〔一〇〇〕豈常山拜職，有不赴之理：按〈楊愔傳〉作：「豈有常山拜職，有不赴之理。」《通鑑》以二有字於文為複，遂刪去上一有字，然如此則讀不順口，似不如改為豈有常山拜職而不赴之理。〔一〇一〕錄尚書後室：為錄尚書者燕息之所。〔一〇二〕勳貴：有功勳之貴人。〔一〇三〕相知：相知會。〔一〇四〕勸雙盃：勸其連飲兩杯。〔一〇五〕致辭：謂辭謝而不肯飲。〔一〇六〕找一曰執酒：按〈楊愔傳〉，三執字皆作捉，《通鑑》或以其不雅，而改之為執，其實二字之意，頗為相類。〔一〇七〕赤心：即忠心。〔一〇八〕奉國：謂奉事國家。〔一〇九〕敺：同毆。〔一一〇〕持之：謂挾持之。〔一一一〕尚藥局：《隋書．百官志》中：「尚藥局，總知御藥事，屬尚書省。」〔一一二〕唐突：《廣韻》作傏突，不遜也。〔一一三〕雲龍門：按此乃宮城之門，六朝北方各國宮城之門，常有名雲龍者，散見《晉書》諸載記中。〔一一四〕不進：謂不前。〔一一五〕呵演：呵斥演。〔一一六〕弛仗：放下器仗。〔一一七〕朱華門：《隋書．百官志》中：「領軍府將軍一人，掌禁衞宮掖朱華閤外，凡守衞官皆主之。……所主朱華閤以外，各武衞將軍二人貳之。」是朱華門乃以直朱華閤而得名。〔一一八〕帝與太皇太后並出：按《北齊書．孝昭紀》，太皇太后之下，更有皇太后三字，當從添。〔一一九〕楊遵彥：遵彥，楊愔字。〔一二〇〕獨擅朝權：獨專朝廷大權。〔一二一〕威福自己：威福由己發施。〔一二二〕皆重足屏氣：重足猶累足，謂足趦趄不敢前也。屏氣，謂屏絕氣息，皆畏懼之貌。重足屏氣亦有作重跡屏氣者，《北齊書．酷吏盧斐傳》：「朝士見之，莫不重跡屏氣，皆目之為盧校書。」蓋跡與足意頗相近，故為自鑄新辭，而改足作跡焉。

㉓共相唇齒：唇齒部位相近，故其意乃為共相比輔。㉔以成亂階：以成亂之原由。㉕宗社：宗廟社稷。㉖為國事重：以國事為重。㉗獻武皇帝：高歡天保初追崇為獻武帝。㉘專輒之罪：專擅輒即之罪失。㉙誠當萬死：〈楊愔傳〉作：「罪合萬死。」是合即當也。《北齊書》於此等處，多用合字。㉚廡：堂下周屋，亦即廊也。音舞。㉛武衛娥永樂：〔考異〕北齊書作領軍劉桃枝，今從北史：按《北齊書．楊愔傳》作劉桃枝，而〈孝昭紀〉則作娥永樂，是《北史》乃從〈孝昭紀〉入書。㉜叩刀：胡三省曰：「叩刀者，拔刀離削纔寸許。」㉝睨：邪視。㉞吃訥：口吃而遲於言。㉟仗不退：謂執仗者不退。㊱厲聲曰：厲聲叱之曰。㊲奴輩即今頭落：奴輩、詈之之辭。謂奴輩不退，則當砍汝頭。㊳內刀：內同納，謂納刀於削。㊴楊郎：楊愔主壻，故謂之楊郎。㊵一眼已出：因被拳杖亂毆，故一眼被擊流出。㊶愴：悲愴。㊷楊郎何所能為：謂楊郎何能為此。㊸留使：謂留之以任使。㊹殺我二子：演、湛皆太皇太后之子。㊺次將及我：依次將及於我。㊻何為縱之：何為縱容之。㊼受漢老嫗：婁太皇后、鮮卑也，李太后、華族也。又此時之漢人，為鮮卑臣奴，身分甚低，故遂以漢老嫗呼之，以示賤視之意。㊽斟酌：謂增損而上下其手。㊾太后拜謝：謂皇太后拜伏謝罪。㊿但欲去逼：逼、謂楊愔等以疏踰戚，故欲去之。(51)天子亦不敢為叔惜：天子亦不敢求叔父哀惜。(52)況此漢輩：漢輩指楊愔等言。謂此等漢輩，兒自更不敢請求哀惜。(53)匄：乞，音蓋。(54)兒：帝對太皇太后言，故自稱兒，兒猶謂小子也。(55)處分：謂處置。處分二字，六朝時甚流行。《晉書・杜預傳》：「處分既定。」同書〈王廙附彪之傳〉：「及簡文崩，羣臣疑惑，未敢立嗣，或云宜當須

大司馬處分。」同書〈張軌附重華傳〉：「艾不從，乃下車踞胡床，指麾處分，賊以為伏兵發也，懼不敢進。」同書〈桓溫傳〉：「詔曰，『諸所處分，委之高算。』」《世說・雅量》注引《續晉陽秋》：「夜還乃處分，委之高算。」同書〈尤悔〉：「日暮雨駛，小人皆醉，不可處分。」皆其流行之佐證。(56)京畿軍士：胡三省曰：「高歡遷魏主於鄴，而身居晉陽，以其子為京畿大都督，防遏內外，故有京畿軍士。」畿，王都之外曰畿，所謂邦畿千里是也。(57)閤：樓館。(58)御金：御府之金。(59)罪狀愔等：謂宣佈其罪狀。(60)身：即一人。(61)家屬：《北齊書・楊愔傳》，家屬作家口，是二辭之含意相同。(62)復簿錄五家：復按簿籍收錄五家之家屬，五家為楊愔、可朱渾天和、燕子獻、宋欽道、鄭頤。(63)各沒一房：一家中常有數兄弟，即為數房，今僅沒收其本人一人之家屬。(64)乃各沒一房，孩幼盡死，兄弟皆除名：按〈楊愔傳〉作：「乃各沒一房孩幼，兄弟皆除名。」無盡死二字，若此，則孩幼當連上文為句。《通鑑》言孩童盡死，似不合理，當以《北齊書》文為是。又除名謂除去其宦籍中之名字，即亦不得為官宦也。(65)鴻臚少卿楊休之：按〈楊愔傳〉作：「鴻臚少卿陽休之。」查《北齊書・陽休之傳》，「尋除中山太守，顯祖崩，徵休之至晉陽，乾明元年，兼侍中，仍兼大鴻臚卿，領中書侍郎。」內無為鴻臚少卿字樣。且所任諸官，俱較少卿為高，知此不得為陽休之。《通鑑》作楊休之，當必有所據，而得其實。(66)騏驎：《漢書・東方朔傳》：「騏驎、騄駬、蜚鳴、驊騮，天下良馬也。」(67)策蹇驢：策，鞭策，蹇，跛。謂駕乘不良於行之驢。(68)平秦王歸彥總知禁衛……而策蹇驢，可悲之甚也：按此一大段乃錄自《北齊書・孝昭紀》、〈楊愔及附燕子獻傳〉，字句大致相同。(六九)戊申，演為大丞相……彭城王浟為尚書令：按此段乃錄自《北齊書・廢帝紀》，字句大致相同。(七〇)不遣：不遣送。(七一)以王琳之難居於安陸：王琳據中流，昌還建康路梗，故居安陸。(七二)不遜：不謙遜。(七三)不懌：不悅，音繹。(七四)別求一藩：另求一藩封。(七五)歸老：歸而養老。(七六)豈有被代天子：豈有天子而可以被他人替代。(七七)奉詔：謂奉承詔命。(七八)昌將濟江，致書於上……因請自迎昌：按此段乃錄自《陳書・侯安都傳》，字句大致相同。(七九)今君側雖清：謂今君上旁側之小人，雖已清除。(八〇)何以處我：謂當如何安置我。(八一)以名教出處：以名教為準繩，而定進退。(八二)遂關天時：謂與天命時運有關。(八三)非復人理所及：謂非普通道理所可涉及，二句乃暗勸之篡位。(八四)齊大丞相演如晉陽……王晞為司馬：按此段乃錄自《北齊書・王昕附晞傳》，字句大致相同。(八五)軍國之政：按軍國一辭，為北朝所常用，指軍旅與國家之事，以軍冠於國上，知其於軍事之重視矣。(八六)皆申晉陽：皆申報於常山王。(八七)規筭：筭、同算，規算、謂規劃。(八八)甲寅，詔軍事之政……稟大丞相規筭：按此段乃錄自《北齊書・廢帝紀》，文字幾全相同。(八九)助防張世貴，舉外城以應之：助防謂協助防守之事，舉、猶將。(九〇)軍民：軍士平民。(九一)長梯：《陳書・孫瑒傳》作高梯，是長即高也。(九二)縱火：放火。(九三)樓：木製之高屋。(九四)身自：〈孫瑒傳〉作親自，是身即親也。(九五)撫循：撫慰循視。(九六)行酒賦食：猶賜以酒食。(九七)死戰：致死命以戰。(九八)柱國：《周書・盧辯傳》：「柱國大將軍，正九命。」(九九)以緩之：以緩和其攻勢。(一〇〇)潛修：暗中修繕。(一〇一)一朝而具：不久而皆齊全。(一〇二)將佐：將校佐吏。(一〇三)王公：王琳。(一〇四)獎：助。(一〇五)勤：勞。(一〇六)奉表：奉表啓。(一〇七)周軍初至郢州……舉中流之地來降：按此段乃錄自《陳書・孫瑒傳》，字句大致相同。㉘塞其中路：熊曇朗時據豫章，正處於長江之中流。㉙王琳之東下也……傳首建康，盡滅其族：按此段乃錄自《陳書・熊曇朗傳》，字句大致相同。㉚齊軍先守魯山……程靈洗守之：按此數句乃錄自《陳書・世祖紀》天嘉元年文。㉛置沅州、武州：《陳書・世祖紀》天嘉元年：「帝分荊州之義陽、天門、南平、郢州之武陵四郡，置武州。其刺史督沅州，領武陵太守，治武陵郡，其都尉所部六縣為沅州，別置通寧郡，以刺史領太守，治都尉城，省舊都尉。」㉜瑒懷不自安：謂瑒心不自安。㉝以孫瑒為湘州刺史……未拜，除吳郡太守：按此段乃錄自《陳書・孫瑒傳》，而多有刪削。㉞主書舍人：胡三省曰：「主書及中書舍人，皆當時要近之職。」㉟中流殞之：《陳書・衡陽王昌傳》：「丙子，濟江於中流，船壞，以溺薨。」㊱清遠公：《隋書・地理志》下：「南海郡、翁源縣，陳置清遠郡。」㊲沒於長安：《陳書・毛喜傳》：「及江陵陷，喜與高宗俱遷關右。」此為其沒於長安之原故及經過。㊳和親之策：〈毛喜傳〉作：「和好之策。」㊴初高祖遣滎陽毛喜從安城王……周弘正通好於周：按此段乃錄自《陳書・毛喜傳》，字句間有不同。㊵奉獻王祀：衡陽王昌諡獻。㊶膳部中大夫：杜佑《通典》：「後周膳部中大夫，屬冢宰，六命。又有膳部下大夫，五命。」按《周書・晉蕩公護傳》作：「稍被升擢，位至膳部下大夫。」㊷糖䭔：《北齊書・陸法和傳》：「於是設供食，具大・薄餅。……梁人入魏，果見・餅焉。」是・餅乃北方之食。㊸周世宗明敏有識量……寘毒於糖䭔，而進之：按此段乃錄自《周書・晉蕩公護傳》，字句大致相同。㊹大漸：病劇。㊺五百餘言：五百餘字。㊻當國：

當國之政。㉗介弟：大弟。㉘弘：大。㉙庚子、大漸，口授遺詔……辛丑、殂：按此段乃錄自《周書‧明帝紀》，而多有刪削。㉚顧問：回顧而問之，亦即問詢也。㉛輒言：即言或便言。㉜夫人不言，言必有中：《論語》孔子之言。夫人謂此人。㉝魯公幼有器質……魯公即皇帝位，大赦：按此段乃錄自《周書‧武帝紀》上，字句大致相同。㉞卒官：《陳書‧侯安都傳》作：「卒於官。」㉟停鄉里：停留鄉里。㊱置東衡州：《陳書‧侯安都傳》：「改桂陽之汝城縣為盧陽郡，分衡州之始興、安遠二郡，合三郡為東衡州。」㊲侯安都父文捍為始興內史……並令在鄉侍養：按此段乃錄自《陳書‧侯安都傳》，字句大致相同。㊳禮章：猶禮儀。㊴尚以故意：謂尚以舊日情誼。㊵脩飾：謂裝飾打扮。㊶數之：責之。㊷大辱：謂逼令改嫁而失節也。㊸志操寡薄：意志操守，寡微薄弱。㊹自盡：自殺。㊺藩闈：謂藩王之閨闈。㊻汝何物奴：為詈人語，猶今言你是什麼東西。㊼見侮：相侮。㊽齊人收永安、上黨二王遺骨……血流灑地：按此段乃錄自《北齊書‧上黨王渙傳》，字句大致相同。㊾以王晞懦緩：《北齊書‧王昕附晞傳》，懦緩作儒緩，蓋仔者性多怯懦，故遂改儒作懦，而其意實相同也。㊿不允：不合。(五一)敦迫：重相逼迫。(五二)不祥：古代甚懼不祥，蓋不祥則鬼神必降之災。(五三)變起：發生變亂。(五四)以法繩之：以法制裁之。(五五)朝廷：此處指天子言。(五六)親戚：此處指宗室言。(五七)殿下倉猝所行，非復人臣之事：按此乃指丞相演誅尚書令楊愔諸人而言。(五八)芒刺在背：謂天子如芒刺在背，甚為患痛。(五九)何由可久：謂變故何能久而不發。(六〇)粃糠神器：粃糠、乃不值錢之物，故此處意猶賤視。神器、指傳國之重器言。(六一)上玄：謂天。(六二)先帝之基：先帝、謂高歡，基、基業。(一二三)致卿於法：猶置卿於法。(一二四)皆無異謀：謂謀皆相同。(一二五)神明：猶鬼神。(一二六)所贊耳：所贊同耳。(一二七)拯難匡時：拯、救，匡、正。(一二八)聖哲：猶聖賢。(一二九)私議：私自計議。(一三〇)幸勿：希勿。(一三一)杳：音一ㄠˇ。(一三二)勸進：謂勸之使進為天子。(一三三)何故初無一言：〈王晞傳〉作：「何因都無所論。」初、猶始終也。(一三四)事隙：公事之隙。(一三五)驚此聲論：〈王晞傳〉作：「驚此音謠。」謂驚此消息謠言。(一三六)口噤：口不敢言。(一三七)心悸：心懼。(一三八)發端：開發其端。(一三九)昧死：冒死。(一四〇)一披肝膽：披陳腹心之言。(一四一)齊丞相演以王晞儒緩……一披肝膽，因共勸進：按此段乃錄自《北齊書・王昕附晞傳》，除有刪節外，字句大致相同。(一四二)相王：演為丞相，故呼之為相王。(一四三)骨肉相奪：骨肉間互相奪位。(一四四)未幾：未幾何時。(一四五)奄忽：喻時之速。(一四六)名位：名義份位。(一四七)入纂：入繼。(一四八)勿令濟南有他也：謂勿令濟南王發生他故，言不可殺之也。(一四九)肅宗即皇帝位於晉陽……宮曰昭信：按此段乃錄自《北齊書・孝昭紀》，字句大致相同。(一五〇)紹封功臣：謂封功臣之後。(一五一)耆：六十七十之老人。音ㄑ一ˊ。(一五二)延訪：延求訪納。(一五三)死事：死王事者。(一五四)名德：名高德劭。(一五五)乙酉、詔紹封功臣，禮賜耆老，延訪直言，褒賞死事，追贈名德。按此乃將《北齊書・孝昭紀》之詔書全文，凝縮而成為條款之綱領，實一錄文深可注意之方式也。(一五六)外客：此猶疏遠之臣。(一五七)略：猶頗。(一五八)假非局司：假若非職任所司之事。(一五九)所懷：猶有意見。(一六〇)牒：書板小簡。(一六一)候少隙：俟稍有閒隙。(一六二)徑進：直接呈上。(一六三)劼：音詰。(一六四)舉錄：條舉簿錄。(一六五)田市徵稅：是北齊時，田與市俱有徵斂。(一六六)施用：施行使用。(一六七)沈淪：謂沈降淪落，而不得意也。按此辭乃斯時所創鑄者。《顏氏家訓・終制篇》

亦有之，云：「使汝等沈淪廝役，以為先世之恥。」⑧眩俗：眩惑世人。⑨害政：妨害政事。⑩以漸：逐漸。⑪朝晡：晡，申時，謂早晚。⑫給御食：給宮中之食。⑬畢景：景，日景，謂日入而後聽還。⑭帝謂王晞曰，卿何為自同外客……畢景聽還：按此段乃錄自《北齊書・王昕附晞傳》，而字句多有刪節。⑮識度：識見器度。⑯臺閣：《北齊書・孝昭紀》作臺省，所指者約略相同。⑰譏其細：譏刺其苛細。⑱在外議論得失：謂外間關於君王之批評。⑲率爾：率直而對，爾為形容助辭，無義。⑳遠侔古昔：遠比古昔之賢王。㉑傷細：傷於苛細。㉒初臨萬機：謂初理大政。㉓周悉：周備。㉔爾：如此。㉕恐後又嫌疏漏：恐後不苛細時，則又惡余行事之多疏忽漏略。㉖顯安、我姑之子：庫狄顯安父干，娶高歡之妹樂陵長公主。㉗除君臣之敬：謂除去君臣之敬禮。㉘不逮：不及。㉙妄言：言而不行，是為妄言。㉚今自行之：今親自行之。㉛將整之：將整頓之。㉜然無法日久：〈孝昭紀〉作：「然無法來久。」來久，謂以來甚久，是與日久意正相同。㉝以至無為耳：以至於不用法紀。㉞不豫：不安，即有病也。㉟行不能正履：謂憂愁而無心正履。㊱容色貶悴：形容神色，貶損憔悴。㊲閤外：閤同閣，謂樓閣之外。㊳手親之：親手嘗進之。㊴搯：爪刺也，音恰。㊵以爪搯掌代痛：以爪搯掌，令己痛楚，藉以代母疾病之痛苦，然此不過示人子之孝心而已，於事實因毫無補益也。㊶無君臣之隔：謂無君臣之限隔。㊷帝識度沈敏……友愛諸弟，無君臣之隔：按此段乃錄自《北齊書・孝昭紀》皇建二年文，字句大致相同。㊸周軍司馬：《唐六典》：「周官大司馬屬官有軍司馬下大夫，蓋兵部郎中之任也。後周依周官，其爵列中大夫也，六命。」㊹奄至：

奄忽而至。(二四五)巴湘：巴陵、湘州。(二四六)乘勝深入：《周書・賀若敦傳》作：「敦每設奇伏，連戰破瑱，乘勝徑進。」(二四七)湘川：〈賀若敦傳〉作湘州，當改從之。(二四八)汎溢：汎濫滿溢。(二四九)土聚：聚土為堆丘。(二五〇)覆：蓋。(二五一)召旁村人：召營旁之村人。(二五二)陽有訪問：猶佯有訪問。(二五三)良以為實：謂真以為確實。(二五四)廬舍：猶屋宇。(二五五)湘羅之間：胡三省曰：「梁置湘州於長沙，置羅州於湘陰縣。」(二五六)無如之何：猶云無法可施。(二五七)亟乘：屢乘。(二五八)偽為土人裝船：假充土人，以船裝載貨物。(二五九)餉船：饋餉之船。(二六〇)逆來：迎來。(二六一)別取：另取。(二六二)如是者再三：如此者數次。(二六三)畏船馬：謂畏船之馬。(二六四)投附：投降歸附。(二六五)競來：爭來。(二六六)饋餉：送餉。(二六七)並拒擊之：皆拒絕攻擊之。(二六八)江陵之陷也……瑱猶謂之詐，並拒擊之：按此一大段乃錄自《周書・賀若敦傳》，字句大致相同。(二六九)瑱襲破獨孤盛於楊葉洲：按《陳書・侯瑱傳》作：「與盛戰於西江口，大敗盛軍。」西江乃指湘江而言。(二七〇)帥眾：謂帥士眾。(二七一)癸巳，瑱襲破獨孤盛於楊葉洲……帥眾會瑱南討：按此段乃錄自《陳書・世祖紀》天嘉元年文，字句大致相同。(二七二)中庶子：後齊門下坊之長。(二七三)干戈不息：謂戰爭不息。(二七四)難必：謂難以確定。(二七五)平陽：郡名，在今山西省。(二七六)蒲州：後周因蒲阪舊名，而置蒲州。(二七七)積甲：儲積兵甲。(二七八)窮蹙：窮困蹙削。(二七九)所損糧食：按《北齊書・盧叔武傳》，所損作所供，胡三省曰：「損當作資。」資亦供也。然作損亦可通，蓋損一意為耗，乃謂所耗之糧食也。(二八〇)我軍士年別一代：謂一年一更戍。〈盧叔武傳〉作：「我兵士相代，年別一番。」意正相同。(二八一)穀食：猶糧食。(二八二)弊：疲弊。(二八三)民疏城遠：住民稀疏，城邑相距遼遠。(二八四)且廢：將廢。(二八五)彼自破矣：謂彼自然破敗矣。㉖齊主徵前開府長史盧叔虎為中庶子……彼自破矣，帝深善之：按此段乃錄自《北齊書・盧叔武傳》，字句大致相同。《北齊書》所以作武者，乃係避唐諱之故。㉗出長城北遁：此文宣帝所築長城。㉘齊主自將擊庫莫奚……獲牛羊七萬而還：按此段乃錄自《北齊書・孝昭紀》皇建元年文，字句間有不同。㉙訖於夏首：終於夏初。㉚已款者：謂囚已款服者。㉛宜且申停：宜暫且申告停止，謂及秋冬乃行刑也。㉜乙未，詔自今孟春訖於夏首……宜且申停：按此段乃節錄《陳書・世祖紀》天嘉元年之詔文而成。㉝遣巴州刺史侯安鼎守之：按《陳書・世祖紀》天嘉元年文作侯安都，以斯時侯安都上下文載其職銜為司空，則自不得為刺史。又〈侯安都傳〉，亦無為巴州刺史字樣。故《通鑑》不從《陳書》，而改作侯安鼎。《通鑑》之更易，當必有所本而得其實。㉞周巴陵城主尉遲憲降……餘眾自楊葉洲潛遁：按此段乃錄自《陳書・世祖紀》天嘉元年文，字句大致相同。㉟是人應死不？晞曰應死：按《北齊書・王昕附晞傳》，二應字皆作合字，《北齊書》於含有當、應之意時，率書作合，蓋用合字，乃其當時之風尚，《通鑑》自宜保存其原有特色，而不應改為現用辭語，以致千篇一律，而無從窺見辭語時代之特徵焉。㊱但恨死不得其地耳：謂但恨殺之不得其所。㊲刑人於市，與眾棄之：二句乃《禮記・王制》之文，意謂殺人須於市朝，以便眾人知其罪而不齒之。㊳改容謝曰：謝謂謝罪。㊴王公：稱王晞之稱謂辭。㊵帝欲以晞為侍郎：〈王昕附晞傳〉作：「帝欲以晞為侍中。」按帝踐祚時已為散騎常侍，則此自當為爵位較高之侍中。㊶勿自疏：勿自與帝疏遠。㊷閱要人：閱，覽，要人謂位居勢要者。㊸少時：謂不多時。㊹鮮不顛覆：謂少有不傾敗者。

㊺不堪時務：謂不堪擔當時務。㊻恩私：恩惠私寵。㊼萬一：謂萬分之一分，喻其可能性極罕少也。六朝常用為假設之辭。《晉書・卞壼傳》：「壼笑曰，『以逆順論之，理無不濟，若萬一不然，豈須馬哉！』」同書〈袁瓌附喬傳〉：「勸溫曰，『今分為兩軍，軍力不一，萬一偏敗，則大事去矣。』」同書〈簡文三子傳〉：「法順又言於元顯曰，『牢之反覆，萬一有變，則禍敗立至。』」《北齊書・王昕附晞傳》：「晞曰，『人主恩私，何由可保，萬一披猖，求退無地。』」上諸萬一，皆係假設之意。㊽披猖：紛披猖獗，意謂甚騰達也。㊾無地：猶無機。㊿好作要官：〈王晞傳〉作：「愛作熱官。」較具當時特色。(51)爛熟：熟之極端，謂之爛熟。(52)齊主斬人於前……但思之爛熟耳：按此段乃錄自《北齊書・王昕附晞傳》，字句大致相同。(53)穀糴踊貴：糴買，意謂穀價騰貴。(54)濟南王：即北齊廢帝。(55)石鼈等屯：杜佑曰：「石鼈在楚州安宜縣西八十里，鄧艾築城於此，作白水塘，北接連洪澤，屯田一萬三千頃。」(56)軍防足食：防屯之軍，得以足食。(57)曄：音ㄧㄝˋ。(58)督亢陂：胡三省曰：「在唐涿州新城縣界，燕荊軻獻圖於秦，即此地。」亢音剛。(59)周贍：謂周足。(60)初齊顯祖之末……由是稍止轉輸之勞：按此段乃錄自《隋書・食貨志》，字句大致相同。

二年（西元五六一年）

㈠春，正月，戊申，周改元保定，以大冢宰護為都督中外諸軍事，令五府總於天官㊀，事無巨細㊁，皆先斷後聞㊂㊃。

㈡庚戌，大赦。

㈢周主祀圜丘。辛亥，齊主祀圜丘，壬子，禘於太廟。

㈣周主祀方丘，甲寅，祀感生帝於南郊㊄，乙卯，祭太社。

㈤齊主使王琳出合肥，召募傖楚㊅，更圖進取，合州刺史㊆裴景徽，【考異】北齊書作景暉，今從陳書。琳兄珉之壻也，請以私屬㊇為鄉導；齊主使琳與行臺左丞盧潛㊈將兵赴之，琳沈吟不決㊉，景徽恐事泄，挺身⑪奔齊，齊主以琳為驃騎大將軍、開府儀同三司、揚州刺史，鎮壽陽⑫。

㈥己巳，周主享太廟，班太祖所述六官之法⑬。

㈦辛未，周湘州城主殷亮降，湘州平，侯瑱與賀若敦相持日久，瑱不能制，乃借船⑭送敦等度江，敦慮其詐，不許，報云：「湘州我地，為爾侵逼，必須⑮我歸，可去我百里之外。」瑱留船江岸，引兵去之，敦乃自拔北歸⑯，軍士病死者什五六。武陵、天門、南平、義陽、河東⑰、宜都郡，悉平，晉公護以敦失地無功，除名為民[18]。

(八)二月，甲午，周主朝日於東郊[19]。

(九)周人以小司徒[20]韋孝寬嘗立勳於玉壁[21]，乃置勳州於玉壁，以孝寬為刺史。孝寬有恩信，善用間諜，或齊人受孝寬金貨[22]，遙通書疏[23]，故齊之動靜，周人皆先知之。有主帥[24]許盆以所戍城降齊，孝寬遣諜取之，俄斬首而還。離石[25]以南生胡[26]，數為抄掠，而居於齊境，不可誅討，孝寬欲築城於險要以制之，乃發河西[27]役徒[28]十萬，甲士[29]百人，遣開府儀同三司姚岳監築之，岳以兵少，懼不敢前，孝寬曰：「計此城十日可畢，城距晉州四百餘里，吾一日創手[30]，二日敵境始知，設使晉州徵兵，三日方集[31]，謀議之間，自稽[32]二日，計其軍行，二日不到，我之城隍[33]足得辦矣[34]。」乃令築之，齊人果至境上，疑有大軍，停留不進，其夜孝寬使汾水以南，傍介山、稷山[35]諸村縱火，齊人以為軍營[36]，收兵自固，岳卒城而還[37][38]。

(十)三月，乙卯，太尉零陵壯肅公侯瑱卒。

(十)丙寅，周改八丁兵為十二丁兵，率歲一月而役㊴。

(十一)夏，四月，丙子朔，日有食之。

(十二)周以少傅尉遲綱為大司空。丙午，周封愍帝子康為紀國公㊵，皇子贇為魯公。贇㊶，李后之子也。六月，乙酉，周使御正㊷殷不害來聘。

(十三)秋，七月，周更鑄錢，文曰布泉，一當五，與五銖並行。

(十四)己酉，周追封皇伯父顥為邵國公㊸，以晉公護之子會為嗣，顥弟連為杞國公，以章武公導之子亮為嗣，連弟洛生為莒國公，以護之子至為嗣，追封太祖之子武邑公震為宋公，以世宗之子實為嗣㊹。

(十五)齊主之誅楊燕㊺也，許以長廣王湛為太弟，既而立太子百年，湛心不平，帝在晉陽，湛居守於鄴，散騎常侍高元海，高祖之從孫也㊻，留典機密，帝以領軍代人庫狄伏連為幽州刺史，斛律光之弟羨為領軍，以分湛權，湛留伏連，不聽羨視事㊼。先是濟南閔悼王㊽常在鄴，望氣㊾者言：「鄴中有天子氣。」平秦王歸彥恐濟南復立，為己不利[50]，勸帝除之，帝乃使歸彥至鄴，徵濟南王如晉陽，湛內不自安，問計於高元海，元海曰：「皇太后萬福[51]，至尊孝友異常[52]，殿下不須異慮[53]。」湛曰：「此豈我推誠之意邪。」元海乞還省[54]，一夜思之，湛即留元海於後堂，元海達旦不眠，唯遶牀徐步，夜漏[55]未盡，湛遽出[56]曰：「神筭如何[57]？」元海曰：「有三策，恐不堪用[58]耳，請殿下如梁孝王故事[59]，從數騎入晉陽，先見太后求哀[60]，後見主上，請去兵權[61]，以死為限[62]，不干朝政[63]，必保[64]太山之安，此上策也；不然，當具表[65]云：『威權太盛，恐取謗眾口[66]，請青齊二州刺史。』沈靖自居[67]必不招物議[68]，此中策也。」更問下策，曰：「發言，即恐族誅[69]。」固逼之[70]。元海曰：「濟南世嫡[71]，主上[72]假太后令而奪之，今集文武，示以徵濟南之敕[73]，執斛律豐樂[74]，斬高歸彥，尊立濟南，號令天下，以順討逆[75]，此萬世一時也[76]。」湛大悅，然性怯，狐疑未能用，使術士鄭道謙等卜之，皆曰：「不利舉事，靜則吉[77]。」有林慮令[78]潘子密曉占候，潛謂湛曰：「宮車當晏駕[79]，殿下為天下主。」湛拘之於內，以候之(八〇)，又令巫覡(八一)卜之，多云：「不須舉兵，自有大慶(八二)。」湛乃奉詔，令數百騎送濟南王至晉陽。九月，帝使人酖之，濟南王不從，乃扼殺之，帝尋亦悔之(八三)。

(十七)冬，十月，甲戌朔，日有食之。

(十八)丙子，齊以彭城王浟為太保，長樂王尉粲為太尉。

(十九)齊肅宗(八四)出畋(八五)，有兔驚馬，墜地絕肋(八六)，婁太后視疾(八七)，問濟南所在(八八)者三，齊主不對；太后怒曰：「殺之邪？不用吾言，死其宜矣(八九)。」遂去不顧(九〇)(九一)。十一月，甲辰，詔以嗣子沖眇(九二)，可遣尚書右僕射、趙郡王叡諭旨，徵長廣王湛統茲大寶(九三)。又與湛書曰：「百年無罪，汝可以樂處(九四)置之，勿效前人也(九五)。」是日，殂於晉陽宮，臨終，言恨不見太后山陵(九六)。

顏之推論曰：「孝昭天性至孝，而不知忌諱(九七)，乃至於此，良由不學之所為也。」

(廿)趙郡王叡先使黃門侍郎王松年馳至鄴，宣肅宗遺命，湛猶疑其詐，使所親先詣(九八)殯所，發而視之，使者復命，湛喜，馳赴晉陽，使河南王孝瑜先入宮，改易禁衞[九九]，癸丑，世祖即皇帝位於南宮[〇〇]，大赦，改元大寧。

(廿一)周人許歸安成王頊，使司會上士[〇一]杜杲[〇二]來聘，上悅，即遣使報之，幷賂以黔中地及魯山郡[〇三]。

(廿二)齊以彭城王浟為太師[〇四]、錄尚書事，平秦王歸彥為太傅，尉粲為太保，平陽王淹為太宰，博陵王濟為太尉，段韶為大司馬，豐州刺史[〇五]婁叡為司空，趙郡王叡為尚書令，任城王湝[〇六]為尚書左僕射，幷州刺史斛律光為右僕射。婁叡，昭之兄子也[〇七]。立太子百年為樂陵王[〇八]。

(廿三)丁巳，周主畋於岐陽。十二月，壬午，還長安。

(廿四)太子中庶子、餘姚[〇九]虞荔，御史中丞孔奐，以國用不足，奏立煑海鹽賦及榷酤[一〇]之科[一一]，詔從之[一二]。

(廿五)初，高祖以帝女豐安公主[一三]妻留異之子貞臣，徵異為南徐州刺史，異遷延不就[一四]，帝即位，復以異為縉州刺史[一五]，領東陽太守，異屢遣其長史王澌入朝，澌每言朝廷虛弱，異信之，雖外示臣節[一六]，恒懷兩端㉗，與王琳自鄱陽信安嶺㉘，潛通㉙使往來。琳敗，上遣左衛將軍沈恪代異，實以兵襲之，異出軍下淮以拒恪，恪與戰而敗，退還錢塘；異復上表遜謝㉚。時眾軍方事湘郢，乃降詔書慰諭㉛，且羈縻㉜之，異知朝廷終將討己，乃以兵戍下淮及建德㉝，以備江路㉞。丙午，詔司空南徐州刺史侯安都討之㉟。

【今註】㊀令五府總於天官：五府：地官、春官、夏官、秋官、冬官府也。㊁事無巨細：謂事不論大小。㊂先斷後聞：先行處斷，然後奏聞。㊃周改元保定……皆先斷後聞：按此段乃錄自《周書・武帝紀》上保定元年文。㊄祀感生帝於南郊：胡三省曰：「用鄭玄之說，祀感生帝，靈威仰於南郊，以祈穀。」按感生之意，謂凡帝王多有感於物而誕，如契母吞玄燕之卵，姜嫄履巨人之跡，而生契及后稷，於所感生者，因名之曰感生帝。祀祠之，所以示不忘報本之意。㊅傖楚：《漢書・賈誼傳》：「此本末舛逆，首尾衡決，國制搶攘。」注：「晉灼曰，『搶音傖，吳人罵楚人曰傖，傖攘亂貌也。』」傖楚之意當指此。㊆合州刺史：胡三省曰：「按梁置合州於合肥，侯景之亂，已入於齊。齊之境土，南盡歷陽，陳蓋僑置合州於江濱。」㊇私屬：己之部屬。㊈輿行臺左丞盧潛：按《北齊書・王琳傳》，左丞作右丞，〈盧潛傳〉則皆作左丞，《通鑑》從〈盧潛傳〉而書為左丞。㊉沈吟不決：沈吟為口中低吟而不決之狀。⑪挺身奔齊：謂拔身歸齊。⑫齊主使王琳出合肥……揚州刺史，鎮壽陽：按此段乃錄自《北齊書・王琳傳》，字句大致相同。㊂班太祖所述六官之法：宇文泰廟號太祖，泰之相魏，建六官，述周禮六典以為六官之法。㊃乃借船：按《周書・賀若敦傳》，借上有求字。查此事出於侯瑱主動，且陳使者往返數次，故求字必須書載，以明此事之孰為舉議者。㊄必須：必要。㊅自拔北歸：謂拔營北歸。㊆南平、義陽、河東：按《隋書・地理志》下：「灃陽郡、孱陵縣，舊置南平郡。同郡、安鄉縣，舊置義陽郡。南郡、松滋縣，舊置河東郡。」㊇侯瑱與賀若敦相持……以敦失地無功，除名為民：按此段乃錄自《周書・賀若敦傳》，字句多有刪削。㊈朝日於東郊：三代之禮，春朝朝日，秋暮夕月，周人慕古，舉行其禮。㊉小司徒：後周之制，小司徒六命，上大夫也。㊀嘗立勳於玉壁：事見卷一百五十九梁武帝中大同元年。㊁金貨：謂金寶財貨。㊂書疏：書信。㊃主帥：即城主。㊄離石：《隋書・地理志》中：「離石郡，後齊置西汾州。」㊅生胡：即稽胡之未歸化者。㊆河西：龍門河之西。㊇役徒：役夫囚徒。㊈甲士：兵甲精良之士。㊉創手：猶動手，即開始也。㊀方集：才可齊集。㊁稽：稽遲。㊂城隍：城垣及池濠。㊃足得辦矣：足可完辦。㊄介山稷山：胡三省曰：「唐志：『蒲州萬全縣有介山，介子推隱處。稷山縣有稷山。』」㊅齊人以為軍營：謂齊人以為有軍旅在該處紮營。㊆岳卒城而還：姚岳終築城而歸。㊇周人以小司徒韋孝寬，嘗立勳於玉壁……岳卒城而還：按此段乃錄自《周書・韋孝寬傳》，刪削後，字句頗為簡鍊。㊈周改八丁兵為十二丁兵，率歲一月而役：丁兵謂成丁男子而服兵役者。八丁兵者，凡境內民丁，分為八番，遞上就役；十二丁兵者，分為十二番，月上就役，周而復始。㊉夏四月丙午，周封愍帝子康為紀國公：按《周書・武帝紀》天保元年文，丙午乃係五月中之日，丙午上當添五月二字。㊶贇：音ㄩㄣ。㊷御正：《周書・中徽傳》：「明帝以御正任總絲綸，更崇其秩為上大夫，員四人，號大御正。」同書〈盧辯傳〉：「復置中大夫幷御正內史，增置上大夫。」《隋書・百官志》中：「周朝上大夫六命，中大夫五命。」又按《周書・武帝紀》保定元年文作遣治御正，多一治字。㊸周追封皇伯父顥為邵國公：胡三省曰：「顥與衞可孤戰歿，有子什肥、導護，什肥與其叔連皆為高歡所殺，無後，故以會、亮嗣之。洛生為爾朱榮所殺，震早卒，皆無後，故亦立嗣。」㊹丙寅、周改八丁兵……以世宗之子實為嗣：按此段乃錄自《周書・武帝紀》保定元年文，字句大致相同。㊺楊燕：當作楊愔。㊻高元海、高祖之從孫也：高歡廟號高祖，元海父思宗，歡之從子。㊼湛留伏連，不聽羨視事：謂湛留伏連，不使之幽州，而羨至又不聽其視領軍府事。㊽濟南閔悼王：濟南王殷謚閔悼。㊾望氣：為方伎之一，主觀望氣色，以知吉凶禍福。㊿為己不利：似作於己不利更佳。(51)皇太后萬福：謂皇太后今甚康健。(52)至尊孝友異常：謂天子甚為孝順友愛。(53)不須異慮：謂不要他慮。(54)乙還省：乙還尚書省。(55)夜漏未盡：漏，晷漏，用以計時之物，此謂天尚未曙。(56)遽出：突起而出問曰。(57)神筭如何：謂神妙之計策如何。(58)不堪用：猶不足用。(59)如梁孝王故事：梁孝王事，具載於《漢書・梁孝王傳》。(60)先見太后求哀：先見太后而向其哀求。(61)請去兵權：請釋去兵權。(62)以死為止：謂直至死為止。(63)不干朝政：不干預朝廷之政事。(64)必保：必保有。(65)具表：謂上表啓。(66)恐取謗眾口：謂取謗毀於眾人之口。(67)沈靖自居：沈寂安靜自處。(68)不招物議：不招他人之議論。㊄族誅：誅戮宗族。㊆固逼之：堅決逼之。㊇世嫡：嗣承嫡子。㊈主上：指孝昭帝言。㊉徵濟南之敕：徵召濟南王之詔敕。㊃斛律豐樂：豐樂，斛律羨之字。㊄以順討逆：以順道討伐叛逆。㊅此萬世一時也：此萬世一時之良機也。㊆靜則吉：謂不動則吉祥。㊇林慮令：胡三省曰：「林慮，晉屬汲郡，魏敬宗永安元年置林慮郡，帶林慮縣。」㊈宮車當晏駕：晏駕，謂晚駕，為死之代語；宮車指天子所乘之車言。㊀以候之：以候驗之。㊁巫覡：女曰巫，男曰覡。㊂自有大慶：謂當即天子之位。㊃齊主之誅楊燕也……帝尋亦悔之：按此段乃錄自《北齊書・上洛王思宗附子元海傳》，字句大致相同。㊄齊肅宗：即孝昭帝，廟號肅宗。㊅出畋：出獵。㊆絕肋：跌斷肋骨。㊇視疾：問疾。㊈問濟南所在：問濟南王現在何處。㊉不用吾言，死其宜矣：不聽吾言，而殺濟南王，汝死固其宜矣。㊀遂去不顧：遂直去而不回顧，言怒之甚也。㊁丙子、齊以彭城王浟為太保……死其宜矣，遂去不顧：按此段乃錄自《北齊書・孝昭紀》皇建二年文，字句大致相同。㊂沖眇：幼小。㊃統茲大寶：大寶，猶重器，指帝位言。〈孝昭紀〉作：「入纂大統。」意更明顯。㊄樂處：〈孝昭紀〉作好處，字雖俗淺，然於此處，却最合當時口吻，以不更為宜。㊅勿效前人也：謂勿效前人之殺之也。㊆言恨不見太后山陵：謂恨不能侍奉太后之卒，及營脩山陵，以盡孝思。㊇忌諱：不宜作之事，指弒濟南王言。㊈詣：至。㊉改易禁衛：更易宮禁之宿衛。㊀南宮：晉陽之南宮。㊁司會上士：《周禮・天官》：「司會中大夫二人。」鄭玄注：「會、大計也，司會主天下之大計，計官之長，若今尚書。」杜佑《通典》：「後周司會屬天官府，有中大夫、上士、中士。」《隋書・百官志》中〈後周篇〉：「上士、三命，中士、再命。」㉒杲：音槁。㉓賂以黔中地及魯山郡：胡三省曰：「周得黔中，則全有巴蜀，得魯山則全有漢沔，故因其所欲而餌之。」㉔齊以彭城王浟為太師：按《北齊書・武成紀》大寧元年十一月文，此諸封拜，皆在乙卯，當上添乙卯二字。㉕豐州刺史：《隋書・地理志》中：「上黨郡、鄉縣，後魏置南垣州，尋改豐州。」㉖湝：音皆。㉗婁叡，昭之兄子也：婁昭，婁太后之弟，《北齊書・外戚婁叡傳》：「叡父壯，魏南部尚書。」然同書〈婁昭傳〉則作：「昭兄子叡，父拔，魏南部尚書。」同一書而說不相同。㉘齊以彭城王浟為太師……立太子百年為樂陵王：按此段乃錄自《北齊書・武成紀》大寧元年文，字句大致相同。㉙餘姚：今浙江省餘姚縣。㉚榷酤：《漢書・孝武紀》注：「韋昭曰：『以木渡水曰榷，謂禁民酤釀，獨官開置，如道路設木為榷，獨取利也。』」音覺。㉛科：法。㉜太子中庶子餘姚虞荔……及榷酤之科，詔從之：按此段乃錄自《陳書》天嘉二年文，字句幾全相同。㉝高祖以帝女丰安公主：高祖、武帝霸先，帝、指世祖言。㉞遷延不就：遷留延遲而不赴就。㉟縉州刺史：胡三省曰：「自侯景之亂，梁南郡王大連之敗，留異跨據東陽，陳興以為縉州刺史，因縉雲山以名州。」㊱臣節：臣之節操。㊲恆懷兩端：謂恆懷叛逆之心。㊳自鄱陽信安嶺：胡三省曰：「今有嶺路自衢州經信州，達于鄱陽。」㊴潛通：暗通。㊵遜謝：遜讓謝罪。㊶慰諭：安慰曉諭。㊷羈縻：《漢書・郊祀志》注：「羈縻、繫聯之意。馬絡頭曰羈，牛靷曰縻。」㊸建德：今浙江省建德縣。㊹初高祖以帝女豐安公主……以備江路：按此段乃錄自《陳書・留異傳》，字句幾全相同。㊺丙午，詔司空南徐州刺史侯安都討之：按《陳書・世祖紀》天嘉二年十二月文，丙午作丙戌，以上文之甲申推之，當以丙戌為是。

三年（西元五六二年）

㈠春，正月，乙亥，齊主至鄴。辛巳，祀南郊，壬午，享太廟。丙戌，立妃胡氏為皇后，子緯為皇太子。后，魏兗州刺史、安定胡延之之女也。戊子，齊大赦。己亥，以馮翊王潤為尚書左僕射㊀。

㈡周梁景公賀蘭祥卒㊁。

壬寅，周人鑿河渠於蒲州，龍首渠於同州㊂。丁未，周以安成王頊為柱國大將軍，遣杜杲送之南歸。【考異】典略作杜果，今從周書。

㈢辛亥，上祀南郊，以胡公配天㊃。二月，辛酉，祀北郊。

㈣閏月，丁未，齊以太宰、平陽王淹為青州刺史，太傅、平秦王歸彥為太宰、冀州刺史，歸彥為肅宗所厚㊄，恃勢驕盈，陵侮貴戚，世祖即位，侍中開府儀同三司高元海，御史中丞畢義雲，黃門郎高乾和，數言㊅其短，且云：「歸彥威權震主㊆，必為禍亂。」

帝亦尋其反覆之跡㈧，漸忌之㈨，伺歸彥還家，召魏收於帝前作詔草㈩，除歸彥冀州，使乾和繕寫⑪，晝日仍敕⑫門司⑬不聽歸彥輒⑭入宮，時歸彥縱酒為樂，經宿⑮不知，至明欲參⑯，至門知之，大驚而退，及通名謝⑰，敕令早發，別賜錢帛等物甚厚⑱，又敕督將悉送至清陽宮⑲，拜辭而退，莫敢與語；唯趙郡王叡與之久語，時無聞者⑳。帝之為長廣王也，清都和士開以善握槊㉑彈琵琶有寵，辟㉒為開府行參軍，及即位，累遷給事黃門侍郎，高元海、畢義雲、高乾和皆疾之，將言其事；士開乃奏元海等交結朋黨，欲擅威福㉓，乾和由是被疏，義雲納賂於士開，得為兗州刺史。

㈤帝徵江州刺史周迪出鎮湓城，又徵其子入朝，迪趑且顧望㉔，並不至，其餘南江酋帥㉕、私署令長㉖，多不受召。朝廷未暇致討，但羈縻之。豫章太守周敷獨先入朝，進號安西將軍，給鼓吹一部，賜以女妓㉗金帛，令還豫章㉘。迪以敷素出己下㉙，深不平之，乃陰與留異相結，遣其弟方興襲敷，敷與戰破之，又遣其兄子伏甲船中㉚，詐為賈人，欲襲湓城，未發，事覺，尋陽太守監江州事、晉陵華皎遣兵逆擊㉛之，盡獲其船仗㉜。上以閩州刺史㉝陳寶應之父㉞為光祿大夫，子女皆受封爵，命宗正㉟編入屬籍㊱；而寶應以留異女為妻，陰與異合㊲。虞荔弟寄流寓閩中，荔思之成疾，上為荔徵之，寶應留不遣，寄嘗從容諷以逆順㊳，寶應輒引它語以亂之㊴。寶應嘗使人讀漢書，臥而聽之，至蒯通說韓信曰：「相君之背，貴不可言。」蹶然㊵起坐，曰：「可謂智士。」寄曰：「通一說殺三士㊶，何走稱智！豈若班彪王命，識所歸乎㊷。」寄知寶應不可諫，恐禍及己，乃著居士服㊸，居東山寺，陽稱足疾，寶應使人燒其屋，寄安臥不動，親近將扶之出，寄曰：「吾命有所懸，避將安往㊹？」縱火者㊺自救之㊻。

㈥乙卯，齊以任城王湝為司徒。

齊揚州刺史、行臺王琳數欲南侵，尚書盧潛以為時事未可，上遣移書壽陽，欲與齊和親㊼，潛以其書奏齊朝，仍上啓㊽，請且息兵㊾。齊主許之，遣散騎常侍崔瞻來聘，且歸南康愍王曇朗之喪㊿，琳於是與潛有隙，更相表列[51]，齊主徵琳赴鄴，以潛為揚州刺史，領行臺尚書（五二）。瞻，悛之子也。

（七）梁末喪亂，鐵錢不行（五三），民間私用鵝眼錢，甲子，改鑄五銖錢，一當鵝眼之十（五四）。【考異】隋志在天嘉五年，今從陳紀。

（八）後梁主安於儉素（五五），不好酒色，雖多猜忌，而撫將士有恩，以封疆編隘（五六），邑居（五七）殘毀，干戈日用，鬱鬱（五八）不得志，疽發背而殂，葬平陵，謚曰宣皇帝，廟號中宗。太子巋（五九）即皇帝位，改元天保，尊龔太后為太皇太后，王后曰皇太后，母曹貴嬪為皇太妃（六〇）。

（九）二月，丙子，安成王頊至建康（六一），詔以為中書監、中衛將軍，上謂杜杲曰：「家弟（六二）今蒙禮遣，實周朝之惠，然魯山不返，亦恐未能及此（六三）。」杲對曰：「安成，長安一布衣耳，而陳之介弟（六四）也，其價豈止一城而已哉。本朝敦睦（六五）九族，恕己及物（六六），上遵太祖（六七）遺旨，下思繼好之義（六八），是以遣之南歸，今乃云以尋常之士（六九），易骨肉之親（七〇），非使臣之所敢聞也。」上甚慚曰：「前言（七一）戲之耳。」待杲之禮有加焉（七二）（七三）。頊妃柳氏及子叔寶，猶在穰城，上復遣毛喜如周請之，周人皆歸之。

㈩丁丑，以安右將軍吳明徹為江州刺史，督高州刺史黃法𣰰、豫章太守周敷，共討周迪。

甲申，大赦。

㈩㈠留異始謂臺軍㊆㊃必自錢塘上，既而侯安都步由諸暨㊆㊄，出永康㊆㊅，異大驚，奔桃枝嶺，於巖口豎柵㊆㊆以拒之，安都為流矢所中，血流至踝㊆㊇，乘輿指麾㊆㊈，容止㊇㊀不變，因其山勢，迮㊇㊀而為堰㊇㊁，會潦水㊇㊂漲滿，安都引船入堰，起樓艦與異城等㊇㊃，發拍碎其樓堞㊇㊄。異與其子忠臣，脫身奔晉安，依陳寶應，安都虜其妻及餘子，盡收鎧仗㊇㊅而還㊇㊆。異黨向文政據新安㊇㊇，上以貞毅將軍㊇㊈程文季為新安太守，帥精甲三百，輕往攻之㊈㊀，文政戰敗，遂降。文季，靈洗之子也㊈㊀。

㈩㈡夏，四月，辛丑，齊武明婁太后殂，齊主不改服，緋袍㊈㊁如故，未幾，登三臺，置酒作樂，宮女進白袍㊈㊂，帝投諸臺下，散騎常侍和士開請止樂㊈㊃，帝怒，檛之㊈㊄。

乙巳，齊遣使來聘。

齊青州上言㈨㈥：「河水清。」齊主遣使祭之，改元河清㈨㈦。

㈢先是，周之君臣，受封爵者，皆未給租稅，癸亥，始詔柱國等貴臣㈨㈧邑戶，聽寄食佗縣㈨㈨。

五月，庚午，周大赦㈠〇〇。

㈣己丑，齊以右僕射斛律光為尚書令。

㈤壬辰，周以柱國楊忠為大司空。六月，己亥，以柱國、蜀國公尉遲迥為大司馬。

㈥秋，七月，己丑，納太子妃王氏，金紫光祿大夫周之女也㈠〇一。

㈦齊平秦王歸彥至冀州，內不自安㈠〇二，欲待齊主如晉陽，乘虛入鄴，其郎中令呂思禮告之㈠〇三，詔大司馬段韶、司空婁叡討之。歸彥於南境置私驛㈠〇四，聞大軍將至，即閉城拒守，長史宇文仲鸞等不從，皆殺之㈠〇五。歸彥自稱大丞相，有眾四萬，齊主以都官尚書封子繪冀州人，祖父世為本州刺史，得人心㈠〇六，使乘傳㈠〇七至信都，巡城諭以禍福㈠〇八，吏民降者相繼，城中動靜，小大皆知之㈠〇九㈠一〇。歸彥登城大呼云：「孝昭皇帝初崩，六軍㈠一一百萬，悉在臣手，投身㈠一二向鄴，奉迎陛下，當時不反，今日豈反邪！正恨㉓高元海、畢義雲、高乾和，誑惑㉔聖上，疾忌忠良，但為殺此三人，即臨城自刎㉕。」既而城破，單騎北走，至交津㉖獲之，鎖送鄴，乙未，載以露車㉗，銜木㉘面縛㉙。劉桃枝臨之以刃，擊鼓隨之，幷其子孫十五人皆弃市㉚㉛，命封子繪行冀州事。齊主知歸彥前譖㉝清和王岳，以歸彥家良賤百口㉜賜岳家，贈岳太師㉞。丁酉，以段韶為太傅，婁叡為司徒，平陽王淹為太宰，斛律光為司空，趙郡王叡為尚書令，河間王孝琬為左僕射。

(十八)癸亥，齊主如晉陽㉟。上遣使聘齊。

(十九)九月，戊辰朔，日有食之。

(廿)以侍中都官尚書到仲舉為尚書右僕射、丹楊尹。仲舉，溉之弟子也㊱。

吳明徹至臨川，攻周迪，不能克，丁亥，詔安成王頊代之。

【考異】陳書帝紀云：「丁亥，迪請降，安成王頊督眾軍以招納之。」今從南史迪傳。

冬，十月，戊戌，詔：「以軍旅㊲費廣，百姓空虛，凡供乘輿㊳

飲食衣服，及宮中調度㉙，悉從減削，至於百司㉚宜亦思省約。」

(廿)十一月，丁卯，周以趙國公招為益州總管。

(廿一)丁丑，齊遣兼散騎常侍㉛封孝琰㉜來聘。

十二月，丙辰，齊主還鄴，齊主逼通昭信李后㉝，曰：「若不從我，我殺爾兒。」后懼，從之，既而有娠㉞，太原王紹德至閤，不得見，慍㉟曰：「兒豈不知邪！姊腹大㊱，故不見兒。」后大慚，由是生女不舉㊲。帝橫刀詬㊳曰：「殺我女，我何得㊴不殺爾兒！」對后以刀環築殺紹德，后大哭，帝愈怒，裸后，亂撾之，后號天不已㊵，帝命盛以絹囊，流血淋漉㊶，投諸渠水，良久乃蘇，犢車㊷載送妙勝寺為尼㊸。

【今註】㊀春正月乙亥，齊主至鄴……以馮翊王潤為尚書左僕射：按此段乃錄自《北齊書・武成紀》河清元年文，字句大致相同。㊁周涼景公賀蘭祥卒：按《周書・武帝紀》保定二年：「正月，……閏月己亥，柱國、大司馬、涼國公賀蘭祥薨。」是周涼景公上，當添閏月己亥四字。惟《陳書・世祖紀》天嘉三年文，則置閏於二月後，二朝頗不相同。㊂壬寅、周人鑿河渠於蒲州，龍首渠於同州：按此數句乃錄自《隋書・食貨志》，下又云：「以廣溉灌。」是二渠乃為溉灌而鑿者也。㊃以胡公配天：《史記・陳世家》：「陳胡公滿者，虞帝舜之後也。……至于周武王克殷紂，乃復求舜後，得媯滿，封之於陳，以奉帝舜祀，是為胡公。」陳以己為周代陳國之後，故郊祀時，將其始祖胡公配天，而並祀之。㊄歸彥為肅宗所厚：以殺楊愔之功故。㊅數言：屢言。㊆震主：撼震主上。㊇反覆之跡：反覆之事跡，其反覆事跡已見上文。㊈忌之：畏忌之。㊉作詔草：作詔誥之草稿。⑪繕寫：謄寫。⑫仍敕：謂因敕。⑬門司：司門之官吏。⑭輒入宮：謂隨便入宮。⑮經宿：經過一夜。⑯參：朝參，毛晃曰：「參，造也，趨承也。」⑰通名謝：謂通名刺謝罪。⑱甚厚：猶甚多。⑲清陽宮：胡三省曰：「齊有別宮在清淇之陽，因以為名」。《隋書・地理志》中：「清河郡，清陽縣，舊曰清河縣，後齊省貝丘入焉，改為貝丘，開皇六年改為清陽。」⑳歸彥為肅宗所厚……與之久語，時無聞者：按此段乃錄自《北齊書・平秦王歸彥傳》，字句大致相同。㉑握槊：猶操槊。㉒辟：辟召。㉓欲擅威福：欲專作威作福。㉔趑且顧望：《陳書・周迪傳》，趑且作趑趄，不進之貌。顧望，猶觀望。㉕酋帥：酋長渠帥。㉖私署令長：私自署任之縣令縣長。㉗女妓：即女樂。㉘令還豫章：周敷先與周迪分據臨川，既破熊曇朗，敷移據豫章。㉙素出己下：謂以前在己之下。㉚伏甲船中：伏甲兵於船中。㉛逆擊：迎擊。㉜帝徵江州刺史周迪出鎮湓城……盡獲其船仗：按此段乃錄自《陳書・周迪傳》，而稍有溢出。㉝閩州刺史：《隋書・地理志》下：「建安郡，陳置閩州。」㉞陳寶應之父：《陳書・陳寶應傳》，寶應父羽。㉟宗正：掌公族之官。㊱屬籍：宗屬之簿籍。㊲上以閩州刺史陳寶應之父……陰與異合：按此段乃錄自《陳書・陳寶應傳》，字句大致相同。㊳諷以逆順：諷諫以逆順之理。㊴引它語以亂之：謂用他語以擾亂之，使其不得復言。㊵蹶然：急疾之貌。㊶通一說殺三士：《漢書・蒯通傳》贊曰下應劭注：「亨酈食其，敗田橫，驕韓信也。」㊷豈若班彪王命，識所歸乎：王命論見卷四十一漢光武建光五年。所歸、謂所歸向也。㊸居士服：信釋教而在家修行者，謂之居士。㊹命有所懸，避將安往：言託跡閩中，生死之命，懸於人手，無所避之也。㊺縱火者：放火者。㊻虞荔弟寄流寓閩中……縱火者自救之：按此段乃錄自《陳書・虞荔附寄傳》，字句大致相同。㊼和親：《北齊書・盧潛傳》作和好，是親即好也。㊽仍上啓：因上表啓。㊾請且息兵：請暫止兵。㊿且歸南康愍王曇朗之喪：曇朗為齊所殺，見卷一百六十六梁敬帝太平元年。(51)更相表列：互相上表列論。(52)齊揚州刺史行臺王琳……以潛為揚州刺史，領行臺尚書：按此段乃錄自《北齊書・盧潛傳》，字句大致相同。(53)梁末喪亂，鐵錢不行：梁普通中，鑄鐵錢。(54)梁末喪亂……一當鵝眼之十：按此段乃錄自《隋書・食貨志》，而多有刪削。(55)安於儉素：安於儉約樸素。(56)褊隘：褊小狹隘，褊音扁。(57)邑居：城莊。(58)鬱鬱：不得志貌。(59)巋：音歸。(60)後梁主安於儉素……母曹貴嬪為皇太妃：按此段乃錄自《周書・蕭詧傳》，字句間有改易。(61)二月丙子，安成王頊至建康：按上文已有二月，則此二乃係三字之訛。(62)家弟：為謙稱辭，至今仍沿用之。(63)然魯山不返，亦恐未能及此：言若不賂以魯山，亦恐未及遣安成王還也。(64)陳之介弟：陳君之大弟。(65)敦睦：厚睦。(66)恕己及物：以恕己之心而及他人。(67)太祖：宇文泰。(68)繼好之義：繼續舊好之道。(69)尋常之土：謂普通不關緊要之地。(70)易骨肉之親：換得兄弟。(71)前言：謂適所言者。

㊆禮有加焉：有加於通常所用之禮。㊇上謂杜杲曰……待杲之禮有加焉：按此段乃錄自《北史・杜杲傳》，而稍有刪易。《北史》行文，本頗謹嚴，鮮可改正，而今竟能改正，使之益加精鍊，讀者於此等處，實宜多加玩味，則於屬文裨益，必甚巨大也。㊉臺軍：按《陳書・留異傳》作官軍，蓋皆指朝廷之軍而言。㊄諸暨：今浙江省諸暨縣。㊅永康：今浙江省永康縣。㊆豎柵：立木為之。㊇踝：足跟，音廠ㄏㄨㄚˋ。㊈指麾：猶指揮。㊉容止：容貌舉止。㊀迮：迫。音責。㊁堰：築土壅水曰堰，音偃。㊂潦水：霖雨甚多。㊃起樓艦與異城等：樓艦之高，與異城齊。㊄堞：城上短牆。㊅鎧仗：鎧甲器仗。㊆留異始謂臺軍必自錢塘上……盡收鎧仗而還：按此段乃錄自《陳書・侯安都傳》，字句大致相同。㊇新安：故城在今浙江省淳安縣西。㊈貞毅將軍：《隋書・百官志》上，貞毅擬官品第五。㊉輕往攻之：謂不在目中，而疾往攻之。㊀異黨向文政據新安……文季，靈洗之子也：按此段乃錄自《陳書・陳靈洗附子文季傳》，字句大致相同。㊁緋袍：赤色之袍，音非。㊂白袍：乃居喪者所著之服。㊃請止樂：禮喪不舉樂。㊄撾之：鞭之。㊅齊青州上言：《北齊書・武成紀》河清元年文作：「青州刺史上言。」此種大事，必以刺史之言為正，故刺史二字不可省，當添入。㊆齊青州上言河水清……改元河清：按此段乃錄自《北齊書・武成紀》河清元年文，字句大致相同。㊇柱國等貴臣：《周書・武帝紀》上保定二年文作：「諸柱國等勳德隆重。」貴臣即勳德隆重之謂。㊈貴臣邑戶，聽寄食他縣：〈武帝紀〉同文作：「各准別制邑戶，聽寄食他縣。」意謂貴臣所轄之邑戶，不須固居於貴臣封邑之內，亦可寄食於外縣也。㊉先是周之君臣……五月庚午，周

大赦：按此段乃錄自《周書・武帝紀》上保定二年文，字句大致相同。⑪金紫光祿大夫周之女也：《陳書・廢帝王皇后傳》，周作固。⑫內不自安：謂心不自安。⑬其郎中令呂思禮告之：《北齊書・平秦王歸彥傳》作：「為其郎中令呂思禮所告。」二文之意，實正相同。⑭置私驛：按驛皆公家所設，以傳遞重要公事，此為刺探消息，而私置驛馬及使人。⑮齊平秦王歸彥至冀州……不從，皆殺之：按此段乃錄自《北齊書・平秦王歸彥傳》，字句大致相同。⑯祖父世為本州刺史，得人心：《北齊書・封隆之傳》：「父回、魏司空，隆之、尒朱兆等走，行冀州事。」而隆之即子繪之父，故文云然。⑰乘傳：乘驛傳車。⑱巡城諭以禍福：巡行城之四周，曉以禍福之道。⑲小大皆知之：謂無論小大消息，皆得知之。⑳齊主以都官尚書封子繪……城中動靜，小大皆知之：按此段乃錄自《北齊書・封隆之附子繪傳》，字句大致相同。㉑六軍：古天子有六軍。㉒投身：猶舉身。㉓正恨：猶只恨。㉔誑惑：誑詐迷惑。㉕但為殺此三人，即臨城自刎：謂只為殺此三人，若志願已償，立臨城自殺。㉖交津：《水經注》：「衡漳水、又東南逕武邑郡北，而東入衡漳水，謂之交津口。」㉗露車：《後漢書・靈帝紀》補注：「露車者，上無巾蓋，四旁無帷裳，蓋民家以載物者耳。」㉘銜木：〈平秦王歸彥傳〉作銜枚，蓋木猶枚也。㉙面縛：背手縛之。㉚弃市：弃同棄，棄市謂殺之於市，而與眾共鄙棄之。㉛歸彥登城大呼云……幷其子孫十五人，皆弃市：按此段乃錄自《北齊書・平秦王歸彥傳》，字句大致相同。㉜譖：讒毀。㉝良賤百口：良指其親屬言，賤指其家中之奴婢言。㉞齊主知歸彥前譖清河王岳……贈岳太師：按此數句乃錄自《北齊書・清河王岳傳》，字句大致相同。㉕以段韶為太傅……癸亥、齊主如晉陽：按此段乃錄自《北齊書・武成紀》河清元年文，字句大致相同。㉖仲舉，溉之弟子也：到溉、彥之之曾孫，梁初以文學顯，以廉白稱。㉗軍旅費廣：謂軍旅之費用，甚為廣多。㉘乘輿：謂天子。㉙宮中調度：謂宮中調支之用度。㉚百司：百官。㉛兼散騎常侍：兼謂非本職，乃由他職而兼領者。㉜琰：音一ㄢˇ。㉝昭信李后：《北齊書・文宣李后傳》：「孝昭即位，降居昭信宮，號昭信皇后。」㉞娠：懷身，音震。㉟愠：怒。㊱姊腹大：按太原王紹德乃李后之子，而稱其母曰姊，亦稱之可異者。然北齊時此稱似頗流行，〈琅邪王儼傳〉：「儼曰，『若放臣，願遣姊姊來迎臣，臣即入見。』姊姊即陸令萱也。」所云之姊姊，亦係母親之意。㊲不舉：謂不舉養。㊳詬：怒罵，音苟。㊴何得：猶今語之怎得。㊵后號天不已：女人哭時，常呼蒼天。㊶淋漉：血流貌。㊷犢車：以牛所駕之車。㊸齊主逼通昭信李后……載送妙勝寺為尼：按此段乃錄自《北齊書・文宣李后傳》，字句大致相同。

卷一百六十九 陳紀三

起昭陽協合，盡柔兆閹茂，凡四年。（癸未至丙戌，西元五六三年至五六六年）

司馬光編集
曲守約 註

世祖文皇帝下

天嘉四年（西元五六三年）

㈠春，正月，齊以太子少傅魏收兼尚書右僕射，時齊主終日酣飲，朝事專委侍中高元海，元海庸俗㈠，帝亦輕之，以收才名素盛㈡，故用之；而收畏懦避事㈢，尋坐阿縱㈣，除名㈤㈥。【考異】北齊書帝紀：「正月乙亥，收為僕射，己卯除名。」相去五日，不容如此之速，恐誤，今去其日。兗州刺史畢義雲作書與高元海，論敍時事㈦，元海入宮，不覺遺之㈧，給事中李孝貞得而奏之，帝由是疏元海，以孝貞兼中書舍人㈨，徵義雲還朝。和士開復譖㈩元海，帝以馬鞭箠元海六十，責曰：「汝昔教我反，以弟反兄，幾許不義㈡，以鄴城兵抗幷州，幾許無智。」出為兗州刺史㈢。

㈡甲申，周迪眾潰，脫身㈢踰嶺㈣奔晉安，依陳寶應，官軍克臨川，獲迪妻子，寶應以兵資迪[一五]，留異又遣子忠臣隨之[一六]。虞寄與寶應書，以十事諫之，曰：「自天厭梁德[一七]，英雄互起[一八]，人人自以為得之[一九]，然夷凶翦亂[二〇]，四海樂推[二一]者，陳氏也，豈非歷數[二二]有在，惟天所授乎！一也。以王琳之彊，侯瑱之力[二三]，進足以搖蕩[二四]中原，爭衡[二五]天下，退足以屈強江外[二六]，雄張偏隅[二七]，然或命一旅之師[二八]，或資[二九]一士之說，琳則瓦解冰泮[三〇]，投身異域[三一]，瑱則厥角稽顙[三二]，委命闕庭[三三]，斯又天假其威[三四]，而除其患[三五]，二也。今將軍以藩戚之重[三六]，東南之眾[三七]，盡忠奉上[三八]，戮力[三九]勤王，豈不勳高竇融[四〇]，寵過吳芮[四一]，析珪判野[四二]，南面稱孤[四三]乎！三也。聖朝棄瑕[四四]忘過，寬厚得人，至於余孝頃、潘純陀、李孝欽、歐陽頠等[四五]，悉委以心腹，任以爪牙，胸中豁然[四六]，曾無纖芥[四七]，況將軍釁非張繡，罪異畢諶[四八]，當何慮於危亡[四九]，何失於富貴，四也。方今周齊鄰睦[五〇]，境外無虞[五一]，幷兵[五二]一向，匪朝伊夕，非劉項競逐之機[五三]，楚趙連從之勢[五四]，何得雍容高拱[五五]，坐論西伯哉[五六]！五也。且留將軍狼顧[五七]一隅，亟經[五八]摧衄[五九]，聲實[六〇]虧喪，膽氣衰沮[六一]，其將帥首鼠兩端(六二)，唯利是視，孰能披堅執銳(六三)，長驅深入，繫馬埋輪(六四)，奮不顧命(六五)，以先士卒者乎！六也。將軍之彊，孰如侯景(六六)，將軍之眾，孰如王琳！武皇(六七)滅侯景於前，今上摧王琳於後，此乃天時，非復人力(六八)，且兵革(六九)已後，民皆厭亂(七〇)，其孰能(七一)棄墳墓，捐妻子(七二)，出萬死不顧之計(七三)，從將軍於白刃(七四)之間乎！七也。歷觀前古(七五)子陽、季孟(七六)，顛覆相尋(七七)，餘善、右渠(七八)，危亡繼及，天命可畏，山川難恃(七九)；況將軍欲以數郡之地，當天下之兵，以諸侯之資(八〇)，拒天子之命，強弱逆順，可得侔乎(八一)！八也。且非我族類，其心必異，不愛其親，豈能及物(八二)？留將軍身縻國爵(八三)，子尚王姬(八四)，猶且棄天屬(八五)而不顧，背明君而孤立，危急之日，豈能同憂共患，不背將軍者乎？至於師老力屈，懼誅利賞(八六)，必有韓智晉陽之謀(八七)，張陳井陘之勢(八八)，九也。北軍(八九)萬里遠鬭(九〇)，鋒不可當，將軍自戰其地(九一)，人多顧後(九二)，眾寡不敵，將帥不侔(九三)，師以無名而出，事以無機而動(九四)，以此稱兵(九五)，未知其利，十也。為將軍計(九六)，莫若絕親留氏(九七)，釋甲偃兵(九八)，一遵詔旨(九九)。方今藩維尚少(一〇〇)，皇子幼沖(一一)，凡豫宗族(一二)，皆蒙寵樹(一三)，況以將軍之地(一四)，將軍之才，將軍之名，將軍之勢，而克修藩服(一五)，北面稱臣，寧與(一六)劉澤同年而語其功業哉(一七)！寄感恩懷德，不覺狂言(一八)，斧鉞(一九)之誅，其甘如薺(二〇)。」寶應覽書，大怒，或謂寶應曰：「虞公病勢稍篤(二一)，言多錯謬。」寶應意乃小釋(二二)，亦以寄民望(二三)，故優容(二四)之(二五)。

㈢周梁躁公侯莫陳崇從周主如原州，帝夜還長安，人竊怪其故，崇謂所親曰：「吾比聞(二六)術者言，『晉公今年不利。』車駕(二七)今忽夜還，不過晉公死耳。」或發其事(二八)，乙酉，帝召諸公於大德殿，面責崇，崇(二九)惶恐謝罪，其夜冢宰(三〇)護遣使將兵就崇第，逼令自殺，葬如常儀(三一)(三二)。壬辰、以高州刺史(三三)黃法氍為南徐州刺史，臨川太守周敷為南豫州刺史(三四)。

㈣周主命司憲大夫(三五)拓跋迪造大律十五篇(三六)，其制罪：一曰杖刑，自十至五十；二曰鞭刑，自六十至百；三曰徒刑，自一年至五年；四曰流刑，自二千五百里至四千五百里；五曰死刑，罄絞斬梟裂(三七)，凡二十五等(三八)(三九)。

㈤庚戌，以司空、南徐州刺史侯安都為江州刺史。

㈥辛酉，周詔：「大冢宰晉國公(三〇)親則懿昆(三一)，任當元輔(三二)，自今詔誥及百司(三三)文書，並不得稱公名(三四)。」護抗表(三五)固讓(三六)。

㈦三月，乙丑朔，日有食之。

㈧齊詔司空斛律光督步騎二萬築勳掌城於軹關(三七)，仍築(三八)長城二百里，置十二戍(三九)。

丙戌，齊以兼尚書右僕射趙彥深為左僕射(四〇)。

㈨夏，四月，乙未，周以柱國達奚武為太保。

㈩周主將視學，以太傅、燕國公于謹為三老(四一)，謹上表固辭，不許，仍賜以延年杖(四二)。戊午，帝幸(四三)太學，謹入門，帝迎拜於門屏之間，謹答拜。有司設三老席於中楹(四四)，南向，大師護升階，設几，謹升席南面，憑几(四五)而坐，大司馬豆盧寧升階正舄(四六)，帝升階立於斧扆(四七)之前西面，有司進饌，帝跪設醬豆(四八)，親為之袒割(四九)。謹食畢，帝親跪授爵(五〇)以酳(五一)，有司撤訖，帝北面立，而訪道(五二)。謹起，立於席後，對曰：「木受繩則正(五三)，后從(五四)諫則聖，明王虛心納諫，以知得失，天下乃安。」又曰：「去食去兵，信不可去〔五五〕，願陛下守信勿失。」又曰：「有功必賞，有罪必罰，則為善者日進，為惡者日止。」又曰：「言行者，立身之基〔五六〕，願陛下三思而言，九慮而行〔五七〕，勿使有過。天子之過，如日月之食，人莫不知，願陛下慎之。」帝再拜受言，謹答拜，禮成而出〔五八〕。

(十一)司空侯安都恃功驕橫〔五九〕，數聚文武之士，騎射賦詩，齋中〔六〇〕賓客動至千人，部下將帥多不遵法度，檢問收攝〔六一〕，輒〔六二〕奔歸安都；上性嚴整〔六三〕，內銜之〔六四〕，安都弗之覺。每有表啓〔六五〕，封訖〔六六〕，有事未盡，開封自書之，云：「又啓某事。」及侍宴，酒酣或箕踞〔六七〕傾倚〔六八〕。常陪樂遊園禊飲〔六九〕，謂上曰：「何如作臨川王時〔七〇〕！」上不應，安都再三言之，上曰：「此雖天命，抑〔七一〕亦明公〔七二〕之力。」宴訖啓借供帳〔七三〕水飾，欲載妻妾於御堂宴飲，上雖許之，意甚不懌〔七四〕。明日，安都坐於御座，賓客居羣臣位，稱觴上壽〔七五〕。會重雲殿災，安都帥將士帶甲〔七六〕入殿，上甚惡之，陰為之備。及周迪反，朝議〔七七〕謂當使安都討之，而上更使〔七八〕吳明徹，又數遣臺使〔七九〕案問安都部下，檢括亡叛(八〇)，安都遣其別駕周弘實自託於舍人(八一)蔡景歷，幷問省中事(八二)，景歷錄其狀(八三)，具奏之(八四)，因希旨(八五)稱安都謀反。上慮其不受召，故用為江州，五月，安都自京口還建康，部伍入於石頭，六月，帝引安都宴於嘉德殿，又集其部下將帥會於尚書朝堂(八六)，於坐收安都(八七)，因於嘉德西省，又收其將帥，盡奪馬仗而釋之；因出蔡景歷表，以示於朝，乃下詔暴(八八)其罪惡，明日賜死，宥(八九)其妻子，資給其喪。初高祖在京口(九〇)，嘗與諸將宴，杜僧明、周文育、侯安都為壽(九一)，各稱功伐(九二)，高祖曰：「卿等悉良將也，而並有(九三)所短。杜公(九四)志大而識闇(九五)，狎於下而驕於上(九六)；周侯交不擇人，而推心過差；侯(九七)，郎傲誕而無厭(九八)，輕佻而肆志(九九)，並非全身之道(一〇〇)。」卒皆如其言(一〇一)(一〇二)。

(十二)乙卯，齊主使兼散騎常侍(一〇三)崔子武來聘。

(十三)齊侍中，開府儀同三司和士開有寵於齊主，齊主外朝視事(一〇四)，或在內宴賞，須臾之間，不得不與士開相見，或累日(一〇五)不歸，一日數入，或放還之後，俄頃即追，未至之間，連騎督趣(一〇六)，姦諂(一〇七)百端，寵愛日隆，前後賞賜，不可勝紀。每侍左右，言辭容止㉘，極諸鄙褻㉙，以夜繼晝，無復㉚君臣之禮。常謂帝曰：「自古帝王盡為灰土，堯舜桀紂竟復何異㉛！陛下宜及少壯，極意為樂，縱橫行之㉜，一日取快，可敵千年㉝。國事盡付大臣，何慮不辦？無為自勤約也㉞。」帝大悅，於是委趙彥深掌官爵，元文遙掌財用，唐邕掌外騎兵㉟，信都馮子琮、胡長粲掌東宮。帝三四日一視朝㊱，書數字而已㊲，略無所言，須臾罷入。長粲，僧敬之子也。帝使士開與胡后握槊㊳，河南康獻王孝瑜㊴諫曰：「皇后、天下之母，豈可與臣下接手㊵！」孝瑜又言：「趙郡王叡，其父死於非命㊶，不可親近。」由是叡及士開共譖之，士開言：「孝瑜奢僭㊷。」叡言：「山東㊸唯聞河南王，不聞有陛下。」帝由是忌之。孝瑜竊與爾朱御女言㊹，帝聞之，大怒，庚申，頓飲孝瑜酒三十七盃㊺，孝瑜體肥大，腰帶十圍㊻，帝使左右婁子彥載以出，酖之於車，至西華門，煩躁㊼投水而絕；贈太尉、錄尚書事㊽，諸侯在宮中者，莫敢舉聲㊾，唯河間王孝琬大哭而出㊿。

(十四)秋，七月，戊辰，周主幸原州。

(十五)八月，辛丑，齊以三臺宮為大興聖寺。

(十六)九月，壬戌，廣州刺史、陽山穆公(三一)歐陽頠卒，詔子紇襲父爵位。

(十七)甲子，周主自原州登隴(三二)。

(十八)周迪復越東興嶺為寇(三三)，辛未，詔護軍章昭達將兵討之。

(十九)丙戌，周主如同州。

初，周人欲與突厥木杆可汗連兵伐齊，許納其女為后，遣御伯大夫(三四)楊荐(三五)、及左武伯(三六)，太原王慶往結之，齊人聞之，懼，亦遣使求昏於突厥(三七)，賂遺甚厚(三八)。木杆貪齊(三九)幣重，欲執荐等送齊，荐知之，責木杆曰：「太祖昔與可汗共敦鄰好(四〇)，蠕蠕部落數千來降，太祖悉以付可汗使者，以快可汗之意。如何今日遽欲(四一)背恩忘義，獨不愧鬼神乎(四二)(四三)！」木杆慘然良久，曰：「君言是也。吾意決矣，當相與共平東賊，然後遣女。」荐等復命(四四)。【考異】典略在保定二年，按王慶傳云：「是歲，乃興入幷之役。」故置於此。公卿請發十萬人擊齊，柱國楊忠獨以為得萬騎足矣。戊子，遣忠將步騎一萬與突厥自北道伐齊，又遣大將軍達奚武帥步騎三萬，自南道出平陽，期會於晉陽(二四五)。

(廿)冬，十一月，辛酉，章昭達大破周迪，迪脫身潛竄山谷(二四六)，民相與匿之，雖加誅戮，無肯言者(二四七)(二四八)。

(廿一)十二月，辛卯，周主還長安(二四九)。

(廿二)丙申，大赦。章昭達進軍度嶺趣建安(二五〇)，討陳寶應，詔益州刺史(二五一)余孝頃督會稽、東陽、臨海、永嘉諸軍，自東道會之(二五二)。

是歲，初祭始興昭烈王於建康，用天子禮(二五三)。

(廿三)周楊忠拔齊二十餘城，齊人守陘嶺之隘(二五四)，忠擊破之，突厥木杆(二五五)、地頭、步離三可汗(二五六)，以十萬騎會之(二五七)，己丑，自恆州三道俱入(二五八)。時大雪數旬，南北千餘里，平地數尺，齊主自鄴倍道(二五九)赴之，戊午至晉陽(二六〇)，斛律光將步兵三萬屯平陽，己未，周師及突厥逼晉陽，齊主畏其彊，戎服，帥宮人欲東走避之，趙郡王叡、河間王孝琬叩馬諫(二六一)，孝琬請委叡部分(二六二)，必得嚴整。帝從之，命六軍進止，皆取叡節度(二六三)，而使并州刺史段韶揔之(二六四)(二六五)。

【今註】㊀庸俗：平庸鄙俗。㊁素盛：猶久盛。㊂畏儒避事：畏葸怯懦，遇事推諉。㊃阿縱：阿諛縱容。㊄坐阿縱除名：除名、除去名籍。按收除名之故，《北齊書・魏收傳》曰：「既而趙郡公增年獲免，收知而過之，事發除名。此《通鑑》所云之阿縱也。㊅以太子少傅魏收兼尚書右僕射……尋坐阿縱除名：按此段乃錄自《北齊書・魏收傳》，字句大致相同。㊆論敍時事：評論敍述當時之事務。㊇不覺遺之：謂未注意而遺失之。㊈兗州刺史畢義雲作書與高元海……以孝貞兼中書舍人：按此段乃錄自《北齊書・酷吏畢義雲傳》，字句大致相同。(一〇)譖：愬而加誣。(一一)幾許不義：按幾許謂幾許多，猶今語之多麼也。全意為多麼不義。(一二)和士開復譖元海……出為兗州刺史：按此段乃錄自《北齊書・上洛王思宗附元海傳》，字句大致相同。(一三)脫身：謂身脫重圍。(一四)踰嶺：胡三省曰：「臨川郡南城縣有東興嶺，通晉安。」(一五)資迪：助迪。(一六)周迪衆潰……又遣子忠臣隨之：按此段乃錄自《陳書・周迪傳》，字句大致相同。(一七)天厭梁德：厭、惡，梁德、梁之德行。(一八)互起：猶並起。(一九)人人自以為得之：謂人人自以為可得天下。(二〇)夷凶翦亂：謂平凶除亂。(二一)四海樂推：四海之人樂推以為天子者。(二二)歷數：《論語・堯曰》朱熹注：「歷數、帝王相繼之次第，猶歲時節氣之先後也。」(二三)侯瑱之力：謂侯瑱之勢力。(二四)搖蕩：猶搖動。(二五)爭衡：衡、平，謂與天下羣雄爭平，亦即爭短長也。(二六)屈彊江外：按《史記》《漢書》作屈強，《漢書・陸賈傳》：「乃欲以新造未集之越，屈強于此。」是其證。然至六朝則作倔強，《文選・左思魏都賦》：「假倔彊而攘臂。」《隋書・何稠傳》：「寧猛力倔強山河。」查說文無倔字，此乃六朝新創之字，倔強者乃梗戾之貌。(二七)雄張偏隅：按《陳書・虞荔附寄傳》，雄張作雄長，二辭意皆可通。㉘一旅之師：《左傳》哀元年：「有田一成，有眾一旅。」注：「五百人為旅。」一極謂兵眾之少。㉙資：藉。㉚冰泮：如冰之泮散。㉛投身異域：王琳投降於北齊，故曰投身異域。㉜厥角稽顙：胡三省曰：「書泰誓曰，『若崩厥角。』言如角之崩也，此止言厥角稽顙，當以顛蹶之蹶為義。」稽顙、叩頭也。㉝委命闕庭：委命、託命，闕庭、謂宮闕朝庭，意謂託命王朝。㉞斯又天假其威：按〈虞寄傳〉作：「斯又天假之威。」一之其意同，皆指陳氏言。㉟其患：其亦指陳氏言。㊱藩戚之重：陳編寶應於屬籍，故云然。㊲東南之眾：〈虞寄傳〉東南上多一擁字，謂擁有東南之眾，擁字殊不可省。㊳奉上：謂奉君上。㊴戮力：合力。㊵勳高竇融：竇融以河西歸漢，累世貴盛，詳見《後漢書・竇融傳》。㊶寵過吳芮：吳芮以長沙奉漢，高祖賢之，制詔御史長沙王忠，其定著令，至傳國五世。㊷析珪判野：析、分，珪、玉符，封爵時所剖以賜受爵者，判亦分，判野謂畫野分土。㊸南面稱孤：謂南面稱王，孤為漢代以下王者之謙稱。㊹棄瑕：謂捨棄瑕疵。㊺余孝頃、潘純陀、李孝欽、歐陽頠：陳高祖永定元年，歐陽頠為周文育所擒，潘純陀、李孝欽皆王琳將也，孝欽及余孝頃，二年，為周迪所擒，純陀蓋琳敗而歸陳也。㊻胸中豁然：謂胸中恢宏開朗。㊼纖芥：纖、細小，芥、芥蒂，謂毫無記仇之痕跡也。㊽亶非張繡，罪異畢諶：胡三省曰：「張繡殺曹操之子，其後歸操，操厚待之，事見漢獻帝紀。又操為兗州，以畢諶為別駕，張邈以兗州叛，劫諶母弟妻子，操謝遣之，諶頓首言無二心；既出，遂亡去。及破呂布，諶生得，眾為之懼。操曰，『夫人孝于親者，豈有不忠於君乎！吾所求也。』以為魯相。」釁音ㄒㄧㄣˋ，隙也。諶音忱。㊾當何慮於危亡：謂當不用顧慮危亡。㊿周齊鄰睦：謂陳與周齊，敦睦鄰之誼。(51)境外無虞：謂國境之外無烽火之憂。(52)幷兵：合兵。(53)非劉項競逐之機：與劉邦項羽競逐時之機會，絕不相同。(54)楚趙連從之勢：從同縱，此指趙平原君率毛遂等赴楚求援，而楚發兵救之而言。謂此亦非楚趙合縱之形勢。(55)雍容高拱：雍容、優遊閒逸貌，高拱、兩手作拱揖狀，謂無為也。(56)坐論西伯哉：《後漢書・隗囂傳後論》：「若囂命會符運，敵非天力，雖坐論西伯，豈為過哉。」注：「言不遇光武為敵，則不謝西伯也。」核西伯、文王也，坐論西伯，謂坐而議論文王之得失，亦即欲與文王一較短長也。(57)狼顧：狼行常回顧以虞患，人有後顧之憂者似之，故用以為喻。(58)亟經：屢經。(59)摧衄：摧折敗北，音ㄋㄩˋ。(60)聲實：聲望實力。(61)膽氣衰沮：謂勇氣衰歇沮喪。(62)首鼠兩端：遲疑兩端，近人劉大白謂為躊躇兩端。(63)披堅執銳：披堅謂披鎧甲，執銳謂執干戈。(64)繫馬埋輪：謂致死以戰，有進無退。(65)奮不顧命：奮勇而不顧性命。(66)將軍之彊，孰如侯景：謂將軍之強盛，較之侯景，情形如何？孰、何也。(67)武皇：謂高祖陳霸先。(68)此乃天時，非復人力：此乃天之運會所致，非人力之所克臻。(69)兵革：指戰爭言。(70)厭亂：厭惡喪亂。(71)其孰能：其、語助，無意；孰能、謂誰能。(72)捐妻子：謂捐棄妻子。(73)出萬死不顧之計：按《文選・司馬遷報任少卿書》：「夫人臣出萬死不顧一生之計，赴公家之難。」是不顧即不顧一生之省略。(74)白刃：謂明亮鋒利之刀刃。(75)前古：即前代。(76)子陽季孟：子陽、公孫述字，季孟、隗囂字。(77)顛覆相尋：謂顛倒傾覆相接。(78)餘善右渠：餘善、右渠，事見漢武帝紀。(79)山川難恃：山川之險阻，難以恃依。(八〇)資：資藉。(八一)可得侔乎：謂可得相齊等乎。(八二)豈能及物：謂豈能親愛他人。(八三)身縻國爵：謂己承受國家爵祿。(八四)子尚王姬：指異子貞臣尚世祖長女豐安公主。(八五)天屬：天子之親屬。(八六)利賞：貪賞賜之利。(八七)韓智晉陽之謀：韓智事見卷一周烈王二十三年。(八八)張陳井陘之勢：謂張耳陳餘井陘之戰，餘被斬於泜水上。陘音刑。(八九)北軍：兵自建康來，建康於晉安為北，故曰北軍。(九〇)萬里遠鬬：胡三省曰：「萬里遠鬬者，無反顧之心，有必死之志，故其鋒不可當。」(九一)將軍自戰其地：謂將軍於自己境內作戰。(九二)人多顧後：謂人多顧念家室，而不肯力戰。(九三)不侔：不相匹敵。(九四)事以無機而動：舉事而無機會。(九五)稱兵：猶舉兵。(九六)為將軍計：謂為將軍計劃。(九七)絕親留氏：寶應娶留異之女為妻，此勸其絕之。(九八)釋甲偃兵：謂去甲息兵。(九九)一遵詔旨：完全遵依詔文之意。(一〇〇)藩維尚少：宗室之封藩者，尚甚鮮少。(一〇一)幼冲：幼小。(一〇二)凡豫宗族：凡能參豫於皇帝宗族中者。(一〇三)寵樹：寵幸建爵。(一〇四)地：地位。(一〇五)克修藩服：能修行藩臣之禮。(一〇六)寧與：豈與。(一〇七)寧與劉澤同年而語其功業哉：劉澤漢高祖疎屬，事見漢高后七年。同年即同時，說已見上。(一〇八)狂言：謂狂妄言之。(一〇九)斧鉞：鉞、大斧，二者皆殺人之具。音越。(一一〇)薺：甜菜名。(一一一)稍篤：謂頗重。(一一二)小釋：猶少解。(一一三)民望：士民之所仰望。(一一四)優容：優予含容。(一一五)虞寄與寶應書，以十事諫之：亦以寄民望，故優容之。按此一大段乃錄自《陳書．虞荔附寄傳》，除刪削外，字句大多相同。(一一六)比聞：近聞。(一一七)車駕：謂天子。(一一八)或發其事：謂有人告發其事。(一一九)面責崇：謂親責崇。(一二〇)冢宰：官名，意謂元宰也。(一二一)葬如常儀：葬如通常之禮儀，謂不以逼令自殺之故，而貶降其葬儀也。(一二二)周梁躁公侯莫陳崇……葬如常儀：按此段乃錄自《周書・侯莫陳崇傳》，字句幾全相同。㉓高州刺史：《隋書・地理志》下：「高涼郡，梁置高州。」㉔南豫州刺史：《隋書・地理志》下：「宣城郡，舊置南豫州，平陳改為宣州。」㉕司憲大夫：《唐六典》：「後周秋官置司憲中大夫二人，掌丞司寇之法，以左右刑罰，蓋比御史中丞之職也。」㉖造大律十五篇：《隋書・刑法志》：「乃命司憲大夫拓拔迪掌之，至保定三年三月庚子乃就，謂之大律，凡二十五篇。一曰刑名，二曰法例，三曰祀享，四曰朝會，五曰婚姻，六曰戶禁，七曰水火，八曰興繕，九曰衞宮、十曰市廛、十一曰鬥競，十二曰劫盜、十三曰賊叛，十四曰毀亡，十五曰違制，十六曰關津，十七曰諸侯，十八曰廄牧，十九曰雜犯，二十曰詐偽，二十一曰請求，二十二曰告言，二十三曰逃亡，二十四曰繫訊，二十五曰斷獄。」夫既如是，則大律十五篇之十五上，明脫一二字。㉗其制罪，五曰死刑，磬絞斬梟裂：胡三省曰：「古者公族有罪，磬于甸人。鄭玄曰：『懸縊殺之曰磬。』絞者全其身首，斬者殊死，梟者掛其首於木上，裂者車裂。」㉘凡二十五等：五刑之屬各有五，合二十五等。㉙其制罪，一曰杖刑：凡二十五等。按此段乃錄自《隋書・刑法志》，而略有刪削。㉚晉國公：宇文護之封號。㉛懿昆：懿，美；昆，兄。古代稱親，率飾以懿字。㉜元輔：謂首輔。㉝百司：猶百官。㉞稱公名：稱公之名，亦即不得稱護字也。按此乃對天於所行之禮。㉟抗表：上表。㊱周詔大冢宰晉國公……護抗表固護：按此段乃錄自《周書・晉蕩公護傳》，字句幾全相同。㊲軹關：在今河南省濟源縣西北，關當軹道，因曰軹關。㊳仍築：謂因築。㊴齊詔司空斛律光……置十二戍：按此段乃錄自《北齊書・斛律金附光傳》，字句大致相同。(40)齊以兼尚書右僕射趙彥深為左僕射：胡三省曰：「左僕射當作右僕射，蓋先是兼官，今正除右僕射也。」(41)三老：《禮記·文王世子》：「遂設三老五更，羣老之席位焉。」同書〈樂記〉：「食三老五更於太學。」注：「三老五更，互言之耳，皆老人更知三德五事者也。」(42)延年杖：取其延年益壽之意。(43)幸：幸臨。(44)中楹：謂堂正中之間。(45)憑几：倚几而坐。(46)正舄：《古今注》：「舄、以木置履下，乾腊不畏泥濕也。」正、謂正舄放置之位次。(47)斧扆：扆、屏風，斧扆、畫文為斧形。(48)設醬豆：醬、食味之主，古之養老，執醬而饋。豆、《國語·吳語》：「觴酒豆肉。」注：「豆、肉器。」今跪而設豆。(49)袒割：袒而割牲。(50)爵：猶杯。(51)酳：以酒漱口，音胤。(52)訪道：訪問治國之道。(53)木受繩則正：謂木受繩墨後，則得其正。(54)后：君上。以上三句，為書傳說告高宗之言。(55)去食去兵，信不可去：《論語》孔子答子貢之言。(56)立身之基：謂立身之基本。(57)九慮而行：謂考慮之周詳也。(58)周主將視學……謹答拜，禮成而出：按此段乃錄自《周書·于謹傳》，除刪削外，字句大致相同。(59)驕橫：驕傲豪橫。(60)齋中：舍中。(61)檢問收攝：檢案驗問，收錄攝捕。(62)輒：便。(63)上性嚴整：《陳書·侯安都傳》作：「世祖性嚴察。」察字較可發明世祖之賦性。(64)內銜之：謂心內銜恨之。(65)表啓：猶章表或書疏，然陳代則喜用表啓一辭，例證備見《陳書》。(66)封訖：封緘完竣。(67)箕踞：兩腿大張，坐如箕形，乃不恭敬之態。(68)傾倚：謂坐時身不端正。(69)禊飲：《史記·外戚世家》徐廣注：「三月上巳，臨水祓除，謂之禊。」音系。(70)何如作臨川王時：謂較之作臨川王時何如。(71)抑：猶然。(72)明公：指侯安都言。

(七三)供帳：謂陳設之帷帳。古者屋中皆具置之。(七四)懌：悅，音繹。(七五)稱觴上壽：謂舉觴敬酒，而口祝延年益壽之辭。(七六)帶甲：帶兵甲。(七七)朝議：朝臣之議論。(七八)更使：改使。(七九)臺使：謂任職於尚書臺之官吏，而出為使者。(八〇)檢括亡叛：檢察搜括藏於安都處之亡叛。(八一)舍人：舍人謂中書舍人。(八二)并問省中事：又問尚書省中之事。(八三)錄其狀：錄述其經過情形。(八四)具奏之：詳細奏上之。(八五)希旨：規揣意旨。(八六)尚書朝堂：朝堂、為尚書省中之堂名。(八七)收安都：收捕安都。(八八)暴：暴露，亦即宣布之意。(八九)宥：宥赦。(九〇)高祖在京口：高祖與王僧辯既平臺城，出鎮京口。(九一)為壽：奉觴上壽。(九二)功伐：積功曰伐。(九三)並有：皆有。(九四)杜公：稱杜僧明為杜公，下則稱周文育為周侯，侯安都為侯郎。夫同為將軍，然因其年齡風度之殊，而稱呼各有不同，此亦頗堪注意及有趣味之現象也。(九五)識闇：識見不明。(九六)狎於下而驕於上：與下狎習而無尊威。對上則甚驕慢。(九七)而推心過差：而推心置腹於有罪之人。(九八)傲誕而無厭：傲慢散誕而不知厭足。(九九)輕佻而肆志：舉止隨便而恣意所欲。(一〇〇)全身之道：保全性命之正道。(一〇一)司空侯安都恃功驕橫……卒皆如其言：按此段乃將侯安都數年來所為之事，統書於一處，以明其被殺，非一朝一夕之故，此屬編年體破格之例。司空侯安都上本應加一初字，或先是二字，特以文末初高祖在京口句中，用一初字，為免複見，遂於文首免去初字，此撰者用心可測而知者也。（本條係採自李玄伯先生之說。）(一〇二)司空侯安都特功驕橫……卒皆如其言：按此段乃錄自《陳書・侯安都傳》，字句多全相同。(一〇三)兼散騎常侍：兼者、非其本職之謂，猶今之兼差也。(一〇四)外朝視事：外朝謂朝見百僚，乃最重大之朝會。(一〇五)累日：多日。(一〇六)督趣：趣、讀曰促，謂催促也。㉗姦謟：姦邪謟佞。㉘容止：容貌舉止。㉙極諸鄙褻：諸，之於，鄙褻，鄙陋猥褻。㉚無復：復為語助，無義。㉛堯舜桀紂竟復何異：此蓋就帝王盡為灰土之點言之，則堯舜與桀紂死後皆無所異也。㉜縱橫行之：此承上極意為樂言之，言為樂時，則禮義法律全可不須介意。㉝一日取快，可敵千年：《北齊書・和士開傳》作：「即是一日快活敵千年。」快活語雖粗淺，然頗生動而有意致。《北齊書》中保存當時此類俚語頗多，為史籍中之罕見者，雖不免受正統史家煩猥叢碎之譏，（《北齊書》後臣範之言）然就語文學觀點言之，則實大有功於俗語之保存。《通鑑》亦以快活為不雅而刪改之，愈知在古文思潮濃郁之時，而為人之所不敢為，實亦大不易也。㉞和士開有寵於齊主……無為自勤約也：按此段乃錄自《北史・恩倖和士開傳》，字句幾全相同。㉟掌外騎兵：胡三省曰：「外兵及騎兵也。勃海王歡相魏，丞相府外兵曹騎兵曹，分掌兵馬。及文宣受禪，諸司咸歸尚書，惟此二曹不廢，謂之外兵省、騎兵省。」㊱視朝：謂上朝視事。㊲書數字而已：謂覽表啓，僅批書數字而已。㊳使士開與胡后握槊：謂使二人共在一起操槊。禮，男女授受不親，今廝混一起，可謂敗德之尤者矣。㊴河南康獻王孝瑜：按《北齊書・文襄六王傳》作：「河南康舒王孝瑜。」此從《北史・文襄諸子傳》之文。㊵接手：謂兩人之手，互相接觸。㊶其父死於非命：叡父琛，勃海王歡之弟也，亂歡後庭，因杖而斃。㊷奢僭：奢侈僭亂。㊸山東：齊主多居晉陽，在山西，司、冀、定、殷、瀛、滄之地，皆在山東。㊹爾朱御女：《北史・后妃傳序》：「八十一御女，比正四品。」《河南康舒王孝瑜傳》：「爾朱御女，本事太后，孝瑜先與之通。」㊺頓飲孝瑜酒三十七盃：

頓飲，謂一氣使之連飲三十七盃，如此，則未有不爛醉者。㊱腰帶十圍：按圍之長短，古書說法，至為紛歧。《韻會》：「一圍五寸」。又云：「一圍三寸，又一抱謂之圍。」又《莊子・人間世》：「三圍四圍。」《釋文》引崔云：「圍，環八尺為一圍。」又同書：「絜之百圍。」《釋文》引李云：「徑尺為圍。」核古說圍之依據，蓋有二種：一為扼，一為抱。《儀禮・喪服》鄭注：「中人之扼圍九寸。」《莊子・人間世》：「絜之百圍。」《釋文》引李云：「徑尺為圍。」殆指一手扼圍而言。（按古尺乃指一手之長。）其言一圍三寸，乃指一指之扼而言。至言以抱為圍者，則有上引《莊子・人間世》《釋文》所引之崔說：「圓環八尺為一圍。」此八尺為一圍，即係指抱而言。總上觀之，由於言圍依據不同，遂有三寸、五寸、九寸、及八尺諸說之殊異。而所謂抱及扼之尺寸，乃係指中人而言，然雖按依中人手臂之長度，而中人手臂之長度，亦自有出入，故遂形成上說之紛歧焉。㊲煩躁：〈河南王孝瑜傳〉作：「煩熱躁悶。」正係煩躁之詳釋。㊳帝使士開與胡后握槊……投水而絕，贈太尉錄尚書事：按此段乃錄自《北齊書・河南康舒王孝瑜傳》，字句幾全相同。㊴舉聲：謂哭泣。㊵諸侯在宮中……唯河間王孝琬大哭而出：按此數句乃錄自《北齊書・文襄六王河間王孝琬傳》。㊶陽山穆公：《隋書・地理志》下：「南海郡，含洭縣，梁置衡州，陽山郡。」穆為頤之謚法。㊷周主自原州登隴：按《周書・武帝紀》上保定三年九月：「自原州登隴山。」是隴即隴山也。㊸周迪復越東興嶺為寇：胡三省曰：「東興嶺在臨川郡南城縣界。」㊹御伯大夫：《唐六典》：「後周天官府置御伯中大夫二人，天子出入，則侍于左右。大祭祀，盥洗則授巾。武帝改御伯為納言，蓋侍中之職也。」㉟荐：音ㄐㄧㄢˋ。㊱左武伯：胡三省曰：「左武伯，蓋侍衛之官。」㊲亦遺使求昏於突厥：昏猶婚，《北史·突厥傳》作婚。㊳賂遺甚厚：謂贈之禮物甚多。㊴幣：謂幣帛。㊵敦鄰好：敦厚鄰邦之和好。㊶遽欲：突欲。㊷獨不愧鬼神乎：謂豈不有愧於鬼神乎。㊸荐知之責木杆曰……獨不愧鬼神乎：按此段楊荐之言，不見於《北齊書·楊荐傳》及〈突厥傳〉，又不見於《北史·楊荐傳》及〈突厥傳〉，未知《通鑑》本於何書。㊹荐等復命：考異曰：「典略在保定二年。按王慶傳云：『是歲，乃興入并之役。』故置於此。」按《周書·楊忠傳》：「保定二年，遷大司空，時朝議將與突厥伐齊……三年乃以忠為元帥。」是典略列於保定二年，亦未嘗無佐證也。又《周書·竇熾附毅傳》：「在太祖之時，突厥已許納女於我，齊人亦甘言重幣，遺使求婚。狄固貪琳便欲有悔。朝廷乃令楊荐等累使結之，往反十餘，方復前好。」是楊荐往反突厥，期間頗為緜長，故云二年或三年，均無不可。㊺公卿請發十萬人擊齊……期會於晉陽：按此段乃錄自《周書·楊忠傳》，而多有刪削。㊻潛竄山谷：潛行逃竄於山谷之中。㊼民相與匿之，雖加誅戮，無肯言者：臨川民之所以以生命庇護周迪，蓋亦有由，《陳書·周迪傳》：「初侯景之亂也，百姓皆棄本業，羣聚為盜，唯迪所部，獨不侵擾，並分給田疇，督其耕作，民下肆業，各有贏儲，政教嚴明，徵斂必至。……輕財好施，凡所周贍，毫釐必鈞，訥於言語，而襟懷信實，臨川人皆德之。」夫如此，民烏肯避誅戮而不藏匿之哉！㊽章昭達大破周迪……無肯言者：按此段乃錄自《陳書·周迪傳》，字句大致相同。㊾辛卯，周主還長安：《周書·武帝紀》：「保定三年十二月辛卯，至自同州。」是乃自同州還也。㉚建安：故治在今福建省建甌縣。㉛益州刺史：梁元帝時，益州之地已入于周，此益州刺史，乃陳命余孝頃遙領之耳。㉜章昭達進軍度嶺……自東道會之：按此段乃錄自《陳書・世祖紀》天嘉四年文，字句大致相同。㉝是歲，初祭始興昭烈王於建康，用天子禮：胡三省曰：「帝嗣高祖，以子伯茂奉始興昭烈王之祀，今初以天子禮祀之，非禮也。」㉞陘嶺之隘：《唐書・地理志》，代州鴈門縣有東陘關、西陘關。㉟突厥木杆可汗：按《周書・突厥傳》：「科羅死，弟俟斤立，號木汗可汗。」同書〈楊忠傳〉亦作木汗可汗。㊱突厥地頭、步離二可汗：按《周書・楊忠傳》，地頭作控也頭，步離作步雖，《北史・隋本紀》上作：「突厥木杆可汗、控地頭可汗、步離可汗。」知《通鑑》乃全用《北史》之文。然雖如此，地頭上仍脫一控字。㊲周楊忠拔齊二十餘城……以十萬騎會之：按此段乃錄自《周書・楊忠傳》，字句大致相同。㊳己丑，自恆州三道俱入：按《北齊書・武成紀》河清二年十二月文，己丑作己酉，以下之戊午推之，當作己酉。㊴倍道：猶兼程。㊵己丑自恆州三道俱入……戊午，至晉陽：按此段乃錄自《北齊書・武成紀》河清二年文，字句稍有溢出。㊶叩馬諫：謂攔馬而諫。㊷部分：猶處分，意為安排分派也。㊸節度：謂節制經度。㊹揔之：揔其事。揔同總。㊺周師及突厥逼晉陽……而使幷州刺史段韶揔之：按此段雖用《北齊書・段韶傳》之文，而間有溢出。

五年（西元五六四年）

㈠春，正月，庚申朔，齊主登北城㈠，軍容甚整。突厥咎㈡周人曰：「爾言齊亂，故來伐之，今齊人眼中亦有鐵㈢，何可當㈣邪。」周人以步卒為前鋒，從西山下，去城二里許，諸將咸欲逆擊㈤之，段韶曰：「步卒力勢，自當有限㈥，今積雪既厚，逆戰非便，不如陳以待之，彼勞我逸，破之必矣㈦。」既至，齊悉其銳師，鼓譟而出，突厥震駭，引上西山，不肯戰㈧，周師大敗而還。突厥引兵出塞，縱兵大掠，自晉陽以往七百餘里㈨，人畜無遺。段韶追之，不敢逼，突厥還至陘嶺，凍滑，乃鋪氈以度，胡馬寒瘦，膝已下皆無毛，比至長城㈩，馬死且盡，截矟杖之以歸(一一)。達奚武至平陽，未知忠退，斛律光與書曰：「鴻鵠已翔於寥廓(一二)，羅者猶視於沮澤(一三)。」武得書亦還(一四)，光逐之，入周境，獲二千餘口(一五)而還。光見帝於晉陽，帝以新遭大寇，抱光頭而哭，任城王湝進曰：「何至於此！」乃止。初齊顯祖之世，周人常懼齊兵西度，每至冬月，守河椎冰(一六)，及世祖即位，嬖倖用事，朝政漸紊(一七)，齊人椎冰，以備周兵之逼。斛律光憂之曰：「國家常有吞關隴之志(一八)，今日至此，而唯翫聲色乎（一九）！」

（二）辛巳，上祀南郊（二〇）。

（三）二月庚寅朔，日有食之。

（四）初，齊顯祖命羣官刊定魏麟趾格為齊律，久而不成，時軍國多事，決獄罕依律文（二一），相承謂之變法從事（二二）。世祖即位，思革其弊，乃督修律令者，至是而成律十二篇（二三），令四十卷，其刑名有五：一曰死，重者轘（二四）之，次梟首，次斬，次絞。二曰流，投邊裔（二五）為兵。三曰刑，自五歲至一歲。四曰鞭，自百至四十。五曰杖，自三十至十，凡十五等（二六）。其流外官（二七），及老小閹（二八）癡（二九），并過失應贖者，皆以絹代金。三月，辛酉，班行之，因大赦（三〇），是後為吏者，始守法令。又敕仕門子弟（三一）常講習之，故齊人多曉法（三二）。又令民十八受田，輸租調（三三），二十充兵（三四），六十免力役，六十六還田（三五），免租調。一夫受露田（三六）畝，婦人四十畝，奴婢依良人（三七），牛受六十畝（三八），大率一夫一婦調絹一匹，綿八兩，墾租二石，義租五斗；奴婢準良人之半（三九）；牛調二尺，墾租一斗，義租五升。墾租送臺㊵，義租納郡，以備水旱㊶。

㈤己巳，齊羣盜田子禮等數十人，共劫太師、彭城景思王浟為主㊷詐稱使者，徑向浟第，至內室稱敕㊸，牽浟上馬，臨以白刃，欲引向南殿；浟大呼不從，盜殺之㊹。

㈥庚辰，周初令百官執笏㊺。

㈦齊以斛律光為司徒，武興王普為尚書左僕射，普、歸彥之兄子也，甲申，以馮翊王潤為司空。

夏、四月、辛卯，齊主使兼散騎常侍皇甫亮來聘㊻。

㈧庚子，周主遣使來聘。

癸卯，周以鄧公、河南竇熾為大宗伯，五月、壬戌，封世宗之子賢為畢公。

㈨甲子，齊主還鄴㊼。

壬午，齊以趙郡王叡為錄尚書事，前司徒婁叡為太尉，甲申，以段韶為太師，丁亥，以任城王湝為大將軍。

壬辰，齊主如晉陽㊽。

(十)周以太保達奚武為同州刺史。

(十一)六月，齊主殺樂陵王百年，時白虹暈日兩重(四九)，又横貫而不達(五〇)，赤星見，齊主欲以百年厭之(五一)。會博陵人賈德胄教百年書，百年嘗作數敕字(五二)，德胄封以奏之，帝發怒使召百年，百年自知不免，割帶玦(五三)留與其妃斛律氏，見帝於涼風堂(五四)，使百年書敕字，驗與德胄所奏相似，遣左右亂捶之，又令曳之遶堂行且捶(五五)，所過血皆遍地，氣息將盡乃斬之，棄諸池，池水盡赤，妃把玦哀號不食，月餘亦卒，玦猶在手，拳不可開(五六)，其父光自擘之(五七)，乃開(五八)。

(十二)庚寅，周改御伯為納言。

(十三)初，周太祖之從賀拔岳在關中也，遣人迎晉公護於晉陽，護母閻氏及周主之姑(五九)皆留晉陽，齊人以配中山宮(六〇)，及護用事，遣間使(六一)入齊求之，莫知音息(六二)，齊遣使者至玉壁求通互市(六三)，護欲訪求母姑，使司馬下大夫(六四)尹公正至玉壁，與之言，使者甚悅。勳州刺史韋孝寬獲關東人，復縱之(六五)，因致書為言西朝(六六)欲通好之意。是時周人以前攻晉陽不得志，謀與突厥再伐齊，齊主聞之，大懼，許遣護母西歸，且求通好，先遣其姑歸(六七)。

(十四)秋，八月，丁亥朔，日有食之。

(十五)周遣柱國楊忠會突厥伐齊，至北河(六八)而還。

戊子，周以齊公憲為雍州牧，宇文貴為大司徒。九月，丁巳，以衞公直為大司空，追錄佐命元功(六九)，封開府儀同三司、隴西公李昞為唐公，太馭中大夫(七〇)、長樂公若干鳳為徐公(七一)。昞，虎之子；鳳，惠之子也。

(十六)乙丑，齊主封其子綽為南陽王，儼為東平王。儼，太子之母弟也。

(十七)突厥寇齊幽州，眾十餘萬，入長城，大掠而還(七二)。

(十八)周皇姑(七三)之歸也，齊主遣人為晉公護母作書，言護幼時數事，又寄其所著錦袍，以為信驗(七四)，且曰：「吾屬千載之運(七五)，蒙大齊之德，矜老開恩(七六)，許得相見，禽獸草木母子相依(七七)，吾有何罪，與汝分離！今復何福，還望見汝(七八)。言此悲喜，死而更蘇，世間所有，求皆可得，母子異國，何處可求(七九)，假汝貴極王公(八〇)，富過山海(八一)，有一老母，八十之年，飄然(八二)千里，死亡旦夕(八三)，不得一朝暫見(八四)，不得一日同處，寒不得汝衣(八五)，飢不得汝食，汝雖窮榮(八六)極盛，光耀世間，於吾何益？吾今日之前，汝既不得申其供養(八七)，事往何論(八八)，今日以後，吾之殘命，唯繫於汝。爾戴天履地(八九)中有鬼神(九〇)，勿云冥昧而可欺負(九一)(九二)。」護得書，悲不自勝，復書曰：「區宇分崩(九三)，遭遇災禍，違離膝下(九四)，三十五年，受生稟氣(九五)，皆知母子(九六)，誰同薩保(九七)，如此不孝！子為公侯，母為俘隸(九八)，暑不見母暑，寒不見母寒，衣不知有無，食不知飢飽，泯如天地之外(九九)，無由暫聞，分懷冤酷(一〇〇)，終此一生，死若有知，冀奉見於泉下(一〇一)耳。不謂(一〇二)齊朝解網(一〇三)，惠以德音(一〇四)，磨敦(一〇五)四姑並許矜放(一〇六)，初聞此旨(一〇七)，魂爽(一〇八)飛越(一〇九)，號天叩地(一一〇)，不能自勝(一一一)。齊朝霈然(一一二)之恩，既已霑洽(一一三)，有家有國，信義為本，伏度(一一四)來期，已應有日(一一五)。一得奉見慈顏，永畢生願(一一六)，生死肉骨(一一七)，豈過今恩，負山戴岳，未足勝荷(一一八)。」齊人留護母，使更與護書，邀護重報(一一九)，往返再三(一二〇)。時段韶拒突厥，軍於塞下，齊主使黃門徐世榮乘傳(一二一)齎周書問詔，詔以：「周人反覆，本無信義，比晉陽之役，其事可知，護外託為相㉒，其實主也㉓，既為母請和，不遣一介之使㉔，若據移書㉕，即送其母，恐示之以弱，不如且外許之㉖，待和親堅定，然後遣之未晚。」齊主不聽，即遣之㉗。閻氏至周，舉朝稱慶㉘。周主為之大赦，凡所資奉㉙，窮極華盛㉚，每四時伏臘㉛，

周主帥諸親戚行家人之禮㉜，稱觴上壽㉝㉞。

（九）突厥自幽州還，留屯塞北，更集諸部兵，遣使告周，欲與共擊齊，如前約㉟。閏月，乙巳，突厥寇齊幽州，晉公護新得其母，未欲伐齊，恐負突厥約，更生邊患，不得已，徵二十四軍，及左右廂，散隸秦隴巴蜀之兵㊱，幷羌胡內附者，凡二十萬人。冬十月，甲子，周主授護斧鉞於廟庭㊲，丁卯，親勞軍於沙苑，癸酉，還宮。護軍至潼關，遣柱國尉遲迥帥精兵十萬為前鋒，趣洛陽，大將軍權景宣帥山南之兵㊵趣懸瓠㊶，少師楊檦㊷出軹關㊸。

（廿）周迪復出東興，宣城太守錢肅鎮東興，以城降迪，吳州刺史㊹陳詳將兵擊之，詳兵大敗㊺，迪眾復振。南豫州刺史西豐脫侯周敷

帥所部擊之，至定川(46)，與迪對壘，迪紿(47)敷曰：「吾昔與弟勠力同心，豈規相害(48)！今願伏罪(49)還朝，因(50)弟披露心腑(51)，先乞挺身(52)共盟。」敷許之，方登壇，為迪所殺(53)。

(廿一)陳寶應據晉安、建安二郡，水陸為柵(54)，以拒章昭達，昭達與戰不利，因據上流，命軍士伐木為筏(55)，施拍其上(56)，會大雨江漲，昭達放筏，衝寶應水柵，盡壞之；又出兵攻其步軍，方合戰，上遣將軍余孝頃自海道適至，并力乘之(57)。十一月，己丑，寶應大敗，逃至莆口(58)，謂其子曰：「早從虞公計，不至今日(59)。」昭達追擒之，并擒留異及其族黨，送建康斬之。異子貞臣以尚主(60)得免，寶應賓客皆死(61)。上聞虞寄嘗諫寶應，命昭達禮遣詣建康，既見，勞之曰：「管寧無恙(62)。」以為衡陽王(63)掌書記(64)。

(廿二)周晉公護進屯弘農，尉遲迥圍洛陽，雍州牧齊公憲、同州刺史達奚武、涇州總管王雄，軍於邙山(65)。

(廿三)戊戌，齊主遣兼散騎常侍劉逖來聘。

(廿四)初，周楊檦為邵州刺史(66)，鎮捍(67)東境，二十餘年，數與齊戰，未嘗不捷，由是輕之，既出軹關，獨引兵深入，又不設備，甲辰，齊太尉婁叡將兵奄至(六八)，大破纛軍，纛遂降齊(六九)。權景宣圍懸瓠，十二月，齊豫州道行臺、豫州刺史(七〇)太原王士良，永州刺史(七一)蕭世怡，並以城降之，景宣使開府郭彥守豫州，謝徹守永州，送士良、世怡及降卒千人於長安(七二)。周人為土山地道以攻洛陽，三旬不克。晉公護命諸將塹斷河陽路(七三)，遏齊救兵，然後同攻洛陽，諸將以為齊兵必不敢出，唯張斥候(七四)而已。齊遣蘭陵王長恭、大將軍斛律光，救洛陽，畏周兵之彊，未敢進。齊主召并州刺史段韶，謂曰：「洛陽危急，今欲遣王救之(七五)，突厥在北，復須鎮禦，如何？」對曰：「北虜侵邊，事等疥癬(七六)，今西鄰闚逼(七七)，乃腹心之病(七八)，請奉詔南行。」齊主曰：「朕意亦爾。」乃令韶督精騎(七九)一千，發晉陽(八〇)，丁巳，齊主亦自晉陽赴洛陽。

（廿五）己未，齊太宰、平原靖翼王淹卒(八一)。

段韶自晉陽行五日，濟河，會連日陰霧，壬戌，韶至洛陽，帥帳下(八二)三百騎，與諸將登邙阪觀周軍形勢，至太和谷，與周軍遇，韶即馳告諸營，追集騎士(八三)，結陳以待之。韶為左軍，蘭陵王長恭為中軍，斛律光為右軍，周人不意(八四)其至，皆恟懼。韶遙謂周人曰：「汝宇文護纔得其母，遽來為寇，何也？」周人曰：「天遣我來(八五)有何可問！」韶曰：「天道(八六)賞善罰惡，當遣汝送死來耳。」周人以步兵在前，上山逆戰，韶且戰且却(八七)以誘之，待其力弊(八八)然後下馬擊之，周師大敗，一時瓦解，投墜溪谷(八九)，死者甚眾。蘭陵王長恭以五百騎突入周軍，遂至金墉城(九〇)下，城上人弗識，長恭免胄示之面(九一)，乃下弩手(九二)救之(九三)。周師在城下者亦解圍遁去，委棄營幕(九四)，自邙山至穀水，三十里中，軍資器械，彌滿川澤(九五)，唯齊公憲、達奚武、及庸忠公王雄在後勒兵(九六)拒戰，王雄馳馬衝斛律光陳，光退走，雄追之，光左右皆散，唯餘一弩一矢，雄按矟(九七)不及光者丈餘，謂光曰：「吾惜爾(九八)不殺，當生將爾見天子(九九)。」光射雄中額，雄抱馬(一〇〇)走，至營而卒(一〇一)。軍中益懼，齊公憲拊循(一〇二)督勵(一〇三)，眾心小安(一〇四)，至夜收軍，憲欲待明更戰，達奚武曰：「洛陽軍散，人情震駭(一〇五)，若不因夜(一〇六)速還，明日欲歸不得，武在軍久(一〇七)，備見⑱形勢，公少年未經事⑲，豈可以數營士卒，委之虎口⑳乎！」乃還㉑，權景宣亦棄豫州走。丁卯，齊主至洛陽，己巳，以段韶為太宰，斛律光為太尉，蘭陵王長恭為尚書令。壬申，齊主如虎牢，遂自滑臺如黎陽㉒，丙子，至鄴。

㈥楊忠引兵出沃野，應接突厥，軍糧不給㉓，諸軍憂之，計無所出，忠乃招誘稽胡酋長㉔咸在坐，詐使河州刺史王傑勒兵，鳴鼓而至，曰：「大冢宰㉕已平洛陽，欲與突厥共討稽胡之不服者。」坐者皆懼，忠慰諭而遣之，於是諸胡相帥饋輸，軍糧填積㉖，屬㉗周師罷歸，忠亦還㉘。晉公護本無將略㉙是行也又非本心，故無功，與諸將稽首㉚謝罪，周主慰勞，罷之。

㈦是歲，齊山東大水，飢死者不可勝計。

㈧宕昌王梁彌定屢寇周邊，周人將軍田弘討滅之，以其地置宕州㉛。

【今註】㈠齊主登北城：謂晉陽之北城。㈡咎：咎責㈢今齊人眼中亦有鐵：按此乃喻齊卒威武之盛，雖其眼中亦威稜閃閃，如含有鐵製之兵器焉。㈣當：抵當。㈤逆擊：迎擊。㈥自當有限：自當有其限度，意謂不多也。㊆周人以步卒為前鋒……破之必矣：按此段乃錄自《北齊書·段榮附韶傳》，字句幾全相同。㊇既至，齊悉其銳師……引上西山不肯戰：按此數句乃錄自《周書·楊忠傳》。㊈自晉陽以往七百餘里：謂晉陽以北七百餘里，〈楊忠傳〉作：「自晉陽至欒城七百餘里。」㊉長城：此乃文宣所築之長城。㊁截稍杖之以歸：截稍為杖而扶之以歸。㊂寥其地域曾具體道出。㊉長城……

廓：謂浩渺之穹蒼。㊂羅者獨視於沮澤：謂羅捕者尚窺伺於沮澤之處。連上二句，其意乃為己不能為力也。㊃達奚武至平陽……武得書亦還：按此段乃錄自《周書·達奚武傳》，字句大致相同。㊄獲二千餘口：按口即人也。㊅守河椎冰：防守接境之黃河，若遇結冰，則椎碎之，以免敵人由冰上越度。㊆紊：亂。㊇國家常有吞關隴之志：按國家猶言朝廷。㊈而唯翫聲色乎：謂而尚仍專意於聲樂女色乎！㊀辛巳，上祀南郊：按《陳書·世祖紀》天嘉五年正月文，南郊作北郊。㊁律文：法律之條文。㊂變法從事：謂變更法律之處當。㊂至是而成律十二篇：《隋書·刑法志》：「上齊律十二篇，一曰名例，二曰禁衞，三曰婚戶，四曰擅興，五曰違制，六曰詐偽，七曰鬥訟，八曰賊盜，九曰捕斷，十曰毀損，十一曰廄牧，十二曰雜律。」㊃轘：車裂。㊄邊裔：裔亦邊，音一。㊅其刑名有五，一曰死……五曰杖，自三十至十，凡十五等：按《隋書·刑法志》所述之五刑，甚為詳繁，此乃錄其重要綱領而成。㊆其流外官：後魏時已有此名，自一品至九品，謂之流內；不入於九品者，謂之流外。㊇閹：鄭玄曰：「精氣閉藏者。」㊈癡：不慧。㊀因大赦：赦其宿罪，此後有犯者，皆依新法令施行。㊁仕門子弟：謂入仕之家之子弟。㊂其流外官及老小閹癡……故齊人多曉法：按此段乃錄自《隋書・刑法志》，字句大致相同。㉝輸租調：輸，納，租、田賦，調、戶稅。㉞充兵：充兵役。㉟六十六還田：《隋書・食貨志》，還田作退田，意更明豁，即將十八歲時所受之田，退還於公家也。㊱露田：杜佑曰：「不栽樹者，謂之露田。」㊲奴婢依良人：言奴婢受田依良人畝數，良人即國家合法之眾庶也。㊳牛受六十畝：《隋書・食貨志》：「丁牛一頭，受田六十畝，限止四年。」丁牛者勝耕之牛，牧牛者得受其田。㊴奴婢準良人之半：謂奴婢之調，以良人之半為準。蓋官常役其力，故所調半於良人。㊵送臺：謂送於尚書臺。㊶又令民十八受田……義租納郡，以備水旱：按此段乃錄自《隋書・食貨志》，字句大致相同。㊷為主：為君主。㊸稱勅：謂奉勅令。㊹齊羣盜田子禮等數十人……盜殺之：按此段乃錄自《北齊書・彭城景思王浟傳》，字句大致相同。㊺周初令百官執笏：《禮記・玉藻》：「史進象笏，書思對命。」注：「意所思念，將以告君者也。對、所以對君也，命、所受命也。書之於笏，為失忘也。」《隋書・禮儀志》六：「笏、中世以來，唯八座尚書執笏。笏者白筆綴其頭，以紫囊裹之。其餘公卿，但執手版。荷紫者以紫生為裌囊，綴之服外，加於左肩。」此笏之用途，及其使用之大概情形。㊻齊以斛律光為司徒……兼散騎常侍皇甫亮來聘：按此段乃錄自《北齊書・武成紀》河清三年文，字句大致相同。㊼齊主還鄴：《北齊書・武成紀》河清三年文作：「帝至自晉陽。」是自晉陽還也。㊽甲子，齊主還鄴……壬辰，齊主如晉陽：按此段乃錄自《北齊書・武成紀》河清三年文，字句幾全相同。㊾兩重：兩層。㊿又橫貫而不達：謂白虹又橫貫日，而未全通。(51)猒：猒塞之，通作厭。(52)百年嘗作數敕字：按敕字乃皇帝所書用者，今百年書之，殆含有僭逆之意。(五三)割帶玦：割所佩帶之玦，玦者、古用之以示訣別之意。(五四)涼風堂：在晉陽。(五五)行且捶：謂且行且捶。(五六)拳不可開：謂手指以握玉玦之故，而拳曲不可開也。(五七)自擘之：親自分擘之。(五八)齊主殺樂陵王百年……其父光自擘之，乃開：按此段乃錄自《北齊書・孝昭六王樂陵王百年傳》，字句幾全相同。(五九)及周主之姑：按《周書・晉蕩公護傳》作：「與皇第四姑。」此姑當為宇文泰之妹。(六〇)齊人以配中山宮：胡三省曰：「中山宮、慕容氏之故宮，自魏以來，以為荊宮。」配者、配於中山宮，以充待役也。(六一)間使：獨使使。(六二)音息：《文選・陸機為顧彥先贈婦詩》：「音息曠不達。」注：「音息，音問消息。」(六三)互市：謂互相市易貨物。(六四)司馬下大夫：即軍司馬之職。(六五)縱之：放歸之。(六六)西朝：周在關西，故稱西朝。(六七)護母閻氏及周主之姑皆留晉陽……先遺其姑歸：按此段雖錄自《周書・晉蕩公護傳》，（《北史・邵惠公顥附護傳》，文全同《周書》。）然溢出甚多，未審《通鑑》另依據何書。(六八)北河：《水經》：「河水又北迤西，溢於窳渾縣故城東，又屈而東流為北河，東經高闕南。」(六九)佐命元功：輔佐王命之首功。(七〇)太馭中大夫：《周禮・夏官》：「大馭掌馭玉路，以祀及犯軷。」(七一)秋八月丁亥朔，日有食之……長樂公若干鳳為徐公：按此段乃錄自《周書・武帝紀》保定四年文，而字句稍有溢出。(七二)齊主封其子綽為南陽王……入長城，大掠而還：按此段乃錄自《北齊書・武成紀》河清三年文，字句大致相同。(七三)皇姑：皇帝之姑。(七四)信驗：信證。(七五)吾屬千載之運：謂吾逢千載之良機。(七六)開恩：謂給予恩惠。今尚用此語。(七七)禽獸草木、母子相依：謂雖禽獸草木，其母子尚相依一起。(七八)還望見汝：猶尚望見汝。(七九)母子異國，何處可求：謂母子異國，如何可求而相會。(八〇)貴極王公：謂尊貴而至最高王公之位。(八一)富過山海：富有而遠過山海之饒。(八二)飄然：猶飄泊。(八三)死亡旦夕：死亡在旦夕之間。(八四)不得一朝蹔見：蹔同暫，謂一朝之短暫相見，亦不可得。(八五)寒不得汝衣：謂寒不得汝以衣衣之。(八六)窮榮：猶極榮。(八七)申其供養：謂伸其供養之忱。(八八)事往何論：謂事已過往，今復何足置論。(八九)爾戴天履地：履地、行於地上，意謂為人子而生於天地之間。(九〇)中有鬼神：謂天地間藏有鬼神。(九一)勿云冥昧，而可欺負：謂勿言天地冥昧無知，而可欺負，正意為不可欺負也。(九二)按此書全文，具載《周書・晉蕩公護傳》，全文多為語體，實古書中之頗特異者。書末述其所以為此語體之意旨云：「關河阻遠，隔絕多年，書依常體，慮汝致惑，是以每存款質，兼亦載吾姓名，當識此理，不以為怪。」是施用語體，乃為存具款質。而此書於其母子親切思念之情，確已圓滿達出，足見語體文自有其適當之用途，而矯揉造作之文言文，亦頗有其缺憾矣。又此語體乃六朝僧徒講演經義常用之體制，本函札不過該時代風尚下之產品而已，洵非係獨創而鮮見者。(九三)區宇分崩：區宇謂天下，分崩謂離析。(九四)膝下：《孝經》：「故親生之膝下，以養父母曰嚴。」此指父母之前言。(九五)受生稟氣：〈晉蕩公護傳〉作：「受形稟氣。」意略相同。受生謂受生命，受形謂受軀體。稟氣謂稟受氣息。此指活人而言。(九六)皆知母子：謂皆知母子之誼。(九七)薩保：〈晉蕩公護傳〉：「護字薩保。」(九八)俘隸：俘虜奴隸。(九九)泯如天地之外：虛闊如在天地之外。(一〇〇)分懷寃酷：自以分應懷抱寃恨酷痛。(一〇一)奉見於泉下：奉侍會見於九泉之下。(一〇二)不謂：猶不料。(一〇三)解網：解開刑網。(一〇四)德音：恩德之消息。(一〇五)磨敦：〈晉蕩公護傳〉：「令人為閻作書報護曰，『汝等三人，並呼吾作阿摩敦。』」是摩敦乃鮮卑人呼其母之稱。㉖並許矜放：皆允許哀矜放歸。㉗旨：意。㉘魂爽：《左傳》昭二十五年：「心之精爽，是謂魂魄。」是爽即指魂而言，二字意正相同，為複合語辭。㉙飛越：謂飛逸於軀體之外，喻喜歡之態。㉚號天叩地：謂大歡笑，大距躍。㉛不能自勝：謂不足以表此喜悅之情。㉜霈然：盛大貌。㉝霑洽：霑溉洽潤。㉞伏度：伏為表恭敬之態，度、量。㉟有日：謂有日期。㊱永畢生願：長了生時之願望。㊲生死肉骨：生死，謂使死者復生，肉骨，謂使枯骨再肉，皆係再生之意。㊳負山戴岳，未足勝荷：謂雖有負戴山岳之能，亦未足負荷此恩，極言齊朝釋其母恩德之重。㊴邀護重報：邀冀護之重大報答。㊵周皇姑之歸也……邀護重報，往返再三：按此一大段乃錄自《周書·晉蕩公護傳》，字句大致相同。㊶乘傳：乘驛遞之傳車。㊷外託為相：外表託名係為宰相。㊸其實主也：核其實，乃周之君主。㊹一介之使：謂獨使，即一個使者。㊺移書：移為書疏之一種，與公文書頗相類。㊻外許之：表面允許之㊼和親：六朝時謂和親，乃係和好之意。㊽時段韶拒突厥軍於塞下……齊主不聽，即遣之：按此段乃錄自《北齊書·段榮附韶傳》，字句幾全相同。㊾舉朝：猶闔朝。㊿稱慶：謂舉行慶祝。(51)資奉：資給供奉。(52)華盛：華美富盛。(53)四時伏臘：四時、四季，謂四季及伏臘諸節日。(54)行家人之禮：謂按家族之尊卑老幼，而行禮也，此與朝廷以爵位為差者，有別。(55)稱觴上壽：謂奉觴敬酒。(56)閻氏至周……稱觴上壽：按此段乃錄自《周書·晉蕩公護傳》，字句大致相同。(57)如前約：如前之盟約。(58)徵二十四軍，及左右廂，散隸秦隴巴蜀之兵：胡三省曰：

「二十四軍，六柱國及十二大將軍所統關中諸府兵也。安定公泰相魏，左右各十三軍，並屬相府。左右廂、禁衞兵也。兼有秦隴巴蜀之兵，散隸於左右廂者。」㊴廟庭：太廟之庭院中。㊵帥山南之兵：謂山南荊襄之兵。㊶懸瓠：《水經・汝水注》：「汝水東逕懸瓠城北，城形若垂瓠然。」即今河南省汝南縣治。㊷檦：與標同。㊸晉公護新得其母……少師楊檦出軹關：按此段乃錄自《周書・晉蕩公護傳》，字句大致相同。㊹吳州刺史：胡三省曰：「五代志：『鄱陽郡，梁置吳州，陳廢鄱陽之吳州，而於吳郡置吳州。』」㊺周迪復出東興……詳兵大敗：按此段乃錄自《陳書・周迪傳》，字句大致相同。㊻至定川：據《陳書・周敷傳》，定川乃係縣名。㊼紿：欺詐，音怠。㊽豈規相害：規圖，謂豈圖互相殘害。㊾伏罪：伏承所當受之罪。㊿因：藉。(51)心腑：衷心肺腑。(52)挺身：謂挺身而來。(53)南豫州刺史西豐脫侯周敷……為迪所殺：按此段乃錄自《陳書・周敷傳》，字句幾全相同。(54)水陸為柵：謂於水邊陸上俱設營柵。(55)筏：以數木板連於一起，似舟，而極簡陋。(56)施拍其上：拍，拍竿。(57)幷力乘之：謂合力攻陵之。(58)莆口：《陳書・虞荔附寄傳》作莆田，莆音蒲。(59)不至今日：謂不至有今日之敗。(60)尚主：尚公主。(61)寶應賓客皆死：〈虞寄傳〉作：「寶應既擒，凡諸賓客微有交涉者，皆伏誅。」此為其內中之詳細情形。(62)管寧無恙：胡三省曰：「漢末管寧客遼東，不受公孫度爵命，已而復得還鄉里，故以寄況之。」(63)衡陽王：《陳書・衡陽王伯信傳》：「伯信封衡陽王，奉獻王昌祀。」(64)陳寶應據晉安……以為衡陽王掌書記：按此段乃幷合《陳書・陳寶應傳》及〈虞荔附寄傳〉，二文而成，然字句仍有出入。(65)邙山：在洛陽城北，音芒。

(66)邵州刺史：《隋書・地理志》中：「絳郡垣縣，後魏置邵郡及白水縣，後周置邵州，改白水為亳城。」(67)鎮捍：鎮撫捍禦。(68)奄至：猶猝至。(69)初周楊櫄為邵州刺史……櫄遂降齊：按此段乃錄自《周書・楊櫄傳》，字句大致相同。(70)齊豫州道行臺豫州刺史：《隋書・地理志》中：「汝南郡，後魏置豫州，東魏置行臺。」(71)永州刺史：〈地理志〉中：「汝南郡城陽縣，梁置楚州，後齊曰永州。」(72)齊豫州道行臺……及降卒千人於長安：按此段乃錄自《周書・權景宣傳》，字句大致相同。(73)塹斷河陽路：謂於通至河陽之路上掘挖溝渠，以遏阻人馬往來。(74)張斥候：謂設斥候。斥候，《史記・李將軍傳》索隱：「斥，度也；候，望也。」今軍中所稱伺望敵兵之人。(75)今欲遣王救之：按《北齊書・段榮附韶傳》：「世祖嘉其功，詔封平原郡王。」故茲以王稱之。(76)疥癬：謂不關重要之小疾。《顏氏家訓・後娶》：「家事疥癬蚊虻，或未能免。」是此釋之佐證，且知此辭，乃起於斯時。(77)闚逼：闚，同窺，謂窺伺逼迫。(78)乃腹心之病：按〈段韶傳〉作：「便是膏肓之病。」意或《通鑑》撰者以膏肓謂必死之病，程度未免太重，遂而改作腹心歟！(79)督精騎：謂督率精騎。(80)齊蘭陵王長恭……令韶督精騎一千發晉陽：按此段乃錄自《北齊書・段榮附韶傳》，字句大致相同。(81)齊平原靖翼王淹卒：按《北齊書・武成紀》河清三年文，〈高祖十一王平陽靖翼王淹傳〉及《北史・神武諸子傳》，皆作平陽王，是原乃陽字之訛。(82)帳下：齊周多稱帳下，亦即部下。(83)追集騎士：謂騎士之未集者，從速結集。(84)不意：不料。(85)天遣我來：謂蒼天遣我來攻汝，蓋周人無辭以對，不得不假之天神，以為據也。(86)天道：謂蒼天之道，亦即所謂自然之道。(87)且却：且退。(88)力弊：

氣力疲弊。（八六）段韶自晉陽行五日……投墜溪谷，死者甚眾：按此段乃錄自《北齊書・段榮附韶傳》，字句大致相同。（八七）金墉城：在洛陽西。（八八）免胄示之面：胄即兜鍪，今謂之盔，乃作戰時用以遮護頭及面部者，長恭以城上人弗識，故脫而露其面以示之。（八九）下弩手：謂於城上縋下弓弩手。（九〇）蘭陵王長恭以五百騎……乃下弩手救之：按此段乃錄自《北齊書・文襄六王蘭陵武王孝瓘傳》，字句大致相同。（九一）委棄營幕：謂捐棄營寨帳幕。（九二）委棄營幕……彌滿川澤：按此段乃錄自《北齊書・段韶傳》，字句幾全相同。（九三）勒兵：謂部勒兵，此猶率也。（九四）按矟：謂矟所及處。（九五）吾惜爾：謂吾可憐你。（九六）當生將爾見天子：謂把你活捉去見周天子。（九七）抱馬：謂伏於馬上，而以雙手抱馬之頸。（九八）王雄馳馬衝斛律光陳……雄抱馬走，至營而卒：按此段乃錄自《周書・王雄傳》，字句大致相同。（九九）拊循：猶撫循，謂撫慰循行。（一〇〇）督勵：督責鼓勵。（一〇一）小安：猶稍安。（一〇二）震駭：震動驚駭。（一〇三）因夜：謂藉著黑夜。（一〇四）在軍久：在軍旅甚久。（一〇五）備見：完全洞悉。（一〇六）經事：經歷事情。（一〇七）委之虎口：《周書・達奚武傳》作：「一旦棄之乎。」二文意正相同，而《通鑑》則加以改飾，以期辭意更為具體明顯。（一〇八）至夜收軍……委之虎口乎，乃還：按此段乃錄自《周書・達奚武傳》，字句大致相同。（一〇九）丁卯，齊主至洛陽……遂自滑臺如黎陽：按此段乃錄自《北齊書・武成紀》河清三年文，字句大致相同。（一一〇）軍糧不給：謂軍糧之供給不足。（一一一）乃招誘稽胡酋長：據《周書・楊忠傳》，此稽胡散居於銀夏之間。（一一二）大冢宰：即晉公護。（一一三）填積：填塞堆積。（一一四）屬：遇。（一一五）楊忠引兵出沃野……屬周師罷歸，忠亦還：按此段乃錄自《周書・楊忠傳》，字句多有刪削。（一一六）將略：為將之謀略。（一一七）稽首：頓首。㉓宕州：胡三省曰：「宕州在長安西南一千六百五十六里。」㉔宕昌王梁彌定……以其地置宕州：按此數句乃錄自《周書・異域宕昌傳》。

六年（西元五六五年）

㈠春，正月，癸卯，齊以任城王湝為大司馬。齊主如晉陽①。

㈡二月，辛丑，周遣陳公純②、許公貴、神武公③竇毅、南陽公④楊荐等，備皇后儀衛⑤、行殿幷六宮百二十人，詣突厥可汗牙帳⑥逆女。毅，熾之兄子也。丙寅，周以柱國、安武公李穆行大司空，綏德公陸通業大司寇。壬申，周主如岐州⑦。

㈢夏，四月，甲寅，以安成王頊為司空，頊以帝弟之重，勢傾朝野⑧，直兵⑨鮑僧叡⑩侍頊勢為不法，御史中丞徐陵為奏彈之⑪，從南臺⑫官屬引奏案而入⑬，上見陵章服⑭嚴肅，為斂容⑮正坐，陵進讀奏版⑯，時頊在殿上侍立，仰視上，流汗失色⑰，陵遣殿中御史〔一八〕引頊下殿，上業之免頊侍中、中書監，朝廷肅然〔一九〕〔二〇〕。

(四)丙午，齊大將軍、東安王婁叡坐事免〔二一〕。

(五)齊著作郎祖珽有文學，多技藝，而疏率無行〔二二〕，嘗為高祖中外府功曹〔二三〕，因宴失金叵羅〔二四〕，於珽髻上得之，又坐詐盜官粟三千石〔二五〕，鞭二百，配甲坊。顯祖時，珽為祕書丞，盜華林遍略〔二六〕，及有它贓，當絞，除名為民。顯祖雖憎其數犯法，而愛其才伎〔二七〕，令直中書省〔二八〕。世祖為長廣王，珽為胡桃油獻之〔二九〕，因言：「殿下〔三〇〕有非常骨法〔三一〕，孝徵〔三二〕夢殿下乘龍上天〔三三〕。」王曰：「若然，當使兄〔三四〕大富貴。」及即位，擢拜中書侍郎，遷散騎常侍，與和士開共為姦謟〔三五〕。珽私說士開曰：「君之寵幸，振古〔三六〕無比，宮車一日晚駕〔三七〕，欲何以克終〔三八〕？」士開因從問計，珽曰：「宜說主上云：『文襄、文宣、孝昭之子，俱不得立，今宜令皇太子早踐大位，以定君臣之分〔三九〕。』若事成，中宮、少主〔四〇〕必皆德君〔四一〕，此萬全計〔四二〕也。請君微說主上令粗解〔四三〕，珽當自外上表論之。」士開許諾，會有彗星見，太史奏云：「彗除舊布新之象，當有易主〔四四〕。」珽於是上書言：「陛下雖為天子，未為極貴，宜傳位東宮，且以上應天道㊺。」并上魏顯祖禪子故事㊻㊼，齊主從之，丙子，使太宰段韶持節奉皇帝璽綬，傳位於太子緯，太子即皇帝位於晉陽宮㊽，大赦，改元天統。又詔以太子妃斛律氏為皇后，於是羣公㊾上世祖尊號為太上皇帝，軍國大事咸以聞㊿。使黃門侍郎馮子琮、尚書左丞胡長粲，輔導少主，出入禁中(51)，專典敷奏(52)。子琮，胡后之妹夫也。祖珽拜祕書監，加儀同三司，大被親寵，見重二宮(53)。

㈥丁丑，齊以賀拔仁為太師，侯莫陳相為太保，馮翊王潤為司徒，趙郡王叡為司空，河南王孝琬(54)為尚書令。戊寅，以瀛州刺史尉粲為太尉(55)，斛律光為大將軍，東安王(56)婁叡為太尉，尚書僕射趙彥深為左僕射(57)(58)。

五月，突厥遣使至齊，始與齊通。

六月，己巳，齊主使兼散騎常侍王季高來聘。

㈦秋，七月，辛巳朔，日有食之。

㈧上遣都督程靈洗自鄱陽別道擊周迪，破之，迪與麾下(59)十餘人竄于山穴中(六〇)，日月浸久(六一)，從者亦稍苦之，後遣人潛出臨川市魚鮭(六二)，臨川太守駱牙(六三)執之，令取迪自効，因使腹心勇士隨之入山；其人誘迪出獵，勇士伏於道傍，出斬之，丙戌，傳首至建康(六四)。

(九)庚寅，周主如秦州。八月，丙子，還長安。

(十)己卯，立皇子伯固為新安王，伯恭為晉安王，伯仁為廬陵王，伯義為江夏王(六五)。

(十一)冬，十月，辛亥，周以函谷關城為通洛防(六六)，以金州刺史賀若敦為中州刺史(六七)，鎮函谷。敦恃才負氣(六八)，顧其流輩(六九)皆為大將軍，敦獨未得，兼以湘州之役，全軍而返，謂宜受賞，翻得除名(七〇)，對臺使(七一)出怨言，晉公護怒，徵還，逼令自殺(七二)，臨死，謂其子弼曰：「吾志平江南(七三)，今而不果，汝必成吾志，吾以舌死(七四)，汝不可不思。」因引錐刺弼舌出血，以誡之(七五)(七六)。

(十二)十一月，癸未，齊太上皇至鄴。

齊世祖之為長廣王也，數為顯祖所捶，心常銜之，顯祖每見祖珽，常呼為賊，故珽亦怨之，且欲求媚於世祖(七七)，乃說世祖曰：

「文宣狂暴㊇，何得稱文！既非創業，何得稱祖㊈！若文宣為祖，陛下萬歲後㊉，當何所稱？」帝從之㊀，己丑，改謚太祖獻武皇帝廟號高祖，獻明皇后為武明皇后，令有司更議文宣謚號㊁。

㊂十二月，乙卯，封皇子伯禮為武陵王。

㊃壬戌，齊上皇如晉陽㊄。

庚午，齊改謚文宣皇帝為景烈皇帝，廟號威宗。

【今註】㊀正月，齊主如晉陽：按《北齊書・武成紀》河清四年正月文作：「辛未，幸晉陽。」當從添辛未二字。㊁二月辛丑，周遣陳公純：按《周書・武帝紀》保定五年二月文作：「辛酉，詔陳國公純。」以下之甲子推之，當改作辛酉。㊂神武公：《魏書・地形志》二上：「朔州有神武郡，領尖山、樹頹二縣。」㊃南陽公楊荐：按《周書・武帝紀》保定五年文及〈楊荐傳〉，俱作南安公，陽當改作安。㊄皇后儀衞：皇后之儀仗宿衞。㊅牙帳：可汗所駐之帳，謂之牙帳。《文選・張衡東京賦》：「戈矛若林，牙旗繽紛。」注：「古者天子出，建大牙旗，竿上以象牙飾之，故云牙旗。」牙帳者，帳上樹有可汗之牙旗也。㊆周遣陳公純、許公貴……壬申，周主如岐州：按此段乃錄自《周書・武帝紀》保定五年文，而稍有溢出。㊇朝野：謂在朝廷之官員及在野之民庶。按此辭在梁陳時甚為流行，具載各傳，不詳錄。㊈直兵：胡三省曰：「自秦以來，王公府皆有直兵。」直兵者謂掌值衞之兵也。⑩鮑僧叡：《陳書・徐陵傳》作鮑叔叡。⑪為奏彈之：為奏疏而彈劾之。⑫南臺：御史臺為南臺。⑬引奏案而入：謂抱上奏之文案而入。⑭章服：章徽朝服。⑮斂容：謂收容或改容，乃變為嚴肅之意。⑯奏版：奏疏書於手版，謂之奏版。⑰失色：變色。⑱殿中御史：殿中御史，居殿中察非法，故使之引項下殿。⑲朝廷肅然：謂朝廷臣僚，為之肅懼，而不敢犯法。⑳項以帝弟之重，勢傾朝野……朝廷肅然：按此段乃錄自《陳書・徐陵傳》，字句大致相同。㉑丙午，齊大將軍婁叡坐事免：按《北齊書・武成紀》河清四年四月文，丙午作戊午。㉒疏率無行：疏略粗率而無行操。㉓為高祖中外府功曹：高歡都督中外諸軍事，以珽為府功曹。㉔金叵羅：叵羅、盃醆之屬。㉕又坐詐盜宮粟三千石：按《北齊書・祖珽傳》：「與令史李雙、倉督成祖等，作晉州啓，請粟三千石，代功曹參軍趙彥深宣神武教，給城局參軍。」㉖盜華林遍略：華林遍略乃梁武帝集諸學士所撰。《祖珽傳》云：「文襄州客至，請賣華林遍略。文襄多集書人，一日一夜寫畢，退其本曰，『不須也。』」珽以遍略數帙質錢樗蒲。」㉗才伎：才能伎藝。㉘直中書省：即值中書省事。㉙珽業胡桃油，獻之：《祖珽傳》：「珽善為胡桃油，以塗畫。」按為胡桃油，乃齊代流行之伎藝。《顏氏家訓・省事》：「近世有兩人，朗悟士也，性多營綜，略無成名。天文，畫繪，棋博，鮮卑語，煎胡桃油，鍊錫為銀。」由文所載，可以知之。㉚殿下：以長廣王為王，故稱曰殿下。㉛有非常骨法：意為乃係天子之相。㉜孝徵夢殿下：孝徵，祖珽字，是時人多自己稱字。㉝乘龍上天：意謂為天子也。㉞當使兄大富貴：長廣王稱祖珽曰兄，為北齊以往之所罕見者。然在今日則甚風行，藉以表親近之意。(三五)姦諂：姦邪諂佞。(三六)振古：猶自古。(三七)宮車一日晚駕：晚、晏，此乃皇帝死之代語。(三八)克終：意謂能得令終。(三九)以定君臣之分：謂以定君臣之名分。(四〇)中宮少主：中宮、謂皇后，少主、即太子。(四一)德君：謂感君之德。(四二)萬全計：萬無一失之計。(四三)請君微說主上令粗解：微說，稍微示意，粗解、略曉。(四四)易主：更易君主。(四五)上應天道：上以符合皇天之道。(四六)幷上魏顯祖禪子故事：見卷一百三十二宋明帝泰始六年。(四七)齊著作郎祖珽有文學……幷上魏顯祖禪子故事：按文所述諸事，非皆在一年之中，特以其互相關涉，故連錄之，此亦編年體之變格也。又此段乃摘自《北齊書・祖珽傳》，字句大致相同。(四八)晉陽宮：晉陽之宮殿。(四九)羣公：羣公卿，亦即羣臣。(五〇)使太宰段韶持節……軍國大事，咸以聞：按此段乃錄自〈武成紀〉河清四年文，字句大致相同。(五一)禁中：宮禁之中。(五二)敷奏：宣敷上奏。(五三)見重二宮：二宮、謂中宮東官。(五四)河南王孝琬：按《北齊書・文襄六王河間王孝琬傳》，河南當作河間。(五五)以瀛州刺吏尉粲為太尉：按同日又封婁叡為太尉，不得同時有二太尉，二者中當有一訛。核《北齊書・尉景附粲傳》：「粲襲爵，位司徒、太傅薨。」是粲之太尉，當係太傅之訛。(五六)東安王：《隋書・地理志》下：「琅邪郡、沂水縣，舊置南青州及東安郡。」(五七)尚書僕射趙彥深：按《北齊書・後主紀》天統元年文作：「尚書右僕射趙彥深。」當從添右字。(五八)丁丑、齊以賀拔仁為太師……趙彥深為左僕射：按此段乃錄自《北齊書・後主紀》天統元年文，字句大致相同。(五九)麾下：猶部下。(六〇)山穴：山巖之窟穴中。(六一)浸久：漸久。(六二)魚鮭：鮭，《集韻》：「吳人謂魚菜總稱。」音鞋。(六三)臨川太守駱牙：按《陳書・世祖紀》天嘉六年文，作駱文牙，此從〈周迪傳〉。(六四)上遣都督程靈洗……傳首至建康：按此段乃錄自《陳書・周迪傳》，字句大致相同。(六五)立皇子伯固為新安王……伯義為江夏王：按此段乃錄自《陳書・世祖紀》天嘉六年文，字句大致相同。(六六)以函谷關城為通洛防：按防謂防禦，周齊於駐軍之處，率曰鎮或防，而其領兵者則曰鎮主或防主。《周書・韓盛傳》：「歷官通洛、慈澗防主，邵州刺史。」又〈達奚武附震傳〉：「出業金州總管十一州九防諸軍事，金州刺史。」又〈權景宣傳〉：「尋除基、鄀、硤、平四州五防諸軍事，江陵防主。」又〈尉遲綱傳〉：「除涇州總管五州十一防諸軍事，涇州刺史。……二年，出為陝州總管七州十三防諸軍事，陝州刺史。」又〈赫連達傳〉：「保定初，遷大將軍、夏州總管三州五防諸軍事。」又〈異域蠻傳〉：「以巫縣、信陵、秭歸，並是硤中要險，於是築城置防焉。」凡此，皆周齊曾置防之佐證。(六七)中州刺史：《隋書・地理志》中：「河南郡、新安縣，後周置中州。」(六八)負氣：謂懷有怨氣。(六九)流輩：同流之儕輩。(七〇)翻得除名：《周書・賀若敦傳》作：「翻被除名。」較佳。(七一)臺使：尚書臺之使者。(七二)以金州刺史賀若敦為中州刺史……逼令自殺：按此段乃錄自《周書・賀若敦傳》，字句大致相同。(七三)吾志平江南：謂吾志欲平江南。(七四)以舌死：謂以言觸怒權貴而死。(七五)以誡之：《隋書・賀若弼傳》作：「誡以慎口。」即誡之之全意。(七六)臨死，謂其子弼曰……以誡之：按此段乃錄自《隋書・賀若弼傳》，字句大致相同。(七七)求媚於世祖：求媚幸於世祖。(七八)狂暴：兇狂暴虐。(七九)既非創業，何得稱祖：按君上創業者，死後其謚始得稱祖，否則，不得稱祖。(八〇)陛下萬歲後：萬歲後為君主死之代語。(八一)顯祖每見祖珽，常呼為賊……當何所稱，帝從之：按此段乃錄自《北史・齊顯祖紀》，字句大致相同。㈡己丑，改謚太祖獻武皇帝……更議文宣謚號：按此段乃錄自《北齊書・後主紀》天統元年文，字句大致相同。㈢齊上皇如晉陽：按上文作齊太上皇至鄴，則此亦當有太字，以期一律。

天康元年（西元五六六年）

㈠春，正月，己卯，日有食之。

㈡癸未，周大赦，改元天和。

㈢辛卯，齊主祀圓丘㈠，癸巳，祫太廟㈡。

㈣丙申，齊以吏部尚書尉瑾為右僕射。

㈤己亥，周主耕籍田。

㈥庚子，齊主如晉陽。

㈦周遣小載師㈢杜杲來聘。

㈧二月，庚戌，齊上皇還鄴。

㈨丙子，大赦，改元。

三月，己卯，以安成王頊為尚書令。

(十)丙午，周主祀南郊。夏，四月，辛亥，大雩。

(十一)上不豫，臺閣眾事㈣，並令尚書僕射到仲舉、五兵尚書孔奐，共決之。奐，琇之之曾孫也。疾篤，奐、仲舉與司空、尚書令揚州刺史安成王頊，吏部尚書袁樞，中書舍人劉師知，入侍醫藥㈤。樞，君正之子也。太子伯宗柔弱，上憂其不能守位，謂頊曰：「吾欲遵太伯之事㈥。」頊拜伏泣涕固辭㈦，上又謂仲舉、奐等曰：「今三方鼎峙，四海事重，宜須長君，朕欲近則晉成㈨，遠隆殷法㈩，卿等宜遵此意。」孔奐流涕，對曰：「陛下御膳違和⑪，痊復⑫非久，皇太子春秋鼎盛⑬，聖德日躋⑭，安成介弟⑮之尊，足為周旦，若有廢立之心，臣等愚誠，不敢聞詔⑯。」上曰：「古之遺直⑰，復見於卿。」乃以奐為太子詹事⑱。

臣光曰：「夫人臣之事君，將順⑲其美，正救⑳其惡㉑。孔奐在陳，處腹心之重任，決社稷之大計，苟以世祖之言為不誠㉒，則當如竇嬰面辯，袁盎廷爭㉓，防微杜漸㉔，以絕覬覦㉕之心；以為誠邪，則當請明下詔書，宣告㉖中外，使世祖有宋宣之美㉗，高宗無楚靈之惡㉘。不然，謂太子嫡嗣，不可動搖，欲保輔㉙而安全之，則當盡忠竭節，如晉之荀息㉚，趙之肥義㉛，奈何於君之存則逆探其情，而求合焉㉜，及其既沒，則權臣移國，而不能救，嗣主失位，而不能死，斯乃姦諛之尤者㉝。而世祖謂之遺直，以託六尺之孤，豈不悖哉㉞！」

⑿癸酉，上殂。上起自艱難，知民疾苦，性明察㉟儉約，每夜刺閨取外事分判者㊱，前後相續，敕傳更籤㊲於殿中者，必投籤於階石之上，令鎗然㊳有聲，曰：「吾雖眠，亦令驚覺㊴。」太子即位，大赦。五月，己卯，尊皇太后曰太皇太后，皇后曰皇太后。

⒀乙酉，齊以兼尚書左僕射、武興王普為尚書令。

⒁吐谷渾龍涸王莫昌帥部落附於周，以其地為扶州㊵。

⒂庚寅，以安成王頊為驃騎大將軍、司徒、錄尚書、都督中外諸軍事。丁酉，以中軍大將軍、開府儀同三司徐度為司空，以吏部尚書袁樞為左僕射，吳興太守沈欽為右僕射，御史中丞徐陵為吏部尚書㊶。陵以梁末以來，選授多濫㊷，乃為書示眾曰：「梁元

帝承侯景之凶荒㊸，王太尉接荊州之禍敗㊹，故使官方㊺窮㊻此紛雜，永安之時㊼，聖朝草創，白銀難得，黃札易營㊽，權以官階，代於錢絹㊾，致令員外㊿常侍，路上比肩(五一)，諮議參軍(五二)，市中無數，豈是朝章(五三)，固應如此。今衣冠禮樂，日富年華(五四)，何可猶作舊意，非理望也(五五)！」眾咸服之(五六)。

(十六)己亥，齊立上皇子弘為齊安王(五七)，仁固為北平王，仁英為高平王，仁光為淮南王。

六月，齊遣兼散騎常侍章道儒來聘(五八)。

(十七)丙寅，葬文皇帝于永寧陵，廟號世祖。

(十八)秋，七月，戊寅，周築武功等諸城(五九)，以置軍士。

(十九)丁酉，立妃王氏為皇后(六〇)。

(廿)八月，齊上皇如晉陽。

(廿一)周信州蠻冉令賢、向五子王等，據巴峽(六一)反，攻陷白帝(六二)，黨與連結，二千餘里，周遣開府儀同三司元契、趙剛等，前後討之，終不克。九月，詔開府儀同三司陸騰督開府儀同三司王亮、司馬裔討之，騰軍於湯口(六三)，令賢於江南據險要，置十城，遠結涔陽蠻(六四)為聲援(六五)，自帥精卒固守水邏城。騰召諸將問計，皆欲先取水邏，後攻江南。騰曰：「令賢內恃水邏金湯之固(六六)，外託涔陽輔車(六七)之援，資糧充實，器械精新，以我懸軍攻其嚴壘(六八)，脫(六九)一戰不克，更成其氣(七〇)；不如頓(七一)軍湯口，先取江南，翦其羽毛，然後進軍水邏，此制勝之術也。」乃遣王亮帥眾度江，旬日拔其八城，捕虜及納降(七二)各千計，遂間募驍勇(七三)，數道進攻水邏，蠻帥冉伯犂、冉安西，素與令賢有仇，騰說誘賂以(七四)金帛，使為鄉導。水邏之旁有石勝城，令賢使其兄子龍真據之，騰密誘龍真，龍真遂以城降，水邏眾潰，斬首萬餘級，捕虜萬餘口，令賢走，追獲，斬之。騰積骸於水邏城側，為京觀(七五)，是後羣蠻望之，輒大哭，不敢復叛。向五子王據石墨城，使其子寶勝據雙城，水邏既平，騰頻遣諭之(七六)，猶不下，進擊，皆擒之，盡斬諸向酋長，捕虜萬餘口。信州舊治白帝，騰徙之於八陳灘北(七七)，以司馬裔為信州刺史(七八)。

(廿)小吏部(七九)隴西辛昂奉使梁益，且為騰督軍糧，時臨、信、楚、合等州(八〇)民多從亂，昂諭以禍福，赴者如歸(八一)，乃令老弱負糧，壯夫拒戰，咸樂為用。使還，會巴州萬榮郡(八二)民反，攻圍郡城，遏絕山路，昂謂其徒曰：「凶狡猖狂，若待上聞(八三)，孤城必陷，苟利百姓(八四)，專之可也(八五)。」遂募通、開二州(八六)，得三千人，倍道兼行(八七)，出其不意，直趣賊壘，賊以為大軍至，望風瓦解，一郡獲全，周朝嘉之，以為渠州(八八)刺史(八九)。

(廿三)冬，十月，齊以侯莫陳相為太傅(九〇)，任城王湝為太保，婁叡為大司馬，馮翊王潤為太尉，開府儀同三司韓祖念為司徒(九一)。

(廿四)庚申，帝享太廟。

(廿五)十一月，乙亥，周遣使來弔。

(廿六)丙戌，周主行視武功等新城。十二月庚申，還長安。

(廿七)齊河間王孝琬怨執政(九二)，為草人而射之，和士開、祖珽譖之於上皇曰：「草人，以擬聖躬(九三)也。又前突厥至幷州，孝琬脫兜鍪抵地(九四)云：『我豈老嫗(九五)，須著此物。』此言屬大家也(九六)。又魏世謠言：『河南種穀河北生，白楊樹上金雞鳴。』河南北者，河間也(九七)，孝琬將建金雞大赦耳(九八)。」上皇頗惑之，會孝琬得佛牙，置第內，夜有光，上皇聞之，使搜之，得填庫(九九)稍幡數百，上皇以為反具(一〇〇)，收訊諸姬，有陳氏者，無寵，誣孝琬云：「孝琬常畫陛下像而哭之，其實世宗(一〇一)像也。」上皇怒，使武衞赫連輔玄倒鞭檛之(一〇二)，孝琬呼叔，上皇曰：「何敢呼我為叔！」孝琬曰：「臣神武皇帝嫡孫，文襄皇帝嫡子，魏孝靜皇帝之甥(一〇三)，何為不得呼叔？」上皇愈怒，折其兩脛而死(一〇四)。安德王延宗哭之淚赤(一〇五)，又為草人，鞭而訊之曰：「何故殺我兄(一〇六)？」奴告之，上皇覆延宗於地(一〇七)，馬鞭鞭之二百，幾死(一〇八)。

(廿七)是歲，齊賜侍中、中書監元文遙姓高氏，頃之，遷尚書左僕射。魏末以來，縣令多用廝役(一〇九)，由是士流(一一〇)恥為之，文遙以為縣令，治民之本，遂請革選(一一一)，密擇貴遊子弟(一一二)，發敕用之，猶恐其披訴(一一三)，悉召之，集神武門，令趙郡王叡宣旨唱名(一一四)，厚加慰諭而遣之，齊之士人為縣，自此始(一一五)。

【今註】(一)齊主祀圓丘：《隋書・禮儀志》一：「齊制，圓丘方澤，並三年一祭，謂之禘祀。圓丘在國南郊。圓丘則以蒼璧束帛，正月上辛，祀昊天上帝於其上。」㊁祫太廟：《隋書．禮儀志》二：「後齊太廟，春祠，夏礿，秋嘗，冬烝，皆以孟月，幷臘凡五祭。三年一禘，五年一祫，謂之殷祭。」㊂周遣小載師：胡三省曰：「五代志：『後周置載師，掌任土之法，辯夫家田里之數，會六畜車乘之稽，審賦役歛弛之節，制畿疆脩廣之役，頒施惠之要，審牧產之政。』」㊃臺閣眾事：《陳書．到中舉傳》：「尚書中事，皆使仲舉斷決。」是臺閣即尚書臺也。㊄上不豫，臺閣眾事……中書舍人劉師知，入侍醫藥：按此段乃錄自《陳書．孔奐傳》，字句大致相同。㊅欲遵太伯之事：謂以天下讓也。㊆太子伯宗柔弱……頊拜伏泣涕固辭：按此段乃錄自《陳書．廢帝紀》，字句大致相同。㊇三方：謂北齊後周及陳。㊈近則晉成：晉成帝立母弟為嗣，事見卷九十七咸康八年。則，效也。㊉遠隆殷法：隆，崇宗。殷法，兄終弟及。⑪御膳違和：謂進膳而失和正，喻其得病之因甚輕。⑫痊復：謂痊癒康復。⑬春秋鼎盛：喻年齡甚青。⑭躋：升，進。⑮介弟：大弟。⑯不敢聞詔：謂不敢聽奉詔旨。⑰遺直：言其人直道而行，有古人之遺風也。《左傳》昭十四年：「仲尼曰，『叔向，古之遺直也。』」⑱上又謂仲舉奐等曰……乃以奐為太子詹事：按此段乃錄自《陳書．孔奐傳》，字句幾全相同。⑲將順：獨順持。⑳正救：匡正補救。㉑夫人臣之事君，將順其美，正救其惡：胡三省曰：「此孝經記夫子之言。」㉒為不誠：謂為不誠心。㉓竇嬰面辯，袁盎廷爭：竇嬰事見卷十六漢景帝三年。袁盎事見十二年。㉔防微杜漸：防止微隙，杜絕漸浸。㉕覬覦：謂窺伺，音冀俞。㉖宣告：佈告。㉗使世祖有宋宣之美：文見《左傳》隱三年，大略為宣公舍其子與夷而立其弟穆公，穆公卒，捨其子馮而立與夷，君子曰宋宣公可謂知人矣，立穆公其子饗之，命以義夫！㉘高宗無楚靈之患：《左傳》昭元年：「冬、楚公子圍入問王疾，縊而弒之，遂殺其二子幕及平夏。楚靈王即位。」㉙保輔：保護輔弼。㉚如晉之荀息：《左傳》僖九年：「晉獻公使荀息傅奚齊，公疾，召之。息稽首而對曰，『臣竭股肱之力，加之以忠貞，不濟，則以死寵繼之。』公薨，里克殺奚齊於次。荀息將死之。人曰，『不如立卓子而輔之。』荀息立公子卓。十一月，里克殺公子卓於朝，荀息死之。」㉛趙之肥義：肥義事見卷四周赧王二十年。㉜逆探其情而求合焉：謂揣測其意，而求迎合之。㉝姦詖之尤者：謂姦詖中之尤甚者。㉞豈不悖哉：謂豈不謬悖而違於理！㉟明察：謂明達洞知細物。㊱刺閨取外事分判者：閨、宮中小門。就閨門中刺取俟待處分判斷之宮外事案。㊲更籤：更籌。㊳鎗然：籤投地所作之聲。㊴上起自艱難……吾雖眠，亦令驚覺：按此段乃錄自《陳書・世祖紀》天康元年文，字句大致相同。㊵吐谷渾龍涸王莫昌帥部落附於周，以其地為扶州：《隋書・地理志》上：「同昌郡、嘉誠縣，後周置縣幷龍涸郡，及扶州總管府。」又此數句乃錄自《周書・武帝紀》天和元年文，字句幾全相同。㊶庚寅，以安成王頊為驃騎大將軍……御史中丞徐陵為吏部尚書：按此段乃錄自《陳書・廢帝紀》天康元年文，字句大致相同。㊷選授多濫：銓選授任，多致雜濫。㊸凶荒：凶年荒亂。㊹王太尉接荊州之禍敗：王太尉謂王僧辯。荊州禍敗，謂江陵陷沒。㊺官方：官道。㊻窮：極。㊼永安之時：《陳書・徐陵傳》作：「永定之時。」永定為高祖年號，當改作永定。㊽黃札易營：除拜之璽書率為黃紙，故曰黃札。易營、謂易作。㊾權以官階，代於錢絹：

按陳時以錢絹為交易媒介，此乃指鬻爵而言。〔五〇〕員外：正額外之官員，名曰員外，所謂散職而不任事者。〔五一〕比肩：肩與肩相並，喻其多也。〔五二〕諮議參軍：皆為閒缺，而不任事。〔五三〕朝章：朝廷之章程。〔五四〕日富年華：謂一日富於一日，一年華於一年。〔五五〕非理望也：謂非理國者之所望也。〔五六〕陵以梁末以來……眾咸服之：按此段乃錄自《陳書・徐陵傳》，除刪削外，字句幾全相同。〔五七〕齊立上皇子弘為齊安王：按上皇即太上皇，《北齊書》皆作太上皇，當添上字。又弘，《北齊書・後主紀》天統元年文作仁弘。〈查武成十三王傳〉：「齊安王廓，字仁弘。」是弘當作仁弘也。〔五八〕己亥、齊立上皇子弘……韋道儒來聘：按此段乃錄自《北齊書・後主紀》天統元年文，字句全相同。〔五九〕周築武功等諸城：按《周書・武帝紀》：「天和元年七月，築武功、郿、斜谷、武都、留谷、津坑諸城。」〔六〇〕七月丁酉，立妃王氏為皇后：按《陳書・廢帝紀》：「天康元年八月丁酉，立妃王氏為皇后。」是此當改列於八月之下。〔六一〕巴峽：即今三峽中之巫峽。〔六二〕白帝：即白帝城，在今四川省奉節縣東白帝山。〔六三〕湯口：《水經》：「江水自朐䏰縣東逕瞿巫灘，左則湯溪水注之，謂之湯口。」〔六四〕滂陽蠻：《九域志》：「江陵府公安縣有滂陽鎮。」〔六五〕聲援：聲勢之援助。〔六六〕金湯之固：謂金城湯池之固。〔六七〕輔車：《左傳》僖五年注：「輔，頰輔；車，牙車。」疏：「釋名曰：『頤、或曰輔車，其骨彊，可以輔持其口，或謂牙車，牙所載也。』」意為相助。〔六八〕嚴壘：嚴固之堡壘。〔六九〕脫：假設辭，猶萬一。〔七〇〕更成其氣：謂更長成其氣焰。〔七一〕頓：停頓。〔七二〕納降：招納投降者。〔七三〕間募驍勇：《周書・異域蠻傳》作：「簡募驍勇。」較恰。〔七四〕賂以：猶遺以。〔七五〕京觀：謂大觀，即大塚也。〔七六〕遣諭之：

謂遣人諭之。(七七)八陣灘北：諸葛亮壘石為八陣，在今四川省奉節縣南。(七八)周信州蠻冉令賢……以司馬畜為信州刺史：按此段乃錄自《周書・異域蠻傳》，字句大致相同。(七九)小吏部：屬天官。(八〇)時臨、信、楚、合等州：《隋書・地理志》上：「巴東郡、臨江縣，後周置臨州。巴郡，梁置楚州。涪陵郡，西魏置合州。」(八一)赴者如歸：赴者如歸市。(八二)巴州萬榮郡：《隋書・地理志》上：「清化郡、舊置巴州。又永穆縣，舊置萬榮郡。」(八三)上聞：奏之於上。(八四)苟利百姓：謂設於百姓有利。(八五)專之可也：專行之，即專興兵伐之。(八六)通開二州：《隋書・地理志》上：「通川郡，梁置萬州，西魏曰通州。又所領之西流縣，後魏曰漢興，西魏改焉，又置開州。」(八七)倍道兼行：即晝夜兼行。(八八)渠州：《隋書・地理志》上：「宕渠郡，梁置渠州。」(八九)小吏部隴西辛昂……以為渠州刺史：按此段乃錄自《周書・辛慶之附昂傳》，字句大致相同。(九〇)冬十月，齊以侯莫陳相為太傅：按《北齊書・後主紀》天統二年十月文作：「己卯，以侯莫陳相為太傅。」當從添己卯二字。(九一)齊以侯莫陳相為太傅……韓祖念為司徒：按此段乃錄自《北齊書・後主紀》天統二年文，字句幾全相同。(九二)怨執政：怨讒殺其兄孝瑜。(九三)草人、以擬聖躬：謂為草人以擬今之皇帝。(九四)脫兜鍪抵地：兜鍪即冑，俗謂之盔。謂脫而投於地上。(九五)我豈老嫗：謂我豈是老婆。(九六)此言屬大家也：此時謂天子為大家，言比上皇於婦人。(九七)河南北者，河間也：在河南北之間者，即河間之地。(九八)將建金雞大赦耳：《隋書・禮儀志》：「後齊赦日，武庫令設金雞及鼓於闕門外之右，集囚於闕前，檛鼓千聲，釋焉。」《爾雅翼》：「海中星占曰，『天雞聲動為有赦。』故後魏北齊赦日，皆設金雞揭于竿。」(九九)填庫：

填讀曰鎮，《北齊書・文襄六王河間王孝琬傳》作鎮庫。鎮庫即壓庫，意取其饒裕而不空也。(四〇)反具：謂造反之器械。(四一)世宗：孝琬父澄，謚文襄皇帝，廟號世宗。(四二)倒鞭檛之：謂執鞭之小頭，而以大頭檛之。(四三)魏孝靜皇帝之甥：《北齊書・文襄元后傳》：「文襄敬皇后元氏，魏孝靜帝之妹也。」故云為孝靜帝之甥。(四四)齊河間王孝琬怨執政……折其兩脛而死：按此段乃錄自《北齊書・文襄六王河間王孝琬傳》，字句大致相同。(四五)哭之淚赤：謂泣盡而繼之以血。(四六)何故殺我兄：河間王孝琬為文襄第三子，延宗為文襄第五子，故呼之為兄。(四七)覆延宗於地：使延宗伏臥於地。(四八)安德王延宗哭之淚赤……鞭之二百，幾死：按此段乃錄自《北齊書・文襄六王安德王延宗傳》，字句大致相同。(四九)廝役：小廝僕役。(五〇)士流：謂士人之倫。(五一)革選：更改選舉。(五二)貴遊子弟：《周禮・地官・師氏》注：「王公之子弟，遊、無官司者。」(五三)披訴：謂披奏而申訴。(五四)宣旨唱名：宣佈意旨，及唱選為縣令者之姓名。(五五)是歲，齊賜侍中、中書監元文遙……齊之士人為縣自此始：按此段乃錄自《北齊書・元文遙傳》，字句大致相同。

卷一百七十 陳紀四

起彊圉大淵獻，盡重光單閼，凡五年。（丁亥至辛卯，西元五六七年至五七一年）

司馬光編集
曲守約註

臨海王

光大元年（西元五六七年）

㈠春，正月，癸酉朔，日有食之㊀。

㈡尚書左僕射袁樞卒。

乙亥，大赦，改元。

辛卯，帝祀南郊。

㈢壬辰，齊上皇還鄴。

㈣巳亥，周主耕籍田。

㈤二月，壬寅朔，齊主加元服㊁，大赦。

㈥初，高祖為梁相，用劉師知為中書舍人，師知涉學工文，練習儀體㊂，歷世祖朝，雖位宦不遷，而委任㊃甚重，與揚州刺史、安成王頊，尚書僕射到仲舉，同受遺詔輔政，師知、仲舉，恆居禁中，參決⑤眾事，頊與左右三百人入居尚書省。師知見頊地望⑥權勢，為朝野所屬⑦，心忌之，與尚書左丞王暹⑧等謀出頊於外，眾猶豫未敢先發。東宮通事舍人⑨殷不佞，素以名節自任，又受委東宮，乃馳詣相府⑩⑪，矯敕⑫謂頊曰：「今四方無事，王可還東府，經理州務⑬。」頊將出，中記室⑭毛喜馳入見頊，曰：「陳有天下日淺⑮，國禍繼臻⑯，中外危懼，太后深惟至計⑰，令王入省⑱，共康庶績⑲。今日之言，必非太后之意，宗社之重，願王三思。須更聞奏⑳，無使姦人得肆其謀㉑。今出外即受制於人，譬如曹爽願作富家翁㉒，其可得邪㉓㉔！」頊遣喜與領軍將軍吳明徹籌之，明徹曰：「嗣君諒闇㉕，萬機㉖多闕，殿下親實周邵㉗，當輔安社稷，願留中勿疑㉘。」頊乃稱疾，召劉師知，留之與語，使毛喜先入，言於太后，太后曰：「今伯宗㉙幼弱，政事並委二郎㉚，此非我意。」喜又言於帝，帝曰：「此自師知等所為，朕不知也。」喜出，以報頊，頊因囚師知，自入見太后及帝，極陳師知之罪，仍自草敕請畫㉛，以師知付廷尉，其夜於獄中賜死。以到仲舉為金紫光祿大夫，王暹、殷不佞並付治㉜。不佞，不害之弟也，少有孝行，頊雅重之㉝，故獨得不死。免官而已㉞，王暹伏誅。自是國政盡歸於頊。右衛將軍、會稽韓子高鎮領軍府，在建康諸將中，士馬㉟最盛，與仲舉通謀，事未發，毛喜請簡㊱士馬配子高㊲，幷賜鐵炭㊳，使脩器甲。頊驚曰：「子高謀反，方欲收執㊴，何為更如是邪！」喜曰：「山陵始畢，邊冠尚多，而子高受委前朝，名為杖順㊵，若收之，恐不即授首㊶，或能為人患㊷，宜推心安誘㊸，使不自疑，伺閒㊹圖之，一壯士之力耳。」頊深然之㊺。

【考異】陳書文沈后傳云：「安成王既專，沈太后憂悶，計無所出，乃密賂宦者蔣裕，令誘建安人張安國，使據郡反，冀因此以圖高宗，安國事覺，並為高宗所誅，時后左右近侍頗知其事，后恐連逮黨與，並殺之。」按后欲圖高宗，而令安國據建安反，理不相涉，且後若實有此謀，高宗既立，後豈得自全！今刪去。

仲舉既廢歸私第，心不自安，子郁，尚世祖妹信義長公主㊻，除南康內史，未之官；子高亦自危，求出為衡廣諸鎮，郁每乘小輿，蒙婦人衣，與子高謀。會前上虞令陸昉及子高軍主，告其謀反。頊在尚書省，因召文武在位，議立皇太子，平旦㊼，仲舉、子高入省，皆執之，并郁送廷尉，下詔於獄賜死。【考異】陳書子高傳，死在光大元年八月，按華皎傳，子高誅後，皎始謀叛，帝紀、此年五月皎已謀反，又慈訓太后令，先言劉師知，子高誅後，乃及余孝頃。始興王伯茂傳，師知等誅後，伯茂乃進號中衛。然則，子高傳誤也。餘黨一無所問㊽。

辛亥，南豫州刺史余孝頃坐謀反誅。

癸丑，以東揚州刺史、始興王伯茂為中衛大將軍㊾、開府儀同三司。伯茂，帝之母弟也。劉師知、韓子高之謀，伯茂皆預之，司徒頊恐扇動內外，故以為中衛，專使之居禁中，與帝遊處㊿㊿一。

三月，甲午，以尚書右僕射沈欽為侍中左僕射。

㈦夏，四月，癸丑，齊遣散騎常侍司馬幼之來聘。

㈧湘州刺史華皎，聞韓子高死，內不自安㊿三，繕甲聚徒㊿三，撫循所部，啓求㊿四廣州，以卜㊿五朝廷之意；司徒頊偽許之，而詔書未出。皎遣使潛引周兵，又自歸於梁㊿六，以其子玄譻為質。五月，癸巳，頊以丹楊尹吳明徹為湘州刺史。

㈨甲午，齊以東平王儼為尚書令。

㈩司徒頊遣吳明徹帥舟師三萬，趣郢州，丙申，遣征南大將軍淳于量帥舟師五萬繼之，又遣冠武將軍㊼楊文通從安成步道出茶陵，巴山太守黃法慧從宜陽㊽出澧陵，共襲華晈，并與江州刺史章昭達、郢州刺史程靈洗合謀進討㊾。六月，壬寅，以司空徐度為車騎將軍，總督建康諸軍，步道趣湘州。

㈩㈠辛亥，周主尊其母叱奴氏為皇太后。

㈩㈡己未，齊封皇弟仁機為西河王，仁約為樂浪王，仁儉為潁川王，仁雅為安樂王，仁直為丹楊王㊿，【考異】北齊書帝紀名統，今從列傳，統謂仁直。仁謙為東海王(61)。

㈩㈢華晈使者至長安，梁王亦上書言狀，且乞師，周人議出師應之。司會(62)崔猷曰：「前歲東征，死傷過半(63)，比雖循撫(64)，瘡痍(65)未復，今陳氏保境息民(66)，共敦(67)鄰好，豈可利其土地，納其叛臣，違盟約之信，興無名之師乎(68)！」晉公護不從(69)。閏六月，戊寅，遣襄州摠管衛公直督柱國陸通、大將軍田弘、權景宣、元定等將兵助之(70)。

㈣辛巳，齊左丞相、咸陽武王斛律金卒，年八十，長子光為大將軍，次子羨及孫武都並開府儀同三司，出鎮方岳㈦，其餘子孫封侯顯貴者甚眾，門中一皇后、二太子妃㈦、三公主㈦，事齊貴寵，三世無比。自肅宗以來，禮敬尤重，每朝見，常聽乘步挽車㈦至階，或以羊車㈦迎之。然金不以為喜，嘗謂光曰：「我雖不讀書，聞古來外戚鮮有能保其族者，女若有寵，為諸貴所嫉㈦，無寵，為天子所憎，我家直以㈦勳勞致富貴，何必藉女寵也㈦。」

㈤壬午，齊以東平王儼錄尚書事，以左僕射趙彥深為尚書令，幷省尚書左僕射婁定遠為左僕射㈦，中書監徐之才為右僕射㈧。定遠，昭之子也。

㈥秋，七月，戊申，立皇子至澤為太子。

㈦八月，齊以任城王湝為太師，馮翊王潤為大司馬，段韶為左丞相，賀拔仁為右丞相，侯莫陳相為太宰，婁叡為太傅，斛律光為太保，韓祖念為大將軍，趙郡王叡為太尉，東平王儼為司徒〔八一〕。儼有寵於上皇及胡后，時兼京畿大都督、領軍大將軍，領御史中丞。魏朝故事，中丞出與皇太子分路〔八二〕，王公皆遙駐車去牛〔八三〕，頓軛於地〔八四〕，以待其過〔八五〕，其或遲違〔八六〕，則前驅〔八七〕以赤棒〔八八〕棒之。自遷鄴以後，此儀〔八九〕廢絕，上皇欲尊寵儼，命一遵〔九〇〕舊制。儼初從北宮出，將上中丞〔九一〕，凡京畿步騎〔九二〕領軍官屬，中丞威儀〔九三〕，司徒鹵簿〔九四〕，莫不畢從，上皇與胡后張幕於華林園東門外而觀之，遣中使驟馬趣仗〔九五〕，不得入，自言奉敕〔九六〕，赤棒卒應聲碎其鞍〔九七〕，馬驚人墜，上皇大笑，以為善。更敕駐車，勞問〔九八〕良久，觀者傾鄴城〔九九〕。儼恒在宮中，坐含光殿視事〔一〇〇〕，諸父皆拜之〔一〇一〕，上皇或時如幷州，儼恒居守〔一〇二〕，每送行，或半路，或至晉陽，乃還；器玩服飾，皆與齊主同，所須，悉官給〔一〇三〕。嘗於南宮〔一〇四〕見新冰早李〔一〇五〕，還怒曰：「尊兄〔一〇六〕已有，我何意無〔一〇七〕！」自是齊主或先得新奇，屬官及工人必獲罪〔一〇八〕。儼性剛決，嘗言於上皇曰：「尊兄懦〔一〇九〕，何能帥左右〔一一〇〕。」上皇每稱其才，有廢立意，胡后亦勸之，既而中止〔一一一〕。

㈩華皎遣使誘章昭達，昭達執送建康，又誘程靈洗，靈洗斬之。皎以武州㉒居其心腹，遣使誘都督陸子隆，子隆不從，遣兵攻之，不克。巴州㉓刺史戴僧朔等並隸於皎，長沙太守曹慶等本隸皎下，途為之用。司徒頊恐上流守宰㉔皆附之，乃曲赦湘巴二州。九月，乙巳，悉誅皎家屬㉕。梁以皎為司空，遣其柱國王操將兵二萬助之，周權景宣將水軍，元定將陸軍，衛公直揔之，與皎俱下。淳于量軍夏口，直軍魯山，使元定以步騎數千圍郢州，【考異】陳帝紀云：「步騎二萬。」蓋夸誕之辭，今從周帝紀。皎軍於白螺㉖，與吳明徹等相持。徐度、楊文通由嶺路襲湘州㉗，盡獲其所留軍士家屬。皎自巴陵與周梁水軍，順流乘風而下，軍勢甚盛，戰於沌口，量、明徹募軍中小艦，多賞金銀，令先出，當西軍大艦，受其拍㉘，西軍諸艦發拍皆盡，然後量等以大艦拍之，西軍艦皆碎，沒於中流㉙。西軍又以艦載薪，因風縱火㉚，俄而風轉自焚，西軍大敗，皎與戴僧朔單舸走，過巴陵不敢發岸㉛，徑奔江陵㉜；衛公直亦奔江陵。元定孤軍進退無路，斫竹開徑，且戰且引，欲趣巴陵，巴陵已為徐度等所據，度等遣使偽與結盟，許縱之還國，定信之，解仗㉓就度，度執之，盡俘其眾，【考異】陳書云：「獲萬餘人，馬四千匹。」亦恐夸誕，今不取。幷擒梁大將軍李廣，定憤恚而卒㉔㉕。皎黨曹慶等四十餘人並伏誅，唯以岳陽太守㉖章昭裕、昭達之弟，桂陽太守㉗曹宣、高祖舊臣，衡陽內史㉘、汝陰任忠，嘗有密啓，皆宥㉙㉚之。吳明徹乘勝攻梁河東，拔㉛之。周衞公直歸罪於梁柱國殷亮，梁主知非其罪，然不敢違，遂誅之㉜。周與陳既交惡，周沔州刺史裴寬㉝白襄州摠管，請益戍兵㉞，幷遷城於羊蹄山，以避水。摠管兵未至，程靈洗舟師奄至城下，會㉟大雨，水暴漲㊱，靈洗引大艦臨城，發拍擊樓堞㊲㊳，皆碎，矢石晝夜攻之，三十餘日，陳人登城，寬猶帥眾執短兵㊴拒戰，又二日乃擒之㊵。

(十九)丁巳，齊上皇如晉陽，山東水飢㊶，僵尸滿道。

(廿)冬，十月，甲申，帝享太廟。

(廿一)十一月，戊戌朔，日有食之。

(廿二)丙午，齊大赦㊷。

(二三)癸丑，周許穆公宇文貴自突厥還，卒於張掖(四三)。

(二四)齊上皇還鄴。

(二五)十二月，周晉公護母卒，詔起令視事。

(二六)齊祕書監祖珽與黃門侍郎劉逖友善，珽欲求宰相，乃疏(四四)趙彥深、元文遙、和士開罪狀，令逖奏之，逖不敢通，彥深等聞之，先詣上皇自陳，上皇大怒，執珽詰之，珽因陳士開、文遙、彥深等朋黨弄權(四五)，賣官鬻獄事。上皇曰：「爾乃誹謗我。」珽曰：「臣不敢誹謗陛下取人女。」上皇曰：「我以其飢饉，收養之耳(四六)。」珽曰：「何不開倉振給，乃買入後宮乎！」上皇益怒，以刀環築其口(四七)，鞭杖亂下，將撲殺(四八)之，珽呼曰：「陛下勿殺臣，臣為陛下合金丹(四九)。」遂得少寬，珽曰：「陛下有一范增不能用。」上皇又怒曰：「爾自比范增，以我為項羽邪！」珽曰：「項羽布衣，帥烏合之眾，五年而成霸業，陛下藉父兄之資(五〇)，纔得至此，臣以為項羽未易可輕(五一)。」上皇愈怒，令以土塞其口，珽且吐且言，乃鞭二百，配甲坊(五二)，尋徙光州，敕令牢掌㊾，別駕張奉福㊿曰：「牢者，地牢也㊿。」乃置地牢中，桎梏不離身，夜以蕪菁子㊿為燭，眼為所熏，由是失明㊿。

(廿七)齊七兵尚書㊿畢義雲，為治酷忍㊿，非人理所及㊿，於家尤甚，夜為盜所殺，遺其刀，驗之，其子善昭所佩刀也，有司執善昭誅之㊿。

【今註】㊀癸酉朔，日有食之：按日食率不載《陳書・諸帝紀》，而多載於《周書・帝紀》，《通鑑》於敘此期中之日食，多本自《周書》，此讀者所應知者。㊁元服：《漢書・昭帝紀》注：「元、首也，冠者首之所著，故曰元服。」㊂師知涉學工文，練習儀體：按《陳書・劉師知傳》作：「師知好學，有當世才，博涉書史，工文筆，善儀體，臺閣故事多所詳悉。」《通鑑》文即指此而言。又儀體謂朝儀及國體。㊃委任：委亦任也，二字為複合辭。㊄參決：參預決斷。㊅地望：地位聲望。㊆朝野所屬：為朝野所屬目，《陳書・殷不害附不佞傳》作：「為朝望所歸。」是所屬目亦即所歸也。㊇尚書左丞王暹：按〈殷不佞傳〉作：「尚書右丞王暹。」此則從〈到仲舉傳〉，作左丞王暹。㊈東宮通事舍人：《隋書・百官志》上：「梁制，中舍人四人，又有通事守舍人，典事守舍人，典法守舍人員。」㊉相府：是時，以尚書省為相府。⑪師知見頊地望權勢……乃馳詣相府：按此段乃錄自《陳書・孝行殷不害附不佞傳》，字句大致相同。⑫矯敕：謂假託君主之敕令。⑬州務：謂揚州事務。⑭中記室：《隋書・百官志》上：「梁制，嗣王庶姓公府，中錄事、中記室為六班。」⑮日淺：謂為時尚短。⑯繼臻：謂連續而至。⑰深惟至計：深思大計。⑱入省：入尚書省。⑲共康庶績：謂共安眾職。⑳須更聞奏：謂應再奏報太后。㉑中記室毛喜馳入見頊……無使姦人得肆其謀：按此段乃錄自《陳書・毛喜傳》，字句大致相同。㉒譬如曹爽願作富家翁：曹爽事見卷四十五魏邵陵厲公嘉平元年。㉓其可得邪：謂豈可得耶！㉔今出外即受制於人……其可得邪：按此數句乃錄自《陳書・世祖沈后傳》，字句幾全相同。㉕諒闇：天子居喪之廬，此謂居喪。㉖萬機：謂諸多事務。㉗親實周邵：與帝室之親，實與周公邵公無二。㉘項遣喜與領軍將軍吳明徹籌之……願留中無疑：按此段乃錄自《陳書・吳明徹傳》，字句大致相同。㉙伯宗：陳廢帝之名。㉚並委二郎：文帝居長，頊居次，故稱為二郎。並委，全任也。㉛仍自草敕請畫：謂因自己起草敕文，而令帝畫可。㉜付治：謂付有司治罪。㉝雅重之：甚重之。㉞不佞，不害之弟也……免官而已：按此段乃錄自《陳書・殷不害附不佞傳》，字句大致相同。㉟士馬：謂士卒及馬匹，與兵馬之意頗相同。㊱簡：簡選。㊲配子高：配與子高。㊳鐵炭：為脩器甲之原料。㊴收執：收錄執縛。㊵名為杖順：在名義上，乃係杖順正之勢。㊶授首：授與首級。㊷能為人患：謂能為我患。㊸安誘：安而誘之。㊹伺閒：窺伺閒隙。㊺右衞將軍會稽韓子高……一壯士之力耳，頊深然之：按此段乃錄自《陳書・毛喜傳》，字句大致相同。㊻信義長公主：《隋書・地理志》下：「吳郡常熟縣，梁置信義郡。」㊼平旦：明旦。㊽仲舉既廢歸私第……餘黨一無所問：按此段乃錄自《陳書・到仲舉及韓子高傳》，字句大致相同。㊾伯茂為中衛大將軍：《隋書・百官志》上：「梁制、四中：軍、衛、撫、護，止施內。」㊿遊處：遊止。(51)伯茂、帝之母弟也……與帝遊處：按此段乃錄自《陳書・世祖九王始興王伯茂傳》，字句大致相同。(52)內不自安：謂心不自安。(53)繕甲聚徒：繕治甲兵，召聚徒屬。(54)啓求：謂上表啓以求之。(55)卜：占卜，此謂測知。(56)湘州刺史華皎聞韓子高死……又自歸於梁：按此段乃錄自《陳書・華皎傳》，字句大致相同。(57)冠武將軍：《隋書・百官志》一：「梁置冠武將軍，與折衝同班。」(58)宜陽：即宜春，晉孝武帝避太后之諱，改名宜陽。今江西省宜春縣。(59)又遣冠武將軍楊文通……程靈洗合謀進討：按此段乃錄自《陳書・華皎傳》，字句大致相同。(60)仁直為丹楊王：考異曰：「北齊書帝紀名統，今從列傳統謂仁直。」按名統，《北齊書・後主紀》天統三年文，作名仁統，二統上當俱添仁字，以免誤認僅名曰統。(61)己未，齊封皇弟仁機……仁謙為東海王：按此段乃錄自《北齊書・後主紀》天統三年文，字句大致相同。(62)司會崔猷：按《周書・崔猷傳》，猷時為司會中大夫，是司會乃司會中大夫之省稱。(63)前歲東征，死傷過半：謂攻齊洛陽。(64)循撫：循行安撫，〈崔猷傳〉作撫循，與通常之用法合。(65)瘡痍：喻民生凋弊。(66)息民：與民休息。(67)敦：厚重。(68)無名之師：謂舉兵無正當之名義。(69)周人議出師應之……晉公護不從：按此段乃錄自《周書・崔猷傳》，字句大致相同。(70)戊寅，遣襄州揔管衞公直……元定等將兵助之：按此數句乃錄自《周書・武帝紀》天和二年文，字句幾全相同。(71)出鎮方岳：斛律羨鎮幽州，武都鎮梁兗二州。(72)一皇后、二太子妃：金子光長女，孝昭納為太子妃，次女、武成納為太子妃，後主受內禪，立為皇后。(七三)三公主：胡三省曰：「按後祖珽言光男尚公主。蓋光子武都、世雄、恆伽，皆尚主也。」(七四)步挽車：不用牛馬令人步挽之。(七五)羊車：《隋書・禮儀志》五：「羊車，其制如輅車，駕以果下馬，其大如羊。」按此即漢代所言之小馬車。《漢書・霍光傳》：「召皇太后御小馬車。」注：「漢廄有果下馬，高三尺，以駕輦。」(七六)業諸貴所嫉：謂為諸貴嬪妃所嫉妒。(七七)直以：只以。(七八)齊左丞相咸陽武王斛律金卒……何必藉女寵也：按此段乃錄自《北齊書・斛律金傳》，除次第有顛倒外，字句大致相同。(七九)幷省尚書左僕射婁定遠為左僕射：謂自幷省入為鄴省左僕射。(八〇)齊以東平王儼錄尚書事……徐之才為右僕射：按此段乃錄自《北齊書・後主紀》天統三年文，字句大致相同。(八一)八月，齊以任城王湝為太師……東平王儼為司徒：按此段乃錄自《北齊書・後主紀》天統三年文，字句大致相同。又封諸人官爵之日期，《後主紀》云辛未，當從添辛未二字。(八二)與皇太子分路：分路而行，不引車避道。(八三)駐車去牛：按晉代士大夫之車，率駕以牛，今由此文，知北齊王公之車，亦以牛駕之。(八四)頓軛於地：軛，轅前以扼牛之頸者，自牛頸釋下而安頓之於地上。(八五)以待其過：以待其過去，然後駕車，蓋以示敬禮也。(八六)其或遲違：其有遲延或不駐車者。(八七)前驅：前驅之卒。(八八)赤棒：棒之著紅色者，蓋為執法之所使用。(八九)此儀：此儀制。(九〇)一遵：全遵。(九一)將上中丞：謂將上中丞府。(九二)京畿步騎：以儼兼京畿大都督，故京畿步騎護隨之。(九三)威儀：猶儀仗。(九四)鹵簿：《春明夢餘錄》：「凡兵衞以甲盾居外，為導從捍禦，其先後皆著之簿籍，故曰鹵簿。」音魯。(九五)騾馬趣仗：謂馳馬督促儼之儀仗，趣古讀曰促。(九六)奉敕：奉敕令。(九七)應聲碎其鞍：謂立即擊碎其鞍。應聲喻其疾也。(九八)勞問：勞問儼。(九九)觀者傾鄴城：謂鄴城之人，盡出觀之。(一〇〇)視事：謂省覽政事。(一〇一)諸父皆拜之：諸父以係屬僚之故，而向之拜。(一〇二)居守：謂留守。(一〇三)悉官給：皆由官庫供給。(一〇四)於南宮：齊主時居鄴之南宮，儼從上皇胡后居北宮。(一〇五)新冰早李：早熟之李，而以冰鎮之。(一〇六)尊兄：儼呼齊主為尊兄。(一〇七)我何意無：意猶竟，謂我何竟無有。(一〇八)屬官及工人必獲罪：以其先奉齊主，而未奉儼，故罪之也。(一〇九)尊兄懦：〈琅邪王儼傳〉作：「阿兄懦。」阿為發語辭，上下皆可用之，蓋儼呼齊主，有時曰尊兄，有時則曰阿兄，完全隨其意向而為稱也。(一一〇)帥左右：謂領導左右臣屬。(一一一)儼有寵於上皇及胡后……胡后亦勸之，既而中止：按此段乃錄自《北齊書．武成十二王琅邪王儼傳》，字句大致相同。(一一二)武州：《隋書．地理志》下：「武陵郡，梁置武州。」(一一三)巴州：《隋書．地理志》下：「巴陵郡，梁置巴州。」(一一四)守宰：郡守縣宰。(一一五)家屬：家中所屬之人。(一一六)白螺：《水經》：「江水又東過彭城口，又東過如山北，又東過白螺山南。」(一一七)由嶺路襲湘州：嶺路即前所出安成宜陽之步道。(一一八)受其拍：戰船置拍竿，發之，以擊敵船。(一一九)沒於中流：謂沈沒於水中。(一二〇)因風縱火：藉風放火。(一二一)不敢發岸：〈華皎傳〉，發作登，當改從之。(一二二)巴州刺史戴僧朔等並隸於皎……不敢發岸，徑奔江陵：按此段乃錄自《陳書．華皎傳》，字句稍有不同。(一二三)解仗：放下器仗。(一二四)并擒梁大將軍李廣，定憤恚而卒：按《周書．元定傳》：「定遂為度等所執，送詣丹陽，居數月，憂憤發病卒。」是定憤恚而卒，當作定憤恚數月而卒，方符事實。(一二五)元定孤軍，進退無路……定憤恚而卒：按此段乃錄自《周書・元定傳》，字句大致相同。㉖岳陽太守：《隋書・地理志》下：「巴陵郡、湘陰縣，梁置岳陽郡。」㉗桂陽太守：《隋書・地理志》下：「桂陽郡、郴縣，梁置桂陽郡。」㉘衡陽內史：《隋書・地理志》下：「長沙郡、衡山縣，舊置衡陽郡。陳以衡陽為王國，故置內史。」㉙宥：饒宥。㉚皎黨曹慶等四十餘人……嘗有密啓，皆宥之：按此段乃錄自《陳書・華皎傳》，而稍有溢出。㉛河東：《隋書・地理志》下：「南郡、松滋縣，舊置河東郡。」㉜吳明徹乘勝攻梁河東……然不敢違，遂誅之：按此段乃錄自《周書・蕭詧附巋傳》，字句大致相同。㉝周沔州刺史裴寬：按《周書・裴寬傳》作：「復以寬為汾州刺史。」《陳書・程靈洗傳》則作：「沔州。」核《隋書・地理志》下：「沔陽郡，後周置復州，大業初改曰沔州。」《通鑑》有鑒於此，遂捨汾州，而取沔州，以入錄焉。㉞戍兵：戍守之兵。㉟會：適逢。㊱水暴漲：水突上漲。㊲發拍擊樓堞：《裴寬傳》作：「乃以大艦臨逼，拍干打樓，應即摧碎。」知拍即拍干，特不明其詳制究如何耳。㊳堞：城上女牆。㊴短兵：指刀劍言。㊵周沔州刺史裴寬……又二日乃擒之：按此段乃錄自《周書・裴寬傳》，而多有刪削。㊶丁巳、齊上皇如晉陽，山東水飢：按《北齊書・後主紀》天統三年作：「是秋，山東大水人饑。」為表明此水飢非一月一日之故，當從添是秋二字。㊷十一月丙午，齊大赦：按《北齊書・後主紀》天統三年十一月文作：「甲午，以晉陽大明殿成，故大赦。」以《周書・武帝紀》天和二年十一月戊戌朔日有蝕之，加以推算，則《通鑑》作丙午，為是。㊸周許穆公宇文貴自突厥還，卒於張掖：《周書・宇文貴傳》：「保定之末，使突厥迎皇后。」蓋其至突厥，乃為迎皇后也。㊹疏：

謂上疏。㊺弄權：舞弄權勢。㊻我以其飢饉，收養之耳：〈祖珽傳〉作：「我以其儉餓，故收養之。」文較流暢。㊼築其口：謂擊其口。㊽撲殺：擊殺。㊾合金丹：謂合諸藥而製金丹。㊿藉父兄之資：謂藉父兄之資業。(51)未易可輕：謂非隨便可加輕視。(52)配甲坊：配發至製鎧甲之坊，以充徒役。(53)牢掌：謂於牢中掌管之。(54)別駕張奉福：〈祖珽傳〉作：「別駕張奉禮。」(55)牢者地牢也：按〈祖珽傳〉：「牢者、地牢也，乃為深坑。」是地牢者，乃於地為深坑之謂。(56)蕪青子：胡三省曰：「本草：『蕪菁主明目。』今珽由是失明，蓋其子餌之則明目，以之為燭，則煙薰眼而失明。」(57)齊秘書監祖珽……眼為所薰，由是失明：按此段乃錄自《北齊書・祖珽傳》，字句大致相同。(58)齊七兵尚書：杜佑曰：「魏始置五兵尚書，謂中兵、外兵、別兵、都兵、騎兵也。晉分中外各為左右，雖與舊為七曹，唯有五兵尚書，無七兵尚書之名。至後魏始有七兵尚書，今諸家著述，或謂晉太康中置七兵尚書，誤矣。」(59)酷忍：《北齊書・畢義雲傳》：「然酷暴殘忍。」即酷忍之詳釋。(60)非人理所及：謂非具人理者之所忍為。(61)齊七兵尚書畢義雲……有司執善昭誅之：按此段乃錄自《北齊書・畢義雲傳》，而刪削處甚多，由之足知《北齊書》行文，實不免有蕪雜之失。

二年（西元五六八年）

㈠春，正月，己亥，安成王頊進位太傅，領司徒，加殊禮。

㈡辛丑，周主祀南郊。
㈢癸亥，齊主使兼散騎常侍鄭大護來聘。
㈣湘東忠肅公徐度卒。
㈤二月，丁卯，周主如武功。
㈥突厥木杆可汗貳於周㊀，更許齊人以昏，留陳公純等數年不返㊁，會大雷風，壞其穹廬㊂，旬日不止，木杆懼，以為天譴㊃，即備禮送其女於周，純等奉之以歸。三月，癸卯，至長安，周主行親迎之禮㊄㊅。甲辰，周大赦。
㈦乙巳，齊以東平王儼為大將軍，南陽王綽為司徒，開府儀同三司徐顯秀為司空，廣寧王孝珩為尚書令㊆。
㈧戊午，周燕文公于謹卒。謹勳高位重，而事上益恭，每朝參㊇所從，不過二三騎，朝廷有大事，多與謹謀之，謹盡忠補益㊈，於功臣中特被親信，禮遇隆重，始終無間㊉。教訓諸子，務存靜退⑪，而子孫蕃衍⑫，率皆顯達⑬。
㈨吳明徹乘勝進攻江陵，引水灌之，梁主出頓紀南⑭以避之。周摠管田弘從梁主，副摠管高琳與梁僕射王操守江陵三城，晝夜拒戰，十旬，梁將馬武、吉徹擊明徹，敗之，明徹退保公安㈡㈤，梁主乃得還㈡㈥。

㈩夏，四月，辛巳，周以達奚武為太傅，尉遲迥為太保，齊公憲為大司馬。

㈩㈠齊上皇如晉陽。

齊尚書左僕射徐之才善醫，上皇有疾，之才療之，既愈，中書監和士開欲得次遷㈡㈦，乃出之才為兗州刺史㈡㈧。五月，癸卯，以尚書右僕射胡長仁為左僕射。士開為右僕射，長仁，太上皇后之兄也。

㈩㈡庚戌，周主享太廟，庚申，如醴泉宮㈡㈨。

㈩㈢壬戌，齊上皇還鄴。

㈩㈣秋，七月，壬寅，周隨桓公楊忠卒，子堅襲爵，堅為開府儀同三司、小宮伯㈢〇。晉公護欲引以為腹心，堅以白忠，忠曰：「兩姑之間難為婦㈢㈠。汝其勿往。」堅乃辭之。

㈩㈤丙午，帝享太廟。

㈥戊午，周主還長安。

㈦壬戌，封皇弟伯智為永陽王，伯謀為桂陽王。

㈧八月，齊請和於周，周遣軍司馬陸程聘於齊。九月，丙申，齊使侍中斛斯文略報之。

㈨冬，十月，癸亥，周主享太廟。

㈩庚午，帝享太廟。

(廿一)辛巳，齊以廣寧王孝珩錄尚書事，左僕射胡長仁為尚書令，右僕射和士開為左僕射，中書監唐邕為右僕射㉑。

(廿二)十一月，壬辰朔，日有食之。

(廿三)齊遣兼散騎常侍李諧來聘㉒。

(廿四)甲辰，周主如岐陽。

周遣開府儀同三司崔彥等聘於齊。

(廿五)始興王伯茂以安成王頊專政，意甚不平，屢肆惡言㉔，甲寅，以太皇太后令誣帝云：「與劉師知、華皎等通謀。」且曰：「文皇知子之鑒㉕，事等帝堯㉖，傳弟之懷，又符太伯㉗。今可還申曩志㉘，崇立㉙賢君。」途廢帝為臨海王，以安成王入纂㉚。又下令黜伯茂為溫麻侯㉛，寘諸別館，安成王使盜邀之㉜於道，殺之車中。

(廿六)齊上皇疾作㉝，驛追徐之才，未至，辛未，疾亟㉞，以後事屬和士開㉟，握其手㊱曰：「勿負㊲我也。」遂殂於士開之手㊳。明日之才至，復遣還州㊴。士開祕喪㊵，三日不發，黃門侍郎馮子琮問其故，士開曰：「神武、文襄之喪，皆祕不發，今至尊年少，恐王公有貳心者，意欲盡追集於涼風堂㊶，然後與公議之。」士開素忌太尉、錄尚書事趙郡王叡，及領軍婁定遠，子琮恐其矯遺詔出叡於外，奪定遠禁兵，乃說之曰：「大行㊷先已傳位於今上，羣臣富貴者，皆至尊㊸父子之恩，但令㊹在內貴臣一無改易，王公必無異志。世異事殊，豈得與霸朝㊺相比。且公不出宮門已數日，升遐㊻之事，行路皆傳㊼，久而不舉㊽，恐有佗變。」士開乃發喪㊾。丙子，大赦，戊寅，尊太上皇后為皇太后，侍中、尚書左僕射元文遙以馮子琮胡太后之妹夫，恐其贊太后㊿干預朝政，與趙郡王叡、和士開謀，出子琮為鄭州刺史(五一)。世祖驕奢淫泆(五二)，役繁賦重，吏民苦之。甲申，詔：「所在百工細作（五三）悉罷之，鄴下、晉陽、中山宮人（五四），官口（五五）之老病者，悉簡放，諸家緣坐（五六）在流所（五七）者，聽還（五八）。」

㈦周梁州恒稜獠叛（五九），揔管長史、南鄭趙文表討之，諸將欲四面進攻，文表曰：「四面攻之，獠無生路，必盡死以拒我，未易可克。今吾示以威恩，為惡者誅之，從善者撫之，善惡既分，破之易矣。」遂以此意，遍令軍中。時有從軍熟獠多與恒稜親識，即以實報之，恒稜猶豫未決，文表軍已至其境，獠中先有二路，一平一險，有獠帥數人來見，請為鄉導（六〇），文表曰：「此路寬平，不須為導，卿但先行，慰諭子弟，使來降也。」乃遣之。文表謂諸將曰：「獠帥謂吾從寬路而進，必設伏以邀我，當更出其不意。」乃引兵自險路入，乘高而望，果有伏兵，獠既失計，爭帥眾來降，文表皆慰撫之，仍徵其租稅，無敢違者。周人以文表為蓬州刺史（六一）。

【今註】 ㊀貳於周：攜貳於周。㊁留陳公純等數年不返：純等逆女，見上卷文帝天嘉六年。㊂穹廬：突厥之帳幕。㊃天譴：蒼天所降之譴責。㊄周主行親迎之禮：行親迎之禮，乃以突厥為敵國，而非以部屬之諸侯視之。⑥突厥木杆可汗貳於周……周主行親迎之禮：按此段乃錄自《周書・武帝阿史那皇后傳》，字句大致相同。⑦齊以東平王儼為大將軍……孝珩為尚書令：按此段乃錄自《北齊書・後主紀》天統四年文，字句大致相同。⑧朝參：即參朝。⑨補益：猶拾遺補闕。⑩無閒：無有閒歇。⑪務存靜退：猶專事安靜恬退。⑫蕃衍：繁盛眾多。⑬謹勳高位重……率皆顯達：按此段乃錄自《周書・于謹傳》，字句大致相同。⑭出頓紀南：出而停駐於紀南。劉昭曰：「江陵縣北十餘里，有紀南城。」⑮公安：今湖北省公安縣。⑯吳明徹乘勝進攻江陵……梁主乃得還：按此段乃錄自《周書・蕭詧附巋傳》，字句大致相同。⑰欲得次遷：謂欲得依次遷轉，故須出徐之才，然後方能出缺，而遷轉也。⑱齊尚書左僕射徐之才善醫……乃出之才為兗州刺史：按此段乃錄自《北齊書・徐之才傳》，字句大致相同。⑲醴泉宮：胡三省曰：「即漢甘泉宮之舊地。」⑳小宮伯：《周禮・天官・宮伯》：「掌王宮之士庶子，凡在版者，掌其政令，行其秩敘，作其徒役之事。」後周置左右宮伯，掌侍衛之禁，各更直於內，小宮伯貳之。㉑兩姑之間難為婦：姑者夫之母，婦則稱之曰姑。難為婦，謂難作一兩姑皆滿意之媳婦也。㉒齊以廣寧王孝珩錄尚書事……唐邕為右僕射：按此段乃錄自《北齊書・後主紀》天統四年文，字句大致相同。㉓齊遣兼散騎常侍李諧來聘：按《北齊書・後主紀》天統四年文，李諧作李翥。㉔屢肆惡言：謂屢縱宣醜惡之言，以詆毀之。㉕文皇知子之鑒：文皇、世祖，謂其知子之見識。㉖事等帝堯：與帝堯知子丹朱不肖相同。㉗傳弟之懷，又符太伯：傳君位於弟之意，又與周太伯相合。㉘今可還申曩志：文帝昔欲以王位傳於安成王頊，而未果，今可申現其欲立項之志。㉙崇立：推崇樹立。㉚以太皇太后令誣帝云……以安成王入纂：按此段乃摘錄自《陳書・廢帝紀》，字句大致相同。㉛溫麻侯：胡三省曰：「沈約曰，『晉武帝以溫麻船屯立縣，屬晉安郡。』」㉜邀之：猶遮之。㉝疾作：疾發。㉞疾亟：謂疾烈。㉟以後事屬和士開：以身後之事屬託和士開。㊱握其手：按六朝時人，為表親近，常行握手方式，又握手亦曰執手。握手事例，備載各書，茲不具。㊲勿負：勿辜負。㊳遂殂於士開之手：謂在握手之間而殂，斯時二人手尚未分開也。㊴還州：還兗州。㊵秘喪：將喪事付之秘密，而不令人知。㊶涼風堂：在晉陽宮殿中。㊷大行：天子初殂未有謚，稱曰大行。㊸至尊：謂天子。㊹但令：但使，為假設辭。㊺霸朝：高歡、高澄未即纂魏，握魏之政，北齊君臣皆謂之霸朝。㊻升遐：猶登遐、升、上，遐、已，謂天子上升已矣，若僊去然也。㊼行路皆傳：謂路人皆共相傳。㊽久而不舉：謂久而不舉哀成服。㊾士開秘喪，三日不發……士開乃發喪：按此段乃錄自《北齊書・馮子琮傳》，字句大致相同。㊿贊太后：助太后。(51)侍中、尚書左僕射元文遙……出子琮業鄭州刺史：按此段乃錄自《北齊書・馮子琮傳》，字句大致相同。(52)淫泆：《左傳》隱三年疏：「淫、謂嗜欲過度，泆、謂放恣無藝。」泆音逸。(53)細作：謂作精細之工藝。(54)鄴下、晉陽、中山宮人：謂三處之宮人。(55)官口：罪人家口沒官為奴婢者。(56)緣坐：謂罪非正犯，緣親戚而坐罪者。(57)流所：流放之處。(58)甲申，沼所在百工細作……在流所者，聽還：按此段乃錄自《北齊書・後主紀》天統四年文，字句大致相同。(59)恆稜獠叛：按此獠係生獠。(60)鄉：讀曰嚮。(61)蓬州刺史：胡三省曰：「蓬州，本漢宕渠之地，李勢時為獠所據，後周時置蓬州，因蓬山以為名也。」㈤周梁州恆稜獠叛……周人以文表為蓬州刺史。按此段乃錄自《周書・異域上獠傳》，字句大致相同。

高宗宣皇帝上之上

太建元年（西元五六九年）

㈠春，正月，辛卯朔，周主以齊世祖之喪罷朝會，遣司會李綸弔賻㈠，且會葬㈡。

㈡甲午，安成王即皇帝位，改元，大赦，復太皇太后為皇太后，皇太后為文皇后，立妃柳氏為皇后，世子叔寶為太子，封皇子叔陵為始興王，奉昭烈王祀㈢。乙未，上謁太廟，丁酉，以尚書僕射沈欽為左僕射，度支尚書王勱㈣為右僕射。勱，份之孫也。辛丑，上祀南郊。壬寅，封皇子叔英為豫章王，叔堅為長沙王。戊午，上享太廟㈤。

㈢齊博陵文簡王濟，世祖之母弟也，為定州刺史，語人曰：「次敍當至我矣㈥。」齊主聞之，陰使人㈦就州殺之，葬贈如禮㈧㈨。

㈣二月，乙亥，上耕籍田。

㈤甲申，齊葬武成帝於永平陵，廟號世祖。

㈥乙丑，齊徙東平王儼為琅邪王。

齊遣侍中，叱列長叉聘於周。

㈦齊以司空徐顯秀為太尉[一〇]，并省尚書令婁定遠為司空。初、侍中尚書右僕射和士開為世祖所親狎，出入臥內，無復期度[一一]，遂得幸於胡后。及世祖殂，齊主以士開受顧託，深委任之，威權益盛，與婁定遠及錄尚書事趙彥深。侍中尚書左僕射元文遙，開府儀同三司唐邕，領軍綦連猛、高阿那肱，度支尚書胡長粲，俱用事，時號八貴。太尉、趙郡王叡，大司馬、馮翊王潤，安德王延宗，與婁定遠、元文遙，皆言於齊主，請出士開為外任。會胡太后觴朝貴[一二]於前殿，叡面陳[一三]士開罪失，云：「士開、先帝弄臣[一四]，城狐社鼠[一五]，受納貨賂[一六]，穢亂宮掖[一七]，臣等義無杜口[一八]，冒死[一九]陳之。」太后曰：「先帝在時，王等何不言？今日欲欺孤寡[二〇]邪！且飲酒，勿多言。」叡等辭色愈厲。儀同三司安吐根[二一]曰：「臣本商胡，得在諸貴行末㉒，既受厚恩，豈敢惜死！不出士開，朝野不定㉓。」太后曰：「異日論之㉔，王等且散㉕。」叡等或投冠於地㉖，或拂衣而起㉗，明日叡等復詣雲龍門，令文遙入奏之，三返㉘，太后不聽。左丞相段韶使胡長粲傳太后言曰：「梓宮㉙在殯，事太悤悤，欲王等更思之。」叡等遂皆拜謝。長粲復命㉚，太后曰：「成妹母子家者，兄之力也㉛。」厚賜叡等，罷之。太后及齊主召問士開，對曰：「先帝於羣臣之中，待臣最厚，陛下諒闇始爾㉜，大臣皆有覬覦㉝，今若出臣，正是翦陛下羽翼㉞。宜謂叡云：『文遙與臣，俱受先帝任用，豈可一去一留，並可用為州，且出納如舊㉟，待過山陵㊱，然後遣之。』叡等謂臣真出，心必喜之。」帝及太后然之，告叡等如其言，乃以士開為兗州刺史，文遙為西兗州刺史㊲。葬畢，叡等促士開就路㊳，太后欲留士開過百日㊴，叡不許㊵。數日之內，太后數以為言㊶，有中人㊷知太后密旨者，謂叡曰：「太后意既如此，殿下何宜苦違㊸！」叡曰：「吾受委㊹不輕，今嗣主幼冲㊺，豈可使邪臣在側，不守之以死，何面載天(四六)！」遂更見太后，苦言之，太后令酌酒賜叡，叡正色曰：「今論國家大事，非為卮酒(四七)。」言訖遽出(四八)，士開載美女珠簾詣婁定遠，謝曰：「諸貴欲殺士開，蒙王力(四九)特全其命(五〇)，用為方伯，今當奉別，謹上二女子、一珠簾。」定遠喜，謂士開曰：「欲還入不？」士開曰：「在內久不自安，今得出，賞遂本志，不願更入；但乞王保護，長為大州刺史足矣。」定遠信之，送至門，士開曰：「今當遠出，願得一辭覲(五一)二宮(五二)。」定遠許之，士開由是得見太后及帝，進說曰：「先帝一旦登遐，臣愧不能自死，觀朝貴意，勢欲以陛下為乾明(五三)，臣出之後，必有大變，臣何面目見先帝於地下！」因慟哭(五四)，帝、太后皆泣，問計安出，士開曰：「臣已得入，復何所慮，正須(五五)數行詔書耳(五六)。」於是詔出定遠為青州刺史，責趙郡王叡以不臣之罪(五七)。旦日，叡將復入諫，妻子咸止之，叡曰：「社稷事重，吾寧死事先皇(五八)，不忍見朝廷顛沛(五九)。」至殿門，又有人謂曰：「殿下勿入，恐有變。」叡曰：「吾上不負天，死亦無恨。」入見太后，太后復以為言，叡執之彌固(六〇)，出至永巷，遇兵執送華林園雀離佛院(六一)，令劉桃枝拉殺之。【考異】北齊帝紀：「天統三年六月，以并省尚書左僕射婁定遠為尚書左僕射。五年二月，殺趙郡王叡，三月，以并省尚書令婁定遠為司空。」蓋定遠既為僕射，復為并省尚書令也。按和士開傳，先出定遠，然後殺叡，叡死必在定遠作司空後。帝紀誤也。但不知果在何時耳。又士開傳云：「出為青州。」定遠傳云：「尋除瀛州。」蓋先出為青州，後乃除瀛州也。叡久典(六二)朝政，清正自守(六三)，朝野寃惜之(六四)(六五)。復以士開為侍中、尚書左僕射，定遠歸士開所遺(六六)，加以餘珍賂之(六七)。

(八)三月，齊主如晉陽。夏，四月，甲子，以并州尚書省為大基聖寺，晉祠為大崇皇寺(六八)，乙丑，齊主還鄴(六九)。

(九)齊主年少多嬖寵(七〇)，武衛將軍高阿那肱素以諂佞，為世祖及和士開所厚(七一)，世祖多令在東宮侍齊主，由是有寵，累遷并省尚書令，封淮陰王。世祖簡都督(七二)二十人，使侍衛東宮，昌黎韓長鸞預焉，齊主獨親愛長鸞，長鸞名鳳，以字行，累遷侍中、領軍，總知內省機密(七三)(七四)。宮婢陸令萱者，其夫漢陽駱超坐謀叛誅，令萱配掖庭(七五)，子提婆亦沒為奴(七六)，齊主之在繈褓，令萱保養之，令萱巧黠(七七)，善取媚，有寵於胡太后，宮掖之中，獨擅威福(七八)，封為郡君，和士開、高阿那肱皆為之養子(七九)，齊主以令萱為女侍中(八〇)，令萱引提婆入侍齊主，朝夕戲狎，累遷至開府儀同三司、武衛大將軍。宮人穆舍利者，斛律后之從婢也，有寵於齊主，令萱欲附之，乃為之養母(八一)，薦為弘德夫人(八二)，因令提婆冒姓(八三)穆氏(八四)。然和士開用事最久，諸幸臣皆依附之，以固其寵。齊主思祖珽(八五)，就流囚中除海州刺史(八六)，珽乃遺陸媼(八七)弟儀同三司悉達書曰：「趙彥深心腹深沈，欲行伊霍事(八八)，儀同姊弟豈得平安？何不早用智士邪！」和士開亦以珽有膽略(八九)，欲引為謀主，乃棄舊怨，虛心(九〇)待之，與陸媼言於帝曰：「襄、宣、昭三帝之子，皆不得立，今至尊獨在帝位者，祖孝徵(九一)之力也，人有功不可不報，孝徵心行雖薄(九二)，奇略出人，緩急可使。且其人已盲，必無反心，請呼取問以籌策(九三)。」齊主從之，召入為祕書監，加開府儀同三司(九四)。士開譖尚書令、隴東王胡長仁驕恣，出為齊州刺史，長仁怨憤，謀遣刺客殺士開，事覺，士開與珽謀之，珽引漢文帝誅薄昭故事(九五)，遂遣使就州賜死(九六)。

(十)五月，庚戌，周主如醴泉宮。

(十一)丁巳，以吏部尚書徐陵為左僕射(九七)。

秋，七月，辛卯，皇太子納妃沈氏。【考異】陳書、南史沈后傳，皆云太建三年拜太子妃。誤也。今從帝紀。吏部尚書君理之女也。

(十一)辛亥，周主還長安。

八月，庚辰，盜殺周孔城防主(九八)，以其地入齊。九月、辛卯，周遣齊公憲與柱國李穆，將兵趣宜陽，築崇德等五城(九九)。

(十二)歐陽紇在廣州十餘年(一〇〇)，威惠著於百越，自華皎之叛，帝心疑之，徵為左衞將軍，紇恐懼，其下多勸之反，遂舉兵攻衡州刺史(一〇一)錢道戢(一〇二)。帝遣中書侍郎徐儉持節諭旨(一〇三)，紇初見儉，盛仗衞(一〇四)，言辭不恭，儉曰：「呂嘉之事(一〇五)，誠當已遠，將軍獨不見周迪、陳寶應乎(一〇六)？轉禍為福，未為晚也。」紇默然不應，置儉於孤園寺，累旬不得還。紇嘗出見儉，儉謂之曰：「將軍業已(一〇七)舉事，儉須還報天子，儉之性命，雖在將軍，將軍成敗，不在於儉，幸不見留(一〇八)。」紇乃遣儉還(一〇九)。儉，陵之子也。冬，十月，辛未，詔車騎將軍章昭達討紇。

壬午，上享太廟。

(十四)十一月，辛亥，周鄖文公長孫儉卒(二〇)。

(十五)辛丑、齊以斛律光為太傅，馮翊王潤為太保，琅邪王儼為大司馬。十二月，庚午，以蘭陵王長恭為尚書令，庚辰，以中書監魏收為左僕射(二)(三)。

(十六)周齊公憲等圍齊宜陽，絕其糧道。

(十七)自華皎之亂，與周人絕，至是周遣御正大夫杜杲來聘，請復修舊好，上許之。使如周。

【今註】(一)賻：貨財，音附。(二)會葬：會合各諸侯而參加葬禮。(三)奉昭烈王祀：文帝以子伯茂奉始興昭烈王祀，帝既殺伯茂，以叔陵奉祀。(四)勸：音邁。(五)甲午、安成王即皇帝位……戊午，上享太廟：按此段乃錄自《陳書・宣帝紀》太建元年文，字句大致相同。(六)次敍當至我矣：謂以兄弟之次第，我亦當為天子矣。(七)陰使人：暗使人。(八)葬贈如禮：《北齊書・高祖十一王博陵王濟傳》：「贈假黃鉞、太尉、錄尚書事。」此即所謂贈如禮也。(九)齊博陵文簡王濟……葬贈如禮：按此段乃錄自《北齊書・博陵王濟傳》，字句大致相同。(一〇)齊以司空徐顯秀為太尉：按此封拜，《北齊書・後主紀》列於天統五年三月丁酉，當從添三月丁酉四字。(一一)無復期度：謂無有期限及度數。(一二)觴朝貴：猶宴朝貴。(一三)面陳：謂親言。(一四)弄臣：狎弄之臣。(一五)城狐社鼠：《說苑・善理篇》：「且夫狐者，人之所攻也，鼠者，人之所燻也，臣未嘗見稷狐見攻，社鼠見燻也，何則？所託者然也。」以喻其在君側，無法除之。⑯貨賂：貨財。⑰宮掖：謂宮庭，音亦。⑱義無杜口：於道理，不能閉口不言。⑲冒死：冒犯誅戮。⑳孤寡：謂孤兒寡婦。㉑安吐根：胡三省曰：「安吐根本安息胡人，天平初，柔然主使至晉陽，吐根密啓柔然情狀，高歡因為之備，柔然入掠，無獲而返。其後歡與柔然和親，結成婚媾，皆吐根為行人，既而歸歡，由是見親待。」㉒行末：行列之末。㉓朝野不定：謂朝野之人心不定。㉔異日論之：謂留待將來，再行討論。㉕王等且散：王等暫且散歸。㉖投冠於地：謂擲冠於地。㉗拂衣而起：謂揭衣而起，二者皆忿怒之態。㉘三返：三次往返奏之。㉙梓宮：天子之棺。㉚復命：回報使命。㉛太后曰，成妹母子家者，兄之力也：長粲，胡太后之兄，故云然。㉜諒闇始爾：謂方在居喪之時。㉝覬覦：窺伺，音冀俞。㉞剪陛下羽翼：喻驅除君王左右親信之人。㉟且出納如舊：尚書掌出納，謂暫且令如舊領職。㊱待過山陵：謂大行殯葬畢。㊲西兗州刺史：西兗州時治滑臺。㊳就路：猶上路。㊴過百日：胡三省曰：「古者葬日虞，既三虞用剛日卒哭，後人百日而卒哭，至今猶然。」按此禮俗乃起於六朝。《北史・胡國珍傳》：「詔自始薨至七七，皆為設千人齋，百日設萬人齋。」又《開元禮・卒哭篇》注：「古之祔在卒哭，今之百日也。」皆其佐證。㊵初侍中尚書右僕射和士開為世祖所親狎……欲留士開過百日，叡不許：按此段乃錄自《北齊書・和士開傳》，字句大致相同，而稍有溢出。㊶數以為言：謂屢以為言。㊷中人：謂宮中之人。㊸苦違：苦苦違背。㊹受委：受委任。㊺幼沖：幼小。㊻何面載天：按《北齊書・趙郡王琛附叡傳》，載作戴，是。謂有何面目以戴蒼天，意即無面目活於世間。㊼巵：盛酒之器。㊽數日之內，太后數以為言……非為巵酒，言訖遽出：按此段乃錄自《北齊書‧趙郡王琛附叡傳》，字句大致相同。㊾蒙王力：婁定遠封臨淮郡王，故稱之。㊿特全其命：特保全其性命。(五一)辭覲：辭別時覲見，音僅。(五二)二宮：謂太后及皇帝。(五三)以陛下為乾明：乾明，齊濟南王年號，事見卷一百六十八文帝天嘉元年。(五四)慟哭：大哭，音痛。(五五)正須：謂只須。(五六)數行詔書：謂短短數行詔書，即可成事。(五七)士開載美女珠簾詣婁定遠……責趙郡王叡以不臣之罪：按此段乃錄自《北齊書‧和士開傳》，字句大致相同。(五八)吾寧死事先皇：謂吾寧以死事先皇，寧係二者間選擇之辭。(五九)朝廷顛沛：謂天子顛沛流離。(六〇)彌固：愈為堅固。(六一)雀離佛院：胡三省曰：「釋氏西域記：『龜茲國北四十里，山上有寺名曰雀離大清淨，故倣以建佛院。』」(六二)久典：久掌。(六三)清正自守：以清正自持守。(六四)冤惜之：以為冤枉而惋惜之。(六五)旦日，叡將復入諫……清正自守，朝野冤惜之：按此段乃錄自《北齊書‧趙郡王琛附叡傳》，字句大致相同。(六六)歸士開所遺：歸還士開之所遺贈。(六七)加以餘珍略之：外加其他珍寶，以賄賂之。(六八)晉祠為大崇皇寺：〈魏書‧地形志》，太原郡，晉陽縣有晉祠。(六九)三月，齊主如晉陽……乙丑，齊主還鄴：按此段乃錄自《北齊書‧後主紀》天統五年文，字句大致相同。(七〇)多嬖寵：多便嬖寵幸之臣。(七一)所厚：猶所重。(七二)都督：《隋書‧百官志》中：「後齊左右衞坊率，各領騎官、備身、正副都督。」(七三)內省機密：宮內、尚書省機密重事。(七四)齊主年少多嬖寵……總知內省機密：按此段乃錄自《北齊書‧恩倖高阿那肱》及〈韓鳳〉二傳，字句大致相同。(七五)掖庭：

宮掖。（七六）沒為奴：沒收而充奴隸。（七七）巧黠：巧慧狡黠。（七八）獨擅威福：謂獨專威福之權。（七九）為之養子：養子為飼養之子，乃藉以結上方親幸之方法。（八〇）女侍中：《北史・后妃傳》上：「孝文改定內官，左右昭儀、三夫人、九嬪、世婦、御女之外，又置女職，以典內司，視尚書令僕，作司、大監、女侍中三官，視二品監。」（八一）乃為之養母：按此句意頗模糊，《北齊書・穆提婆傳》：「令萱又佞媚穆昭儀，養之為母。」是乃陸令萱以穆舍利為養母也。然同書〈穆后傳〉：「宮內稱為舍利大監，女侍中陸大姬知其寵，養以為女，薦為弘德夫人。」二者究當以〈穆后傳〉為正。（八二）薦為弘德夫人：薦，舉薦之。《北史・后妃傳》上：「河清新令，其弘德、正德、崇德為三夫人，比三公。」（八三）冒姓：謂非其本姓，而取以為己姓。（八四）宮婢陸令萱者……因令提婆冒姓穆氏：按此段乃錄自《北齊書・恩倖穆提婆傳》，字句大致相同，而稍有溢出。（八五）齊主思祖珽：齊主授內禪，祖珽啓其謀，故思之。（八六）海州刺史：《隋書・地理志》下：「東海郡，梁置南北二青州，東魏改為海州。」（八七）陸媼：即陸令萱。（八八）欲行伊霍事：謂欲行伊尹霍光廢立之事。（八九）膽略：膽氣智略。（九〇）虛心：猶全心。（九一）祖孝徵：孝徵，祖珽字。（九二）心行雖薄：心地行為，雖皆刻薄。（九三）問以籌策：《北齊書・祖珽傳》作：「問其謀計。」修改後，似不如原文之明適。（九四）珽乃遣陸媼弟儀同三司悉達書……召入為秘書監，加開府儀同三司：按此段乃錄自《北齊書・祖珽傳》，字句大致相同。（九五）引漢文帝誅薄昭故事：薄昭事見卷十四漢文帝十年。胡長仁帝舅也，故引此事以誅之。（九六）和士開譖尚書令、隴東王胡長仁……遂遣使就州賜死：按此段乃錄自《北齊書・外戚胡長仁傳》，而稍有溢出。（九七）以吏部尚書徐陵為左僕射：按〈徐陵傳〉：「太建元年、除尚書右僕射，二年遷尚書左僕射。」是本年固為右僕射也。又〈宣帝紀〉太建元年文，亦作：「徐陵為尚書右僕射。」是左當改作右。(九八)周孔城防主：周於軍事要地，皆特為劃分，以資防守，其官員則曰防主。《魏書・地形志》：「漢晉河南新城縣，後魏置新城郡，治孔城。」(九九)辛亥、周主還長安……築崇德等五城：按此段乃錄自《周書・武帝紀》上天和四年文，字句大致相同。(〇〇)歐陽紇在廣州十餘年：武帝永定二年，紇與父頠定廣州，至是凡十二年。(〇一)衡州刺史：《隋書・地理志》下：「南海郡、始興縣，梁置安遠郡及東衡州。」(〇二)歐陽紇在廣州……攻衡州刺史錢道戢：按此段乃錄自《陳書・歐陽頠附紇傳》，字句大致相同。(〇三)諭旨：曉諭意旨。(〇四)盛仗衞：謂盛陳器仗侍衞。(〇五)呂嘉之事：呂嘉事見卷二十漢武帝元鼎五年六年。(〇六)周迪、陳寶應：二人事並見〈文帝紀〉。(〇七)業已：業亦已意。(〇八)幸不見留：謂希不見留。(〇九)帝遣中書侍郎徐儉……紇乃遣儉還：按此段乃錄自《陳書・徐陵附儉傳》，字句幾全相同。(一〇)周鄮文公長孫儉卒：按《周書・長孫儉傳》，鄮作鄶。(一一)以中書監魏收為左僕射：按《北齊書・後主紀》天統五年十二月文作：「以中書監魏收為尚書右僕射。」(一二)辛丑、齊以斛律光為太傅……以中書監魏收為左僕射：按此段乃錄自《北齊書・後主紀》天統五年文，字句大致相同。

二年（西元五七〇年）

㈠春，正月，乙酉朔，齊改元武平。

齊東安王㊀婁叡卒。

㈡丙午，上享太廟。

㈢戊申，齊使兼散騎常侍裴讞之㊁來聘。

齊太傅斛律光將步騎三萬救宜陽，屢破周軍，築統關、豐化二城而還。周軍追之，光縱擊㊂，又破之，獲其開府儀同三司宇文英、梁景興㊃。二月，己巳，齊以斛律光為右丞相、并州刺史，又以任城王湝為太師，賀拔仁錄尚書事。

㈣歐陽紇召陽春太守㊄馮僕至南海㊅，誘與同反，僕遣使告其母洗夫人，夫人曰：「我為忠貞，經今兩世㊆，不能惜汝負國㊇。」遂發兵拒境㊈，帥諸酋長迎章昭達，昭達倍道兼行，至始興㊉。紇聞昭達奄至，恇擾㊀不知所為，出頓洭口㊁，多聚沙石，盛以竹籠，置於水柵之外，用遏㊂舟艦。昭達居上流，裝艦造拍㊃，令軍人銜刀㊄，潛行水中，以斫籠篾，皆解㊅，因縱㊆大艦，隨流突之，紇眾大敗，生擒紇，送之㊇，癸未，斬於建康市。紇之反也，士人流寓在嶺南者皆惶駭，前著作佐郎蕭引獨恬然曰：「管幼安、袁曜卿㊈，亦但安坐耳㊉。君子直己㊁以行義，何憂懼乎。」紇平，上徵為金部侍郎㊂。引，允之弟也。馮僕以其母功，封信都侯，遷石龍太守㊂。遣使持節，冊命冼氏為石龍太夫人，賜繡幰油絡㊃駟馬安車一乘，給鼓吹一部，幷麾幢旌節，其鹵簿一如刺史之儀㊄。

三月，丙申，皇太后章氏殂。

㈤戊戌，齊安定武王賀拔仁卒。

㈥丁未大赦。

㈦夏，四月，甲寅，周以柱國宇文盛為大宗伯。

周主如醴泉宮。

㈧辛酉，齊以開府儀同三司徐之才為尚書左僕射㊅。

㈨戊寅，葬武宣皇后於萬安陵。

㈩五月，壬午，齊遣使來弔。

閏月，戊申，上謁太廟。

六月，乙酉，齊以廣寧王孝珩㊆為司空。

甲辰，齊穆夫人生子恒，齊主時未有男，為之大赦。陸令萱欲以恒為太子，恐斛律后恨怒，乃白齊主，使斛律后母養之㉘㉙。己丑，齊以開府儀同三司唐邕為尚書右僕射㉚。

(十一)秋，七月，齊立肅宗子彥基為城陽王，彥忠為梁郡王。甲寅，以尚書令，蘭陵王長恭為錄尚書事，中領軍和士開為尚書令㉛，賜爵淮陽王。士開威權日盛，朝士不知廉恥者，或為之假子㉜，與富商大賈，同在伯仲之列㉝。嘗有一人士㉞，參士開疾㉟，值醫云：「王傷寒極重，應服黃龍湯㊱。」士開有難色，人士曰：「此物甚易服㊲，王不須疑，請為王先嘗之。」一舉而盡，士開感其意，為之強服，遂得愈㊳。

(十二)乙卯，周主還長安。

(十三)癸酉，齊以華山王凝㊴為太傅。

(十四)司空章昭達攻梁，梁主與周總管陸騰拒之，周人於峽口南岸築安蜀城㊵，橫引大索㊶於江上，編葦為橋，以度軍糧。昭達命軍士為長戟，施於樓船上㊷，仰割其索，索斷糧絕，因縱兵攻安蜀城㊸，下之。梁主告急於周襄州總管衞公直，直遣大將軍李遷哲將兵救之，遷哲以其所部守江陵外城㊹，自帥騎兵出南門，使步出北門，首尾邀擊陳兵，陳兵多死。夜陳兵竊於城西以梯登城，登者已數百人，遷哲與陸騰力戰拒之，乃退。昭達又決龍川寧朔隄㊺，引水灌江陵，騰出戰於西隄，昭達兵不利，乃引還㊻。

(十五)八月，辛卯，齊主如晉陽。

九月，乙巳，齊立皇子恒為太子。

(十六)冬，十月，辛巳朔，日有食之。

(十七)齊以廣寧王孝珩為司徒，上洛王思宗為司空，復以梁永嘉王莊為開府儀同三司、梁王，許以興復，竟不果。及齊亡，莊憤邑㊼，卒於鄴㊽。

(十八)乙酉，上享太廟。

(十九)己丑，齊復威宗謚曰文宣皇帝，廟號顯祖。

(廿)丁酉，周鄭桓公達奚武卒。

(廿一)十二月，丁亥，齊主還鄴。

(廿一)周大將軍鄭恪將兵平越巂(四九)，置西寧州。

周齊爭宜陽，久而不決，勳州刺史(五〇)韋孝寬謂其下曰：「宜陽一城之地，不足損益，兩國爭之，勞師彌年(五一)。彼豈無智謀之士，若棄崤東(五二)，來圖汾北，我必失地。今宜速於華谷及長秋築城(五三)，以杜其意。脫其先我，圖之實難。」乃畫地形具陳其狀(五四)，晉公護謂使者曰：「韋公子孫雖多，數不滿百，汾北築城，遣誰守之(五五)！」事遂不行。齊斛律光果出晉州道，於汾北築華谷、龍門(五六)二城。光至汾東，與孝寬相見，光曰：「宜陽一城，久勞爭戰，今已舍彼(五七)，欲於汾北取償，幸勿怪也。」孝寬曰：「宜陽，彼之要衝(五八)，汾北，我之所棄，我棄彼取，其償安在？君輔翼(五九)幼主，位望隆重，不撫循百姓，而極武(六〇)窮兵，苟貪尋常(六一)之地，塗炭疲弊之民，竊為君(六二)不取也(六三)。」光進圍定陽，築南汾城(六四)以逼之，周人釋宜陽之圍，以救汾北，齊公護問計於齊公憲，憲曰：「兄宜暫出同州，以為聲勢(六五)，憲請以精兵居前，隨機(六六)攻取。」護從之。

【今註】㈠東安王：《隋書・地理志》下：「琅邪郡、沂水縣，舊置南青州及東安郡。」㈡裴讞之：按《北齊書・後主紀》武平元年文，讞作獻。㊂光縱擊：按《北齊書・斛律金附光傳》作：「縱騎擊之。」即此意之詳書。㊃齊太傅斛律光將步騎三萬救宜陽……獲其開府儀同三司宇文英，梁景興：按此段乃錄自《北齊書・斛律金附光傳》，而大加刪削。㊄陽春太守：《隋書・地理志》下：「高涼郡、陽春縣，梁置陽春郡。」㊅至南海：廣州治南海。㊆經今兩世：《北史・列女譙國夫人洗氏傳》：「初羅州刺史馮融聞夫人有志行，為其子高涼太守寶娉以為妻。……寶卒，其子僕拜陽春郡守。」是兩代乃寶僕也。㊇不能惜汝負國：謂不能溺聽汝意而負國家。㊈歐陽紇召陽春太守馮僕至南海……遂發兵拒境：按此段乃錄自《北史・列女譙國夫人洗氏傳》，字句大致相同。㊉始興：在今廣東省始興縣。⑪恇擾：慌亂，恇音匡。⑫洭口：《水經》：「洭水出桂陽縣盧聚，東南過含洭縣，南出洭浦關，右合溱水，謂之洭口。」⑬遏：阻。⑭造拍：造拍干。⑮銜刀：謂以口銜刀。⑯皆解：皆開。⑰縱：放。⑱章昭達倍道兼行……生擒紇，送之：按此段乃錄自《陳書・章昭達傳》，字句大致相同。⑲管幼安、袁曜卿：胡三省曰：「管寧字幼安，依公孫度，度安其賢，魏文帝初，卒還鄉里。袁渙，字曜卿，為呂布所拘，而不為布所脅，布敗，歸魏武。」⑳亦但安坐耳：謂亦只安坐以俟之耳。㉑直己：猶直身。㉒金部侍郎：《唐六典》：「漢置尚書郎四人，其一人主財帛委輸，蓋金部郎曹之任也。歷魏、晉、宋、齊、後魏、北齊，並有金部郎中，梁、陳為侍郎。」㉓石龍太守：《隋書・地理志》下：「石龍縣屬高涼郡，蓋梁陳置郡也。」㉔繐幰油絡：幰、車幔；絡、網。蓋皆置於安車之上者。㉕一如刺史之儀：全如刺史之儀制。㉖四月辛酉，齊以開府儀同三司徐之才為尚書左僕射：按《北齊書・後主紀》武平元年文，列此於三月辛酉。原二書所以月份有異者，以是年有一閏月，北齊置於二月，《通鑑》則列於四月。故《北齊書》之三月，《通鑑》遂改作四月焉。㉗珩：音行。㉘使斛律后母養之：使斛律后為母而撫養之。㉙齊穆夫人生子恆……使斛律后母養之：按此段乃錄自《北齊書・穆后傳》，字句大致相同。㉚六月己丑，齊以開府儀同三司唐邕為尚書右僕射：按《北齊書・後主紀》武平元年六月文作：「己酉，詔以開府儀同三司唐邕為尚書右僕射。」以上之六月乙酉推之，則《通鑑》作己丑為是。㉛己丑，齊以唐邕為尚書右僕射……領軍和士開為尚書令：按此段乃錄自《北齊書・後主紀》武平元年文，字句大致相同。㉜假子：非真子之謂，此為假子一辭之早見者。㉝同在伯仲之列：《北齊書・和士開傳》作：「與市道小人，同在昆季行列。」是伯仲即昆季也。㉞人士：即人之意，此辭迄今尚沿用之。㉟參士開疾：候問士開之疾。㊱黃龍湯：陶弘景云：「今近城寺別塞空罌口內糞倉中，久年得汁，甚黑而苦，名為黃龍湯，治溫病垂死者，皆差。」㊲甚易服：甚易服飲。㊳士開威權日盛……為之強服，遂得愈：按此段乃錄自《北齊書・恩倖和士開傳》，字句大致相同。㊴齊以華山王凝：《隋書・地理志》上：「京兆郡、鄭縣，後魏置東雍州、幷華山郡。」㊵周人於峽口南岸築安蜀城：峽口，西陵峽口也。杜佑曰：「安蜀城在夷陵郡界。」㊶大索：大繩索。㊷施於樓船上：設置於樓船之上。㊸周人於峽口南岸築安蜀城……因縱兵攻安蜀城，下之：按此段乃錄自《陳書・章昭達傳》，字句大致相同。㊹江陵外城：古代之城，率有二重，外為郭，內為城，此外城亦即通謂之郭。㊺決龍川寧朔堤：《水經注》：「紀南城西南有赤阪岡，岡下有瀆水，東北流入城，又東北出城，西南注于龍陂。陂在靈溪東江堤內，水至淵深，有龍見於其中，故曰龍陂。」寧朔，《周書·陸騰傳》作寧邦，此則從《周書·李遷哲傳》文，而作寧朔。㊻直遣大將軍李遷哲將兵救之……昭達兵不利，乃引還：按此段乃錄自《周書·李遷哲傳》，字句大致相同。㊼憒邑：邑同悒，謂憒恨悒鬱。㊽齊以廣寧王孝珩為司徒……莊憒邑，卒於鄴：按此段乃錄自《北齊書·後主紀》武平元年文，而稍有溢出。㊾嶲：音髓。㊿勳州刺史：《周書·韋孝寬傳》：「保定初，以孝寬立勳玉壁，遂於玉壁置勳州。」(51)勞師彌年：《周書·韋孝寬傳》作：「勞師數載。」是彌年含有多年之意。(52)崤東：宜陽在三崤之東。(53)華谷及長秋築城：《水經》：「涑水出河內聞喜縣黍葭谷。」注：「涑水所出，俗謂之華谷。」又：「汾水西過長修縣南，又西與華水合，水出於北山華谷。此所謂長秋，蓋即漢長修縣故墟也。俗語訛以長修為長秋耳。」(54)具陳其狀：詳述其形狀。(55)遣誰守之：意謂無人可遣，故不欲築。(56)龍門：《隋書·地理志》中：「絳郡、稷山縣，有後魏龍門郡。」(57)舍彼：謂捨去宜陽。(58)彼之要衝：彼係指齊言，惟以彼指齊，於用辭中究嫌稀特，然此乃《周書》原有之語，而《通鑑》所沿用者。(59)輔翼：輔佐翼衛。(60)極武：猶窮武。(61)尋常：猶言普通。(62)竊為君：私為君。(63)周齊爭宜陽，久而不決……竊為君不取也：按此段乃錄自《周書·韋孝寬傳》，除刪削外，字句大致相同。(64)圍定陽，築南汾城：《隋書·地理志》中：「文城郡、吉昌縣，後魏曰定陽縣，幷並置定陽郡。」又：「文城郡，東魏置南汾州，後周改為汾州。」(65)聲勢：威聲形勢。(66)隨機：依隨機宜。

三年（西元五七一年）

㈠春，正月，乙丑，以尚書右僕射徐陵為左僕射㈠。

㈡丁巳，齊使兼散騎常侍劉環雋來聘。

㈢辛酉，上祀南郊，辛未，祀北郊。

㈣齊斛律光築十三城於西境，馬上以鞭指畫而成㈡，拓地五百里，而未嘗伐功㈢；又與周韋孝寬戰於汾北，破之。齊公憲督諸將，東拒齊師。

㈤二月，辛巳，上祀明堂，丁酉，耕藉田。

㈥壬寅，齊以蘭陵王長恭為太尉，趙彥深為司空，和士開錄尚書事，徐之才為尚書令，唐邕為左僕射，吏部尚書馮子琮為右僕射，仍攝選㈣㈤。子琮素諂附士開，至是自以太后親屬㈥，且典選，頗擅引用㈦人，不復啓稟，由是與士開有隙㈧。

㈦三月，丁丑，大赦。

㈧周齊公憲自龍門度河㈨，【考異】北齊書段韶傳云：「二月，周師來寇。」周書帝紀云：「二月，憲度河。」今從之。斛律光退保華谷，憲攻拔其新築五城⑩，齊太宰段韶、蘭陵王長恭，將兵禦周師，攻柏谷城⑪，拔之，而還。

⑼夏，四月，戊寅朔，日有食之。

⑽壬午，齊以琅邪王儼為太保。

壬辰，齊遣使來聘。

⑾周陳公純取齊宜陽等九城，【考異】北齊斛律光傳云：「周柱國紇干廣略圍宜陽。」今從周帝紀。齊斛律光將步騎五萬赴之。

⑿五月，癸亥，周使納言⑫⑬鄭詡來聘。

⒀周晉公護使中外府參軍郭榮城於姚襄城⑭⑮南，定陽城西，齊段韶引兵襲周師，破之。六月，韶圍定陽城，【考異】韶傳：「七月，屠其外城。」周書、北齊帝紀，皆云：「六月，陷汾州。」今從之。周汾州刺史楊敷固守，不下，韶急攻之，屠其外城。時韶臥病，謂蘭陵王長恭曰：「此城三面重澗⑯，皆無走路，唯慮東南一道耳，賊必從此出，宜簡精兵專守之，此必成擒⑰。」長恭乃令壯士千餘人，伏於東南澗口，城中糧盡，齊公憲總兵救之，憚韶不敢進；敷帥見兵⑱突圍夜走，伏兵擊擒之，盡俘其眾⑲。

【考異】周書齊王憲傳：「屢破齊師。」北齊書斛律光、段韶傳：「屢破周師。」要之周失汾州，齊師勝耳。乙巳，齊取周汾州及姚襄城，唯郭榮所築城獨存。敷，愔之族子也。敷子素少多才藝，有大志，不拘小節(二〇)，以其父守節陷齊，未蒙(二一)贈諡，上表申理(二二)，周主不許，至於再三，帝大怒，命左右斬之，素大言曰：「臣事無道天子，死其分也(二三)。」帝壯其言，贈敷大將軍，諡曰忠壯，以素為儀同三司，漸見禮遇。帝命素為詔書，下筆立成，詞義(二四)兼美，帝曰：「勉之，勿憂不富貴。」素曰：「但恐富貴來逼臣(二五)，臣無心圖富貴也(二六)(二七)。」

(十四)齊斛律光與周師戰於宜陽城下，取周建安等四戍，捕虜千餘人而還，軍未至鄴，齊主敕使散兵(二八)，光以軍士多有功者，未得慰勞，乃密通表，請遣使宣旨(二九)，軍仍且進；齊朝發使遲留(三〇)，軍還，將至紫(三一)陌，光乃駐營待使。帝聞光軍已逼，心甚惡之，亟令舍人召光入見，然後宣勞散兵(三二)。

齊琅邪王儼以和士開、穆提婆等專橫奢縱(三三)，意甚不平，二人相謂曰：「琅邪王眼光奕奕(三四)，數步射人(三五)，向者暫對，不覺汗出(三六)，吾輩見天子奏事尚不然[三七]。」由是忌之，乃出儼居北宮，五日一朝，不得無時見太后[三八]。儼之除太保也，餘官悉解，猶帶中丞及京畿[三九]。士開等以北城有武庫，欲移儼於外，然後奪其兵權。治書侍御史王子宜，與儼所親開府儀同三司高舍洛，中常侍劉辟彊，說儼曰：「殿下被疏，正由士開閒構[四〇]，何可出北宮，入民間也！」儼謂侍中馮子琮曰：「士開罪重，兒欲殺之[四一]，何如？」子琮心欲廢帝而立儼，因勸成之[四二]，儼令子宜表彈士開罪，請禁推[四三]，子琮雜佗文書[四四]，奏之，帝王不審省而可之[四五]。儼誑領軍庫狄伏連曰：「奉敕，令領軍收士開[四六]。」伏連以告子琮，且請覆奏[四七]。子琮曰：「琅邪受敕，何必更奏！」伏連信之！發京畿軍士，伏於神虎門外[四八]，并戒門者，不聽士開入。

秋，七月，庚午旦，士開依常早參[四九]，伏連前執士開手曰：「今有一大好事。」王子宜授以一函，云有敕令王向臺[五〇][五一]，因遣軍士護送，儼遣都督馮永洛就臺斬之，儼本意唯殺士開，其黨因逼儼曰：「事既然，不可中止。」儼遂帥京畿軍士三千餘人，屯千秋門，帝使劉桃枝將禁兵八十人召儼，桃枝遙拜，儼命反縛㊷，將斬之，禁兵散走，帝又使馮子琮召儼，儼辭曰：「士開昔來，實合萬死㊸，謀廢至尊，剃家家髮為尼㊹，臣為是，矯詔誅之，尊兄若欲殺臣，不敢逃罪；若赦臣，願遣姊姊來迎，臣即入見。」姊姊、謂陸令萱也。儼欲誘出殺之。令萱執刀在帝後，聞之戰栗㊺，帝又使韓長鸞召儼，儼將入，劉辟彊牽衣諫曰：「若不斬穆提婆母子，殿下無由得入㊻。」廣寧王孝珩、安德王延宗自西來，曰：「何不入？」辟彊曰：「兵少。」延宗顧眾而言曰：「孝昭帝殺楊遵彥，止八十人，今有數千，何謂少！」帝泣啓太后曰：「有緣㊼，復見家家，無緣，永別㊽。」乃急召斛律光，儼亦召之，光聞儼殺士開，撫掌大笑㊾曰：「龍子㊿所為，固自不似凡人。」入見帝於永巷，帝帥宿衞者步騎四百，授甲(六一)，將出戰。光曰：「小兒輩弄兵(六二)，與交手(六三)即亂，鄙諺云：『奴見大家心死(六四)。』至尊宜自至千秋門，琅邪必不敢動。」帝從之，光步道(六五)使人走出曰：「大家來。」儼徒駭散，帝駐馬橋上，遙呼之，儼猶立不進，光就謂曰：

「天子弟殺一夫(六六)何所苦(六七)！」執其手強引以前，請於帝曰：「琅邪王年少，腸肥腦滿(六八)，輕為舉措，稍長，自不復然，願寬其罪(六九)。」帝拔儼所帶刀鐶，亂築辮頭(七〇)，良久，乃釋之。收庫狄伏連、高舍洛，王子宜、劉辟彊、都督翟顯貴，於後園，支解，暴之都街(七一)。帝欲盡殺儼府文武職吏，光曰：「此皆勳貴子弟，誅之，恐人心不安。」趙彥深亦曰：「春秋責帥(七二)。」於是罪之各有差(七三)。太后責問儼，儼曰：「馮子琮教兒。」太后怒，遣使就內省以弓絃絞殺子琮，使內參(七四)，以庫車(七五)載尸歸其家。自是，太后常置儼於宮中，每食必自嘗之(七六)(七七)。

(十五)八月，己亥，齊主如晉陽。

九月，辛亥，齊以任城王湝為太宰，馮翊王潤為太師。

(十六)己未，齊平原忠武王段韶卒。韶有謀略，得將士死力，出總軍旅，入參幃幄(七八)，功高望重，而雅性溫慎，得宰相體(七九)，事後母孝，閨門雍肅(八〇)，齊勳貴之家，無能及者(八一)。齊祖珽說陸令萱出趙彥深為兗州刺史，齊主以珽為侍中，陸令萱說帝曰：「人稱琅邪王聰明雄勇，當今無敵，觀其相表（八二），殆非人臣（八三），自專殺以來，常懷恐懼，宜早為之計（八四）。」幸臣何洪珍等亦請殺之，帝未決，以食輿（八五）密迎珽問之，珽稱：「周公誅管叔（八六），季友酖慶父（八七）。」帝乃攜儼之晉陽，使右衞大將軍趙元侃誘儼執之，元侃曰：「臣昔事先帝，見先帝愛王，今寧就死（八八），不忍行此。」帝出元侃為豫州刺史。庚午，帝啓太后曰：「明旦欲與仁威（八九）早出獵。」夜四鼓，帝召儼，儼疑之，陸令萱曰：「兄呼，兒何為不去？」儼出至永巷（九〇），劉桃枝反接其手（九一），儼呼曰：「乞見家家、尊兄。」桃枝以袖塞其口，反袍蒙頭（九二），負出至大明宮，鼻血滿面，拉殺之，時年十四，裹之以席，埋於室內。帝使啓太后，太后臨哭十餘聲，即擁入殿（九三），遺腹四男皆幽死（九四）。冬十月，罷京畿府（九五）入領軍。

㈦乙未，周遣右武伯（九六）谷會琨等聘於齊。

㈧齊胡太后出入不節（九七），與沙門統（九八）曇獻通（九九），諸僧至有戲呼曇獻為太上皇者。齊主聞太后不謹（一〇〇），而未之信，後朝太后，見二尼，悅而召之，乃男子也，於是曇獻事亦發（一〇一），皆伏誅，己亥，帝自晉陽奉太后還鄴，至紫陌，遇大風，舍人魏僧伽習風角㉒，奏言即時當有暴逆事㉓，帝詐云：「鄴中有變。」彎弓纏弰㉔，馳入南城㉕，遣宦者鄧長顒幽太后㉖於北宮，仍敕內外諸親，皆不得與胡太后相見，太后或為帝設食，帝亦不敢嘗㉗。

(十九)庚戌，齊遣侍中赫連子悅聘于周㉘。

(廿)十一月，丁巳，周主如散關。

(廿一)丙寅，齊以徐州行臺廣寧王孝珩錄尚書事，庚午，又以為司徒，癸酉，以斛律光為左丞相。

(廿二)十二月，己丑，周主還長安。

(廿三)壬辰，邵陵公章昭達卒。

(廿四)是歲，梁華皎將如周，過襄陽，說衛公直曰：「梁主既失江南諸郡，民少國貧，朝廷興亡繼絕，理宜資贍，望借數州，以資梁國。」直然之，遣使言狀，周主詔以基、平、鄀三州與之㉙㉚。

【今註】㈠正月乙丑，以尚書右僕射徐陵為左僕射：按《陳書・宣帝紀》太建三年正月文，乙丑，作癸丑，以下之辛酉推之，當以作癸丑為是。㈡馬上以鞭指畫而成：謂於馬上，以鞭指畫築城之地勢，而築成之。㊂伐功：誇伐其功勳。㊃仍攝選：仍舊兼領吏部銓選之務。㊄齊以蘭陵王長恭為太尉……馮子琮為右僕射，仍攝選：按此段乃錄自《北齊書・後主紀》武平二年文，字句大致相同。㊅自以太后親屬：《北齊書・馮子琮傳》：「子琮妻，胡皇后妹也。」故云與太后有親。㊆引用：引接任用。㊇子琮素諂附士開……由是與士開有隙：按此段乃錄自《北齊書・馮子琮傳》，但字句稍不相同。㊈周齊公憲自龍門度河：按《周書・武帝紀》天和六年文，此事列於己酉之下，當添己酉二字。又考異曰：「北齊書段韶傳云：『二月，周師來寇。』周書帝紀云：『三月，憲度河。』今從之。」核列傳敘事，多不載月日，即載亦常有錯誤。而本紀則以係編年體例，每一事項，皆須按年月日為之排列，撰史者經此一番用心後，自錯誤較少。且《周書》載此事，非但有月份，且有詳細之日期，則其可靠性自較〈段韶傳〉為大，而理應選以為據。（本條係本自李玄伯先生之說。）㊉周齊公憲自龍門度河……拔其新築五城：按此數句乃錄自《周書・武帝紀》天和六年文，字句幾全相同。⑪柏谷城：《北齊書・段榮附韶傳》：「西境有柏谷城者，乃敵之絕險，石城千仞。」此即柏谷城之大要形勢。⑫五月癸亥，周使納言：按《周書・武帝紀》天和六年五月文，癸亥作癸卯。然以下文之丙寅推之，知作癸亥為是，《通鑑》乃訂正後而入書者。⑬納言：《唐六典》：「後周天官府，置御伯中大夫二人，天子出入則侍于左右，武帝改御伯為納言，蓋侍中之職也。」⑭郭榮城於姚襄城南：據下文唯郭榮所築城獨存核之，則郭榮下亦當添一築字。⑮姚襄城：杜佑曰：「今汾州吉昌縣西，則姚襄所築城，西臨黃河，控帶龍門之險，春秋時晉之北屈也。」⑯重澗：謂層層之澗。⑰此必成擒：謂此可成就擒捉之功。⑱見兵：見音現，謂現有之兵。⑲周晉公護使中外府參軍郭榮……伏兵擊擒之，盡俘其眾：按此段乃錄自《北齊書・段榮附韶傳》，字句大致相同。⑳小節：謂細小行為。㉑未蒙：未嘗受。㉒申理：中明理辨。㉓死其分也：謂死乃分所應得。㉔詞義：文詞義理。㉕富貴來逼臣：謂富貴自來逼臣為之。㉖臣無心圖富貴也：臣固無意圖謀富貴。㉗敷子素少多才藝……臣無心圖富貴也：按此段乃錄自《北史・楊敷附素傳》，字句大致相同。㉘敕使散兵：《北齊書・斛律金附光傳》作：「勑令便放兵散。」是散兵即令兵解甲歸籍之意。㉙宣旨：宣慰勞之旨。㉚遲留：遲延稽留。㉛紫陌：皇都之御街。㉜齊斛律光與周師戰於宜陽城下……然後宣勞散兵：按此段乃錄自《北齊書・斛律金附光傳》，字句大致相同。㉝奢縱：奢侈縱肆。㉞奕奕：眼睛烱烱有神貌。㉟數步射人：為神射人於數步之外。㊱不覺汗出：謂懼之也。㊲尚不然：謂尚不如此。㊳不得無時見太后：謂不得無時無刻，謁見太后。㊴猶帶中丞及京畿：中丞、謂御史中丞；京畿、即京畿大都督。㊵正由士開間搆：謂只由士開讒間挑搆。㊶兒欲殺之：馮子琮胡太后之妹夫，故儼自稱曰兒。㊷因勸成之：因勸其完成之。㊸請禁推：謂請收禁而推鞫之。㊹雜佗文書：佗同他，謂將表奏雜於其他文書之中。㊺帝王不審省而可之：王字衍，當刪。不審省、謂不加審核省察；可之、謂可其奏也。㊻收士開：謂收捕士開。㊼覆奏：即下文之更奏，謂再奏也。㊽伏於神虎門外：胡三省曰：「神虎門即神武門，南北國四史成於唐臣之手，避唐諱，凡虎字悉改為武，此獨存舊。」按《北齊書・琅邪王儼傳》作：「伏於神獸門外。」是原書以避虎諱而改作神獸，今此虎賓乃《通鑑》之所改訂。㊾依常早參：依常例晨入禁中朝參。㊿令王向臺：《北齊書．和士開傳》：「武平元年封淮陽王。」故遂稱之為王。(51)臺：臺省。(52)反縛：謂將其兩臂反縛於背後，與面縛實正相同。(53)實合萬死：猶實當萬死，北齊時盛用合字。(54)剃家家髮為尼：齊諸王皆呼嫡母為家家，乳母為姊姊，婦為妹妹。下之姊姊謂陸令萱也，即本說之佐證。(55)戰栗：栗，猶慄，謂抖擻也。(56)無由得入：謂不可入。(57)有緣：謂有緣分。(58)無緣永別：無緣則將永遠訣別。(59)撫掌大笑：謂擊掌大笑。(60)龍子：以儼帝子，故謂之龍子。(61)授甲：授與鎧甲。(62)弄兵：玩弄干戈。(63)交手：兩方之手相交，意即相抵拒也。(64)奴見大家心死：臣妾呼天子為大家。(65)步道：謂步行而前導。(66)天子弟殺一夫：按〈琅邪王儼傳〉作：「天子弟，殺一漢。」北朝時鮮卑等族當朝，而漢族人士則伏服其下，地位甚賤，幾與奴隸無殊，故於卑賤之人，率以漢呼之，此漢字為當日具有時代色彩用語，宜加保存而不更替為是。(67)何所苦：謂何所懼苦。(68)腸肥腦滿：謂飲食饒裕，全身各器官皆充贍也，此語雖淺俗而頗生動有致，故訖今仍盛用之。(69)寬其罪：寬恕其罪。(70)亂築辮頭：築，擊；謂亂擊纏辮之頭。(71)都街：謂京師之大街。(72)春秋責帥：胡三省曰：「左傳：『韓獻子謂中行桓子曰，子為元帥，師不用命，誰之罪也。』」(73)各有差：各有差別。(74)內參：宦者。(75)庫車：載庫物之車。(76)每食必自嘗之：以慮被鴆毒。(77)齊琅邪王儼以和士開穆提婆……每食必自嘗之：按此一大段乃錄自《北齊書．琅邪王儼傳》，字句大致相同。(78)入參幃幄：謂入參幃幄之謀。(79)得宰相體：《北齊書．段榮附韶傳》作：「有宰相之風。」體謂大體或大要也。(80)雍肅：雍容肅穆。(81)齊平原忠武王段韶卒……齊勳貴之家，無能及者：按此段乃錄自《北齊書・段榮附韶傳》，字句大致相同。(八二)相表：謂相貌儀表。(八三)殆非人臣：謂殆非久為人臣者。(八四)宜早為之計：謂宜早為計以防之。(八五)食轝：載粱肉以輸太官者。(八六)周公誅管叔：周公使管叔監殷，管叔以殷叛，周公誅之。(八七)季友酖慶父：《左傳》莊公三十二年及以後諸年文：「魯莊公有疾，問後於叔牙，對曰：『慶父材。』問於季友，季友曰：『臣以死奉般。』乃使鍼季酖叔牙而立般。慶父使人殺般，季友立閔公，慶父又使人弒之。季友以僖公適邾，慶父奔莒，季友乃入，立僖公，以賂求慶父于莒，莒人歸之，及密，使公子奚斯請，弗許，哭而往，慶父聞之曰：『奚斯之聲也。』乃縊。」(八八)今寧就死：寧為選擇辭，謂寧肯就死。(八九)仁威：儼字仁威。(九〇)永巷：宮中巷名。(九一)反接其手：謂反縛其手。(九二)反袍蒙頭：謂脫其袍而反蒙其頭。(九三)即擁入殿：謂即為人所擁，而入殿中。(九四)陸令萱說帝曰，人稱琅邪王……遺腹四男皆幽死：按此段乃錄自《北齊書・琅邪王儼傳》，字句大致相同。(九五)京畿府：即京畿大都督府。(九六)右武伯：胡三省曰：「五代志：『周置左右武伯，掌內外衞之禁令，兼六率之士，左右小武伯各二人，貳之。』」(九七)太后出入不節：謂太后出入無有節度。(九八)沙門統：乃官名，主統理沙門。(九九)通：私通。(一〇〇)不謹：謂行為不謹。(一〇一)亦發：亦發露。(一〇二)風角：古占候之法，以五音占風而定吉凶。(一〇三)暴逆事：為暴為逆之事。(一〇四)弰：謂弓末，音梢。《北齊書・武成胡后傳》，弰作稍。(一〇五)馳入南城：鄴都有南北城。(一〇六)幽太后：幽囚太后。(一〇七)齊胡太后出入不節……帝亦不敢嘗：按此段乃錄自《北齊書・武成胡后傳》，字句大致相同。(一〇八)十月庚戌，齊遣侍中赫連子悅聘於周：按《北齊書・後主紀》武平二年文，將庚戌列於十一月中，疑當改從。㊴以基平鄀三州：《隋書・地理志》下：「竟陵郡、豐鄉縣，西魏置基州及章山郡。」又：「竟陵郡、樂鄉縣，舊置武寧郡，西魏置鄀州。」又：「南郡、紫陵縣，其城南面，梁置鄀州。」今周以與梁者，蓋武寧之鄀州也。㊵是歲梁華皎將如周……周主詔以基平鄀三州與之：按此段乃錄自《周書・蕭詧附巋傳》，字句幾全相同。

卷一百七十一 陳紀五

起玄默執徐，盡閼逢敦牂，凡三年。（壬辰至甲午，西元五七二年至五七四年）

司馬光編集
曲守約註

高宗宣皇帝上之下

太建四年（西元五七二年）

㈠春，正月，丙午，以尚書僕射徐陵為左僕射㈠，中書監王勱為右僕射。

㈡己巳，齊主祀南郊。

㈢庚午，上享太廟。

㈣辛未，齊主贈琅邪王儼為楚恭哀帝㈡，以慰太后心，又以儼妃李氏為楚帝后。

㈤二月，癸酉，周遣大將軍、昌城公深聘於突厥，司賓李除、小賓部賀遂禮，聘於齊。深，護之子也。

㈥己卯，齊以衛菩薩為太尉，【考異】北齊書、北史，並同，不知菩薩何人，亦不言何官。辛巳，以幷省吏部尚書高元海為尚書左僕射㊂。

㈦乙酉，封皇子叔卿為建安王。

㈧庚寅，齊以尚書左僕射唐邕為尚書令，侍中祖珽為左僕射。初胡太后既幽於北宮，珽欲以陸令萱為太后，為令萱言魏保太后故事㊃，且謂人曰：「陸雖婦人，然實雄傑，自女媧㊄以來，未之有也。」令萱亦謂珽為國師、國寶㊅，由是得僕射㊆。

㈨三月，癸卯朔，日有食之。

㈩初，周太祖為魏相，立左右十二軍，總屬相府㊇，太祖殂，皆受晉公護處分㊈，凡所徵發㊉，非護書不行⑪。護第屯兵侍衛，盛於宮闕，諸子僚屬⑫，皆貪殘恣橫⑬，士民患之。周主深自晦匿；無所關預，人不測其淺深。護問稍伯大夫⑭庾季才曰：「比日天道何如⑮？」季才對曰：「荷恩深厚，敢不盡言⑯。頃上臺有變⑰，公宜歸政天子，請老私門⑱，此則享期頤⑲之壽，受旦奭⑳之美，子孫當為藩㉑屏，不然，非復所知。」護沈吟㉒久之，曰：「吾本志如此，但辭未獲免耳。公既為王官㉓，可依朝列㉔。無煩別參㉕

寡人㉖也。」自是疏之㉗。

衛公直，帝之母弟也，深昵㉘於護，及沌口之敗，坐免官，由是怨護，勸帝誅之，冀得其位㉙㉚。帝乃密與直及右宮伯㉛中大夫宇文神舉，內史㉜下大夫太原王軌，右侍㉝上士宇文孝伯，謀之。神舉，顯和之子；孝伯，安化公深之子也。帝每於禁中見護，常行家人禮㉞，太后賜護坐，帝立侍於旁。丙辰，護自同州還長安，帝御文安殿見之，因引護入含仁殿，謁太后，且謂之曰：「太后春秋高㉟，頗好飲酒，雖屢諫，未蒙垂納，兄今入朝，願更啟請。」因出懷中酒誥㊱授之，曰：「以此諫太后。」護既入，如帝所戒，讀酒誥，未畢，帝以玉珽㊲自後擊之，護踣㊳於地，帝令宦者何泉以御刀㊴斫之，泉惶懼，斫不能傷，衛公直匿於戶內，躍出斬之，時神舉等皆在外，更無知者。帝召宮伯長孫覽等，告以護已誅，令收護子柱國譚公會、大將軍莒公㊵至、崇業公㊶靜，正平公㊷乾嘉，及其弟乾基、乾光、乾蔚、乾祖、乾威，幷柱國、北地侯龍恩，龍恩弟大將軍萬壽，大將軍劉勇，中外府司錄㊸尹公正袁傑，膳部下大夫李安等，於殿中殺之㊹。覽，稚之孫也。

初護既殺趙貴等，侯龍恩為護所親，其從弟開府儀同三司植謂龍恩曰：「主上春秋既富，安危繫於數公㊺，若多所誅戮，以自立威權，豈唯社稷有累卵之危，恐吾宗亦緣此而敗㊻，兄安得知而不言！」龍恩不能從。植又承間言於護曰：「公以骨肉之親，當社稷之寄㊼，願推誠王室，擬迹伊周㊽，則率土幸甚㊾。」護曰：「我誓以身報國，卿豈謂吾有佗志㊿邪！」又聞其先與龍恩言，陰忌之，植以憂卒。及護敗，龍恩兄弟皆死，高祖以植為忠，特免其子孫(五一)。大司馬兼小冢宰、雍州牧齊公憲，素為護所親任，賞罰之際，皆得參預，權勢頗盛，護欲有所陳，多令憲聞奏，其間或有可不(五二)，憲慮主相嫌隙(五三)，每曲而暢之(五四)，帝亦察其心；及護死，召憲入，憲免冠拜謝，帝慰勉之(五五)，使詣護第收兵符及諸文籍(五六)。衞公直素忌憲，固請誅之，帝不許。護世子訓為蒲州刺史，是夜帝遣柱國越公盛乘傳(五七)徵訓，至同州，賜死。昌城公深使突厥未還，遣開府儀同三司宇文德齎璽書(五八)，就(五九)護長史、代郡叱羅協，司錄、弘農馮遷，及所親任者，皆除名(六一)。丁巳，大赦，改元；以宇文孝伯為車騎大將軍，與王軌並加開府儀同三司。初孝伯與帝同日生，太祖愛之，養於第中，幼與帝同學，及即位，欲引致(六二)左右，託言(六三)欲與孝伯講習舊經，故護弗之疑也；以為右侍上士，出入臥內，預聞機務。孝伯為人，沈正(六四)忠諒(六五)，朝政得失，外間細事(六六)，無不使帝聞之(六七)。帝閱護書記有假託符命(六八)，妄造異謀者，皆坐誅，唯得庾季才書兩紙(六九)，盛言緯候災祥(七〇)，宜返政歸權(七一)，帝賜季才粟三百石，帛二百段，遷太中大夫。癸亥，以尉遲迥為太師，柱國竇熾為太傅，李穆為太保，齊公憲為大冢宰，衛公直為大司徒，陸通為大司馬，柱國辛威為大司寇，趙公招為大司空(七二)。時帝始親覽(七三)朝政，頗事威刑(七四)，雖骨肉無所寬借(七五)，齊公憲雖遷冢宰，實奪之權(七六)；又謂憲侍讀(七七)裴文舉曰：「昔魏末不綱(七八)，太祖輔政，及周室受命，晉公復執大權，積習生常，愚者謂瀍應如是(七九)，豈有年三十天子(八〇)，而可為人所制乎？詩云：『夙夜(八一)匪懈，以事一人。』人，謂天子耳。卿雖陪侍齊公，不得遽同為臣，欲死於所事(八二)，宜輔以正道(八三)，勸以義方，輯睦(八四)我君臣，協和(八五)我兄弟，勿令自致嫌疑(八六)。」文舉咸以白憲，憲指心撫几曰：「吾之夙心(八七)，公寧(八八)不知！但當盡忠竭節(八九)耳，知復何言(九〇)(九一)。」衞公直性浮詭貪狠(九二)，意望大冢宰，既不得，殊怏怏(九三)，更請為大司馬，欲據兵權(九四)。帝揣知其意曰：「汝兄弟長幼有序(九五)，豈可返居下列(九六)。」由是用為大司徒(九七)。

(十)夏，四月，周遣工部成公建(九八)小禮部(九九)辛彥之聘於齊。

庚寅，周追尊略陽公為孝閔皇帝。

癸巳，周立皇子魯公贇(一〇〇)為太子，大赦(一〇一)。

(十一)五月，癸卯，王勱卒。

(十二)齊尚書右僕射祖珽(一〇二)勢傾朝野(一〇三)，左丞相、咸陽王斛律光惡之，遙見輒罵曰：「多事乞索小人(一〇四)，欲行何計！」又嘗謂諸將曰：「兵馬處分(一〇五)，趙令(一〇六)恒與吾輩參論(一〇七)，盲人(一〇八)掌機密以來，全不與吾輩語，正恐誤國家事耳(一〇九)。」光嘗在朝堂(一一〇)，垂簾坐，珽不知，乘馬過其前，光怒曰：「小人乃敢爾(一一一)！」後珽在內省(一一二)，言聲高慢㉓，光適過聞之，又怒，珽覺之，私賂光從奴㉔問之，奴曰：「自公用事，相王㉕每夜抱膝歎曰：『盲人入㉖，國必破矣。』」穆提婆求娶光庶女㉗不許，齊主賜提婆晉陽田，光言於朝曰㉘：「此田，神武帝以來，常種禾，飼馬數千匹，以擬寇敵㉙，今賜提婆，無乃闕軍務也㉚。」由是祖、穆皆怨之㉛。斛律后無寵，珽因而間之。光弟羨為都督幽州刺史、行臺尚書令，亦善治兵，士馬精彊，鄣候㉜嚴整，突厥畏之，謂之南可汗。光長子武都為開府儀同三司、梁兗二州刺史㉝。光雖貴極人臣，性節儉，不好聲色㉞，罕接賓客，杜絕饋餉㉟，不貪權勢，每朝廷會議，常獨後言，言輒合理，或有表疏，令人執筆，口占㊱之，務從省實㊲；行兵倣其父金之灃，營舍未定，終不入幕㊳，或竟日不坐，身不脫介㊴冑，常為士卒先，士卒有罪，唯大杖撾背㊵，未嘗妄殺，眾皆爭為之死，自結髮從軍，未嘗敗北，深為鄰敵所憚㊶。周勳州刺史韋孝寬，密為謠言曰：「百升飛上天，明月照長安。」又曰：「高山不推自崩，槲木不扶自舉㊷。」令諜人傳之於鄴，鄴中小兒，歌之於路，珽因續之曰：「盲老公背受大斧㉝，饒舌㉞老母不得語。」使其妻兄鄭道蓋奏之，帝以問珽，珽與陸令萱皆曰：「實聞有之。」珽因解之曰：「百升者、斛也，盲老公、謂臣也，與國同憂，饒舌老母，似謂女侍中陸氏也㉟。且斛律累世大將，明月聲震關西㊱，豐樂威行突厥㊲，女為皇后，男尚公主，謠言甚可畏也。」帝以問韓長鸞，長鸞以為不可，事遂寢㊳。

珽又見帝請間㊴，唯何洪珍在側，帝曰：「前得公啓，即欲施行，長鸞以為無此理。」珽未對，洪珍進曰：「若本無意，則可，既有此意而不決行，萬一㊵洩露，如何？」帝曰：「洪珍言，是也。」然猶未決。會丞相府佐封士讓密啓云：「光前西討還，敕令散兵，光引兵逼帝城，將行不軌㊶，事不果㊷而止。家藏弩甲，僮奴㊸千數㊹，每遣使往豐樂武都所，陰謀往來，若不早圖，恐事不可測。」帝遂信之，謂何洪珍曰：「人心亦大靈㊺，我前疑其欲反，果然。」帝性怯，恐即有變，令洪珍馳召祖珽告之，欲召光，恐其不從命，珽請遣使賜以駿馬，語云：「明日將遊東山，王可乘此同行。」光必入謝，因而執之，帝如其言。六月、戊辰，光入(四六)，至涼風堂(四七)(四八)，劉桃枝自後撲之，不仆，顧曰：「桃枝常為如此事(四九)，我不負國家。」桃枝與三力士以弓弦罥其頸(五〇)，拉而殺之，血流於地，剗(五一)之，迹終不滅。於是下詔稱光欲反，幷殺其子開府儀同三司(五二)世雄、儀同三司(五三)恒伽。祖珽使二千石郎(五四)邢祖信簿錄(五五)光家，珽於都省(五六)，問所得物，祖信曰：「得弓十五，宴射箭百，刀七，賜矟二。」珽厲聲曰：「更得何物？」曰：「得棗杖二十束，擬(五七)奴僕與人鬭者，不問曲直，即杖之一百。」珽大慚，乃下聲曰(五八)：「朝廷已加重刑，郎中何宜為雪(五九)。」及出，人尤其抗直(六〇)，祖信慨然曰：「賢宰相尚死(六一)，我何惜餘生(六二)(六三)。」

齊主遣使就州斬斛律武都，又遣中領軍賀拔伏恩乘驛捕斛律羨，仍以(六四)洛州行臺僕射(六五)中山獨孤永業代羨，與大將軍鮮于桃枝發定州騎卒，續進。伏恩等至幽州，門者白：「使人衷甲(六六)，馬有汗(六七)，宜閉城門。」羨曰：「敕使(六八)豈可疑拒(六九)。」出見之，伏恩執而殺之。初，羨常以盛滿為懼，表解(七〇)所職，不許，臨刑歎曰：「富貴如此，女為皇后，公主滿家，常使三百兵，何得不敗㈦！」及其五子伏護、世達、世遷、世辨、世酋，皆死。周主聞光死，為之大赦㈦。

祖珽與侍中高元海共執齊政，元海妻陸令萱之甥也，元海數以令萱密語告珽，珽求為領軍，齊主許之。元海密言於帝曰：「孝徵漢人㈦，兩目又盲，豈可為領軍！」因言珽與廣寧王孝珩交結，由是中止。珽求見自辨㈦，且言：「臣與元海素嫌㈦，必元海譖臣。」帝弱顏㈦，不能諱㈦，以實告之。珽因言：「元海與司農卿尹子華等結為朋黨。」又以元海所泄密語告令萱，令萱怒，出元海為鄭州刺史㈦，子華等皆被黜。珽自是專主機衡㈦，總知騎兵、外兵事㈧，內外親戚，皆得顯位，帝常令中要人㈧扶侍出入，直至永巷，每同御榻㈧，論決㈧政事，委任之重，羣臣莫比㈧。

㈦秋，七月，遣使如周。

㈦八月，庚午，齊廢皇后斛律氏為庶人㈧，以任城王湝為右丞相，馮翊王潤為太尉，蘭陵王長恭為大司馬，廣寧王孝珩為大將軍，安德王延宗為大司徒。

齊使領軍封輔相聘于周(八六)。

(十六)辛未，周使司城中大夫(八七)杜杲來聘，上謂之曰：「若欲合從圖齊(八八)，宜以樊鄧見與(八九)。」對曰：「合從圖齊，豈弊邑之利(九〇)，必須城鎮，宜待得之於齊(九一)，先索漢南(九二)，使臣不敢聞命(九三)(九四)。」

(十七)初，齊胡太后自愧失德，欲求悅於齊主，乃飾其兄長仁之女置宮中，令帝見之，帝果悅，納為昭儀(九五)。及斛律后廢，陸令萱欲立穆夫人，太后欲立胡昭儀，力不能遂，乃卑辭厚禮，以求令萱，結為姊妹，令萱亦以胡昭儀寵幸方隆(九六)，不得已，與祖珽白帝立之(九七)。戊子，立皇后胡氏。

己丑，齊以北平王仁堅為尚書令，特進許季良為左僕射，彭城王寶德為右僕射。

癸巳，齊主如晉陽。

(十八)九月，庚子朔，日有食之。辛亥，大赦。

(十九)冬，十月，庚午，周詔江陵所虜充官口者，悉免為民(九八)。

辛未，周遣小匠師(九九)楊諰等來聘。

周綏德公陸通卒(一〇〇)。

(廿)乙酉，上享太廟(一〇一)。

(廿一)齊陸令萱，欲立穆昭儀為皇后，私謂齊主曰：「豈有男為皇太子，而身為婢妾者(一〇二)！」胡后有寵於帝，不可離間，令萱乃使人行厭蠱之術(一〇三)，旬朔之間(一〇四)，胡后精神恍惚(一〇五)，言笑無恆(一〇六)，帝漸畏而惡之，令萱一日忽以皇后服御(一〇七)，衣被昭儀(一〇八)，又別造寶帳(一〇九)，爰及枕席器玩，莫非珍奇，坐昭儀於帳中，謂帝曰：「有一聖女(一一〇)出，將大家看之(一一一)。」及見昭儀，令萱乃曰：「如此人，不作皇后，遣何物人作(一一二)，」帝納其言，甲午，立穆氏為右皇后，以胡氏為左皇后(一一三)。

(廿二)十一月，庚戌，周主行如羌橋，集長安以東諸軍都督以上，頒賜有差。乙卯，還宮，以趙公招為大司馬(一一四)。壬申，周主如斜谷(一一五)，集長安已西都督已上，頒賜有差；丙戌，還宮。

庚寅，周主遊道會苑，以上善殿壯麗，焚之。

十二月，辛巳，周主祀南郊㉖。

(廿三)齊胡后之立，非陸令萱意，令萱一旦於太后前作色而言㉗曰：「何物親姪㉘，作如此語！」太后問其故，令萱曰：「不可道。」固問之，乃曰：「語大家云：『太后行多非灋，不可以訓㉙。』」太后大怒，呼后出，立剃其髮，送還家。辛丑，廢胡后為庶人，然齊主猶思之，每致物以通意㉚，自是㉛令萱與其子侍中穆提婆勢傾內外，賣官鬻獄㉜，聚斂無厭㉝，每一賜與，動傾府藏㉞。令萱則自太后以下，皆受其指麾㉟，提婆則唐邕之徒，皆重足屏氣㊱，殺生予奪㊲，唯意所欲㊳。

(廿四)乙巳，周以柱國田弘為大司空。乙卯，周主享太廟㊴。

(廿五)是歲，突厥木杆可汗卒，復捨其子大邏便，而立其弟，是為佗鉢㊵可汗。佗鉢以攝圖為爾伏可汗，統其東面，又以其弟褥但可汗之子、為步離可汗㊶，居西面㊷。周人與之和親，歲給繒㊸、絮、錦、綵㊹十萬段㊺，突厥在長安者，衣錦食肉，常以千數；齊人亦畏其為寇，爭厚賂之。佗鉢益驕，謂其下曰：「但使我在，南兩兒常孝㊱，何憂於貧㊲！」阿史那后無寵於周主，【考異】周書曰：「后有姿貌，善容止，周帝甚敬焉。」案房玄齡唐高祖實錄云：「武帝納突厥女，陋而無寵，太穆皇后勸帝強撫慰之。」今從之。神武公㊳竇毅尚襄陽公主，生女尚幼，密言於帝曰：「今齊陳鼎峙㊴，突厥方彊，願舅抑情㊵慰撫，以生民為念。」帝深納之。

【今註】㊀以尚書僕射徐陵為左僕射：尚書置二僕射，分為左右，若省一僕射，則止稱僕射。㊁辛未、齊主贈琅邪王儼為楚恭哀帝：按《北齊書．後主紀》武平三年正月文，辛未作辛亥，然以上文之己巳推之，則以《通鑑》之辛未為是。又按《北齊書．琅邪王儼傳》：「立殺之，時年十四，明年三月葬於鄴西，贈諡曰楚恭哀帝。」是贈儼為楚恭哀帝明在是年三月，而非正月，核正月所贈者，乃信如〈後主紀〉所書，為：「追贈故琅邪王儼為楚王」，非楚帝也。是《通鑑》乃係將二者，誤併書於一處。㊂以幷省吏部尚書高元海為尚書左僕射：按下接云：「以侍中祖珽為左僕射。」不得同時有二尚書左僕射，當必有一誤。《北齊書．後主紀》武平三年文作：「以高元海為尚書右僕射。」知高元海下之左僕射，當係右僕射之訛。說者或謂幷省亦置僕射，焉知此非幷省之左僕射？殊不知《北齊書》通例，於幷州之官，例上冠以幷省二字，此無幷省二字，當必為其遷轉鄴都所奉之職，故以從本紀而改作右僕射為是。㊃為令萱言魏保太后故事：保太后事見卷一百二十宋文帝元嘉二年。㊄女媧：司馬貞《三皇本紀》（載《史記》卷後）：「女媧氏亦風姓，有神聖之德，代宓犧立，號曰女希氏。」㈥國師國寶：謂一國之師，一國之寶。㈦初胡太后既幽於北宮……由是得僕射：按此段乃錄自《北齊書・祖珽傳》，字句大致相同。㈧立左右十二軍，總屬相府：立十二軍事，見卷一百六十二梁簡文帝大寶元年。㈨處分：謂處理，此猶云管轄。處分二字在六朝時盛施用之，說已見上。㈩徵發：徵調發遣。⑪非護書不行：此書可釋為文書，或護之署名。⑫恣橫：恣肆橫暴。⑬無所關預：無所關通參預。⑭稍伯大夫：《周禮・地官・稍人》鄭注：「主為縣師令都鄙丘甸之政也。距王城三百里曰稍。」杜佑曰：「後周地官之屬，有每方稍伯中大夫，又每遂有小稍伯稍大夫，皆下大夫。」⑮天道何如：謂天道有何徵祥。⑯敢不盡言：謂豈敢不盡言之。⑰頃上臺有變：《晉書・天文志》：「三臺六星，兩兩而居，起文昌列抵太微。一曰天柱，三公之位也。西近文昌二星曰上臺。」又此句下《隋書・庾季才傳》有：「不利宰輔。」四字。如此，則天象與人事，發生連繫，當從添入。⑱歸老私門：歸而養老於己之第宅。⑲期頤：《曲禮》：「百年曰期頤。」鄭玄曰：「期，猶安也；順、養也。」⑳旦奭：周公旦、召公奭。㉑藩屏：謂享有封邑，以藩屏王室。㉒沈吟：胡三省曰：「深味其言，微發於聲，而不能自決之貌。」㉓既為王官：謂既為天子之官。㉔可依朝列：《隋書・藝術庾季才傳》，列作例，較佳。蓋謂可依朝廷體例，只朝天子而無須再參寡人。㉕參：參謁。㉖寡人：以宇文護封公，故自稱寡人。㉗護問稍伯大夫庾季才曰……無煩別參寡人也，自是疏之：按此段乃錄自《隋書・藝術庾季才傳》，字句大致相同。㉘昵：親。㉙冀得其位：《周書・文帝十三子衞刺王直傳》：「請帝誅之，冀得其位。……及護誅，帝乃以齊王憲為大冢宰，直既乖本望。」是其位乃指宇文護之位而言。(三〇)衞公直帝之母弟也……冀得其位：按此段乃錄自《周書．文帝十三子衞刺王直傳》，字句大致相同。(三一)宮伯：《周禮．天官》：「宮伯，掌王宮之士庶子凡在版者，掌其政令，行其秩敘，作其徒役之事。」胡三省曰：「五代志：『(按《隋書．百官志》不載下文，未審其何所據。)周置左右宮伯，掌侍衞之禁，各更直於內，小宮伯貳之，臨朝則在前侍之首，行則夾路車左右。』」(三二)內史：《周禮．春官》：「內史掌王之八枋之法，以詔王治。執國法及國令之貳，以考政事，以逆會計。凡四方之事書，內史讀之。」後周蓋髣髴其意以置官。(三三)右侍：胡三省曰：「中侍、掌御寢之禁，左右侍、陪中侍之後，左右前侍、掌御寢南門之左右，左右後侍、掌寢北門之左右。」(三四)行家人禮：以兄弟齒。(三五)春秋高：即年齒高。(三六)酒誥：為《尚書》篇名，周成王作，戒母彝酒，母敢崇飲。(三七)玉珽：《隋書．禮儀志》：「今制，珽長尺二寸，方而不折，以珠玉為之。」(三八)踣：仆，音匐。(三九)御刀：天子所用之刀。(四〇)譚公、莒公：譚、莒皆古國名。(四一)崇業公：胡三省曰：「隋書帝紀，隨州有崇業郡，而志不載。」(四二)正平公：《隋書．地理志》中：「絳郡、正平縣，舊曰臨汾，置正平郡。」(四三)中外府司錄：護都督中外，故置中外府。其屬有長史、司馬、司錄。(四四)帝每於禁中見護……膳部下大夫李安等於殿中殺之：按此段乃錄自《周書．晉蕩公護傳》，字句大致相同。(四五)安危繫於數公：數公、指趙貴、獨孤信等。(四六)恐吾宗亦緣此而敗：吾宗指侯氏言。(四七)當社稷之寄：當國家寄託之重。(四八)擬迹伊周：摹擬行蹤。伊周、謂伊尹、周公。(四九)率土幸甚：謂實宇內之最大幸運。(五〇)佗志：謂篡逆之志。(五一)初護既殺趙貴等……高祖以植為忠，特免其子孫：按此段乃錄自《周書．侯植傳》，字句大致相同。(五二)或有可不：謂或有同意及不同意。(五三)主相嫌隙：君主與宰相發生惡隙。(五四)暢之：疏暢之。(五五)大司馬兼小冢宰、雍州牧齊公憲……憲免冠拜謝，帝慰勉之：按此段乃錄自《周書．齊煬王憲傳》，字句大致相同。(五六)文籍：文書籍簿。(五七)乘傳：乘驛站之傳車。(五八)璽書：為詔書之一種。(五九)就（殺之）：按殺之二字，當與上文就字連書，不應書作詮注式之小字雙行。(六〇)除名：除去名籍。(六一)護世子訓為蒲州刺史……及所親任者，皆除名：按此段除次序稍有顛倒外，字句則多相同。(六二)引致：猶引置。(六三)託言：假託云。(六四)沈正：沈著正直。(六五)諒：信。(六六)細事：謂小事。(六七)初孝伯與帝同日生……無不使帝聞之：按此段乃錄自《周書．宇文孝伯傳》，字句大致相同。(六八)符命：符瑞天命。(六九)書兩紙：謂信兩張。(七〇)緯候災祥：緯，謂七緯，日月五星之行，失行則為災；候，謂月令七十二候，失節則為災。祥與災連文，其意亦與災相類。(七一)返政歸權：謂將政權返歸天子。(七二)以尉遲迥為太師……趙公招為大司空：按此段乃錄自《周書．武帝紀》建德元年文，字句大致相同。(七三)覽：省覽。(七四)頗事威刑：謂頗用威刑。(七五)寬假：寬容假借。(七六)實奪之權：《周書．齊煬王憲傳》作：「實奪其權。」蓋古代之其，有時其意相同，故《通鑑》遂改其為之，以示曾下過工夫，然既若此，則不改亦無不可也。(七七)謂憲侍讀：後周諸王有侍讀之官。(七八)不綱：謂無綱紀，亦即無紀律也。(七九)積習生常，愚者謂法應如是：按〈齊煬王憲傳〉，愚者謂作便謂，較佳。蓋積習生常，非特愚者謂法應如是，即中上之人，亦何一非持此等看法。〈憲傳〉作便謂，較為概括含渾，故自佳勝多多。又生常、意猶成常，謂成為常例。(八〇)豈有年三十天子：謂豈有年齡已至三十之天子。(八一)夙夜：晝夜。(八二)不得遽同為臣，欲死於所事：謂不得同於為其臣之義，而欲為憲而死。(八三)正道：正當之大道。(八四)輯睦：謂安集和睦。(八五)協和：協調和諧。(八六)勿令自致嫌疑：勿令自家發生嫌隙懷疑。(八七)吾之夙心：謂吾平生之志。(八八)寧：豈。(八九)竭節：竭盡節操。(九〇)知復何言：謂不知尚有何言，可以明之。(九一)齊公憲雖遷冢宰……知復何言：按此段乃錄自《周書・齊煬王憲傳》，字句大致相同。(九二)浮詭貪狠：浮囂詭譎，貪婪狠戾。(九三)怏怏：不滿足貌。(九四)據兵權：謂據有兵權。(九五)有序：有次序。(九六)豈可返居下列：返當作反，《周書・文閔諸子衞剌王直傳》，即作反。謂豈有為兄而反居弟位之下。(九七)衞公直性浮詭貪狠……由是用為大司徒：按此段乃錄自《周書・文閔諸子衞剌王直傳》，字句大致相同。(九八)工部成公建：杜佑《通典》：「周制，工部中大夫屬冬官，五命。」按《周書・武帝紀》建德元年四月文，成公建作代公達。(九九)小禮部：杜佑《通典》：「禮部屬春官，小禮部，上士也，三命。」(一〇〇)贇：音ㄩㄣ。(一〇一)周遣工部成公建……周立皇子魯公贇為太子，大赦：按此段乃錄自《周書・武帝紀》建德元年文，字句大致相同。(一〇二)齊尚書右僕射祖珽：按上同年二月文：「侍中祖珽為左僕射。」又《北齊書・祖珽傳》亦同之，右當改作左。(一〇三)朝野：謂朝內朝外之人，野即田野之人。此辭在北齊時頗為風行。(一〇四)多事乞索小人：胡三省曰：「乞索、求取也，小人求取無厭，致國家多事。」(一〇五)兵馬處分：謂處理兵馬之事。(一〇六)趙令：趙彥深曾為尚書令，故以其官稱之。(一〇七)參論：謂參考討論。(一〇八)盲人：祖珽病盲，故詆之曰盲人。(一〇九)齊尚書右僕射祖珽，勢傾朝野……正恐誤國家事耳：按此段乃錄自《北齊書・祖珽傳》，字句大致相同。⑩朝堂：在尚書省中。⑪小人乃敢爾：謂小人乃敢如此。⑫內省：齊蓋以門下省為內省。⑬高慢：高大傲慢。⑭私賂光從奴：暗中賄賂斛律光隨從之奴僕。⑮相王：〈斛律光傳〉：「除太保，襲爵咸陽王，……拜左丞相。」故稱曰相王。⑯盲人入：謂盲人入執政。⑰庶女：嫡夫人所生之長女外，皆謂為庶女。⑱言於朝曰：謂於參朝時言曰。⑲以擬寇敵：〈斛律光傳〉作：「以擬寇難。」蓋以此田種禾養馬，所以備防敵人入侵之患難也。含意較足。⑳無乃闕軍務也：無乃使軍務有闕。㉑光嘗在朝堂垂簾坐……由是祖穆皆怨之：按此段乃錄自《北齊書・斛律金附光傳》，字句大致相同。㉒鄣候：亭鄣斥候。㉓光弟羨為都督幽州刺史……梁兗二州刺史：按此段乃錄自《北史・斛律金附光及羨傳》，字句幾全相同。㉔聲色：音樂女色。㉕饋餉：猶饋贈。㉖口占：《漢書・陳遵傳》注：「占，隱度也，口隱其辭以授吏也。」㉗省實：語省而事實。㉘終不入幕：謂終不入幕休息。㉙介冑：介，鎧甲；冑，兜鍪。㉚大杖撾背：以大杖擊其背。㉛光雖貴極人臣……深為鄰敵所憚：按此段乃錄自《北史・斛律金附光傳》，字句大致相同。㉜槲木不扶自舉：《北齊書・斛律光傳》，自舉作自豎，豎即舉之的釋。㉝盲老公背受大斧：《北齊書・斛律光傳》作：「盲眼老公，背上下大斧。」㉞饒舌：饒、富多，謂多言語也。㉟使其妻兄鄭道蓋奏之……似謂女侍中陸氏也：按此段乃錄自《北齊書・祖珽傳》，字句大致相同。㊱明月聲震關西：明月，斛律光字。㊲豐樂威行突厥：豐樂，斛律羨字。㊳寢：寢息。㊴請間：謂請間隙以有所言。㊵萬一：假設辭，猶脫。㊶不軌：

謂不合軌則之事。㊷不果：謂不果行。㊸僮奴：僮僕奴隸。㊹千數：謂以千為單位而數之，其意至少在二千以上。㊺人心亦大靈：謂余輩心甚靈慧。㊻六月戊辰，光入：按《北齊書・後主紀》武平三年文作：「秋七月戊辰。」是六月當改作七月。㊼涼風堂：在晉陽玄都苑中。㊽且斛律累世大將……光入，至涼風堂：按此段乃錄自《北齊書・斛律金附光傳》，字句大致相同。㊾桃枝常為如此事：齊自文宣以來，每殺諸王大臣，率令劉桃枝為之，故光云然。㊿罥其頸：謂結其頸，音ㄐㄩㄢˋ。(51)剗：除。(52)開府儀同三司：《隋書・百官志》中，齊開府儀同三司為從一品。(53)儀同三司：同書〈百官志〉中，儀同三司為第二品。(54)二千石郎：胡三省曰：「齊制，二千石郎、掌畿外得失等事。」(55)簿錄：謂登錄於簿籍。(56)都省：《隋書・百官志》中：「錄、令、僕射，總理六尚書事，謂之都省。」(57)擬：謂準備。(58)乃下聲曰：謂乃降低其聲音。(59)為雪：為雪洗。(60)人尤其抗直：謂他人責其抗上直率。(61)賢宰相尚死：謂賢宰相尚且死去。(62)我何惜餘生：我何惜餘遺之生命，意謂不懼死也。(63)光入至涼風堂……我何惜餘生：按此段乃錄自《北史・斛律金附光傳》，字句大致相同。(64)仍以：因以。(65)洛州行臺僕射：北齊於洛州亦置有行尚書臺。(66)使人衷甲：謂使人內著鎧甲，似有作戰模樣。(67)馬有汗：謂驟馬而來，必有急事。(68)敕使：謂使者奉敕而來。(69)豈可疑拒：豈可疑懼而拒絕之。(70)表解：上表疏請求解去。(71)何得不敗：謂理應敗也。(72)齊主遣使就州斬斛律武都……周主聞光死，為之大赦：按此段乃錄自《北齊書・斛律金附光及羨傳》，字句大致相同。(73)孝徵漢人：孝徵，祖珽字；漢人，《北齊書・祖珽傳》作漢兒，蓋漢與兒皆係藐視之意，若改作漢人，則此意頓失。當以作漢兒為勝。〔七四〕自辨：自行辨解。〔七五〕素嫌：素有嫌惡。〔七六〕弱顏：見人輒自羞而顏有忸怩者，為弱顏。〔七七〕不能諱：不能隱諱。〔七八〕鄭州刺史：《魏書·地形志》：「天平初，置潁州，治長社城，武定七年，改鄭州，治潁陰城。」〔七九〕專主機衡：尚書、職掌機密，任居銓衡。〔八〇〕總知騎兵外兵事：《隋書·百官志》中：「後齊尚書省有中兵外兵，各分左右。左外兵掌河南及潼關已東諸州丁帳，及發召徵兵等事。右外兵掌河北及潼關已西諸州，所典與左外同。」〔八一〕中要人：宦官之親要者。〔八二〕每同御榻：謂每同坐御榻。〔八三〕論決：討論決斷。〔八四〕祖珽與侍中高元海共執齊政……委任之重，羣臣莫比：按此段乃錄自《北齊書·祖珽傳》，字句大致相同。〔八五〕八月庚午，齊廢皇后斛律氏為庶人：按《北齊書·後主紀》武平三年八月文，作庚寅，以〈後主紀〉：「七月戊辰，誅左丞相、咸陽王斛律光。」推之，《通鑑》作庚午，為是。〔八六〕齊廢皇后斛律氏為庶人……齊使領軍封輔相聘于周：按此段乃錄自《北齊書·後主紀》武平三年文，字句大致相同。〔八七〕司城中大夫：胡三省曰：「宋以武公名改司空為司城，侯，國之卿也。後周倣成周之遺制，必不以諸侯之卿名官，蓋髣髴周官掌固之職。」〔八八〕合從圖齊：猶連合圖齊。〔八九〕宜以樊鄧見與：宜以樊鄧二地相贈。〔九〇〕豈弊邑之利：弊邑乃呼己國之謙稱，此辭春秋時盛用之。意謂豈但弊邑之利，即於陳亦有利焉。〔九一〕必須城鎮，宜待得之於齊：謂若必須索要城鎮，宜待得之於齊後，方以相與。〔九二〕漢南：以樊鄧地在漢南，故曰漢南。〔九三〕聞命：猶奉命。〔九四〕周使司城中大夫杜杲來聘……先索漢南，使臣不敢聞命：按此段乃錄自《北史·杜杲傳》，（《周書·杜杲傳》不載此文），字句大致相同。〔九五〕昭儀：

《北史・后妃傳序》：「孝文改定內官，左右昭儀，位視大司馬。」(九六)隆：隆盛。(九七)初齊胡太后自愧失德……與祖珽白帝立之：按此段乃揉合《北齊書・後主胡后傳》，及《北史・恩幸穆提婆傳》而成，字句大致相同。(九八)周詔江陵所虜充官口者，悉免為民：梁元帝承聖三年江陵破，士民皆為魏所虜入關。官口謂為官奴婢。(九九)小匠師：杜佑《通典》：「周小匠師下大夫，屬冬官，四命。又有上士，三命。」(一〇〇)周詔江陵所虜充官口者……周綏德公陸通卒：按此段乃錄自《周書・武帝紀》建德元年文，字句大致相同。(一〇一)十月乙酉，上享太廟：《隋書・禮儀志》二：「陳制，立七廟，一歲五祠，謂春夏秋冬臘也。每祭共以一太牢，始祖以三牲首，餘唯骨體而已。」(一〇二)而身為婢妾者：謂而已仍為婢妾者。(一〇三)厭蠱之術：厭勝巫蠱之方術。(一〇四)旬朔之間：朔，蓋謂滿一月也，此與旬月之意頗相類。(一〇五)恍惚：謂精神不甚清楚。(一〇六)言笑無恆：謂言笑不定。(一〇七)皇后服御：謂皇后之所服所用。(一〇八)衣被昭儀：謂使穆昭儀穿著之。(一〇九)寶帳：以珍寶所飾之帳。(一一〇)聖女：猶仙女。(一一一)將大家看之：大家為北齊臣民呼天子之稱。《北齊書・後主胡后傳》：「太后問有何言。曰：『不可道。』固問之，乃曰：『語大家云，太后多行非法，不可以訓。』」同書〈武成十二王琅邪王儼傳〉：「光曰：『小兒輩弄兵，與交手即亂。鄙諺云，奴見大家心死。』」皆上說之佐證。(一一二)遣何物人作：按何物猶今言什麼，為北朝之習用語。《北齊書・後主胡后傳》：「陸媼於太后前作色而言曰：『何物親姪女，作如此語言！』太后問有何言。」同書〈趙郡王琛附叡傳〉：「叡曰：『且和士開何物豎子，如此縱橫！』」又同書〈高阿那肱傳〉：「問師云：『何處龍見？作何物顏色？』」皆其例證。(一一三)齊陸令萱欲立穆昭儀為皇后……以胡氏為左皇后：按此段乃錄自《北史・恩幸穆提婆傳》，字句大致相同。㉔乙卯，還宮，以趙公招為大司馬：按《周書・武帝紀》建德元年十一月文，以趙公招上有壬戌二字，當從添。㉕十一月壬申，周主如斜谷：按《周書・武帝紀》建德元年文，十一月壬申，作十二月壬申，當改作十二月，下之丙戌、庚寅，亦宜順次下移。㉖十二月，辛巳，周主祀南郊：《隋書・禮儀志》一：「後周憲章姬周，祭祀之式，多依儀禮。其祭圓丘及南郊，並正月上辛。南郊以始祖獻侯莫那，配所感帝靈威仰於其上。」按既曰以正月上辛，知十二月當有誤。《周書・武帝紀》，此云：「建德二年正月辛丑，祠南郊。」當改書於二年正月之中。又以〈武帝紀〉二年正月下之乙巳推之，當以辛丑為是。㉗令萱一旦於太后前作色而言曰：一旦當作一日，作色謂變色。㉘何物親姪：《北齊書・後主胡后傳》作：「何物親姪女。」當添女字，方益符事實。㉙不可以訓：謂不可以為訓。㉚每致物以通意：謂每贈物以通衷款。㉛齊胡后之立，非陸令萱意……每致物以通意：按此段乃錄自《北齊書・後主胡后傳》，字句大致相同。㉜鬻獄：謂有罪者，可以出錢減刑或釋放。㉝無厭：謂無有厭足。㉞動傾府藏：謂輒傾盡府藏之所儲積。㉟指麾：猶指揮。㊱重足屏氣：累足而屏除氣息，意謂畏懼之。㊲予奪：予、賜予；奪、取回。㊳自是令萱與其子侍中穆提婆……殺生予奪，唯意所欲：按此段乃錄自《北史・恩幸穆提婆傳》，除次序稍有移置外，字句則幾全相同。㊴周主享太廟：《隋書・禮儀志》二：「後周之制，思復古之道，乃右宗廟而左社稷，置太祖之廟，幷高祖已下，二昭二穆，凡五親。盡則遷其有德者謂之祧，廟亦不毀。」㊵鉢：音撥。㊶又以其弟耨但可汗之子，為步離可汗：按《北史・突厥傳》作：「又以其弟褥但可汗為步離可汗。」說不相同。詳突厥之封制，無已封可汗，而又改為他可汗者，故《通鑑》遂不採《北史》，而轉從《隋書・突厥傳》：「褥但可汗子為步離可汗。」之說焉。㉛是歲，突厥木杆可汗卒……為步離可汗，居西面：按此段乃錄自《北史・突厥傳》，字句大致相同。㉜繒：帛之總名，音增。㉝綵：五色綢。㉞段：為繒錦之單位，疑同於古之端。㉟南兩兒常孝：南兩兒，謂周與齊也。㊱周人與之和親……何憂於貧：按此段乃錄自《周書・突厥傳》，字句大致相同。㊲神武公：胡三省曰：「神武、郡公，拓跋魏置神武郡於尖山。」㊳今齊陳鼎峙：謂周與齊陳，三國鼎峙。㊴抑情：抑制情感。

五年（西元五七三年）

㊀春，正月，癸酉，以吏部尚書沈君理為右僕射。

㊁戊寅，齊以并省尚書令高阿那肱錄尚書事，總知外兵及內省機密，與侍中、城陽王穆提婆，領軍大將軍、昌黎王韓長鸞，共處衡軸㊀，號曰三貴，蠹國害民，日月滋甚㊁。長鸞弟萬歲，子寶行、寶信，並開府儀同三司，萬歲仍兼侍中，寶行、寶信皆尚公主。每羣臣旦參㊂，帝常先引長鸞顧訪㊃，出後方引奏事官㊄，若

不視事，內省有急奏事，皆附長鸞奏聞，軍國要密，無不經手；尤疾士人，朝夕宴私，唯事譖訴㈥，常帶刀走馬，未嘗安行㈦，瞋目㈧張拳㈨，有噉人㈩之勢，朝士咨事，莫敢仰視，動致㈡呵叱，每罵云：「漢狗㈢，大不可耐㈢，唯須殺之㈣㈤。」

庚辰，齊遣崔象來聘㈥。

㈢辛巳，上祀南郊，甲午，享太廟。二月，辛丑，祀明堂。

㈣乙巳，齊立右皇后穆氏為皇后，穆后母名輕霄，本穆氏之婢也，面有黥字㈦，后既以陸令萱為母，穆提婆為外家㈧，號令萱曰太姬。太姬者，齊皇后母號也。視一品㈨，班㈩在長公主上㈡，由是不復問輕霄㈢；輕霄自療面㈢，欲求見后，太姬使禁掌之㈣，竟不得見㈤。齊主頗好文學，丙午，祖珽奏置文林館，多引文學之士以充之，謂之待詔㈥，以中書侍郎、博陵李德林，黃門侍郎、琅邪顏之推，同判館事㈦㈧；又命共撰修文殿御覽㈨。

㈤甲寅，周太子贇巡省西土㈢。

㈥乙卯，齊以北平王堅錄尚書事㈡。

丁巳，齊主如晉陽。

(七)壬戌，周遣司會㉒侯莫陳凱等聘於齊。

(八)庚辰，齊主還鄴。

(九)三月，己卯，周太子於岐州獲二白鹿，以獻。周主詔曰：「在德不在瑞。」

(十)帝謀伐齊，公卿各有異同，唯鎮前將軍㉓吳明徹決策請行，帝謂公卿曰：「朕意已決，卿可共舉元帥。」眾議以中權將軍淳于量位重㉔，共署推之㉕。尚書左僕射徐陵獨曰：「吳明徹家在淮左㉖，悉彼風俗㉗，將略㉘，人才，當今亦無過者。」都官尚書、河東裴忌曰：「臣同徐僕射㉙。」陵應聲㊵曰：「非但明徹良將，裴忌即良副也㊶。」壬午，分命眾軍，以明徹都督征討諸軍事，忌監軍事，統眾十萬伐齊。明徹出秦郡㊷，都督黃瀍𧆑出歷陽。

(十一)夏，四月，己亥，周主享太廟。

(十二)癸卯，前巴州刺史㊸魯廣達，與齊師戰於大峴㊹，破之。

(十三)戊申，齊以蘭陵王長恭為太保，南陽王綽為大司馬，安德王延宗為太尉，武興王普為司徒，開府儀同三司、宜陽王趙彥深為司空[四五]。

齊人於秦郡置秦州，州前江浦通涂水，齊人以大木為柵於水中。辛亥，吳明徹遣豫章內史程文季，將驍勇，拔其柵，克之。文季，靈洗之子也[四六]。齊人議禦陳師，開府儀同三司王紘曰：「官軍[四七]比屢失利，人情騷動[四八]，若復出頓[四九]江淮，恐北狄西寇[五〇]，乘弊[五一]而來。莫若薄賦省傜[五二]，息民養士[五三]，使朝廷輯睦，遐邇[五四]歸心，天下皆當肅清[五五]豈直陳[五六]氏而已！」不從[五七]，遣軍救歷陽，【考異】陳書帝紀云：「齊遣兵十萬救歷陽。」黃法氍傳云：「步騎五萬救歷陽。」蕭摩訶傳云：「尉破胡等帥眾十萬來援。」案源文宗之語，恐無此數，今不取。庚申，黃法氍擊破之；又遣開府儀同三司尉破胡、長孫洪略救秦州。

趙彥深私問計於祕書監源文宗曰：「吳賊侏張[五八]，遂至於此，弟往為秦涇刺史[五九]、悉江淮間情事[六〇]，今何術以禦之[六一]？」文宗曰：「朝廷精兵，必不肯多付諸將，數千已下，適足為吳人之餌[六二]。尉破胡人品，王之所知[六三]，敗績之事，匪朝伊夕。國家待遇淮南[六四]，失之同於蒿箭[六五]。如文宗計者，不過專委王琳[六六]，招募淮南三四萬人，風俗相通，能得死力，兼令舊將將兵，屯於淮北。且琳之於頊(六七)，必不肯北面事之(六八)，明矣。竊謂此計之上者。若不推赤心(六九)於琳，更遣餘人掣肘(七〇)，復成速禍(七一)，彌(七二)不可為。」彥深歎曰：「弟此策，誠足制勝千里(七三)，但口舌爭之(七四)十日，已不見從，時事至此，安可盡言！」因相顧流涕(七五)。文宗名彪，以字行(七六)，子恭之子也。

文宗子師為左外兵郎中，攝祠部(七七)，嘗白高阿那肱龍見當雩(七八)，阿那肱驚曰：「何處龍見？其色如何(七九)？」師曰：「龍星初見，禮當雩祭，非真龍也。」阿那肱怒曰：「漢兒(八〇)多事！強知星宿(八一)(八二)。」遂不祭。師出，竊歎曰：「禮既廢矣，齊能久乎！」齊師選長大(八三)有膂(八四)力者為前隊，又有蒼頭，犀角大力(八五)，其鋒甚銳，又有西域胡善射，弦無虛發，眾軍尤憚之。辛酉，戰於呂梁，將戰，吳明徹謂巴山太守蕭摩訶曰：「若殪(八六)此胡，則彼軍奪氣，君才不減(八七)關羽矣。」摩訶曰：「願示其狀，當為公取之。」明徹乃召降人有識胡者，使指示之，自酌酒以飲摩訶，摩訶飲畢，馳馬衝齊軍，胡挺身出陳前十餘步，彀弓[八八]未發，摩訶遙擲銑鋧，正中其額，應手而仆；齊軍大力十餘人出戰，摩訶又斬之，於是齊軍大敗[八九]，尉破胡走，長孫洪略戰死。

破胡之出師也，齊人使侍中王琳與之俱，琳謂破胡曰：「吳兵甚銳，宜以長策制之，慎勿輕鬭。」破胡不從而敗。琳單騎僅免，還至彭城，齊人即使之赴壽陽[九〇]召募，以拒陳師[九一]，復以盧潛為揚州道行臺尚書。甲子，南譙太守徐槾克石梁城[九二]。五月，己巳，瓦梁城[九三]降，癸酉，陽平郡[九四]降。甲戌，徐槾克廬江城[九五]。歷陽窘蹙乞降，黃灋𣰰緩之[九六]，則又拒守，灋𣰰怒，帥卒急攻，丙子，克之，盡殺戍卒[九七]；進軍合肥，合肥望旗請降，灋𣰰禁侵掠，撫勞[九八]戍卒，與之盟，而縱[九九]之[一〇〇]。

⑭丁丑，周以柱國侯莫陳瓊為大宗伯，滎陽公司馬消難為大司寇，江陵總管陸騰為大司空。瓊，崇之弟也。

⑮己卯，齊北高唐郡[一〇一]降。辛巳，詔南豫州刺史[一〇二]黃灋𣰰徙鎮歷陽。乙酉，南齊昌太守[一〇三]黃詠克齊昌外城，丙戌，廬陵內史任忠軍

於東關，克其東西二城(一四)，進克蘄城(一五)，戊子，又克譙郡城(一六)，秦州城降。癸巳，瓜步、胡墅二城(一七)降(一八)。帝以秦郡、吳明徹之鄉里，詔具大牢(一九)，令拜祠上冢(二〇)，文武羽儀(二一)甚盛，鄉人榮之(二二)。

(十六)齊自和士開用事以來，政體隳紊(二三)，及祖珽執政，頗收舉才望(二四)，內外稱美，珽復欲增損政務，沙汰(二五)人物，官號服章(二六)，並依故事(二七)；又欲黜諸閹豎(二八)及羣小輩，為致治之方(二九)。陸令萱、穆提婆議頗同異(三〇)，珽乃諷(三一)御史中丞麗伯律令劾主書(三二)王子冲納賂，知其事連提婆，欲使贓罪相及，望因此并坐及(三三)令萱。猶恐齊主溺於近習(三四)，欲引后黨為援，乃請以胡后兄君瑜為侍中、中領軍，又徵君瑜兄梁州刺史君璧，欲以為御史中丞。令萱聞而懷怒，百方(三五)排毀，出君瑜為金紫光祿大夫(三六)，解中領軍(三七)，君璧還鎮梁州，胡后之廢，頗亦由此，釋王子冲不問。珽日以益疏，諸宦者更共譖之，帝以問陸令萱，令萱惆默(三八)不對，三問，乃下牀拜曰：「老婢應死(三九)。老婢始聞和士開言孝徵多才博學，意謂善人，故舉之，比來觀之，大是姦臣，人實難知，老婢應死。」帝令韓長鸞檢案㉚，長鸞素惡珽，得其詐出勑受賜㉛等十餘事，帝以嘗與之重誓㉜，故不殺，解珽侍中、僕射，出為北徐州刺史㉝。珽求見帝，長鸞不許，遣人推出柏閤，珽坐，不肯行，長鸞令牽曳而出㉞。癸巳，齊以領軍穆提婆為尚書左僕射，侍中、中書監段孝言為右僕射。孝言，韶之弟也。初，祖珽執政，引孝言為助，除吏部尚書，孝言凡所進擢㉟，非賄則舊㊱，求仕者或於廣會㊲，膝行㊳跪伏，公自陳請㊴，孝言顏色揚揚㊵，以為己任，隨事酬許㊶，將作丞崔成忽於眾中抗言㊷曰：「尚書、天下尚書㊸，豈獨段家尚書也！」孝言無辭以應，唯厲色遣下㊹而已。既而與韓長鸞共搆㊺祖珽，遂而代之㊻。

(七)齊蘭陵武王長恭貌美而勇，以邙山之捷，威名大盛，【考異】北齊書：「長恭與周戰於邙山，後主謂曰，入陳太深，失利悔無所及。對曰，家事親切，不覺遂然。帝嫌其稱家事，遂忌之。」案邙山之戰在河清三年，後主時年九歲，尚未即位，何得有此問？且稱家事，亦何足致忌，今不取。武士歌之，為蘭陵王入陳曲㊼。齊主忌之。及代段韶督諸軍，攻定陽，頗務㊽聚歛，其所親尉相願問之曰：「王受朝寄㊾，何得如此！」長恭未應。相願曰：「豈非以邙山之捷，欲自穢乎㊿！」

長恭曰：「然。」相願曰：「朝廷若忌王，即當用此為罪，無乃避禍而更速(五一)之乎！」長恭涕泣，前膝(五二)問計，相願曰：「王前既有功，今復告捷，威聲太重，宜屬疾(五三)在家，勿預(五四)時事。」長恭然其言，未能退，及江淮用兵，恐復為將，歎曰：「我去年面腫，今何不發？」自是有疾不療，齊主遣使酖殺之(五五)。

(十八)六月，郢州刺史李綜克灄口城(五六)，乙巳，任忠克合州外城，庚戌，淮陽(五七)、沭陽(五八)郡，皆棄城走。

(十九)壬子，周皇孫衍生。

(廿)齊主遊南苑，從官暍死者六十人(五九)，以高阿那肱為司徒。

(廿一)癸丑，程文季攻齊涇州，拔之。乙卯，宣毅司馬(六〇)湛陀克新蔡城(六一)。

(廿二)丙辰，齊使開府儀同三司王紘聘於周(六二)。

(廿三)癸亥，黃灋氍克合州，吳明徹進攻仁州(六三)，甲子，克之。治明堂(六四)。

(廿四)秋，七月，戊辰，齊遣尚書左丞陸騫將兵二萬，救齊昌，出自巴蘄(六五)，遇西陽太守(六六)、汝南周炅(六七)，炅留羸弱，設疑兵，以當之，身帥(六八)精銳，由間道邀其後(六九)，大破之(七〇)。己巳，征北大將軍吳明徹軍至峽口(七一)，克其北岸城，南岸守者棄城走，周炅克巴州，淮北絳城及穀陽(七二)士民，並殺其戍主(七三)以城降(七四)。齊巴陵王王琳與揚州刺史王貴顯，保壽陽外郭，吳明徹以琳初入，眾心未固，丙戌，乘夜攻之，城潰，齊兵退據相國城及金城(七五)(七六)。八月，乙未，山陽城(七七)降，壬寅，盱眙城降(七八)，壬子，戎昭將軍(七九)徐敬辯克海安城，青州東海城(八〇)降。戊午，平固侯敬泰等(八一)克晉州(八二)。九月，甲子，陽平城(八三)降，壬申，高陽太守沈善慶克馬頭城(八四)，甲戌，齊安城(八五)降，丙子，左衛將軍樊毅克廣陵楚子城(八六)(八七)。

(廿五)壬午，周太子贇納妃楊氏，妃大將軍隨公堅之女也。太子好昵近(八八)小人，左宮正宇文孝伯言於周主曰：「皇太子，四海所屬(八九)，而德聲(九〇)未聞，臣忝宮官(九一)，實當其責(九二)，且春秋尚少，志業未成，請妙選(九三)正人，為其師友，調護(九四)聖質，猶望日就月將(九五)，如或不然，悔無及矣。」帝斂容(九六)曰：「卿世載(九七)鯁直，竭誠所事(九八)，觀卿此言，有家風矣。」孝伯拜謝曰：「非言之難，受之難也。」帝曰：「正人豈復過卿(九九)。」於是以尉遲運為右宮正(一〇〇)。運，迥之弟子也。帝嘗問萬年縣丞、南陽樂運曰：「卿言太子何如人？」對曰：「中人。」帝顧謂齊公憲曰：「百官佞我，皆稱太子聰明睿智(一〇一)，唯運所言，忠直耳。」因問運中人之狀，對曰：「如齊桓公是也。管仲相之則霸，豎貂輔之則亂，可與為善(一〇二)，可與為惡。」帝曰：「我知之矣。」乃妙選宮官(一〇三)以輔之，仍擢(一〇四)運為京兆丞。太子聞之，意甚不悅(一〇五)。

(十六)癸未，沈君理卒。

壬辰晦，前鄱陽內史魯天念克黃城(一〇六)，甲午，郭默城降(一〇七)。

己亥，以特進、領國子祭酒周弘正為尚書右僕射(一〇八)。

(十七)齊國子祭酒張雕以經授齊主，為侍讀，帝甚重之，雕與寵胡何洪珍相結，穆提婆、韓長鸞等惡之。洪珍薦雕為侍中，加開府儀同三司，奏度支事(一〇九)，大為帝所委信，常呼博士(一一〇)。雕自以出於微賤，致位大臣(一一一)欲立効(一一二)以報恩，論議抑揚(一一三)，無所回避(一一四)，省宮掖不急之費，禁約㉕左右驕縱之臣，數譏切㉖寵要，獻替帷幄㉗，帝亦深倚仗之，雖遂以澄清為己任，意氣甚高，貴倖皆側目㉘㉙。尚書左丞封孝琰，隆之之弟子，與侍中崔季舒，皆為祖珽所厚，孝琰嘗謂珽曰：「公是衣冠宰相，異於餘人㉚。」近習㉛聞之，大以為恨。會齊主將如晉陽，季舒與張雕議，以為：「壽陽被圍，大軍出拒之，信使㉜往還，須稟節度㉝；且道路小人，或相驚恐，以為大駕㉞向幷州，畏避南寇㉟。若不啓諫㊱，恐人情駭動。」遂與從駕文官連名㊲進諫。時貴臣趙彥深、唐邕、段孝言等，意有異同㊳，季舒與爭未決，長鸞遽言於帝曰：「諸漢官連名揔署，聲云諫幸幷州，其實未必不反。宜加誅戮。」辛丑，齊主悉召已署名㊴者集含章殿，斬季舒、雕、孝琰，及散騎常侍劉逖、黃門侍郎裴澤、郭遵於殿庭，家屬皆徒北邊，婦女配奚官㊵，幼男下蠶室㊶，沒入貲產㊷。癸卯，遂如晉陽。

(廿)吳明徹攻壽陽，堰肥水以灌城㊸，城中多病腫泄㊹，死者什六七。齊行臺右僕射、琅邪皮景和等救壽陽，以尉破胡新敗，怯懦不敢前，屯於淮口(三五)，敕使屢促之，然始度淮(三六)，眾數十萬，去壽陽三十里，頓軍(三七)不進，諸將皆懼曰：「堅城未拔，大援在近，將若之何？」明徹曰：「兵貴神速，而彼結營(三八)不進，自挫其鋒，吾知(三九)其不敢戰，明矣。」乙巳，躬擐甲胄，四面疾攻，一鼓拔之，生擒王琳、王貴顯、盧潛，及扶風王可朱渾道裕(四〇)、尚書左丞李騊駼，送建康，景和北遁，盡收其駝馬輜重(四一)。琳體貌閑雅(四二)，喜怒不形於色，彊記內敏，軍府佐吏千數，皆能識其姓名(四三)，刑罰不濫，輕財愛士，得將卒心，雖失地流寓(四四)在鄴，齊人皆重其忠義，及被擒，故麾下將卒多在明徹軍中，見者皆歔欷不能仰視(四五)，爭為之請命(四六)，及致資給(四七)。明徹恐其為變，遣使追斬之於壽陽東二十里，哭者聲如雷，有一叟以酒脯來祭，哭盡哀，收其血而去，田夫野老，知與不知，聞者莫不流涕(四八)。

(四九)齊穆提婆、韓長鸞聞壽陽陷，握槊不輟(四九)，曰：「本是彼物(五〇)，從其取去(五一)。」齊主聞之，頗以為憂，提婆等曰：「假使國家盡失黃河以南，猶可作一龜茲國(五二)更可憐人生如寄(五三)。唯當行樂，何用愁為？」左右嬖臣，因共贊和之(二五四)，帝即大喜，酣飲鼓舞(二五五)(二五六)，仍使於黎陽，臨河築城戍。丁未，齊遣兵萬人至潁口(二五七)，樊毅擊走之，辛亥，遣兵援蒼陵(二五八)，又破之(二五九)。齊主以皮景和全軍而還，賞之，除尚書令。

(卅)丙辰，詔以壽陽復為豫州。以黃城為司州，以明徹為都督豫合等六州諸軍事、車騎大將軍、豫州刺史，遣謁者(二六〇)蕭淳風就壽陽冊命，於城南設壇(二六一)，士卒二十萬，陳旗鼓戈甲，明徹登壇拜受，成禮而退，將卒榮之(二六二)。上置酒舉杯屬徐陵(二六三)曰：「賞卿知人(二六四)。」陵避席(二六五)曰：「定策聖衷(二六六)，非臣力也(二六七)。」以黃灋氍為征西大將軍、合州刺史。戊午，湛陀克齊昌城。十一月，甲戌，淮陰城(二六八)降。庚辰，威虜將軍(二六九)劉桃枝(二七〇)克朐山城(二七一)，辛巳，樊毅克濟陰城(二七二)。己丑，魯廣達攻濟南徐州(二七三)克之，以廣達為北徐州刺史，鎮其地(二七四)。【考異】陳書帝紀及廣達傳，皆云北徐州。按北齊書祖珽傳：「珽保全北徐州，城不陷。」蓋南人謂京口為南徐州，故謂此為北徐州，其實乃北齊之南徐州也。

(卅一)齊北徐州(二七五)民多起兵以應陳，逼其州城，祖珽命不閉城門，禁人不得出衢(二七六)路，城中寂然，反者不測其故，疑人走城空，不設備；策忽令鼓譟震天，反者皆驚走，既而復結陳向城，珽令錄事參軍王君植將兵拒之，自乘馬臨陳，左右射，反者先聞其盲，謂其必不能出，忽見之，大驚，穆提婆欲令城陷，不遣援兵，珽且戰且守(二七七)，十餘日，反者竟散走(二七八)。

(四二)詔懸王琳首於建康市，故吏梁驃騎倉曹參軍(二七九)朱瑒致書徐陵，求其首曰：「竊以典午(二八〇)將滅，徐廣為晉家遺老(二八一)，當塗已謝(二八二)，馬孚稱魏室忠臣(二八三)。梁故建寧公琳當離亂之辰(二八四)，捴方伯之任(二八五)，天厭梁德(二八六)，尚思匡繼(二八七)，徒蘊包胥之志(二八八)，終遘萇弘之眚(二八九)，至使身沒九泉，頭行千里。伏惟聖恩博厚，明詔爰發，赦王經之哭，許田橫之葬(二九〇)，不使壽春城下，唯傳報葛之人(二九一)，滄洲(二九二)島上，獨悲田(二九三)之客(二九四)。」陵為之啓上(二九五)，十二月，壬辰朔，并熊曇朗等首，皆還其親屬。瑒瘞琳於八公山(二九六)側，義故(二九七)會葬者數千人，瑒間道奔齊，別議(二九八)迎葬，尋有壽陽人茅智勝等五人，密送其柩於鄴，齊贈琳開府儀同三司、錄尚書事，謚曰忠武王，給轀輬車(二九九)以葬之(三〇〇)。

(四三)癸巳，周主集羣臣及沙門道士，帝自升高坐，辨三教先後，以儒為先，道為次，釋為後。

(廿四)乙未，譙城(三一)降。

乙巳，立皇子叔明為宜都王，叔獻為河東王。

壬午，任忠克霍州(三二)，詔徵安州刺史(三三)周炅入朝。初梁定州刺史(三四)田龍升以城降，詔仍舊任，及炅入朝，龍升以江北六州七鎮叛入於齊，齊遣歷陽王景安將兵應之(三五)，詔以炅為江北道大都督，摠眾軍以討龍升，斬之，景安退走，盡復江北之地(三六)。

(廿五)是歲，突厥求昏於齊。

【今註】㈠共處衡軸：按衡軸猶樞衡，衡謂阿衡，樞即中樞也。㈡齊以幷省尚書令……日月滋甚：按此段乃錄自《北齊書・恩幸高阿那肱傳》，字句大致相同。㈢每羣臣旦參：謂羣臣清晨之朝參。㈣顧訪：顧問訪詢。㈤方引奏事官：方引見奏事之大臣。㈥朝夕宴私，惟事譖訴：朝夕宴會及私謁，惟從事於譖毀及訴告。㈦安行：徐行。㈧瞋目：張目，音ㄔㄣ。㈨張拳：謂舉拳。㈩噉人：謂吃人。(十一)動致：動行。(十二)漢狗：二字皆詈人語，漢字說已見上。(十三)大不可耐：謂甚不可忍耐。(十四)漢狗、大不可耐，唯須殺之：按此數語，《北史・恩幸韓鳳傳》作：「每叱曰：『恨不得剉漢狗飼馬。』」(十五)長鸞弟萬歲、子寶行……唯須殺之：按此段乃錄自《北史・恩幸韓鳳傳》，次序多有改易，字句亦間不相同。⑯齊遣崔象來聘：按通例，所遣使臣，皆書其官爵，以明其職任之輕重。此據《北齊書・後主紀》武平四年文，為兼散騎常侍崔象。當添書兼散騎常侍五字。⑰穆后母名輕霄，本穆氏之婢也，面有黥字：按《北齊書・後主穆后傳》作：「母名輕霄，本穆子倫婢也。轉入侍中宋欽道家，姦私而生后，莫知氏族。欽道婦妬，輕霄面黥為宋字。」⑱外家：猶娘家。⑲視一品：謂等於第一品。⑳班：班列。㉑號令萱曰太姬……班在長公主上：按此數句乃錄自《北齊書・恩幸穆提婆傳》，字句大致相同。㉒由是不復問輕霄：按《北史・齊後主皇后穆氏傳》作：「后既以陸為母，提婆為家，更不採輕霄。」是問猶今言管或理睬。㉓輕霄自療面：謂輕霄將其面上之黥字治去。㉔使禁掌之：謂使人禁止並掌管之。㉕由是不復問輕霄……使禁掌之，竟不得見：按此段乃錄自《北齊書・後主穆皇后傳》，字句大致相同。㉖謂之待詔：西漢有待詔金馬門之制，此待詔即由彼而來。㉗同判館事：謂共同判斷文林館之事務。㉘以中書侍郎李德林……同判館事：按此數句乃錄自《隋書・李德林傳》，字句大致相同。㉙又命共撰修文殿御覽：齊大統中，毀東宮，起修文等殿。又《北齊書・後主紀》武平三年八月：「是月，聖壽堂御覽成，勅付史閣，後改為脩文殿御覽。」是此書已於前一年完成，《通鑑》云四年脩誤。然亦或者武平三年時雖已脩成，而仍繼續改訂，遂命李德林與顏之推於是年又共修撰歟！㉚巡省西土：謂巡行省察國之西部。㉛齊以北平王堅錄尚書事：按《北齊書・武成十二王北平王貞傳》：「貞字仁堅。」是堅上當添仁字。㉜司會：《周禮》司會屬天官，鄭玄注：「會、大計也，司會主天下之大計，計官之長，若今尚書。」後周司會，屬天官，為中大夫。㉝鎮前將軍：《隋書．百官志》上：「梁置八鎮：東南西北，止施在外；左右前後，止施在內。」㉞中權將軍淳于量位重：據《隋書．百官志》上，梁置四中將軍，與八鎮將軍，同擬官品第二，然四中班在八鎮之上，故以量位為重。㉟共署推之：共同簽署而推薦之。㊱吳明徹家在淮左：《陳書．吳明徹傳》：「明徹，秦郡人。」㊲悉彼風俗：洞知彼處之風土習俗。㊳將略：為將之謀略。㊴臣同徐僕射：謂臣贊同徐僕射之議。㊵應聲：謂緊接其聲而行動也，亦即立即之意。此辭為六朝新興起者，《陳書．徐陵傳》：「都官尚書裴忌曰：『臣同徐僕射。』陵應聲曰：『非但明徹良將，裴忌即良副也。』」《北齊書．武成十二王琅邪王儼傳》：「中貴騾馬趨仗，不得入，自言奉勅。赤棒應聲碎其鞍，馬驚人墜。帝大笑，以為善。」《周書．柳霞傳》：「醫云：『唯得人吮膿，或望微止其痛。』霞應聲即吮，旬日遂瘳。」皆上說之佐證。㊶帝謂公卿曰，朕意已決……裴忌即良副也：按此段乃錄自《陳書．徐陵傳》，字句幾全相同。㊷明徹出秦郡：謂明徹由秦郡進兵。㊸巴州刺史：《隋書．地理志》下：「巴陵郡，梁置巴州。」㊹戰於大峴：胡三省曰：「此大峴，在合肥之南，歷陽之北。」㊺戊申，齊以蘭陵王長恭為太保……宜陽王趙彥深為司空：按此段乃錄自《北齊書．後主紀》武平四年文，字句大致相同。㊻文季，靈洗之子也：程靈洗，《陳書》有傳。㊼官軍：猶王師，此辭六朝盛用之。㊽人情騷動：人情騷擾驚動。㊾出頓：出駐。㊿北狄西寇：北狄謂突厥，西寇謂周。(51)乘弊：乘趁疲弊。(52)薄賦省徭：薄賦歛，省徭役。(53)養士：休養士卒。(54)遐邇：遠近。(55)肅清：肅靖清平。(56)直：只。(57)齊人議禦陳師……豈直陳氏而已，不從：按此段乃錄自《北齊書・王紘傳》，字句大致相同。(五八)侏張：彊梁也。揚雄《國三老箴》：「負乘覆餗，姦寇侏張。」亦作輈張。(五九)弟往為秦涇刺史：趙彥深以位高，故示親昵，而稱源文宗曰弟。往、昔。胡三省曰：「齊置秦州於秦郡，涇州於石梁。」(六〇)情事：人情世事。(六一)今何術以禦之：《北齊書・源彪傳》作：「今將何以禦之。」文較靈活，以不改為宜。(六二)為吳人之餌：謂為吳人之所吞食。(六三)王之所知：彥深封宜陽王，故稱之。(六四)待遇淮南：謂對於淮南。(六五)同於蒿箭：胡三省曰：「唐高祖遣李密徇山東，廷臣多諫帝曰：『如以蒿箭射蒿中耳。』言不足惜也。乃知此語之來久矣。」蒿箭、謂以植物中之蒿所為之箭。(六六)不過專委王琳：謂莫過於專任王琳。(六七)頊：陳宣帝名。(六八)北面事之：謂向之稱臣。(六九)赤心：誠心。(七〇)掣肘：按此語之故事，最早見於《呂氏春秋》具備，文云：「宓子賤治亶父，恐魯君之聽說人，而令己不得行其術也。將辭而行，請近吏二人於魯君，與之俱。至於亶父，邑吏皆朝，宓子賤令吏二人書，吏方將書，宓子賤從旁時掣搖其肘，吏書之不善，則宓子賤為之怒。吏甚患之，辭而請歸。」(七一)速禍：召禍。(七二)彌：愈。(七三)制勝千里：謂制勝於千里之外。(七四)口舌爭之：謂以言語相爭論。(七五)趙彥深私問計於秘書監源文宗……因相顧流涕：按此段乃錄自《北齊書・源彪傳》，字句大致相同。(七六)文宗名彪，以字行：按〈源彪傳〉，無以字行之文，而《通鑑》云其以字行者，以對曰中，皆自稱文宗，而對語中所自稱者，必為其名，故《通鑑》遂據以曰以字行也。(七七)攝祠部：謂代理祠部。(七八)龍見當雩：《左傳》：「龍見而雩。」杜預注：「龍見建巳之月，蒼龍宿之體，昏見東方，萬物始盛，待雨而大，故祭天，遠為百穀祈甘雨。」孔穎達疏：「天之四方，各有七宿，各成一形。東方成龍形，西方成虎形，皆南首而北尾。」鄭玄曰：「雩吁嗟求雨之祭。」《隋書・禮儀志》二：「後齊以孟夏龍見而雩，祭太微五精帝於夏郊之東，為圓壇，於其上祈穀實，以顯祖文宣帝配。」(七九)其色如何：按《北齊書・高阿那肱傳》作：「作何物顏色。」是何物意即何也。《通鑑》以其罕見，遂改作如何。殊不知此乃齊代之特殊用語，理應加以保存。(八〇)漢兒：為北朝時之侮詬語。(八一)強知星宿：謂本不可知，而強以為知。星宿謂天上之羣恆星。(八二)文宗子師為左外兵郎中……漢兒多事，強知星宿：按此段乃錄自《北齊書・恩倖高阿那肱傳》，字句大致相同。(八三)選長大：選擇身軀高大者。(八四)膂：同膐，即脊骨。(八五)又有蒼頭、犀角、大力：按《陳書・蕭摩訶傳》，大力下有之號二字，宜添此二字，以使文意更為明顯。又又有蒼頭，〈蕭摩訶傳〉作：「其前隊有蒼頭。」是蒼頭乃屬於前隊者。夫既若此，且為免除與下文之又有相重複計，則為前隊又有五字，自當刪作前隊有三字，方無上述之缺陷矣。(八六)殪：殺。(八七)不減：猶不下。(八八)彀弓：張滿弓弦。(八九)齊師選長大有膂力者……於是齊軍大敗：按此段乃錄自《陳書・蕭摩訶傳》，字句大致相同。(九〇)壽陽：本壽春縣，晉時避諱，改春為陽，即今安徽省壽縣。(九一)破胡之出師也……赴壽陽召募，以拒陳師：按此段乃錄自《北齊書・王琳傳》，字句大致相同。(九二)石梁城：《隋書・地理志》下：「江都郡，永福縣，舊曰沛，後周改沛郡為石梁郡，改沛縣曰石梁縣。」(九三)瓦梁城：《隋書・地理志》下：「江都郡、六合縣，後齊置瓦梁郡。」(九四)陽平郡：《魏書・地形志》二中：「淮州，蕭衍置，魏因之，治淮陰城。屬有陽平郡，治陽平城。」(九五)盧江城：《魏書・地形志》二中：「梁置合州，屬有廬江郡，領灊縣。」(九六)緩之：謂緩攻之。(九七)戍卒：戍守之士卒。(九八)撫勞：安撫慰勞。(九九)縱：釋放。(一〇〇)歷陽窘蹙……與之盟，而縱之：按此段乃錄自《陳書・黃法𣰰傳》，字句大致相同。(一〇一)齊北高塘郡：《隋書・地理志》下：「同安郡，宿松縣，梁置高塘郡。」(一〇二)南豫州刺史：《隋書・地理志》下：「廬江郡，梁置南豫州。」(一〇三)南齊昌太守：《隋書・地理志》下：「蘄春郡，蘄春縣，後齊改曰齊昌，置齊昌郡」。(一〇四)軍於東關，克其東西二城：胡三省曰：「東關東西二城，吳諸葛恪所築也。」(一〇五)蘄城：《隋書・地理志》下：「廬江郡，襄安縣，梁曰蘄。」音其。(一〇六)譙郡城：《魏書・地形志》二中：「合州，屬有南譙郡，領蘄縣。」當在蘄縣界。(一〇七)瓜步、胡墅二城：胡三省曰：「二城皆在六合縣界，臨江。」(一〇八)齊北高唐郡降……癸巳，瓜步胡墅二城降：按此段乃錄自《陳書・宣帝紀》太建五年文，字句大致相同。(一〇九)太牢：牛羊豕。(一一〇)拜祠上冢：拜祠，謂拜其祠堂；上冢，謂祭其祖先之墳墓。(一一一)羽儀：謂羽葆諸儀仗。(一一二)帝以秦郡、吳明徹之鄉里……鄉人榮之：按此段乃錄自《陳書・吳明徹傳》，字句大致相同。(一一三)隳紊：隳墜。音揮。紊亂。(一一四)才望：有才智聲望之士。(一一五)沙汰：猶淘汰，蓋淘沙金者，皆先以水淘去其沙，而後真金方獲，故遂以沙汰為淘汰也。(一一六)服章：衣服徽章。(一一七)故事：謂舊制。(一一八)閹豎：閹官僮豎。(一一九)為致治之方：為致治之術。(一二〇)議頗同異：議論頗有同與異者。按此辭著重在異，而不在同，同乃連類而及者也。六朝時同異一辭如此用法，甚為流行，具見諸史傳中，茲不具。(一二一)諷：示意。(一二二)主書：《隋書・百官志》中：「中書省有中書舍人，主書各十人。」(一二三)坐及：謂連坐及。(一二四)近習：左右狎習之人。(一二五)百方：猶百計。(一二六)出君瑜為金紫光祿大夫：出者，自內省出就朝列。金紫光祿大夫，本晉之左右光祿大夫，假金章紫綬，後遂於左右光祿大夫之下，又置金紫光祿大夫。《隋書・百官志》中：「金紫光祿大夫，從二品。」㉗解中領軍：解，去，中領軍，《隋書・百官志》中云：「第三品。」㉘憫默：憂而不敢言之貌。㉙老婢應死：老婢係陸令萱之謙稱。又《北齊書・祖珽傳》，應作合。核《北齊書》凡犯罪而應處罰者，例作合字，此亦當保留之。㉚檢案：謂檢察案驗。㉛詐出勅受賜：詐出天子勅書而受賜物。㉜重誓：謂誓不殺之。㉝北徐州刺史：《隋書・地理志》下：「琅邪郡，舊置北徐州。」㉞齊自和士開用事以來……長鸞令牽曳而出：按此段乃錄自《北齊書・祖珽傳》，字句大致相同。㉟進擢：進薦拔擢。㊱非賄則舊：非為賄賂，則係故舊。㊲廣會：謂於大庭廣眾之間。㊳膝行：謂跪而移行。㊴公自陳請：謂公開陳述請求。㊵揚揚：意氣揚揚，乃得意之貌。㊶隨事酬許：謂隨所陳請，而加以酬答承允。㊷抗言：直言。㊸尚書天下尚書：謂尚書乃天下之尚書。㊹遣下：遣之令出。㊺搆：搆毀。㊻初祖珽執政，引孝言為助……遂而代之：按此段乃錄自《北齊書・段榮附孝言傳》，字句大致相同。㊼為蘭陵王入陳曲：杜佑曰：「北齊蘭陵王長恭，才武而貌美，常著假面以對敵。嘗擊周師金墉城下，勇冠三軍，齊人壯之，作此舞以效其指麾擊刺之容，謂之蘭陵王入陳曲。」㊽頗務：頗事。㊾王受朝寄：謂王受朝廷之寄任。㊿自穢：使已穢汙。(51)速：召。(52)前膝：古人多跪坐，欲傾聽時，則膝行而前，故曰前膝。(53)屬疾：謂告病。(54)預：干預。(55)齊蘭陵武王長恭……齊主遣使酖殺之：按此段乃錄自《北齊書・文襄六王蘭陵武王孝瓘傳》，字句大致相同。(56)瀟口城：

《水經注》：「江水逕魯山南，左得湖口水，又東合灄口水。水上承沔水於安陸縣，而東逕灄陽縣北，東南注于江。」(五七)淮陽：《隋書・地理志》下：「下邳郡、淮陽縣，梁置淮陽郡。」(五八)沭陽：《地理志》下：「東海郡、沭陽縣，梁置潼陽郡，東魏改曰沭陽郡。」(五九)齊主遊南苑，從官賜死者六十人：按《北齊書・後主紀》武平四年文，賜死作暍死。然無論天氣如何炎熱，亦不至暍死如此之多，《通鑑》有鑒於此，遂改暍死而為賜死。(六〇)宣毅司馬：《隋書・百官志》上：「置鎮兵、翊師、宣惠、宣毅，代舊四中郎將。」蓋下皆有長史、司馬。(六一)新蔡城：《隋書・地理志》下：「廬江郡、湋水縣，梁置北沛郡及新蔡縣。」又弋陽郡定城縣、殷城縣，皆有梁所置新蔡郡。又弋陽郡固始縣，有後齊所置新蔡郡。（俱見〈地理志〉下）未知孰是。(六二)齊使開府儀同三司王紘聘於周：按《北齊書・後主紀》武平四年文作：「詔開府王師羅使於周。」核《北齊書・王紘傳》：「紘字師羅。」是師羅乃紘之字。衡正史書名通例，皆書其名而不錄其字，《通鑑》改王師羅為王紘，可謂得體。(六三)仁州：胡三省曰：「地形志，梁置仁州，治赤坎城。蓋在山陽縣界。」(六四)治明堂：《隋書・禮儀志》一：「陳制，明堂殿屋十二間，中央六間，安六座，四方帝各依其方。」(六五)出自巴蘄：出自巴水蘄水之間。(六六)西陽太守：西陽郡在黃岡縣界。(六七)炅：音桂。(六八)身帥：謂親帥。(六九)邀其後：攔截其後部。(七〇)齊遣尚書左丞陸騫……邀其後，大破之：按此段乃錄自《陳書・周炅傳》，字句大致相同。(七一)征北大將軍吳明徹軍至峽口：吳明徹以功進律，自從二品升第二品。據〈吳明徹傳〉，峽口、峽石口也。夾岸築兩城，以扼淮流。(七二)穀陽：《隋書・地理志》下：「彭城郡、穀揚縣，後齊置穀陽郡。」(七三)戍主：防戍之首領。(七四)征北大將軍吳明徹軍至峽口……並殺其戍主，以城降：按此段乃錄自《北齊書・後主紀》武平五年文，字句大致相同。(七五)齊兵退據相國城及金城：胡三省曰：「二城皆在壽陽城中。相國城、劉裕伐長安所築，故名。金城、壽陽中城也，自晉以來，率謂中城為金城。」(七六)齊巴陵王王琳與揚州刺史王貴顯……退據相國城及金城：按此段乃錄自《陳書・吳明徹傳》，而稍有溢出。(七七)山陽城：《隋書・地理志》下：「江都郡、山陽縣，舊置山陽郡。」今江蘇省淮安縣。(七八)盱眙城：今安徽省盱眙縣，音吁怡。(七九)戎昭將軍：《隋書・百官志》上：「陳制，戎昭將軍品第八，秩六百石。」(八〇)青州東海城：《隋書・地理志》下：「東海郡，梁置南北二青州。」(八一)平固侯敬泰等：按《陳書・宣帝紀》太建五年文作：「平固侯陳敬泰等。」當從添陳字。(八二)晉州：《隋書・地理志》下：「同安郡，梁置豫州，後改曰晉州。」(八三)陽平城：《隋書・地理志》下：「江都郡、安宜縣，梁置陽平郡。」(八四)高陽太守沈善慶克馬頭城：按《陳書・宣帝紀》太建五年文作：「高唐太守沈善度。」有二字不同。又《隋書・地理志》下：「鍾離郡、塗山縣，舊曰當塗，後齊改曰馬頭。」(八五)齊安城：《隋書・地理志》下：「永安郡、黃岡縣，齊曰南安，又置齊安郡。」(八六)廣陵楚子城：胡三省曰：「此廣陵非江都之廣陵。按魏太和中，蠻帥田益宗納土於魏，魏為立東豫州，治廣陵城。五代志：『汝南郡、新息縣，魏置東豫州。』則此廣陵乃新息之廣陵也。又：『梁武帝置楚州於汝南郡之城陽縣，治楚城。』即楚子城也。水經：『淮水先過城陽縣，而後過新息縣。』則知廣陵城與楚子城相近。」(八七)八月乙未，山陽城降……樊毅克廣陵楚子城：按此段乃錄自《陳書・宣帝紀》

太建五年文，字句幾全相同。(八八)昵近：親近。(八九)四海所屬：謂四海之所屬目。(九〇)德聲：道德聲譽。(九一)臣忝宮官：謂臣辱蒙任為宮官。(九二)責：職責。(九三)妙選：猶精選。(九四)調護：調理護持。(九五)日就月將：《詩・周頌》疏：「日就，謂學之使每日有成就；月將，謂至於一月則有可行，言當習之以積漸也。」(九六)斂容：謂嚴肅其色。(九七)世載鯁直：世載，猶世代；鯁直，謂謇諤者。(九八)竭誠所事：謂竭誠於所事之主。(九九)豈復過卿：豈有過於卿者。(一〇〇)太子好昵近小人……以尉遲運為右宮正：按此段乃錄自《周書・宇文孝伯傳》，字句幾全相同。(一〇一)睿智：通智，音銳。(一〇二)可與為善：謂可以與之為善道。(一〇三)宮官：東宮之官。(一〇四)仍擢：因擢。(一〇五)帝嘗問萬年縣丞南陽樂運曰……太子聞之，意甚不悅：按此段乃錄自《周書・宇文孝伯附樂運傳》，字句大致相同。(一〇六)黃城：胡三省曰：「地形志，譙州下蔡郡有黃城縣。按東魏置譙州於渦陽，則黃城亦其屬縣也。蓋下蔡在淮北，而黃城在壽陽西。水經注：『柴水東逕黃城西，故弋陽縣也。城內二城，西即黃城也。柴水東北入于淮，謂之淮口。』」(一〇七)甲午，郭默城降：按《陳書・宣帝紀》太建五年文，作十月甲午，當從添十月二字，又晉郭默築此城，故以為名。(一〇八)癸未，沈君理卒……己亥，以特進、領國子祭酒周弘正為尚書右僕射：按此段乃錄自《陳書・宣帝紀》太建五年文，字句大致相同。(一〇九)奏度支事：《隋書・百官志》中：「六尚書，分統列曹。度支統度支、倉部、左戶、右戶、金部、庫部六曹。」凡度支事，雖以奏聞。(一一〇)常呼博士：《北齊書・張雕傳》作：「呼為博士。」為字不可省。(一一一)致位大臣：謂得位而為大臣。(一一二)效：功效。(一一三)抑揚：貶抑譽揚。(一一四)回避：猶躲避。(一一五)禁約：禁止約束。(一一六)譏切：猶譏責。(一一七)獻替帷幄：按《北齊書·張雕傳》作：「獻替帷扆。」核帷扆乃六朝所習用者。《文選·沈約齊故安陸昭王碑文》：「獻替帷扆，實掌喉脣。」〈薛道衡隋高祖頌〉：「運天策於帷扆，播神威於沙朔。」皆其例證。帷扆、謂帝座也。是此辭當依原文，不煩改字。㉘側目：側目而視，謂惡之也。㉙齊國子祭酒張雕……意氣甚高，貴倖皆側目：按此段乃錄自《北齊書·儒林張雕傳》，字句大致相同。㉚公是衣冠宰相，異於餘人：謂祖珽乃是衣冠之族，而為宰相者，與餘人之為夷狄者（北齊為鮮卑族）不同。㉛近習：謂左右親幸之臣。㉜信使：信亦使。㉝禀節度：禀承節制法度。㉞大駕：謂天子。㉟南寇：指陳人言。㊱啓諫：啓奏諫諍。㊲連名：共同簽名。㊳時貴臣趙彥深等意有異同：《北齊書·崔季舒傳》作：「貴臣趙彥深等，初亦同心，臨時疑貳。」《通鑑》遂以異同二字，以概括之，堪稱甚為工巧。㊴署名：即簽名。㊵配奚官：官名，掌守宮人使藥、疾病、罪罰、喪葬等事，屬內侍省。配於奚官，而供奴婢之役。㊶下蠶室：即受宮刑。㊷會齊主將如晉陽……沒入貲產：按此段乃錄自《北齊書·崔季舒傳》，字句大致相同。㊸堰肥水以灌城：按《水經注》：「肥水過壽陽城而入淮。然引流入城，交絡城中。」堰之以灌城，其勢甚便。㊹腫泄：謂腫脹及腹泄。㊺淮口：胡三省曰：「淮口，蓋即潁口，景和之師自潁上出，至淮而屯，因謂之淮口。」㊻然始度淮：謂然後始度淮。㊼頓軍：停駐軍士。㊽結營：謂紮營。㊾自挫其鋒：自行挫折其鋒銳。㊿可朱渾道裕：《陳書·吳明徹傳》，道裕作孝裕。(51)吳明徹攻壽陽……景和北遁，盡收其駝馬輜重：按此段乃錄自《陳書·吳明徹傳》，字句大致相同。(52)閑雅：謂安詳文雅。(53)識其姓名：謂知其姓名。

㉔流寓：謂流亡寄寓。㉕皆歔欷不能仰視：謂流涕甚烈。㉖請命：請貸其性命。㉗及致資給：及供奉資財用物。㉘琳體貌閑雅，喜怒不形於色……知與不知，聞者莫不流涕：按此段乃揉合《陳書・吳明徹傳》，及《北齊書・王琳傳》二文而成，字句大致相同。㉙握槊不輟：謂以槊作擊刺不輟。㉚本是彼物：壽陽本屬江南，故云然。㉛從其取去：謂可聽其取回。㉜龜茲國：為西域之一國名，音丘慈。㉝人生如寄：謂人生世間，如寄寓者，不久即須離去。㉞贊和之：贊成應和之。㉟鼓舞：奏樂起舞。㊱齊穆提婆、韓長鸞聞壽陽陷……酣飲鼓舞：按此段乃錄自《北齊書・恩倖高阿那肱傳》，字句大致相同。㊲潁口：潁水入淮之口。㊳蒼陵：《魏書・地形志》二中：「揚州、淮南郡、壽春，故楚有倉陵城。」《水經注》：「淮水東流與潁口會，東南逕蒼陵北，又東北流，逕壽春縣故城西。」㊴齊遣兵萬人至潁口……遣兵援蒼陵，又破之：按此段乃錄自《陳書・宣帝紀》太建五年文，字句大致相同。㊵謁者：《隋書・百官志》上：「陳依梁制，謁者僕射秩千石。」㊶壇：積土而成。㊷以明徹為都督豫合等六州諸軍事……將卒榮之：按此段乃錄自《陳書・吳明徹傳》，字句大致相同。㊸舉杯屬徐陵曰：謂舉杯勸徐陵飲而言曰。㊹賞卿知人：以吳明徹之得用，乃由徐陵薦之，故云然。㊺避席：謂離位而起。㊻定策聖衷：《陳書・徐陵傳》作：「定策出自聖衷。」文意較完。㊼上置酒舉杯屬徐陵曰……非臣力也：按此段乃錄自《陳書・徐陵傳》，字句大致相同。㊽淮陰城：《隋書・地理志》下：「江都郡、山陽縣，有後魏淮陰郡。」㊾威虜將軍：《隋書・百官志》上：「陳制，威虜將軍品第八，秩六百石。」㊿劉桃枝：按《陳書・宣帝紀》太建五年文，

枝作根。㉜朐山城：《隋書・地理志》下，東海郡有朐山縣。㉝濟陰城：《隋書・地理志》下：「鍾離郡、化明縣，故曰睢陵，置濟陰郡。」㉞魯廣達攻濟南徐州：胡三省曰：「濟當作齊。書齊南徐，以別京口之南徐。以五代史考之，齊之南徐州，本置於下邳郡宿豫縣。」㉟以黃法𣰰為征西大將軍……以廣達為北徐州刺史，鎮其地：按此段乃錄自《陳書・宣帝紀》太建五年文，字句大致相同。㊱齊北徐州：《隋書・地理志》下：「琅邪郡舊置北徐州。」㊲衢：《爾雅》：「四達謂之衢。」㊳且戰且守：猶邊戰邊守。㊴齊北徐州民多起兵以應陳……十餘日，反者竟散走：按此段乃錄自《北齊書・祖珽傳》，而較簡潔多多。㊵梁驃騎倉曹參軍：《隋書・百官志》上：「梁制，將軍府有功曹、倉曹、中兵、外兵、騎兵、長流、城局等參軍。」㊶典午：典，司也，午屬馬，故謂司馬為典午。㊷徐廣為晉家遺老：徐廣事見卷一百十九宋高祖永初元年。㊸當塗已謝：當塗高者，魏也，已謝，猶已亡。㊹馬孚稱魏室忠臣：司馬孚事見卷七十九晉世祖泰始元年。㊺辰：時。㊻揔方伯之任：揔同總，總綰一方之伯之任。㊼天厭梁德：謂上天厭惡梁之行為。㊽匡繼：猶匡復。㊾徒蘊包胥之志：徒，空，蘊，藏。《左傳》，吳破楚入郢，申包胥赴秦請救，以秦師破吳而復楚。㊿終遵萇弘之眚：周靈王即位，諸侯不朝，萇弘乃明鬼神事，設射諸侯之不來者，欲依怪物，以致諸侯，諸侯不從，而周室愈微。後二世，至敬王，晉人殺萇弘。遵，遇，眚，過，音省。(51)許田橫之葬：漢高帝葬田橫，事見卷十一，五年。(52)不使壽春城下，唯傳報葛之人：胡三省曰：「魏高貴鄉公甘露三年，司馬昭破壽春，諸葛誕麾下不降而死。」(53)滄洲：水隈之地。(54)悲田之客：即田橫事。㉞故吏梁驃騎倉曹參軍朱瑒……獨有悲田之客：按此書乃錄自《北齊書・王琳傳》，除刪節外，字句大致相同。㉟啓上：啓奏之於君上。㊱八公山：在今安徽省壽縣。㊲義故：故舊以義結者。㊳別議：另議。㊴轀輬車：《漢書・霍光傳》注：「轀輬本安車，可以臥息，後因載喪，飾以柳翣，故遂為喪車耳。」音溫涼。㊵瑒瘞琳於八公山側……給轀輬車以葬之：按此段乃錄自《北齊書・王琳傳》，字句大致相同。㊶譙城：《隋書・地理志》中：「譙郡，山桑縣，後魏置渦州，東魏改曰譙州。」㊷霍州：《隋書・地理志》下：「廬江郡，霍山縣，梁置霍州。」㊸安州刺史：《隋書・地理志》下：「安陸郡，西魏置安州總管府。」㊹定州刺史：《隋書・地理志》下：「永安郡、麻城縣，陳置定州。」《水經注》：「舉水出龜頭山，西北流，逕蒙蘢城南，梁定州治。」㊺齊遣歷陽王景安將兵應之：按《陳書・周炅傳》作：「歷陽王高景安。」蓋歷陽王乃其封號，而其姓乃為高氏。景安雖與齊皇室同姓，然北齊亦有異姓而封王者，（如皮景和、斛律金等皆是。）是固未可以其為王室宗族，而於其封號下省去姓氏也。當添入高字。㊻詔徵安州刺史同炅入朝……盡復江北之地：按此段乃錄自《陳書・周炅傳》，字句大致相同。

六年（西元五七四年）

㈠春，正月，壬戌朔，周齊公憲等七人進爵為王。

己巳，周主享太廟，乙亥，耕藉田。

㈠壬子，上享太廟㊀。

甲申，廣陵金城降㊁。

㈢二月，壬午朔，日有食之㊂。

㈣乙未，齊主還鄴。

㈤丁酉，周紀國公賢等六人，進爵為王。

㈥辛亥，上耕藉田。

㈦齊朔州行臺、南安王思好本高氏養子，驍勇得邊鎮人心，齊主使嬖臣斫骨光弁至州，光弁不禮於思好，思好怒，遂反，云欲入除君側之惡㊃進軍至陽曲，自號大丞相。武衞將軍趙海在晉陽，倉猝不暇奏，矯詔㊄發兵拒之。帝聞變使尚書令唐邕等馳之晉陽，辛丑，帝勒兵繼進，未至，思好軍敗，投水死，其麾下二千人，劉桃枝圍之，且殺且招，終不降，以至於盡。先是，有人告思好謀反，韓長鸞女適思好子，奏言是人誣告貴臣，不殺無以息後㊅。乃斬之。思好既誅，告者弟伏闕下求贈官，長纏不為通㊆。

丁未，齊主還鄴，甲寅，以唐邕為錄尚書事。

㈧乙卯，周主如雲陽宮。

丙辰，周大赦。

庚申，周叱奴太后有疾。三月，辛酉，周主還長安，癸酉，太后殂，帝居倚廬⑧，【考異】隋書張衡傳云：「武帝居憂，與左右出獵，衡露髮輿櫬切諫。」案帝居喪有禮，疑衡自敘之妄。朝夕進一溢米⑨，羣臣表請，累旬乃止，命太子總釐⑩庶政⑪⑫。衞王直譖齊王憲於帝曰：「憲飲酒食肉，無異平日。」帝曰：「吾與齊王異生⑬，俱非正嫡，特以吾故，同袒括髮⑭。汝當愧之⑮何論得失⑯。汝親太后之子，特承慈愛，但當自勉，無論它人⑰。」

㈨夏，四月，乙卯，齊遣侍中薛孤康買⑱弔於周，且會葬。初齊世祖為胡后造珠裙袴，所費不可勝計，為火所焚；至是齊主復為穆后營之⑲，使商胡齎錦綵三萬⑳，與弔使偕往市珠，周人不與，齊主竟自造之㉑。及穆后愛衰，其侍婢馮小憐大幸，拜為淑妃，與齊主坐則同席，出則並馬㉒，誓同生死㉓。

㈩五月，庚申，周葬文宣皇后於永固陵，周主跣行㉔至陵所。辛酉，詔曰：「三年之喪，達於天子，但軍國務重，須自聽朝，衰麻之節，苫廬之禮㉕，率遵前典，以申罔極㉖，百僚宜依遺令，既葬而除㉗。」公卿固請依權制㉘，帝不許，卒申三年之制，五服㉙之內，亦令依禮㉚。

⑪庚午，齊大赦。

齊人恐陳師渡淮，使皮景和屯西兗州㉛以備之。

⑫丙子，周禁佛道二教，經像悉毀㉜，罷沙門㉝道士，並令還俗㉞，幷禁諸淫祀㉟，非祀典所載者，盡除之㊱。

⑬六月，壬辰，周弘正卒，

⑭壬子，周更鑄五行大布錢，一當十，與布泉並行㊲。

戊午，周立通道觀㊳，以壹聖賢之教。

⑮秋，七月，庚申，周主如雲陽㊴㊵，以右官正尉遲運兼司武，與薛公長孫覽輔太子守長安。初帝取衞王直第為東宮，使直自擇所居，直歷觀府署，無如意者，末取廢陟屺寺㊶，欲居之。齊王憲謂直曰：「弟子孫多，此無乃褊小㊷。」直曰：「一身尚不自容，

何論子孫㊸！」直嘗從帝校獵，而亂行㊹，帝對眾撻之，直積怨憤㊺，因帝在外，遂作亂。乙酉，帥其黨襲肅章門㊻，長孫覽懼，奔詣㊼帝所，尉遲運偶在㊽門中，直兵奄至㊾，手自㊿闔門，直黨與運爭門，斫傷運指，僅而得閉，直不得入，縱火焚門，運恐火盡，直黨得進，取宮中材木及牀榻㊀，以益火，膏㊁油灌之，火轉熾，久之，直不得進，乃退。運帥留守兵，因其退而擊之，直大敗㊂，帥百餘騎，奔荊州。戊子，帝還長安。八月，辛卯，擒直，廢為庶人，囚於別宮，尋殺之。以尉遲運為大將軍，賜賚㊃甚厚。丙申，周主復如雲陽。

㈥癸丑，齊主如晉陽㊄。甲辰，齊以高勱㊅為尚書右僕射。

㈦九月，庚申，周主如同州。

冬，十月，丙申，周遣御正、弘農楊尚希，禮部㊆盧愷來聘。愷，柔之子也。

甲寅，周主如蒲州，丙辰，如同州。十一月，甲戌，還長安㊇。

㈧十二月，戊戌，以吏部尚書王瑒㊈為右僕射，度支尚書孔奐為吏部尚書。瑒，沖之子也。時新復淮泗，攻戰降附，功賞(六〇)紛紜(六一)，奐識鑒精敏(六二)，不受請託，事無凝滯(六三)，人皆悅服。湘州刺史始興王叔陵屢諷有司，求為三公，奐曰：「袞章(六四)之職，本以德舉，未必皇枝(六五)。」因以白帝，帝曰：「始興那忽望公(六六)，且朕兒為公，須在鄱陽王後(六七)。」奐曰：「臣之所見，亦如聖旨(六八)(六九)。」

(九)齊定州刺史(七〇)、南陽王綽，喜為殘虐，嘗出行，見婦人抱兒，奪以飼狗，婦人號哭，綽怒，以兒血塗婦人，縱狗使食之。常云：「我學文宣伯(七一)之為人。」齊主聞之，鎖詣(七二)行在，至而宥之。問在州何事最樂，對曰：「多聚蠍(七三)於器，置狙(七四)其中，觀之極樂。」帝即命夜索蠍一斗，比曉得三二升，置浴斛(七五)，使人裸臥斛中，號叫宛轉，帝與綽臨觀，喜噱(七六)不已；因讓(七七)綽曰：「如此樂事，何不馳驛(七八)奏聞。」由是有寵，拜大將軍，朝夕同戲。韓長鸞疾之，是歲出為齊州刺史，將發，使人誣告其反，奏云：「此犯國瀍，不可赦。」帝不忍明誅(七九)，使寵胡何猥薩與之手搏(八〇)，搤(八一)而殺之(八二)。

【今註】　(一)壬子，上享太廟：按《陳書・宣帝紀》太建六年文：「正月壬午，輿駕親祀太廟。」以下文之甲申推之，作壬午是。㈡廣陵金城降：去年九月，樊毅克廣陵楚子城，至是，其內城始降。㈢壬午朔，日有食之：按《陳書・宣帝紀》太建六年文，及《周書・武帝紀》建德三年文，皆作二月壬辰朔，當改從之。㈣君側之惡：君側之惡人。㈤矯詔：假託詔書。㈥無以息後：謂無以息止後之誣告者。㈦齊朔州行臺南安王思好……長鸞不為通：按此段乃錄自《北齊書・上洛王思宗附思好傳》，字句大致相同。㈧倚廬：《儀禮》注：「倚木為廬，在中門外，東方北戶。」㈨一溢米：鄭玄曰：「二十兩為溢。」於粟米之法，一溢為米一升二十四分升之一。㈩釐：治。⑪庶政：眾政。⑫周主如雲陽宮……命太子總釐庶政：按此段乃錄自《周書・武帝紀》建德三年文，字句大致相同。⑬異生：謂異母。⑭同祖括髮：祖，肉袒；括，結。杜預曰：「以麻約髮。」⑮汝當愧之：謂汝當對彼有愧。⑯何論得失：謂何暇論彼得失。⑰無論它人：它同他，謂不要議論他人。⑱薛孤康買：薛孤虜複姓。⑲營之：謂造之。⑳錦綵三萬：《北齊書・後主穆后傳》，三萬下有疋字，應添入。㉑初齊世祖為胡后造珠裙袴……齊主竟自造之：按此段乃錄自《北齊書・後主穆后傳》，字句大致相同。㉒出則並馬：謂並馬而行。㉓及穆後愛衰……誓同生死：按此段乃錄自《北史・齊馮淑妃傳》，字句大致相同。㉔跣行：赤足而行。㉕衰麻之節，苫廬之禮：《禮記・喪服・小記》：「斬衰，括髮以麻，寢苫居廬。」節，猶制。㉖以申罔極：《詩・小雅》：「欲報之德，昊天罔極。」㉗除：除服。㉘權制：謂權宜之制。㉙五服：謂斬衰三年服，齊衰朞年服，大功九月服，小功五月服，緦麻三月服。㉚周葬文宣皇后於永固陵……五服之內，亦令依禮：按此段乃錄自《周書・武帝紀》建德三年文，字句大致相同。㉛西兗州：胡三省曰：「西兗州，治定陶。」㉜經像悉毀：經謂二教之書，像謂佛像、天尊像。㉝沙門：謂僧人。㉞還俗：謂還而為民。㉟淫祀：《禮記》孫希旦集解：「淫，過也，謂其神不在祀典，或越分而祭。」㊱周禁佛道二教……非祀典所載者，盡除之：按此段乃錄自《周書・武帝紀》建德三年文，字句大致相同。㊲與布泉並行：行布泉見卷一百六十八世祖天嘉元年。㊳周立通道觀：蓋藉以尊崇儒術。㊴周主如雲陽：按《周書・武帝紀》建德三年文，雲陽乃宮名，當從添宮字。㊵周更鑄五行大布錢……周主如雲陽：按此段乃錄自《周書・武帝紀》建德三年文，字句大致相同。㊶廢陟屺寺：陟屺寺取望母為名，直意欲以同母，感動周主。屺音起。㊷編小：編，狹隘，音扁。㊸何論子孫：謂何能論及子孫。㊹亂行：不遵守行列。㊺初帝取衛王直第為東宮……直積怨憤：按此段乃錄自《周書・文帝子衛剌王直傳》，字句大致相同。㊻肅章門：周宮門名。㊼詣：至。㊽偶在：偶然在。㊾奄至：謂奄忽而至。㊿手自：謂親自。(51)牀榻：榻為牀之低而小者。(52)膏油：膏、脂膏。(53)帥其党襲肅章門……因其退而擊之，直大敗：按此段乃錄自《周書・尉遲運傳》，字句大致相同。(54)賚：賜，音賴。(55)癸丑，齊主如晉陽：按《北齊書・後主紀》武平五年八月文，癸丑作癸卯，以下之甲辰推之，當以作癸卯為是。(56)勱：音邁。(57)禮部：杜佑曰：「周制，禮部中大夫屬春官。」(58)周主如同州……十一月甲戌，還長安：按此段乃錄自《周書・武帝紀》建德三年文，字句大致相同。(59)瑒：音暢。(60)功賞：攻戰敍其功，降附敍其賞。(61)紛紜：謂繁多雜亂。(62)精敏：精當敏捷。(63)凝滯：凝結停滯。(64)袞章：袞，命服，身之章也。(65)未必皇枝：謂未必皇室枝葉，即可為三公。(六六)始興那忽望公：按那為六朝之流行用辭，說已見前，其意與怎相類，全句謂始興怎能突然望冀三公之位。(六七)須在鄱陽王後：謂世祖之子，當先為公。(六八)聖旨：君主之意旨。(六九)時新復淮泗……臣之所見，亦如聖旨：按此段乃錄自《陳書・孔奐傳》，字句大致相同。(七〇)齊定州刺史：胡三省曰：「此定州治中山。」(七一)我學文宣伯：文宣、高祖第二子，武成、高祖第九子，而綽乃武成之子，故謂文宣為伯也。(七二)鎖詣：加鎖於頸而解之至。(七三)蠍：螫人蟲。《通俗》文：「長尾曰蠆，短尾曰蠍。」(七四)狙：獮猴。(七五)浴斛：洗浴器，疑當與浴槽之形狀相似。(七六)噱：大笑，音ㄐㄩㄝˇ。(七七)讓：微責。(七八)馳驛：驛站之速遞。(七九)明誅：謂公開誅之。(八〇)手搏：以手搏鬥。(八一)搤：握持，音厄。(八二)齊定州刺史南陽王綽……搤而殺之：按此段乃錄自《北齊書・武成子南陽王綽傳》，字句大致相同。

卷一百七十二　陳紀六

司馬光編集
曲守約註

起旃蒙協洽，盡柔兆涒灘，凡二年。（乙未至丙申，西元五七五年至五七六年）

高宗宣皇帝中之上

太建七年（西元五七五年）

㈠春，正月，辛未，上祀南郊。

㈡癸酉，周主如同州。

㈢乙亥，左衞將軍樊毅克潼州㊀。

㈣齊主還鄴。

㈤辛巳，上祀北郊㊁。

㈥二月，丙戌朔，日有食之。

㈦戊申，樊毅克下邳、高柵㊂等六城。

㈧齊主言語澀吶㊃，不喜見朝士，自非寵私昵狎㊄，未嘗交語。性懦，不堪人視㊅；雖三公令錄㊆奏事，莫得仰視，皆略陳大指㊇，驚走而出。承世祖奢泰(九)之餘，以為帝王當然(一〇)，後宮皆寶衣玉食(一一)，一裙之費，至直(一二)萬匹，競為新巧(一三)，朝衣夕弊(一四)，盛修宮苑，窮極(一五)壯麗。所好不常，數毀又復(一六)，百工土木，無時休息(一七)。夜則然火(一八)照作，寒則以湯為泥(一九)，鑿晉陽西山為大像(二〇)，一夜然油萬盆，光照宮中。每有災異、寇盜，不自貶損(二一)，唯多設齋(二二)，以為修德。好自彈琵琶(二三)，為無愁之曲(二四)，近侍和之者以百數，民間謂之無愁天子。於華林園，立貧兒村(二五)，帝自衣藍縷(二六)之服，行乞其間以為樂(二七)。又寫築西鄙諸城(二八)，使人衣黑衣(二九)攻之，帝自帥內參(三〇)拒鬬。寵任陸令萱、穆提婆、高阿那肱、韓長鸞等，宰制朝政(三一)；宦官鄧長顒、陳德信、胡兒何洪珍等，並參預機權(三二)，各引親黨，超居顯位，官由財進(三三)，獄以賄成(三四)，競為姦諂，蠹政害民。舊蒼頭(三五)劉桃枝等，皆開府(三六)封王，其餘宦官、胡兒、歌舞人、見鬼人(三七)、官奴婢等，濫得富貴者，殆將萬數。庶姓(三八)封王者以百數，開府千餘人，儀同無數，領軍(三九)一時(四〇)至二十人，侍中、中常侍數十人，乃至狗馬及鷹亦有儀同、郡君之號，有鬬雞號開府，皆食其幹祿(41)。諸嬖倖朝夕娛侍左右，一戲之費，動踰巨萬(42)。既而府藏(43)空竭，乃賜二三郡，或六七縣，使之賣官取直，由是為守令者，率皆富商大賈(44)，競為貪縱(45)，民不聊生(46)(47)。

(九)周高祖謀伐齊，命邊鎮益儲偫(48)，加戍卒，齊人聞之，亦增修守禦。柱國于翼諫曰：「疆埸(49)相侵，互有勝負，徒損兵儲(50)，無益大計。不如解嚴(51)繼好，使彼懈而無備，然後乘間(52)，出其不意(53)，一舉可取也(54)。」周主從之。韋孝寬上疏(55)陳三策，其一曰：「臣在邊積年(56)，頗見間隙，不因際會，難以成功，是以往歲出軍，徒有勞費，功績不立，由失機會(57)。何者？長淮(58)之南，舊為沃土，陳氏以破亡餘燼(59)，猶能一舉平之，齊人歷年赴救，喪敗而返，內離外叛，計盡力窮，讎敵有釁(60)，不可失也。今大軍若出軹關(61)，方軌(62)而進，兼與陳氏，共為掎角(63)，并令廣州(64)義旅(65)，出自三鵶(66)，又募山南(67)驍銳，沿(68)河而下，復遣北山稽胡(69)，絕其并晉之路，凡此諸軍，仍令各募關河之外勁勇之士(70)，厚其爵賞，使為前驅，岳動川移，雷駭電激(71)，百道俱進，並趨虜庭(72)，必當望旗奔潰(七三)，所向摧殄(七四)，一戎大定(七五)，實在此機(七六)。」其二曰：「若國家更為後圖(七七)，未即大舉，宜與陳人分其兵勢，三鵶以北，萬春以南(七八)，廣事(七九)屯田，預為貯積，募其驍悍，立為部伍(八〇)，彼既東南有敵(八一)，戎馬相持(八二)，我出奇兵，破其疆埸；彼若興師赴援，我則堅壁清野，待其去遠，還復出師(八三)，常以邊外之軍，引其腹心之眾。我無宿舂(八四)之費，彼有奔命之勞(八五)，一二年中，必自離叛。且齊氏昏暴，政出多門(八六)，鬻獄賣官，唯利是視，荒淫酒色，忌害忠良，闔境(八七)嗷然(八八)，不勝其弊，以此而觀，覆亡(八九)可待，然後乘間電掃(九〇)，事等摧枯(九一)。」其三曰：「昔句踐亡吳，尚期十載(九二)，武王取紂，猶煩再舉(九三)，今若更存遵養(九四)，且復相時(九五)。臣謂宜還崇鄰好(九六)，申(九七)其盟約，安民和眾(九八)，通商惠工(九九)，蓄銳養威，觀釁而動，斯乃長策遠馭(一〇〇)，坐自兼幷(一〇一)也(一〇二)。」書奏，周主引開府儀同三司伊婁謙入內殿，從容謂曰：「朕欲用兵，何者為先？」對曰：「齊氏沈溺倡優，耽昏麴蘖(一〇三)，其折衝(一〇四)之將斛律明月，已斃於讒口(一〇五)，上下離心，道路以目(一〇六)，此易取也。」帝大笑(一〇七)。

(十)三月，丙辰，使謙與小司寇元衛聘於齊，以觀釁。【考異】議傳作拓，拔偉，今從周書帝紀。丙寅，周主還長安。

(十一)夏，四月，甲午，上享太廟。

監豫州陳桃根得青牛獻之，詔遣還民，又表上織成羅文錦被各二百首⑱，詔於雲龍門⑲外焚之。

(十二)庚子，齊以中書監陽休之為尚書右僕射

(十三)六月，壬辰，以尚書右僕射王瑒為左僕射。

(十四)甲戌，齊主如晉陽⑳。

(十五)秋，七月，丙戌，周主如雲陽宮㉑，大將軍楊堅姿相奇偉㉒，畿伯下大夫㉓、長安來和嘗謂堅曰：「公眼如曙星㉔，無所不照，當王有天下，願忍誅殺㉕。」周主待堅素厚，齊王憲言於帝曰：「普六茹堅㉖，相貌非常㉗，臣每見之，不覺自失㉘。恐非人下㉙，請早除之㉚。」帝亦疑之，以問來和，和詭㉛對曰：「隨公止是守節人㉜，可鎮一方，若為將領，陳無不破。」丁卯，周主還長安。

先是，周主獨與齊王憲及內史王誼謀伐齊，又遣納言㉓，盧韞乘馹，三詣安州總管㉔于翼問策，餘人皆莫之知。丙子，始召大將軍以上於大德殿，告之。丁丑，下詔伐齊，以柱國陳王純、滎陽公司馬消難、鄭公達奚震，為前三軍總管，越王盛、周昌公侯莫陳崇㉕、趙王招，為後三軍總管，齊王憲帥眾二萬趨黎陽，隨公楊堅、廣寧公薛迥，將舟師三萬，自渭入河，梁公侯莫陳芮帥眾二萬，守太行道，申公李穆帥眾三萬，守河陽道，常山公于翼帥眾二萬，出陳汝㉖。誼，盟之兄孫；震，武之子也。

周主將出河陽，內史上士宇文弢㉗曰：「齊氏建國，於今累世，雖曰無道㉘，藩鎮之任，尚有其人㉙，今之出師，要須㉚擇地。河陽衝要，精兵所聚，盡力攻圍，恐難得志。如臣所見，出於汾曲，戍小山平㉛，攻之易拔，用武之地，莫過於此㉜。」民部中大夫㉝、天水趙煚㉞曰：「河南洛陽，四面受敵，縱得之㉟，不可以守。請從河北，直指太原㊱，傾其巢穴㊲，可一舉而定㊳㊴。」遂伯下大夫㊵鮑宏曰：「我彊齊弱，我治齊亂，何憂不克㊶，但先帝往日，屢出洛陽，彼既有備，每有不捷。如臣計者，進兵汾潞(42)，直掩晉陽，出其不虞(43)，似為上策(44)。」周主皆不從。宏，泉之弟也。壬午，周主帥眾六萬，直指河陰。楊素請帥其父麾下(45)先驅，周主許之。

(16)八月，癸卯，周遣使來聘。

(17)周師入齊境，禁伐樹踐稼，犯者皆斬。丁未，周主攻河陰大城(46)，拔之，齊王憲拔武濟(47)，進圍洛口(48)，拔東西二城，縱火焚浮橋(49)，橋絕，齊永橋大都督、太安傅伏，自永橋夜入中潬城(50)，周人既克南城，圍中潬，二旬不下(51)。洛州刺史獨孤永業守金墉，周主自攻之，不克，永業通夜辦(52)馬槽二千，周人聞之，以為大軍且至，而憚之(53)。九月，齊右丞高阿那肱(54)自晉陽，將兵拒周師，

【考異】北齊書云：「閏月己丑。」案是月癸丑朔，無己丑，又下有庚辰，蓋誤也。

至河陽，會(55)周主有疾，辛酉，夜引兵還，水軍焚其舟艦。傅伏謂行臺乞伏貴和曰：「周師疲弊，願得精騎二千追擊之，可破也。」貴和不許(56)。齊王憲、于翼、李穆，所向克捷，降拔三十餘城，皆棄而不守，唯以王藥城要害(57)，

令儀同三司韓正守之，正尋以城降齊㊅。戊寅，周主還長安。

㈥庚辰，齊以趙彥深為司徒，斛阿列羅為司空㊆。

㈦閏月，車騎大將軍吳明徹將兵擊齊彭城，壬辰，敗齊兵數萬於呂梁。

㈧甲午，周主如同州。

㈨冬，十月，己巳，立皇子叔齊為新蔡王，叔文為晉熙王。

㈩十二月，辛亥朔，日有食之。

(十一)壬戌，以王瑒為尚書左僕射，太子詹事吳郡陸繕為右僕射。

(十二)庚午，周主還長安。

【今註】㊀潼州：《隋書・地理志》下：「下邳郡、夏丘縣，後齊置，幷置夏丘郡，尋立潼州。」音童。㊁辛巳，上祀北郊：《隋書・禮儀志》一：「陳制亦以間歲正月上辛，用特牛一，祀天地於南北二郊。」㊂高柵：《魏書・地形志》：「下邳郡有柵淵縣，武定八年，分宿豫置。」㊃澀吶：滯澀遲鈍，吶同訥。㊄寵私昵狎：寵幸親私，昵近狎習。㊅不堪人視：謂人視之則羞慚。所謂弱顏是也。㊆令錄：令，尚書令；錄，錄尚書事。㊇大指：要旨。㊈奢泰：奢侈華泰。㊉以為帝王當然：謂認為帝王應該如此。㊀玉食：謂珍貴之食物。㊁直：同值。㊂競為新巧：爭為新奇工巧之衣。㉔朝衣夕弊：清晨初著，至晚則以其弊而棄之。㉕窮極：謂盡極。㉖數毀又復：謂屢毀後又復製之。㉗休息：休止。㉘然火：同燃火。㉙寒則以湯為泥：謂天寒時以熱水攪拌泥土。㉚鑿晉陽西山為大像：謂鑿晉陽西山之石，以為巨大佛像。㉛不自貶損：不自貶責節減。㉜多設齋：多設素齋，以食道俗。㉝好自彈琵琶：《隋書・音樂志》中：「雜樂有西涼鼙舞、清樂、龜茲等，然吹笛彈琵琶五絃，及歌舞之伎，自文襄以來，皆所愛好。」又《北齊書・文襄六王廣寧王孝珩傳》：「後周武帝在雲陽，宴齊君臣，自彈胡琵琶，命孝珩吹笛。辭曰：『亡國之音，不足聽也。』」由知北朝君主皆喜彈琵琶，非第後主為然也。㉞為無愁之曲：《隋書・音樂志》中：「後主亦能自度曲，親執樂器，悅翫無倦，倚絃而歌。別採新聲，為無愁曲，音韻窈窕，極於哀思，使胡兒閹官之輩，齊唱和之。」㉟貧兒村：即貧人村。北齊時常用兒字以示輕藐之意。如《北齊書・恩幸高阿那肱傳》：「肱曰：『漢兒強知星宿。』」同書〈盧文偉傳〉：「高祖賜勇書曰：『卿之妻子，任在州住，當使漢兒之中，無在卿前者。』」同書〈杜弼傳〉：「高祖曰：『弼來，我語爾。江東復有一吳兒老翁蕭衍者，專事衣冠禮樂。』」又同書〈後主紀〉末：「又於華林園立貧窮村舍，帝自弊衣為乞食兒，又為窮兒之市，躬自交易。」所載之兒字，皆其證也，而此兒字，若不卑不亢言之，則實皆應作人。㊱藍縷：敝衣，《說文》《方言》，並作襤褸。㊲以為樂：以為笑樂。㊳寫築西鄙諸城：謂畫西邊諸城之形，而築以象之。㊴使人衣黑衣：黑衣者，象周之戎衣。㊵內參：宮內之閹宦。㊶宰制朝政：謂使之執掌朝廷政事。㊷機權：機密權宜之務。㊸官由財進：謂官爵皆由錢買而得。㊹獄以賄成：謂刑獄皆以財賄多少，而斷其輕重。㊱蒼頭：僕隸。㊲開府：指開府儀同三司言。㊳見鬼人：《北齊書・恩倖韓寶業傳》：「又有開府薛榮宗，常自云能使鬼。及周兵之逼，言於後主曰：『臣已發遣斛律明月，將大兵在前去。』帝信之。經古冢，榮宗謂舍人元行恭：『是誰冢？』行恭戲之曰：『林宗冢。』復問：『林宗是誰？』行恭曰：『郭元貞父。』榮宗前奏曰：『臣向見郭林宗從冢出，著大帽、吉莫靴，插馬鞭，問臣：我阿貞來不？』」此即文云之見鬼人也。㊴庶姓：猶百姓。㊵領軍：謂領軍將軍。㊶一時：猶同時。㊷皆食其幹祿：按幹祿為北齊朝之特殊名辭，《北齊書・恩倖韓寶業傳》：猶以波斯狗為儀同郡君，分其幹祿。」幹祿亦多省書作幹。《北齊書・高德政傳》：「七年，遷尚書右僕射，兼侍中，食渤海郡幹。」同書〈祖珽傳〉：「封燕郡公，食太原郡幹。」同書〈陽斐傳〉：「頃之拜儀同三司，食廣阿縣幹。」又同書〈陸卬傳〉：「上洛王思宗為清都尹，辟為邑中正，食貝丘縣幹。」皆為僅用幹之例證。核幹之為量，《隋書・百官志》中云：「其幹，出所部之人，一幹輸絹十八匹，幹身放之。」原一幹之所以輸絹十八匹者，以上文云：「從九品二十四匹，六匹為一秩。」又云：「以錢事繁者優一秩，平者守本秩，閑者降一秩，長兼試守者，亦降一秩。」此二十四匹，乃為優一秩之所得者，若減去一秩之六匹，則平而守本秩者，豈非恰為十八匹乎。此即一幹輸絹十八匹之所由來也。又文雖云輸絹十八匹，而頒祿時，則實帛粟錢各居其一分，（據〈百官志〉中：「祿率一分以帛，一分以粟，一分以錢。」）此北齊制祿基本單位幹之梗概也。㊸巨萬：億萬。㊹府藏：府庫之所藏儲。㊺由是為守令者，率皆富商大賈：蓋朝廷既使臣下賣官取直，則買郡縣官職者，自多屬富商大賈之流，斯守令之所以率皆為富商大賈也。㊺貪縱：貪穢縱恣。㊻民不聊生：聊，賴，謂民無所賴以生活。㊼齊主言語澀吶……競為貪縱，民不聊生：按此一大段，乃錄自《北齊書·後主紀》文，除次序有顛倒外，字句則大致相同。㊽偫：謂儲物以待用，音峙。㊾疆埸相侵：謂於疆界處互相侵略。埸音繹。㊿徒損兵儲：謂空損耗兵士及資儲。(51)解嚴：謂解除戒備。(52)間：隙。(53)不意：不料。(54)周高祖謀伐齊，……一舉可取也：按此段乃錄自《周書·于翼傳》，字句大致相同。(55)上疏：上奏疏。(56)積年：猶累年。(57)際會：謂際遇機會。(58)長淮，謂淮河，長乃形容辭。(59)陳氏以破亡餘燼：燼，火或燭之餘。意謂陳氏承梁元帝江陵破亡之後，收合餘燼，再立國於江南。(60)舋：胡三省曰：「舋同釁。」隙也。(61)軹關：在今河南省濟源縣西北，關當軹道，因曰軹關。(62)方軌：謂兩車並行。(63)掎角：《左傳》襄十四年：「譬如捕鹿，晉人角之，諸戎掎之。」疏：「角之，謂執其角也；掎之，言戾其足也。」音羈。(64)廣州：胡三省曰：「魏永安中置廣州於魯陽，魏分東西廣州，西屬。」(65)義旅：謂義勇之眾。(66)三鵶：三鵶谷在魯陽界。(67)山南：周都長安，以褒、漢、荊、襄為山南。(68)㳂：同沿。(69)北山稽胡：稽胡，南匈奴之餘種，散在河東、西河郡界，阻山而居，在長安北，故曰北山。(70)勁勇之士：勁健勇敢之士卒。(71)岳動川移，雷駭電激：電激猶電震，二句乃言其軍容之盛，川岳皆為之震動也。(72)虜庭：詈辭，此指齊言。(73)奔潰：奔散潰敗。(74)殄：絕，音ㄊㄧㄢˇ。(75)一戎：胡三省曰：「武王伐紂，一戎衣而天下大定。」按一戎衣之意，歷代注釋家，多言語含糊，近大陸雜誌曾載一學人論文，大意謂一戎衣，即殪大殷，說頗明確中理。(七六)此機：此次機會。(七七)更為後圖：謂另為將來之計。(七八)三鵶以北，萬春以南：胡三省曰：「萬春，地名。新唐志：『武德五年，析龍門置萬春縣。』蓋以舊地名名縣也。三鵶以北，萬春以南，韋孝寬指周東北之境，舉兩端而言。」(七九)廣事：猶大舉從事。(八〇)部伍：伍，行伍；部伍，猶部隊。(八一)彼既東南有敵：指陳人言。(八二)戎馬相持：戎馬謂士馬，相持，謂相敵對。(八三)還復出師：猶再復出師。(八四)宿春：謂多日春糧。(八五)奔命之勞：曾國藩《求闕齋讀書錄》：「奔命，奔走之極急也。發奔命，猶今言發急足警備，言邊塞有警，告戒嚴也。」(八六)多門：猶許多府署。(八七)闔境：全境。(八八)嗷然：眾愁聲。(八九)覆亡：傾覆滅亡。(九〇)電掃：謂掃之疾如電掣。(九一)摧枯：摧折枯木，謂毫不費力。(九二)昔句踐亡吳，尚期十載：《左傳》：「伍員曰：『越十年生聚，十年教訓，二十年之外，吳其為沼乎！』」此言十載，乃以教訓言之。(九三)武王取紂，猶煩再舉：《史記．周本紀》：「武王即位，九年東觀兵至于盟津，諸侯不期而會盟津者，八百諸侯，諸侯皆曰：『紂可伐矣。』武王曰：『女未知天命，未可也。』乃還師歸。居二年，聞紂昏亂暴虐滋甚，於是武王徧告諸侯，帥師而伐之。」(九四)更存遵養：《詩．周頌》：「於鑠王師，遵養時晦。」毛傳云：「遵率，養取，晦昧也。」鄭箋云：「文王率殷之叛國以事紂，養是晦昧之君，以老其惡。」(九五)相時：視時。(九六)還崇鄰好：謂復敦鄰國之和好。(九七)申：明。(九八)和眾：謂睦和軍旅。(九九)惠工：謂優待工藝之人。(一〇〇)遠馭：猶久馭。(一〇一)坐自兼幷：謂安坐不動，而可以兼幷異國。(一〇二)韋孝寬上疏陳三策……坐自兼幷也：按此一大段乃錄自《周書．韋孝寬傳》，字句幾全相同，亦《通鑑》錄文之罕見者。(一〇三)麴蘗：

謂酒。㉔折衝：謂折止敵人之衝突。㉕讒口：讒人之口。㉖道路以目：言道路之人，以目相視，而不敢言，喻怨恨也。《隋書・伊婁謙傳》，以目作仄目，更明係怨恨之意。㉗周主引開府儀同三司伊婁謙入內殿……此易取也，帝大笑：按此段乃錄自《隋書・伊婁謙傳》，字句大致相同。㉘又表上織成羅文錦被各二百首：按《陳書・宣帝紀》太建七年文作：「陳桃根又表上織成羅文錦被裘各二。」似當以本紀為正。㉙雲龍門：本書卷一〇三咸安二年文：「盧悚帥眾三百人，晨攻廣莫門，由雲龍門突入殿庭。」注：「雲龍門，建康宮門。」㉚六月甲戌，齊主如晉陽：按《北齊書・後主紀》武平六年文作：「七月甲戌，行幸晉陽。」甲戌當移於七月之下。㉛七月丙戌，周主如雲陽宮：按《周書・武帝紀》建德四年文作：「七月丙辰。」以下之己未推之，當以丙辰為是。㉜堅姿相奇偉：《隋書・高祖紀》述之云：「為人龍頷，額上有玉柱入頂，目光外射，有文在手，曰王，長上短下，沈深嚴重。」㉝畿伯下大夫：畿伯，周置，屬大司徒。杜佑曰：「周地官之屬，每方畿伯，中大夫也，每縣小畿伯，則下大夫。」㉞眼如曙星：謂眼如黎明時之星光，喻甚明亮有神。㉟願忍誅殺：願忍抑誅殺，亦即不妄行誅殺。㊱普六茹堅：《隋書・高祖紀》上：「皇考從周太祖起義關西，賜姓普六茹氏。」是普六茹乃堅之賜姓。㊲非常：謂非常人。㊳不覺自失：謂畏懼之。㊴人下：即人臣。㊵齊王憲言於帝曰……請早除之：按此段乃錄自《隋書・高祖紀》上，字句完全相同。㊶詭對：詐辭以對。㊷守節人：守貞節之人。㊸納言：周保定四年，改宗伯為納言。㊹安州總管：周置安州於安陸。㊺周昌公侯莫陳崇：按侯莫陳崇已死於保定三年，是不得為侯莫陳崇也。《周書・

武帝紀》建德四年文作：「周昌公侯莫陳瓊。」當改從之。㉖丙子、始召大將軍以上……常山公于翼帥眾二萬出陳汝：按此段乃錄自《周書・武帝紀建德四年文》，字句大致相同。㉗弼：音弼。㉘雖曰無道：謂雖其君主無道。㉙尚有其人：猶尚得其人。㉚要須：猶須要。㉛戍小山平：戍守之兵較少，而山又卑平。㉜內史上士宇文弼曰……用武之地，莫過於此：按此段乃錄自《隋書・宇文弼傳》，字句大致相同。㉝民部中大夫：蓋屬大司徒。㉞煚：音ㄐㄩㄥˇ。㉟縱得之：謂縱然得之，乃假設語，非真事實。㊱太原：即晉陽。㊲傾其巢穴：謂傾覆其根本。㊳可一舉而定：謂可一舉兵而平定之。㊴民部中大夫天水趙煚曰……可一舉而定：按此段乃錄自《隋書・趙煚傳》，字句完全相同。㊵遂伯下大夫：杜佑曰：「周地官之屬，有左右遂伯中大夫也。小遂伯，則下大夫，每鄉一人。」㊶何憂不克：謂何憂不能克捷。㊷進兵汾潞：汾，汾川；潞，潞川。鮑宏乃欲出師以攻平陽上黨。㊸不虞：不慮，亦即不備。㊹遂伯下大夫鮑宏曰……似為上策：按此段乃錄自《隋書・鮑宏傳》，字句大致相同。㊺楊素請帥其父麾下：楊素父敷死事，見卷一百七十太建三年。麾下，猶部下。㊻河陰大城：大城即外城。㊼拔武濟：胡三省曰：「武濟，城名，周武王伐紂，由此濟河，故以名城。」㊽洛口：洛水入河之口，於此置城。㊾浮橋：以舟相連，浮於水上，以渡人畜者，謂之浮橋。㊿自永橋夜入中潬城：胡三省曰：「河陽有三城，南城、北城、中潬是也。永橋地近三城。」(五一)齊永橋大都督太安傳收……圍中潬，二旬不下：按此段乃錄自《北齊書・傅伏傳》。(五二)辨：置備。(五三)洛州刺史獨孤永業守金墉……以為大軍且至而憚之：按此段乃錄自《北齊書・獨孤永業傳》，字句大致相同。㊹齊右丞高阿那肱：按《北齊書・後主紀》武平六年文作：「遣右丞相高阿那肱。」查《北齊書・高阿那肱傳》：「武平四年令其錄尚書事，又為右丞相。」是右丞當改作右丞相。㊺會：適逢。㊻傅伏謂行臺乞伏貴和曰……貴和不許：按此數句乃錄自《北齊書・傅伏傳》，字句大致相同。㊼唯以王藥城要害：唯以王藥城為要害之地。㊽齊王憲、于翼……尋以城降齊：按此段乃錄自《周書・武帝紀》建德四年文，字句大致相同。㊾齊以斛阿列羅為司空：按《北齊書・後主紀》武平六年文作：「斛律阿列羅為司空。」核北齊有斛律之姓，如斛律光等皆是，故斛下當添律字。

八年（西元五七六年）

㈠春，正月，癸未，周主如同州，辛卯，如河東涑川㈠。甲午，復還同州。

㈡甲寅，齊大赦。

乙卯，齊主還鄴。

㈢二月，辛酉，周主命太子巡撫西土，因伐吐谷渾。上開府儀同大將軍㈡王軌、宮正宇文孝伯從行，軍中節度㈢，皆委二人，太子仰成㊃而已。

㈣齊括雜戶㊄，未嫁者悉集，有隱匿者，家長坐死㊅。

㈤壬申，以開府儀同三司吳明徹為司空。

㈥三月，壬寅，周主還長安。夏，四月，乙卯，復如同州。

㈦己未，上享太廟。

尚書左僕射王瑒卒。【考異】陳書：「庚寅，瑒卒。」案長歷，是月己酉朔，無庚寅，陳書誤。

㈧五月，壬辰，周主還長安。

㈨六月，戊申朔，日有食之。

㈩辛亥，周主享太廟。

⑾初，太子叔寶欲以左戶部尚書㊆江總為詹事㊇，令管記㊈陸瑜言於吏部尚書孔奐，奐謂瑜曰：「江有潘陸之華㊉，而無園綺之實⑪，輔弼儲宮⑫，竊有所難⑬。」太子深以為恨，自言於帝，帝將許之，奐奏曰：「江總文華之士，今皇太子文華不少，豈藉於總⑭。如臣所見，願選敦重之才，以居輔導之職。」帝曰：「即如⑮卿言，誰當居此？」奐曰：「都官尚書王廓，世有懿德⑯，識性敦

敏，可以居之。」太子時在側，乃曰：「廓，王泰之子，不宜為太子詹事。」奐曰：「宋朝范曄即范泰之子，亦為太子詹事，前代不疑。」太子固爭之，帝卒以總為詹事⑰。總，斅之曾孫⑱也。甲寅，以尚書右僕射陸繕為左僕射。帝欲以孔奐代繕，詔已出，太子沮之，而止⑲，更以晉陵太守王克為右僕射。頃之，揔與太子為長夜之飲，養良娣⑳陳氏為女，太子亟微行㉑遊總家，上怒，免總官㉒。

(十二)周利州刺史㉓紀王康，驕矜無度㉔，繕脩戎器㉕，陰有異謀，司錄㉖裴融諫止之，康殺融，丙辰，賜康死㉗。丁巳，周主如雲陽。

(十三)庚申，齊宜陽王趙彥深卒。彥深歷事累朝㉘，常參機近㉙，以溫謹著稱㉚，既卒，朝貴典機密者，唯侍中、開府儀同三司斛律孝卿一人而已，其餘皆嬖倖也。孝卿，羌舉之子，比於餘人，差不貪穢㉛㉜。

(十四)秋，八月，乙卯，周主還長安。

周太子伐吐谷渾，至伏俟城㉝而還。宮尹㉞鄭譯、王端等，皆有寵於太子，太子在軍中多失德㉟，譯等皆預焉。軍還，王軌等言之於周主，周主怒杖太子及譯等，仍除譯等名㊱㊲，宮臣親幸者咸被譴。太子復召譯，戲狎㊳如初，譯因曰：「殿下何時可得據天下㊴？」太子悅，益昵㊵㊶之。譯，儼之兄孫也。周主遇太子甚嚴，每朝見，進止㊷與羣臣無異，雖隆寒盛暑，不得休息，以其耆酒㊸，禁酒不得至東宮，有過輒加捶撻。嘗謂之曰：「古來太子被廢者幾人㊹，餘兒㊺豈不堪立邪！」乃敕東宮官屬錄㊻太子言語動作，每月奏聞，太子畏帝威嚴，矯情脩飾㊼，由是過惡不上聞㊽。

王軌嘗與小內史賀若弼言太子必不克負荷㊾，弼深以為然，勸軌陳之，軌後因侍坐，言於帝曰：「皇太子仁孝無聞，恐不了㊿陛下家事。愚臣短暗(51)，不足可信(52)。陛下恆以賀若弼有文武奇才，亦常以此為憂(53)。」帝以問弼，對曰：「皇太子養德春宮(54)，未聞有過。」既退，軌讓(55)弼曰：「平生言論，無所不道(56)，今者對揚(57)，何得乃爾(58)反覆(59)！」弼曰：「此公之過也，太子國之儲副(60)，豈易發言，事有蹉跌(61)，便至滅族。本謂公密陳臧否(62)，何得遂至昌言(六三)。」軌默然久之，乃曰：「吾專心國家，遂不存私計(六四)，向者對眾，良實(六五)非宜。」後軌因內宴，上壽(六六)，捋帝須(六七)曰：「可愛好老公(六八)，但恨後嗣弱(六九)(七〇)耳。」先是，帝問右宮伯宇文孝伯曰：「吾兒此來何如？」對曰：「太子比懼天威(七一)，更無(七二)過失。」酒罷，帝責孝伯曰(七三)：「公常語我云：『太子無過。』今軌有此言，公為誑(七四)矣！」孝伯再拜曰：「父子之際(七五)，人所難言(七六)，臣知陛下不能割慈忍愛(七七)，遂爾結舌(七八)。」帝知其意，默然久之，乃曰：「朕已委公矣，公其勉之(七九)。」王軌驟言於帝曰：「皇太子非社稷主，普六茹堅貌有反相。」帝不悅曰：「必天命有在，將若之何(八〇)？」楊堅聞之，甚懼，深自晦匿(八一)(八二)，帝深以軌等言為然，但漢王贊次長，又不才，餘子皆幼，故得不廢(八三)。

(五)丁卯，以司空吳明徹為南兗州刺史(八四)。

(六)齊主如晉陽，營邯鄲宮(八五)。

(七)九月，戊戌，以皇子叔彪為淮南王。

(八)周主謂羣臣曰：「朕去歲屬有(八六)疾疹(八七)，遂不得克平逋(八八)寇，前入齊境，備見其情，彼之行師，殆同兒戲(八九)，況其朝廷昏亂(九〇)，政由羣小，百姓嗷然，朝不謀夕(九一)，天與不取，恐貽後悔。前出河外(九二)，直為拊背(九三)，未扼其喉(九四)。晉州，本高歡所起之地，鎮攝要重(九五)，今往攻之，彼必來援，吾嚴軍以待，擊之必克；然後乘破竹之勢，鼓行而東，足以窮其巢穴(九六)，混同文軌(九七)。」諸將多不願行。帝曰：「機不可失，有沮(九八)吾軍者，當以軍灋裁之(九九)(一〇〇)。」冬，十月，己酉，周主自將伐齊，以越王盛、杞公亮、隨公楊堅為右三軍，譙王儉、大將軍竇泰、廣化公(一〇一)丘崇為左三軍，齊王憲、陳王純為前軍(一〇二)。亮，導之子也。

(十九)丙辰，齊主獵於祁連池，癸亥，還晉陽。先是，晉州行臺左丞張延雋公直(一〇三)勤敏，儲偫(一〇四)有備，百姓安業，疆埸無虞(一〇五)，諸嬖倖惡而代之，由是公私煩擾。

(廿)周主至晉州，軍於汾曲(一〇六)，遣齊王憲將兵二萬，守雀鼠谷(一〇七)，陳王純步騎二萬，守千里徑(一〇八)，鄭公達奚震步騎一萬，守統軍川，大將軍韓明步騎五千，守齊子嶺，焉氏公尹升步騎五千，守鼓鍾鎮(二九)，涼城公(三〇)辛韶步騎五千，守蒲津關(三一)，趙王招步騎一萬，自華谷(三二)攻齊汾州諸城，柱國宇文盛步騎一萬，守汾水關(三三)，遣內使王誼監諸軍，攻平陽城(三四)。

(廿)齊行臺僕射、海昌王尉相貴嬰城(三五)拒守。甲子，齊集兵晉祠(三六)，庚午，齊主自晉陽帥諸軍趣晉州。周主日自汾曲至城下督戰，城中窘急，庚午，行臺左丞、侯子欽出降於周(三七)。壬申，晉州刺史崔景嵩守北城，夜遣使請降於周，王軌帥眾應之；未明，周將北海段文振杖槊與數十人先登，與景嵩同至尉相貴所，拔佩刀劫之(三八)，城上鼓譟，齊兵大潰，遂克晉州，虜相貴及甲士(三九)八千人(四〇)。齊主方與馮淑妃獵於天池，【考異】馮淑妃傳云，「獵於三堆。」今從高阿那肱傳。晉州告急者，自旦至午，驛馬三至。右丞相高阿那肱曰：「大家(四一)正為樂，邊鄙小小交兵，乃是常事，何急奏聞！」至暮使更至，云：「平陽已陷。」乃奏之。齊主將還，淑妃請更殺一圍，齊主從之(四二)。

(廿一)周齊王憲攻拔洪洞(四三)永安二城，更圖(四四)進取，齊人焚橋守險，軍不得進，乃屯永安，使永昌公㉟椿屯雞栖原㊱，伐柏為菴㊲以立營。椿，廣之弟也。癸酉，齊主分軍萬人向千里徑，又分軍出汾水關，自帥大軍上雞栖原。宇文盛遣人告急，齊王憲自救之，齊師退，盛追擊破之，俄而椿告齊師稍逼，憲復還救之，與齊對陳，至夜不戰，會周主召憲還，憲引兵夜去。齊人見柏菴在，不之覺，明日始知之㊳，齊主使高阿那肱將前軍先進，仍節度㊴諸軍。甲戌，周以上開府儀同大將軍安定梁士彥為晉州刺史，留精兵一萬鎮之。十一月，己卯，齊主至平陽。

㈢周主以齊兵新集，聲勢甚盛，且欲西還，以避其鋒；開府儀同大將軍宇文忻諫曰：「以陛下之聖武，乘敵人之荒縱㊵，何患不克！若使齊得令主㊶，君臣協力㊷，雖湯武之勢，未易平也㊸。今主暗臣愚，士無鬬志，雖有百萬之眾，實為陛下奉耳㊹㊺。」軍正、京兆王紘曰：「齊失紀綱，於茲累世，天奬㊻周室，一戰而扼其喉，取亂侮亡㊼，正在今日，釋之㊽而去，臣所未論㊾。」周主雖善其言，竟引軍還。忻，貴之子也㊿。周主留齊王憲為後拒㊿，齊師追之，憲與宇文忻各將百騎與戰，斬其驍將賀蘭豹子等，齊師乃退。憲引軍度汾，追及周主於玉壁㊷，齊師遂圍平陽，晝夜攻之，城中危急，樓堞㊸皆盡，所存之城，尋仞而已㊹；或短兵相接㊺，或交馬出入㊻，外援不至，眾皆震懼。梁士彥忼慨自若㊼，謂將士曰：「死在今日，吾為爾先㊽。」於是勇烈㊾齊奮，呼聲動地，無不一當百，齊師少却，乃令妻妾，軍民婦女，晝夜修城，三日而就㊿，周主使齊王憲將兵六萬屯涑州(五一)，遙為平陽聲援。齊人作地道，攻平陽，城陷十餘步(五二)，將士乘勢欲入，齊主敕且止，召馮淑妃觀之，淑妃粧點(五三)不時至(五四)，周人以木拒(五五)塞之，城遂不下。舊俗相傳晉州城西石上有聖人跡(五六)，淑妃欲往觀之，齊主恐弩矢及橋，乃抽攻城木造遠橋(五七)，齊主與淑妃度橋，橋壞，至夜乃還(五八)。癸巳，周主還長安，甲午，復下詔，以齊人圍晉州，更帥諸軍擊之。丙申，縱齊降人使還，丁酉，周主發長安，壬寅，濟河，與諸軍合。十二月，丁未，周主至高顯，道齊王帥所部先向平陽。戊申，周主至平陽，庚戌，諸軍總集凡八萬人，稍進，逼城置陳，東西二十餘里。先是、齊人恐周師猝至，於城南穿塹(五九)，自喬山屬於汾水(六〇)，齊主大出兵，陳於塹北(六一)，周主命齊王憲馳往觀之，憲復命曰：「易與耳(六二)，請破之而後食(六三)。」周主悅曰：「如汝言，吾無憂矣(六四)。」周主乘常御馬(六五)，從數人，巡陳所至，輒呼主帥姓名，慰勉之，將士喜於見知(六六)，咸思自奮。將戰，有司請換馬，周主曰：「朕獨乘良馬，欲何之？」周主欲薄(六七)齊師，礙塹(六八)而止，自旦至申，相持不決(六九)(七〇)。

(卌四)齊主謂高阿那肱曰：「戰、是邪？不戰、是邪(七一)？」阿那肱曰：「吾兵雖多，堪戰不過十萬(七二)，病傷及繞城樵爨者復三分居一。昔攻玉壁，援軍來即退(七三)，今日將士豈勝神武時(七四)邪！不如勿戰(七五)，却守高梁橋(七六)(七七)。」安吐根曰：「一撮許賊(七八)，馬上刺取(七九)，擲著(八〇)汾水中耳。」齊主意未決，諸內參(八一)曰：「彼亦天子，我亦天子，彼尚能遠來，我何為守塹示弱？」齊主曰：「此言是也(八二)。」於是填塹南引(八三)，周主大喜，勒諸軍擊之，兵纔合，齊主與馮淑妃並騎(八四)觀戰，東偏(八五)少却，淑妃怖曰：「軍敗矣(八六)。」錄尚書事、城陽王穆提婆曰：「大家去，大家去㊇。」齊主即以淑妃奔高梁橋，開府儀同三司奚長諫曰㊈：「半進半退㊉，戰之常體㊈，今兵衆全整，未有虧傷，陛下捨此安之？馬足一動㊈，人情駭亂，不可復振。願速還安慰之。」武衛張常山㊈自後至，亦曰：「軍尋收訖㊈，甚完整，圍城兵亦不動㊈，至尊宜回，不信臣言，乞將內參往視。」齊主將從之，穆提婆引齊主肘㊈，曰：「此言難信㊈。」齊主遂以淑妃北走，齊師大潰，死者萬餘人，軍資器械，數百里間，委棄㊈山積㊈。安德王延宗獨全軍而還。齊主至洪洞，淑妃方以粉鏡自玩㊈，後聲亂唱賊至㊉，於是復走。先是，齊主以淑妃為有功勳，將立為左皇后，遣內參詣晉陽，取皇后服御褘翟等㊉，至是，遇於中塗，齊主為按轡㊉，命淑妃著之，然後去㊉。

㈤辛亥，周主入平陽，梁士彥見周主，持周主須㊉，而泣曰：「臣幾不見陛下。」周主亦為之流涕。周主以將士疲弊，欲引還，士彥叩馬㊉，諫曰：「今齊師遁散，衆心皆動，因其懼而攻之，其勢必舉㉖。」周主從之，執其手曰㉗：「余得晉州，為平齊之基，若不固守，則大事不成。朕無前憂㉘，唯慮後變㉙，汝善為我守之㉚。」遂帥諸將追齊師，諸將固請西還，周主曰：「縱敵患生，卿等若疑㉛，朕將獨往。」諸將乃不敢言㉜。癸丑，至汾水關。

(其)齊主入晉陽，憂懼不知所之。甲寅，齊，大赦，齊主問計於朝臣，皆曰：「宜省賦息役㉝，以慰民心；收遺兵，背城死戰，以安社稷。」齊主欲留安德王延宗、廣寧王孝珩守晉陽，自向北朔州㉞。若晉陽不守，則奔突厥。羣臣皆以為不可，帝不從。開府儀同三司賀拔伏恩等宿衛近臣三千餘人，西奔周軍㉟㊱，周主封賞各有差。高阿那肱所部兵尚一萬守高壁㊲，餘眾保洛女砦㊳，周主引軍向高壁，阿那肱望風退走，齊王憲攻洛女砦，拔之。有軍士告阿那肱招引西軍，齊主令侍中斛律孝卿檢校，孝卿以為妄，還至晉陽，阿那肱腹心復告阿那肱謀反，又以為妄，斬之㊴。

乙卯，齊主詔安德王延宗、廣寧王孝珩募兵，延宗入見，齊主告以欲向北朔州，延宗泣諫不從，密遣左右先送皇太后、太子於北朔州[20]。丙辰，周主與齊王憲會於介休[21]，齊開府儀同三司韓建業舉城降，以為上柱國，封郇[22]公。是夜，齊主欲遁去，諸將不從。丁巳，周師至晉陽。齊主復大赦，改元隆化，以安德王延宗為相國、幷州刺史，總山西兵[23]，謂曰：「幷州，兄自取之，兒今去矣[24]。」延宗曰：「陛下為社稷勿動[25]，臣為陛下出死力戰，必能破之。」穆提婆曰：「至尊計已成[26]，王不得輒沮[27][28]。」齊主乃夜斬五龍門而出[29]，欲奔突厥，從官多散，領軍梅勝郎叩馬諫，乃回向鄴；時唯高阿那肱等十餘騎從，廣寧王孝珩、襄城王彥道繼至，得數十人，與俱[30]。穆提婆西奔周軍，陸令萱自殺，家屬皆誅沒。周主以提婆為柱國、宜州刺史[31]，下詔諭齊羣臣曰：「若妙盡[32]人謀，深達天命，官榮[33]爵賞，各有加隆[34]，或我之將卒，逃逸彼朝，無問貴賤，皆從蕩滌[35]。」自是齊臣降者相繼[36]。

初，齊高祖[37]為魏丞相，以唐邕典外兵曹，太原白建典騎兵曹，皆以善書計，工簿帳[38]受委任，及齊受禪，諸司咸歸尚書，唯二曹不廢，更名二省，邕官至錄尚書事，建官至中書令，常典二省，世稱唐白。邕兼領度支，與高阿那肱有隙㊴，阿那肱譖之，齊主敕侍中斛律孝卿總知騎兵度支，孝卿事多專決㊵，不復詢稟㊶，邕自以宿習㊷舊事，為孝卿所輕，意甚鬱鬱㊸，及齊主還鄴，邕遂留晉陽㊹。

㈦幷州將帥請於安德王延宗曰：「王不為天子，諸人實不能為王出死力。」延宗不得已，戊午，即皇帝位，下詔曰：「武平㊺孱㊻弱，政由宮豎，斬關夜遁，莫知所之，王公卿士，猥見㊼推逼，今祇承寶位㊽。」大赦，改元德昌。以晉昌王唐邕為宰相，齊昌王莫多婁敬顯、沐陽王㊾右衞大將軍段暢㊿，開府儀同三司韓骨胡等為將帥。敬顯，貸文之子也。眾聞之，不召而至者，前後相屬(51)。延宗發府藏及後宮美女，以賜將士，籍沒內參十餘家(52)。齊主聞之，謂近臣曰：「我寧使周得幷州，不欲安德得之(53)。」左右曰：「理然(54)。」延宗見士卒，皆親執手稱名(55)，流涕嗚咽(56)，眾爭為死，童兒(57)女子亦乘屋(58)攘袂(59)，投甎石以禦敵(60)。己未，周主至晉陽，

【考異】周書武帝紀，「丁巳，大軍次幷州。」又云，「己未，軍次幷州，」蓋丁巳前軍至，己未帝乃至也。

庚申，齊主入鄴，周師圍晉陽，四合如黑雲㉑，安德王廷宗命莫多婁敬顯、韓骨胡拒城南㉒，和阿千子段暢拒城東，自帥眾拒齊王憲於城北。延宗素肥，前如偃後如伏㉓，人常笑之，至是，奮大矟，往來督戰，勁捷若飛，所向無前㉔。和阿千子段暢以千騎奔周軍，周主攻東門，際昏㉕，遂入之，進焚佛寺。延宗、敬顯自門入，夾擊之，周師大亂，爭門相填壓塞路㉖，不得進，齊人從後斫刺，死者二千餘人。周主左右略盡㉗，自拔㉘無路，承御上士張壽牽馬首，賀拔伏恩以鞭拂其後㉙，【考異】北齊書安德王廷宗傳，作拂恩，今從周齊帝紀。崎嶇㉚得出，齊人奮擊㉛，幾中之，城東道阨曲，伏恩及降者皮子信導之，僅得免，時已四更㉜。延宗謂周主為亂兵所殺，使於積尸中求長鬣㉝者，不得。時齊人既捷，入坊㉞飲酒，盡醉臥，延宗不復能整㉟。周主出城，飢甚，欲遁去，諸將亦多勸之還㊱，宇文忻勃然㊲進曰：「陛下自克晉州，乘勝至此，今偽主奔波㊳，關東響震，自古行兵，未有若斯之盛。昨日破城，將士輕敵，微有不利㊴，何足為懷㊵！丈夫當死中求生，敗中取勝，今破竹之勢已成，奈何棄之而去（二六一）？」齊王憲、柱國王誼亦以為去必不免，段暢等又盛言城內空虛，周主乃駐馬，鳴角收兵（二六二），俄頃（二六三）復振，辛酉旦，還攻（二六四）東門，克之。延宗戰力屈，走至城北，周人擒之，周主下馬執其手，延宗辭曰：「死人手（二六五）何敢迫至尊（二六六）。」周主曰：「兩國天子，非有怨惡，直為百姓來耳（二六七），終不相害，勿怖也。」使復衣帽（二六八）而禮之（二六九）。唐邕等皆降於周。獨莫多婁敬顯奔鄴，齊主以為司徒。

延宗初稱尊號，遣使修啓（二七〇）於瀛州刺史（二七一）任城王湝曰：「至尊出奔，宗廟事重，羣公勸迫（二七二），權主號令（二七三），事寧終歸叔父（二七四）。」湝曰：「我人臣，何容（二七五）受此啓！」執使者送鄴（二七六）。

（廿六）壬戌，周主大赦，削除齊制，收禮文武之士。鄴伊婁謙聘於齊（二七七），其參軍高遵以情輸於齊（二七八），齊人拘之於晉陽，周主既克晉陽，召謙勞之，執遵付謙，任其報復（二七九），謙頓首請赦之。周主曰：「卿可聚眾唾面（二八〇），使其知愧。」謙曰：「以遵之罪，又非唾面可責（二八一）。」帝善其言而止，謙待遵如初（二八二）（二八三）。

臣光曰：「賞有功，誅有罪，此人君之任也。高遵奉使異國，漏泄大謀，斯叛臣也。周高祖不自行戮，乃以賜謙，使之復怨，失政刑矣。孔子謂，『以德報怨者，何以報德？』為謙者宜辭而不受，歸諸有司，以正典刑，乃請而赦之，以成其私名，美則美矣，亦非公義(二四)也。」

(廿九)齊主命立重賞，以募戰士，而竟不出物。廣寧王孝珩請使任城王湝將幽州道兵，入土門(二五)，揚聲(二六)趣并州，獨孤永業將洛州道兵入潼關，揚聲趣長安，臣請將京畿兵(二七)出滏口(二八)，鼓行逆戰(二九)，敵聞南北有兵，自然逃潰。又請出宮人珍寶賞將士(三〇)。齊主不悅。斛律孝卿請齊主親勞將士，為之撰辭，且曰：「宜忼慨流涕，以感激人心(三一)。」齊主既出臨眾，將令之，不復記所受言(三二)，遂大笑，左右亦笑，將士怒曰：「身尚如此(三三)吾輩何急。」皆無戰心。於是自大丞相已下太宰、三師、大司馬、大將軍、三公等官(三四)，並增員而授，或三或四，不可勝數(三五)。朔州行臺僕射高勱將兵侍衛太后太子，自土門道還鄴，時宦官儀同三司苟子溢猶恃寵縱暴(三六)，民間雞彘㉗，縱鷹犬搏噬取之，勱執以徇㉘，將斬之，太后救之，得免。或謂勱曰：「子溢之徒，言成禍福㉙，獨不慮後患邪！」勱攘袂㉚曰：「今西寇㉛已據幷州，達官㉜率皆委叛㉝，正坐㉞此輩，濁亂朝廷，若得今日斬之，明日受誅，亦無所恨㉟。」勱，岳之子也。甲子，齊太后至鄴。

(卅)丙寅，周主出齊宮中珍寶服玩及宮女二千人，班賜將士，加立功者官爵各有差㊱。周主問高延宗以取鄴之策，辭曰：「此非亡國之臣所及。」強問之，乃曰：「若任城王據鄴，臣不能知。若今主自守，陛下兵不血刃㊲㊳。」癸酉，周師趣鄴，命齊王憲先驅，以上柱國、陳王純為幷州總管。

(卅一)齊主引諸貴臣入朱雀門㊴，賜酒食，問以禦周之策，人人異議，齊主不知所從㊵。是時人情恟懼，莫有鬪心，朝士㊶出降，晝夜相屬。高勱曰：「今之叛者多是貴人，至於卒伍㊷，猶未離心，請追五品已上家屬，置之三臺㊸，因脅之以戰，若不捷，則焚臺，此曹顧㊹惜妻子，必當死戰。且王師頻北，賊徒輕我，今背城一決㉟，理必破之㊱。」齊主不能用，望氣㊲者言當有革易㊳，齊主引尚書令高元海等議，依天統故事，禪位皇太子㊴。

【今註】㈠涑川：杜預曰：「涑水出河東聞喜縣西南，至蒲阪入河。」音速。㈡上開府儀同大將軍：《周書・武帝紀》：「建德四年，改驃騎大將軍開府儀同三司、為開府儀同大將軍，仍增上開府儀同大將軍。」㈢軍中節度：謂軍中進退諸大計。㈣仰成：仰為公事用語，係上級對下級之辭。此仰成謂靜聽其辦理之結局。㈤雜戶：胡三省曰：「魏虜西京之人，沒入，名為隸戶。魏武入關，隸戶皆在東魏，後齊因之，仍供廝役，周平齊，乃悉放諸雜戶為百姓。」㈥坐死：謂坐罪而死。㈦左戶部尚書：《隋書・百官志》上：「梁代又置吏部、祠部、度支、左戶、都官、五兵等六尚書。」是部字乃係衍文。㈧以江總為詹事：《隋書・百官志》上：「詹事、位視中護軍，任總宮朝。」㈨管記：與記室相類。㈩江有潘陸之華：謂有潘岳陸機之華艷。⑪無園綺之實：秦末東園公、綺裏季等四人，羽翼漢太子盈，高帝遂不易太子。詳見《史記・留侯世家》。⑫輔弼儲宮：謂輔佐匡弼太子。⑬竊有所難：謂私以為事有困難。⑭豈藉於總：謂無所假藉於總。⑮即如：謂若如。⑯世有懿德：代有美德。⑰初太子叔寶欲以左戶部尚書江摠為詹事……帝卒以總為詹事：按此段乃錄自《陳書・孔奐傳》，字句大致相同。⑱總，斅之曾孫：江斅，湛之子，齊朝以風流冠冕一時。⑲帝欲以孔奐代繕……太子沮之而止：按此數句乃錄自《陳書・孔奐傳》。⑳良娣：宮中女子職位之一。㉑亟微行：謂屢私服出行。㉒總與太子為長夜之飲……上怒，免總官：按此段乃錄自《陳書・江總傳》，字句大致相同。㉓利州刺史：《隋書・地理志》上：「義城郡，西魏復曰益州，又改曰利州，置總管府。」㉔驕矜無度：謂驕傲矜誇、無有法度。㉕繕脩戎器：謂脩治兵器。㉖司錄：司錄之位，與長史司馬同列。㉗周利州刺史紀王康……丙辰，賜康死：按此段乃錄自《周書・文閔諸子紀王康傳》，字句大致相同。㉘彥深歷事累朝：彥深事齊神武，已掌機密，至後主，凡歷事六君。㉙機近：猶機密。㉚以溫謹著稱：《北齊書・趙彥深傳》作：「溫柔謹慎。」是乃溫慎之詳釋。㉛差不貪穢：差猶稍，此謂大致。貪穢即貪汙。㉜既卒，朝貴典機密者……差不貪穢：按此段乃錄自《北齊書・斛律羌舉傳》，字句大致相同。㉝伏俟城：胡三省曰：「伏俟城、吐谷渾國都也。其地即漢西海允谷鹽池，在清海西。」㉞宮尹：宮尹乃宮伯之意。周置太子宮尹，蓋即太子詹事之職。㉟多失德：謂多失行。㊱仍除譯等名：謂因而除去譯等之名籍。㊲宮尹鄭譯王端等……仍除譯等名：按此段乃錄自《周書・王軌傳》，字句大致相同。㊳戲狎：戲嬉玩狎。㊴據天下：謂據有天下。㊵昵：親近。㊶太子復召譯……太子悅，蓋昵之：按此段乃錄自《隋書・鄭譯傳》，字句大致相同。㊷進止：猶進退。㊸耆酒：耆讀曰嗜。㊹古來太子被廢者幾人：古來，謂自古以來；幾人，猶幾許人，亦即有多少人，意乃言頗多也。㊺餘兒：即餘人，愈知兒字含有輕蔑之意。㊻錄：記錄。㊼矯情脩飾：矯揉性情，而對言行，力加脩飾，以使其無有過惡。㊽周主遇太子甚嚴……由是過惡不上聞：按此段乃錄自《周書・宣帝紀》，字句大致相同。㊾必不克負荷：負荷猶負擔，謂必不能負擔治國重任。(五〇)不了：謂不能勝任。(五一)愚臣短暗：謂愚臣識見短暗。(五二)不足可信：句嫌生硬，《周書．王軌傳》作：「不足以論是非。」文較圓活。(五三)陛下恆以賀若弼有文武奇才，亦常以此為憂：按〈王軌傳〉有文武奇才下作：「識度宏遠，而弼比每對臣，深以此事為慮。」是亦常上當添而弼二字，文方連貫嚴密。(五四)春宮：太子居東宮，東方主春，故亦曰春宮。(五五)讓：微責。(五六)無所不道：即無所不言。(五七)對揚：本於傅說召虎對答；揚，稱也，後人遂以面對敷奏為對揚。(五八)乃爾：謂竟如此。(五九)反覆：謂反覆無常。(六〇)儲副：謂君王之儲備副貳。《北齊書．後主穆后傳》，則作儲嗣，辭雖異而意實相同。(六一)蹉跌：喻意外之失誤。(六二)密陳臧否：謂密言其善或不善。否音鄙。(六三)昌言：顯言。(六四)不存私計：謂不存心於個自之利害。(六五)良實：謂洵實。(六六)上壽：謂舉觴敬酒。(六七)須：與鬚同。(六八)好老公：猶今言好老頭，蓋當時之俗語也。(六九)弱：昏弱。(七〇)王軌嘗與小內史賀若弼言：……但恨後嗣弱耳：按此段乃錄自《周書．王軌傳》，字句大致相同。(七一)天威：謂皇帝之威嚴。(七二)更無：再無。(七三)酒罷，帝責孝伯曰：按上云先是，明謂上語皆係以前所陳，則斯酒罷，當作及此酒罷，以明此為以後所發生者。酒罷上不可不添書及此二字。(七四)誑：謊。(七五)父子之際：謂父子之間。(七六)人所難言：謂他人所難以置言。(七七)割慈忍愛：謂割捨恩慈，忍抑親愛。(七八)結舌：謂不言。(七九)先是帝問右宮伯宇文孝伯曰：……朕已委公矣，公其勉之：按此段乃錄自《周書．宇文孝伯傳》，字句大致相同。(八〇)必天命有在，將若之何：謂若天命定在彼，人力亦無如之何，蓋失望之餘，而發者也，非其本心之意如此。(八一)晦匿：韜晦藏匿。(八二)王軌驟言於帝曰：……甚懼，深自晦匿：按此段乃錄自《隋書．

高祖紀》上，字句大致相同。（八三）但漢王贊次長……故得不廢：按此數句乃錄自《周書・王軌傳》。（八四）南兗州刺史：《隋書・地理志》下：「江都郡，梁置南兗州，後齊改為東廣州，陳復曰南兗。」（八五）邯鄲宮：今河北省邯鄲縣。（八六）屬有：適有。（八七）疹：熱病。（八八）逋：逃竄。（八九）兒戲：小兒嬉戲。（九〇）朝廷昏亂：謂天子昏亂。（九一）朝不謀夕：謂早晨不能謀劃夕時之事，極言其動亂而不穩定。（九二）前出河外：指去年河陰之役。（九三）直為拊背：謂只擊其背。（九四）未扼其喉：未扼其咽喉，意謂未制其要害。（九五）鎮攝要重：鎮守攝持之事，甚為重要。（九六）窮其巢穴：盡其巢穴。（九七）混同文軌：混亦同，謂書同文，車同軌，喻天下統一也。（九八）沮：止。（九九）裁：制裁。（一〇〇）周主謂羣臣曰，除去歲……當以軍法裁之：按此段乃錄自《周書・武帝紀》建德五年文，字句大致相同。（一〇一）廣化公：《隋書・地理志》上：「河池縣，後魏曰廣化，置廣化郡。」（一〇二）冬十月己酉，周主自將伐齊……陳王純為前軍：按此段乃錄自《北史・周武帝紀》建德五年文，字句大致相同。（一〇三）公直：公平正直。（一〇四）儲偫：待亦儲，音峙。（一〇五）無虞：謂無憂。（一〇六）汾曲：在平陽縣南。（一〇七）雀鼠谷：《水經》：「汾水南過冠爵津，在介休縣西南，俗謂之雀鼠谷，數十里間，道隘，水左右，悉結偏梁閣道，累石就路，縈帶巖側。」（一〇八）千里徑：杜佑曰：「汾州界，北接太原，當千里徑。」（一〇九）鼓鍾鎮：《水經注》：「教水出垣縣北教山，其水南歷鼓鍾上峽，又南流歷鼓鍾川，西南有冶官，世人謂之鼓鍾城。」（一一〇）涼城公：胡三省曰：「此涼城郡公也。後魏立涼城郡於漢沃陽縣鹽澤北七里，池西有舊城，俗謂之涼城，郡取名也。按後魏自六鎮反亂，此地皆棄之不能有，後周特取郡名以封爵耳。漢魏以後，五等之封，皆無實土，其來久矣。」㉑蒲津關：蒲津關在蒲坂，因津濟處以立關。㉒華谷：《水經》：「涑水出河東聞喜縣東山黍葭谷，俗謂之華谷。」㉓汾水關：《括地志》：「汾州靈石縣，有雀鼠谷、汾水關。」㉔遣齊王憲將兵二萬守雀鼠谷……，遣內使王誼監諸軍攻平陽城：按此段乃錄自《周書‧武帝紀》建德五年文，字句大致相同。㉕嬰城：謂憑據四周之城。㉖晉祠：《魏書‧地形志》，晉陽有晉王祠。㉗庚午，行臺左丞侯子欽出降於周：按上文云：「庚午，齊主自晉陽帥諸軍趣晉州。」則此庚午，於文為複，而此種重複，史文甚為鮮見。為避免重複，下之庚午二字，可改作於是日。㉘切之：切持之。㉙甲士：鎧甲武器精銳之士卒。㉚周主日自汾曲至城下督戰……虜相貴及甲士八千人：按此段乃錄自《周書‧武帝紀》建德五年文，而稍有溢出。㉛大家：北齊呼天子之稱。㉜淑妃請更殺一圍，齊主從之：按自庚午齊主自晉陽帥諸軍趣晉州，迄此，中所述之時日及行事，多有衝突。蓋《通鑑》力事彙集《北齊書‧後主紀》、《高阿那肱傳》及《北史‧齊馮淑妃傳》三文於一處，而不意其竟致矛盾迭出。此破綻，胡三省曾為指出，文云：「按齊主獵於祁連池，癸亥，還晉陽，甲子，即集兵，庚午，自晉陽帥兵趣晉州，壬申，晉州陷。時齊主方獵於天池，馮淑妃請更殺一圍。審如是，則晉州陷之日，齊主猶在天池。天池今在憲州靜樂縣，至晉陽一百七十餘里，自晉陽南至晉州，又五百有餘里。齊主既以庚午違晉陽而南，無緣復北至天池。竊謂獵祁連池，與獵天池，共是一事。北人謂天為祁連，故天池亦謂之祁連池。通鑑萃集諸書而成一文，自癸亥排日書至庚午發晉陽，是據北齊紀書，高阿那肱不急奏邊報，是據阿那肱傳書，請更殺一圍，是據北史馮淑妃傳。合三者而書之，自不能不相牴牾。」㉓洪洞：今山西省洪洞縣，在趙城縣南，汾水之東。㉔更圖：另謀。㉕永昌公：《隋書・地理志》上：「巴東郡、大昌縣，後周置永昌郡。」㉖雞栖原：在永安北。㉗伐柏為菴：按《周書・齊王憲傳》：「率兵夜返，齊人果謂柏菴為帳幕也，不疑軍退。」是菴之形狀，頗如帳幕。㉘周齊王憲攻拔洪洞、永安二城……不之覺，明日始知之：按此段乃錄自《周書・齊煬王憲傳》，字句稍有出入。㉙節度：謂節制規度。㉚荒縱：謂荒淫放縱。㉛令主：賢主。㉜協力：合力。㉝雖湯武之勢，未易平也：謂雖具有商湯周武之聲勢，亦不克平之。㉞實為陛下奉耳：謂實為奉送陛下之物。㉟宇文忻諫曰，以陛下之聖武……實為陛下奉耳：按此段乃錄自《隋書・宇文忻傳》，字句大致相同。㊱天獎：天助。㊲取亂侮亡：謂攻取昏亂，慢易危亡。㊳釋之：捨之。㊴諭：曉。㊵忻，貴之子也：宇文貴，《周書》有傳。㊶後拒：居後以拒抗追者。㊷周主留齊王憲為後拒……追及周主於玉壁：按此段乃錄自《周書・齊王憲傳》，字句大致相同。㊸樓堞：樓，城上敵樓；堞，城之短垣。㊹所存之城，尋仞而已：六尺為尋，七尺為仞。謂所存之城墻，僅有六七尺之高度。㊺短兵：指槍槊言。㊻或交馬出入：謂或乘騎而戰。㊼忼慨自若：謂高亢憤激自如。㊽吾為爾先：謂吾為爾先死。㊾勇烈：勇敢猛烈。㊿齊師遂圍平陽……晝夜修城，三日而就：按此段乃錄自《周書・梁士彥傳》，字句大致相同。(五一)周主使齊王憲將兵六萬屯涑州：按《周書・齊王憲傳》，涑州作涑水，後又作涑川。蓋《通鑑》原作涑川，而由川誤作州也。州當改作川。(五二)城陷十餘步：謂城垣之崩頹者，有十餘步。(五三)粧點：粧，上粧；點，抹臙脂。(五四)不時至：猶言未速至。(五五)木拒：謂障拒以木為之。(56)有聖人跡：此聖人乃指神仙而言。(57)造遠橋：舊橋近城，故別造遠橋。(58)齊人作地道，攻平陽……橋壞，至夜乃還：按此段乃錄自《北史・齊馮淑妃傳》，字句大致相同。(59)塹：濠溝。(60)屬於汾水：連於汾水。(61)癸巳，周主還長安……齊主大出兵，陳於塹北：按此段乃錄自《周書・武帝紀》建德五年文，字句大致相同。(62)易與耳：猶今言容易對付。(63)請破之而後食：極言破之之時無多。(64)周主命齊王憲馳往觀之……如汝言，吾無憂矣：按此數句乃錄自《周書・齊王憲傳》，文字大致相同。(65)御馬：騎御之馬。(66)將士喜於見知：以周主能呼其姓名，故以為蒙受主上之知遇，因而甚為喜悅。(67)薄：迫。(68)斷塹而止：謂為塹所阻而止。(69)不決：謂不能決定勝負。(70)周主乘常御馬……自旦至申，相持不決：按此段乃錄自《周書・武帝紀》建德五年文，字句大致相同。(71)戰，是邪？不戰，是邪？：猶今言作戰，對呢？抑不作戰，對呢？(72)堪戰不過十萬：《北史・恩幸高阿那肱傳》，堪戰下有一者字，與下之樵爨者，正相偶對，當從添。堪戰、謂勝任作戰者。(73)援軍來即退：謂敵援軍來時，我即退歸。(74)神武：高歡謚。(75)不如勿戰：不及不與之戰。(76)高梁橋：《水經注》：「汾水逕高梁故城西，故高梁之墟也。晉文公害懷公於此。汾水又南過平陽縣東。」(77)齊主謂高阿那肱曰，戰是邪……卻守高梁橋：按此段不錄《北齊書》，而錄《北史・恩幸高阿那肱傳》者，以《北史》所述較多，而《北齊書》較為簡略故也。《北史》所錄，有人曰例與原書相同，或稍加刪節，而此則較原書為多，可知《北史》錄文之例，固未可一體視之。(78)一撮許賊：言一撮多少之賊，意謂其少也。《北齊書・高阿那肱傳》，一撮許作一把子，純係以俗語入文。二者之意，則酷相似。（七九）馬上刺取：意謂甚易迅速捕捉。（八〇）擲著：猶擲諸，亦即擲之於。（八一）內參：謂閹宦，為北齊之特有名稱。（八二）安吐根曰……齊主曰，此言是也：按此段乃錄自《北齊書・高阿那肱傳》，字句大致相同。（八三）南引：謂引軍南出。（八四）並騎：謂兩馬並列而立。（八五）東偏：謂陣之東端。（八六）齊主與馮淑妃並騎觀戰……軍敗矣：按此數句，乃錄自《北史・齊馮淑妃傳》。（八七）大家去：意乃勸天子宜速去也。（八八）開府儀同三司奚長諫曰：按《北齊書・高阿那肱傳》，奚長作奚長樂，當從添樂字。（八九）半進半退：謂部隊一半前進，一半退却，所云半退，乃據上文東偏少却而言。（九〇）戰之常體：猶作戰之常有現象。（九一）馬足一動：馬指君主之馬言，謂君主之馬一向後退。（九二）武衛張常山：武衛屬左右武衛將軍。（九三）軍尋收訖：謂軍隊甚快，即已收集完竣。（九四）圍城兵亦不動：圍城兵、指北齊圍周將梁士彥於晉州之兵。（九五）引齊主肘：牽齊主之肘，諷示不欲其行。（九六）錄尚書事城陽王穆提婆曰……引齊主肘曰，此言難信：按此段乃錄自《北齊書・高阿那肱傳》，字句大致相同。（九七）委棄：委亦棄。（九八）齊師大潰……委棄山積：按此數句乃錄自《周書・武帝紀》建德五年文。（九九）方以粉鏡自玩：玩猶弄，謂正在施粉添粧，臨鏡以自顧視。（一〇〇）後聲亂唱賊至：殿後軍士，大喊賊至。（一〇一）取皇后服御褘翟等：《隋書・禮儀志》七：「褘皇后衣，深青質，織成領袖，文以翬翟，五采重行，十二等。」（一〇二）按轡：猶止轡，以使馬駐停。（一〇三）齊主至洪洞……命淑妃著之，然後去：按此段乃錄自《北史・齊馮淑妃傳》，字句大致相同。（一〇四）周主須：須通鬚。（一〇五）叩馬：攔馬。（一〇六）必舉：猶必拔。（一〇七）周主從之，執其手曰：按此時執手之風頗盛行，為表示親善及惜別等，率執其手，以資示意。（一〇八）朕無前憂：朕無前方之憂，以前方之事，皆武帝躬自為之。⑲唯慮後變：唯慮後方之有叛變。⑳梁士彥見周主……汝善為我守之：按此段乃錄自《隋書·梁士彥傳》，而非《周書·梁士彥傳》，以《周書》所載較略，《通鑑》遂取其詳者而入錄焉。㉑卿等若疑：謂卿等若疑其不克。㉒遂帥諸將追齊師……諸將乃不敢言：按此段乃錄自《周書·武帝紀》建德五年文，字句大致相同。㉓省賦息役：減省賦斂，停息徭役。㉔北朔州：胡三省曰：「魏孝昌中，改懷朔鎮為朔州，本漢五原郡地，尋即陷沒；而朔州寄治幷州界。後齊置朔州於古馬邑城，於西河郡置南朔州，故謂馬邑為北朔州。」㉕開府儀同三司賀拔伏恩等，宿衛近臣三千餘人，西奔周軍：按既云近臣，則三千餘人未免太多，而不近情理。《北齊書·後主紀》三千作三十，似當改從。㉖齊主入晉陽，憂懼不知所之……近臣三千餘人，西奔周軍：按此段乃錄自《北齊書·後主紀》武平七年文，字句大致相同。㉗高壁：宋白曰：「靈石縣東南有高壁嶺、雀鼠谷、汾水關，皆汾西險固之所。」㉘砦：營壘，音寨。㉙有軍士告阿那肱招引西軍……又以為妄，斬之：按此段乃錄自《北齊書·恩幸高阿那肱傳》，字句大致相同。㉚齊主詔安德王延宗、廣寧王孝珩募兵……送皇太后、太子於北朔州：按此段乃錄自《北齊書·後主紀》武平七年文，字句大致相同。㉛介休：今山西省介休縣。㉜郇：音荀。㉝山西兵：鄴都謂幷州之地為山西。㉞兒今去矣：兒乃幼小卑賤者之稱，後主以國祚將危，將社稷大計，託付其兄安德王延宗，故對其兄言時，遂自稱為兒。㉟陛下為社稷勿動：謂陛下為社稷之故，請勿動移。㊱計已成：猶計已定。㊲沮：止。㊳以安德王延宗為相國……王不得輒沮：按此段乃錄自《北齊書·文襄六王安德王延宗傳》，字句大致相同。㉙乃夜斬五龍門而出：謂乃於夜砍斷五龍門之管鎖而出。㉚齊主乃夜斬五龍門而出……得數十人與俱：按此段乃錄自《北齊書・後主紀》武平七年文，字句大致相同。㉛宜州刺史：《隋書・地理志》上：「京兆郡、華原縣，後魏置北雍州，西魏改為宜州。」㉜妙盡：猶精盡。㉝官榮：猶官祿。㉞加隆：加陞隆盛。㉟蕩滌：謂蕩洗滌除。㊱下詔諭齊羣臣曰……自是齊臣降者相繼：按此段乃錄自《周書・武帝紀》建德五年文，字句大致相同。㊲齊高祖：齊尊高歡，廟號曰高祖。㊳善書計，工簿帳：謂善於與會計有關之諸事項。㊴隙：間隙。㊵專決：專擅決斷。㊶不復詢稟：謂不再詢問稟告。㊷宿習：猶素習。㊸鬱鬱：謂受抑而氣不得舒。㊹初齊高祖為魏丞相……及齊主還鄴，邕遂留晉陽：按此段乃錄自《北齊書・唐邕傳》，次序多有移置，雖用其文字，而宛似另撰構者。㊺武平：以後主之年號稱後主。㊻孱：劣，音潺。㊼猥見：猶辱相。㊽祇承寶位：謂敬受天子之大位。㊾晉昌王、齊昌王、沭陽王：《隋書・地理志》：「西城郡、石泉縣，舊置晉昌郡。蘄春郡、蘄春縣，後齊置齊昌郡。東海郡、沭陽縣，東魏置沭陽郡。」㊿齊昌王莫多婁敬顯，沭陽王右衞大將軍段暢：按沭陽王下，《北齊書・安德王延宗傳》多和阿于子四字，《北史・齊文襄諸子傳》亦同，當從添入。(51)相屬：相連接。(52)籍沒內參十餘家：謂據簿籍以沒收內參之財物。《北齊書》及《北史・安德王延宗傳》，十餘家皆作千餘家，《通鑑》以其數目過多，不合情理，故改千作十。(53)不欲安德得之：不欲令安德王得之，蓋乃忿激之辭。(54)左右曰理然：謂道理實應如此，左右所以如此致辭者，以不敢違忤，且欲阿諛之也。(55)稱名：呼士卒之名。

(三六)嗚咽：謂哭聲滯澀。(三七)童兒，即兒童，特倒文以成辭。(三八)乘屋：登屋。(三九)攘袂：謂袖口上挽，以示下決心及欲行動之意。(四〇)幷州將帥請於安德王延宗曰……投甎石以禦敵：按此段乃錄自《北齊書・文襄六王安德王延宗傳》，字句大致相同。(四一)四合如黑雲：周戎衣及旗幟皆黑，且兵多，故如黑雲。(四二)拒城南：拒守城之南面。(四三)前如偃、後如伏：蓋其軀體，前則雞胸，後則駝背也。(四四)所向無前：謂所向之處，人皆見而避之。(四五)際昏：屆時已黃昏。(四六)相填壓塞路：以互相填壓之故，而使道路壅塞不通。(四七)略盡：猶幾皆死盡。(四八)白拔：猶自出。(四九)以鞭拂其後：拂，擊，謂擊馬之尾部。(五〇)崎嶇：原意為傾側不平，此為顛沛之意。(五一)奮擊：奮力攻擊。(五二)四更：夜分五更，四更、丁夜也。(五三)鬣：鬚。(五四)入坊：入肆。(五五)不復能整：不復能整齊行伍。(五六)周師圍晉陽，四合如黑雲……飢甚，欲遁去，諸將亦多勸之還：按此段乃錄自《北齊書・安德王延宗傳》，字句大致相同。(五七)勃然：怒貌。(五八)奔波：謂顛沛流離。(五九)微有不利：小有不利。(六〇)何足為懷：謂何足掛於心懷。(六一)宇文忻勃然進曰……奈何棄之而去：按此段乃錄自《隋書・宇文忻傳》，字句大致相同。(六二)鳴角收兵：角以牛角為之，鳴之，則為收兵之信號。(六三)俄頃：二者皆短暫之意。(六四)還攻：復攻。(六五)死人手：謂其罪合死，故曰死人之手。(六六)迫至尊：謂近天子。(六七)直為百姓來耳：直，只，謂只為救百姓而來。(六八)使復衣帽：蓋延宗初自以有罪，而免冠袒衣，以示謝罪之意，周主不欲罰之，故令其復著衣帽也。(六九)齊王憲、柱國王誼……使復衣帽而禮之：按此段乃錄自《北齊書・安德王延宗傳》，字句大致相同。(七〇)修啓：謂具送表啓。(七一)瀛州刺史：《隋書・地理志》中：「河間郡，舊置瀛州。」

(五二)勸迫：謂勸諭敦迫。(五三)權主號令：權宜主持發號施令之任。(五四)事寧終歸叔父：事端寧息，則寶位將讓歸叔父。(五五)何容：謂如何容許。(五六)廷宗初稱尊號……執使者送鄴：按此段乃錄自《北齊書・高祖十一王任城王湝傳》，字句幾全相同。(五七)鄴伊婁謙聘於齊：胡三省曰：「此上不應有鄴字，蓋初字之誤也。」(五八)以情輸於齊：以周將伐齊，使謙來觀釁之情，送告於齊。(五九)任其報復：聽任其報復。(六〇)卿可聚眾唾面：謂卿可聚眾人於前，而唾其面，按唾面為中國辱人之一方式，歷代常採用之，其見於史冊者，計有《左傳》僖三十三年：「先軫怒曰，『武夫力而拘諸原，婦人暫而免諸國，墮軍實而長寇讎，亡無日矣！』不顧而唾。」《國策・趙策・趙太后新用事章》：「太后明謂左右：『有復言令長安君為質者，老婦必唾其面。』」又《史記・孟嘗君傳》：「孟嘗君曰：『客見文一日廢，皆背文而去，莫顧文者。今賴先生得復其位，客亦有何面目復見文乎！如復見文者，必唾其面而大辱之。』」皆唾面為辱人之例證。(六一)又非唾面可責：謂又非唾面之責，可以盡之。(六二)如初：猶如前。(六三)鄴伊婁謙聘於齊……謙待遵如初：按此段乃錄自《隋書・伊婁謙傳》，字句大致相同。(六四)公義：謂至公之道。(六五)土門：胡三省曰：「按新唐志：『井陘故關，一名土門。』」(六六)揚聲：宣言。(六七)京畿兵：北齊都鄴，故以鄴為京畿。(六八)滏口：滏口，滏水之口。《山海經》：「滏水出神囷之山。」(六九)逆戰：迎戰。(七〇)廣寧王孝珩請使任城王……出宮人珍寶賞將士：按此段乃錄自《北史・齊文襄諸子廣寧王孝珩傳》，字句大致相同。(七一)以感激人心：按此感激乃係感動之意。《晉書・傅玄附祇傳》：「祇以義誠不終，力疾手筆，辭旨深切，覽者莫不感激慷慨。」所用之感激，與此意正相同，是古代之感激，多係屬感動之意。(三二)所受言：即上孝卿代為所撰之辭。(三三)身尚如此：謂自己尚如此。(三四)自大丞相已下、太宰、三師。大司馬、大將軍、三公等官：胡三省曰：「後齊制官，多循後魏。大丞相、太宰，位望最為崇重。太師、太傅、太保，是為三師，擬古上公，非勳德不居。次有大司馬、大將軍，是為二大，並典司武事。次置太尉、司徒、司空，是為三公。三師、二大、三公府、三門，當中開黃閤，設內屏，其階皆正一品。」(三五)斛律孝卿請齊主親勞將士……或三或四，不可勝數：按此段乃錄自《北齊書・後主紀》武平七年文，字句大致相同。(三六)縱暴：縱恣暴虐。(三七)彘：猪。(三八)徇：示眾。(三九)言成禍福：謂一發言，則禍福隨之。(四〇)攘袂：奮袖。(四一)西寇：指周言。(四二)達官：有位任而光顯於時者。(四三)委叛：委棄，謂棄官而叛去。(四四)正坐：猶正由。(四五)朔州行臺僕射高勱……明日受誅，亦無所恨：按此段乃錄自《北齊書・清河王岳附勱傳》，字句大致相同。(四六)丙寅，周主出齊宮中珍寶……官爵各有差：按此段乃錄自《周書》建德五年文，字句大致相同。(四七)兵不血刃：謂刃不沾血，亦即不損士卒之意。(四八)周主問高廷宗以取鄴之策……陛下兵不血刃：按此段乃錄自《北齊書・文襄六王安德王延宗傳》，字句大致相同。(四九)朱雀門：按《北齊書》及《北史・後主紀》皆作朱華門。又《隋書・百官志》中：「後齊左右衞府將軍各一人，掌左右廂所主朱華閤以外。」核直對朱華閤者，自當為朱華門。是雀當作華。(五〇)齊主引諸貴臣入朱雀門……齊主不知所從：按此段乃錄自《北齊書・後主紀》，字句大致相同。(五一)朝士：朝廷之官員。(五二)卒伍：五人為伍，卒伍謂最低賤之兵卒。(五三)三臺：《北齊書・文宣紀》天保九年：「先是，發丁匠三十餘萬，營三臺於鄴下，因其舊基而高博之。至是三臺成，改銅雀曰金鳳，金獸曰聖應，冰井曰崇光。」㊂顧惜：顧念愛惜。㊃今背城一決：謂今憑城決一死戰。㊄是時人情恟懼……今背城一決，理必破之：按此段乃錄自《北齊書．清河王岳附勱傳》，字句大致相同。㊅望氣：望雲氣以知人之吉凶禍福。㊆革易：改革變異。㊇望氣者言，當有革易……禪位皇太子：按此段乃錄自《北齊書．後主紀》，字句大致相同。

卷一百七十三　陳紀七

司馬光　編集
曲守約　註

起強圉作噩，盡屠維大淵獻，凡三年。（丁酉至己亥，西元五七七年至五七九年）

高宗宣皇帝中之下

太建九年（西元五七七年）

㈠春，正月，乙亥朔，齊太子恆即皇帝位，生八年矣，改元承光，大赦，尊齊主為太上皇帝，皇太后為太皇太后㊀，皇后為太上皇后。以廣寧王孝珩為太宰，司徒莫多婁敬顯、領軍大將軍尉相願，謀伏兵千秋門㊁，斬高阿那肱，立廣寧王孝珩。會阿那肱自它路入朝，不果㊂。孝珩求拒周師，謂阿那肱等曰：「朝廷不賜遣㊃擊賊，豈不畏孝珩反邪㊄，孝珩若破宇文邕㊅，遂至長安，反亦何預國家事㊆，以今日之急，猶如此猜忌㊇邪！」高韓㊈恐其為變，出孝珩為滄州㊉刺史㊀。相願拔佩刀斫柱，歎曰：「大事去矣，知復何言。」齊主使長樂王㊂尉世辯帥千餘騎，覘周師，出滏口，登高阜西望，遙見羣鳥〔一三〕飛起，謂是西軍旗幟，即馳還，比至紫陌橋，不敢回顧〔一四〕。世辯，粲之子也〔一五〕。於是黃門侍郎顏之推、中書侍郎薛道衡、侍中陳德信等勸：「上皇往河外〔一六〕募兵〔一七〕，更為經略，若不濟〔一八〕，南投陳國。」從之。道衡，孝通之子也。丁丑，太皇太后、太上皇后，自鄴先趣濟州，癸未，幼主亦自鄴東行。己丑，周師至紫陌橋〔一九〕。

㈡辛卯，上祭北郊。

㈢壬辰，周師至鄴城下，癸巳，圍之，燒城西門，齊人出戰，周師奮擊，大破之。齊上皇從百騎東走，使武衞大將軍〔二〇〕慕容三藏守鄴宮〔二一〕，周師入鄴，齊王公以下皆降，三藏猶拒戰，周主引見禮之，拜儀同大將軍〔二二〕。三藏，紹宗之子也〔二三〕。領軍大將軍、漁陽鮮于世榮，齊高祖舊將也，周主先以馬腦〔二四〕酒鍾遺之，世榮得，即碎之，周師入鄴，世榮在三臺前，鳴鼓不輟〔二五〕，周人執之，世榮不屈，乃殺之〔二六〕。周主執莫多婁敬顯，數之曰：「汝有死罪三：前自晉陽走鄴，攜妾棄母，不孝也；外為偽朝勠力〔二七〕，內實通啓於朕〔二八〕，不忠也；送款[29]之後，猶持兩端[30]，不信也。用心如此，不死何待！」遂斬之[31]。使將軍尉遲勤追齊主，【考異】北齊書，勤作剛，今從周書。[32]甲午，周主入鄴，齊國子博士[33]、長樂熊安生，博通五經，聞周主入鄴，遽令[34]掃門[35]，家人怪而問之，安生曰：「周帝重道尊儒，必將見我。」俄而周主幸其家[36]，不聽拜，親執其手，引與同坐，賞賜甚厚，給安車[37]駟馬以自隨[38][39]，又遣小司馬[40]唐道和就中書侍郎李德林宅，宣旨慰諭[41]曰：「平齊之利，唯在於爾。」引入宮[42]，使內史宇文昂訪問齊朝風俗政教[43]，人物善惡，即留內省[44]，三宿[45]乃歸[46]。乙未，齊上皇度河入濟州[47]，是日，幼主禪位於大丞相任城王湝，又為湝詔：「尊上皇為無上皇[48]，幼主為宋國天王[49]。」令侍中斛律孝卿送禪文[50]及璽紱[51]於瀛州[52]，孝卿即詣鄴，周主詔：「去年大赦，所未及之處，皆從赦例。」齊洛州刺史獨孤永業有甲士三萬，聞晉州陷，請出兵擊周，奏寢不報[53]；永業憤慨，又聞幷州陷，乃遣子須達請降於周，周以永業為上柱國，封應公[54]。丙申，周以越王盛為相州總管[55][56]。

齊上皇留胡太后於濟州，使高阿那肱守濟州關(五七)，覘候周師，自與穆后、馮淑妃、幼主、韓長鸞、鄧長顒等數十人，奔青州(五八)，使內參田鵬鸞西出，參伺(五九)動靜；周師獲之，問齊主何在，紿(六〇)云已去，計當出境(六一)，周人疑其不信，捶之，每折一支，辭色愈厲，竟折四支而死。上皇至青州，即欲入陳，而高阿那肱密召周師，約生致齊主(六二)，屢啓云周師尚遠，已令燒斷橋路，上皇由是淹留自寬(六三)，周師至關，阿那肱即降之(六四)。周師奄至(六五)青州，上皇囊金繫於鞍(六六)，與后妃幼主等十餘騎南走，己亥，至南鄧村(六七)，尉遲勤(六八)追及，盡擒之，幷胡太后送鄴。庚子，周主詔故斛律光、崔季舒等，宜追加贈謚，幷為改葬，子孫各隨蔭敘錄(六九)，家口(七〇)田宅沒官(七一)者，並還之(七二)。周主指斛律光名，曰：「此人在，朕安得至鄴(七三)！」辛丑，詔齊之東山、南園、三臺，並可毀撤(七四)，瓦木諸物可用者，悉以賜民，山園之田(七五)，各還其主(七六)。

㈣二月，壬午，上耕藉田。

㈤丙午，周主宴從官將士於齊太極殿，頒賞有差。丁未，高緯至鄴(七七)，周主降階以賓禮見之(七八)。齊廣寧王孝珩至滄州，以五千人會任城王湝於信都(七九)，共謀匡復，召募得四萬餘人，周主使齊王憲、桂國楊堅擊之，令高緯為手書(八〇)招湝，湝不從。憲軍至趙州(八一)，湝遣二諜覘之，候騎(八二)執以白憲，憲集齊舊將遍示之(八三)，謂曰：「吾所爭者大，不在汝曹，今縱汝還，仍充吾使。」乃與湝書曰：「足下諜者為候騎所拘，軍中情實，具諸執事(八四)。戰非上計，無待卜疑(八五)，守乃下策，或未相許(八六)，已勒諸軍，分道並進，相朝非遠(八七)，憑軾有期(八八)，不俟終日(八九)，所望知機(九〇)也。」憲至信都，湝陳於城南以拒之，湝所署領軍(九一)尉相願，詐出略陳(九二)，遂以眾降，相願、湝心腹也，眾皆駭懼，湝殺相願妻子，明日復戰，憲擊破之，俘斬三萬人，執湝及廣寧王孝珩。憲謂湝曰：「任城王何苦至此(九三)！」湝曰：「下官(九四)，神武皇帝之子，兄弟十五人(九五)，幸而獨存，逢宗社顛覆，無愧墳陵(九六)。」憲壯之，命歸其妻子(九七)，又親為孝珩洗瘡傅藥(九八)，禮遇甚厚。孝珩歎曰：「自神武皇帝以外，吾諸父兄弟，無一人至四十者(九九)，命也。嗣君無獨見之明，宰相非柱石之寄⑩，恨不得握兵符，受斧鉞⑪，展⑫我心力⑬耳⑭。」齊王憲善用兵，多謀略，得將士心，齊人憚其威聲⑮，多望風沮潰⑯，芻牧不擾⑰，軍無私焉⑱⑲。周主以齊降將封輔相為北朔州摠管，北朔州齊之重鎮⑳，士卒驍勇，前長史㉑趙穆等謀執輔相，迎任城王湝於瀛州，不果㉒，乃迎定州刺史㉓、范陽王紹義。

㈥紹義至馬邑，自肆州㉔以北二百八十餘城㉕，皆應之；紹義與靈州刺史㉖袁洪猛引兵南出，欲取幷州，至新與㉗，而肆州已為周守，前隊二儀同㉘以所部降周。周兵擊顯州㉙，執刺史陸瓊，復攻拔諸城，紹義還保北朔州，周東平公神舉㉚將兵逼馬邑，紹義戰敗北，奔突厥，猶有眾三千人㉛，紹義令曰：「欲還者，從其意㉜。」於是辭去者太半㉝。突厥佗鉢可汗常謂齊顯祖為英雄天子，以紹義重踝㉞似之，甚見㉟愛重，凡齊人在北者，悉以隸之㊱。於是齊之行臺、州鎮㊲，唯東雍州行臺傅伏㊳、營州㊴刺史高寶寧不下㊵，其餘皆入於周。凡得州五十，郡一百六十二，縣三百八十，戶三百三萬二千五百㊶。

高寶寧者、齊之疏屬，有勇略，久鎮和龍㉜，甚得夷夏之心。周主於河陽、幽、青、南兗、豫、徐、北朔、定，置摠管府，相并二州各置宮及六府官㉝。

㈦周師之克晉陽也。齊使開府儀同三司紇奚永安求救於突厥，比至，齊已亡，佗鉢可汗處永安於吐谷渾使者之下，永安言於佗鉢曰：「今齊國已亡，永安何用餘生㉞，欲閉氣自絕，恐天下謂大齊無死節之臣，乞賜一刀㉟，以顯示遠近。」佗鉢嘉之，贈馬七十匹而歸之㊱。

㈧梁主入朝於鄴㊲。自秦兼天下，無朝覲㊳之禮，至是始命有司草具㊴其事，致積致餼㊵，設九儐、九介㊶、受享於廟，三公、三孤、六卿致食，勞賓、還贄、致享，皆如古禮㊷。周主與梁主宴，酒酣，周主自彈琵琶㊸，梁主起舞，曰：「陛下既親撫五絃㊹，臣何敢不同百獸㊺！」周主大悅，賜賚㊻甚厚。乙卯，周主自鄴西還。三月，壬午，周詔：「山東諸軍㊼各舉明經、幹治者㊽二人，若奇才異術、卓爾㊾不羣者，不拘此數㊿(51)。」周主之擒尉相貴也，招齊東雍州刺史傅伏，伏不從，齊入以伏為行臺右僕射；周主既克并州，復遣韋孝寬招之，令其子以上大將軍、武鄉公（五二）告身（五三），及金馬腦二酒鍾，賜伏為信（五四），伏不受，謂孝寬曰：「事君有死無貳（五五），此兒（五六）為臣，不能竭忠（五七），為子，不能盡孝，人所讎疾（五八），願速斬之，以令天下（五九）。」周主自鄴還，至晉州，遣高阿那肱等百餘人臨汾水召伏，伏出軍（六〇），隔水見之，問：「至尊今何在？」阿那肱曰：「已被擒矣。」伏仰天大哭，帥眾入城，於聽事（六一）前北面哀號（六二）良久然後降。周主見之，曰：「何不早下（六三）？」伏流涕對曰：「臣三世為齊臣，食齊祿，不能自死，羞見天地。」周主執其手曰：「為臣當如此。」乃以所食羊肋骨（六四）賜伏，曰：「骨親肉疏（六五），所以相付。」遂引使宿衛，授上儀同大將軍，敕之曰：「若亟與公高官，恐歸附者心動（六六），努力事朕，勿憂富貴（六七）。」他日又問前救河陰得何賞，對曰：「蒙一轉（六八），授特進永昌郡公。」周主謂高緯曰：「朕三年教戰，決取河陰，正為傅伏善守，城不可動（六九），遂斂軍（七〇）而退。公當時賞功，何其薄也（七一）！」

夏，四月，乙巳，周主至長安，置高緯於前，列其王公於後，車輿、旗幟、器物，以次陳之，備大駕，布六軍，奏凱樂(七二)，獻俘於太廟，觀者皆稱萬歲。戊申，封高緯為溫公(七三)，齊之諸王三十餘人，皆受封爵。周主與齊君臣飲酒，令溫公起舞，高延宗悲不自持(七四)，屢欲仰藥(七五)，其傅婢(七六)禁止之(七七)。

周主以李德林為內史上士(七八)，自是詔誥格式，及用山東人物，並以委之(七九)。帝從容謂羣臣曰：「我常日(八〇)唯聞李德林名，復見其為齊朝作詔書移檄(八一)，正謂是天上人，豈言(八二)今日得其驅使(八三)！」神武公(八四)紇豆陵毅對曰：「臣聞麒麟鳳皇為王者瑞，可以德感，不可力致(八五)。麒麟鳳皇，得之無用，豈如德林為瑞且有用哉！」帝大笑曰：「誠如公言(八六)。」

(九)己巳，周主享太廟。

(十)五月，丁丑，周以譙王儉為大冢宰，庚辰，以杞公亮為大司徒，鄭公達奚震為大宗伯，梁公侯莫陳芮為大司馬，應公獨孤永業為大司寇，鄭公韋孝寬(八七)為大司空。己丑，周主祭方丘，詔以：

「路寢、會義、崇信、含仁、雲和、思齊諸殿，皆晉公護專政時所為，事窮壯麗，有踰清廟(八八)，悉可毀撤，彫斲之物，並賜貧民，繕造之宜(八九)，務從卑樸。」又詔：「幷鄴諸堂殿壯麗者，準此(九〇)(九一)。」

臣光曰：「周高祖可謂善處勝矣。佗人勝則益奢，高祖勝而愈儉。」

(十)六月，丁卯，周主東巡(九二)。秋，七月，丙戌，幸洛州。八月，壬寅，議定權衡度量，頒之於四方(九三)。初，魏虜西涼之人(九四)，沒為隸戶(九五)，齊氏(九六)因之(九七)，仍供廝役(九八)，周主滅齊，欲施寬惠，詔曰：「罪不及嗣(九九)，古有定科(一〇〇)，雜役之徒，獨異常憲(一〇一)。一從罪配，百代不免，罰既無窮，刑何以措(一〇二)！凡諸雜戶，悉放為民(一〇三)。」自是無復雜戶。甲子，鄭州獲九尾狐，已死獻其骨。周主曰：「瑞應之來，必彰有德(一〇四)，若五品(一〇五)時敘，四海和平，乃能致此；今無其時，恐非實錄。」命焚之。九月，戊寅，周制庶人已上，唯聽衣綢、綿綢、絲布、圓綾、紗、絹、綃、葛布(一〇六)等九種，餘悉禁之，朝祭之服，不拘此制。冬，十月，戊申，周主如鄴(一〇七)。

(十一)上聞周人滅齊，欲爭徐兗(一〇八)，詔南兗州刺史、司空吳明徹，督諸軍伐之，以其世子戎昭將軍惠覺，攝行州事(一九)。明徹軍至呂梁，周徐州摠管梁士彥帥眾拒戰，戊午，明徹擊破之，士彥嬰城自守，明徹圍之(二〇)。帝銳意以為河南指麾可定(二一)，中書通事舍人蔡景歷諫曰：「師老(二二)將驕，不宜過窮遠略(二三)。」帝怒，以為沮眾(二四)，出為豫章內史，未行，有飛章(二五)劾景歷在省(二六)贓汙狼籍(二七)，坐免官，削爵土(二八)(二九)。

(十三)周改葬德皇帝於冀州(三〇)，周主服縗(三一)，哭於太極殿，百官素服。

(十四)周人誣溫公高緯與宜州刺史穆提婆謀反，幷其宗族皆賜死，眾人多自陳無之，高延宗獨攘袂，泣而不言(三二)，以椒塞口而死(三三)；唯緯弟仁英以清狂(三四)，仁雅以瘖疾(三五)，得免，徙於蜀，其餘親屬不殺者，散配西土(三六)，皆死於邊裔(三七)(三八)。周主以高湝妻盧氏賜其將斛斯徵，盧氏蓬首(三九)垢面，長齋(四〇)不言笑，徵放之(四一)，乃為尼(四二)。齊后妃貧者，至以賣燭為業(四三)。

(十五)十一月，壬申，周立皇子衍為道王(四四)，兌為蔡王。

(十六)癸酉，周遣上大將軍王軌將兵救徐州(四五)。初，周人敗齊師於晉州，乘勝逐北，齊人所棄甲仗（二三六），未暇收斂（二三七），稽胡（二三八）乘間竊出，並盜而有之（二三九），仍立（二四〇）劉蠡升之孫沒鐸為主，號聖武皇帝，改元石平。周人既克關東（二四一），將討稽胡，議欲窮其巢穴（二四二），齊王憲曰：「步落稽種類既多，又山谷險絕（二四三），王師（二四四）一舉，未可盡除，且當翦（二四五）其魁首（二四六），餘加慰撫。」周主從之，以憲為行軍元帥（二四七），督諸軍討之。至馬邑，分道俱進，沒鐸分遣其黨天柱守河東，穆支守河西（二四八），據險以拒之。憲命譙王儉擊天柱，滕王逌擊穆支，並破之，斬首萬餘級。趙王招擊沒鐸，禽之，餘眾皆降（二四九）。周詔：「自永熙三年以來（二五〇），東土之民，掠為奴婢，及克江陵之日（二五一），良人（二五二）沒為奴婢者，並放為良（二五三）（二五四）。」又詔：「後宮唯置妃二人，世婦三人，御妻三人，比外皆減之（二五五）。周主性節儉，常服布袍，寢布被（二五六），後宮不過十餘人，每行兵（二五七），親在行陳，步涉山谷，人所不堪（二五八），撫將士（二五九）有恩，而明察果斷（二六〇），用法嚴峻，由是將士畏威而樂為之死（二六一）（二六二）。

(七)己亥晦，日有食之。

(十八)周初行刑書要制，羣盜贓一匹，及正長隱五丁，若地頃以上，皆死(二三)。

(十九)十二月，戊申，新作東宮成，太子徙居之。

(廿)庚申，周主如并州，徙并州軍民四萬戶於關中。戊辰，廢并州宮及六府。

(廿一)高寶寧自黃龍上表，勸進於高紹義，紹義遂稱皇帝，改元武平，以寶寧為丞相，突厥佗鉢可汗舉兵助之(二四)。

【今註】㊀乙亥朔，齊太子恆即皇帝位……皇后為太上皇后：按此段乃錄自《北齊書．幼主紀》字句大致相同。㊁千秋門：胡三省曰：「千秋門，鄴宮西門。」㊂不果：謂不果殺之。㊃賜遣：賜乃謙遜語，意為遣也。㊄豈不畏孝珩反邪：按豈不畏通作豈非畏，如此則一覽即知其意蘊矣。㊅宇文邕：周主之名。㊆反亦何預國家事：謂即反，亦與國家無妨。㊇猜忌：猜疑畏忌。㊈高韓：高謂高阿那肱，韓指韓長鸞。㊉滄州：《魏書．地形志》：「熙平二年，分瀛冀二州置滄州，治饒安縣城。」(十一)以廣寧王孝珩為太宰……出孝珩為滄州刺史：按此段乃錄自《北齊書．文襄六王廣寧王孝珩傳》，字句大致相同。(十二)長樂王：《隋書．地理志》中：「信都郡、長樂縣，舊曰信都，帶長樂郡。」(十三)羣烏：《北齊書．尉景附世辯傳》，作羣烏。夫既係遙見，則自難辨認其究係何鳥，故作烏反不及作鳥之較為籠統得情。㊃比至紫陌橋，不敢回顧：紫陌在鄴都，及至都街，尚不敢回顧，則其畏懼程度之深，可知矣。㊄齊主使長樂王尉世辯……世辯，粲之子也：按此一段乃錄自《北齊書・尉景附世辯傳》，字句大致相同。又粲，《北齊書》尉景後有附傳。㊅河外：齊都鄴，在河北，則河外乃為河南。㊆募兵：募集兵士。㊇若不濟：謂若不成。㊈於是黃門侍郎顏之推……周師至紫陌橋：按此段乃錄自《北齊書・幼主紀》，字句大致相同。㊉武衛大將軍：《隋書・百官志》中：「左右衞府將軍各一人，掌左右廂所主朱華閣以外，各武衞將軍二人貳之。」㊀守鄴宮：守鄴之宮省。㊁使武衞大將軍慕容三藏守鄴宮……周主引見禮之，拜儀同大將軍：按此段乃錄自《北史・慕容紹宗附三藏傳》，字句大致相同。㊂三藏，紹宗之子也：按慕容紹宗，《北齊書》有傳。㊃馬腦酒鍾：馬腦石似玉，寶石也，《北史》作瑪瑙。㊄鳴鼓不輟：謂號令士卒，仍繼續抵抗。㊅領軍大將軍漁陽鮮于世榮……世榮不屈，乃殺之：按此段乃錄自《北史・鮮于世榮傳》，而非《北齊書》之〈鮮于世榮傳〉，以《北史》敍事較詳，故遂從詳多者而入錄焉。㊆戮力：合力。㊇通啓於朕：通表啓於朕。㊈送款：送誠。㊉猶持兩端：謂猶持降與不降之意。㊀周主執莫多婁敬顯……用心如此，不死何待！遂斬之：按此段，《北齊書》及《北史・莫多婁貸文附敬顯傳》，甚為簡略。《通鑑》此文，乃錄自《周書・武帝紀》建德六年文。然敬顯事跡，《北齊書》載稱：「安德敗，文帝羣官皆投周軍，唯敬顯走還鄴，授司徒。周武帝平鄴城之明日，執敬顯斬於閶闔門外，責其不留平陽也。」一是敬顯乃為忠臣，而非如《周書》所云之逆惡。《通鑑》對此，採用《周書》所述，而割棄

《北齊書》之說，然未於考異中，述出其取捨之根據，則自難以令人折服。㉜〔考異〕北齊書，勤作剛：按《北齊書·幼主紀》，作尉遲綱，是剛當作綱。㉝齊國子博士：《隋書·百官志》中：「國子寺掌訓教胄子，祭酒一人，領博士五人。太學博士十人，四門學博士二十人。」㉞遽令：立令。㉟掃門：灑掃門庭，所以迎嘉賓也。㊱幸其家：幸臨其家。㊲安車：車輪以蒲或絮裹之，使行時，坐者無顛簸之苦。㊳以自隨：《周書·儒林熊安生傳》作：「隨駕入朝。」是即以自隨之涵義。㊴齊國士博士長樂熊安生……給安車駟馬以自隨：按此段乃錄自《周書·儒林熊安生傳》，字句大致相同。㊵小司馬：胡三省曰：「後周之制，六官七命，自小冢宰至小司徒、小宗伯、小司馬、小司寇、小司空，皆上大夫七命。」㊶慰諭：慰勞諭告。㊷引入宮：宮即鄴宮。㊸政教：政治教化。㊹內省：即齊之門下省。㊺三宿：即三日。㊻又遣小司馬唐道和……三宿乃歸：按此段乃錄自《隋書·李德林傳》，字句大致相同。㊼乙未，齊上皇度河入濟州：按《北齊書·幼主紀》作乙亥，以上之癸巳推之，應作乙未，故《通鑑》遂加以訂正而作乙未。㊽尊上皇為無上皇：無上乃至尊無上之意。㊾為宋國天王：胡三省曰：「齊氏於傾危之際，不應改國號為宋，宋國當作宗國。」按《北齊書》及《北史·幼主紀》，宋國作守國，當依之而改作守國。㊿送禪文：送禪位之文。(51)璽紱：《隋書·禮儀志》六：「天子六璽，受命璽在六璽之外。」紱，印組。(52)乙未，齊上皇度河入濟州……及璽紱於瀛州：按此段乃錄自《北齊書·幼主紀》，除次序有顛倒外，字句則全相同。(53)奏寢不報：奏疏寢置而不報聞。(54)封應公：用古邗晉應韓之應以封之。(55)齊洛州刺史獨孤永業……為上柱國，封應公：按此段乃錄自《北齊書．獨孤永業傳》，字句大致相同。㊄相州總管：後魏置相州於鄴，東魏都鄴，改為司州。周既平齊，復為相州，列於諸州。㊅濟州關：濟州城北有碻磝津故關。㊆齊上皇留胡太后於濟州……鄧長顒等數十人奔青州：按此段乃錄自《北齊書．幼主紀》，字句大致相同。㊇參伺：猶候伺。㊈紿：誑言，音殆。㊀計當出境：謂計時當已出境。㊁生致齊主：生捉齊主而獻之。㊂淹留自寬：謂停留而不畏恐。㊃高阿那肱密召周師……阿那肱即降之：按此段乃本於《北齊書．幼主紀》及〈恩幸高阿那肱傳〉，字句大致相同。㊄奄至：奄忽而至。㊅上皇囊金繫於鞍：按《北齊書．幼主紀》作：「置金囊於鞍後。」文較明豁。㊆南鄧村：按村乃六朝通用之稱。爰略舉數則以示例，《晉書．束皙傳》：「摯虞對曰：『平原徐肇以三月初生三女，至三日俱亡，村人以為怪，乃招攜之水濱洗祓。』」《桃花源記》：「村中聞有此人，咸來問訊。」《世說．賞譽》公孫度目邴原條，注引《邴原別傳》：「謂部落曰：『移北近郡，以觀其意。』……原請村落皆令熟醉。」《北齊書．高乾附季式傳》：「山東舊賊劉盤陁、史耀明等，攻劫道路，剽掠村邑。」同書〈後主紀〉末：「太上與長鸞、淑妃等十數騎，至青州南鄧村，為周將尉遲綱所獲。」同書同紀：「又於華林園，立貧窮村舍，帝自弊衣為乞食兒。」《周書．賀若敦傳》：「因召側近村民，陽有所訪問。」同書〈韋孝寬傳〉：「又令汾水以南，傍介山稷山諸村，所在縱火。」同書〈于翼傳〉：「旬日下齊一十九城，所部都督輒入民村，即斬以狥。」同書〈薛端傳〉：「端率其屬，幷招喻村民等，多設奇以臨之。」《陳書．熊曇朗傳》：「曇朗走入村中，村民斬之，傳首京師。」由上引文，知此稱乃起於東漢之末（據《邴原別傳》）而六朝時則使用甚為普遍。(六八)尉遲勤：《北齊書・幼主紀》作尉遲綱，《通鑑》此文乃本《周書・武帝紀》建德六年文之尉遲勤。核《周書・尉遲迥傳》有：「迥弟子勤，時為青州總管。」傳雖未言其獲北齊太上皇，然以其為青州總管推之，當係平齊青州有功而封者，則言勤自較近確。(六九)子孫各隨蔭敘錄：胡三省曰：「自漢以來，將相公卿，皆得保任子弟及孫為官，所謂門蔭者也。」敘錄，謂依功蔭之大小次序而錄之。(七〇)家口：按家口一辭，亦為六朝新興而流行者。《北齊書・楊愔傳》：「於是乃以天子之命，下詔罪之，罪止一身，家口不問。」同書〈慕容儼傳〉：「伏連家口有百數，盛夏之日，料以倉米二升。」同書〈堯雄傳〉：「斬多寶，拔雄等家口還大梁。」同書〈王峻傳〉：「有司依格處斬，家口配沒。」《陳書・侯安都傳》：「又襲秦郡，破嗣徽柵，收其家口幷馬驢輜重。……尋有詔宥其妻子家口，葬以士禮。」同書〈歐陽頠附紇傳〉：「兵敗，執送京師伏誅，家口籍沒，子詢以年幼免。」同書〈儒林沈洙傳〉：「有壽羽兒一人，坐偷馬仗家口渡北，依法測之，限訖不款。」《周書・權景宣傳》：「梁定州刺史李洪遠，初款後叛，景宣惡其懷貳，密襲破之，虜其家口及部眾。」原家口一辭，乃由家屬演化而成，《漢書・陳湯傳》：「湯願與妻子家屬徙初陵，為天下先。」此家屬實與家口之涵義，完全相同。又由《侯安都傳》及〈陳湯傳〉核之，知妻子與家屬家口，微有區別。蓋家屬家口之範圍較廣，凡屬家中有關之人，皆可曰家屬家口，而妻子則專指其妻妾與子女而言。又妻子與家口家屬，對則有別，散則相通，蓋若不連妻子時，則家口家屬實兼括有其妻子在內。此研究家屬家口及妻子辭彙，所不可不知者也。

(七一)沒官：沒入官府。(七二)庚子，周主詔故斛律光崔季舒等……家口田宅沒官者，並還之：按此段乃錄自《周書・武帝紀》建德六年文，字句大致相同。(七三)周主指斛律光名曰，此人在，朕安得至鄴：按此數句乃錄自《北齊書・斛律金附光傳》。(七四)詔齊之東山、南園、三臺，並可毀撤：按上三處，皆高氏遊宴之地。除三臺已書於上文外，東山則見於《北齊書・文襄六王河南王孝瑜傳》。文中且連將北齊時王公豪族之競事園囿池館營構情形，扼要道出。爰詳錄之，以見北齊時山池營建之狀況，及權貴士族享樂遊賞之一斑焉。〈孝瑜傳〉：「初文襄於鄴東起山池遊觀，時俗眩之，孝瑜遂於第作水堂龍舟，植幡矟於舟上，數集諸弟，宴射為樂。武成幸其第，見而悅之，故盛興後園之翫。於是貴賤慕斅，處處營造。」又《周書・武帝紀》：「建德六年辛丑詔曰：『偽齊叛渙，竊有漳濱。世縱淫風，事窮彫飾。或穿池運石，為山學海；或層臺累構，概日凌雲。』」足知北齊時園林之盛多及華靡矣。斯亦考時代風尚及園林藝術，最重要之資料也。(七五)山園之田：謂山園所佔用之田。(七六)辛丑，詔齊之東山、南園、三臺……各還其主：按此段乃錄自《周書・武帝紀》建德六年文，除刪節外，字句大致相同。(七七)高緯至鄴：緯乃後主名，以國已滅亡，不能稱主，故只得改稱其名。(七八)丙午，周主宴從官將士……周主降階，以賓禮見之：按此段乃錄自《周書・武帝紀》建德六年文，字句大致相同。(七九)信都：冀州州治，潛自河間進兵至信都。(八〇)手書：親筆所作之書。(八一)趙州：胡三省曰：「魏孝昌二年，分定相二州置殷州，治廣阿，後改為趙州。」(八二)候騎：斥侯之騎兵。(八三)遍示之：之指二諜言。(八四)具諸執事：謂諜者當能具言之。(八五)無待卜疑：謂此疑不待卜而決之，即不卜亦可決也。(八六)或未相許：謂或不贊同。(八七)相望非遠：猶相見非遠。(八八)憑軾有期：《左傳》僖公二十八年城濮之役，楚子玉遣使請戰於晉侯曰：「請與君之士戲，君憑軾而觀之。」故引以為言。兵車之軾高三尺三寸，立而憑之。(八九)不俟終日：胡三省曰：「易大傳曰：『君子見幾而作，不俟終日。』」終日謂時之終也。(九〇)知機：知事之機宜。(九一)領軍：領軍大將軍之簡稱。(九二)略陳：經略行陣。(九三)何苦至此：謂何力戰不降。(九四)下官：自卑之稱。六朝時常用之，《世說・品藻》撫軍問孫興公條：「卿自謂何如？曰，『下官才能所經，悉不如諸賢。』」同書〈尤悔〉注引鄧粲《晉紀》：「王敦參軍曰：『有似下官此馬。』」同書〈棲逸〉：「戴安道既厲操東山。……戴曰：『下官不堪其憂，家弟不改其樂。』」《晉書・庾峻附敳傳》：「徐答曰：『下官家有二千萬，隨公所取矣。』」皆其例證。(九五)兄弟十五人：《北齊書・高祖十一王傳》：「神武皇帝十五男。」故湝云然。(九六)逢宗社顛覆無愧墳陵：按《周書・齊王憲傳》作：「逢宗社顛覆，今日得死，無愧墳陵。」核所云無愧墳陵，乃指今日得死而言，否則逢宗社顛覆，何有無愧墳陵之可言哉！此今日得死四字，絕不可刪。又墳陵乃湝指其祖先之墳墓而言。(九七)憲軍至趙州……憲壯之，命歸其妻子：按此段乃錄自《周書・齊王憲傳》，字句大致相同。(九八)傳藥：謂帖藥。(九九)吾諸父兄弟，無一人至四十者：胡三省曰：「文襄死於盜手，年二十九，顯祖年三十一，濟南王年十七，孝昭年二十七，武成年三十二，其餘多不得良死。」(一〇〇)宰相非柱石之寄：《漢書・霍光傳》：「將軍為國柱石。」注：「柱者梁下之柱，石者承柱之礎也。言大臣負國重任，如屋之柱及其石也。」寄猶任。(一〇一)恨不得握兵符，受斧鉞：《隋書・禮儀志》三，述受斧鉞之經過云：「後齊命將出征，則太卜詣太廟，灼靈龜，授鼓旗於廟。皇帝至廟拜於太祖，徧告訖，降就中階，引上將操鉞授柯曰：『從此上至天，將軍制之。』又操斧授柯曰：『從此下至泉，將軍制之。』將軍既受斧鉞，對曰：『國不可從外理，軍不可從中制，臣既受命，有鼓旗斧鉞之威，願無一言之命於臣。』帝曰：『苟利社稷，將軍裁之。』將軍就車，載斧鉞而出，皇帝推轂度閫曰：『從此以外，將軍制之。』」㉒展：陳。㉓心力：為北齊時之通用語，猶言計謀與武藝。㉔孝珩歎曰，自神武皇帝以外……展我心力耳：按此段乃錄自《北齊書・廣寧王孝珩傳》，字句幾全相同。㉕威聲：威勢名聲。㉖沮潰：沮喪崩潰。㉗芻牧不擾：謂樵牧之人皆不驚擾。㉘軍無私焉：謂軍士無敢私取於民。㉙齊王憲善用兵……軍無私焉：按此段乃錄自《周書・齊王憲傳》，字句稍有不同。㉚北朔州齊之重鎮：北朔州控帶突厥，故齊以為重鎮。㉛前長史：謂昔為長史，而今已不在其職。㉜不果：謂未成事實。㉝定州刺史：《隋書・地理志》中：「博陵郡，舊置定州。」㉞肆州：胡三省曰：「魏置肆州，治九原，六鎮叛亂，寄治樓煩郡之秀容縣，北即齊北朔州界。」㉟二百八十餘城：按《北齊書》及《北史・文宣諸子范陽王紹義傳》，城皆作城戍。核城與戍乃係二物，北齊於軍事要衝，常置戍卒，其守將名曰戍主，與城有殊。且若僅言城，則決無二百八十餘之多，此數目乃連城戍總括計算者。故戍字絕不可省，而當從添入。㊱靈州刺史：《隋書・地理志》中：「鴈門郡、繁畤縣，東魏置武州，寄在城中。後齊改為北靈州，尋廢。」㊲新興：胡三省曰：「漢魏古郡名，以五代志考之，與肆州皆在樓煩郡秀容縣。」㊳前隊二儀同：儀同乃儀同三司之省。意謂前隊有二將，其官位為儀同也。㉙顯州：《隋書・地理志》中：「鴈門郡，崞縣，東魏置廓州，後齊廢郡，改為北顯州。」㉚周東平公神舉：即宇文神舉。㉛猶有眾三千人：按《北齊書・范陽王紹義傳》，人作家，此二單位，相差甚巨，未知孰是。㉜紹義令曰，欲還者，從其意：按《北齊書・范陽王紹義傳》，從其意作任意。義雖相仿，而任意較為直接親切，差勝於從其意。㉝太半：三分之二為太半。㉞重踝：踝指人足左右骨隆然圓者，音ㄏㄨㄚˋ。重踝謂有二踝。㉟甚見：謂甚相。㊱隸之：隸屬之。㊲州鎮：鎮、城鎮，言鎮者，以遣軍士鎮守故。㊳東雍州行臺傅伏：傅伏以永橋之功，遷東雍州行臺。《隋書・地理志》中：「絳郡，後魏置東雍州。」㊴營州：《隋書・地理志》中：「遼西郡，舊置營州於和龍城。」㊵周主以齊降將封輔相為北朔州總管……營州刺史高寶寧不下：按此段乃錄自《北齊書・文宣四王范陽王紹義傳》，字句大致相同。㊶凡得州五十，郡一百六十二，縣三百八十，戶三百三萬二千五百：按此數目與《周書》、《北史・周武帝紀》，記載有異。《周書》云：「關東平，合州五十五，郡一百六十二，縣三百八十五，戶三百三十萬二千五百二十八（《北史》作戶三十萬二千五百八十八萬，然以口數之二千萬六千八百八十六核之，知《北史》當脫三百二字）。」又按錄戶口，以口數為要，而戶則較次，蓋縱錄戶數亦不知其人口之確實數目，錄口數則無此弊。北齊之口數，《周書》云為二千萬六千六百八十六，當以添入為是。㊷和龍：按《北齊書・高保寧傳》，皆作黃龍。又《通鑑》同年十二月文，亦作高寶寧自黃龍上表，則和龍自當改作黃龍。

㊸周主於河陽、幽、青、南兗、豫、徐、北朔、定置總管府，相并二州各置宮及六府官：胡三省曰：

「河陽縣屬懷州河內郡，地臨河津，實重鎮也。幽州治薊，青州治益都，南兗治譙，豫治汝南，徐治彭城，北朔治馬邑，定治中山。或都會之地，或守禦之要也，故皆置總管府，總管，猶魏晉之都督也。相幷二州皆有齊舊宮及省，故仍置宮，若別都然。置六府官以代省也。六府官蓋倣長安六官之府，未必備官也。」㉞永安何用餘生：謂永安不憐惜此殘餘生命。㉟乞賜一刀：謂乞賜一刀以自裁。㊱齊使開府儀同三司紇奚永安求救於突厥……佗鉢嘉之，贈馬七十匹而歸之：按《通鑑・陳紀》所錄之文，率可尋得其出處，惟此段不知其所因依，實屬《通鑑・陳紀》諸卷中之鮮見者。㊲梁主入朝於鄴：按《周書・蕭詧傳》，此梁主乃為蕭巋。㊳朝覲：謂諸侯朝見天子。㊴草具：謂起朝覲禮之草稿。㊵致積致餼：鄭玄云：「每積有牢、醴、米、禾、芻薪。」又曰：「大禮饔餼也。」詩傳云：「牲腥曰餼。」㊶設九儐九介：儐、主副，導主以行禮者。介，賓副，輔賓以行禮者。㊷三公三孤六卿致食，勞賓、還贄、致享，皆如古禮：《隋書・禮儀志》三述梁王入朝周之禮云：「入畿，大冢宰命有司致積，其餼五牢，米九十筥，醯醢各三十五甕，酒十八壺，米禾各五十車，薪芻各百車。既至，大司空設九儐以致館，梁王束帛乘馬，設九介以待之，禮成而出。明日王朝，受享於廟，既致享，大冢宰又命公一人，玄冕乘車，陳九儐，以束帛乘馬，致食于賓及賓之從，各有差。致食訖，又命公一人，弁服乘車執贄，設九儐以勞賓。王設九介，迎於門外，明日朝服乘車，還贄于公；公皮弁迎於大門，授贄受贄，並於堂之中楹。又明日王朝服，設九介，乘車備儀衞，以見于公，事畢，公致享。明日，三孤一人又執贄勞于梁王，明日，王還贄。又明日王見三孤，如見三公；明日，卿一人又執贄勞王，王見卿又如三孤。於是三公、三孤、六卿，又各餼賓，並屬官之長為使，牢米束帛同三公。」㊸周主自彈琵琶：按周武帝頗喜彈琵琶，除此文外，《北齊書・文襄六王廣寧王孝珩傳》亦載之，云：「後周武帝在雲陽，宴齊君臣，自彈胡琵琶，命孝珩吹笛，辭曰：『亡國之音，不足聽也。』」㊹五絃：舜彈五絃之琴。㊺臣何敢不同百獸：《書・舜典》：「夔曰：『於予擊石拊石，百獸率舞。』」梁干以舜況周主。㊻賚：賜，音賴。㊼周詔山東諸軍：胡三省曰：「時周分置諸州總管，以撫鎮山東，治軍政故曰諸軍。」按胡說固屬有理，然《周書・武帝紀》建德六年文，諸軍則作諸州。以二者皆係當時行政單位，故均可通。㊽幹治者：謂有才幹能為治者。㊾卓爾：爾為形容詞語尾助辭，無義，猶卓然。㊿不拘此數：按《周書・武帝紀》作：「弗拘多少。」是此數乃謂此數目，意為再多亦可。(51)周詔山東諸軍……不拘此數：按此段乃錄自《周書・武帝紀》建德六年文，字句大致相同。(52)武鄉公：《隋書・地理志》上：「馮翊郡、馮翊縣，後魏曰華陰，西魏改為武鄉，置武鄉郡。」(53)告身：凡授官皆有命書，命即告，告身，乃命其人之意。(54)賜伏為信：賜伏以為信證。(55)事君有死無貳：謂事君只有死之一途，更無他徑。(56)此兒：伏自指其子。(57)竭忠：盡忠。(58)讎疾：恨惡。(59)以令天下：謂以號令天下為臣之不忠者，使其知所戒懼。(60)伏出軍：謂伏率軍而出。(61)聽事：毛晃曰：「聽事，治官處。漢晉皆作聽事，六朝以來，乃始加广。」(62)北面哀號：向北哀號，以弔君之被俘。(63)早下：猶早降。(64)肋骨：脅肋處之骸骨。(65)骨親肉疏：以骨在內而肉在外，故云然。(66)恐歸附者心動：謂恐歸附者，亦起意欲索高官。(67)勿憂富貴：《北齊書・傅伏傳》作：「無慮不富貴。」意正相同。(六八)蒙一轉：勳級曰轉。(六九)城不可動：謂城不可拔。(七〇)斂軍：收軍。(七一)周主之擒尉相貴也……公當時賞功，何其薄也：按此段乃錄自《北齊書・傅伏傳》，字句大致相同。(七二)奏凱樂：《周禮・春官・樂師》：「凡軍大獻，教愷歌，遂倡之。」疏：「大獻者，謂師克勝，獻捷於祖廟也。愷歌、獻功之歌。」凱愷同。(七三)周主至長安……封高緯為溫公：按此段乃錄自《周書・武帝紀》建德六年文，字句大致相同。(七四)悲不自持：謂悲哀過度，不能支持。(七五)仰藥：謂仰藥自盡。(七六)傅婢：《北齊書・安德王延宗傳》侍婢，二者意同。(七七)周主與齊君臣飲酒……其傅婢禁止之：按此段乃錄自《北齊書・安德王延宗傳》，字句大致相同。(七八)內史上士：後周之制，內史屬春官，上士三命。(七九)委之：任之。(八〇)常日：謂平常。(八一)移檄：移，移書，檄，檄文，俱為文書之一種。(八二)豈言：即豈謂。(八三)得其驅使：謂得其為我驅使。(八四)神武公：胡三省曰：「後魏置神武郡於神武川，隋為神武縣，屬馬邑。」(八五)可以德感，不可力致：可以德感而來之，不可以強力召致。(八六)周主以李德林為內史上士……帝大笑曰，誠如公言：按此段乃錄自《隋書・李德林傳》，自紇豆陵毅對曰下，更易處甚多，餘則大致相同。(八七)鄭公韋孝寬：按《周書》及《北史・武帝紀》建德六年文，鄭公俱作鄖公，當改從之。(八八)有踰清廟：毛傳曰：「清廟者，祭有清明之德者之宮也。」(八九)繕造之宜：謂繕造之事宜。(九〇)準此：《周書・武帝紀》建德六年文作：「并鄴二所諸堂殿壯麗，並宜除蕩，甍宇雜物，分賜窮民。」所謂準此者，即指上事而言。(九一)己巳，周主享太廟……并鄴諸堂殿壯麗者，準此：按此段乃錄自《周書・武帝紀》建德六年文，字句大致相同。

（九二）六月，丁卯，周主東巡：按《周書・武帝紀》建德六年文作：「六月甲子，帝東巡。」當改從之。（九三）六月，丁卯，周主東巡……頒之於四方：按此段乃錄自《周書・武帝紀》建德六年文，字句大致相同。（九四）初魏虜西涼之人：西涼謂河西，自沮渠氏據河西稱涼王後，宋文帝元嘉十六年，魏太武帝擊而虜之。（九五）隸戶：謂附屬之戶。（九六）齊氏：即北齊，氏，猶家。（九七）因之：仍之。（九八）廝役：廝，養；役，使。《蘇林》曰：「廝，取薪者也。」（九九）罪不及嗣：胡三省曰：「書大禹謨皐陶曰：『罰不及嗣。』孔傳曰：『父子罪不相及。』」（一〇〇）定科：謂定法。（一〇一）常憲：常法。（一〇二）刑何以措：措，置，謂刑何以能置而不用？（一〇三）放為民：放免為民。（一〇四）必彰有德：謂必昭示係有德績。（一〇五）五品：謂五常。（一〇六）唯聽依綢、綿綢、絲布、圓綾、紗、絹、綃、葛、布：胡三省曰：「綿綢，紡綿為之，今淮人能織綿紬，緊厚耐久服。絲布，以絲裨布縷織之，今謂之兼絲布。圓綾，土綾也，亦謂之花絹。紗，方目紗也。絹，縑也，細絲繒。綃，生絲繒。葛，葛越，宜夏服。布，緝麻若紵為之。」（一〇七）詔曰罪不及嗣，古有定科……冬十月，戊申，周主如鄴：按此段乃錄自《周書・武帝紀》建德六年文，字句大致相同。（一〇八）欲爭徐兗：此指禹迹徐兗二州之地。《書・禹貢》曰：「海岱及淮惟徐州，濟河惟兗州。」（一〇九）以其世子戎昭將軍惠覺攝行州事：《隋書・百官志》上：「戎昭將軍，品第八，六百石。」攝行，代行。（一一〇）詔南兗州刺史司空吳明徹……士彥嬰城自守，明徹圍之：按此段乃錄自《陳書・吳明徹傳》，字句大致相同。（一一一）帝銳意以為河南指麾可定：按《陳書・蔡景歷傳》作：「是時高宗銳意河南，以為指麾可定。」河南在銳意下，作為賓語，甚當，若不作河南，則須於銳意下添經營二字，今《通鑑》將河南移於以為下，而致銳意下空一賓語，實甚不可也。指麾猶指揮，謂在一指一揮之間，即可平定，喻示其甚容易。㉜師老：謂師旅疲老。㉝過窮遠略：謂過度窮極遠方之經略。㉞沮眾：妨止士眾之行。㉟飛章：飛者，不知其所自來，亦即匿名之章表。㊱省：臺省。㊲狼籍：喻其雜濫繁多。㊳削爵土：削去爵位封土。㊴帝銳意以為河南指麾可定……坐免官，削爵土：按此段乃錄自《陳書・蔡景歷傳》，除刪削外，字句大致相同。㊵周改葬德皇帝於冀州：《周書・文帝紀》上：「文帝泰父肱，從鮮于修禮攻定州，歿於陣，武成初，追尊曰德皇帝。」其地在齊，時未得改葬，平齊之後，方得改葬於冀州。㊶縗：喪服，以麻布為之，被於胸前者，音崔。㊷獨攘袂泣而不言：所以不言者，知周主特不過欲借故誅之，言亦無用，故不言也。㊸周人誣溫公高緯與宜州刺史穆提婆謀反……以椒塞口而死：按此段乃錄自《北齊書・安德王延宗傳》，字句大致相同。㊹以清狂：《漢書・武帝五子昌邑哀王髆傳》：「臣敞曰察故王衣服言語跪起，清狂不惠。」注《蘇林》曰：「凡狂者，陰陽脈盡濁，今此人不狂似狂者，故言清狂也。」或曰：「色理清徐，而心不慧，曰清狂，清狂，如今白癡也。」㊺瘖疾：啞，不能言也，音ㄧㄣ。㊻散配西土：散配謂離散分置。按配為斯時期新興之法律術語。《北齊書・王峻傳》：「有司依格處斬，家口配沒。特詔決鞭一百，除名配甲坊，蠲其家口。」同書〈後主五男傳〉：「其後不從戮者，散配西土，皆死邊。」《周書・武帝紀》：「建德六年詔：『雜役之徒，獨異常憲，一從罪配，百世不免。』」《隋書・後妃宣華夫人傳》：「宣華夫人陳氏，陳宣帝之女，及陳滅，配掖庭。」皆其例證。西土、謂長安西邊州郡。㊼邊裔：裔亦邊。(二八)唯緯弟仁英以清狂……皆死於邊裔：按此段乃錄自《北齊書・武成十二王》及〈後主五男傳〉，字句大致相同。(二九)蓬首：謂首亂如飛蓬，不梳理之。(三〇)長齋：過午不食曰齋，長時如此曰長齋。(三一)放之：謂放出之。(三二)周主以高湝妻盧氏……徵放之，乃為尼：按此段乃錄自《北齊書・任城王湝傳》，字句大致相同。(三三)至以賣燭為業：謂至以賣燭為生。(三四)周立皇子衍為道王：按《周書》及《北史・武帝紀》建德六年文，俱作封皇子充為道王。又〈文閔明武宣諸子傳〉：「武帝七男，道王充字乾仁，建德六年封王。」復核衍乃係宣帝子，傳云：「鄴王衍，大象二年封王。」是皇子衍乃皇子充之訛。(三五)周立皇子衍為道王……王軌將兵救徐州：按此段乃錄自《周書・武帝紀》建德六年文，字句大致相同。(三六)甲仗：鎧甲器仗。(三七)收斂：謂收斂而據有之。(三八)稽胡：《周書・稽胡傳》：「稽胡，一曰步落稽，蓋匈奴別種劉元海五部之苗裔也。或云山戎赤狄之後。」(三九)並盜而有之：謂皆竊而據有之。(四〇)仍立：因立。(四一)克關東：謂克齊。(四二)窮其巢穴：謂盡擣其巢穴，全殲滅之。(四三)山谷險絕：按《周書・稽胡傳》，險絕作阻絕，作阻絕較勝，蓋阻含險在內，而外又說明其功能，蘊意實較為繁複。(四四)王師：謂天子之師旅。(四五)翦：翦除。(四六)魁首：魁亦首。(四七)行軍元帥：胡三省曰：「行軍元帥，始此。」(四八)分遣其黨天柱守河東，穆支守河西：此河東西，乃指離石之河東河西而言。(四九)初周人敗齊師於晉州……禽之，餘眾皆降：按此段乃錄自《周書・稽胡傳》，字句大致相同。(五〇)自永熙三年以來：後魏孝武帝永熙三年，西入關，自是宇文氏高氏交兵，互相侵掠，得其民口，各以為奴婢。(五一)及克江陵之日：梁世祖承聖三年，江陵破，事見卷一百六十五。(五二)良人：謂良善之平民。㉝並放為良：皆放免以為良民。㉞周詔自永熙三年……並放為良：按此段乃錄自《周書・武帝紀》建德六年文，字句大致相同。㉟減之：謂減省之。㊱寢布被：謂寢用布被。㊲行兵：行軍。㊳步涉山谷，人所不堪：按《周書・武帝紀》末云：「步行山谷，履涉勤苦，皆人所不堪。」是人所不堪者，乃指履涉之勞苦而言。當添此履涉勤苦四字。㊴撫將士：謂接待將士。㊵果斷：謂有決斷。㊶由是將士畏威而樂為之死：以武帝用法嚴峻，故畏之，以其撫接有恩，故樂為之死。㊷又詔後宮唯置妃二人……由是將士畏威，而樂為之死：按此段乃錄自《周書・武帝紀》建德六年及宣德元年文，次序多有更易。㊸周初行刑書要制，羣盜臟一匹，及正長隱五丁，若地頃以上，皆死：按《通鑑》錄此文，刪削處頗有失誤。《周書・武帝紀》建德六年文作：「初行刑書要制，持杖羣彊盜，一匹以上；不持杖羣彊盜，五匹以上；監臨主掌自盜二十匹以上，小盜及詐偽請官物三十匹以上；正長隱五戶及十丁以上，隱地三頃以上者：至死。」刑書要制此文，主在規劃盜之種類，言何種盜賊，及盜絹若干匹者，始至死罪。其界限至為嚴格明確，夫既若此，則羣盜臟一匹，自須全書作持杖羣彊盜一匹以上，方合刑書之條文及其規定。蓋不錄法律條文則已，若錄法律條文，則其全條必須整個錄入，否則，即不成其為該條條文。又正長之為義，《隋書・食貨志》云：「周武帝保定二年頒新令，制人五家為保，保有長，保五為閭，閭四為族，皆有正。畿外置里正比閭正，黨長比族正，以相檢察焉。」又隱五丁若地頃以上，當作隱五戶及十丁以上，隱地三頃以上。隱、匿藏，若、及。㊹高寶寧自黃龍上表……突厥佗鉢可汗舉兵助之：按此段乃錄自《北齊書・范陽王紹義傳》，字句間有不同。

十年（西元五七八年）

㈠春，正月，壬午，周主幸鄴，辛卯，幸懷州㈠，癸巳，幸洛州，置懷州宮。

㈡二月，甲辰，周譙孝王儉卒。丁巳，周主還長安㈡。

㈢吳明徹圍周彭城，環列舟艦於城下，攻之甚急，王軌引兵輕行㈢，據淮口㈣，結長圍㈤，以鐵鎖貫車輪數百㈥，沈之清水㈦，以遏㈧陳船歸路，軍中恟懼㈨。譙州刺史蕭摩訶言於明徹曰：「聞王軌始鎖下流，其兩端築城，今尚未立，公若見遣㈩擊之，彼必不敢相拒，水路未斷，賊勢不堅，彼城若立，則吾屬必為虜矣⑪。」明徹奮髯⑫曰：「搴旗⑬陷陳，將軍事也⑭，長筭⑮遠略，老夫事也⑯。」摩訶失色⑰而退。一旬之間，水路遂斷⑱，周兵益至。諸將議破堰拔軍⑲，以舫載馬而去，馬主⑳裴子烈曰：「若破堰下船，船必傾倒㉑，不如先遣馬出㉒。」【考異】南史作馬明主，今從陳書。馬主，馬軍主也。時明徹苦背疾甚篤㉓，蕭摩訶復請曰：「今求戰不得，進退無路，若潛軍突圍㉔，未足為恥。願公帥步卒乘馬輿㉕徐行，摩訶領鐵騎㉖數千，驅馳前後㉗，必當使公安達京邑㉘。」明徹曰：「弟之此策，乃良圖㉙也。然步軍既多，吾為總督，必須身居㉚其後，相帥兼行㉛，弟馬軍宜速在前㉜，不可遲緩。」摩訶因帥馬軍夜發㉝㉞，甲子，明徹決堰㉟，乘水勢退軍，冀以入淮，至清口水勢漸微，舟艦並礙車輪㊱，不復得過，王軌引兵，圍而蹙之㊲，眾潰，明徹為周人所執，將士三萬幷器械輜重，皆沒於周㊳㊴，蕭摩訶以精騎八十居前突圍，眾騎繼之，比旦，達淮南㊵㊶，與將軍任忠、周羅睺，獨全軍得還。初帝謀取彭汴㊷，以問五兵尚書㊸毛喜，對曰：「淮左㊹新平，邊民未輯，周氏㊺始吞齊國，難與爭鋒，且棄舟檝㊻之工㊼，踐車騎之地㊽，去長就短，非吳人所便㊾。臣愚以為不若㊿安民保境，寢兵(51)結好，斯(52)久長之術也。」及明徹敗，帝謂喜曰：「卿言驗於今矣(53)。」即日召蔡景歷復以為征南諮議參軍。

㈣周主封吳明徹為懷德公(54)，位大將軍(55)，明徹憂憤而卒。

乙丑，周以越王盛為大冢宰。

三月，戊辰，周於蒲州(五六)置宮，廢同州及長春二宮(五七)。

甲戌，周主初服常冠，以皁紗全幅向後襆髮，仍裁為四腳(五八)(五九)。

㈤丙子，命中軍大將軍、開府儀同三司(六〇)淳于量為大都督，總水陸諸軍事，鎮西將軍孫瑒(六一)都督荊郢諸軍，平北將軍(六二)樊毅都督清口，上至荊山緣淮諸軍，寧遠將軍(六三)任忠都督壽陽、新蔡(六四)、霍州諸軍，以備周。

乙酉，大赦(六五)。

㈥壬辰，周改元宣政。

㈦夏，四月，庚申，突厥寇周幽州，殺掠吏民。

㈧戊午，樊毅遣軍度淮北，對清口築城，壬戌，清口城不守。

㈨五月，己醜，周高祖帥諸軍伐突厥(六六)，遣柱國原公姬願、東平公神舉等，將兵五道俱入，癸巳，帝不豫(六七)，留止雲陽宮。丙申，詔停諸軍，驛召宗師(六八)宇文孝伯赴行在所(六九)，帝執其手曰：「吾自量必無濟理(七〇)，以後事付君。」是夜授孝伯司衛上大夫(七一)，總宿衛兵；又令馳驛入京鎮守，以備非常(七二)(七三)。六月，丁酉朔，帝疾甚，還長安，是夕殂，年三十六。戊戌，太子即位，尊皇后阿史那氏為皇太后。宣帝初立，即逞奢欲，大行(七四)在殯，曾無戚容(七五)，捫(七六)其杖痕(七七)大罵曰：「死晚矣(七八)。」閱視(七九)高祖宮人，逼為淫欲(八〇)，超拜(八一)吏部下大夫鄭譯為開府儀同大將軍、內史中大夫，委以朝政(八二)。己未，葬武皇帝於孝陵，廟號高祖。既葬，詔內外公除(八三)，帝及六宮皆議即吉(八四)，京兆郡丞樂運上疏，以為：「葬期既促(八五)，事訖即除(八六)，太為汲汲(八七)。」帝不從。

(十)帝以齊煬王憲屬尊望重(八八)，忌之，謂宇文孝伯曰：「公能為朕圖齊王，當以其官相授(八九)。」孝伯叩頭曰：「先帝遺詔，不許濫誅骨肉，齊王，陛下之叔父(九〇)，功高德茂，社稷重臣，陛下若無故害之，則臣為不忠之臣，陛下為不孝之子矣！」帝不懌(九一)，由是疏之(九二)(九三)。乃與開府儀同大將軍于智、鄭譯等，密謀之，使智就宅候憲(九四)，因告憲有異謀(九五)。甲子，帝遣宇文孝伯語憲，欲以憲為太師，憲辭讓，又使孝伯召憲曰：「晚與諸王俱入。」既至殿門，憲獨被引進〔九六〕，帝先伏壯士於別室，至即執之，憲自辯理〔九七〕，帝使于智證憲〔九八〕，憲目光如炬〔九九〕，與智相質〔一〇〇〕，或謂〔一〇一〕憲曰：「以王今日事勢，何用多言〔一〇二〕！」憲曰：「死生有命，寧復圖存〔一〇三〕，但老母在堂，恐留茲恨耳〔一〇四〕。」因擲笏於地〔一〇五〕。遂縊之〔一〇六〕。帝召憲僚屬，使證成憲罪，參軍、勃海李綱，誓之以死，終無橈辭〔一〇七〕。有司以露車〔一〇八〕載憲尸而出，故吏皆散，唯李綱撫棺號慟〔一〇九〕，躬自〔一一〇〕瘞〔一一一〕之，哭拜而去。又殺上大將軍王興、上開府儀同大將軍獨孤熊、開府儀同大將軍豆盧紹，皆素與憲親善者也。帝既誅憲而無名〔一一二〕，乃云：「與興等謀反。」時人謂之伴死〔一一三〕〔一一四〕。以于智為柱國，封齊公，以賞之。

〔十〕閏月，乙亥，周主立妃楊氏為皇后〔一一五〕。

辛巳，周以趙王招為太師，陳王純為太傅。

〔十一〕齊范陽〔一一六〕王紹義聞周高祖殂，以為得天助，幽州人盧昌期起兵據范陽，迎紹義，紹義引突厥兵赴之。周遣柱國、東平公神舉將兵討昌期，紹義聞幽州總管出兵在外，欲乘虛襲薊，神舉遣大將軍宇文恩將四千人救之，半為紹義所殺。會神舉克范陽，擒昌期，紹義聞之，素衣舉哀㉗，還入突厥㉘。高寶寧帥夷夏數萬騎救范陽，至潞水㉙，聞昌期死，還據和龍㉚㉛。

(十三)秋，七月，周主享太廟㉜，丙午，祀圜丘㉝。

庚戌，周以小宗伯斛斯徵為大宗伯，壬戌，以亳州總管㉞楊堅為上柱國、大司馬。

癸亥，周主尊所生母李氏為帝太后㉟。

八月，丙寅，周主祀西郊㊱，壬申，如同州，以大司徒、杞公亮為安州摠管，上柱國長孫覽為大司徒，楊公王誼為大司空。

丙戌，以永昌公椿為大司寇㊲。

(十四)九月，乙巳，立方明壇㊳於婁湖，戊申，以揚州刺史、始興王叔陵為王官伯，臨盟百官㊴。

(十五)庚戌，周主封其弟元為荊王。

周主詔諸應拜者，皆以三拜成禮㊵。

(十六)甲寅，上幸婁湖誓眾，乙卯，分遣大使以盟誓班㊶下四方，上下相警戒㉒。

(十七)冬，周主還長安㉓，以大司空王誼為襄州總管㉔。

(十八)戊子，以尚書左僕射陸繕為尚書僕射㉕。

(十九)十一月，突厥寇周邊，圍酒泉㉖，殺掠吏民。

(廿)十二月，甲子，周以畢王賢為大司空。己丑，周以河陽總管滕王逌㉗為行軍元帥㉘，帥眾入寇㉙㊵。

【今註】㊀幸懷州：《隋書・地理志》中：「河內郡，野王縣，舊置河內郡。」胡三省曰：「自此以後，周陳之君，書如，書幸雜出其間，未悉義例所安。」㊁正月壬午，周主幸鄴……丁巳，周主還長安：按此段乃錄自《周書・武帝紀》宣政元年文，字句大致相同。㊂輕行：猶疾行。㊃淮口：清水入淮之口，即清口。㊄結長圍：《周書・王軌傳》作：「多豎大木。」蓋即立木柵也。㊅以鐵鎖貫車輪數百：即以鐵鎖貫數百車輪。㊆清水：酈道元曰：「清水即泗水之別名。」㊇遏：阻止。㊈吳明徹圍周彭城……軍中恟懼：按此段乃參用《陳書・吳明徹傳》及《周書・王軌傳》二傳之文。⑩見遣：相遣。⑪必為虜矣：謂必為所俘擄矣。⑫奮髯：謂鬚髯豎起，蓋怒貌也。⑬搴旗：謂拔敵人之旗。⑭將軍事也：謂此乃將軍之事。⑮長筭：猶高算。⑯老夫事也：謂此乃老夫之事。老夫為明徹自稱。為此稱者，多少帶有依老賣老矜位傲物之意。⑰失色：變色。⑱譙州刺史蕭摩訶言於明徹曰……一句之間，水路遂斷：按此段乃錄自《陳書・蕭摩訶傳》，字句幾全相同。⑲議破堰拔軍：謂議破毀迮清水以灌城之堰，而拔營歸還。⑳馬主：即馬軍主，謂將馬軍者。㉑若破堰下船，船必傾倒：蓋破堰後，則水勢必大減殺，苟於此時使船下駛，則船自必傾倒擱滯。㉒不如先遣馬出：謂不如遣馬軍先去。㉓甚篤：甚重。㉔潛軍突圍：謂暗中引軍，突出重圍。㉕輦：同輿。㉖鐵騎：謂騎之堅強似鐵。㉗馳驅前後：謂在公之前後，馳驅拱護。㉘京邑：即京師，此指建康言。㉙良圖：良計。㉚身居：親居。㉛相帥兼行：謂帥領同行。㉜宜遠在前：謂應迅速在前啓行。㉝帥馬軍夜發：夜發，謂連夜出發，言其迅疾。㉞蕭摩訶復請曰……摩訶因帥馬軍夜發：按此段乃錄自《陳書・蕭摩訶傳》，字句大致相同。㉟決堰：決開堤堰。㊱舟艦並礙車輪：《周書・王軌傳》作：「船艦並礙於車輪。」即上文之的釋。㊲蹙之：迫之。㊳皆沒於周：亦即為周所俘獲。㊴明徹決堰，乘水勢退軍……器械輕重，皆沒於周：按此段乃參用《陳書・吳明徹傳》及《周書・王軌傳》二文而成。㊵達淮南：謂達淮水南岸。㊶蕭摩訶以精騎八十居前……比旦，達淮南：按此段乃錄自《陳書・蕭摩訶傳》，字句大致相同。㊷彭汴：謂彭城、汴水之地。㊸五兵尚書：以堂中兵、外兵、別兵、都兵、騎兵名官。㊹淮左：謂淮水以南。㊺周氏：即周室。按自東漢以降，喜名朝曰氏。《漢書・王莽傳》中：「莽曰：『漢氏減輕田租，三十而稅一。』……自稱漢氏劉子輿，成帝下妻子也。」《晉書・傅玄傳》：「上便宜曰：『昔漢氏以墾田不實，徵殺二千石以十數。臣愚以為宜申漢氏舊典。』」同書〈陸機傳〉：「作辯亡論曰：『昔漢氏失御，姦臣竊命。』」同書〈庾純附舅傳〉：「漢氏諸侯王，位尊勢重，在丞相三公上。」此稱漢為氏也。《晉書・曹志傳》：「詔曰：『魏氏諸王公，養德藏器。』」同書〈束晳傳〉：「又昔魏氏徙三郡人在陽平頓丘界。」同書《阮种傳》：「對策曰：『自魏氏以來，夷虜內附，鮮有桀悍侵漁之患。』」此言魏為氏也。《北齊書・後主紀》鄭文貞公魏徵總而論之曰：「由此言之，齊氏之敗亡，蓋亦由人。」同書〈方伎傳序〉：「齊氏作霸以來，招引英俊，但有藝能，無不畢策。」同書〈外戚傳序〉：「齊氏后妃之族，多自保全。」此謂齊為氏也。由之，可知六朝稱國號綴氏，風習之殷盛矣。㊻艥：同楫。㊼之工：謂之長。㊽踐車騎之地：徐兗之地四平，車騎便於馳突。㊾非吳人所便：猶非吳人所宜。㊿不若：不及。(51)寢兵：息兵。(52)斯：此。(53)初帝謀取彭汴……卿言驗於今矣：按此段乃錄自《陳書・毛喜傳》，字句幾全相同。(54)懷德公：《隋書・地理志》上：「巴東郡，武寧縣，後周置南州、南都郡、源陽縣，後改郡曰懷德，縣曰武寧。」(55)位大將軍：謂其朝列於大將軍，而未有職事。(56)蒲州：《隋書・地理志》中：「河東郡，後魏曰秦州，後周改曰蒲州。」(57)廢同州及長春二宮：同州治馮翊，宇文泰輔魏，多居同州，其後受魏禪，遂以同州置別宮。長春宮據《隋書・地理志》上，在馮翊郡、朝邑縣。(58)周主初服常冠，以皁紗全幅向後襆髮，仍裁為四腳：《隋書・禮儀志》七：「巾，郭林宗傳曰：『林宗嘗行遇雨，巾沾角折。』又袁紹戰敗，幅巾渡河，此則野人及軍旅服也。故事用全幅皁而向後襆髮，俗人謂之襆頭。自周武帝裁為四腳，今通於貴賤矣。」皁，黑。(59)周以越王盛為大冢宰……仍裁為四腳：按此段乃錄自《周書・武帝紀》宣政元年文，字句大致相同。(60)命中軍大將軍、開府儀同三司：按《隋書・百官志》上，中軍將軍，官品第二，秩中二千石；加大者，通進一階。開府儀同三司，品第一，秩萬石。(六一)鎮西將軍孫瑒：按《隋書・百官志》上，鎮西將軍，官品第二，秩中二千石。瑒音暢。(六二)平北將軍：按《隋書・百官志》上，平北將軍，官品第三，秩中二千石。(六三)寧遠將軍：按《隋書・百官志》上，寧遠將軍，官品第五。(六四)新蔡：胡三省曰：「五代志：『梁置平高、新蔡、新城三郡於殷城，後齊置新蔡郡於固始，二縣皆屬弋陽。』」(六五)命中軍大將軍、開府儀同三司淳于量……乙酉，大赦：按此段乃錄自《陳書・宣帝紀》太建十年文，字句大致相同。(六六)周高祖帥諸軍伐突厥：胡三省曰：「周主以是役殂於軍中，故書其廟號。」按此乃《通鑑》之一義例。《通鑑》凡於一大臣有諡號者，於其最後所為之事，率書其諡號，以示其為臨卒時之所為者。此讀《通鑑》所應知曉者也。(六七)不豫：不逸豫，即有疾。(六八)宗師：杜佑曰：「宗師屬天官，中大夫也，五命。」蓋掌諸宗室。(六九)行在所：天子所至為行在所。(七〇)吾自量必無濟理：謂吾自量度，必無濟痊之理。(七一)司衞上大夫：後周之制，凡上大夫皆六命。司衞，司宿衞者。(七二)以備非常：謂以備非常事故。(七三)驛召宗師宇文孝伯赴行在所……以備非常：按此段乃錄自《周書・宇文孝伯傳》，字句幾全相同。(七四)大行：皇帝死曰大行。(七五)戚容：哀容。(七六)捫：以手撫摸。(七七)杖痕。為太子時受杖之痕。(七八)死晚矣：意為早應死矣，蓋恨之之辭。(七九)閱視：檢閱相視。(八〇)戊戌，太子即位……逼為淫欲：按此段乃錄自《周書・宣帝紀》，字句大致相同。(八一)超拜：謂越級拜除。(八二)委以朝政：任以朝廷政事。(八三)內外公除：謂內外臣僚公會日皆除去喪服。(八四)即吉：謂即吉服。(八五)葬期既促：自丁酉至己未，共二十三日，可謂促矣。(八六)事訖即除：謂葬畢即除喪服。(八七)汲汲：疾速。(八八)帝以齊煬王憲屬尊望重：齊王於周主，叔父也，其屬尊；出將入相，著功名，其望重。(八九)當以其官相授：《周書·宇文孝伯傳》，官下有位字，較允暢。(九〇)齊王，陛下之叔父，功高德茂：《周書·宇文孝伯傳》作：「齊王陛下之叔父，戚近功高。」按上文齊王陛下之叔父，是已言其戚近矣，則下自不煩復言戚近。《通鑑》見其如此，遂改戚近為德茂，較之原文，佳勝多多。(九一)不懌：不悅。(九二)由是疏之：謂從此疏遠之。(九三)謂宇文孝伯曰，公能為朕圖齊王……帝不懌，由是疏之：按此段乃錄自《周書·宇文孝伯傳》，字句大致相同。(九四)就宅候憲：謂至憲宅中，候望憲之動靜。(九五)異謀：謂變叛。(九六)引進：引導進內。(九七)辯理：辯護申理。(九八)證憲：謂證明憲之異謀。(九九)目光如炬：炬，火把，謂其目光之明亮有神。(一〇〇)相質：質，證，驗。(一〇一)或謂：即有人謂。(一〇二)何用多言：意謂多言亦無用也。(一〇三)寧復圖存：謂豈尚求活。(一〇四)但老母在堂，恐留茲恨耳：謂既誣以異謀，恐罪及其母。(一〇五)因擲笏於地：六朝時大臣謁君，皆執象笏。(一〇六)使智就宅候憲……因擲笏於地，遂縊之：按此段乃錄自《周書·齊王憲傳》，字句大致相同。(一〇七)撓辭：謂折服之辭。(一〇八)露車：無帷蓋之車。(一〇九)號慟：哀號慟哭。(一一〇)躬自：親自。(一一一)瘞：埋。(一一二)帝既誅憲而無名：無罪以加之為無名。(一一三)伴死：謂陪伴而死。(一一四)又殺上大將軍王興……時人謂之伴死：按此段乃錄自《周書·齊王憲傳》，字句微有不同。(一一五)周主立妃楊氏為皇后：楊氏，楊堅之女。(一一六)范陽：《隋書·地理志》中：「涿郡，涿縣，舊置范陽郡。」(一一七)舉哀：舉行奠祭及哀悼。(一一八)齊范陽王紹義聞周高祖殂……素衣舉哀，還入突厥：按此段乃錄自《北齊書・范陽王紹義傳》，字句大致相同。㉙潞水：《水經注》：「鮑丘水出禦夷北塞中，俗謂之大榆河，南過潞縣，為潞水。」㉚還據和龍：按《通鑑》太建九年十二月文作：「高寶寧自黃龍上表。」二者雖同係一地，然前作黃龍，此又作和龍，不免自陷歧異。㉛高寶寧帥夷夏數萬騎救范陽……聞昌期死，還據和龍：按此數句乃錄自《北齊書・高保寧傳》，字句大致相同。㉜七月，周主享太廟：按《周書・宣帝紀》宣政元年文作：「七月乙巳，祠太廟。」當從添乙巳二字。㉝丙午，祀圜丘：按《隋書・禮儀志》一：「後周祭圓丘及南郊，並正月上辛。」今用七月丙午，非舊制。㉞亳州總管：《隋書・地理志》中：「譙郡，後魏置南兗州，後周置總管府，後改曰亳州。」本此，知《周書・宣帝紀》作南兗州總管，此作亳州總管，所言者其實相同。㉟周主尊所生母李氏為帝太后：按上文尊嫡母阿史那氏為皇太后，此則以示有別而作帝太后。帝太后一辭，鑄構頗為新穎而有意致。㊱周主祀西郊：《隋書・禮儀志》二：「後周五郊壇，其崇及去國，如其行之數。其廣皆四丈，其方俱百二十步，內壝皆半之。」㊲秋七月，周主享太廟……丙戌，以永昌公椿為大司寇：按此段乃錄自《周書・宣帝紀》宣政元年文，字句大致相同。㊳立方明壇：《儀禮・覲禮》：「諸侯覲於天子，為宮方三百步，四門，壇十有二尋，深四尺，加方明於其上。方明者，木也，方四尺，設六色，東方青，南方赤，西方白，北方黑，上玄，下黃。」鄭注：「方明者，上下四方神明之象也，六色象其神。」胡培翬正義：「方明，以方四尺之木為之，上下四方共有六面，設六色者，每面各設一色，以象其神。」㊴始興王叔陵為王官伯，監盟百官：王官伯者，古者天子盟諸侯，使天子之卿士涖之，如春秋踐土之盟，王子虎盟諸侯于王庭是也。王官伯謂天子百官之長者。又臨盟百官。《周禮・秋官・司盟》：「司盟，掌盟載之法，凡邦國有疑會同，則掌其盟約之載，及其禮儀，北面詔明神，既盟則貳之。」鄭注：「有疑，不協也。明神，神之明察者，謂日月山川也。覲禮加方明于壇上，所以依之也。詔之者，讀其載書以告之也。貳之者，寫副當以授六官。」又按陳主所以為此盟者，以彭城喪師，通國搖動，故不得不為此盟以要結之。㉚周主詔諸應拜者，皆以三拜成禮：胡三省曰：「三拜成禮，用夷禮也。」蓋中國古代，皆再拜稽首，此改採三拜，故云用夷禮也。㉛班：佈。㉜上下相警戒：謂互相警戒，不得為事叛變。㉝冬周主還長安：按《周書・宣帝紀》宣政元年文作：「冬十月，癸酉，至自同州。」當從添十月癸酉四字。㉞襄州總管：《隋書・地理志》下：「襄陽郡，江左並僑置雍州，西魏改曰襄州，置總管府。」㉟以尚書左僕射陸繕為尚書僕射：按《隋書・百官志》上：「尚書掌出納王命，敷奏萬機，令總統之，僕射副令，又與尚書分領諸曹。令闕，則左僕射為主。若左右僕射並闕，則置尚書僕射，以掌左事。然則尚書僕射，不恆置矣。」㊱酒泉：《隋書・地理志》上：「張掖郡，福祿縣，舊置酒泉郡。」㊲逌：音由。㊳行軍元帥：按行軍元帥為周代所制之官，上太建九年十一月文，周主以憲為行軍元帥，為此官銜之始見者，此文可資參證。㊴帥眾入寇：入寇，謂入寇陳。此種述法，多少帶有視陳為正統色彩，若改作帥眾侵陳，則兩者立於對等地位，自無此種感覺矣。㊵十二月突厥寇周邊……帥眾入寇：按此段乃錄自《周書・宣帝紀》宣政元年文，字句大致相同。

十一年（西元五七九年）

㈠春，正月，癸巳，周主受朝於露門㊀，始與羣臣服漢魏衣冠㊁，大赦，改元大成，置四輔官㊂，以大冢宰越王盛為大前疑，相州總管、蜀公尉遲迥為大右弼，申公李穆為大左輔，大司馬、隨公楊堅為大後承㊃。周主之初立也，以高祖刑書要制㊄為太重而除之，又數行赦宥。京兆郡丞樂運上疏，以為：「虞書所稱：『眚㊅災肆赦㊆。』謂過誤為害，當緩赦㊇之。呂刑㊈云：『五刑之疑有赦㊉，』謂刑疑從罰⑪，罰疑從免⑫也。謹尋經典，未有罪無輕重⑬，溥天⑭大赦之文，大尊⑮豈可數施非常之惠，以肆姦宄之惡乎⑯」帝不納。既而民輕犯法，又自以奢淫多過失，惡人規諫⑰，欲為威虐⑱，懾服⑲羣下，乃更為刑經聖制⑳，【考異】周帝紀：「行刑經聖制，在八月。」案隋元巖傳樂運之諫，因巖納說得免，及王軌之死，巖遂廢于家。今運書已有更嚴前制之語，然則行刑經聖制，在軌死前也。用法益深，大醮㉑於正武殿，告天而行之㉒，密令左右伺察㉓羣臣，小有過失㉔，輒行㉕誅譴㉖。又居喪纔踰年，輒恣聲樂㉗，魚龍百戲㉘，常陳殿前，累日繼夜，不知休息㉙，多聚美女，以實後宮，增置位號㉚，不可詳錄，遊宴沈湎㉛，或旬日不出，羣臣請事者㉜，皆因宦者奏之。

於是樂運輿櫬㉝詣朝堂，陳帝八失：「其一，以為大尊比來事多獨斷，不參諸宰輔㉞，與眾共之㉟。其二，搜美女以實後宮，儀同以上㊱女不許輒嫁，貴賤同怨。其三，大尊一入後宮，數日不出，所須聞奏，多附宦官㊲。其四，下詔寬刑，未及半年，更嚴前制㊳。其五，高祖斲雕為樸㊴，崩未踰年，而遽窮奢麗㊵。其六，徭賦下民㊶，以奉俳優角抵。其七，上書㊷字誤者，即治其罪，杜獻書㊸之路。其八，玄象㊹垂誡，不能諮諏㊺善道，脩布㊻德政。若不革茲㊼八事，臣見周廟不血食㊽矣。」帝大怒，將殺之，朝臣恐懼，莫有救者，內史中大夫、洛陽元巖歎曰：「臧洪同死，人猶願之㊾，況比干乎㊿！若樂運不免，吾將與之俱斃。」乃請閤請見，曰：「樂運不顧其死，欲以求名，陛下不如勞而遣之(51)，以廣聖度(52)(53)。」帝頗感悟(54)，明日召運，謂曰：「朕昨夜思卿所奏，實為忠臣。」賜御食而罷之。

(二)癸卯，周立皇子闡為魯王(五五)。甲辰，周主東巡，以許公宇文善為大宗伯(五六)。戊午，周主至洛陽，立魯王闡為皇太子。

(三)二月，癸亥，上耕藉田。

(四)周下詔以洛陽為東京，發山東諸州兵治洛陽宮，常役四萬人，徒相州六府於洛陽(五七)。周徐州總管王軌聞鄭譯用事，自知及禍，謂所親曰：「吾昔在先朝，實申社稷至計(五八)，今日之事，斷可知矣(五九)。此州控帶(六〇)淮南，鄰近彊寇，欲為身計(六一)，易如反掌(六二)，但忠義之節(六三)，不可虧違(六四)，況荷(六五)先帝厚恩，豈可以獲罪嗣主，遽(六六)忘之邪！正可於此待死，冀千載之後，知吾此心(六七)耳(六八)。」周主從容問譯曰：「我腳杖痕誰所為也。」對曰：「事由烏丸軌(六九)。」宇文孝伯因言軌捋須事(七〇)(七一)，帝使內史杜慶信(七二)就州殺軌，元巖不肯署詔(七三)，御正中大夫顏之儀切諫(七四)，帝不聽，巖進繼之(七五)，脫巾(七六)頓顙(七七)，三拜三進(七八)。帝曰：「汝欲黨烏丸軌(七九)邪！」巖曰：「臣非黨軌，正恐(八〇)濫誅(八一)，失天下之望。」帝怒使閹豎(八二)搏(八三)其面，軌遂死，巖亦廢於家(八四)，遠近知與不知(八五)，皆為軌流涕。之儀，之推之弟也。

周主之為太子也，上柱國尉遲運為宮正㈧㈥，數進諫，不用，又與王軌、宇文孝伯、宇文神舉，皆為高祖所親待，太子疑其同毀己㈧㈦㈧㈧，及軌死，運懼，私謂孝伯曰：「吾徒㈧㈨必不免禍，為之奈何㈨〇？」孝伯曰：「今堂上有老母，地下有武帝㈨㈠，為臣為子，知欲何之！且委質事人，本徇名義㈨㈡，諫而不入，死焉可逃㈨㈢？足下若為身計㈨㈣，宜且㈨㈤遠之㈨㈥。」於是運求出為秦州總管，它日，帝託以齊王憲事讓㈨㈦孝伯曰：「公知齊王謀反，何以不言？」對曰：「臣知齊王忠於社稷，為羣小所譖㈨㈧，言必不用，所以不言。且先帝付囑㈨㈨微臣㈠〇〇，唯令輔導㈠〇㈠陛下，今諫而不從，實負顧託㈠〇㈡，以此為罪，是所甘心㈠〇㈢。」帝大慚，俛首㈠〇㈣不語，命將出㈠〇㈤，賜死於家㈠〇㈥。時宇文神舉為并州刺史，帝遣使就州酖殺之。尉遲運至秦州，亦以憂死。

㈤周罷南伐諸軍。

㈥突厥佗鉢可汗請和於周，周主以趙王招女為千金公主，妻之，且命執送高紹義，佗鉢不從[7]。

㈦辛巳，周宣帝傳位於太子闡，大赦，改元大象，自稱天元皇帝，所居稱天臺，冕二十四旒[8]，車服旂鼓皆倍於前王之數。皇帝稱正陽宮，置納言[9]、御正、諸衛等官，皆準天臺[10]。尊皇太后為天元皇太后，天元既傳位，驕侈彌甚[11]，務自[12]尊大，無所顧憚[13]，國之儀典[14]，率情[15]變更，每對臣下自稱為天，用樽彝珪瓚[16]以飲食，令羣臣朝天臺者，致齋三日，清身一日。既自比上帝，不欲羣臣同己，常自帶綬[17]，冠通天冠[18]，加金附蟬[19]，顧見侍臣弁上有金蟬，及王公有綬者，並令去之。不聽人有天高上大之稱，官名有犯，皆改之，改姓高者為姜[20]，九族稱高祖者為長祖，又令天下車皆以渾木為輪[21]，禁天下婦人不得施粉黛[22]，自非宮人[23]，皆黃眉墨粧。每召侍臣論議，唯欲興造變革[24]，未嘗言及政事。游戲無常，出入不節[25]，羽儀[26]仗衛，晨出夜還，陪侍之官，皆不堪命[27]。自公卿以下，常被楚撻，每捶人皆以百二十為度[28]，謂之天杖[29]，其後又加至二百四十，宮人內職亦如之。後妃嬪御[30]，雖被寵幸，亦多杖背(三一)，於是內外恐怖，人不自安，皆求苟免(三二)，莫有固志(三三)重足累息(三四)，以逮(三五)於終(三六)。

(八)戊子，周以越王盛為太保，尉遲迥為大前疑，代王達為大右弼。辛卯，徙鄴城石經於洛陽(三七)。詔河陽、幽、相、豫、亳、青、徐七總管，幷受東京六府處分(三八)。三月，庚申，天元還長安，大陳軍伍(三九)，親擐(四〇)甲冑，入自青門(四一)，靜帝備法駕(四二)以從(四三)。夏，四月，壬戌朔，立妃朱氏為天元帝后，后，吳人，本出寒微(四四)，生靜帝，長於天元十餘歲，疏賤無寵，以靜帝故，特尊之(四五)。乙巳，周主祠太廟，壬午，大醮於正武殿。五月，以襄國郡為趙國，濟南郡為陳國，武當、安富二郡(四六)為越國，上黨郡為代國，新野郡(四七)為滕國，邑各萬戶。令趙王招、陳王純、越王盛、代王達，滕王逌，並之國(四八)。隨公楊堅私謂大將軍、汝南公慶曰(四九)：「天元實無積德，視其相貌。壽亦不長；又諸藩微弱，各令就國，曾無深根(五〇)固本之計，羽翮(五一)既翦，何能及遠哉(五二)！」慶，神舉之弟也。

(九)突厥寇周幷州。六月，周發山東諸民修長城(五三)。

(十)秋，七月，庚寅，周以楊堅為大前疑，柱國司馬消難為大後承。

(十一)辛卯，初用大貨六銖錢(五四)。

(十二)丙申，周納司馬消難女為正陽宮皇后(五五)。己酉，周尊天元帝太后李氏為天皇太后。壬子，改天元皇后朱氏為天皇后(五六)，立妃元氏為天右皇后，陳氏為天左皇后，凡四后云。元氏，開府儀同大將軍晟之女；陳氏，大將軍山提之女也。八月，庚申，天元如同州(五七)。

(十三)丁卯，上閱武於大壯觀，命都督任忠帥步騎十萬陳於玄武湖(五八)，都督陳景帥樓艦五百，出瓜步(五九)江，振旅而還(六〇)(六一)。

(十四)壬申，周天元還長安，甲戌，以陳山提、元晟，並為上柱國(六二)。

(十五)戊寅，上還宮，豫章內史、南康王方泰在郡，秩滿，縱火延燒邑居(六三)，因行暴掠(六四)，驅錄(六五)富人，徵求財賄(六六)。上閱武，方泰當從，啓稱(六七)母疾不行，而微服(六八)往民間，淫人妻，為州所錄；又帥人仗(六九)抗拒，傷禁司(七〇)，為有司所奏。上大怒，下方泰獄(七一)，免官削爵土(七二)，尋而(七三)復舊(七四)。

㈥壬午，周以上柱國、畢王賢為太師，郇公韓業為大左輔㊄。九月，乙卯，以酆王貞為大冢宰，以鄖公孝寬為行軍元帥，帥行軍總管杞公亮、郕公梁士彥寇淮南，仍遣禦正杜杲、禮部薛舒來聘。冬，十月，壬戌，周天元幸道會苑，大醮，以高祖配醮，初復佛像及天尊像㊅，天元與二像俱南面坐，大陳雜戲㊆，令長安士民縱觀㊇㊈。

㈦甲戌，以尚書僕射陸繕為尚書左僕射。

十一月，辛卯，大赦。

㈧周韋孝寬分遣杞公亮，自安陸攻黃城，梁士彥攻廣陵㊉，甲午，士彥至肥口㊀。

乙未，周天元如溫湯㊁。

戊戌，周軍進圍壽陽。

周天元如同州。

㈨詔開府儀同三司、南兗州刺史淳于量為上流水軍都督，中領軍樊毅都督北討諸軍事，左衛將軍任忠都督北討前軍事㊂，前豐州刺史(八四)皐文奏帥步騎三千趣陽平郡(八五)。

(廿)壬寅，周天元還長安。

(廿一)癸卯，任忠帥步騎七千趣秦郡，丙午，仁威將軍(八六)魯廣達帥眾入淮，是日，樊毅將水軍二萬自東關入焦湖(八七)，武毅將軍(八八)蕭摩訶帥步騎趣歷陽，戊申，韋孝寬拔壽陽，杞公亮拔黃城，梁士彥拔廣陵，辛亥，又取霍州(八九)。癸丑，以揚州刺史、始興王叔陵為大都督，總水步眾軍(九〇)。

(廿二)丁巳，周鑄永通萬國錢，一當千，與五行大布並行(九一)。

(廿三)十二月，戊午，周天元以災異屢見，舍仗衛如天興宮，百官上表，勸復寢膳(九二)。甲子，還宮，御正武殿，集百官及宮人、外命婦(九三)，大列伎樂，初作乞寒胡戲(九四)。

乙丑，南北兗，晉(九五)三州，及盱眙、山陽、陽平、馬頭、秦、歷陽、沛(九六)、北譙(九七)、南梁(九八)等九郡民，並自拔還江南。周又取譙、北徐州，(九九)自是江北之地，盡沒於周(一〇〇)。

(廿四)周天元如洛陽，親御驛馬(一〇一)，日行三百里，四皇后及文武侍衛數百人，並乘驛㉒以從，仍令四后方駕齊驅，或有先後，輒加譴責，人馬頓仆㉓，相及於道㉔。

(廿五)癸酉，遣平北將軍沈恪、電威將軍裴子烈鎮南徐州，開遠將軍徐道奴㉕鎮柵口。前信州刺史楊寶安鎮白下。戊寅，以中領軍樊毅都督荊、郢、巴、武四州㉖水陸諸軍事。

(廿六)己卯，周天元還長安。

(廿七)貞毅將軍㉗、汝南周法尚與長沙王叔堅不相能㉘，叔堅譖之於上，云其欲反，上執其兄定州刺史㉙法僧，發兵將擊法尚，法尚奔周，周天元以為儀同大將軍、順州刺史㉚。上遣將軍樊猛濟江擊之，法尚遣部曲督韓朗㉛，詐降於猛，曰：「法尚部兵㉜，不願降北，人皆竊議欲叛還，若得軍來，自當倒戈。」猛以為然，引兵急趨之，法尚陽㉝為畏懼，自保江曲，戰而偽走，伏兵邀之㉞，猛僅以身免，沒者幾八千人㉟。

【今註】㊀露門：胡三省曰：「露門當作路門，路、大也，蓋周之外朝也。程泰之作雍錄，以唐大明宮丹鳳門，太極宮承天門，皆為唐之外朝，蓋識此意。」㊁始與羣臣服漢魏衣冠：以此知周之君臣，前此蓋胡服也。㊂四輔官：《禮記・文王世子》：「虞、夏、商、周，有師保，有疑丞，設四輔及三公。」疏引《尚書・大傳》云：「古者天子必有四鄰，前曰疑，後曰丞，左曰輔，右曰弼。天子有問無以對，責之疑；可志而不志，責之丞；可正而不正，責之輔；可揚而不揚，責之弼。」㊃周主受朝於露門……隨公楊堅為大後承：按此段乃錄自《周書・宣帝紀》大象元年文，字句大致相同。㊄高祖刑書要制：周行刑書要制，見上太建九年。㊅眚：過誤。㊆肆赦：謂陳設赦宥。㊇緩赦：猶寬赦。㊈呂刑：《尚書》篇名。㊉五刑之疑有赦：五刑謂墨、劓、荊、宮、辟。有可疑而無法確定者，則赦之，以免獄訟者之蒙受冤枉。⑪刑疑從罰：刑謂肉刑，罰謂贖金，犯刑罰獄情之可疑者，則從輕而改作罰鍰。⑫罰疑從免：謂罰鍰案情之可疑者，則從赦免。⑬罪無輕重：謂不論罪之輕重。⑭薄天：謂全天下。⑮大尊：猶言至尊，指天子言。⑯以肆姦宄之惡乎：以縱姿姦邪人之罪惡乎！宄音軌。⑰惡人規諫：厭惡人之勸諫。⑱威虐：威嚴酷虐。⑲懾服：畏服。⑳刑經聖制：《隋書・刑法志》：「周宣帝大象元年，於是又廣刑書要制，而更峻其法，謂之刑經聖制。宿衞之官，一日不直，罪至削除，逃亡者皆死，而家口籍沒。上書字誤者，科其罪。鞭杖皆百二十為度，名曰天杖。」此刑經聖制之制法大要，及其科條之一斑也。㉑醮：胡三省曰：「五代志：『道家齋法，夜中於星辰之下，陳設酒脯餅餌幣物，歷祀天皇太一，祀五星列宿，為書燒香陳讀，云奏上天曹，名之為醮。』」㉒告天而行之：按《周書・宣帝紀》末云：「帝每對臣下，自稱為天。以五色土塗所御天德殿，各隨方色。……既自比上帝，不欲令人同己。」帝既自比上帝，則自必以天為最神聖，故頒此刑經聖制，遂告天而行之。〔二三〕伺察：謂窺伺調察。〔二四〕小有過失：猶稍有過失。〔二五〕輒行：謂便行。〔二六〕誅譴：誅戮譴謫。〔二七〕輒恣聲樂：謂使縱恣於聲色音樂。〔二八〕魚龍百戲：《隋書・音樂志》下：「始齊武平中，有魚龍爛漫，俳優朱儒，山車巨象，拔井種瓜，殺馬剝驢等，奇怪異端，百有餘物，名為百戲。周時鄭譯有寵於宣帝，奏徵齊散樂人，並會京師為之。蓋秦角抵之流者也。」〔二九〕魚龍百戲……累日繼夜，不知休息：按此數句乃錄自《隋書・音樂志》中，字句大致相同。〔三〇〕位號：爵位名號。〔三一〕湎：沈於酒。〔三二〕請事者：請問事者。〔三三〕輿櫬：以輿載棺。〔三四〕不參諸宰輔：謂不與諸宰輔參議。〔三五〕與眾共之：謂與眾共決之。〔三六〕儀同以上：謂位儀同三司以上之大臣。〔三七〕多附宦官：謂多附因宦官而奏之。〔三八〕更嚴前制：謂更較前制為嚴。按此乃指刑經聖制而言。〔三九〕斲雕為朴：改斫雕為朴質，斲斫同。〔四〇〕窮奢麗：即窮極奢麗。〔四一〕徭賦下民：謂賦斂小民。〔四二〕上書：指所上之奏疏。〔四三〕獻書：亦指上奏疏言，蓋字異而意同也。〔四四〕玄象：天象，日月星辰，在天成象。〔四五〕諮諏：諮詢諏謀。諏音ㄗㄡ。〔四六〕脩布：脩治頒布。〔四七〕革茲：革去此。〔四八〕周廟不血食：犧牲之薦為血食，全意為周之宗廟無子孫祭祀，亦即國家傾覆之意。〔四九〕臧洪同死，人猶願之：陳容願與臧洪同死，事見卷六十一漢獻帝興平三年。〔五〇〕況比干乎：以樂運忠諫，況之比干。〔五一〕勞而遣之：慰勞而遣歸之。〔五二〕以廣聖度：以示天子器度之廣闊。〔五三〕帝大怒，將殺之……以廣聖度：按此段乃錄自《隋書・元巖傳》，除刪削外，字句大致相同。〔五四〕感悟：感動醒悟。〔五五〕周立皇子闡為魯王：按《周書・宣帝紀》大象元年正月文作：「癸卯，封皇子衍為魯王。」查《周書・靜帝紀》：「靜帝諱衍，後改為闡。」是所言者乃同係一人。(五六)甲辰，周主東巡，以許公宇文善為大宗伯：按《周書・宣帝紀》大象元年文：「正月甲辰，東巡狩，辛亥，以柱國許國公宇文善為大宗伯。」是以許公上當添辛亥二字。(五七)周下詔以洛陽為東京……徙相州六府於洛陽：按此段乃錄自《周書・宣帝紀》大象元年文，除刪削外，字句大致相同。(五八)實申社稷至計：申，申言，至計，指勸易皇儲事。(五九)斷可知矣：謂定可知曉。(六〇)控帶：控制襟帶。(六一)欲為身計：欲為己之生命計。(六二)易如反掌：反掌猶反手。《晉書・愍懷太子傳》：「依楊氏故事，誅臣等而廢后於金墉，如反手耳。」是掌猶手之佐證。(六三)節：節操。(六四)虧違：虧缺違背。(六五)荷：負受。(六六)遽：立即。(六七)知吾此心：謂知吾不忘先帝厚恩之心。(六八)周徐州總管王軌聞鄭譯用事……知吾此心耳：按此段乃錄自《周書・王軌傳》，字句大致相同。(六九)事由烏丸軌：《周書・王軌傳》：「累葉仕魏，賜姓烏丸氏。」故譯遂以此呼之。(七〇)宇文孝伯因言軌捋須事：須同鬚。按言軌捋須事，《周書・宇文孝伯傳》及《北史・周宗室廣川公測附孝伯傳》，俱作鄭譯，文云：「譯又因說王軌捋鬚事。」夫既如此，則自應依《周書》及《北史》入錄。今《通鑑》竟云宇文孝伯因言軌捋鬚事，此既不符正史，又未免罔誣忠直之宇文孝伯，更有進者，以孝伯之行誼衡之，亦非事理之所能有。而《通鑑》竟作此類敘述，實令人百思莫解。(七一)周主從容問譯曰……因言軌捋須事：按此段乃錄自《周書・宇文孝伯傳》，字句大致相同。(七二)內史杜慶信：按《周書・王軌傳》，作內史杜虔信。(七三)元巖不肯署詔：由之可見，周制，皇帝尚不賦予絕對大權，而其所下詔書，例須大臣副署，方可生效。(七四)切諫：猶力諫。(七五)巖進繼之：謂巖進內而接繼諷諫。(七六)脫巾：按此巾，即《隋書・禮儀志》七所云：「故事，用全幅皁而向後襆髮，俗人謂之襆頭。」之襆頭。(七七)頓顙：即叩頭。顙，額，音桑。(七八)三拜三進：按三拜乃遵上宣政元年十月詔：「諸應拜者，皆以三拜成禮。」而施行者。故史籍載三拜故事，當以此文為最初始。(七九)欲黨烏丸軌：謂欲護助烏丸軌。(八〇)正恐：猶只恐。(八一)濫誅：謂不依法律而任意誅殺。(八二)闍豎：指宦官言。(八三)搏：手擊。(八四)元巖不肯署詔……巖亦廢於家：按此段乃錄自《隋書・元巖傳》，字句大致相同。(八五)遠近知與不知：謂遠近識與不識。(八六)尉遲運為宮正：此宮正據《周書・尉遲運傳》，乃匡弼太子者，全銜為右宮正。(八七)毀己：謂說太子之壞話。(八八)周主之為太子也……太子疑其同毀己：按此段乃錄自《周書・尉遲運傳》，字句大致相同。(八九)吾徒：猶吾輩。(九〇)奈何：如何。(九一)地下有武帝：武帝即高祖。(九二)本徇名義：謂有為名義而死之道。(九三)死焉可逃：死何可逃，正意為無以逃死。(九四)為身計：謂為自己之利害計。(九五)且：暫且。(九六)運懼，私謂孝伯曰……宜且遠之：按此段乃錄自《周書・宇文孝伯傳》，字句幾全相同。(九七)讓：責。(九八)譖：讒毀。(九九)囑：託。(一〇〇)微臣：小臣。(一〇一)輔導：謂輔助領導。(一〇二)實負顧託：謂實辜負先帝託付之意。(一〇三)甘心：猶情願。(一〇四)俛首：低首。(一〇五)將出：引出。(一〇六)它日，帝託以齊王憲事讓孝伯……命將出，賜死於家：按此段乃錄自《周書・宇文孝伯傳》，字句幾全相同。(一〇七)突厥佗鉢可汗請和於周……佗鉢不從：按此段乃錄自《周書・突厥傳》，字句大致相同。(一〇八)冕二十四旒：《禮記・玉藻》：「天子玉藻，十有二旒。」今二十四，故文云倍之。旒，冕飾，前後垂玉，音留。(一〇九)置納言：胡三省曰：「保定四年，改宗伯為納言，此納言似隋官之納言，為門下省長官。」(一一〇)皆準天臺：

皆準依天臺之數。㉑彌甚：益甚。㉒務自：專自。㉓顧憚：顧忌畏憚。㉔國之儀典：《周書・宣帝紀》大象二年文作：「國典朝儀。」即此文之離析解釋。㉕率情：任情。㉖用樽彝珪瓚：周禮有六尊六彝，尊有罍而彝有舟。鄭玄曰：「彝，亦尊也，鬱鬯曰彝。彝法也，言為尊之法。」鄭眾曰：「於圭頭為器，可以挹鬯祼祭謂之瓚。」㉗常自帶綬：《隋書・禮儀志》六：「古者君臣佩玉，尊卑有序，綬者，所以貫佩相承受也。秦以采組連結於璲，轉相結受，又謂之綬。漢承用之。周代皇帝之組綬，以蒼、以青、以朱、以黃、以白、以玄、以纁、以紅、以紫、以緅、以碧、以綠，十有二色，諸公九色，自黃以下，諸侯八色，自白以下。」㉘冠通天冠：《後漢書・輿服志》：「通天冠，高九寸，正豎，頂少邪卻，乃直下為鐵卷，梁前有山展筩為述。」㉙加金附蟬：胡三省曰：「加金附蟬者，乃侍中、常侍所冠武弁也。」㉚改姓高者為姜：胡三省曰：「齊太公之後，食采於高，因以為氏，本姜姓也。」故宣帝遂本此而改姓高者為姜。㉛渾木為輪：渾木，謂一完整之木，而不加拚湊者。㉜粉黛：粉以傅面，色白；黛以填額，色黑。㉝自非宮人：謂宮人以外。㉞輿造變革：指營建車服等言。㉟不節：無節度。㊱羽儀：羽指羽葆之類。㊲皆不堪命：謂不堪疲於奔命。㊳皆以百二十為度：度，數，周宣帝既諸物皆準天臺，知所制之度數，諒必以十二為基準也。㊴天杖：謂蒼天所制定之杖數。㊵嬪御：後妃以下宮人之爵號。㊶杖背：杖其背部。㊷苟免：苟且避免。㊸固志：貞固之志。㊹重足累息：重足，猶累足，謂一腳踹另一腳，累聚而不敢行。累息，謂屏氣積鬱，而不敢呼吸。二辭皆狀畏懼之態。㊺逮：及。㊻周宣帝傳位於太子闡……重足累息，以逮於終：按此段乃錄自《周書・宣帝紀》，次序雖有顛倒，然字句則大致相同。㉗徙鄴城石經於洛陽：胡三省曰：「漢靈帝時，蔡邕立石經於太學講堂前，一曰立於鴻都門。魏正始中，又立古篆隸三字石經，高澄遷之於鄴，周今復徙之洛陽。」㉘幷受東京六府處分：東京，即洛陽；六府，周仿周禮，設置六官，改名曰六府。處分，即處決，處斷，處當，部分。此辭為六朝所常用者，爰舉數則以實之。《世說・雅量》注引《續晉陽秋》：「夜還乃處分，少日皆辦。」同書〈尤悔〉：「日暮雨駛，小人皆醉，不可處分。」《晉書・桓溫傳》：「詔曰，『諸所處分，委之高算。』」同書〈王虞附彪之傳〉：「及簡文崩，羣臣疑惑，未敢立嗣，或云，『宜當須大司馬處分。』」《北齊書・唐邕傳》：「每有軍機大事，手作文書，口且處分。」亦有改處分為處決者。《晉書・李重傳》：「每大事及疑議，輒參以經典處決，多皆施行。」又有改處分為處當者。《晉書・食貨志》：「詔主者何以為百姓計，促處當之……下都督度支共處當，各據所見，不從遵言。」此外又有一北齊北周時新興之辭，與處分大致相同，而亦微有不同者，即部分是也。《晉書・陶回傳》：「時峻夜行，甚無部分。」《北齊書・蔡儁傳》：「為治嚴暴，又多受納，然亦明解有部分，吏民畏服之。」同書〈任城王湝傳〉：「五年，青州崔蔚波等夜襲州城，湝部分倉卒之際，咸得齊整。」同書〈河間王孝琬傳〉：「初突厥與周師入太原，武成將避之而東，孝琬叩馬諫，請委趙郡王部分之，必整齊。」同書〈范陽王紹義傳〉：「列天子旌旗，登燕昭王冢，乘高望遠，部分兵眾。」《周書・賀若敦傳》：「遣官司部分，若欲給糧者。」由此引文，知部分實含處分之意，然常指軍旅中之調配而書，此其微不同者。㉙軍伍：軍士卒伍。㊵擐：貫，音宦。㊶青門：胡三省曰：「青門，漢長安城東出南來第三門也。」以其向東，而東為春，猶太子之東宮，又名青宮，故謂之青門。周代沿襲之，亦有此稱。㊷法駕：次於大駕。㊸周以越王盛為太保……靜帝備法駕以從：按此段乃錄自《周書・宣帝紀》大象元年文，字句大致相同。㊹后，吳人，本出寒微：按《周書・宣帝朱后傳》：「本吳人也，其家坐事，沒入東宮……后本非良家子。」此乃朱后出身之真詳情形。㊺立妃朱氏為天元帝后……以靜帝故，特尊之：按此段乃錄自《周書・宣帝朱后傳》，字句大致相同。㊻武當安富二郡：按《隋書・地理志》中：「淅陽郡，武當縣，舊置武當郡，後周改為豐州。安福縣，梁置，曰廣福，併為郡。」安富當作安福。㊼新野郡：《隋書・地理志》中：「南陽郡，新野縣，舊曰棘陽，置新野郡。」㊽乙巳，周主祠太廟……代王達、滕王逌並之國：按此段乃錄自《周書・宣帝紀》大象元年文，字句大致相同。㊾楊堅私謂大將軍汝南公慶曰：按慶乃宇文神舉之弟，又《周書・宇文神舉傳》：「弟神慶，少有壯志。」而《隋書・宇文慶傳》，則曰：「宇文慶，字神慶。」夫其兄既曰神舉，則其弟之名，自必帶有神字，疑其人本名宇文神慶，而省稱之曰宇文慶也。㊿深根：蓋根深則樹木自必牢固。(51)羽翮：翮，羽莖。(52)隨公楊堅私謂大將軍汝南公慶曰……何能及遠哉：按此段乃錄自《隋書・宇文慶傳》，字句幾全相同。(53)周發山東諸民修長城：按《周書・宣帝紀》大象元年文，諸下有州字，當從添。所修長城乃齊之長城。齊築長城，見卷一百六十六梁敬帝太平元年。(54)初用大貨六銖錢：《隋書・食貨志》：「陳初承梁喪亂之後，鐵錢不行。私家多鎔錢，又間以錫鐵，兼以粟帛為貨。至文帝天嘉五年，改鑄五銖，初出一當鵝眼之十。宣帝太建十一年，又鑄大貨六銖，以一當五銖之十，與五銖並行，後還當一，人皆不便。未幾而帝崩，遂廢六銖而行五銖，竟至陳亡。其嶺南諸州，多以鹽米布交易，俱不用錢也。」此六銖錢使用之經過，及其利弊之真實情形。(五五)周納司馬消難女為正陽宮皇后：靜帝后也。按上文皇帝闡稱正陽宮，故因名之曰正陽宮皇后。(五六)改天元皇后朱氏為天皇后：按同年作：「立妃朱氏為天元帝后。」又此處《周書》亦作天元帝后朱氏。是皇后當改作帝后。(五七)丙申，周納司馬消難女為正陽宮皇后……八月庚申，天元如同州：按此段乃錄自《周書・宣帝紀》大象元年文，字句大致相同。(五八)玄武湖：在今南京。(五九)瓜步，在今江蘇省六合縣東南。(六〇)振旅而還：出曰治兵，入曰振旅。振、整，旅、眾。皆習戰也。(六一)上閱武於大壯觀……振旅而還：按此段乃錄自《陳書・南康王曇朗附方泰傳》，字句大致相同。(六二)甲戌，以陳山提、元晟並為上柱國：二人皆后之父。(六三)邑居：謂邑中之村落。(六四)暴掠：強暴劫掠。(六五)驅錄：驅迫收錄。(六六)財賄：賄亦財，音晦。(六七)啓稱：上表啓稱言。(六八)微服：謂不著官服而著平民之服。(六九)人仗：謂徒屬器仗。(七〇)禁司：掌禁防姦非者。(七一)下方泰獄：謂下方泰於獄。(七二)爵土：謂官爵封邑。(七三)尋而：不久，而係語助，猶俄而之而，無意。(七四)豫章內史南康王方泰……尋而復舊：按此段乃錄自《陳書・南康王曇朗附方泰傳》，字句大致相同。(七五)郇公韓業為大左輔：按《周書・宣帝紀》大象元年文，韓業作韓建業。(七六)天尊像：指道教始祖之像。(七七)雜戲：亦即百戲。(七八)縱觀：謂恣意觀覽。(七九)周以上柱國畢王賢為太師……令長安士民縱觀：按此段乃錄自《周書・宣帝紀》大象元年文，字句大致相同。(八〇)梁士彥攻廣陵：

胡三省曰：「此廣陵在新息。」(八二)肥口：肥水入淮之口。(八三)如溫湯：胡三省曰：「即驪山溫湯，在驪山西北。十道志曰：『溫泉有三所，其一處即皇堂石井，後周宇文護所造。』」(八四)左衛將軍任忠都督北討前軍事：按《陳書・宣帝紀》太建十一年文作：「左衛將軍任忠都督北討諸軍事。」然〈宣帝紀〉同時又詔以中領軍樊毅都督北討諸軍事。核之事理，決不能同時署委二人皆掌都督北討諸軍事，則二者中自必有一訛。《通鑑》遂翻檢二人列傳，見〈任忠傳〉載：「十一年加北討前軍事。」而遂改如上文。此等《通鑑》審慎用心處，非多行參稽，實不易窺出。(八五)豐州刺史：《隋書・地理志》下：「建安郡，陳置閩州，仍廢，又置豐州。」(八六)陽平郡：《隋書・地理志》下：「江都郡、安宜縣，梁置陽平郡。」(八七)仁威將軍：梁置五德將軍智仁勇信嚴五威將軍，代舊征虜五武將軍。見《隋書・百官志》上。(八八)焦湖：《九域志》：「巢湖亦謂之焦湖。」(八九)武毅將軍：亦梁置，下於五德二班。(九〇)霍州：《隋書・地理志》下：「廬江郡、霍山縣，梁置霍州。」(九一)任忠帥步騎七千，趣秦郡：……叔陵為大都督，總水步眾軍：按此段乃錄自《陳書・宣帝紀》太建十一年文，字句幾全相同。(九二)周鑄永通萬國錢，一當千，與五行大布並行：《隋書・食貨志》：「後周建德三年六月，更鑄五行大布錢，以一當十，大收商估之利，與布泉錢並行。四年七月，又以邊境之上，人多盜鑄，乃禁五行大布，不得出入，四關布泉之錢，聽入而不聽出。宣帝大象元年十一月，又鑄永通萬國錢，以一當十，與五行大布及五銖凡三品，並用。」此周代錢幣更廢使用之概況也。由〈食貨志〉知永通萬國錢之一當千，應改作一當十。又與五行大布並行，當添作又與五行大布及五銖並行。(九三)勸復寢膳：

蓋帝以災異而避正寢，以如天興宮，及減膳羞。百官遂上表勸其歸正寢及復膳也。⑬外命婦：五命以上官之妻。⑭乞寒胡戲：杜佑曰：「乞寒者，本西國外藩之樂也。」《新唐書》：「康國之俗，十一月鼓舞乞寒，以水交潑為樂。」⑮晉州：《隋書・地理志》下：「同安郡，梁置豫州，後改曰晉州，後齊改曰江州，陳又曰晉州。」⑯沛：《隋書・地理志》下：「江都郡、永福縣，舊曰沛，梁置涇城東陽二郡，陳廢州，併二郡為沛郡。」⑰北譙：《隋書・地理志》下：「江都郡、全椒縣，梁曰北譙，置北譙郡。」⑱南梁：胡三省曰：「南梁郡，自宋志有之，不知其實土所在。梁天監二年，馮道根以南梁太守戍阜陵，蓋自是為實土。」⑲又取譙、北徐州：胡三省曰：「譙州治渦陽，在譙郡山桑縣。北徐州置於琅邪郡。」⑳南北兗晉三州……自是江北之地，盡沒於周：按此段乃錄自《陳書・宣帝紀》太建十一年文，字句大致相同。㉑親御驛馬：親自乘御驛站所備之馬。㉒並乘驛：謂皆乘驛馬。㉓頓仆：因困頓而踣仆者。㉔周天元如洛陽……相及於道：按此段乃錄自《周書・宣帝紀》大象元年文，字句大致相同。㉕電威將軍裴子烈，開遠將軍徐道奴：《隋書・百官志》上：「電威、開遠將軍，品第七，秩六百石。」㉖都督荊、郢、巴、武四州：《隋書・地理志》下：「南郡、公安縣，陳置荊州。江夏郡，舊置郢州。巴陵郡，梁置巴州。武陵郡，梁置武州。」㉗貞毅將軍：《隋書・百官志》上：「貞毅將軍，品第五。」㉘不相能：猶不相睦。㉙定州刺史：《隋書・地理志》下：「永安郡、麻城縣，陳置定州。」按其地，時已沒於周。㉚順州刺史：《隋書・地理志》下：「漢東郡、順義縣，西魏置順州。」㉛部曲督韓朗：按《隋書・周法尚傳》，韓朗作韓明。

㉜部兵：謂所部之兵。㉝陽：猶佯。㉞戰而偽走，伏兵邀之：按〈周法尚傳〉：「法尚自張旗幟，迎流拒之，戰數合偽退，登岸投古村，猛捨舟逐之。法尚又疾走。」是戰而偽走下，當添猛奮兵疾追等類字樣，則伏兵邀之，方不落空。㉟貞毅將軍汝南周法尚……沒者幾八千人：按此段乃錄自《隋書・周法尚傳》，而刪削處頗多。

卷一百七十四　陳紀八

司馬光編集
曲守約　註

上章困郭，一年。（庚子，西元五八〇年）

高宗宣皇帝下之上

太建十二年（西元五八〇年）

㈠春，正月，癸巳，周天元祠太廟。

㈡戊戌，以左衞將軍任忠為南豫州刺史㈠，督緣江軍防事㈡。

㈢乙卯，周稅入市者人一錢㈢。

二月，丁巳，周天元幸露門學，釋奠㈣。

㈣戊午，突厥入貢于周，且迎千金公主。

㈤乙丑，周天元改制為天制㈤，敕為天敕㈥。壬午，尊天元皇太后為天元上皇太后，天皇太后為天元聖皇太后。癸未，詔楊后與三后，皆稱太皇后，司馬后直稱皇后㈦。行軍總管、杞公亮，天元之從祖兄㈧也，其子西陽公溫妻尉遲氏，蜀公迥之孫，有美色，以宗婦入朝，天元飲之酒，逼而淫之，亮聞之(九)，懼。三月，軍還，至豫州(一〇)，密謀襲韋孝寬，幷其眾，推諸父為主(一一)，鼓行而西(一二)。亮國官(一三)茹寬知其謀，先告孝寬，孝寬潛設備，亮夜將數百騎襲(一四)孝寬營，不克，而走，戊子，孝寬追斬之(一五)，溫亦坐誅，天元即召其妻入宮，拜長貴妃。辛卯，立亮弟永昌公椿為杞公。

(六)周天元如同州，增候正(一六)前驅式(一七)為三百六十重，自應門(一八)至於赤岸澤(一九)，數十里間，幡旗相蔽(二〇)，音樂俱作(二一)；又令虎賁持鈒馬上稱警蹕(二二)。乙未，改同州宮為成天宮，庚子，還長安，詔天臺侍衞之官，皆著五色及紅紫綠衣，以雜色為緣(二三)，名曰品色衣(二四)，有大事，與公服(二五)間服之(二六)。壬寅，詔內外命婦皆執笏(二七)，其拜宗廟及天臺，皆俛伏如男子(二八)(二九)。天元將立五皇后，以問小宗伯、狄道(三〇)辛彥之，對曰：「皇后與天子敵體(三一)，不宜有五(三二)。」太學博士(三三)、西城何妥曰：「昔帝嚳四妃(三四)，虞舜二妃(三五)，先代之數，何常之有(三六)。」帝大悅，免彥之官(三七)。甲辰，詔曰：「坤儀比德，土數惟五(三八)，四太皇后外，可增置天中太皇后一人。」於是以陳氏為天中太皇后〔三九〕，尉遲妃為天左太皇后〔四〇〕。又造下帳五〔四一〕，使五皇后各居其一，實宗廟祭器於前〔四二〕，自讀祝版〔四三〕而祭之，又以五輅載婦人〔四四〕，自帥左右步從。又好倒懸鷄及碎瓦於車上，觀其號呼，以為樂。

(七)夏，四月，癸亥，尚書左僕射陸繕卒。

(八)己巳，周天元祠太廟，己卯，大雩，壬午，幸仲山祈雨〔四五〕，甲申，還宮。令京城士女〔四六〕，於衢巷作樂迎候〔四七〕〔四八〕。

(九)五月，癸巳，以尚書右僕射、晉安王伯恭為僕射。

(十)周楊后性柔婉〔四九〕，不妬忌，四皇后及嬪御〔五〇〕等，咸愛而仰〔五一〕之。天元昏暴滋甚〔五二〕，喜怒乖度〔五三〕，嘗譴后，欲加之罪，后進止〔五四〕詳閑〔五五〕，辭色不撓〔五六〕，天元大怒，遂賜后死，逼令引訣〔五七〕。后母獨孤氏〔五八〕，詣閤〔五九〕陳謝〔六〇〕，叩頭流血，然後得免〔六一〕。后父大前疑堅，位望隆重，天元忌之，嘗因忿謂后曰：「必族滅爾家〔六二〕。」因召堅，謂左右曰：「色動〔六三〕，即殺之。」堅至，神色自若〔六四〕，乃止〔六五〕。內史上大夫鄭譯與堅少同學，奇堅相表〔六六〕，傾心相結〔六七〕，堅既為帝所忌，情不自安(六八)，嘗在永巷(六九)，私於譯(七〇)曰：「久願出藩(七一)，公所悉(七二)也，願少留意(七三)。」譯曰：「以公德望，天下歸心(七四)，欲求多福，豈敢忘也(七五)。謹即言之(七六)。」天元將遣譯入寇(七七)，譯請元帥，天元曰：「卿意如何？」對曰：「若定江東，自非懿戚(七八)重臣，無以鎮撫，可令隨公(七九)行，且為壽陽總管，以督軍事。」天元從之。己丑，以堅為揚州總管，使譯發兵會壽陽。將行，會堅暴有(八〇)足疾，不果行(八一)(八二)。

甲午夜，天元備法駕幸天興宮，乙未，不豫(八三)而還。小御正、博陵劉昉素以狡諂(八四)，得幸於天元，與御正中大夫顏之儀並見親信。天元召昉、之儀入臥內(八五)，欲屬以後事(八六)，天元瘖(八七)，不復能言，昉見靜帝幼沖(八八)，以楊堅后父有重名，遂與領內史鄭譯、御飾大夫柳裘、內史大夫杜陵(八九)韋謩、御正下士(九〇)朝那(九一)皇甫績，謀引堅輔政，堅固辭不敢當，昉曰：「公若為，速為之，不為，昉自為也。」堅乃從之(九二)，稱受詔居中侍疾。裘，惔之孫也(九三)。是日帝殂，祕不發喪，昉譯矯詔(九四)，以堅總知中外兵馬事(九五)；【考異】周帝紀：

「乙未，帝不豫還宮，詔堅入侍疾。丁未，追五王入朝；己酉，大漸，昉譯矯制，以堅受遺輔政。是日帝崩。」按堅以變起倉猝，故得矯命當國，若自乙未至己酉，凡十五日，事安得不泄？今從隋帝紀。

顏之儀知非帝指(九六)，拒而不從，昉等草詔，署訖(九七)，逼之儀連署(九八)，之儀厲聲曰：「主上升遐(九九)，嗣子沖幼，阿衡(〇〇)之任，宜在宗英(〇一)，方今趙王最長，以親以德(〇二)，合膺重寄(〇三)，公等備受(〇四)朝恩，當思盡忠報國，奈何一旦(〇五)欲以神器(〇六)假人(〇七)！之儀有死而已，不能誣罔(〇八)先帝。」昉等知不可屈，乃代之儀署而行之(〇九)。諸衛(一〇)既受敕，並受堅節度(一一)(一二)。堅恐諸王在外生變，以千金公主將適突厥為辭，徵趙、陳、越、代、滕五王入朝。堅索符璽(一三)，顏之儀正色曰：「此天子之物，自有主者(一四)，宰相何故索之？」堅大怒，命引出，將殺之，以其民望(一五)，出為西邊郡守(一六)(一七)。【考異】北史鄭譯傳：「之儀與宦者謀引大將軍宇文仲輔政，仲已至御坐，譯知之，遽率開府楊惠及劉昉、皇甫績、柳裘俱入，仲與之儀見譯等，愕然，逡巡欲出，隋文因執之。於是矯詔，復以譯為內史上大夫。明日，隋文為丞相，拜譯柱國府長史。」按之儀若爾，豈復得全，今從之儀傳。

㈩丁未，發喪，靜帝入居天臺，罷正陽宮，大赦，停洛陽宮作(一八)。庚戌，尊阿史那太后為太皇太后，李太后為太帝太后，楊后為皇太后，朱后為帝太后(一九)，其陳后、元后、尉遲后，並為尼(二〇)。以漢王贊為上柱國、右大丞相，尊以虛名，實無所綜理(二一)。以楊堅為假黃鉞(二二)、左大丞相，秦王贊為上柱國，百官總己(二三)，以聽於左丞相(二四)(二五)。堅初受顧命(二六)，使邘(二七)國公楊惠謂御正下大夫李德林曰：「朝廷賜令總文武事，經國任重(二八)，今欲與公共事(二九)，必不得辭。」德林曰：「願以死奉公(三〇)。」堅大喜。始劉昉、鄭譯議(三一)，以堅為大冢宰(三二)，譯自攝(三三)大司馬，昉又求小冢宰，堅私問德林曰：「欲何以見處(三四)？」德林曰：「宜作大丞相，假黃鉞，都督中外諸軍事，不爾(三五)，無以壓眾心(三六)。」及發喪，即依此行之(三七)，以正陽宮為丞相府。

時眾情未壹(三八)，堅引司武上士盧賁置左右，將之東宮(三九)，百官皆不知所從(四〇)。堅潛令賁部伍仗衛(四一)，因召公卿謂曰：「欲求富貴者宜相隨(四二)。」往往偶語(四三)，欲有去就(四四)，賁嚴兵而至(四五)，眾莫敢動，出崇陽門(四六)，至東宮，門者拒不納，賁諭(四七)之，不去，瞋目(四八)叱之(四九)，門者遂却(五〇)。堅入，賁遂典(五一)丞相府宿衛(五二)。賁，辯之弟子也(五三)。以鄭譯為丞相府長史，劉昉為司馬，李德林為府屬，二人由是怨德林(五四)。內史下大夫、勃海高熲，明敏(五五)有器局(五六)，習兵事，多計略，堅欲引之入府(五七)，遣楊惠(五八)諭意，熲承旨(五九)，欣然曰：「願受驅馳(六〇)，縱令(六一)公事不成，熲亦不辭滅族(六二)(六三)。」乃以為相府司錄(六四)。時漢王贊居禁中(六五)，每與靜帝同帳而坐(六六)，劉昉飾美妓(六七)進贊，贊甚悅之，昉因說贊曰：「大王，先帝之弟(六八)，時望所歸，孺子(六九)幼冲，豈堪大事(七〇)。今先帝初崩，人情尚擾(七一)，王且歸第，待事寧(七二)後，入為天子，此萬全計也。」贊年少，性識庸下(七三)，以為信然(七四)，遂從之(七五)。

堅革宣帝苛酷之政，更為寬大，刪略(七六)舊律，作刑書要制，奏而行之。躬履(七七)節儉，中外悅之。堅夜召太史中大夫(七八)庾季才，問曰：「吾以庸虛(七九)，受茲顧命，天時人事，卿以為何如？」季才曰：「天道精微(八〇)，難可意察，竊以人事卜之，符兆(八一)已定，季才縱言(八二)不可，公豈復得為箕潁之事(八三)乎！」堅默然久之，曰：「誠如(八四)君言(八五)。」獨孤夫人(八六)亦謂堅曰：「大事已然(八七)，騎虎之勢，必不得下(八八)，勉之。」堅以相州總管尉遲迥位望素重(八九)，恐有異圖，使迥子魏安公惇（九〇）（九一）奉詔書召之會葬（九二）（九三）。壬子，以上柱國韋孝寬為相州總管，又以小司徒叱列長叉為相州刺史（九四），先令赴鄴，孝寬續進。陳王純時鎮齊州（九五），堅使門正上士（九六）崔彭徵之，彭以兩騎往止傳舍（九七），遣人召純，純至，彭請屏左右（九八），密有所道（九九），遂執而鎖之，因大言曰：「陳王有罪，詔徵入朝，左右不得輒動（一〇〇）。」其從者愕（一〇一）然而去。彭，楷之孫也。六月，五王皆至長安。

（十一）庚申，周復行佛道二教。舊沙門（一〇二）道士精志者（一〇三），簡令（一〇四）入道（一〇五）。

（十二）周尉遲迥知丞相堅將不利於帝室，謀舉兵討之（一〇六），韋孝寬至朝歌（一〇七），迥遣其大都督賀蘭貴齎書候（一〇八）韋孝寬，孝寬留貴與語，以審之（一〇九），疑其有變，遂稱疾（一一〇）徐行。又使人至相州求醫藥，密以伺（一一一）之（一一二）。孝寬兄子藝為魏郡守（一一三），迥遣藝迎孝寬，孝寬問迥所為，藝黨於迥，不以實對，孝寬怒，將斬之，藝懼，悉以迥謀語孝寬。孝寬攜藝西走，每至亭驛（一一四），盡驅其傳馬（一一五）而去，謂驛司曰（一一六）：「蜀公（一一七）將至，宜速具酒食（一一八）。」迥尋遣儀同大將軍梁子康將數百騎追孝寬（一一九），追者至驛，輒逢盛饌（一二〇），又無馬，遂遲留（一二一）不進，孝寬與藝，由是得免〔二二〕。堅又令候正破六韓〔二三〕裒詣迥諭旨〔二四〕，密與總管府長史〔二五〕晉昶等書，令為之備〔二六〕。

迥聞之，殺昶及裒，集文武士民〔二七〕，登城北樓，令之曰：「楊堅藉后父之勢，挾幼主以作威福，不臣之迹，暴於行路〔二八〕。吾與國舅甥〔二九〕，任兼將相，先帝處吾於此，本欲寄以安危〔三〇〕。今欲與卿等糾合〔三一〕義勇〔三二〕，以匡國庇民〔三三〕，何如？」眾咸從命。迥乃自稱大總管〔三四〕，承制置官司〔三五〕。時趙王招入朝，留少子在國〔三六〕，迥奉以號令〔三七〕〔三八〕。甲子，堅發關中兵，以韋孝寬為行軍元帥，郧公梁士彥、樂安公〔三九〕元諧、化政公〔四〇〕宇文忻、濮陽公〔四一〕武川宇文述、武鄉公〔四二〕崔弘度、清河公〔四三〕楊素、隴西公李詢等，皆為行軍總管，以討迥〔四四〕。弘度，楷之孫；詢，穆之兄子也。

初宣帝使計部中大夫〔四五〕楊尚希撫慰山東，至相州，聞宣帝殂，與尉遲迥發喪，尚希出謂左右曰：「蜀公哭不哀而視不安〔四六〕，將有佗計，吾不去，懼及於難。」遂夜從捷徑〔四七〕而遁，遲明〔四八〕，迥覺，追之不及。遂歸長安，堅遣尚希督宗兵〔四九〕三千人，鎮潼關〔五〇〕。雍州牧畢剌王賢與五王謀殺堅，事洩，堅殺賢，幷其三子(二五一)，掩五王之謀不問(二五二)，以秦王贄為大冢宰，杞公椿為大司徒。庚子，以柱國梁睿為益州總管(二五三)。睿，禦之子也。

㈣周遣汝南公神慶、司衞上士長孫晟，送千金公主於突厥。晟，幼之曾孫也(二五四)。又遣建威侯(二五五)賀若誼賂佗鉢可汗，且說之以求高紹義，佗鉢偽與紹義獵於南境，使誼執之(二五六)。誼，敦之弟也。

㈤秋，七月，甲申，紹義至長安，徙之蜀，久之，病死於蜀(二五七)。

㈥周青州總管尉遲勤，迥之弟子也，初得迥書，表送之(二五八)，尋亦從迥，迥所統相、衞、黎、洺、貝、趙、冀、瀛、滄(二五九)，【考異】周書迥傳，又有毛州。按迥滅後，隋高祖始置毛州。迥傳誤也。勤所統青、齊、膠、光、莒(二六〇)等州，皆從之，眾數十萬。滎州刺史(二六一)邵公胄(二六二)、申州刺史(二六三)李惠、東楚州刺史費也利進(二六四)、潼州刺史(二六五)曹孝遠(二六六)，各據本州；徐州總管司錄席毗羅(二六七)據兗州(二六八)，前東平郡守畢義緒據蘭陵(二六九)，皆應迥。懷縣永橋鎮將(二七〇)紇豆陵惠以城降迥。迥使其所置大將軍石遜攻建州(二七一)，建州刺史宇文弁(二七二)以州降之。又遣西道行臺(二七三)韓長業攻拔潞州(二七四)，執刺史趙威，署城人郭子勝為刺史。紇豆陵惠襲陷鉅鹿㉕，遂圍恆州㉖，上大將軍宇文威攻汴州㉗，莒州刺史㉘烏丸尼等帥青齊之眾圍沂州㉙，大將軍檀讓攻拔曹亳二州㉚，屯兵梁郡，席毗羅眾號八萬，軍於蕃城㉛，攻陷昌慮、下邑㉜，李惠自申州攻永州㉝拔之㉞。

【今註】㊀南豫州刺史：此時南豫州治宣城。㊁緣江軍防事：謂緣長江軍事防禦事務。㊂周稅入市者，人一錢：按《隋書．食貨志》：「後周閔帝元年，初除市門稅，及宣帝即位，復興入市之稅。」是此稅之名，為市門稅。㊃幸露門學，釋奠：周露門學在露門左右。胡三省曰：「古者仲春仲秋，皆以上丁釋奠於先聖先師。」鄭玄曰：「釋奠者，設薦饌，酌奠而已。」㊄周天元改制為天制：按《周書．宣帝紀》大象二年文作：「改制詔為天制詔。」當添一詔字。按制者，大賞罰，大除授，赦宥慮囚慰勞皆用之。㊅敕為天敕：胡三省曰：「敕者，廢置州縣，增減官吏，除免官爵，授六品以上官，發兵施行，百官奏請，戒約臣下，皆用之。皆宣署申覆而後行。」㊆司馬后直稱皇后：司馬后即正陽宮皇后。直，只。㊇天元之從祖兄：天元從祖，宇文泰之兄弟也。㊈行軍總管杞公亮，天元之從祖兄也……亮聞之懼：按此段乃錄自《周書．宣帝紀》大象二年文，字句大致相同。㊉至豫州：豫州治汝南。⑪推諸父為主：諸父謂趙王招兄弟。⑫鼓行而西：按《周書．邵惠公顥附亮傳》：「亮密謂長史杜士峻曰：『今若襲取鄖國公而幷其眾，推諸父為主，鼓行而前，誰敢不從！』」核鼓行而前一句，乃為表示誰敢不從而設，若刪去誰敢不從，則是鼓行而西為落空；又與下之亮夜將數百騎襲孝寬營，大相衝突。《通鑑》既刪誰敢不從一句，則此鼓行而西一句，亦必須削去，方可不致陷於矛盾之誚。㊂亮國官：諸國公各有國官。㊃襲：暗擊。㊄亮聞之，懼。三月，軍還，至豫州……孝寬追斬之：按此段乃錄自《周書・邵惠公顥附亮傳》，字句大致相同。㊅候正：主候望。㊆前驅式（道候）：按注：「式道候在大駕前。」是道候二字當改為大字，而作式道候。又按《周書・宣帝紀》大象二年文，式道作戒道，式當改作戒。又戒道二字既在一起，則候自當改與下句連讀。㊇應門：鄭玄曰：「天子五門：皐、庫、雉、應、路。」㊈赤岸澤：在長安北、同州南。㊉幡旗相蔽：幡，旗幟；相蔽，相掩蔽。極言其旗幟之盛也。㊁音樂俱作：《周書・宣帝紀》作：「鼓樂俱作。」較為具體。㊂虎賁持鈒馬上稱警蹕：鈒，鋋、戟；警，戒，戒人以車駕將至；蹕，止行人。全句意謂虎賁之士持鈒坐於馬上，而高呼令行人止避。㊂以雜色為緣：謂邊緣用雜色之帛。《隋書・禮儀志》六：「以錦綺繢繡為緣。」㊃品色衣：謂各種顏色之衣。㊄公服：胡三省曰：「五代志：『後周之制，諸命秩之服曰公服，其餘常服曰私衣。』」（按此不載於《隋書・禮儀志》六，未知何本。）隋唐以下，有朝服，有公服，朝服曰具服，公服曰從省府。」㊅間服之：謂間隔服之，即一次著公服，一次著品色衣服。㊆內外命婦皆執笏：按《隋書・禮儀志》六：「保定四年，百官始執笏。」是百官至保定四年始執笏，而內外命婦則仍未也。直至是年，始詔內外命婦皆執笏焉。㊇俛伏如男子：俛同俯，謂俯及伏跪，俱如男子之拜禮。蓋古代女子皆斂衽而不跪拜，宣帝則令女子亦行男子之跪拜禮，是女子跪拜，乃起於此時。㉙辛卯，立亮弟永昌公椿為杞公……皆俛伏如男子：按此段乃錄自《周書・宣帝紀》大象二年文，字句大致相同。㉚狄道：據《隋書・地理志》上，屬金城郡。㉛敵體：《隋書・儒林何妥傳》，作匹體，蓋敵猶匹也。㉜不宜有五：謂只應有一，而不應有五。㉝太學博士：胡三省曰：「博士，秦官，漢置五經博士，即太學博士也。晉武帝立國子學，置博士一人，遂有國子博士、太學博士之分。」㉞帝嚳四妃：〈帝王紀〉：「帝嚳有四妃：元妃有邰氏女，曰姜嫄；次妃有娀氏女，曰簡狄；次妃陳丰氏女，曰慶都；次妃娵訾氏女，曰常儀。」㉟虞舜二妃：《列女傳》：「舜二妃，堯之二女，長曰娥皇，次曰女英。」㊱何常之有：謂何一定之有。㊲天元將立五皇后，以問小宗伯狄道辛彥之……帝大悅，免彥之官：按此段乃錄自《隋書・儒林何妥傳》，字句大致相同。㊳土數惟五：謂金木水火土，其數為五。㊴陳氏為天中太皇后：陳氏山提之女。㊵尉遲妃為天左太皇后：尉遲氏，宇文溫之妻，尉遲迥之孫女。㊶造下帳五：蓋周天元以自所居者為上帳，故以五皇后所居者為下帳也。㊷實宗廟祭器於前：猶陳宗廟祭器於前。㊸祝版：祝鬼神之文，而書於版者。㊹又以五輅載婦人：《隋書・禮儀志》五：「後魏熙平九年，大造車服，定制五輅並駕五馬。皇太子乘金輅，朱蓋赤質四馬，三公及王朱屋青表，制同於輅，名曰高車，駕三馬。庶姓王侯及尚書令僕已下、列卿已上，並給軺車，駕用一馬。或乘四望通幰車，駕一牛。北齊，咸取用焉。其後因而著令，並無增損。」此齊周君王貴人乘車等差之概況也。五輅乃皇帝所乘之車，今不自乘，而反以載婦人。㊺幸仲山祈雨：顏師古曰：「仲山即今九嵕山之東仲山也。」《括地志》：「仲山在雍州雲陽縣西十五里。」(46)士女：即男女，然士女一辭所表示者，則頗為高貴。(47)迎候：謂候伺迎接。(48)己巳，周天元祠太廟……於衢巷作樂迎候：按此段乃錄自《周書・宣帝紀》大象二年文，字句大致相同。(49)性柔婉：性情柔順和婉。(50)嬪御：嬪，內官九嬪。嬪，婦，能行婦道者。御，侍，進，進御於君者。(51)仰：敬仰。(52)滋甚：益甚。(53)乖度：違背度數。(54)進止：即舉止。(55)詳閑：端詳閑雅。(56)辭色不撓：謂言辭顏色不因譴責而撓折。(57)引訣：胡三省曰：「漢書多作引決，謂引分自裁也。」(58)后母獨孤氏：獨孤氏，信之女。(59)詣閤：至宮閤。(60)陳謝：謂道謝罪。(61)周楊后性柔婉……叩頭流血，然後得免：按此段乃錄自《周書・宣帝楊后傳》，字句幾全相同。(62)必族滅爾家：謂必滅爾家宗族。(63)色動：謂若堅色變動。(64)自若：自如。(65)后父大前疑堅，位望隆重……神色自若，乃止：按此段乃錄自《隋書・高祖紀》上，字句大致相同。(66)奇堅相表：奇，異；相表，相貌儀表。(67)傾心相結：謂盡心結納。(68)情不自安：猶心不自安。(69)永巷：宮中長巷。(70)私於譯曰：不敢昌言之，故曰私。(71)出藩：出補外藩。(72)悉：知。(73)願少留意：留意即幫忙，蓋既留心矣，則能為時，自必助而為之。(74)歸心：謂心所歸向。(75)欲求多福，豈敢忘也：按此乃鄭譯言己之辭。謂余正欲依公而求多福，豈敢忘公之託哉！(76)謹即言之：謹為客氣辭，與敬字相似。(77)天元將遣譯入寇：入寇，謂入侵陳。按如此措辭，未免視陳為正統之氣味太重，應改作攻陳、或侵陳，則周陳二國，皆立於平等地位矣。(78)懿戚：休美之親戚。(79)隨公：楊堅封號。(80)暴有：猝有。(81)不果行：謂未能果然成行。(82)內史上大夫鄭譯與堅少同學……會堅暴有足疾，不果行：按此段乃錄自

《隋書・鄭譯傳》，字句大致相同。(八三)不豫：不逸豫，即有病也。(八四)狡諂：狡滑諂佞。(八五)臥內：寢室。(八六)屬以後事：謂以身後之事屬付之。(八七)瘖：啞。(八八)幼沖：沖亦幼。(八九)杜陵：在今陝西省長安縣東南。(九〇)御正下士：《隋書・百官志》中：「後周，下士一命。」(九一)朝那：據《隋書・地理志》上，朝那屬安定郡。(九二)小御正博陵劉昉素以狡諂……昉自為也，堅乃從之：按此段乃錄自《隋書・劉昉傳》，而稍有溢出。(九三)裘，惔之孫也：柳惔，柳元景之從孫，世隆之子，世仕江南，江陵陷，柳氏入關中，遂臣於周。惔，音談。(九四)矯詔：假託詔書。(九五)以堅總知中外兵馬事：按兵馬一辭，乃齊周所新造者。《北齊書・文襄六王安德王延宗傳》：「後主將奔晉陽，延宗言：『大家但在營莫動，以兵馬付臣。』」同書〈上樂王思宗傳〉：「責云：『以鄴城兵馬抗並州，幾許無智！』」同書〈段榮附韶傳〉：「時事既倉卒，兵馬未整，世祖見如此，亦欲避之。……至太和谷，便值周軍，即遣馳告諸營，追集兵馬。」同書〈唐邕傳〉：「外兵曹、騎兵曹，分掌兵馬。」同書〈傅伏傳〉：「帝謂後主曰：『朕前三年，教習兵馬。』」皆其例證。按此辭實係由士馬演化而成，而漢代則多用士馬之語。《漢書・衛青傳》：「單于視漢兵多，而士馬尚彊戰，而匈奴不利。」同書〈胡建傳〉：「於是當選士馬日，監御史與護軍諸校列坐堂皇上。」核士指將士，然士又常與卒連文，而成為士卒。夫兵即卒也，且可以概括全軍之一切人員，故遂鑄構兵馬之辭稱焉。(九六)帝指：指猶旨，即帝意也。(九七)署訖：謂簽名完畢。(九八)昉等草詔署訖，逼之儀連署：按後周之制，人君所下詔書，例須大臣連署，方始奏效。由《隋書・元巖傳》即足知之。文云：「累遷內史中大夫，後帝將誅烏丸軌，巖不肯署詔。」然則，劉昉等在此情形下，所草之詔，自更須有大臣如顏之儀等之連署，方克生效。(九九)主上升遐：《禮記・曲禮》：「告喪曰，天王登假。」鄭玄曰：「登，上也，假，已也。上已者言若仙去云耳。」按登猶升，假與遐同。(一〇〇)阿衡：商相伊尹輔太甲，稱阿衡。〈孔安國傳〉云：「阿，倚；衡，平。」(一〇一)宗英：宗室中才略過人者。(一〇二)以親以德：謂以親言之，以德言之。(一〇三)合膺重寄：謂當受重要之寄託。(一〇四)備受：猶受盡。(一〇五)一旦：謂時之短，猶遽。(一〇六)神器：猶重器。(一〇七)假人：謂假借於人。(一〇八)誣罔：誣蔑欺罔。(一〇九)顏之儀知非帝指……乃代之儀署而行之：按此段乃錄自《周書・顏之儀傳》，字句幾全相同。(一一〇)諸衞：周自左右宮伯，至左右羽林游擊，皆諸衞官。(一一一)節度：謂節制量度。(一一二)諸衞既受敕，並受堅節度。按此二句乃錄自《隋書・李德休傳》。(一一三)符璽：符謂兵符，璽謂天子六璽。(一一四)自有主者：謂自有主有之者。(一一五)民望：民之所仰望者。(一一六)西邊郡守：按《周書・顏之儀傳》，西邊作西疆。核《隋書・地理志》上：「臨洮郡、合川縣，後周置，仍立西疆郡。」是西疆乃係郡名。又凡設郡守，皆有實土，不得僅有如西邊空洞之名，而無轄地。撰《通鑑》者，以持有凡文皆須編改，以期令人知為係新撰述，而非整個鈔錄之宗旨，遂以疆與邊之意同，而遂改疆作邊。然殊不悟此乃郡名，而郡名則不能隨意編改。又由之更足知《通鑑》編改之殷勤矣。（本條係本自李玄伯先生之說。）(一一七)堅索符璽……出為西邊郡守：按此段乃錄自《周書・顏之儀傳》，字句幾全相同。(一一八)停洛陽宮作：治洛陽宮，見上卷上年二月。(一一九)朱后為帝太后：後為靜帝生母。(一二〇)其陳后、元后、尉遲后並為尼：按北齊北周時，君王之后妃及大臣之妻妾，於夫死或愛弛後，常出家為尼。此亦一時之風尚，及由斯時興起者也。㉑綜理：綜掌管理。㉒以楊堅為假黃鉞：按黃鉞率為君王及太師等重臣所執，執之則可便宜誅殺臣庶，故實為最高權位之標誌。北齊諸王及重臣薨時，例贈假黃鉞，事散見於《北齊書》各列傳，由之，足知其崇重矣。㉓百官總己：孔子曰：「君薨，百官總己以聽於冢宰，三年。」朱熹曰：「各總攝己職以聽也。」㉔以聽於左丞相：按上文既作左大丞相，則此亦當書有大字。㉕丁未，發喪，靜帝入居天臺……以聽於左丞相：按此段乃錄自《周書·靜帝紀》，字句大致相同。㉖顧命：《尚書》篇名。傳：「臨終之命曰顧命。」疏：「言臨將死去，迴顧而為語也。」㉗邗：音寒。㉘經國任重：經綸國家之任至重。㉙今欲與公共事：共事，謂共同理事。㉚願以死奉公：謂願以死力奉公。㉛始劉昉鄭譯議：按始猶初及先是。此為《通鑑》所選用，甚妙。㉜大冢宰：鄭玄云：「冢，大之上也。」㉝攝：代理。㉞欲何以見處：謂欲以何相處。㉟不爾：不如此。㊱無以壓眾心：謂無法鎮壓眾心。㊲堅初受顧命……及發喪，即依此行之：按此段乃錄自《隋書·李德林傳》，字句大致相同。㊳時眾情未壹：謂周之朝臣，未盡歸心於堅。㊴東宮：謂正陽宮，該宮本為東宮。㊵百官皆不知所從：謂百官皆不知何去何從。㊶部伍仗衛：部伍，猶部分，仗衛謂執仗而宿衛之士卒。㊷宜相隨：謂宣隨從大丞相。㊸往往偶語：謂時有許多公卿，相聚私語。㊹欲有去就：此文著重在去，就乃連類而及，無關重要。㊺嚴兵而至：謂多率兵士而至。㊻崇陽門：胡三省曰：「崇陽門，周宮城之東門。」所以知之者，以文云：「出崇陽門，至東宮。」夫既係至東宮，則自必出宮城之東門，明矣。㊼諭：曉諭。㊽瞋：張目，音ㄔㄣ。㊾叱之：

呵叱之。〔五〇〕却：退。〔五一〕典：主掌。〔五二〕堅引司武上士盧賁置左右……遂典丞相府宿衛：按此段乃錄自《隋書・盧賁傳》，字句大致相同。〔五三〕賁，辯之弟子也：盧辯乃與蘇綽共定後周官制者，據〈賁傳〉：「父光、周開府，燕郡公。」〔五四〕以鄭譯為丞相府長史……二人由是怨德林：按此數句乃錄自《隋書・李德林傳》，字句略有不同。〔五五〕明敏：猶聰敏。〔五六〕器局：按此辭為隋代所常用者，其意與器度頗相類。〔五七〕入府：入丞相府。〔五八〕遣楊惠：惠，堅族子，堅初秉周政，欲引時才，故率使之諭意。〔五九〕承旨：謂承受意旨後。〔六〇〕願受驅馳：謂願受驅策而奔馳效勞。〔六一〕縱令：謂縱使，為假設轉折語。〔六二〕亦不辭滅族：雖滅族亦所不辭。〔六三〕內史下大夫勃海高熲……熲亦不辭滅族：按此段乃錄自《隋書・高熲傳》，字句大致相同。〔六四〕相府司錄：司錄，總錄一府之事，府署中之重要官職有三，除長史、司馬外，即為司錄。〔六五〕禁中：宮禁之中。〔六六〕每與靜帝同帳而坐：按《隋書・劉昉傳》作：「每與高祖同帳而坐。」說亦可通，但不如與靜帝同坐之更為重要，故遂改高祖為靜帝。〔六七〕美妓：妓，女樂。〔六八〕大王先帝之弟：按《周書・武七男傳》：「李皇后生宣帝、漢王贊。」故云然。〔六九〕孺子：謂靜帝。〔七〇〕豈堪大事：謂豈堪為君上。〔七一〕尚擾：謂尚擾攘不定。〔七二〕事寧：事平。〔七三〕性識庸下：性質見識，庸凡卑下。〔七四〕信然：謂當真如此。〔七五〕時漢王贊居禁中……以為信然，遂從之：按此段乃錄自《隋書・劉昉傳》，字句大致相同。〔七六〕刪略：刪削省略。〔七七〕躬履：親行。〔七八〕太史中大夫：太史掌天文歷數。周制，太史中大夫屬春官，五命。〔七九〕庸虛：庸，平凡；虛，空虛。〔八〇〕精微：精深玄微。〔八一〕符兆：符、讖、驗、兆，龜坼之文，又人事之兆朕。〔八二〕縱言：猶雖然言。〔八三〕箕潁之事：

指許由之事。皇甫謐《高士傳》：「許由字武仲，堯聞致天下而讓焉。乃退而遁於中嶽潁水之陽、箕山之下隱。」（據《史記‧伯夷傳》正義引文。）(八四)誠如：猶信如。(八五)堅夜召太史中大夫庾季才……久之曰，誠如君言：按此段乃錄自《隋書‧藝術庾季才傳》，字句大致相同。(八六)獨孤夫人：即文帝之獨孤皇后。(八七)已然：謂已經如此。(八八)騎虎之勢，必不得下：謂騎虎而下，必為所噬。按此語亦見《隋書‧藝術庾季才傳》，云：「高祖默然久之，因舉首曰：『吾今譬猶騎獸，誠不得下矣。』」以事實推之，似此語先出於高祖之口，而獨孤后聞後，又重申言之，以資加強其決心耳。再者，《隋書》之作騎獸，乃唐人避唐帝室之諱而改書者，其原來則為虎字也。(八九)素重：《周書‧尉遲迥傳》，作風重，二字意同，皆謂早也。(九〇)魏安公：《隋書‧地理志》上：「武威郡、昌松縣，後魏置魏安郡。」(九一)惇：音敦。(九二)會葬：謂來會宣帝之葬。(九三)堅以相州總管尉遲迥……奉詔書，召之會葬：按此段乃錄自《周書‧尉遲迥傳》，字句大致相同。(九四)又以小司徒叱列長叉為相州刺史：按《周書》及《北史‧韋孝寬傳》，皆作叱列長文，當改從之。(九五)齊州：《隋書‧地理志》中：「齊郡，舊曰齊州。」(九六)門正上士：門正，掌門關啓閉之節，及出入門者。(九七)傳舍：亭驛所置之舍，以供公人往來而寄宿者。(九八)屏左右：屏除左右從者。(九九)道：言。(一〇〇)輒動：隨便亂動。(一〇一)愕：驚駭。(一〇二)沙門：指僧人。(一〇三)精志者：《周書‧靜帝紀》作：「精誠自守者。」即精志之的釋。(一〇四)簡令：甄別命令。(一〇五)周復行佛道二教……簡令入道：按此段乃錄自《周書‧靜帝紀》，字句大致相同。(一〇六)周尉遲迥知丞相堅將不利於帝室，謀舉兵討之：按此數句乃本於《周書‧尉遲迥傳》，字句稍有不同。(一〇七)朝歌：

在今河南省淇縣北。⑱候：迎候。⑲以審之：《周書・韋孝寬傳》作：「以察之。」正釋審字。⑳稱疾：謂假言有疾。㉑伺：伺探。㉒韋孝寬至朝歌……至相州求醫藥，密以伺之：按此段乃錄自《周書・韋孝寬傳》，字句大致相同。㉓魏郡守：魏郡太守。㉔亭驛：漢制十里一亭，為漢代之最基層行政機構，內設有館舍，間與驛相並而置，亦有獨特設立者。㉕傳馬：即驛馬。㉖驛司：掌驛之吏。㉗蜀公：尉遲迥之封號。㉘孝寬兄子藝為魏郡守……宜速具酒食：按此段乃錄自《隋書・韋世康附藝傳》，字句大致相同。㉙迥尋遺儀同大將軍梁子康將數百騎追孝寬：按此數句乃錄自《周書・韋孝寬傳》，字句大致相同。㉚盛饌：豐盛之酒食。㉛遲留：遲緩停留。㉜追者至驛……孝寬與藝，由是得免：按此段乃錄自《隋書・韋世康附藝傳》，字句幾全相同。㉝破六韓：乃虜人之姓。㉞諭旨：謂曉諭以君上之旨意。㉟總管府長史：長史乃總管府僚佐權位之最大者。㊱令為之備：令其為準備。之猶其。㊲文武士民：文武，謂總管府及州郡文武官屬。㊳暴於行路：暴，顯露，謂雖行路之人亦皆知之。㊴吾與國舅甥：尉遲迥為宇文泰之甥。㊵寄以安危：寄託以安危之任。㊶糾合：聚合。㊷義勇：知義理有勇武之士。㊸匡國庇民：匡正國家，保護庶民。㊹自稱大總管：稱大總管者，欲以統攝諸州總管。㊺承制置官司：署置官司，而隔於權臣，未得以聞於天子，故曰承制。按此辭起於梁代、《陳書・高祖紀》上：「湘東王承制，授高祖員外散騎常侍……承制授高祖通直散騎常侍……十一月，承制授高祖使持節、都督會稽等五郡諸軍事。」是其佐證。㊻時趙王招入朝，留少子在國：趙王招國於襄國，襄國屬相州總管府。㊼奉以號令：謂奉之以發施號令。

(38)堅又令候正破六韓裒……迥奉以號令：按此段乃錄自《周書・尉遲迥傳》，字句大致相同。(39)樂安公：《隋書・地理志》中：「北海郡、千乘縣，舊置樂安郡。」(40)化政公：《魏書・地形志》，夏州有化政郡。(41)濮陽公：《隋書・地理志》中：「東平郡、鄄城縣，舊置濮陽郡。」(42)武鄉公：《隋書・地理志》上：「馮翊郡、馮翊縣，後魏曰華陰，周改為武鄉，置武鄉郡。」(43)清河公：《隋書・地理志》中：「清河郡、清河縣，舊曰武城，置清河郡。」(44)以韋孝寬為行軍元帥……皆為行軍總管，以討迥：按此段乃錄白《北史・尉遲迥傳》，字句大致相同。(45)計部中大夫：後周置計部，蓋主計會之簿書，若周官之司書。杜佑曰：「計部、屬天官。」(46)視不安：謂視線不定。(47)捷徑：謂不由正路，而取徑捷之路以行。(48)遲明：待明。(49)督宗兵：《隋書・楊尚希傳》作：「督宗室兵。」蓋由宗室子弟所組成者。(50)初宣帝使計部中大夫楊尚希……督宗兵三千人，鎮潼關：按此段乃錄自《隋書・楊尚希傳》，字句大致相同。(51)雍州牧畢剌王賢……堅殺賢，并其三子：按此段乃用《周書・明帝子畢王賢傳》之文，字句微有出入。(52)掩五王之謀不問：謂掩抑五王圖殺堅之謀，而不案問。(53)以秦王贄為大冢宰……梁睿為益州總管：按此段乃錄自《周書・靜帝紀》，字句大致相同。(54)晟，幼之曾孫也：按《隋書・長孫覽傳》：「祖稚，魏太師。」又《魏書・長孫稚傳》：「稚字幼卿。」是幼或稚之避諱：否則幼下當添一卿字。(55)建威侯：《隋書・地理志》上：「武都郡、建威縣，西魏復立郡，後周郡廢，改為建威縣。」(56)又遣建威侯賀若誼賂佗鉢可汗，且說之以求高紹義。佗鉢偽與紹義獵於南境，使誼執之。按此段乃用《北齊書・范陽王紹義傳》之文，至《隋書・賀若誼傳》，則述事多與此有異。其文云：「齊范陽王高紹義之奔突厥也，誼以兵追之，戰於馬邑，遂禽紹義。」足知二書記載不同之程度矣。此事以《北史・突厥傳》及《周書・靜帝紀》：「突厥送齊范陽王高紹義。」推之，實應以《北齊書》所載之經過為正。㉗紹義至長安，徙之蜀，久之，病死於蜀：按至長安及徙之蜀，決非同日之事，至死於蜀，則更不知其相距若干月日。此乃以事以人而連及者，亦所以濟編年體之窮之一法也。㉘初得迥書，表送之：謂將所得迥書，表奏之於朝廷。㉙迥所統相、衞、黎、洺、貝、趙、冀、瀛、滄：《隋書・地理志》中：「汲郡，東魏置義州，後周為衞州。汲郡、黎陽縣，後魏置黎陽郡，後置黎州。武安郡，後周置洺州。清河郡，後周置貝州。趙郡、大陸縣，舊曰廣阿，置敷州，後改為趙州。信都郡，舊置冀州。河間郡、河間縣，舊置瀛州。渤海郡、饒安縣，舊置滄州。」㉚青、齊、膠、光、莒：《隋書・地理志》中：「北海郡，舊置青州。齊郡，舊曰齊州。高密郡，舊置膠州。東萊郡，舊置光州。」又志下：「琅邪郡、沂水縣，舊置南青州，後周改州為莒州。」㉛滎州刺史：《隋書・地理志》中：「滎陽郡、汜水縣，舊曰成皐，即武牢也，後周置滎州。」㉜邵公青：周之宗室，封邵郡公。按《通鑑》於皇家宗室，例不書其姓，而僅言其封號及名。此《通鑑》義例，宜注意及之。㉝申州刺史：《隋書・地理志》下：「義陽郡，梁曰司州，後魏改曰郢州，後周改曰申州。」㉞東楚州刺史費也利進：《隋書・地理志》下：「下邳郡，後魏置南徐州，梁改為東徐州，東魏又改曰東楚州，陳改為安州，後周改為泗州。」核《周書》及《北史・尉遲迥傳》，既皆作東楚州，疑後周改為泗州之說或有訛誤，否則亦係後周先改為泗州，而後又沿襲舊稱，復改為東楚州，而志遺漏，未加載錄。又費也利進，《北史・尉遲迥傳》，則作費也利進國，未知其何所據而入書。㉒潼州刺史：《隋書・地理志》下：「下邳郡、夏丘縣，後齊置，幷置夏丘郡，尋立潼州。後周改州為宋州。」按《周書》及《北史・尉遲迥傳》，俱作東潼州。蓋地本名潼州，而齊周於淮海地帶，守棄無常，故有時加以東字，有時則免去之，而其實皆指下邳郡之夏丘縣而言。㉓曹孝遠：按《周書》與《北史・尉遲迥傳》，皆作曹孝達，當改從之。㉔席毗羅：按《北史・尉遲迥傳》作席毗，《隋書・源雄傳》亦同之，而《隋書・于仲文傳》則皆作席毗羅，故《通鑑》遂沿從之。㉕兗州：《隋書・地理志》下：「魯郡，舊兗州。」㉖蘭陵：在今山東省嶧縣境。㉗懷縣永橋鎮將：《隋書・地理志》中：「河內郡、安昌縣，舊曰懷州懷縣。」㉘石遜攻建州：按《北史・尉遲迥傳》，石遜作石愻。《隋書・地理志》中：「長平郡，舊曰建州。」㉙弁：音下。㉚西道行臺：即西道行臺尚書令，或尚書僕射之省。㉛潞州：《隋書・地理志》中：「上黨郡，後周置潞州。」㉜鉅鹿：今河北省寧晉縣治。㉝恆州：《隋書・地理志》中：「恆山郡，後周置恆州。」㉞汴州：《隋書・地理志》中：「滎陽郡、浚儀縣，東魏置梁州，周改曰汴州。」㉟莒州刺史：《隋書・地理志》下：「琅邪郡、沂水縣，舊置南青州，後周改州為莒州。」㊱沂州：《隋書・地理志》下：「琅邪郡，舊置北徐州，後周改曰沂州。」㊲曹亳二州：《隋書・地理志》中：「濟陰郡，後魏置西兗州，後周改曰曹州。」又：「譙郡，後魏置南兗州，後周改曰亳州。」㊳蕃城：《隋書・地理志》下：「彭城郡、滕縣，舊曰蕃，置蕃郡。」㊴下邑：按《隋書・地理志》中，梁郡轄有下邑縣。(二三)永州：《隋書・地理志》中：「汝南郡、城陽縣，梁置楚州，東魏置西楚州，後齊曰永州。」(二四)周青州總管尉遲勤，迥之弟子也……李惠自申州攻永州，拔之：按此段乃錄自《北史・尉遲迥傳》，字句大致相同。《周書・尉遲迥傳》，則文較簡略，故《通鑑》遂捨《周書》，而轉錄《北史》焉。

㈠迥遣使招大左輔、并州刺史李穆，穆鎖其使㈠，封上其書㈡。穆子士榮，以穆所居，天下精兵處㈢，陰勸㈣穆從迥，穆深拒之㈤，堅使內史大夫柳裘詣穆，為陳利害㈥，又使穆子左侍上士渾往布腹心㈦，穆使渾奉尉斗㈧於堅，曰：「願執威柄㈨，以尉安㈩天下。」又以十三鐶金帶遺堅(一一)，十三鐶金帶者，天子之服也。堅大悅，遣渾詣韋孝寬述穆意。穆兄子崇為懷州(一二)刺史，初欲應迥，後知穆附堅，慨然太息曰：「闔家(一三)富貴者數十人，值國有難，竟不能扶傾繼絕(一四)，復何面目處天地間乎！」不得已亦附於堅(一五)。迥子誼為朔州刺史(一六)，穆執送長安，又遣兵討郭子勝，擒之。迥招徐州總管源雄、東郡守于仲文，皆不從。雄，賀之曾孫；仲文，謹之孫也(一七)。迥遣宇文冑自石濟(一八)，宇文威自白馬(一九)濟河，二道攻仲文，仲文棄郡，走還長安，迥殺其妻子。迥遣檀讓徇地河南，丞相堅以仲文為河南道行軍總管，使詣洛陽，發兵討讓⑳，命楊素討宇文胄。丁未，周以丞相堅都督中外諸軍事。鄖州總管㉑司馬消難亦舉兵應迥。己酉，周以柱國王誼為行軍元帥，以討消難㉒，廣州刺史于顗㉓，仲文之兄也，與總管趙文表不協㉔，詐得心疾，誘文表，手殺之㉕，因唱言㉖文表與尉遲迥通謀，堅以迥未平，因勞勉之，即拜吳州總管㉗㉘。

(二)趙僭王招謀殺堅，邀堅過其第，堅齎㉙酒殽就之，招引入寢室，招子員貫㉚及妃弟魯封等皆在左右，佩刀而立，又藏刃於帷席之間㉛，伏壯士於室後㉜，堅左右皆不得從，唯從祖弟開府大將軍弘、大將軍元胄坐於戶側。胄，順之孫也。弘、胄皆有勇力，為堅腹心，酒酣，招以佩刀刺瓜，連啗㉝堅，欲因而刺之，元胄進曰：「相府有事，不可久留。」招訶㉞之曰：「我與丞相言，汝何為者？」叱之使却㉟。胄瞋目憤氣㊱，扣刀㊲入衞，招賜之酒曰：「吾豈有不善之意邪，卿何猜警㊳如是！」招偽吐㊴，將入後閤，胄恐其為變，扶令上坐㊵，如此再三，招偽稱喉乾，命胄就廚取飲，胄不動，會滕王逌後至，堅降階㊶迎之，胄耳語㊷曰：「事勢大異，可速去。」堅曰：「彼無兵馬，何能為！」胄曰：「兵馬皆彼物，彼若先發，大事去矣，胄不辭死，恐死無益㊸。」堅復入坐，胄聞室後有被甲聲㊹，遽請曰：「相府事殷㊺，公何得如此！」因扶堅下牀，趨去，招將追之，胄以身蔽戶，招不得出，堅及門，胄自後至，招恨不時發㊻，彈指出血㊼㊽。壬子，堅誣招與越野王盛謀反，皆殺之，及其諸子，賞賜元胄，不可勝計。周室諸王數欲伺隙殺堅，堅都督臨涇李圓通㊾常保護之，由是得免㊿。

㈢癸丑，周主封其弟衎為葉王，術為郢王(51)。

周豫、荊、襄三州蠻反(52)，攻破郡縣。

㈣周韋孝寬軍至永橋城，諸將請先攻之，孝寬曰：「城小而固，若攻而不拔，損我兵威。今破其大軍，此何能為！」於是引軍壁於武陟(53)(54)。尉遲迥遣其子魏安公(55)惇帥眾十萬入武德(56)，軍於沁東，會沁水漲，孝寬與迥隔水相持(57)不進(58)。孝寬長史李詢密啓(59)

丞相堅云：「梁士彥、宇文忻、崔弘度，並受尉遲迥饟(六〇)金，軍中慅慅(六一)，人情大異(六二)。」堅深以為憂，與內史上大夫鄭譯謀代此三人者，李德林曰：「公與諸將，皆國之貴臣，未相服從，今正以挾令(六三)之威，控御(六四)之耳，前所遣者疑其乖異(六五)，後所遣者，又安知能盡其腹心(六六)邪！又取金(六七)之事，虛實(六八)難明，今一旦代之，或懼罪逃逸，若加縻縶(六九)，則自鄖公(七〇)以下，莫不驚疑。且臨敵易將，此燕趙之所以敗也(七一)。如愚所見，但遣公一腹心，明於智略(七二)，素為諸將所信服者，速至軍所，使觀其情偽(七三)，縱有異意，必不敢動，動亦能制之矣。」堅大悟曰：「公不發此言，幾敗大事(七四)。」乃命少內史(七五)崔仲方往監諸軍，為之節度(七六)。仲方，猷之子也(七七)。辭以父在山東；又命劉昉、鄭譯，昉辭以未嘗為將，譯辭以母老，堅不悅。府司錄(七八)高熲請行，堅喜遣之，熲受命亟發(七九)，遣人辭母(八〇)而已(八一)。自是堅措置軍事，皆與李德林謀之，時軍書(八二)日以百數，德林口授數人(八三)，文意百端(八四)，不加治點(八五)(八六)。

(五)司馬消難以鄖、隨、溫、應、土、順、沔、儇、岳九州，及魯山等八鎮來降（八七），遣其子為質，以求援。八月，己未，詔以消難為大都督，總督九州八鎮諸軍事，司空，賜爵隨公。庚申，詔鎮西將軍樊毅進督沔、漢諸軍事，南豫州刺史任忠帥眾趣歷陽，超武將軍（八八）陳慧紀為前軍都督，趣南兗州（八九）。

㈥周益州總管王謙亦不附丞相堅，起巴蜀之兵（九〇），以攻始州（九一）。梁睿至漢川（九二），不得進，堅即以睿為行軍元帥，以討謙（九三）。

㈦戊辰，詔以司馬消難為大都督水陸諸軍事。庚午，通直散騎常侍淳于陵克臨江郡（九四）。

㈧梁世宗（九五）使中書舍人柳莊奉書入周，丞相堅執莊手曰：「孤昔開府（九六），從役（九七）江陵，深蒙梁主殊眷（九八），今主幼（九九）時艱（一〇〇），猥蒙顧託，梁主奕葉（一〇一），委誠（一〇二）朝廷，當相與共保歲寒（一〇三）。」時諸將競勸梁主舉兵，與尉遲迥連謀，以為進可以盡節周氏，退可以席卷（一〇四）山南。梁主疑未決（一〇五），會莊至，具道（一〇六）堅語，且曰：「昔袁紹、劉表、王淩、諸葛誕，皆一時雄傑，據要地，擁彊兵，然功業莫就（一〇七），禍不旋踵（一〇八）者，良由（一〇九）魏晉挾天子，保京都，仗大順，以為名故也。

今尉遲迴雖曰舊將，昏耄⑳已甚，司馬消難、王謙常人之下者㉑，非有匡合㉒之才。周朝將相，多為身計㉓，競効節㉔於楊氏。以臣料之，迴等終當覆滅，隨公必移周祚㉕。未若保境息民㉖，以觀其變。」梁主深然之㉗，眾議遂止。

㈨高熲至軍，為橋㉘於沁水，尉遲惇於上流縱火栰㉙，熲豫為土狗㉚以禦之㉛，【考異】隋書作木栰木狗，今從北史。惇布陳二十餘里，麾兵少却，欲待孝寬軍半度而擊之，孝寬因其却，鳴鼓齊進，軍既度，熲命焚橋，以絕士卒反顧之心，惇兵大敗，單騎走，孝寬乘勝進，追至鄴。

庚午，迴與惇及惇弟西都公㉜祐，悉將其卒十三萬，陳於城南，迴別統萬人，皆綠巾錦襖㉝，號黃龍兵，迴弟勤帥眾五萬，自青州赴迴，以三千騎先至。迴素習軍旅，老猶被甲臨陳，其麾下㉞，皆關中人，為之力戰。孝寬等軍不利而却，鄴中士民觀戰者數萬人㉟㊱，行軍總管宇文忻曰：「事急矣，吾當以詭道㊲破之。」乃先射觀者，【考異】隋書云：「高熲與李詢先犯觀者。」今從北史。觀者皆走，轉相騰藉㊳㊴，聲如雷霆，忻乃傳呼㊵曰：「賊敗矣。」眾復振，因其擾㊶而乘之，迴軍大敗(三二)，走保鄴城。孝寬縱(三三)兵圍之。李詢及思安伯(三四)、代人賀婁子幹先登(三五)，崔弘度妹先適迥子為妻，及鄴城破，迥窘(三六)迫升樓，弘度直上龍尾(三七)追之，迥彎弓，將射弘度，弘度脫兜鍪(三八)，謂迥曰：「頗相識不(三九)？今日各圖國事(四〇)，不得顧私(四一)，以親戚之情(四二)，謹遏亂兵，不許侵辱(四三)，事勢如此，早為身計(四四)，何所待也(四五)！」迥擲弓於地，罵左丞相極口(四六)而自殺。弘度顧其弟弘升曰：「汝可取迥頭。」弘升斬之(四七)，軍士在小城中者，孝寬盡阬之。勤、惇、祐東走青州，未至，開府儀同大將軍郭衍追獲之，丞相堅以勤初有誠款(四八)，特不之罪，李惠先自縛歸罪(四九)，堅復其官爵。迥末年衰耄，及起兵，以小御正崔達拏為長史。達拏，暹之子也(五〇)。文士無籌略(五一)，舉措多失，凡六十八日而敗(五二)。

(十)于仲文軍至蓼隄，去梁郡七里，檀讓擁眾數萬，仲文以羸(五三)師挑戰而偽北(五四)，讓不設備，仲文還擊，大破之，生獲五千餘人，斬首七百級。進攻梁郡(五五)，迥守將劉子寬棄城走，仲文進擊曹州，獲迥所署(五六)刺史李仲康，檀讓以餘眾屯成武(五七)，仲文襲擊，破之，遂拔成武。迥將席毗羅眾十萬，屯沛縣(五八)，將攻徐州，其妻子在金鄉(五九)，仲文遣人詐為毗羅使者，謂金鄉城主(六〇)徐善淨曰：「檀讓明日午時至金鄉，宣蜀公令，賞賜將士。」金鄉人皆喜，仲文簡精兵偽建(六一)迥旗幟，倍道(六二)而進，善淨望見，以為檀讓，出迎謁(六三)，仲文執之，遂取金鄉。諸將多勸屠其城，仲文曰：「此城乃毗羅起兵之所，當寬其妻子，其兵自歸；如即屠之，彼望絕矣(六四)。」眾皆稱善。於是毗羅恃眾來薄(六五)官軍，仲文設伏擊之，毗羅眾大潰，爭投洙水死(六六)，水為之不流，獲檀讓，檻送京師(六七)，斬毗羅，傳首(六八)(六九)。韋孝寬分兵討關東叛者，悉平之，堅徙相州於安陽，毀鄴城及邑居(七〇)。分相州置毛州、魏州(七一)(七二)。梁主聞迥敗，謂柳莊曰：「若從眾人之言，社稷已不守矣。」

㈩丞相堅之初得政也，待黃公劉昉沛公鄭譯甚厚，賞賜不可勝計，委以心膂(七三)，朝野傾屬(七四)，稱為黃沛。二人皆恃功驕恣(七五)，溺於財利，不親職務(七六)，及辭監軍，堅始疏(七七)之，恩禮漸薄。高熲自軍所還(七八)，寵遇(七九)日隆，時王誼、司馬消難未平，堅憂之，忘寢與食（八〇），而昉逸遊（八一）縱酒，相府事多遺落（八二），堅乃以高熲代昉為司馬。不忍廢譯，陰敕（八三）官屬不得白事（八四）於譯，譯猶坐聽事（八五），無所關預（八六），惶懼頓首，求解職（八七），堅猶以恩禮慰勉之（八八）。

（十二）癸酉，智武將軍（八九）魯廣達克周之郭默城。丙子，淳于陵克祐州城（九〇）。

（十三）周以漢王贊為太師，申公李穆為太傅，宋王實為大前疑，秦王贄為大右弼，燕公于寔為大左輔（九一）。寔，仲文之父也。

（十四）周王誼帥四總管至郥（九二）州，司馬消難擁其眾以魯山、甑山（九三）二鎮來降。初，消難遣上開府儀同大將軍段珣將兵圍順州，順州刺史周法尚不能拒，棄城走，消難虜其母弟而南（九四）（九五），樊毅救消難不及，周亳州（九六）總管元景山擊之，毅掠居民而去，景山與南徐州刺史宇文弼（九七）追之，與毅戰於漳口（九八），一日，三戰三捷，毅退保甑山鎮，城邑為消難所據者，景山皆復取之（九九）。郥州巴蠻多叛（一〇〇），共推渠帥（一〇一），蘭雒州為主（一〇二），以附消難，王誼遣諸將分討之，旬月皆平（一〇三）。陳紀、蕭摩訶攻廣陵（一〇四），周吳州總管于顗擊破之。沙州氐帥楊永安聚眾應王謙，大將軍樂寧公達奚儒㉕討之。楊素破宇文胄於石濟，斬之。

⑮周以神武公竇毅為大司馬，齊公于智為大司空。九月，以小宗伯、竟陵公楊惠為大宗伯㉖。

丁亥，周將王延貴㉗帥眾援歷陽，任忠擊破之，生擒延貴。

壬辰，周廢皇后司馬氏為庶人㉘。庚戌，以隨世子勇為洛州總管、東京小冢宰㉙，總統舊齊之地。壬子，以左丞相堅為大丞相，罷左右丞相之官。

⑯冬，十月，甲寅，日有食之。

⑰周丞相堅殺陳惑王純及其子。

周梁睿將步騎二十萬討王謙，謙分命諸將據險拒守，睿奮擊㉚，屢破之，蜀人大駭。謙遣其將達奚惎㉛、高阿那肱㉜、乙弗虔等帥眾十萬攻利州㉝，堰江水㉞以灌之，城中戰士不過二千，總管昌黎豆盧勣晝夜拒守，凡四旬，時出奇兵擊惎等，破之，會梁睿至，惎等遁去㉟。睿自劍閣入，進逼成都，謙令達奚惎、乙弗虔城守，親帥精兵五萬，背城㉖結陳，睿擊之，謙戰敗，將入城，甚虔以城降；謙將麾下三十騎走新都㉗，新都令王寶執之，戊寅，睿斬謙及高阿那肱，劍南㉘平㉙。

十一月，甲辰，周達奚儒㉚破楊永安，沙州平。丁未，周鄖襄公韋孝寬卒。孝寬久在邊境，屢抗彊敵，所經略㉛布置，人初莫之解㉜，見其成事㉝，方乃驚服；雖在軍中，篤意㉞文史，敦㉟睦宗族，所得俸祿，不入私室，人以此稱之㊱㊲。

(十八)十二月，庚辰㊳，河東康簡王叔獻卒。

(十九)癸亥，周詔諸改姓者，宜悉復舊㊴。

甲子，周以大丞相堅為相國，總百揆㊵，去都督中外大冢宰之號，進爵為王，以安陸等二十郡為隨國㊶，贊拜不名㊷，備九錫之禮㊸；堅受王爵、十郡而已。辛未，殺代奰王達，滕聞王逌及其子。壬申，以小冢宰元孝規為大司徒㊹。

(廿)是歲，周境內有州二百一十一、郡五百八。

【今註】㊀鎖其使：鎖繫其使。㊁封上其書：將迥遺穆之書，嚴封而奏上之。㊂以穆所居，天下精兵處：幷州為北齊發祥之地，後又定為陪都，其地士健馬多，故云然。㊃陰勸：暗勸。㊄深拒之：猶堅拒之。㊅為陳利害：謂為陳順逆之利害。㊆布腹心：謂陳至誠，而非貌言。㊇尉斗：今之熨斗，所以熨服裳者。㊈威柄：謂威勢之把柄。㊉尉安：伏帖、安定。⑪又以十三鐶金帶遺堅：《隋書・禮儀志》七：「革帶。案禮，博二寸。禮圖曰：『瑠綴於革帶。』阮諶以為有章印則於革帶佩之。東觀記：『楊賜拜太常，詔賜自所著革帶。』故知形制尊卑不別。今博三寸半，加金縷鞢、螳蜋鉤，以相拘帶，自大裘至於小朝服，皆用之。」天子以十三鐶金帶為異，乃後周之制。⑫懷州：《隋書・地理志》中：「河內郡，舊置懷州。」⑬闔家：全家。⑭扶傾繼絕：謂傾者扶之，絕者繼之。⑮迥遣使招大左輔並州刺史李穆……不得已亦附於堅：按此段乃錄自《隋書・李穆及穆子渾、詢弟崇傳》，次序雖有改訂，然字句則大致相同。⑯朔州刺史：《隋書・地理志》中：「馬邑郡、善陽縣，又有後魏桑乾郡，後齊以置朔州。」⑰仲文，謹之孫也：于謹事周有大功，《周書》有傳。⑱石濟：在白馬西。⑲白馬：故城在今河南省滑縣東。⑳迥遣宇文冑自石濟……使詣洛陽，發兵討讓：按此段乃錄自《隋書・于仲文傳》，字句大致相同。㉑鄖州總管：胡三省曰：「春秋鄖子之國。杜預謂：『在江夏雲杜縣東南有鄖城。』章懷太子曰：『雲杜故城，在復州沔陽縣西北。』周蓋因古國名置鄖州於沔陽也。」㉒丁未，周以丞相堅都督中外諸軍事……王誼為行軍元帥，以討消難：按此段乃錄自《周書・靜帝紀》，字句大致相同。㉓廣州刺史于顗：按《隋書・于仲文附顗傳》作：「顗為東廣州刺史。」當從添東字。顗音ㄧˇ。㉔不協：不和。㉕手殺之：謂親殺之。㉖唱言：謂大聲宣言。㉗吳州總管：《隋書・地理志》下：「江都郡，梁置南兗州，後齊改為東廣州，陳復曰南兗，後周改為吳州。」觀此，則此時東廣州刺史與吳州總管，蓋並治廣陵。㉘廣州刺史于顗……即拜吳州總管：按此段乃錄自《隋書・于仲文附顗傳》，而刪削頗力。㉙齎：帶持。㉚招子員貫：據《隋書・元冑傳》，此乃二人。㉛帷席之間：謂藏刀劍於帳帷中及席下。㉜趙僭王招謀殺堅……伏壯士於室後：按此段乃錄自《周書・文閔諸子趙僭王招傳》，字句稍有出入。㉝啗：食，音淡。㉞訶：訶叱。㉟使却：使退。㊱憤氣：謂氣息憤激。㊲扣刀：猶持刀。㊳猜警：猜疑警戒，言疑而加警戒也。㊴偽吐：謂假作嘔吐。㊵扶令上坐：謂扶令入坐，不聽其出。㊶降階：下石階。㊷耳語：附耳而語。㊸恐死無益：謂恐如此死法，毫無裨益。㊹被甲聲：著鎧甲之聲。㊺事殷：事眾。㊻不時發：謂不及時發作。㊼彈指出血：謂拊掌出血，拊掌乃示悔恨之一方式，今人有悔恨時，尚多用之。㊽堅左右皆不得從……招恨不時發，彈指出血：按此段乃錄自《隋書・元冑傳》，字句大致相同。㊾臨涇李圓通：按《隋書》及《北史・李圓通傳》，皆作京兆涇陽人，當改從之。㊿周室諸王數欲伺隙殺堅……由是得免：按此段乃錄自《隋書・李圓通傳》，字句稍有出入。(51)周主封其弟衍為葉王，術為郢王：按《通鑑》此文，乃本於《北史・靜帝紀》及《周書・宣帝三子傳》文。然《北史》及《周書・靜帝紀》俱云：「靜皇帝諱衍，後改為闡。」則其弟不得復名為衍，知文必有訛。《周書・靜帝紀》作：「封皇弟術為鄴王，衍為郢王。」為免除矛盾，當以改從《周書・靜帝紀》文為是。(52)周豫、荊、襄三州蠻反：據《隋書・地理志》，豫州、汝南郡，荊州、南郡，襄州、襄陽郡。此蠻即所謂山蠻，自荊襄至汝漢，皆有之。(五三)壁於武陟：壁，安營。武陟，據《隋書・地理志》中，在河內郡，修武縣界，開皇十六年，析置武陟。(五四)周韋孝寬軍至永橋城……於是引軍壁於武陟：按此段乃錄自《周書・韋孝寬傳》，字句大致相同。(五五)魏安公：《隋書・地理志》上：「宕渠郡、墊江縣，西魏置縣，後周改為魏安縣。」又志下：「沔陽郡、甑山縣，梁置梁安郡，西魏改曰魏安郡。」未審其封邑，究屬何地。(五六)武德：《隋書・地理志》中：「河內郡、安昌縣，舊曰州縣，置武德郡。」(五七)相持：相持拒。(五八)尉遲迥遣其子魏安公惇帥眾十萬……隔水相持不進：按此段乃錄自《北史・尉遲迥傳》，字句大致相同。(五九)密啓：秘密啓奏。(六〇)饋：饋，音餉。(六一)慅慅：憂愁不安。(六二)大異：甚為變異。(六三)挾令：挾天子之令。(六四)控御：控制駕御。(六五)乖異：乖離違異。(六六)腹心：謂誠心。(六七)取金：指上之收受饋遺。(六八)虛實：猶真偽。(六九)縻縶：繫縛。(七〇)鄖公：韋孝寬封號。(七一)且臨敵易將，此燕趙之所以敗也：燕惠王信讒，用騎劫代樂毅，而敗於田單。趙惠王聽間，用趙括代廉頗，以敗於白起。皆臨敵易將之禍也。詳見《史記・燕趙世家》。(七二)明於智略：猶長於智略。(七三)情偽：猶真假。(七四)孝寬長史李詢密啓丞相堅云……公不發此言，幾敗大事：按此段乃錄自《隋書・李德林傳》，文字削改處頗多，而其削改，俱甚得體，可對研之，以獲索鍛鍊辭句之方法。(七五)少內史：即小內史，後周官職，與大相對者，通皆作小。(七六)節度：節制度量。(七七)仲方，猷之子也：崔猷，《周書》有傳。(七八)府司錄：即丞相府司錄，司錄總錄府中一切事務。(七九)亟發：立即出發。(八〇)遣人辭母：以已立即就道，不遑親辭，故遣人代之。(八一)乃命少內史崔仲方……遣人辭母而已：按此段乃錄自《隋書・高熲傳》，而間有溢出。(八二)軍書：有關軍事文書。(八三)口授數人：謂隨口宣吐，而令數人書之。(八四)文意百端：端猶種，文意百種，乃極言其文書之繁多，及事由之不同也。(八五)治點：治，修改；點，塗點。與點定、點竄之意頗相類。(八六)時軍書日以百數……不加治點：按此段乃錄自《隋書・李德林傳》，字句大致相同。(八七)司馬消難以鄖、隨、溫、應、土、順、沔、儇、岳九州，及魯山等八鎮：《隋書・地理志》下：「漢東郡，西魏置幷州，後改曰隋州。安陸郡、京山縣，舊曰新陽，梁置新州，西魏改州為溫州。安陸郡、應山縣，梁置應州。漢東郡、土山縣，梁置土州。漢東郡、順義縣，梁置順州。沔陽郡，後周置復州。大業初改曰沔州。安陸郡、吉陽縣，後周置環州。安陸郡、孝昌縣，西魏置岳州。魯山在沔陽郡漢陽縣界，臨江，齊梁以來為重鎮。」(八八)超武將軍：超武將軍梁置，與宣猛將軍同班。(八九)司馬消難以鄖隨……陳慧紀為前軍都督，趣南兗州：按此段乃錄自《陳書・宣帝紀》太建十二年文，字句大致相同。(九〇)起巴蜀之兵：此巴蜀謂漢巴郡、蜀郡之區域。(九一)始州：《隋書・地理志》上：「普安郡，梁置南梁州，後改為安州，西魏改為始州。」(九二)漢川：即漢中，隋避諱，改曰漢川。(九三)周益州總管王謙……以睿為行軍元帥，以討謙：按此段乃用《隋書・梁睿傳》文，而稍有增益。(九四)臨江郡：《隋書・地理志》下：「歷陽郡、烏江縣，梁置江都郡，後齊改為齊江郡，陳又改為臨江郡。」(九五)梁世宗：據《周書・蕭詧附巋傳》，巋薨，廟號世宗。(九六)孤昔開府：以斯時堅為承相，故自稱曰孤。開府謂開府儀同三司。(九七)從役：謂行役，凡出征及奉使，皆可曰行役。(九八)殊眷：特殊眷遇。(九九)主幼：指周靜帝。(一〇〇)時艱：時局艱難。(一〇一)奕葉：

累世。⑫委誠：委寄誠款。⑬共保歲寒：《論語・子罕》：「子曰：『歲寒然後知松柏之後彫也。』」何晏注：「大寒之歲，眾木皆死，然後知松柏不彫傷。平歲，眾木亦有不死者，故須歲寒而後別之。喻凡人處治世，亦自能修整，與君子同，在濁世，然後知君子之不苟容。」⑭席卷山南：漢沔之地，在終南太華諸山之南。卷同捲。⑮時諸將競勸梁主舉兵……梁主疑未決：按此數句乃錄自《周書・蕭詧附巋傳》，字句大致相同。⑯具道：詳道。⑰莫就：不成。⑱不旋踵：謂未能完全旋踵，喻其速也。⑲良由：誠由。⑳昏耄：昏聵老耄。《禮記》：「八十九十曰耄。」音帽。㉑常人之下者：在平常人中，尚屬下等，極言其平凡也。㉒匡合：用管仲相齊，九合諸侯，一匡天下事。㉓多為身計：謂多為自己利害打算。㉔競効節：謂競致誠節。㉕祚：祿，位。㉖息民：安民。㉗深然之：謂深以為是。㉘為橋：按此橋乃以舟相連之浮橋。㉙火栰：大曰栰，小曰桴。《隋書・高熲傳》，火作大，蓋欲縱大栰以衝毀之，大較火為近事理。㉚土狗：按《高熲傳》作木狗。木狗者，乃以多木聚於一起，為狀如狗，置於水中，以阻大栰之衝擊也。若作土狗，則於深水中，甚難以土累成，故不及木狗之易辦且易奏效。㉛高熲至軍，為橋於沁水……熲豫為土狗以禦之：按此段乃錄自《隋書・高熲傳》，字句微有出入。㉜西都公：《隋書・地理志》上：「西平郡，湟水縣，舊曰西都。」㉝錦襖：以錦帛製之上衣。㉞麾下：猶部下。㉟鄴中士民觀戰者數萬人：《北史》及《周書・尉遲迥傳》皆作：「鄴中士女，觀者如堵。」既觀者如堵，自當有婦女參與其間，故士民當作士女。㊱惇布陳二十餘里……鄴中士民觀戰者數萬人：按此段乃錄自《周書・尉遲迥傳》，字句大致相同。㉗詭道：謂非正道。㉘轉相騰藉：謂輾轉互相騰踏踐藉。㉙聲：慘呼之聲。㉚傳呼：相傳而呼。㉛擾：騷擾。㉜行軍總管宇文忻曰……迥軍大敗：按此段乃錄自《隋書・宇文忻傳》，字句大致相同。㉝縱兵：謂盡所有之兵。㉞思安伯：《隋書・地理志》上：「河池郡、河池縣，後魏置思安縣。」㉟思安伯代人賀婁子幹：按姓名上冠以官爵，籍貫，宗旨皆在說明其係何人，而非係何人。用一已足，不煩繁瑣言之，故代人二字可刪。㊱窘：困。㊲龍尾：胡三省曰：「築道陂陀以上城，其道下附於地，若龍垂尾然，故曰龍尾。」㊳兜鍪：即冑，頭所著者。㊴相識不：謂認識不。㊵各圖國事：謂各盡力於國家之事。㊶不得顧私：謂不得顧私人之誼。㊷以親戚之情：謂今為瞻念親戚之情。㊸謹遏亂兵，不許侵辱：爰遏止不守規律之兵，使其不得侵掠姦汙。㊹為身計：為己計。㊺何所待也：謂尚有何等待。㊻罵左丞相極口：按《隋書・酷吏崔弘度傳》作：「罵大丞相。」據《周書・靜帝紀》，楊堅斯時官之全銜為左大丞相，於是兩書各擇一而書，遂一作大丞相，一作左丞相焉。極口，謂極力罵詈。㊼崔弘度妹先適迥子為妻……弘升斬之：按此段乃錄自《隋書・酷吏崔弘度傳》，字句幾全相同。㊽以勤初有誠款：以勤初表送迥書。款亦誠，二字為複合辭。㊾李惠先自縛歸罪：李惠自申州舉兵應迥，既而知迥事不成，先自歸降。㊿達挐，暹之子也：崔暹，《北齊書》有傳。(51)文士無籌略：為一文士，而無策略。(52)勤、惇、祐東走青州……凡六十八日而敗：按此段乃錄自《北史・尉遲迥傳》，字句大致相同。(53)羸：弱，音纍。(54)偽北：北，敗北。(55)梁郡：治睢陽。(56)署：署任。(57)成武：今山東省城武縣。(58)沛縣：今江蘇省沛縣，在銅山縣西北。(五九)金鄉：今山東省金鄉縣。(六〇)城土：守城之將，齊周時名曰城主。(六一)偽建：偽詐建豎。(六二)倍道：猶兼程，謂晝夜行而不停。(六三)謁：參。(六四)彼望絕矣：彼指毗羅之兵士言，彼為複數，應作彼等，而書記如此情形，率僅用單數之彼，以代表複數。此屬文讀文，應須注意者也。(六五)薄：迫。(六六)爭投洙水死：按《隋書・于仲文傳》，洙作沫。(六七)檻送京師：檻，檻車；京師，謂長安。(六八)斬毗羅，傳首：謂傳首於長安。(六九)于仲文軍至蓼隄……斬毗羅傳首：按此段乃錄自《隋書・于仲文傳》，字句大致相同。(七〇)堅徙祖州於安陽，毀鄴城及邑居：邑居，謂鄴城之住民。劉昫曰：「楊堅令韋孝寬討尉遲迥，平之，焚燒鄴城，徙其居人，南遷四十五里，以安陽城為相州治所，仍為鄴縣，隋又改為安陽縣。」(七一)分相州置毛州、魏州：《隋書・地理志》中：「武陽郡，後周置魏州。館陶縣，舊置毛州。」顏師古曰：「漢武帝時，河北決於館陶，分為屯氏河。」而隋室分析州縣，誤以為毛氏河，乃置毛州，失之甚矣。」(七二)堅徙相州於安陽……分相州置毛州、魏州：按此段乃錄自《周書・靜帝紀》，字句大致相同。(七三)心膂：膂，脊骨。人之一身，思慮之所以運者、心，腰背之所以強者、膂，故以為喻。(七四)傾屬：傾心屬目。(七五)驕恣：驕傲縱恣。(七六)不親職務：謂不親理職務。(七七)疏：疏遠。(七八)高熲自軍所還：謂自鄴還。(七九)龍遇：龍幸恩遇。(八〇)忘寢與食：謂忘寢忘食。(八一)逸遊：逸樂遊宴。(八二)遺落：遺失落墜，猶廢弛也。(八三)敕：告。(八四)白事：稟報事務。(八五)聽事：丞相府長史之廳事。(八六)關預：謂通報及參預。(八七)解職：解去職位。(八八)丞相堅之初得政也……堅猶以恩禮慰之：按此段乃錄自《隋書・劉昉傳》、〈鄭譯傳〉二傳，字句大致相同。(八九)智武將軍：按《隋書・百官志》上，智武將軍為梁五德將軍之一。(九〇)癸酉，智武將軍魯廣達……淳于陵克祐州城：按此段乃錄自《陳書・宣帝紀》太建十二年文，字句大致相同。(九一)周以漢王贊為太師……燕公于實為大左輔：按此段乃錄自《周書・靜帝紀》，字句大致相同。(九二)鄖：音云。(九三)甑山：按《隋書・地理志》下，甑山縣，後周置，屬沔陽郡。(九四)消難虜其母弟而南：按《隋書・周法尚傳》作：「消難虜其母弟及家累三百人，歸于陳。」不可省，當從添入。(九五)初，消難遣上開府儀同大將軍段珣……消難虜其母弟而南：按此段乃錄自《隋書・周法尚傳》，字句大致相同。(九六)亳州：後周於譙郡置亳州，今安徽省亳縣。(九七)南徐州刺史宇文弼：按《隋書・宇文弼傳》，時為南司州刺史。又《隋書・地理志》下：「安陸郡，吉陽縣，梁置義陽郡，西魏改為南司州。」是南徐當改作南司。弼，古弼字。(九八)戰於漳口：胡三省曰：「今安陸西五十里有漳水。」漳水入江之口，謂之漳口。(九九)周亳州總管元景山擊之……景山皆復取之：按此段乃錄自《隋書・元景山及宇文弼傳》，字句大致相同。(一〇〇)鄖州巴蠻多叛：按《隋書・王誼傳》：「于時北至商洛，南拒江淮，東西二千餘里，巴蠻多叛。」胡三省曰：「是則晉宋以來，所謂山蠻也；南朝諸史所謂荊雍州蠻者也。以其先出於巴種，故謂之巴蠻。」(一〇一)渠帥：大帥。(一〇二)為主：謂為首領。(一〇三)鄖州巴蠻多叛……王誼遣諸將分討之，旬月皆平：按此段乃錄自《隋書・王誼傳》，文字大致相同。(一〇四)陳紀、蕭摩訶攻廣陵：陳紀，《陳書》作陳慧紀，有傳。又《隋書・于仲文附凱傳》作：「陳復遣將陳紀、周羅睺、燕合兒等襲顗，顗拒之而退。」無蕭摩訶字樣，且《陳書・蕭摩訶傳》亦不載此事，是蕭摩訶當改作周羅睺為是。(一〇五)大將軍樂寧公達奚儒：按《隋書・達奚長儒傳》：「襲爵樂安公。」核《隋書・地理志》中：「北海郡、博昌縣，舊曰樂安。」是樂寧當改作樂安。又達奚儒，傳皆作達奚長儒，當從添長字。㉖沙州氐帥楊永安……竟陵公楊惠為大宗伯：按此段乃錄自《周書・靜帝紀》，字句大致相同。㉗周將王延貴：按《陳書・宣帝紀》太建十二年文，作王廷貴，《通鑑》之作王延貴，乃沿從《陳書・任忠傳》文。㉘周廢皇后司馬氏為庶人：以司馬后父消難起兵而南叛故。㉙東京小冢宰：此洛州所置之六府官。㉚奮擊：謂奮勇攻擊。㉛惎：音忌。㉜謙遣其將高阿那肱：按《隋書・梁睿傳》作：「謙又令高阿那瓌。」原《通鑑》所以改瓌作肱，以《北齊書・恩幸高阿那肱傳》：「阿那肱雖作肱字，世人皆稱為瓌。」《北史・恩幸高阿那肱傳》：「尋出為隆州刺史，大象末，在蜀從王謙起兵，誅死。」《隋書・豆盧勣傳》：「謙遣其將高阿那肱。」《通鑑》遂據此三者採用其通行之書法，而書作高阿那肱焉。至《周書・王謙傳》之寫作阿史那瓌，則全係誤衍史字，而復將肱字改從音讀，而所成者。以三者衡之，當以《通鑑》所書為當為確。㉝利州：《隋書・地理志》上：「義城郡，西魏曰益州，又改曰利州。」㉞堰江水：嘉陵江在利州城西。㉟謙遣其將達奚惎……會梁睿至，惎等遁去：按此段乃錄自《隋書・豆盧勣傳》，字句大致相同。㊱背城：謂背後依城。㊲新都：《隋書・地理志》上：「蜀郡、成都縣，舊置蜀郡，又有新都縣。」㊳劍南：蜀地在劍閣之南，故曰劍南。㊴睿自劍閣入……睿斬謙及高阿那肱，劍南平：按此段乃錄自《隋書・梁睿傳》，字句大致相同。㊵周達奚儒：按達奚儒應作達奚長儒。㊶經略：謂所定之謀略。㊷解：曉。㊸成事：謂事情成功。㊹篤意：猶注意。㊺敦：厚。㊻稱之：稱贊之。㊲周鄖襄公韋孝寬卒……人以此稱之：按此段乃錄自《周書·韋孝寬傳》，字句大致相同。㊳十二月，庚辰：胡三省曰：「此書庚辰，下云癸亥，自庚辰至癸亥四十四日，則庚辰必誤。按長歷周陳十二月皆壬子朔，庚辰恐是丙辰之訛。」㊴周詔諸改姓者，宜悉復舊：宇文泰以諸將補九十九姓，見卷一百六十五梁元帝承聖三年。㊵百揆：百官。㊶以安陸等二十郡為隨國：按二十郡之全名，具載《隋書·高祖紀》上，茲不詳。㊷贊拜不名：呼及拜時，皆不稱己之名。㊸備九錫之禮：據《隋書·高祖紀》上，是時九錫之禮為：一、大輅戎輅各一，玄牡二駟。二、袞冕之服，赤舄副焉。三、軒懸之樂，六佾之舞。四、朱戶以居。五、納陛以登。六、虎賁三百人。七、斧鉞各一。八、彤弓一，彤矢百，盧弓十，盧矢千。九、秬鬯一卣，圭瓚副焉。㊹以小冢宰元孝規為大司徒：按《周書》及《北史·靜帝紀》，俱作以小冢宰始平公元孝矩為大司寇。查《隋書·元孝矩傳》，孝矩襲爵始平縣公，是傳雖未言其為大司寇，但定曾為大司寇無疑。又《通鑑》於太建十三年二月文，亦云遣少冢宰元孝矩。是孝規明為孝矩之訛。

卷一百七十五　陳紀九

司馬光編集
曲守約註

起重光赤奮若，盡昭陽單閼，凡三年。（辛丑至癸卯，西元五八一年至五八三年）

高宗宣皇帝下之下

太建十三年（西元五八一年）

㈠春，正月，壬午，以晉安王伯恭為尚書左僕射，吏部尚書袁憲為右僕射。憲，樞之弟也。

㈡周改元大定。

㈢二月，甲寅，隋王始受相國、百揆㊀、九錫，建臺置官㊁。丙辰，詔進王妃獨孤氏為王后，世子勇為太子，開府儀同大將軍庾季才勸隋王宜以今月甲子，應天受命㊂，太傅李穆、開府儀同大將軍盧賁，亦勸之。於是周主下詔遜居別宮㊃，甲子，命兼太傅杞公椿奉冊㊄，大宗伯趙㷀奉皇帝璽紱㊅，禪位於隋㊆。隋主冠遠遊冠㊇，受冊璽，改服紗帽㊈黃袍㊉，入御臨光殿，服袞冕如元會之儀㊁，大赦，改元開皇，命有司奉冊祀於南郊⑫，遣少冢宰⑬元孝矩代太子勇鎮洛陽。孝矩名矩，以字行，天賜之孫也⑭，女為太子妃。少內史⑮崔仲方勸隋主除周六官，依漢魏之舊，從之⑯，置三師、三公、及尚書、門下、內史、祕書、內侍五省，御史、都水二臺⑰，太常等十一寺⑱，左右衞等十二府⑲，以分司統職⑳。又置上柱國至都督十一等勳官㉑，以酬勤勞，特進至朝散大夫七等散官㉒，以加文武官之有德聲者。改侍中為納言㉓，以相國司馬高熲為尚書左僕射，兼納言，相國司錄、京兆虞慶則為內史監，兼吏部尚書，相國內郎李德林為內史令。乙丑，追尊皇考㉔為武元皇帝，廟號太祖，皇妣呂氏為元明皇后。丙寅，脩廟社㉕。立王后獨孤㉖為皇后，王太子勇為皇太子。丁卯，以太尉趙煚為尚書右僕射。己巳，封周靜帝為介公，周氏諸王皆降爵為公㉗。

初劉鄭矯詔㉘以隋主輔政，楊后雖不預謀，然以嗣子幼沖，恐權在佗族，聞之甚喜，後知其父有異圖，意頗不平，形於言色㉙，及禪位，憤惋㉚逾甚㉛，隋主內甚愧之㉜，改封樂平公主㉝，久之，欲奪其志㉞，公主誓不許，乃止㉟。隋主與周載下大夫㊱、北平㊲滎建緒有舊㊳，隋主將受禪，建緒為息州㊴刺史，將之官，隋主謂曰：「且躊躇㊵，當共取富貴。」建緒正色㊶曰：「明公此旨㊷，非僕所聞㊸。」及即位，來朝，帝謂之曰：「卿亦悔不？」建緒稽首曰：「臣位非徐廣，情類楊彪㊹。」帝笑曰：「朕雖不曉書語㊺，亦知卿此言不遜㊻。」上柱國竇毅之女聞隋受禪，自投堂下，撫膺太息曰：「恨我不為男子，救舅氏之患㊼。」毅及襄陽公主掩其口㊽曰：「汝勿妄言，滅吾族。」毅由是奇之，及長以適唐公李淵。淵，昞之子也。虞慶則勸隋主盡滅宇文氏，高熲楊惠亦依違從之㊾，李德林固爭，以為不可，隋主作色㊿曰：「君書生(51)，不足與議此(52)(53)。」於是周太祖孫譙公乾惲(54)、冀公絢，閔帝子紀公湜(55)，明帝子酆公貞、宋公實，高祖子漢公贊、秦公贄、曹公允、道公充、蔡公兌、荊公元，宣帝子萊公衍(56)、郢公術，皆死(57)。德林由此品位不進。

㈣乙亥，上耕藉田。

㈤隋主封其弟邵公慧為滕王，安公爽為衞王，子鴈門公廣為晉王，俊為秦王，秀為越王，諒為漢主(五八)。

㈥隋主賜李穆詔曰：「公既舊德(五九)，且又父黨(六〇)，敬惠(六一)來旨，義無有違(六二)，即以今月十三日，恭膺(六三)天命。」俄而穆入朝，帝以穆為太師，贊拜不名，子孫雖在襁褓(六四)，悉拜儀同，一門執象笏者百餘人(六五)，貴盛無比(六六)。又以上柱國竇熾為太傅，幽州總管于翼為太尉。李穆上表乞骸骨(六七)，詔曰：「呂尚以期頤佐周(六八)，張蒼以華皓相漢(六九)，高才命世(七〇)，不拘常禮。」仍以穆年耆(七一)，敕蠲朝集(七二)，有大事就第(七三)詢訪(七四)。美陽公(七五)蘇威，綽之子也，少有令名(七六)，周晉公護強以女妻之，威見護專權，恐禍及己，屏居山寺(七七)，以諷讀為娛(七八)，周高祖聞其賢，除車騎大將軍、儀同三司，又除稍伯下大夫，皆辭疾不拜(七九)；宣帝就除開府儀同大將軍，隋主為丞相，高熲薦之，隋主召見與語，大悅，居月餘，聞將受禪，遁歸田里(八〇)；熲請追之，隋主曰：「此不欲預吾事(八一)耳，置之。」及受禪，徵拜太子少保，追封其父為邳公，以威襲爵(八二)。

(七)丁丑，隋以晉王廣為并州總管。三月，戊子，以上開府儀同三司賀若弼為吳州總管(八三)，鎮廣陵；【考異】隋書帝紀云楚州，今從弼傳。和州刺史(八四)河南韓擒虎為廬州總管(八五)，鎮廬江。隋主有并吞江南之志，問將帥於高熲，熲薦弼與擒虎，故置於南邊，使潛為(八六)經略。戊戌，以太子少保蘇威兼納言、度支尚書(八七)。初蘇綽在西魏，以國用不足，制征稅(八八)法，頗重(八九)，既而歎曰：「今所為者，譬如張弓，非平世(九〇)法也，後之君子，誰能弛之(九一)！」威聞其言，每以為己任，至是，奏減賦役，務從輕簡(九二)，隋主悉從之，漸見親重，與高熲參掌朝政。帝嘗怒一人，將殺之，威入閤進諫，帝不納，將自出斬之，威當帝前不去，帝避之而出，威又遮(九三)止，帝拂衣(九四)而入，良久，乃召威謝曰：「公能若是，吾無憂矣。」賜馬二匹，錢十餘萬，尋復兼大理卿、京兆尹、御史大夫，本官悉如故。治書侍御史、安定梁毗以威兼領五職，安繁戀劇(九五)，無舉賢自代(九六)之心，抗表(九七)劾(九八)威，帝曰：「蘇威朝夕孜孜(九九)，志存遠大(一〇〇)，何遽(一〇一)迫之！」因謂朝臣曰：「蘇威不值(一〇二)我，無以措(一〇三)其言；我不得蘇威，何以行其道！」楊素才辯無雙㉔，至於斟酌古今，助我宣化㉕，非威之匹㉖也。威若逢亂世，南山四皓㉗，豈易屈哉㉘㉙。」威嘗言於帝曰：「臣先人每戒臣云：『唯讀孝經一卷，足以立身治國，何用多為！』」帝深然之。高熲深避權勢，上表遜位㉚，讓於蘇威，帝欲成其美㉛，聽解僕射㉜，數日，帝曰：「蘇威高蹈前朝㉝，熲能推舉，吾聞進賢受上賞。寧可㉞使之去官㉟！」命熲復位，熲威同心協贊㊱，政刑大小，帝無不與之謀議，然後行之，故革命數年，天下稱平。太子左庶子盧賁以熲威執政，心甚不平，時柱國劉昉亦被疎忌，賁因諷㊲昉及上柱國元諧、李詢、華州刺史㊳張賓等，謀黜㊴熲威，五人相與輔政；又以晉王廣有寵於帝，私謂太子曰：「賁欲數㊵謁殿下㊶，恐為上所譴㊷，願察區區㊸之心。」謀泄㊹，帝窮治其事，昉等委罪㊺於賓、賁，公卿奏二人當死，帝以故舊不忍誅，並除名為民㊻。

(八)庚子，隋詔：「前代品爵㊼，皆依舊不降。」

(九)丁未，梁主遣其弟太宰巖入賀於隋。

㈩夏，四月，辛巳，隋大赦，戊戌，悉放太常散樂㉘為民，仍禁雜戲。

(十一)散騎常侍韋鼎、兼通直散騎常侍王瑳聘於周，辛丑，至長安，隋已受禪，隋主致之介國㉙。

(十二)隋主召汾州刺史㉚韋冲為兼散騎常侍，時發稽胡築長城，汾州胡千餘人，在塗亡叛，帝召冲問計，對曰：「夷狄之性，易為反覆㉛，皆由牧宰㉜不稱㉝之所致。臣請以理綏靜㉞，可不勞兵而定㉟。」帝然之，命冲綏懷㊱叛者，月餘皆至，並赴長城㊲之役。冲，敻之子也。

五月，戊午，隋封邗公雄為廣平王㊳，永康公㊴弘為河間王。雄，高祖之族子也。

(十三)隋主潛害周靜帝，而為之舉哀，葬於恭陵，以其族人洛為嗣。

六月，癸未，隋詔郊廟冕服，必依禮經㊵，其朝會之服、旗幟、犧牲皆尚赤㊶，戎服以黃，常服通用雜色。秋，七月，乙卯，隋主始服黃，百僚畢賀㊷，於是百官常服，同於庶人，皆著黃袍，隋主朝服亦如之，唯以十三環帶為異。

八月壬午，隋廢東京官㊸。

(十四)吐谷渾寇涼州㊹，隋主遣行軍元帥樂安公元諧等步騎數萬擊之，諧擊破吐谷渾於豐利山㊺，又敗其太子可博汗於青海，俘斬萬計；吐谷渾震駭，其王侯三十人各帥所部來降㊻，吐谷渾可汗夸呂帥親兵㊼遠遁，隋主以其高寧王移茲裒為河南王，使統降眾㊽，以元諧為寧州刺史㊾，留行軍總管賀婁子幹鎮涼州。

(十五)九月，庚午，將軍周羅睺攻隋故墅㊿，拔之，蕭摩訶攻江北。

(十六)隋奉車都尉于宣敏奉使巴蜀還，奏稱蜀土沃饒(51)，人物殷阜(52)，周德之衰，遂成戎首(53)，宜樹建藩屏(54)，封殖(55)子孫。隋主善之。辛未，以越王秀為益州總管，改封蜀王。宣敏，謹之孫也。

隋以上柱國長孫覽、元景山並為行軍元帥，發兵入寇(56)，命尚書左僕射高熲節度諸軍。

(十七)初，周齊所鑄錢凡四等，及民間私錢，名品甚眾(57)，輕重不等，隋王患之，更鑄五銖錢，背面肉好(58)，皆有周郭(59)，每一千重四斤二兩，悉禁古錢及私錢，覆樣於關，不如樣者，沒官銷毀之(六〇)。自是錢幣始壹，民間便之。

(十八)隋鄭譯以上柱國歸第，賞賜豐厚，譯自以被疏，呼道士醮章祈福(六一)，為婢所告，以為巫蠱(六二)，譯又與母別居(六三)，為憲司(六四)所劾，由是除名(六五)。隋主下詔曰：「譯若留之於世，在人為不道之臣，戮之於朝(六六)，入地為不孝之鬼，有累幽顯(六七)，無所置之，宜賜以孝經，令其熟讀(六八)。」仍遣與母共居(六九)。

(十九)初，周法比於齊律，煩而不要，隋主命高熲、鄭譯及上柱國楊素、率更令(七〇)裴政等，更加脩定(七一)，政練習典故(七二)(七三)，達於從政，乃采魏晉舊律，下至齊梁，沿革(七四)重輕，取其折衷(七五)，時同脩者十餘人，凡有疑滯(七六)，皆取決於政(七七)，於是去前世梟轘及鞭法(七八)，自非謀叛以上，無收族之罪(七九)。始制死刑二，絞斬(八〇)，流刑三，自二千里至三千里(八一)，徒刑五，自一年至三年(八二)，杖刑五，自六十至百(八三)，笞刑五，自十至五十。又制議請、減贖、官當之科，以優士大夫(八四)。除前世訊囚(八五)酷法，考掠(八六)不得過二百，枷杖大小，咸有程式(八七)，民有枉屈(八八)，縣不為理(八九)者，聽以次經郡及州(九〇)，若仍不為理(九一)，聽詣闕(九二)伸訴(九三)。冬，十月，戊子，始行新律，詔曰：「夫絞以致斃，斬則殊形(九四)，除惡之體(九五)，於斯已極，梟首轘身，義無所取(九六)，不益懲肅(九七)之理，徒表安忍之懷(九八)。鞭之為用，殘剝膚體，徹骨侵肌(九九)，酷均臠切，雖云往古之式(一〇〇)，事乖(一〇一)仁者之刑。梟轘及鞭，並令去之。貴帶礪之書(一〇二)，不當徒罰(一〇三)，廣軒冕之蔭(一〇四)，旁及諸親(一〇五)，流役(一〇六)六年，改為五載，刑徒(一〇七)五歲，變從三祀(一〇八)，其餘以輕代重，化死為生(一〇九)，條目(一一〇)甚多，備於簡策，雜格嚴科(一一一)，並宜除削(一一二)。」自是法制遂定，後世多遵用之。隋主嘗怒一郎(一一三)，於殿前笞之，諫議大夫劉行本進曰：「此人素清(一一四)，其過又小，願少寬之(一一五)。」帝不顧，行本於是正當帝前，曰：「陛下不以臣不肖(一一六)，置臣左右(一一七)，臣言若是，陛下安得(一一八)不聽！若非，當致之於理(一一九)。」因置笏於地而退(一二〇)，帝斂容謝之(一二一)，遂原(一二二)所笞者(一二三)。行本，璠之兄子也。獨孤皇后家世貴盛(一二四)，而能謙恭，雅好(一二五)讀書，言事多與隋主意合，帝甚寵憚之，宮中稱為二聖(一二六)。帝每臨朝，后輒與帝方輦㉗而進，至閤乃止，使宦官伺帝，政有所失，隨即㉘匡諫㉙，候帝退朝，同反燕寢㉚，有司奏稱：「周禮、百官之妻，命於王后㉛，請依古制。」后曰：「婦人與政㉜，或從此為漸，不可開其源也。」大都督崔長仁，后之中外兄弟㉝也，犯法當斬，帝以后故，欲免其罪，后曰：「國家之事，焉可顧私㉞！」長仁竟坐死㉟㊱。后性儉約，帝嘗合止利藥㊲，須胡粉㊳一兩，宮內不用，求之竟不得，又欲賜柱國劉嵩妻織成衣領，宮內亦無之。然帝懲㊴周氏之失，不以權任㊵，假借外戚㊶，后兄弟不過將軍、刺史。帝外家呂氏，濟南㊷人，素微賤㊸，齊亡以來，帝求訪不知所在㊹，及即位，始求得舅子呂永吉，追贈外祖雙周為太尉，封齊郡公，以永吉襲爵。永吉從父道貴，性尤頑騃㊺，言詞鄙陋㊻，帝厚加供給，而不許接對朝士，拜上儀同三司，出為濟南太守，後郡廢㊼，終於家㊽。

(廿)壬辰，隋主如岐州㊾，岐州刺史、安定梁彥光有惠政，隋主下詔褒美㊿，賜束帛及御傘(五一)，以厲(五二)天下之吏，久之，徙相州刺史。岐俗質厚(五三)，彥光以靜(五四)鎮之，奏課(五五)連為天下最(五六)，及居相部(五七)，如岐州法。鄴自齊亡，衣冠士人(二五八)，多遷入關，唯工商樂戶(二五九)，移實州郭(二六〇)，風俗險詖(二六一)，好興謠訟(二六二)，目彥光為著帽錫(二六三)，帝聞之，免彥光官；歲餘，拜趙州(二六四)刺史，彥光自請復為相州，帝許之。豪猾(二六五)聞彥光再來，皆嗤(二六六)之，彥光至，發擿(二六七)姦伏(二六八)，有若神明(二六九)，豪猾潛竄(二七〇)，闔境(二七一)大治。於是招致名儒，每鄉立學，親臨策試(二七二)，褒勤黜怠(二七三)，及舉秀才，祖道(二七四)於郊，以財物資(二七五)之，於是風化(二七六)大變，吏民感悅，無復訟者(二七七)。時又有相州刺史、陳留樊叔略，有異政，帝以璽書褒美(二七八)，班示天下，徵拜司農(二七九)(二八〇)。新豐令房恭懿，政為三輔之最，帝賜以粟帛，雍州諸縣令朝謁(二八一)，帝見恭懿，必呼至榻前，咨(二八二)以治民之術，累遷德州司馬(二八三)。帝謂諸州朝集使(二八四)曰：「房恭懿志存體國(二八五)，愛養我民，此乃上天宗廟(二八六)之所祐(二八七)，朕若置而不賞，上天宗廟，必當責我。卿等宜師範(二八八)之。」因擢為海州刺史(二八九)(二九〇)，由是州縣吏多稱職，百姓富庶。

(廿一)十一月，丁卯，隋遣兼散騎侍郎鄭撝(二九一)來聘。十二月，庚子，隋主還長安，復鄭譯官爵。

（廿二）廣州㉒刺史馬靖，得嶺表㉓人心，兵甲精練㉔，數有戰功，朝廷疑之，遣吏部侍郎蕭引觀靖舉措㉕，諷令送質㉖，外託收督賧物㉗，引至番禺，靖即遣子弟入質。

（廿三）是歲，隋主詔境內之民，任聽出家㉘，仍令計口㉙出錢，營造經像㉚，於是時俗隨風而靡㉛，民間佛書，多於六經數十百倍。

（廿四）突厥佗鉢㉜可汗病且卒㉝，謂其子菴邏曰：「吾兄不立其子，委位㉞於我，我死，汝曹當避大邏便㉟。」及卒，國人將立大邏便，以其母賤，眾不服，菴邏實貴㊱，突厥素重之，攝圖最後至，謂國人曰：「若立菴邏者，我當帥兄弟事之，若立大邏便，我必守境，利刃長矛，以相待㊲。」攝圖長㊳且雄勇，國人莫敢拒，竟立菴邏為嗣。大邏便不得立，心不服菴邏，每遣人詈辱㊴之，菴邏不能制，因以國讓攝圖。國中相與議曰：「四可汗子㊵，攝圖最賢。」共迎立之。【考異】隋突厥傳云：「木杆在位二十年，卒，佗鉢在位十年，卒。」按周傳：「魏廢帝二年三月，科羅獻馬。」然則木杆以承聖二年立，太建四年卒，佗鉢以其年立，十三年卒也。號沙鉢略可汗，居都斤山，菴邏降居獨洛水，稱第二可汗㊶。大邏便乃謂沙鉢略曰：「我與爾俱可汗子，各承父後，爾今極尊，我獨無位，何也？」沙鉢略患之，以為阿波可汗，還領所部。又沙鉢略從父玷㉒厥居西面，號達頭可汗，諸可汗各統部眾，分居四面。沙鉢略勇而得眾，北方皆畏附之。隋主既立，待突厥禮薄，突厥大怨。千金公主傷其宗祀覆滅㉓，日夜言於沙鉢略，請為周室復讎㉔，沙鉢略謂其臣曰：「我周之親也，今隋主自立，而不能制，復何面目見可賀敦㉕乎！」乃與故齊營州刺史高寶寧，合兵為寇，隋主患之，敕緣邊脩保障㉖，峻長城㉗，命上柱國武威陰壽鎮幽州，京兆尹虞慶則鎮幷州，屯兵數萬以備之。

初奉車都尉長孫晟送千金公主入突厥，突厥可汗愛其善射，留之竟歲㉘，命諸子弟貴人與之親友，冀得其射法。沙鉢略弟處羅侯號突利設，尤得眾心，為沙鉢略所忌，密託心腹，陰與晟盟，晟與之遊獵，因察山川形勢，部眾㉙強弱，靡不㉚知之，及突厥入寇，晟上書曰：「今諸夏雖安，戎虜尚梗㉛，興師致討㉜，未是其時，棄於度外㉝，又相侵擾㉞。故宜密運㉟籌策，有以攘之㊱。玷厥之於攝圖，兵彊而位下，外名相屬㊲，內隙已彰㊳，鼓動其情，必將自戰。又處羅侯者，攝圖之弟，姦多勢弱[229]，曲取眾心，國人愛之，因為攝圖所忌，其心殊不自安[230]，迹示彌縫[231]，實懷疑懼；又阿波首鼠[232]，介[233]在其間，頗畏攝圖，受其牽率，唯彊是與[234]，未有定心。今宜遠交而近攻，離彊而合弱，通使玷厥，說合[235]阿波，則攝圖迴兵，自防右地[236]。又引[237]處羅，遣連奚霫[238]，則攝圖分眾，還備左方[239]，首尾猜嫌[240]，腹心離阻[241]，十數年後，乘釁[242]討之，必可一舉而空其國[243]矣。」帝省表[244]，大悅，因召與語，晟復口陳形勢[245]，手畫山川，寫其虛實[246]，皆如指掌[247]，帝深嗟異[248]，皆納用之。遣太僕[249]元暉出伊吾[250]道，詣達頭，賜以狼頭纛[251]，達頭使來，引居沙鉢略使上。以晟為車騎將軍，出黃龍道[252]，齎幣賜奚[253]、霫[254]、契丹[255]，遣為鄉導[256]，得至處羅侯所，深布心腹，誘之內附[257]，反間既行，果相猜貳[258]。

(75)始興王叔陵，太子之次弟也，與太子異母，母曰彭貴人。叔陵為江州刺史，性苛刻狡險[259]，新安王伯固以善諧謔[260]，有寵於上及太子，叔陵疾之[261]，陰求其遇失，欲中之以法[262]。叔陵入為揚州刺史，事務多關涉省閤㉝，執事承意順旨，即諷上進用之，微致違忤㉞，必抵以大罪㉟，重者至殊死㊱，伯固憚之，乃諂求其意㊲。叔陵好發古冢，伯固好射雉，常相從郊野㊳，大相款狎㊴，因密圖不軌，伯固為侍中，每得密語㊵，必告叔陵㊶。

【今註】㈠甲寅，隋王始受相國百揆：胡三省曰：「自初命至是，五十一日乃受。」㈡建臺置官：建尚書臺，置設百官。㈢應天受命：謂順天意而承受其命令。㈣遜居別宮：謂讓位而遷居他宮。㈤冊：冊書。㈥皇帝璽紱：《隋書・禮儀志》六：「皇帝八璽：有神璽，有傳國璽，皆寶而不用；神璽明受之於天，傳國璽明受之於運；皇帝負扆，則置神璽於筵前之右，置傳國璽於筵前之左。又有六璽，其一、皇帝行璽，封命諸侯及三公用之；其二、帝皇之璽，與諸侯及三公書用之；其三、皇帝信璽，發諸夏之兵用之；其四、天子行璽，封命蕃國之君用之；其五、天子之璽，與蕃國之君書用之；其六、天子信璽，徵蕃國之兵用之。六璽皆白玉為之，方一寸五分，高寸，螭獸鈕。」㈦禪位於隋：胡三省曰：「隋主本襲封隨公，故國號曰隨。以周齊不遑寧處，故去之作隋，以之訓走故也。」㈧遠遊冠：《隋書・禮儀志》六：「遠遊冠制似通天冠，而前無山述，有展筩橫于冠前。皇太子及王者後諸王服之。」㈨紗帽：《隋書・禮儀志》六：「帽自天子下及士人，通冠之。以白紗者名高頂帽，皇太子在上省則烏紗，在永福省則白紗。」㈩黃袍：《隋書・高祖紀》：「開皇元年六月、癸未，詔戎服以黃。七月乙卯，上始服黃。」㊁如元會之儀：元會、正旦大朝會也。《隋書・禮儀志》四：「隋制，正旦及冬至，文物充庭，皇帝出西房，即御座。羣官客使入就位，再拜。上公一人詣西階，解劍，升賀，降階，帶劍，復位而拜。有司奏諸州表，羣官在位者，又拜而出。」㊂奉冊祀于南郊：告天以受命。㊃少冢宰：即小冢宰，少小意同，故常通用。㊄遣少冢宰元孝矩代太子勇鎮洛陽，孝矩名矩，以字行，天賜之孫也：按《隋書・元孝矩傳》：「孝矩，河南洛陽人。祖脩義，父子均，並為魏尚書僕射。」是孝矩乃其名，而非以字行；又其祖為脩義，而非天賜，《通鑑》於此等處皆誤，未審何故。㊄少內史：即小內史，又與上之少冢宰共核之，知周代官銜之小，可隨意書作少字。㊅少內史崔仲方勸隋主除周六官，依漢魏之舊，從之：按此數句乃錄自《隋書・崔仲方傳》，字句大致相同。㊆置三師、三公，及尚書、門下、內史、秘書、內侍五省，御史、都水二臺：按諸官之職責及所統之僚佐，具載於《隋書・百官志》下，茲不詳。㊇太常等十一寺：寺即署，此十一寺，據《隋書・百官志》下為：「太常、光祿、衞尉、宗正、太僕、大理、鴻臚、司農、太府、國子、將作。」㊈左右衞等十二府：十二府，據《隋書・百官志》下為：「左右衞、左右武衞、左右武侯、左右領左右、左右監門、左右領軍，各置大將軍、將軍。」㊉分司統職：分典所司，統轄職守。㊀又置上柱國至都督十一等勳官：《隋書・百官志》下：「高祖又採後周之制，置上柱國、柱國、上大將軍、大將軍、上開府儀同三司、開府儀同三司、上儀同三司、儀同三司、大都督、帥都督、都督，總十一等，以酬勤勞。」㊂特進至朝散大夫七等散官：散官，謂冗散之官，亦即不理事者。《隋書．百官志》下：「又有特進、左右光祿大夫、金紫光祿大夫、銀青光祿大夫、朝議大夫、朝散大夫，並為散官，以加文武官之（有）德聲，並不理事。」㉓改侍中為納言：以考諱忠，故改侍中為納言。㉔皇考：周隨國桓公楊忠。㉕丙寅脩廟社：時自高祖以下，置四親廟，同殿異室而已，無受命之祧，社稷並列於含光門內之右。㉖立王后獨孤：獨孤下當添一氏字。㉗以相國司馬高熲為尚書左僕射……周氏諸王皆降爵為公：按此段乃錄自《隋書．高祖紀》開皇元年文，字句大致相同。㉘劉鄭矯詔：劉，劉昉；鄭，鄭譯。㉙形於言色：謂表露於言語神色之間。㉚憤惋：憤，恨；惋惜不平。㉛逾甚：逾猶愈，《隋書》多用之。㉜內甚愧之：謂心內甚感羞愧。㉝樂平公主：《隋書．地理志》中：「太原郡、樂平縣，舊置樂平郡。」㉞欲奪其志：謂迫令其改嫁。㉟初劉鄭矯詔以隋主輔政……公主誓不許，乃止：按此段乃錄自《周書．宣帝楊后傳》，字句大致相同。㊱周載下大夫：胡三省曰：「載下逸師字。後周置載師之官，屬地官。有中大夫及下大夫。」㊲北平：據《隋書．地理志》中，北平郡、盧龍縣，舊置北平郡。㊳有舊：有故舊之誼。㊴息州：《隋書．地理志》中：「汝南郡、新息縣，後魏曰東豫州，後周改曰息州。」㊵躊躇：住足。㊶正色：謂嚴厲其容色。㊷此旨：此意。㊸非僕所聞：僕，謙稱，謂非余所欲聞。㊹臣位非徐廣，情類楊彪：徐廣事見卷一百一十九宋高祖永初元年。楊彪事見卷六十九魏文帝黃初二年。㊺書語：謂書中所言之語。㊻不遜：不遜順。㊼救舅氏之患：《周書．竇熾附毅傳》：「尚太祖第五女襄陽公主。」故竇毅女云救舅家之患難。㊽掩其口：意為今之勿言。㊾依違從之：謂貌不敢言其不可，而心實不以為可。(五〇)作色：變色，指怒言。(五一)君書生：按《隋書．李德林傳》作：「君讀書人，不足平章此事。」書生與讀書人，含意相同。世俗人對書生及讀書人，實多具如此看法。(五二)不足與議此：謂不能與汝商議此事，蓋與之商量，必不見從也。(五三)虞慶則勸隋主盡滅宇文氏……君書生不足與議此：按此段乃錄自《隋書．李德林傳》，字句大致相同。(五四)惲：音蘊。(五五)湜：音殖。(五六)宣帝子萊公衍：按《周書．文閔明武宣諸子傳》，皆作鄴王衍，萊當作鄴。(五七)於是周太祖孫譙公乾惲……郢公術皆死：按此段乃依《周書．文閔明武宣諸子傳》而彙錄者。(五八)隋主封其弟邵公慧為滕王……諒為漢王：按此段乃錄自《隋書．高祖紀》上開皇元年文，字句大致相同。(五九)舊德：謂年高德劭。(六〇)且又父黨：李穆與隋主之父忠，比肩事周，皆為功臣。(六一)敬惠：皆客氣辭，猶言惠蒙。(六二)義無有違：衡諸義理，不可違背。(六三)膺：當。(六四)襁褓：襁，負兒衣，褓，抱兒衣，意謂極幼小也。(六五)一門執象笏者百餘人：《隋書．禮儀志》七：「笏，案禮諸侯以象，大夫魚須文竹，士以竹。本象可也。凡有指畫，於君前受命，書於笏，笏畢用也。五經要義曰：『所以記事，防忽忘。』禮圖云：『度，二尺有六寸，中博三寸，其殺六分去一。』晉宋以來，謂之手板，此乃不經，今還謂之笏，以法古名。自西魏以降，五品已上通用象牙，六品已下兼用竹木。」(六六)隋主賜李穆詔曰……貴盛無比：按此段乃錄自《隋書．李穆傳》，字句大致相同。(六七)乞骸骨：按骸骨即身，人臣致身以事君，身非己有，故求閑者率言乞身。此辭語起於西漢，而後代則常沿用之。(六八)呂尚以期頤佐周：《禮記》百年曰期頤。呂尚遇文王，年八十矣，佐文王以及武王，則是在期頤之年。(六九)張蒼以華皓相漢：華皓，謂白首。張蒼免相後，口中無齒，食乳，年百餘歲乃卒。詳見《漢書・張蒼傳》。(七〇)命世：猶名世，謂有名於世。(七一)耆：七十以上曰耆。(七二)躅朝集：躅，免；朝集，猶言朝會。(七三)就第：至其第宅。(七四)李穆上表乞骸骨……有大事就第詢訪：按此段乃錄自《隋書・李穆傳》，字句大致相同。(七五)美陽公：胡三省曰：「美陽，古縣名，漢晉屬扶風。五代志不見，蓋已省廢，姑以古縣名封之耳。」(七六)令名：美名。(七七)屏居山寺：謂屏絕人事，而居於山寺之中。(七八)諷讀為娛：背誦曰諷，謂以諷讀自娛。(七九)不拜：即不就。(八〇)田里：猶鄉里。(八一)預吾事：謂不欲參預吾受禪之事。(八二)美陽公蘇威……以威襲爵：按此段乃錄自《隋書・蘇威傳》，字句大致相同。(八三)以賀若弼為吳州總管：考異曰：「隋書帝紀云楚州，今從弼傳。」按《通鑑》從〈弼傳〉作吳州是。緣《隋書・地理志》下：「江都郡，梁置南兗州，後周改為吳州，開皇九年改為揚州。」斯時既名吳州，自當書作吳州。(八四)和州刺史：《隋書・地理志》下：「歷陽郡，後齊立和州。」(八五)廬州總管：《隋書・地理志》下：「廬江郡，梁置南豫州，又改為合州，開皇初改為廬州。轄有廬江縣。」(八六)潛為：暗為。(八七)以蘇威兼納言、度支尚書：按《隋書・高祖紀》上開皇元年文作：「以蘇威兼納言、吏部尚書。」同書〈蘇威傳〉則作：「俄兼納言，民部尚書。」查《通鑑》陳至德元年（即開皇三年）四月文云：「隋改度支尚書為民部尚書。」是《通鑑》此處，乃以《隋書・蘇威傳》之文入錄，而以此時尚未改名民部，遂從其時之名，而作度支尚書。《通鑑》此等改訂處，甚為精審。(八八)征稅：收稅。(八九)以國用不足，制征稅法頗重：《隋書・食貨志》：「後周太祖作相，創制六官。載師，掌任土之法，辨夫家田里之數，會六畜車乘之稽，審賦役斂弛之節，制畿疆修廣之域，頒施惠之要，審牧產之政。司均，掌田里之政令，凡人口十已上，宅五畝，口九以上，宅四畝，五口已下，宅二畝。有室者，田百四十畝，丁者，田百畝。司賦，掌功賦之政令，凡人自十八以至六十有四，與輕癃者皆賦之。其賦之法，有室者，歲不過絹一疋，綿八兩，粟五斛，丁者，半之。其非桑土有室者，布一疋，麻十斤，丁者又半之。豐年則全賦，中年半之，下年三之，（按此疑當作三之一，）皆以時徵焉。若艱荒（胡注引文艱下有荒字，當從依添）凶札，則不徵其賦。」〔九〇〕非平世：謂非太平之世。〔九一〕弛之：弛，緩，乃承上張弓而言，真意乃謂省滅之。〔九二〕輕簡：輕少簡省。〔九三〕遮：攔。〔九四〕拂衣：忿怒之態。〔九五〕安繁戀劇：謂安戀繁多劇重之職位。〔九六〕自代：代己。〔九七〕抗表：上表。〔九八〕劾：彈劾。〔九九〕孜孜：不怠。〔一〇〇〕志存遠大：謂所懷者為遠大之志。〔一〇一〕遽：急。〔一〇二〕值：遇。〔一〇三〕措其言：猶發其言。〔一〇四〕無雙：無二。〔一〇五〕宣化：宣布政化。〔一〇六〕匹：匹敵。〔一〇七〕商山四皓：《史記・留侯世家》：「四人年皆八十有餘，鬚眉皓白。各言姓名，曰東園公、甪里先生、綺里季、夏黃公。」四皓乃隱於商山，以商山在長安南，故遂曰南山。〔一〇八〕豈易屈哉：謂豈易屈之使來哉。〔一〇九〕以太子少保蘇威兼納言……南山四皓，豈易屈哉：按此段乃錄自《隋書・蘇威傳》，字句大致相同。〔一一〇〕遜位：讓位。〔一一一〕成其美：成其讓賢之美。〔一一二〕解僕射：解去僕射。〔一一三〕高蹈前朝：前朝，謂周朝。高蹈，謂隱遁不仕。蹈，踐、居。〔一一四〕寧可：豈可。〔一一五〕高熲深避權勢……寧可使之去官：按此段乃錄自《隋書・高熲傳》，字句大致相同。〔一一六〕協贊：協合贊助。〔一一七〕諷：諷示。〔一一八〕華州刺史：《地理志》上：「京兆郡，鄭縣，後魏置東雍州，幷華山郡，西魏改曰華州。」〔一一九〕黜：罷黜。

⑳數：屢，此猶常。㉑殿下：以係太子，故尊稱之曰殿下。㉒譴：譴責。㉓區區：小貌。㉔謀泄：計謀洩漏。㉕委罪：委猶諉，卸。㉖太子左庶子盧賁……並除名為民：按此段乃錄自《隋書·盧賁傳》，字句大致相同。㉗品爵：品秩爵位。㉘太常散樂：後齊之季，有散樂，周天元即位，悉徵詣長安，隸太常，今放之。㉙至之介國：致，送詣，周主時封介公。㉚汾州刺史：《隋書·地理志》中：「文城郡，東魏置南汾州，後周改為汾州。」㉛反覆：謂反覆無常。㉜牧宰：州牧縣宰。㉝不稱：不稱職。㉞以理綏靜：謂以道理安靜之。㉟勞兵而定：謂勞動兵卒而平定之。㊱綏懷：安綏懷徠。㊲隋主召汾州刺史韋沖……並赴長城之役：按此段乃錄自《隋書·韋世康附沖傳》，字句大致相同。㊳五月戊午，隋封邗公雄為廣平王：按《隋書·高祖紀》開皇元年五月文，戊午作戊子。又按《隋書·觀德王雄傳》，此即邗公惠，後改名曰雄。開皇中進封廣平王，仁壽初改封安德王，大業中，從征吐谷渾還，進封觀王，薨，諡曰德，所謂觀德王雄者是也。邗音寒。㊴永康公：《隋書·地理志》上：「清化郡，永穆縣，梁置，曰永康。」㊵隋詔郊廟冕服，必依禮經：《隋書·禮儀志》七：「高祖即位，定令採用東齊之法。乘輿袞冕垂白珠，十有二旒，以組為纓，色如其綬。黈纊充耳，玉笄玄衣，纁裳衣，山龍、華蟲、火宗彝五章裳，藻粉米黼黻四章，衣重宗彝裳，重黼黻，為十二等。衣褾領織成，升龍白紗，內單黼領，青褾襈，裾革帶，玉鉤䚢，大帶素帶，朱裏紕其外，上以朱，下以綠。韍隨裳色，龍火山三章，鹿盧玉具劍，火珠鏢首，白玉雙佩，玄組，雙大綬。六采，玄黃、赤白、縹綠、純玄。質長二丈四尺，五百首廣一尺，小雙綬長二尺六寸，色同大綬，而

首半之。間施三玉環、朱韈、赤舄，舄加金飾。」㊶其朝會之服，旗幟犧牲皆尚赤：《隋書・禮儀志》七：「高祖即位下詔曰：『朕初受天命，赤雀來儀，兼姬周已還，於茲六代，三正迴復，五德相生，總以言之，並宜火色。……朝會衣裳，宜盡用赤。』」此隋代尚赤之原由也。㊷隋詔郊廟冕服，必依禮經……隋主始服黃，百僚畢賀：按此段乃錄自《隋書・高祖紀》開皇元年文，字句大致相同。㊸隋廢東京官：周徙相州六府於東京，事見卷一百七十三太建十一年。㊹涼州：武威郡。㊺豐利山：在青海東。㊻吐谷渾寇涼州……其王侯三十人，各帥所部來降：按此段乃錄自《隋書・元諧傳》，字句大致相同。㊼親兵：親信之兵。㊽吐谷渾可汗夸呂帥親兵遠遁……使統降眾：按此段乃錄自《隋書・吐谷渾傳》，字句大致相同。㊾寧州刺史：《隋書・地理志》上：「北地郡，後魏置豳州，西魏改為寧州。」㊿攻隋故墅：按《隋書・高祖紀》開皇元年文，故墅作胡墅，核胡墅在大江北岸，對石頭城，故應作胡墅。(51)沃饒：肥沃富饒。(52)殷阜：殷盛阜多。(53)戎首：謂王謙以益州起兵。(54)藩屏：藩籬屏障。(55)封殖：封立。(56)發兵入寇：謂發兵來侵。此入寇一辭，尤以用於隋代，更覺難安。蓋高祖開皇元年至開皇八年，《通鑑》以陳君年號紀年，而書隋主發兵入寇；及至開皇九年隋滅陳統一後，遂不得不以隋之主號紀年，然其君未易，其年號未更，而前則作入寇，後則云進攻，足知入寇一辭之值斟酌商榷矣。(57)初周齊所鑄錢凡四等，及民間私錢，名品甚眾：《隋書・食貨志》：「齊文宣受禪，除永安之錢，改鑄常平五銖，重如其文，其錢甚貴，且制造甚精。至乾明、皇建之間，往往私鑄，鄴中用錢，有赤熟、青熟、細眉、赤生之異；河南所用有青薄、鉛錫之別；青齊徐兖梁豫州，輩類各殊。武平已後，私鑄轉甚，或以生鐵和銅，至于齊亡，卒不能禁。後周之初，尚用魏錢。及武帝保定元年，乃更鑄布泉之錢，以一當五，與五銖並行。時梁益之境，又雜用古錢交易，河西諸郡，或用西域金銀之錢，而官不禁。建德三年更鑄五行大布錢，以一當十，與布泉錢並行。五年，以布泉漸賤，而人不用，遂廢之。齊平已後，山東之人猶雜用齊氏舊錢，至宣帝大象元年，又鑄永通萬國錢，以一當十，與五行大布及五銖凡三品，並用。」名品、謂名稱品種。（五八）背面肉好：胡三省曰：「錢之文為面，其漫為背，錢體為肉，錢孔為好。」按所以稱錢之邊孔為肉好者，以《爾雅・釋器》有：「肉倍好謂之璧，好倍肉謂之瑗，肉好若一謂之環。」錢之形正似璧環，故遂以璧環之肉好名之焉。（五九）周郭：外圓周之以規，內方周之以矩，曰周郭。（六〇）置覆樣於關，不如樣者，沒官銷毀之：按《隋書・食貨志》述此事云：「開皇三年四月，詔：『四面諸關，各付百錢為樣。從關外來，勘樣相似，然後得過；樣不同者，即壞以為銅，入官。』」（六一）呼道士醮章祈福：胡三省曰：「道士有消災度厄之法，依陰陽五行數術，推人年命，書之如章表之儀；并具贄幣，燒香陳讀云：『奏上天曹，請為除厄。』謂之上章。夜中於星辰之下，陳設酒果餅餌幣物，歷祀天皇、太乙，五星列宿，為書如上章之儀，以奏之，名為醮。」醮音ㄐㄧㄠˋ。（六二）蠱：《本草綱目》：「蠱蟲條，蠱毒不一，皆是變亂元氣，多因飲食行之，與人為患。南方因有蜥蜴蠱、蜣蜋蠱、馬蝗蠱、金蠶蠱、草蠱、挑生蠱等毒。」音古。（六三）別居：謂分居。（六四）憲司：御史臺官。（六五）除名，除去名籍。（六六）戮之於朝：謂誅之於朝市。（六七）幽顯：即幽明，謂陰世與陽世。（六八）宜賜以孝經，令其熟讀：謂令其熟讀，藉以改而行孝。(六九)隋鄭譯以上柱國歸第……仍遣與母共居：按此段乃錄自《隋書．鄭譯傳》，字句大致相同。(七〇)率更令：胡三省曰：「太子率更令，魏晉之制，主宮殿門戶，及掌罰，事職如光祿勳衛尉。隋制，掌伎樂漏刻。」(七一)脩定：脩改制定。(七二)練習典故：謂練達明習，典章故事。(七三)達：通。(七四)沿革：沿同沿，謂累世循襲者；革，謂中有變更者。(七五)折衷：謂折取其中當者。(七六)疑滯：疑惑遲滯。(七七)乃采魏晉舊律……皆取決於政：按此段乃錄自《隋書．裴政傳》，字句大致相同。(七八)去前世梟轘及鞭法：梟者，斬首掛之木上；轘者，車裂於市。《隋書．刑法志》：「梁制，其鞭有制鞭、法鞭、常鞭，凡三等之差。制鞭，生革廉成；法鞭，生革去廉；常鞭，熟靼不去廉。皆作鶴頭，紐長一尺一寸，梢長二尺七寸，廣三寸，靶長二尺五寸。」(七九)無收族之罪：無沒收其家孥及族誅之罪。(八〇)始制死刑二，絞斬：《隋書．刑法志》作：「死刑二，有絞有斬。」文意較明。(八一)流刑三，自二千里至三千里：《隋書．刑法志》：「流刑三：有一千里，千五百里，二千里。應配者，一千里居作二年，一千五百里居作二年半，二千里居作三年。應住居作者，三流俱役，三年近流加杖一百，一等加三十。」按《刑法志》後文又有流一千里及二千里之語，知《通鑑》當必有誤。(八二)徒刑五，自一年至三年：《隋書．刑法志》：「徒刑五，有一年、一年半、二年、二年半、三年。」(八三)杖刑五，自六十至百：《刑法志》作：「杖刑五，自五十至于百。」按既言五，則諒當以十為等差。夫既若此，則自六十起方有五，故《通鑑》不從《刑法志》，而改其五十為六十焉。(八四)又制議請、減贖、官當之科，以優士大夫：議，即周禮八議之法，請者，凡在八議之科則請之。至減贖官當，則具載於《隋書．刑法志》，文曰：「其官品第七已上，犯罪皆例減一等；其品第九已上，犯者聽贖。應贖者，皆以銅代絹。贖，銅一斤為一負，負十為殿。笞十者銅一斤，加至杖百則十斤。徒一年，贖銅二十斤，每等則加銅十斤，三年則六十斤矣。流一千里，贖銅八十斤，每等則加銅十斤，二千里則百斤矣。二死皆贖銅百二十斤。犯私罪以官當徒者，五品已上，一官當徒二年，九品已上，一官當徒一年。當流者，三流同比徒三年。若犯公罪者，徒各加一年，當流者，各加一等。其累徒過九年者，流二千里。」(六五)訊囚：問囚。(六六)考掠：考，擊；掠，笞，音略。(六七)程式：章程、格式。(六八)枉屈：謂冤枉委屈。(六九)理：伸理。(七〇)以次經郡及州：依照次第，經郡及州之審理。(七一)經郡及州，若仍不理：按〈刑法志〉，若作省，蓋州上尚有京師臺省之大理，亦主獄訟。故省字決不可少。(七二)詣闕：至朝闕。(七三)聽詣闕申訴：按〈刑法志〉乃詣闕申訴下，又有：「有所未愜，聽撾登聞鼓，有司錄狀奏之。」足知其理獄機構之完備，及對辭訟之審慎矣。(七四)斬則殊形：謂斬則使形體殊異。(七五)除惡之體：謂除姦惡之體制。(七六)義無所取：謂核之義理，毫無可取。(七七)懲肅：懲罰戒肅。(七八)徒表安忍之懷：謂只表露出安於為殘忍之心。(七九)侵肌：侵犯肌肉。(八〇)往古之式：《書・舜典》：「鞭作官刑。」故云往古之式。(八一)乖：違。(八二)貴帶礪之書：《漢書・高惠高后文功臣表序》：「封爵之誓曰：『使黃河如帶，泰山若厲，國以永存，爰及苗裔。』」書，載書。全句意為宜優遇功臣。(八三)不當徒罰：謂不當只以刑罰為事。(八四)廣軒冕之蔭：軒冕，乘軒服冕，謂貴仕也。全句意為擴大貴臣之蔭庇。(八五)旁及諸親：旁及其諸宗親。(八六)流役：流徒役作。(八七)刑徒：受刑及當徒者。(八八)祀：猶年。(八九)化死為生：變應死之罪而使之不死。(九〇)條目：條款綱目。㉑雜格嚴科：繁雜之格律，嚴酷之科禁。㉒除削：刊除刪削。㉓隋主嘗怒一郎：按此郎乃指為郎中諸職之郎，以其位卑賤，故不詳書其官職及姓名。㉔素清：謂平常行為清廉。㉕少寬之：謂少寬恕之。㉖不肖：猶不賢。㉗置臣左右：諫議大夫在君主左右，故云然。㉘安得：何得。㉙當致之於理：言當送詣大理寺，處治其罪。㉚置笏於地而退：以示欲辭退。㉛斂容謝之：收斂容色而向之謝罪。㉜原：宥。㉝隋主嘗怒一郎……遂原所答者：按此段乃錄自《隋書·劉行本傳》，字句大致相同。㉞獨孤皇后，家世貴盛：后父獨孤信，仕西魏及周，列於元功；后姊為周明帝后，女為周宣帝后。其貴盛實鮮堪比擬。㉟雅好：素好。㊱宮中稱為二聖：通稱人君為聖，此以連稱之故，而並稱皇后為聖，故曰二聖焉。㊲方輦：并兩輦。輦，車之以人挽者。㊳隨即：立即。㊴匡諫：匡正諫諍。㊵燕寢：燕居之寢。㊶命於王后：謂王后任命之。㊷與政：猶預政。㊸后之中外兄弟：即后娘家之表兄弟。㊹焉可顧私：謂安可顧念私誼。㊺竟坐死：謂竟坐法被斬。㊻獨孤皇后家世貴盛……長仁竟坐死：按此段乃錄自《隋書·文獻獨孤皇后傳》，除次第微有移動外，字句則大致相同。㊼合止利藥：合，配；利，泄瀉不止。㊽胡粉：即鉛粉，乃女子裝飾所常須者，而竟無之，其儉約情形，可推知矣。㊾懲：戒。㊿權任：權柄職任。(51)假借外戚：寬假借重。(52)濟南：《隋書·地理志》中：「齊郡，歷城縣，舊置濟南郡。」(53)素微賤：謂早年寒微卑賤。(54)齊亡以來，帝求訪不知所在：齊之未亡，濟南之地屬齊，不可得而求訪，故齊亡始訪之。(55)頑騃：頑冥騃癡，音ㄞ。(56)言詞鄙陋：謂言語卑鄙譾陋。(57)後郡廢：謂後來濟南郡廢罷。(58)帝外家呂氏……

後郡廢，終於家：按此段乃錄自《隋書・外戚高祖外家呂氏傳》，字句大致相同。（四九）岐州：《隋書・地理志》上：「扶風郡，舊置岐州。」（五〇）褒美：褒獎贊美。（五一）束帛御傘：束，五匹；御，天子所用。按《隋書・循吏梁彥光傳》作：「可賜粟五百斛，物三匹段，御傘一枚。」隋代之賜物，率甚優渥，絕非如此之寡薄，當以改從《隋書》為是。（五二）厲：鼓勵。（五三）岐俗質厚：岐州民俗，質樸厚重。（五四）靜：清靜。（五五）奏課：謂奏計張及輸籍。（五六）最：謂最優者。（五七）相部：即相州，時通稱州曰部。（五八）衣冠士人：猶搢紳之流，衣冠與冠冕意同。（五九）樂戶：《魏書・刑罰志》：「諸彊盜殺人者，首從皆斬，妻子同籍配為樂戶。」是乃以入官婦女隸於樂籍，與後之官妓頗相類。（六〇）移實州郭：郭，外城，遷移之使居於州郭之中。（六一）險詖：險詐不正。（六二）謠訟：謠，風謠，古多用以批評政治得失；訟，告訴冤枉。（六三）目彥光為著帽餳：目，稱。餳，飴，今亦謂之糖漿，音唐。胡三省曰：「餳軟而甘，言彥光為人軟美如團餳，特著帽耳。」（六四）趙州：《隋書・地理志》中：「趙郡、大陸縣，舊曰廣阿，置敷州，後改為南趙郡，改州為趙州。」（六五）豪猾：豪強黠詐之徒。（六六）嗤：笑。（六七）擿：挑發，音剔。（六八）姦伏：姦詐伏藏。（六九）神明：猶明神。（七〇）潛竄：潛藏逃竄。（七一）闔境：全境。（七二）策試：以策題而考試之。（七三）褒勤黜怠：褒獎勤奮，黜貶怠惰。（七四）祖道：謂祭行路之神，後則謂之餞行。（七五）資：資給。（七六）風化：風俗教化。（七七）隋主如岐州……吏民感悅，無復訟者：按此段乃錄自《隋書・循吏梁彥光傳》，字句大致相同。又此段因彥光岐州之政，而連言其為相州時事，亦編年體之變例也。（七八）帝以璽書褒美：《隋書・禮儀志》六：「天子六璽，天子之璽，賜諸外國書則用之。」（七九）徵拜司農：按

《隋書・循吏樊叔略傳》作：「徵拜司農卿。……自為司農，凡所種植。」蓋此官全稱為司農卿，而通則省稱為司農耳。(六〇)時又有相州刺史，陳留樊叔略……徵拜司農：按此段乃用《隋書・循吏樊叔略傳》，字句大致相同。(六一)雍州諸縣令朝謁：《隋書・地理志》上：「京兆郡，開皇三年置雍州。」又同書〈循吏房恭懿傳〉：「時雍州諸縣令，每朔朝謁。」蓋雍州諸縣令，以密邇京師，故每月朔日，必至宮闕朝謁君主。(六二)咨：詢。(六三)德州司馬：《隋書・地理志》中：「平原郡，開皇九年置德州。」(六四)帝謂諸州朝集使：《隋書・禮儀志》四：「每元會，諸州悉遣使赴京師朝集，謂之朝集使。」(六五)體國：猶忠國。(六六)上天宗廟：謂神靈及祖先。(六七)祐：福祐。(六八)師範：謂師法而模範之。(六九)海州刺史：《隋書・地理志》下：「東海郡，梁置南北二青州，東魏改為海州。」(七〇)新豐令房恭懿……因擢為海州刺史：按此段乃錄自《隋書・循吏房恭懿傳》，字句大致相同。又《通鑑》於梁彥光後，敘述樊叔略及房恭懿二人事略，乃因其同為循吏，故因而連及之，而絕非其係同時發生之事，而入錄也。(七一)撝：音麾。(七二)廣州：《隋書・地理志》下：「南海郡，舊置廣州。」(七三)嶺表：指五嶺之外，又曰嶺南。(七四)兵甲精練：謂兵卒習練，鎧甲精良。(七五)舉措：舉動。(七六)諷令送質：諷示其送子弟為質。(七七)外託收督賧物：謂表面託辭徵收督責蠻夷以財贖罪之物。(七八)任聽出家：謂聽其任意出家為僧。(七九)計口：謂按計戶口。(八〇)經像：佛經佛像。(八一)隨風而靡：謂隨風而偃。(八二)鉢：音撥。(八三)且卒：將卒。(八四)委位：猶讓位。(八五)大邏便：大邏便，木杆之子。杜佑曰：「突厥以勇健者為莫賀弗，肥麄者為大羅便。大羅便，酒器也，似角而麄短，體貌似之，故以為號。此官特貴，唯其子弟為之。」（二六）菴羅實貴：《隋書・突厥傳》作：「菴羅母貴。」當從之。（二七）我必守境，利刃長矛以相待：謂據境抵拒，而不奉命。（二八）長：攝圖為小可汗，統東面部落，又逸可汗之子，故長。（二九）詈辱：謂辱罵。（三〇）四可汗子：四可汗謂逸可汗、木杆可汗、褥但可汗、及佗鉢可汗。（三一）稱第二可汗：謂其位次於沙鉢略。（三二）玷：音店。（三三）宗祀覆滅：謂其宗祧滅絕。（三四）突厥佗鉢可汗病且卒……日夜言於沙鉢略，清為周室復讎：按此段乃錄自《隋書・突厥傳》，字句大致相同。（三五）可賀敦：突厥可汗之妻稱可賀敦。（三六）保障：保，通堡；障，亭障。（三七）峻長城：修治長城，使其峭峻。（三八）竟歲：謂滿一年。（三九）部眾：部屬之士眾。（四〇）靡不：無不。（四一）戎虜尚梗：謂戎狄尚梗阻未服。（四二）致討：謂加以討伐。（四三）棄於度外：謂棄於王者法度之外。（四四）又相侵擾：謂來侵擾隋境。（四五）密運：謂秘密運用。（四六）攘之：除之。（四七）外名相屬：謂在表面名義上為相從屬。（四八）內隙已彰：內部嫌隙，已甚昭彰。（四九）姦多勢弱：謂其心多姦巧，而形勢甚弱。（五〇）其心殊不自安：其心甚不安帖。（五一）迹示彌縫：形迹上力示彌縫無間。（五二）首鼠：謂首鼠兩端。（五三）介：插入。（五四）唯彊是與：謂唯彊者是從。（五五）說合：遊說以與之聯合。（五六）自防右地：右地，謂突厥西面之地。（五七）引：連引。（五八）遣連奚霫：遣連，遣使連合；奚，庫莫奚；霫，為東北種落之一，音習。（五九）還備左方：左方，突厥東面地。（六〇）首尾猜嫌：謂東西兩端皆與之猜疑嫌恨。（六一）腹心離阻：腹心部落則離異阻滯。（六二）疊：同疊。（六三）而空其國：使其國內空虛。（六四）省表：謂省覽表奏。（六五）口陳形勢：以口陳述形勢。（六六）寫其虛實：繪其虛實所在。（六七）皆如指掌：《禮記・仲尼燕居》：「治國其如指諸掌而已乎。」注：「治國指諸掌，言易知也。」此則引申為甚為明晰。㉘嗟異：嗟賞歎異。㉙太僕：即太僕卿。㉚伊吾：即漢伊吾盧之地。㉛狼頭纛：《隋書·突厥傳》：「其先有一兒，與牝狼交，狼有孕，生十男，其一姓阿史那氏，最賢，遂為君長，故牙門建狼頭纛，示不忘本也。」纛，毛羽幢，音毒。㉜黃龍：即和龍，今熱河省朝陽縣治。㉝奚：《隋書·北狄奚傳》：「奚本曰庫莫奚，東部胡之種也，為慕容氏所破，遺落者竄匿松漠之間，後稍強盛。」㉞霫：胡三省曰：「匈奴之別種也，居潢水北。」㉟契丹：《隋書·契丹傳》：「契丹之先，與庫莫奚異種而同類，並為慕容氏所破，俱竄於松漠之間。其後稍大，居黃龍之北數百里。」㊱鄉導：鄉讀曰嚮。㊲初奉車都尉長孫晟……深布心腹，誘之內附：按此一大段乃錄自《隋書·長孫覽附晟傳》，字句幾全相同。㊳猜貳：猜疑攜貳。㊴狡險：狡詐陰險。㊵諧謔：詼諧嘲謔。㊶疾之：惡之。㊷中之以法：謂使其犯法而罰之。㊸省閣：謂中書尚書二省。㊹微致違忤：謂微形違逆。㊺抵以大罪：謂當以大罪。㊻殊死：謂身首異處。㊼謟求其意：謟媚而求合其意。㊽相從郊野：謂相從於郊野。㊾款狎：款密親狎。㊿密語：秘密言語。(51)始興王叔陵，太子之次弟也……每得密語，必告叔陵：按此段乃錄自《陳書·始興王叔陵及新安王伯固二傳》，字句大致相同。

十四年（西元五八二年）

㈠春，正月，己酉，上不豫㊀，太子與始興王、長沙王叔堅，並入侍疾，叔陵陰有異志，命典藥吏（二）曰：「切藥刀甚鈍（三），可礪之。」甲寅，上殂，倉猝之際，叔陵命左右於外取劍，左右弗悟，取朝服木劍（四）以進，叔陵怒（五），叔堅在側聞之，疑有變，伺其所為。乙卯，小歛，太子哀哭俯伏，叔陵抽剉藥刀，斫太子，中項（六），太子悶絕於地（七），母柳皇后走來救之，又斫后數下，乳媼吳氏自後掣其肘（八），太子乃得起，叔陵持太子衣，太子自奮（九）得免。叔堅手搤（一〇）叔陵，奪去其刀，仍牽就柱，以其褶袖（一一）縛之，時吳媼已扶太子避賊，叔堅求太子所在，欲受生殺之命（一二），叔陵多力，奮袖（一三）得脫，突走（一四）出雲龍門，馳車還東府，召左右，斷青溪道，赦東城（一五）囚，以充戰士，散金帛賞賜（一六），又遣人往新林，追所部兵，仍自被甲，著白布帽，登城西門，招募百姓。又召諸王將帥，莫有至者，唯新安王伯固單馬赴之，助叔陵指揮，叔陵兵可千人（一七），欲據城自守。

時眾軍並緣江防守，臺內空虛，叔堅白柳后（一八），使太子舍人、河內司馬申以太子命，召右衞將軍蕭摩訶（一九）入見，受敕，帥馬步數百，趣東府，屯城西門⑳。叔陵惶恐，遣記室韋諒送其鼓吹與摩訶，謂曰：「事捷，必以公為台輔㉑。」摩訶紿㉒報之曰：「須王心膂節將㉓自來，方敢從命。」叔陵遣其所親戴溫、譚騏驎詣摩訶，摩訶執以送臺，斬其首，徇㉔東城。叔陵自知不濟㉕，入內沈其妃張氏及寵妾七人於井，帥步騎數百，自小航度㉖，欲趣新林，乘舟奔隋；行至白楊路，為臺軍所邀㉗，伯固見兵至，旋避入巷，叔陵馳騎拔刃追之，伯固復還，叔陵部下多棄甲潰去㉘，摩訶馬容陳智深㉙迎刺叔陵，僵仆，陳仲華就斬其首，伯固為亂兵所殺，自寅至巳乃定㉚。叔陵諸子並賜死，伯固諸子宥㉛為庶人。韋諒及前衡陽內史㉜彭暠、諮議參軍兼記室鄭信、典籤俞公喜，並伏誅。暠，叔陵舅也。信、諒有寵於叔陵，常參謀議。諒，粲之子也㉝。

丁巳，太子即皇帝位，大赦。

㈡辛酉，隋置河北道行臺於并州，以晉王廣為尚書令，置西南道行臺於益州，以蜀王秀為尚書令。隋主懲㉞周氏㉟，孤弱而亡，故使二子分涖方面㊱，以二王年少，盛選貞良有才望者，為之僚佐㊲，以靈州刺史㊳王韶為幷省右僕射，鴻臚卿、趙郡李雄為兵部尚書，左武衛將軍、朔方李徹總晉王府軍事，兵部尚書元巖為益州總管府長史，王韶、李雄、元巖俱有骨鯁㊴名，李徹前朝舊將，故用之。初，李雄家世以學業自通㊵，雄獨習騎射，其兄子旦讓㊶之曰：「非士大夫之素業也㊷㊸。」雄曰：「自古聖賢，文武不備，而能成其功業者，鮮矣。雄雖不敏㊹，頗觀前志㊺，但不守章句㊻耳。既文且武，兄何病㊼焉？」及將如幷省，帝謂雄曰：「吾兒更事㊽未多，以卿兼文武才，吾無北顧之憂矣㊾。」二王欲為奢侈非法，韶嚴輒不奉教㊿，或自鎖(五一)，或排閤(五二)切諫(五三)，二王甚憚之，每事諮而後行，不敢違法度。帝聞而賞之。又以秦王俊為河南道行臺尚書令、洛州刺史，領關東兵。

㈢癸亥，以長沙王叔堅為驃騎將軍、開府儀同三司、揚州刺史，蕭摩訶為車騎將軍、南徐州刺史，封綏遠公，始興王家金帛累巨萬(五四)，悉以賜之。以司馬申為中書通事舍人。乙丑，尊皇后為皇太后，時帝病創，臥承香殿，不能聽政，太后居柏梁殿，百司(五五)眾務，皆決於太后，帝創愈，乃歸政焉。丁卯，封皇弟叔重為始興王，奉昭烈王祀㊺。

㈣隋元景山出漢口，遣上開府儀同三司鄧孝儒將卒四千攻甑山鎮，將軍陸綸以舟師救之，為孝儒所敗，涓口㊼、甑山、沌陽㊽守將，皆棄城走㊾，戊辰，遣使請和於隋，歸其胡墅㊿。

㈤己巳，立妃沈氏為皇后。辛未，立皇弟叔儼為尋陽王，叔慎為岳陽王，叔達為義陽王，叔熊為巴山王，叔虞為武昌王㊀。

㈥隋高熲奏禮不伐喪㊁。二月，己丑，隋主詔熲等班師。

㈦三月，己巳，以尚書左僕射、晉安王伯恭為湘州刺史，永陽王伯智為尚書僕射。

㈧夏，四月，庚寅，隋大將軍韓僧壽破突厥於雞頭山㊂，上柱國李充破突厥於河北山。

㈨丙申，立皇子永康公胤為太子。胤，孫姬之子，沈后養以為子。

㈩五月，己未，高寶寧引突厥寇隋平州㊃，突厥悉發五可汗㊄控弦之士㊅四十萬，入長城。

(十一)壬戌，隋任穆公于翼卒。

甲子，隋更命傳國璽（六七）曰受命璽。六月，甲申，隋遣使來弔。

(十二)乙酉，隋上柱國李光（六八）敗突厥於馬邑，突厥又寇蘭州（六九）。涼州總管賀婁子幹敗之於可洛峐（七〇）。

(十三)隋主嫌長安城制度狹小，又宮內多妖異，納言蘇威勸帝遷都，帝以初受命，難之，夜與威及高熲共議，明旦通直散騎庾季才奏曰：「臣仰觀乾象（七一），俯察圖記（七二），必有遷都之事，且漢營（七三）此城，將八百歲（七四），水皆鹹鹵（七五），不甚宜人（七六）。願陛下協（七七）天人之心，為遷徙之計。」帝愕（七八）然，謂熲威曰：「是何神也（七九）（八〇）！」太師李穆亦上表請遷都，帝省表（八一）曰：「天道聰明，已有徵應（八二），太師人望，復抗（八三）此請，無不可矣（八四）。」丙申，詔高熲等創造新都於龍首山（八五），以太子左庶子宇文愷有巧思，領營新都副監（八六）。愷，忻之弟也。

(十四)秋，七月，辛未，大赦。

九月，丙午，設無㝵大會（八七）於太極殿，捨身及乘輿御服，大赦。

丙午，以長沙王叔堅為司空（八八），將軍、刺史如故（八九）。

㈤冬，十月，癸酉，隋太子勇屯兵咸陽，以備突厥。

十二月，丙子，隋命新都曰大興城。

㈥乙酉，隋遣沁源公(九〇)虞慶則屯弘化(九一)，以備突厥，行軍總管達奚長儒將兵二千，與突厥沙鉢略可汗遇於周槃，沙鉢略有眾十餘萬，軍中大懼，長儒神色慷慨，且戰且行(九二)，為虜所衝，散而復聚，四面抗拒，轉鬬三日，晝夜凡十四戰，五兵(九三)咸盡，士卒以拳毆之(九四)，手皆骨見(九五)，殺傷萬計，虜氣稍奪，於是解去。長儒身被五瘡，通中(九六)者二，其戰士死者什八九。詔以長儒為上柱國，餘勳回授一子(九七)(九八)。時柱國馮昱(九九)屯乙弗泊，蘭州總管叱列長叉守臨洮(一〇〇)，上柱國李崇屯幽州，皆為突厥所敗。於是突厥縱兵，自木硤、石門兩道(一〇一)入寇，武威、天水、金城、上郡、弘化、延安，六畜咸盡(一〇二)，沙鉢略更欲南入，達頭不從，引兵而去。長孫晟又說沙鉢略之子染干，詐告沙鉢略曰：「鐵勒(一〇三)等反，欲襲其牙(一〇四)。」沙鉢略懼，迴兵出塞。

㈦隋主既立，待遇梁主，恩禮彌厚，是歲納梁主女為晉王妃，又欲以其子瑒尚蘭陵公主，由是罷江陵總管，梁主始得專制其國。

【今註】㊀不豫：不逸豫，即有疾也。㊁典藥吏：掌藥之吏。㊂鈍：不銳利。㊃取朝服木劍：朝服帶劍，但為免意外，則改以木為之。關於六朝參朝帶劍，《隋書．禮儀志》言其沿革頗詳。文云：「劍，案漢自天子至于百官，無不佩刀。蔡謨議曰：『大臣優禮，皆劍履上殿，非侍臣解之，蓋防刃也。近代以木，未詳所起。』東齊著令，謂為象劍，言象於劍。周武帝時百官燕會，並帶刀升座，至開皇初，因襲舊式，朝服登殿，亦不解焉。十二年因蔡徵上事，始制凡朝會應登殿坐者，劍履俱脫，其不坐者，敕召奏事，及須升殿，亦就席解劍，乃登。納言、黃門、內史令、侍郎、舍人，既夾侍之官，則不脫。其劍皆真刃，非假，既合舊典，弘制依定。又準晉咸康元年定令故事，自天子已下，皆衣冠帶劍。今天子則玉具火珠鏢首，餘皆玉鏢首，唯侍臣帶劍上殿，自王公已下，非殊禮引升殿，皆就席解而後升；六品以下，無佩綬者皆不帶。」㊄叔陵怒：怒其不能會己意。㊅中項：謂斫中頸部。㊆悶絕於地：謂無氣息而絕倒於地。㊇掣其肘：謂執其肘，令不得動。㊈自奮：謂自抖扯其衣。㊉手搤：親自捉持，音厄。⑪褶袖：寬袖，音習。⑫欲受生殺之命：謂欲受或生或殺之命令。⑬奮袖：謂掙斷褶袖。⑭突走：突開眾人而走。⑮東城：即東府城。⑯散金帛賞賜：按賞賜下當添一之字為佳，之即戰士。⑰可千人：謂約千人。⑱白柳后：告柳后。⑲太子與始興王叔陵、長沙王叔堅並入侍疾……以太子命召右衞將軍蕭摩訶：按此段乃錄自《陳書．長沙王叔堅傳》，而稍有溢出。⑳屯城西門：謂駐於城之西門。㉑台輔：謂台閣之宰輔。㉒紿：欺、詐，音殆。㉓節將：謂持節之將，節將分使持節及持節二種，皆為重要將軍。㉔徇：徇示。㉕不濟：不成。㉖自小航度：胡三省曰：「六朝都建業，航秦淮而度者非一處，當朱雀門者為大航，當東府門者為小航。」㉗所邀：所攔。㉘潰去：潰散而去。㉙摩訶馬容陳智深：按《陳書・始興王叔陵傳》，馬容作馬客，按下文又有馬客字樣，知馬容當為馬客之訛。馬客謂其賓客部下之擅騎馬而編於馬隊者。胡三省注文盡釋馬容，知胡氏所見本已誤作馬容矣。㉚叔陵惶恐，遣記室韋諒……自寅至巳，乃定：按此段乃錄自《陳書・始興王叔陵傳》，字句大致相同。㉛宥：寬免。㉜衡陽內史：《隋書・地理志》下：「長沙郡、衡山縣，舊置衡陽郡。」陳為王國，故置內史。㉝叔陵諸子並賜死……諒，粲之子也：按此段乃錄自《陳書・始興王叔陵傳》，字句大致相同。㉞懲：戒。㉟周氏：猶周室。㊱方面：為一方一面之合辭。㊲僚佐：僚屬佐史。㊳靈州刺史：《隋書・地理志》上：「靈武郡，後魏置靈州。」㊴骨鯁：謂有骨氣及鯁直。㊵自通：自通達。㊶讓：輕微之責。㊷讓之曰，非士大夫之素業也：按《隋書・李雄傳》作：「棄文尚武，非士大夫之素業。」按棄文尚武四字不可省，否則，亦須加一此字。㊸素業：猶常業。㊹不敏：不才。㊺前志：謂古書。㊻不守章句：東漢時名注解曰章句，意謂不事瑣碎之訓詁。㊼何病：何患。㊽更事：歷事。㊾初李雄家世，以學業自通……吾無北顧之憂矣：按此段乃錄自《隋書・李雄傳》，字句大致相同。㊿奉教：謂接受其教令。(51)或自鎖：自加鎖梏，謂自罰也。(52)排閤：謂排開閤門。(53)切諫：切直諫諍。(54)巨萬：億萬。(55)

百司：謂百官。(五六)奉昭烈王祀：昭烈王乃始興王伯茂之諡。(五七)溳口：《漢水記》：「自漢口入二百里，得溳口，有村。」溳音云。(五八)沌陽：在沌水北，《隋書・地理志》下：「沔陽郡、漢陽縣，有沌水。」(五九)隋元景山出漢口……沌陽守將，皆棄城走：按此段乃錄自《隋書・元景山傳》，字句大致相同。(六〇)戊辰，遣使請和於隋，歸其胡墅：按此乃據《隋書・高祖紀》開皇二年正月文，而入錄者，按既據《隋書》，則此戊辰乃陳使至隋請和之日期，而非陳遣使之時日。然文中措辭，全以陳為本位，夫既如此，則知其言戊辰，洵與事實不相符合。(六一)己巳，立妃沈氏為皇后……叔虞為武昌王：按此段乃錄自《陳書・後主紀》太建十四年文，字句大致相同。(六二)高熲奏禮不伐喪：《公羊傳》襄公十九年：「晉士匄帥師侵齊，至穀，聞齊侯卒，乃還。還者何？善辭也，何善爾？大其不伐喪也。」(六三)雞頭山：胡三省曰：「雞頭山，涇水所出，在原州平高縣西。」(六四)平州：《隋書・地理志》中：「北平郡，舊置平州，治盧龍。」(六五)悉發五可汗：五可汗：沙鉢略可汗，第二可汗，達頭可汗，阿波可汗，貪汗可汗。(六六)控弦之士：謂能射箭之兵士。(六七)隋更命傳國璽：命猶名。(六八)上柱國李光：按上有上柱國李充，又《隋書・高祖紀》開皇二年文，亦作李充，當改從之。(六九)蘭州：《隋書・地理志》上：「金城郡，開皇初置蘭州總管府。」《隋書・賀婁子幹傳》州作川，下並云：「阻川為營。」是當以作川為是。(七〇)峐：山無草木者之稱。(七一)乾象：《隋書・藝術庾季才傳》，作玄象，二者皆指天而言。(七二)圖記：猶圖籍。(七三)營：造。(七四)漢營此城，將八百歲：漢高帝五年，徙都長安，歲在己亥，是年歲在壬寅，凡八百四歲。惠帝元年城長安，歲在丁未，距是年凡七百九十六年。(七五)水皆鹼鹵：胡三省曰：「京都地大人衆，加以歲久，壅底墊隘，穢惡聚而不泄，則水多鹹鹵。」鹵音魯。㉖不甚宜人：謂不甚宜人居住。㉗協：合。㉘愕：驚。㉙是何神也：謂此事何以如此靈驗，亦即甚靈驗也。㉚夜與威及高熲共議……是何神也：按此段乃錄自《隋書・藝術庾季才傳》，字句幾全相同。㉛省表：覽表。㉜徵應：徵證、應驗。㉝抗：上。㉞太師李穆亦上表請遷都……無不可矣：按此段乃錄自《隋書・李穆傳》，字句大致相同。㉟龍首山：《三秦記》：「龍首山，長六十里，首入渭水，尾達樊川，頭高二十丈，尾漸下，可六七丈，色赤。舊傳有黑龍從南山出飲渭水，其行道因行成迹。」㊱監：監督。㊲無㝵大會：胡三省曰：「㝵與礙同，釋氏書也。」㊳丙午，以長沙王叔堅為司空：按《陳書・後主紀》太建十四年九月文，丙午作丙寅，以上之乙卯推之，當以作丙寅為是。又《通鑑》九月中，上已言丙午，愈知此丙午之係訛誤。㊴七月辛未，大赦……以長沙王叔堅為司空、將軍、刺史如故：按此段乃錄自《陳書・後主紀》太建十四年文，字句大致相同。㊵沁源公：沁源縣公。《隋書・地理志》中：「上黨郡、沁源縣，後魏置。」㊶弘化：《隋書・地理志》上：「弘化郡，治合水，開皇十六年置慶州。」㊷且戰且行：謂且戰且退。㊸五兵：《周禮・夏官・司兵》注，鄭司農云：「五兵者：戈、殳、戟、酋矛、夷矛。」㊹士卒以拳毆之：謂以空拳與敵抗拒。㊺手皆骨見：手節處之骨皆露，蓋肉已因揮擊而磨去也。㊻通中：謂中創而前後通透。㊼餘勳回授一子：謂長儒其餘之勳，則轉而授爵於其子。㊽行軍總管達奚長儒將兵二千……餘勳回授一子：按此段乃錄自《隋書・達奚長儒傳》，字句大致相同。㊾昱：音育。㊿蘭州總管叱列長叉守臨洮：按《隋書・地理志》上：「金城郡，開皇初置蘭州總管府，所轄之狄道縣，後魏置臨洮郡。」㊀自木硤石門兩道：皆在平涼郡、平高縣界。㊁時柱國馮昱屯乙弗泊……六畜咸盡：按此段乃錄自《隋書・突厥傳》，字句大致相同。㊂鐵勒：《隋書・鐵勒傳》：「鐵勒，匈奴之苗裔也，種類最多，自西海之東，依據山谷，往往不絕。雖姓氏各別，總謂為鐵勒。」㊃牙：牙帳，君主所居之處。

長城公上

至德元年（西元五八三年）

㈠春，正月，庚子，隋將入新都，大赦。

㈡壬寅，大赦，改元。

初上病創，不能視事㈠，政無大小，皆決㈡於長沙王叔堅，權傾朝廷㈢，叔堅頗驕縱，上由是忌㈣之，都官尚書、山陰孔範，中書舍人施文慶，皆惡叔堅，而有寵於上，日夕求其短㈤，搆㈥之於上。上乃即叔堅驃騎將軍本號，用三司之儀㈦，出為江州刺史㈧，以祠部尚書江總為吏部尚書。

癸卯，立皇子深為始安王。

㈢二月，己巳朔，日有食之。

㈣癸酉，遣兼散騎常侍賀徹等聘於隋⑨。

㈤突厥寇隋北邊。

㈥癸巳，葬孝宣皇帝於顯寧陵，廟號高宗。

㈦右衛將軍兼中書通事舍人司馬申，既掌機密，頗作威福，多所譖毀，能候人主顏色⑩，有忤己者，必以微言譖之⑪，附己⑫者，因機進之，是以朝廷內外，皆從風而靡⑬。上欲用侍中、吏部尚書毛喜為僕射，申惡喜彊直，言於上曰：「喜，臣之妻兄，高宗時，稱陛下有酒德⑭，請逐去宮臣⑮，陛下寧忘⑯之邪！」上乃止。上創愈，置酒於後殿以自慶，引⑰吏部尚書江總以下，展樂⑱賦詩⑲，既醉而命毛喜；于時山陵初畢，喜見之不懌⑳，諫欲，則上已醉，喜升階陽㉑為心疾，仆於階下，移出省中㉒。上醒，謂江總曰：「我悔召毛喜，彼實無疾，但欲阻我歡宴，非我所為耳㉓。」乃與司馬申謀曰：「此人負氣㉔，吾欲乞鄱陽兄弟，聽其報讎㉕，可乎？」對曰：「彼終不為官用㉖，願如聖旨。」中書通事舍人、北地傅縡爭之，曰：「不然，若許報讎，欲置先皇何地㉗！」上曰：「當乞一小郡，勿令見人事耳。」乃以喜為永嘉內史㉘。【考異】司馬申傳云：「右僕射沈君理卒，朝議以毛喜代之。」沈君理卒，在太建五年，非後主時。又毛喜傳云：「時山陵初畢，未及踰年。」按高祖殂，過朞乃葬，而云未及踰年，恐誤也。

(八)二月，丙辰，隋遷於新都。【考異】隋食貨志：「正月，帝入新宮。」今從帝紀。初令㉙，民二十一成丁㉚，減役者，每歲十二番為二十日役㉛，減調絹一匹為二丈㉜。周末榷酒坊、鹽池、鹽井㉝，至是皆罷之。祕書監牛弘上表：「以典籍屢經喪亂，率多散逸㉞，周氏聚書，僅盈萬卷，平齊所得，除其重雜㉟，裁益五千。興集之期㊱，屬膺㊲聖世。為國之本，莫此為先。豈可使之流落私家，不歸王府，必須勤之以天威㊳，引之㊴以微利，則異典必臻㊵，觀閣斯積㊶。」隋主從之㊷，丁巳，詔購求遺書於天下，每獻書一卷，賚㊸縑一匹。

(九)夏，四月，庚午，吐谷渾寇隋臨洮，洮州刺史㊹皮子信出戰，敗死，汶州總管㊺梁遠擊走之；又寇廓州㊻，州兵㊼擊走之㊽。

(十)壬申，隋以尚書右僕射趙煚兼內史令。

㈩突厥數為隋寇，隋主下詔曰：「往者周齊抗衡(四九)，分割諸夏(五〇)，突厥之虜，俱通二國，周人東慮，恐齊好之深(五一)，齊氏西虞，懼周交之厚(五二)，謂虜意輕重，國遂安危(五三)蓋並有(五四)大敵之憂，思減一邊之防(五五)也。朕以為厚斂兆庶(五六)，多惠豺狼(五七)，未嘗感恩，資而為賊。節之以禮，不為虛費(五八)，省徭薄賦，國用有餘，因入賊之物(五九)，加賜將士，息道路之民(六〇)，務為耕織，清邊(六一)制勝，成策(六二)在心。凶醜愚闇，未知深旨，將大定之日(六三)，比(六四)戰國之時，乘昔世之驕，結今時之恨，近者盡其巢窟(六五)，俱犯北邊，蓋上天所忿(六六)，驅就齊斧(六七)，諸將今行，義兼含育(六八)，有降者納，有違者死，使其不敢南望，永服威刑。何用侍子之朝，寧勞渭橋之拜(六九)(七〇)！」於是命衞王爽等為行軍元帥，分八道出塞擊之。爽督總管李充等四將，出朔州道，己卯，與沙鉢略可汗遇於白道(七一)。李充言於爽曰：「突厥狃於驟勝(七二)，必輕我而無備，以精兵襲之，可破也。」諸將多以為疑，唯長史李徹贊成之，遂與充帥精騎五千，掩擊(七三)突厥，大破之，沙鉢略棄所服金甲，潛草中(七四)而遁(七五)，其軍中無食，粉骨為糧㊆，加以疾疫，死者甚眾㊆。幽州總管陰壽帥步騎十萬，出盧龍塞，擊高寶寧，寶寧求救於突厥，突厥方禦隋師不能救，庚辰，寶寧棄城，奔磧北㊆，和龍諸縣㊆悉平。壽設重賞以購寶寧，又遣人離其腹心，寶寧奔契丹，為其麾下㊇所殺㊇。

㈢己丑，郢州城主㊇張子譏遣使請降於隋，隋主以和好不納。

㈣辛卯，隋主遣兼散騎常侍薛舒、兼通直散騎常侍王劭來聘。劭，松年之子也。

㈤癸巳，隋主大雩㊇。

㈥甲子，突厥遣使入見於隋㊇㊇。

㈦隋改度支尚書為民部，都官尚書為刑部，命左僕射判吏、禮、兵三部事㊇，右僕射判民、刑、工三部事，廢光祿、衛尉、鴻臚寺及都水臺。

㈧五月，癸卯，隋行軍總管李晃破突厥於摩那度口。

㈨乙巳，梁太子琮入朝於隋，賀遷都。

㈩辛酉，隋主祀方澤㊇。

(九)隋秦州總管竇榮定帥九總管，步騎三萬出涼州，與突厥阿波可汗相拒於高鉞原，阿波屢敗(八八)。榮定，熾之兄子也。前上大將軍、京兆史萬歲坐事配敦煌為戍卒(八九)，詣榮定軍門(九〇)請自効(九一)，榮定素聞(九二)其名，見而大悅，壬戌，將戰，榮定遣人謂突厥曰：「士卒何罪而殺之，但當各遣一壯士，決勝負耳。」突厥許諾，因遣一騎挑戰，榮定遣萬歲出應之，萬歲馳斬其首而還，突厥大驚，不敢復戰，遂請盟，引軍而去(九三)。長孫晟時在榮定軍中為偏將，使謂阿波曰：「攝圖(九四)每來戰皆大勝，阿波纔入，遽即奔敗，此乃突厥之恥也。且攝圖之與阿波，兵勢本敵，今攝圖日勝，為眾所崇，阿波不利，為國生辱，攝圖必當以罪歸阿波，成其宿計(九五)，滅北牙矣(九六)。願自量度，能禦之乎？」阿波使至，晟又謂之曰：「今達頭與隋連和，而攝圖不能制，可汗何不依附天子，連結達頭，相合為彊，此萬全計也。豈若喪兵負罪，歸就攝圖，受其戮辱邪(九七)！」阿波然之，遣使隨晟入朝。沙鉢略素忌阿波驍悍，自白道敗歸，又聞阿波貳於隋，因先歸襲擊北牙，大破之，殺阿波之母。阿波還，無所歸，西奔達頭，達頭大怒，遣阿波帥兵而東，其部落歸之者，將十萬騎，遂與沙鉢略相攻，屢破之，復得故地，兵勢益彊㊈㊇。貪汗可汗素睦於阿波，沙鉢略奪其眾㊈㊈而廢之，貪汗亡奔達頭，沙鉢從弟地勤察別統部落，與沙鉢略有隙，復以眾叛歸阿波，連兵㊀〇〇不已，各遣使詣長安，請和求援，隋主皆不許㊀〇一。六月，庚辰，隋行軍總管梁遠破吐谷渾於爾汗山。突厥寇幽州，隋幽州總管、廣宗壯公李崇帥步騎三千拒之，轉戰十餘日，師人多死，遂保砂城，突厥圍之。城荒頹㊀〇二不可守禦，曉夕力戰㊀〇三，又無所食，每夜出掠虜營，得六畜以繼軍糧，突厥畏之，厚為其備㊀〇四，每夜中結陳以待之。崇軍苦饑，出輒遇敵，死亡略盡㊀〇五，及明奔還城者，尚百許㊀〇六人，然多重傷，不堪更戰㊀〇七。突厥意欲降之，遣使謂崇曰：「若來降者，封為特勒㊀〇八。」崇知不免，令其士卒曰：「崇喪師徒㊀〇九，罪當萬死，今日効命㊀一〇，以謝國家，汝俟吾死，且可降賊，便散走㊀一一，努力還鄉，若見至尊，道㊀一二崇此意。」乃挺刃突陳，復殺二人，突厥亂射殺之㊀一三。

秋，七月，以豫州刺史、代人周搖為幽州總管。命李崇子敏襲爵㉔，敏娶樂平公主之女㉕娥英，詔假一品羽儀㉖，禮如尚帝女。既而將侍宴，公主謂敏曰：「我以四海與至尊㉗，唯一壻㉘，當為爾求柱國，若餘官㉙汝慎勿謝。」及進見，帝授以儀同及開府，皆不謝，帝曰：「公主有大功於我，我何得於其壻而惜官乎！今授汝柱國。」敏乃拜而蹈舞㉚㉛。

(廿)八月，丁卯朔㉜，日有食之。【考異】隋紀作七月丁卯，蓋曆差。

長沙王叔堅未之江州，復留為司空，實奪之權。

(卅)壬午，隋遣尚書左僕射高熲出寧州道，內史監虞慶則出原州㉝道，以擊突厥。

九月，癸丑，隋大赦。

冬，十月，甲戌，隋廢河南道行臺省，以秦王俊為秦州㉞總管，隴右諸州盡隸焉㉟。

(卌)丁酉，立皇弟叔平為湘東王，叔敖為臨賀王，叔宣為陽山王，叔穆為西陽王。

戊戌，侍中建昌侯徐陵卒。

癸丑，立皇弟叔儉為安南王(二六)，叔澄為南郡王，叔興為沅陵王，叔韶為岳山王(二七)，叔純為新興王(二八)。

(廿三)十一月，遣散騎常侍周墳、通直散騎常侍袁彥，聘於隋。帝聞隋主狀貌異人，使彥畫像而歸，帝見，大駭曰：「吾不欲見此人。」亟命屏之(二九)(三〇)。

(廿四)隋既班律令，蘇威屢欲更易事條(三一)，內史令李德林曰：「修律令時，公何不言？今始頒行，且宜專守(三二)，自非大為民害，不可數更(三三)(三四)。」河南道行臺、兵部尚書楊尚希曰：「竊見當今(三五)郡縣，倍多於古(三六)，或地無百里，數縣並置(三七)，或戶不滿千，二郡分領(三八)，具僚(三九)已眾，資費日多，吏卒增倍(四〇)，租調(四一)歲減(四二)，民少官多，十羊九牧(四三)，今存要去閑(四四)，併小為大(四五)，國家則不虧粟帛(四六)，選舉則易得賢良(四七)。」蘇威亦請廢郡，帝從之，甲午，悉罷諸郡為州。

(廿五)十二月，乙卯，隋遣兼散騎常侍曹令則(四八)、通直散騎常侍魏澹來聘。澹，收之族也。

(廿六)丙辰，司空、長沙王叔堅免。叔堅既失恩，心不自安，乃為厭媚，醮日月以求福[四九]。或上書告其事，【考異】南史云：「上陰令人造其厭媚，又令人告之。」今從陳書。帝召叔堅，囚於西省[五〇]，將殺之，令近侍宣敕數之[五一]。叔堅對曰：「臣之本心，非有佗故，但欲求親媚[五二]耳。臣既犯天憲[五三]，罪當萬死，臣死之日，必見叔陵，願宣明詔，責之於九泉之下[五四]。」帝乃赦之，免官而已[五五]。

(廿七)隋以上柱國竇榮定為右武衛大將軍，榮定妻隋主姊安成公主也，隋主欲以榮定為三公，辭曰：「衛、霍、梁、鄧[五六]，若少自貶損[五七]，不至覆宗[五八]。」帝乃止[五九]。帝以李穆功大，詔曰：「法備小人[六〇]，不防[六一]君子，太師申公自今雖有罪，但非謀逆[六二]，縱有百死[六三]，終不推問[六四]。」禮部尚書牛弘請立明堂[六五]，帝以時事草創[六六]，不許。帝覽刑部奏斷獄[六七]，數猶滿萬，以為律尚嚴密[六八]，故人多陷罪，又敕蘇威、牛弘等更定新律，除死罪八十一條，流罪一百五十四條，徒杖等千餘條，唯定留五百條[六九]，凡十二卷[七〇]。自是刑網簡要，疏而不失[七一]，仍置律博士弟子員[七二][七三]。

(卌八)隋主以長安倉廩尚虛(七四)，是歲詔西自蒲陝，東至衞汴(七五)，水次十三州(七六)，募丁運米；又於衞州置黎陽倉，陝州置常平倉，華州(七七)置廣通倉，轉相灌輸(七八)，漕(七九)關東(八〇)及汾晉(八一)之粟以給長安(八二)。

(卌九)時刺史多任武將，類不稱職(八三)。治書侍御史柳彧上表曰：「昔漢光武與二十八將，披荊棘(八四)，定天下，及功成之後，無所任職。伏見詔書以上柱國和千子為杞州刺史(八五)，千子前任趙州，百姓歌之曰：『老禾不早殺(八六)，餘種穢良田(八七)。』千子弓馬武用(八八)，是其所長，治民涖眾(八九)，非其所解。如謂優老尚年(九〇)，自可厚賜金帛，若令刺舉(九一)，所損殊大。」帝善之，千子竟免(九二)。

彧見上勤於聽受(九三)，百僚奏請，多有煩碎，上疏諫曰：「臣聞上古聖帝，莫過唐虞，不為叢脞(九四)，是謂欽明(九五)。舜任五臣(九六)，堯咨四岳(九七)，垂拱無為(九八)，天下以治。所謂勞於求賢(九九)，逸於任使(一〇〇)。比見(一〇一)陛下留心治道，無憚(一〇二)疲勞，亦由羣官懼罪，不能自決(一〇三)，取判天旨(一〇四)，聞奏過多。乃至營造(一〇五)細小之事，出給(一〇六)輕微之物，一日之內，酬答(一〇七)百司(一〇八)，至乃日旰(一〇九)忘食，夜分(一一〇)未寢，動以文簿(一一一)，憂勞聖躬。伏願察臣至言㉒，少減㉓煩務。若經國大事，非臣下裁斷者㉔，伏願詳決，自餘細務，責成所司㉕，則聖體盡無疆之壽㉖，臣下蒙覆育㉗之賜。」上覽而嘉之，因曰：「柳彧，直士，國之寶也。」

彧以近世風俗，每正月十五夜然燈遊戲㉘，奏請禁之，曰：「竊見京邑，爰及外州，每以正月望夜㉙，充街塞陌㉚，聚戲朋遊㉛，鳴鼓聒天㉜，燎炬㉝照地，竭貲破產，競此一時，盡室并孥㉞，無問貴賤，男女混雜，緇素㉟不分，穢行㊱因此而成，盜賊由斯而起，因循㊲弊風，曾無先覺㊳，無益於化㊴，實損於民。請頒天下，並即㊵禁斷㊶。」詔從之㊷。

【今註】㈠視事：謂省覽奏疏，而加以處斷批答，簡言之，即治事也。㈡決：處決、處分。㈢權朝傾廷：謂權勢傾動天子，此朝廷乃指天子而言。㈣忌：忌嫉。㈤日夕求其短：謂朝夕求索其不是處。㈥搆：問搆。㈦用三司之儀：即常云之儀同三司。㈧初上病創，不能視事……出為江州刺史：按此段乃錄自《陳書・長沙王叔堅傳》，字句大致相同。㈨癸酉，遣兼散騎常侍賀徹等聘於隋：按此段乃錄自《隋書・高祖紀》開皇三年文，《隋書》所載乃陳使至隋之日期，而非陳使出發之時日，然如此措辭，則顯係陳朝遣使出發之月日，而與事實，固甚相違異。⑩能候人主顏色：謂能候視人主顏色而知所行動。⑪微言譖之：謂以貌若不相干之言而譖毀之。⑫附己：親附己者。⑬從風而靡：謂皆傾向之。⑭酒德：即酗酒之行。⑮宮臣：東宮之侍臣。⑯寧忘：豈忘。⑰引：招。⑱展樂：陳列音樂。⑲賦詩：以後主及江總皆擅長詩什，故此賦乃指作言；否則，賦詩乃謂吟詠他人所作之篇章。⑳懌：悅。㉑陽：猶佯。㉒移出省中：謂舁出於禁省之中。㉓非我所為耳：言喜以帝所為為非。㉔負氣：猶恃氣。㉕吾欲乞鄱陽兄弟，聽其報讎：乞，與。鄱陽兄弟，世祖諸子。高宗之篡，殺劉師知、韓子高、到仲舉父子，以及始興王伯茂，皆毛喜之謀。後主怨喜，欲以喜乞鄱陽兄弟，聽其報讎。㉖不為官用：按六朝時常以官稱天子，《晉書・苻堅傳》：「俄而長安街巷市里，人相告曰：『官今大赦。』有司以聞。……咸言有一小人，衣黑衣，大呼於市曰：『官今大赦。』須臾不見。」《陳書・毛喜傳》：「對曰：『終不為官用，願如聖旨。』」又有作官家者。《魏書・外戚賀訥傳》：「訥見太祖驚喜，拜曰：『官家復國之後，當念老臣。』」蓋天子乃百官之最高者，故自亦可以官呼之。㉗欲置先皇何地：猶乃若先君何。㉘高宗時稱陛下有酒德……乃以喜為永嘉內史：按此段乃錄自《陳書・毛喜傳》，字句大致相同。㉙初令：始令。㉚民二十一成丁：按《隋書・食貨志》：「周男女十歲已下為小，十七已下為中，十八已上為丁，丁從課役。」是較周提高三歲。㉛減役者，每歲十二番，為二十日役：番，次。《隋書・食貨志》：「周代凡人自十八以至五十有九，皆任於役，豐年不過三旬，中年則二旬，下年則一旬。」是隋乃取周豐歉年之折中數也。㉜減調絹一匹為二丈：調戶稅。較周減半。〔三三〕周末榷酒坊、鹽池、鹽井：《隋書・食貨志》：「開皇三年正月，先是尚依周末之弊，官置酒坊收利，鹽池、鹽井，皆禁百姓採用。至是罷酒坊，通鹽池鹽井，與百姓共之。」〔三四〕散逸：謂分散逸失。〔三五〕重雜：雜，同，謂重複及相同者。〔三六〕興集之期：興盛集聚之時期。〔三七〕屬膺：屬當。〔三八〕勒之以天威：謂部勒之以天子之威勢。〔三九〕引之：猶誘之。〔四〇〕臻：至。〔四一〕觀閣斯積：漢東觀及天祿、石渠等閣，皆為藏書之所，故云。斯，語助。斯積，謂方能充積。〔四二〕秘書監牛弘上表……觀閣斯積，隋主從之：按此段乃摘錄自《隋書・牛弘傳》，字句大致相同。〔四三〕賚：賜。〔四四〕冠隋臨洮，洮州刺史：《隋書・地理志》上：「臨洮郡，後周武帝逐吐谷渾，以置洮陽郡，尋立洮州。」按《隋書・吐谷渾傳》作：「旭州刺史皮子信。」而同書〈高祖紀〉則作洮州刺史。〈地理志〉既有洮州，則自以洮州為是。〔四五〕汶州總管：《隋書・地理志》上：「汶山郡，後周置汶州。」〔四六〕廓州：《隋書・地理志》上：「澆河郡，後周武帝逐吐谷渾，以置廓州總管府。」〔四七〕州兵：周隋時常有州兵之稱，蓋駐紮州境，以防禦本州之兵卒也。〔四八〕吐谷渾寇隋臨洮……又寇廓州，州兵擊走之：按此段乃錄自《隋書・吐谷渾傳》，字句大致相同。〔四九〕抗衡：猶相持。〔五〇〕分割諸夏：按六朝時，東方曰東夏，北方曰北夏，中原曰中夏，故因以諸字括之。〔五一〕周人東慮，恐齊好之深：謂周人憂慮東境，恐齊與突厥之好增深，而與之共侵周土。〔五二〕懼周交之厚：謂懼周與突厥邦交彌厚。〔五三〕謂虜意輕重，國遂安危：以為與虜交誼之深淺，即已國運安危之轉捩。〔五四〕並有：皆有。〔五五〕思減一邊之防：思減輕一邊之防禦，一邊指突厥言。〔五六〕厚斂兆庶：重重賦斂百姓。〔五七〕多惠犲狼：以多施惠於犲狼。犲狼亦指突厥言。(五八)節之以禮，不為虛費：謂以禮節之，不濫行賜予。(五九)入賊之物：即賜賊之物。(六〇)息道路之民：謂止息輸送賜物而僕僕於道路之民。(六一)清邊：掃清邊陲。(六二)成策：謂已劃成之策。(六三)將大定之日：謂將甚為平定之時。(六四)比：比擬。(六五)巢窟：為六朝之習用辭，巢為禽居，窟為獸處，蓋以禽獸視之，而不齒列於人類。(六六)忿：恨。(六七)齊斧：齊斧乃本規定金錫配劑而鑄造者，其刃自甚犀利，故齊斧即利斧之意。(六八)義兼含育：謂兼撻伐與含容撫育二途。(六九)何用侍子之朝，寧勞渭橋之拜：匈奴遣子入侍，及來朝渭橋，並見漢宣帝紀。(七〇)突厥數為隋冠，隋主下詔曰……寧勞渭橋之拜：按此段乃刪錄自《隋書・突厥傳》，字句大致相同。(七一)白道：胡三省曰：「白道在長城北，有白道嶺、白道溪。」(七二)狃於驟勝：狃，習；驟，屢。(七三)掩擊：襲擊。(七四)潛草中：潛藏於草中。(七五)與沙鉢略可汗遇於白道……潛草中而遁：按此段乃錄自《隋書・李徹傳》，字句大致相同。(七六)粉骨為糧：謂粉碎骨骼，以充食糧。(七七)其軍中無食……加以疾疫，死者甚眾：按此數句乃錄自《隋書・突厥傳》，字句大致相同。(七八)磧北：沙漠之北。(七九)和龍諸縣：按和龍與黃龍，雖同指一地，然周隋時則名黃龍，《隋書・陰壽傳》亦作黃龍。當以從其時代之稱謂為是。(八〇)麾下：猶部下。(八一)幽州總管陰壽……為其麾下所殺：按此段乃錄自《隋書・陰壽傳》，字句大致相同。(八二)郢州城主：即守郢州城之將軍。(八三)隋主大雩：《隋書・禮儀志》二：「隋制於國南十四里啓夏門外，置地千畝為壇。」(八四)四月甲子，突厥遣使入見於隋：按《隋書・高祖紀》開皇三年四月文，甲子作甲午，以上之癸巳推之，作甲午是。(八五)郢州城主張子譏……突厥遣使入見於隋：按此段乃錄自《隋書・高祖紀》開皇三年文，字句大致相同。(六六)命左僕射判吏禮兵三部事：按判，判決也。隋代常有此辭，《隋書・柳機附述傳》：「仁壽中，判吏部尚書事。……判事有不合素意，素或令述改之。輒謂將命者曰：『語僕射，道尚書不肯。』素由是銜之。」由之，可知判之意義及情形矣。(六七)辛酉，隋主祀方澤：《隋書・禮儀志》二：「為方丘於宮城之北十四里。夏至之日，祭皇地祇於其上，以太祖配。」(六八)隋秦州總管竇榮定……阿波屢敗：按此段乃錄自《隋書・竇榮定傳》，字句大致相同。(六九)坐事配敦煌為戍卒：按配謂分發，此為齊周隋時常用之法律術語。《北齊書・王峻傳》：「有司依格處斬，家口配沒。特詔決鞭一百，除名配甲坊，蠲其家口。」同書〈後主五男〉：「其不從戮者，散配西土，皆死邊。」《周書・武帝紀》：「建德六年詔：『雜役之徒，獨異常憲，一從罪配，百世不免。』」同書〈司馬消難傳〉：「及陳平，消難至京，特免死，配為樂戶，經二旬放免。」《魏書・刑罰志》：「諸強盜殺人者，首從皆斬，妻子同籍，配為樂戶。」《隋書・刑法志》北齊章：「二曰流刑，謂論犯可死，原情可降，鞭笞各一百，髡之，投于邊裔，以為兵卒，未有道里之差。其不合遠配者，男子長徒，女子配舂，並六年。」同志隋章：「二曰流刑，三：有一千里、千五百里、二千里。應配者，一千里居作二年，一千五百里居作二年半，二千里居作三年。……又詔免尉迥、王謙、司馬消難三道逆人家口之配沒者，悉官酬贖，使為編戶。」是配固有配於遠處，以充軍及事力役者，然亦有配在附近，而為甲坊樂戶舂杵者。此配之大概情形也。總之，配乃為分發之意，至分發至何處所，及分發營何事作，則視其罪戾，而各朝頗不相同，是為研求流配制度，所應知曉者也。(七〇)軍門：

猶營門。(九一)請自効：謂請求效力。(九二)素聞：猶夙聞。(九三)前上大將軍京兆史萬歲……遂請盟，引軍而去：按此段乃錄自《隋書．史萬歲傳》，字句幾全相同。(九四)攝圖：沙鉢略之名。(九五)宿計：舊有之計劃。(九六)滅北牙矣：阿波建牙，在攝圖之北。(九七)豈若喪兵負罪，歸就攝圖，受其戮辱邪：豈若，豈如。全文意為此遠勝於喪兵負罪，歸就攝圖，而受其殺辱。(九八)長孫晟時在榮定軍中為偏將……復得故地，兵勢益強：按此段乃錄自《隋書．長孫覽附晟傳》，字句大致相同。(九九)貪汗可汗素睦於阿波，沙鉢略奪其眾：按鉢略二字，宜改用大字書之，而成為沙鉢略之式。(一〇〇)連兵：連續交戰。(一〇一)貪汗可汗素睦於阿波……請和求援，隋主皆不許：按此段乃錄自《隋書．突厥傳》，字句大致相同。(一〇二)荒穨：荒廢穨圮。(一〇三)曉夕力戰：猶朝夕力戰。按曉夕一辭，為周隋時之常用語，《顏氏家訓．序致》：「每從兩兄，曉夕溫清。」又同書〈後娶〉：「況夫婦之義，曉夕移之。」皆其佐證。(一〇四)厚為其備：猶嚴為其備。(一〇五)略盡：幾盡。(一〇六)百許：百餘。(一〇七)更戰：再戰。(一〇八)特勒：胡三省曰：「特勒，突厥達官。新書：『突厥子弟曰特勒。』」(一〇九)師徒：猶師旅。(一一〇)効命：效致性命。(一一一)汝俟吾死，且可降賊，便散走：按〈李穆附崇傳〉，便散走作方便散走，意為俟方便時，便可散走。當添方字，或伺字亦可。(一一二)道：言述。(一一三)突厥寇幽州，隋幽州總管李崇……突厥亂射殺之：按此段乃錄自《隋書．李穆附崇傳》，字句大致相同。(一一四)命李崇子敏襲爵：據〈李穆附敏傳〉，襲爵廣宗公。(一一五)敏娶樂平公主之女：隋主受禪，周宣帝后改封樂平公主。(一一六)詔假一品羽儀：詔假借以一品之羽儀。(一一七)我以四海與至尊：謂我以天下給予君上。(一一八)唯一壻：今余唯有一壻。(一一九)若餘官：〈李敏傳〉作：「若授餘官。」當添授字。⑳拜而蹈舞：蹈舞、謂全身跪伏而上下跳動。㉑命李崇子敏襲爵……敏乃拜而蹈舞：按此段乃錄自《隋書・李穆附敏傳》，字句大致相同。又此乃由李崇殉國而連帶附書者，實為編年之變體。㉒八月丁卯朔，日有食之：隋紀開皇三年文作：「七月丁卯，日有蝕之。」按《陳書・後主紀》至德元年，有八月丁卯之文，是陳曆乃以丁卯屬於八月，故《通鑑》從之而作八月丁卯朔焉。㉓原州：《隋書・地理志》上：「平涼郡，舊置原州。」㉔秦州：《隋書・地理志》上：「天水郡，舊秦州。」㉕隋遣尚書左僕射高熲出寧州道……隴右諸州盡隸焉：按此段乃錄自《隋書・高祖紀》開皇三年文，字句大致相同。㉖癸丑，立皇弟叔儉為安南王：按《陳書・後主紀》至德元年文，安南王作南安王，又《高宗二十九王傳》亦同之，安南當改作南安。㉗岳山王：胡三省曰：「岳山郡闕，郡縣志：『巴陵一名天岳山。』岳山蓋即巴陵。」㉘立皇弟叔平為湘東王……叔純為新興王：按此段乃錄自《陳書・後主紀》至德元年，字句大致相同。㉙屏之：謂摒置他處。㉚遣散騎常侍周墳、通直散騎常侍袁彥聘於隋。帝聞陳主狀貌異人，使彥畫像而歸，帝見，大駭曰：「吾不欲見此人。」亟命屏之：按此文乃本於《隋書・高祖紀》，然其煞費苦心經營之處，灼然可見。爰先錄《隋書》文以作研討依據。《隋書・高祖紀》：「開皇三年十一月庚辰，陳遣散騎常侍周墳、通直散騎常侍袁彥來聘。陳主知上之貌異世人，使彥畫像持去。」《隋書》載有時日，而《通鑑》則知此為至隋廷之時日，而非陳遣使之日期，遂為免除上面之失，（上面《通鑑》以《隋書》所書陳使到隋之日，而列為陳遣使之日之誤，已分別隨文標舉於前。）而刪去庚辰二字，此法固可免除上述錯失，然使臣到抵日期，反因之而湮，故亦有其不足之處。《隋書》敘述，可以一日括之，視為一日內所發生之事，而《通鑑》載記，則一望而知係綿亘多日之事件而總書於一起者。故兩者之敘述法，皆各有其優劣處，如何取長去短，則端賴撰史者之匠心經營焉。㉛更易事條：更改事情條目。㉜且宜專守：謂暫且應宜專誠遵守。㉝數更：屢次更易。㉞內史令李德林曰……不可數更：按此段不載《隋書・李德林傳》，未知《通鑑》何所根依。然〈李德林傳〉曰之文，似較《通鑑》更為醇厚，爰錄之以供讀者鑒評。文云：「蘇威每欲改易事條，德林以為：『格式已頒，義須畫一，縱令小有踳駮，非過蠹政害民者，不可數有改張。』」㉟當今：即方今。㊱倍多於古：多於古之一倍。㊲地無百里，數縣並置：謂地未有方百里之廣，而境內設有數縣。㊳或戶不滿千，二郡分領：謂不滿千戶，而置二郡以轄之。㊴具僚：謂空領俸祿而不理事之官吏。㊵吏卒增倍：官吏士卒增加一倍。㊶租調：租，田賦；調，戶稅。㊷歲減：每歲減少。㊸十羊九牧：按通常十羊一人牧之，即堪勝任，而今則十羊設九人以牧之，其意乃喻民少官多。㊹存要去閑：存留重要之官吏，而廢罷其閑散者。㊺併小為大：歸併小郡縣而量置較大郡縣。㊻不虧粟帛：粟帛乃為官吏之俸祿及官署之使用而支付者。㊼河南道行臺兵部尚書楊尚希曰……選舉則易得賢良：按此段乃錄自《隋書・楊尚希傳》，字句大致相同。㊽十二月乙卯，隋遣兼散騎常侍曹令則：按《隋書・高祖紀》開皇三年文作：「閏十二月乙卯。」當從添閏字。㊾乃為厭媚，醮日月以求福：按《陳書・高宗二十九王長沙王叔堅傳》，述此事頗詳，文云：「乃為左道厭魅，以求福助。刻木為偶人，衣以道士之服，施機關，能拜跪，晝夜於日月下醮之，祝詛於上。」(五〇)囚於西省：胡三省曰：「門下省為東省，中書省為西省。」(五一)宣敕數之：宣敷詔敕而責其罪。(五二)親媚：謂親幸於主上。(五三)天憲：謂國家之法。(五四)責之於九泉之下：謂責數叔陵以殺君之罪。叔堅為此語，乃在提醒後主之被叔陵所戕，及被戕後營救者乃為何人，藉以收後主眷念恩人而赦減之效。(五五)司空長沙王叔堅免……帝乃赦之，免官而已：按此段乃錄自《陳書・高宗二十九王長沙王叔陵傳》，字句大致相同。(五六)衛霍梁鄧：四姓皆漢之外戚。衛氏夷於武帝之末，霍族赤於宣帝之時，桓帝怒而梁宗誅滅，安帝長而鄧門衰廢。事並見漢紀。(五七)貶損：貶抑降損。(五八)覆宗：覆滅宗族。(五九)隋以上柱國竇榮定為右武衛大將軍……不至覆宗，帝乃止：按此段乃刪錄《隋書・竇榮定傳》而成，字句大致相同。(六〇)法備小人：謂法律乃所以防備小人。(六一)不防：謂不防備。(六二)但非謀逆：謀逆，謂叛國弒君，為罪惡之最大者。(六三)縱有百死：謂縱使犯百次死罪。(六四)推問：謂推治案問。(六五)帝以李穆功大……終不推問：按此段乃刪錄《隋書・李穆傳》而成，字句大致相同。(六六)時事草創：謂當時各事皆在草創之中，無暇及此。(六七)斷獄：斷決之獄。(六八)律尚嚴密：謂律仍嚴密。(六九)定留五百條：制定而存留五百條。(七〇)凡十二卷：《隋書・刑法志》載此十二卷之名目曰：「一曰名例，二曰禁衛，三曰職制，四曰戶婚，五曰廄庫，六曰擅興，七曰盜賊，八曰鬥訟，九曰詐偽，十曰雜律，十一曰捕亡，十二曰斷獄。」(七一)疏而不失：雖疏而無漏失。(七二)置律博士弟子員：《隋書・百官志》下：「大理寺有律博士八人。」弟子員，謂從博士習律之生員。(七三)帝覽刑部奏斷獄……仍置律博士弟子員：按此段乃錄自《隋書・刑法志》，字句大致相同。(七四)倉廩尚虛：謂倉廩儲粟，尚屬不足。(七五)西自蒲陝，東至衞汴：據《隋書・地理志》為：河東郡、蒲州，恆農郡、陝州，汲郡、衞州，陳留郡、汴州。(七六)水次十三州：水次謂濱水。十三州，據《隋書・食貨志》為：蒲、陝、虢、熊、伊、洛、鄭、懷、邵、衞、汴、許、汝。(七七)華州：《隋書・地理志》上：「京兆郡、鄭縣，後魏置東雍州，幷華山郡，西魏改曰華州。」(七八)轉相灌輸：按《隋書・食貨志》，灌輸作灌注。灌注，謂灌而注入，然後再轉而灌注於他倉中，故灌注遠較灌輸為佳。(七九)漕：水運。(八〇)關東：謂函谷關以東州郡。(八一)汾晉：《隋書・地理志》中：「文城郡，東魏置南汾州，後周改為汾州。臨汾郡，後魏置唐州，改曰晉州。」(八二)隋主以長安倉廩尚虛……漕關東及汾晉之粟，以給長安：按此段乃錄自《隋書・食貨志》，字句大致相同。(八三)類不稱職：多不稱其職守。(八四)披荊棘：謂披斬荊棘。(八五)以上柱國和千子為杞州刺史：按《北史・柳彧傳》作和千子，《隋書・柳彧傳》則作和平子。《通鑑》乃係從《北史》之文。又《隋書・地理志》中：「梁郡、雍丘縣，隋置杞州。」(八六)老禾不早殺：殺猶割。(八七)餘種穢良田：餘遺之種粒，將使良田汚穢。(八八)武用：按此為北齊新興之辭語。採此語者，約有下列諸文：《北齊書・張瓊傳》：「少壯健，有武用。」同書〈堯雄傳〉：「從父兄傑，性輕率嗜酒，頗有武用。」又同書〈王則傳〉：「世宗以則有武用，徵為徐州刺史。」按武用，猶武幹也。《北齊書・張宴之傳》：「宴之文士，兼有武幹。」是武用即武幹之明證。(八九)涖眾：臨眾，亦猶治眾。(九〇)優老尚年：尚，尊崇，謂優尊老年之人。(九一)刺舉：漢置刺史，掌刺舉郡縣吏，故云然。(九二)時刺史多任武將……帝善之，千子竟免：按此段乃錄自《隋書・柳彧傳》，字句大致相同。(九三)聽受：聽受羣臣之奏疏。⑭叢脞：《書・益稷》：「元首叢脞哉。」孔傳：「叢脞、細碎無大略。」⑮欽明：《書・堯典》：「放勳欽明文思。」蔡傳：「欽，恭敬也，明，通明也，敬體而明用也。」⑯舜任五臣：孔安國曰：「五臣，禹、稷、契、皐陶、伯益。」⑰四岳：《書・堯典》「咨四岳。」孔傳：「四岳即羲和之四子，分掌四岳之諸侯。」⑱垂拱無為：謂拱手垂袖，此正係無為之狀。⑲勞於求賢：謂求賢之時則勞。⑳逸於任使：謂任使賢臣時，則已甚暇逸。㉑比見：近見。㉒無憚：不畏。㉓決：判決。㉔取判天旨：謂取決於天子之意旨。㉕營造：建造。㉖出給：出納給予。㉗酬答：酬對應答。㉘百司：百官。㉙日旰：日晏。㉚夜分：夜半。㉛文簿：按文簿一辭，乃隋代所興起者，《隋書・于仲文傳》：「上以尚書文簿繁雜，吏多姦計。令仲文勘錄省中事，其所發擿甚多。」同書《柳彧傳》：「動以文簿，憂勞聖躬。」核其意蘊，乃係指文書簿籍而言。《晉書・范汪附寧傳》：「臨發上疏曰：『東西流遷，人人易處，文書簿籍，少有存者。』」是非特指文書簿籍而言，且又為文書簿籍之省稱也。㉜至言：誠至之言。㉝少減：稍減。㉞非臣下裁斷者：謂非臣下所能裁奪決斷者。㉟責成所司：責成功於所司之臣。㊱無疆之壽：謂無量之壽。㊲覆育：覆庇養育。㊳每正月十五夜然燈遊戲：胡三省曰：「上元燃燈，或云以漢祠太一，自昏至晝故事。此說非也。梁簡文帝有然燈詩，陳後主有光璧殿遙詠山燈詩，則柳彧所謂近世風俗，是矣。核正月十五此種燃燈遊戲，北齊時已頗流行。」《北齊書・任敬傳》：「乃陰圖殺逆，武定三年正月十五日，因高祖夜戲，謀將竊發，有人告之，令捕窮其事，皆得實。」而隋代更為興盛。《隋書・長孫平傳》：「轉相州刺史。會正月十五日，百姓大戲，畫衣裳為鍪甲之象。上怒而免之。」同書〈柳彧傳〉，上表曰：「竊見京邑，爰見外州，每以正月望夜，充街塞陌，聚戲朋遊，鳴鼓聒天，燎炬照地，人戴獸面，男為女服，倡優雜技，詭狀異形，以穢嫚為歡娛，用鄙褻為笑樂。內外共觀，曾不相避，高棚跨路，廣幕淩雲，袨服靚粧，車馬填噎，肴醑肆陳，絲竹繁會，竭貲破產，競此一時，盡室并孥，無問貴賤。男女混雜，緇素不分，穢行因此而生，盜賊由斯而起。」足見其注重及熱鬧之一斑矣。㉙望夜：月之十五、夜夕，以日月相望而得名。㉚陌：亦街。㉛朋遊：謂結朋而遊。㉜聒天：猶震天。㉝燎炬：燃燒火炬。㉞孥：妻子、㉟緇素：僧人平民。㊱穢行：汚穢之行。㊲因循：因仍依循。㊳曾無先覺：謂未有覺其為弊風者。㊴化：教化。㊵並即：皆即。㊶禁斷：禁止斷絕。㊷或見上勤於聽受……並即禁斷，詔從之：按此一大段乃錄自《隋書·柳彧傳》，字句大致相同。又此二表疏，〈柳彧傳〉皆不載時月，特以前有柳彧諫刺史多任武將表，遂因而連及之。然此種附述，究嫌乖違編年之體義也。

卷一百七十六　陳紀十

司馬光　編集
曲守約　註

起閼逢執徐，盡著雍涒灘，凡五年。（甲辰至戊申，西元五八四年至五八八年）

長城公下

至德二年（西元五八四年）

㈠春正月，甲子，日有食之。

㈡己巳，隋主享太廟，辛未，祀南郊。

㈢壬申，梁主入朝於隋，服通天冠，絳紗袍㊀，北面受郊勞，及入見於大興殿，隋主服通天冠，絳紗袍，梁主服遠遊冠㊁，朝服，君臣並拜，賜縑萬匹，珍玩稱是㊂。

㈣隋前華州刺史張賓、儀同三司劉暉等，造甲子元曆成㊃，奏之，壬辰，詔頒新曆㊄。

㈤癸巳，大赦。

㈥二月，乙巳，隋主餞㊅梁主於灞上。

㈦突厥蘇尼部男女萬餘口降隋。

㈧庚戌，隋主如隴州⑦。

㈨突厥達頭可汗請降於隋⑧。【考異】隋帝紀云：「突厥阿史那玷厥，帥其眾來降。」按時玷厥方彊，蓋文降耳。

㈩夏，四月，庚子，隋以吏部尚書虞慶則為右僕射。

隋上大將軍賀婁子幹發五州兵⑨，擊吐谷渾，殺男女萬餘口，二旬而還。帝以隴西頻被寇掠⑩，而俗不設村塢⑪，命子幹勒民⑫為堡⑬，仍營田⑭積穀。子幹上書曰：「隴右河西⑮，土曠⑯民稀，邊境未寧，不可廣佃⑰。比見屯田之所，獲少費多，虛役人功⑱，卒逢踐暴⑲，屯田疏遠者，請皆廢省⑳。但隴右之人，以畜牧為事，若更屯聚㉑，彌不自安，但使鎮戍連接，烽堠相望㉒，民雖散居，必謂無慮。」帝從之，以子幹曉習㉓邊事，丁巳，以為榆關總管㉔㉕。

(十一)五月，以吏部尚書江總為僕射㉖。

(十二)隋主以渭水多沙，深淺不常㉗，漕者苦之。六月，壬子，詔太子左庶子宇文愷，帥水工，鑿渠引渭水，自大興城㉘東至潼關，三百餘里，名曰廣通渠㉙。漕運通利，關內賴之㉚。

(三)秋，七月，丙寅，遣兼散騎常侍謝泉等聘於隋(三一)。

(四)八月，壬寅，隋鄧恭公竇熾卒。

(五)乙卯，將軍夏侯苗請降於隋，隋主以通和，不納。

(六)九月，甲戌，隋主以關中飢，行如洛陽(三二)。隋主不喜詞華(三三)，詔天下公私文翰(三四)，並宜實錄(三五)，泗州刺史(三六)司馬幼之文(三七)表華豔，付所司治罪。治書侍御史、趙郡李諤，亦以當時屬文(三八)，體尚輕薄(三九)，上書曰：「魏之三祖(四〇)崇尚文詞，忽君人之大道(四一)，好雕蟲(四二)之小藝，下之從上，遂成風俗。江左(四三)齊梁，其弊彌甚(四四)，競一韻之奇(四五)，爭一字之巧(四六)，連篇累牘(四七)，不出月露之形(四八)，積案盈箱(四九)，唯是風雲之狀(五〇)。世俗(五一)以此相高(五二)，朝廷據茲擢士(五三)，祿利(五四)之路既開，愛尚(五五)之情愈篤。於是閭里(五六)童昏(五七)，貴遊(五八)總丱(五九)，未窺六甲(六〇)，先製五言(六一)。至如羲皇舜禹之典，伊傅(六二)周孔之說，不復關心(六三)，何嘗入耳(六四)。以傲誕為清虛(六五)，以緣情(六六)為勳績(六七)，指儒素(六八)為古拙(六九)，用詞賦為君子(七〇)，故文筆(七一)日繁，其政日亂，良由棄大聖之軌模(七二)，構無用以為用也(七三)。今朝廷雖有是詔，如聞(七四)外州遠縣，仍踵(七五)弊風，躬仁孝之行者(七六)，擯落私門(七七)，不加收齒(七八)，工輕薄之藝者(七九)，選充吏職，舉送天朝(八〇)。蓋由刺史縣令，未遵風教(八一)，請普加采察(八二)，送臺推劾(八三)。」又上言：「士大夫(八四)矜伐干進(八五)，無復廉恥，乞明加罪黜，以懲風軌(八六)。」詔以謗前後所奏，頒示四方(八七)。

(七)突厥沙鉢略可汗數為隋所敗，乃請和親(八八)，千金公主自請改姓楊氏，為隋主女。隋主遣開府儀同三司徐平和使於沙鉢略，更封千金公主為大義公主(八九)。晉王廣請因釁乘之(九〇)，隋主不許。沙鉢略遣使致書曰：「從天生大突厥、天下賢聖天子(九一)伊利居盧設莫何沙鉢略可汗，致書大隋皇帝：皇帝婦父(九二)，乃是翁比(九三)，此為女夫(九四)，乃是兒例(九五)，兩境雖殊(九六)，情義如一(九七)。自今子子孫孫，乃至(九八)萬世，親好不絕，上天為證(九九)，終不違負(一〇〇)。此國羊馬，皆黃帝之畜(一〇一)，彼之繒綵，皆此國之物(一〇二)。」帝復書曰：「大隋天子貽書大突厥沙鉢略可汗，得書、知大有善意(一〇三)，既為沙鉢略婦翁，今日視沙鉢略與兒子不異(一〇四)，時遣大臣往彼省女，復省沙鉢略也(一〇五)。」於是遣尚書右僕射虞慶則使於沙鉢略，車騎將軍長孫晟副之，沙鉢略陳兵⑯，列其珍寶，坐見慶則，稱病不能起⑰，且曰：「我諸父以來，不向人拜。」慶則責而諭之⑱，千金公主私謂⑲慶則曰：「可汗豺狼性⑳，過與爭㉑，將齧人㉒。」長孫晟謂沙鉢略曰：「突厥與隋俱大國，天子、可汗不起㉔，安敢違意㉕？但可賀敦㉖為帝女，則可汗是大隋女壻，奈何不敬婦翁㉗？」沙鉢略笑謂其達官㉘曰：「須拜婦翁。」乃起拜頓顙㉙㉚，跪受璽書㉛，以戴於首㉜，既而大慙，與羣下相聚慟哭㉝。慶則又遣稱臣，沙鉢略謂左右曰：「何謂臣？」左右曰：「隋言臣，猶此云奴耳。」沙鉢略曰：「得為大隋天子奴，虞僕射之力也。」贈慶則馬千匹，幷以從妹妻之㉞。

㈥冬，十一月，壬戌，隋主遣兼散騎常侍薛道衡等來聘，戒道衡：「當識朕意㉟，勿以言辭相折㊱。」

㈨是歲，上於光昭殿前起臨春、結綺、望仙三閣，各高數十丈，連延數十間㊲，其牕牖㊳壁帶㊴，縣楣㊵欄檻㊶，皆以沈檀㊷為之，飾以金玉，間以珠翠，外施珠簾(三三)，內有寶牀、寶帳(三四)，其服玩(三五)瑰麗(三六)，近古(三七)所未有，每微風暫至(三八)，香聞數里。其下積石為山，引水(三九)為池，雜植奇花異卉(四〇)。上自居臨春閣，張貴妃(四一)居結綺閣，龔、孔二貴嬪居望仙閣，並複道(四二)交相往來。又有王李二美人、張薛二淑媛、袁昭儀、何婕妤、江脩容(四三)，並有寵，迭遊其上(四四)。以宮人有文學者袁大捨等為女學士(四五)。僕射江總雖為宰輔，不親政務，日與都官尚書孔範、散騎常侍王瑳等(四六)文士十餘人，侍上遊宴後庭，無復尊卑之序(四七)，謂之狎客(四八)(四九)。上每飲酒，使諸妃嬪及女學士與狎客共賦詩，互相贈答，【考異】平陳記云：「張貴妃等八人夾坐，江總等十人預宴，先令八婦人襞采牋，製五言詩，十客一時繼和，稽緩，則罰酒。」今從陳書、南史。采其尤艷麗者，被以新聲(五〇)，選宮女千餘人，習而歌之，分部迭進(五一)，其曲有玉樹後庭花、臨春樂等(五二)，大略(五三)皆美諸妃嬪之容色(五四)。君臣酣歌(五五)，自夕達旦，以此為常。

張貴妃名麗華，本兵家女(五六)，為龔貴嬪侍兒，上見而悅之，得幸(五七)，生太子深。貴妃髮長七尺，其光可鑑(五八)，性敏慧，有神彩(五九)，進止詳華(六〇)，每瞻視眄睞(六一)，光采溢目(六二)，照映左右。善候(六三)人主顏色，引薦諸宮女，後宮咸德之，競言其善。又有厭魅之術（六四），常置淫祀於宮中，聚女巫鼓舞。上怠於政事，百司啓奏，並因宦者蔡脫兒、李善度進請，上倚隱囊（六五），置張貴妃於膝上，共決之（六六）。李蔡所不能記者，貴妃並為條疏（六七），無所遺脫（六八），因參訪外事，人間（六九）有一言一事，貴妃必先知白（七〇）之，由是益加寵異（七一），冠絕後庭（七二）。宦官近習（七三），內外連結，援引宗戚（七四），縱橫不法，賣官鬻獄，貨賂公行（七五），賞罰之命，不出於外（七六），大臣有不從者，因而譖之，於是孔張之權（七七），熏灼四方（七八），大臣執政，皆從風諂附（七九）（八〇）。孔範與孔貴嬪結為兄妹，上惡聞過失，每有惡事（八一），孔範必曲為文飾（八二），稱揚贊美，由是寵遇優渥，言聽計從，羣臣有諫者，輒以罪斥之（八三）。

中書舍人施文慶頗涉書史（八四），嘗事上於東宮，聰敏彊記（八五），明閑（八六）吏職，心算口占（八七），應時條理（八八），由是大被親幸（八九）。又薦所善吳興沈客卿、陽惠朗、徐哲、暨慧景等，云有吏能，上皆擢用之，以客卿為中書舍人，客卿有口辯，頗知朝廷典故，兼掌金帛局。舊制，軍人士人並無關市之稅，上盛脩宮室，窮極耳目，府庫空虛，有所興造，恆苦不給。客卿奏請，不問士庶(九〇)，並責關市之征(九一)，而又增重其舊(九二)，於是以陽惠朗為太市令，暨慧景為尚書金倉都令史。二人家本小吏，考校簿領(九三)，纖毫不差(九四)，然皆不達大體(九五)，督責苛碎(九六)，聚斂無厭(九七)，士民嗟怨(九八)，客卿總督之，每歲所入，過於常格(九九)數十倍，上大悅。益以施文慶為知人，尤見親重，小大眾事，無不委任，轉相汲引(一〇〇)，珥貂蟬(一〇一)者五十人。孔範自謂文武才能，舉朝莫及(一〇二)，從容白上曰：「外間諸將，起自行伍(一〇三)，匹夫敵耳(一〇四)，深見遠慮，豈其所知！」上以問施文慶，文慶畏範，亦以為然，司馬申復贊之，自是將帥微有過失，即奪其兵，分配文吏，奪任忠部曲以配範及蔡徵，由是文武解體(一〇五)，以至覆滅。

【今註】(一)服通天冠、絳紗袍：《隋書．禮儀志》七：「通天冠之制，案董巴志，冠高九寸，形正豎，頂少邪却，後乃下，直為鐵卷，梁前有高山，天子元會臨軒服之。其服絳紗袍，深衣製，白紗內單皁領，標襈裾，絳紗蔽膝，白假帶，方心曲領。」(二)遠遊冠：《隋書．禮儀志》七：「遠遊三梁冠，加金附蟬九首，施珠翠，黑介幘，纓翠緌，犀簪導，絳紗袍，白紗內單皁領，標襈裾，白假帶，絳紗蔽膝，韎舄。」按梁主入朝於隋之儀禮，具載《隋書．禮儀志》三，可參看。(三)稱是：稱此，言其直與萬鎌稱也。㊃造甲子元曆成：胡三省曰：「甲子元曆，其要以上元甲子己巳來，至開皇四年，歲在甲辰積算起。」《隋書・律曆志》中云：「張賓等依何承天法，微加增損。」㊄正月甲子，日有食之……壬辰，詔頒新曆：按此段乃錄自《隋書・高祖紀》開皇四年文，字句大致相同。㊅餞：詩陳奐傳疏：「祭軷畢，而即於道神之側送之者，設飲酒焉，是曰餞。」㊆隴州：《隋書・地理志》上：「扶風郡，汧源縣，又有西魏東秦州，後改為隴州。」㊇突厥達頭可汗，請降於隋：按《隋書・高祖紀》開皇四年二月文：「突厥可汗阿史那玷率其屬來降。」又《通鑑》考異：「隋帝紀云：『突厥阿史那玷厥帥其眾來降。按時玷厥方強，蓋文降耳。」核《隋書・突厥傳》：「突厥姓阿史那氏……阿波西奔達頭可汗，達頭者，名玷厥，沙鉢略之從父也。」是隋紀玷下誤脫一厥字，《通鑑》則改而採達頭可汗之稱。考異曰文降者，其意乃謂為偽降耳。㊈五州兵：時發河西五州兵，五州為涼、甘、瓜、鄯、廓。㊉寇掠：寇侵鈔掠。⑪村塢：塢、《說文》：「小障也。」通俗文：「營居曰塢。」村，按村乃聚戶而居，雖無軍事功能，然既聚戶而居，則自便於召集，而發生防禦力量。⑫勒民：督令居民。⑬堡：小城，音保。⑭營田：猶種田。⑮隴右河西：《隋書・賀婁子幹傳》作：「隴西河右」。文雖不同，而所指者則一。蓋六朝時以左為東，以右為西，是西右均指西而言，則右西二字雖有顛倒，自亦無改其所指也。⑯土曠：謂土地曠闊。⑰不可廣佃：《隋書・賀婁子幹傳》作：「不可廣為田種。」文意較明。⑱虛役人功：謂空勞費人力。⑲卒逢踐暴：終皆遭遇踐踏刦掠。⑳廢省：停廢省除。㉑屯聚：屯結聚集於一處。㉒但隴右之人，以畜牧為事，若更屯聚，彌不自安。但使鎮戍連接，烽堠相望：按《通鑑》錄文以力事删削為原則，殊不料此處删削結果，竟使二但字距離甚近，而陷重複之誚。〈賀婁子幹傳〉於彌不獲安下有：「只可嚴謹斥候，豈容集人聚畜，請要路之所，加其防守，但使鎮戍連接，烽堠相望。」為使其免蹈重複，於彌不獲安下應添書：「只可嚴謹斥候，於要路之所，加其防守。誠使鎮戍連接，烽堠相望。」則無此弊，而事亦加詳矣。㉓曉習：明習。㉔榆關總管：《隋書・地理志》上：「榆林郡、金河縣，開皇三年置榆關總管。」㉕隋上大將軍賀婁子幹發五州兵……以為榆關總管。按此段乃錄自《隋書・賀婁子幹傳》，字句大致相同。㉖五月，以吏部尚書江總為僕射：按《陳書・後主紀》至德二年五月戊子：「以尚書僕射永陽王伯智為揚州刺史，吏部尚書江總為尚書僕射。」是江總之為僕射，乃在五月戊子。當從添戊子二字。㉗深淺不常：謂因渭水多沙，而沙常淤移，故河道遂輒深淺不定。㉘大興城：即隋之新都。㉙廣通渠：意取此渠能各處廣遍通運。㉚隋主以渭水多沙……關內賴之：按此段乃錄自《隋書・食貨志》，字句大致相同。㉛七月丙寅，遣兼散騎常侍謝泉等聘於隋：按此事載於《隋書・高祖紀》開皇四年，文云：「七月景寅，（按即丙寅，景乃唐人避昞諱而改者。）陳遣兼散騎常侍謝泉、兼通直散騎常侍賀德基來聘。」是丙寅乃陳使抵達隋廷之日，而非陳遣使啓行之時。然《通鑑》之措辭，則全係陳遣使啓行之日期，其為疵謬，甚為明顯。㉜隋主以關中飢，行如洛陽：行幸洛陽，乃為就粟關東，以減少關中糧粟之消耗，亦正所以救關中之飢也。㉝詞華：謂華麗之詞章。㉞文翰：猶文筆。核所以如此詮釋者，以翰即筆也，古人以翰為筆，及援翰為援筆者，例證甚多，今爰舉數例以實之。《文選・向秀思舊賦》：「停駕言其將邁兮，遂援翰而寫心。」（李善注：「胡廣弔夷齊文：『援翰錄弔，以舒懷兮。』」）援翰亦有作揮翰者，《文選・張衡歸田賦》：「揮翰墨以奮藻，陳三皇之軌模。」又有作染翰者，《文選・潘安仁秋興賦》：「於是染翰操紙，慨然而賦。」染翰則須用墨，而以筆墨所書撰者，多係文章，遂有以翰墨二字連綴一起，而以表係文章之意，其例據則有《文選・曹植與楊德祖書》：「豈徒以翰墨為勳績，辭賦為君子哉！」及同書〈潘岳悼亡詩〉：「帷屏無髣髴，翰墨有餘迹。」子建一則，更明係指文章而言。夫既若此，則釋文翰為文筆，為文章，自不致陷於訛誤。㉟並宜實錄：謂皆宜據實載錄，不得渲染過量。㊱泗州刺史：《隋書・地理志》下：「下邳郡，陳改為安州，後周改為泗州。」㊲文表：文章之外表，亦即文之詞藻。㊳屬文：《漢書・賈誼傳》：「以能誦詩書屬文稱於郡中。」注：「屬，謂綴輯之也，言其能為文也。」㊴體尚輕薄：體，體制；輕薄，即輕艷之意。此輕艷之制，當時頗為流行，尤以庾信江總者為甚，幾成一時之宗師焉，《陳書・江總傳》：「於五言七言尤善，然傷於浮艷，故為後主所愛幸。多有側篇，好事者相傳諷翫，於今不絕。」《周書・庾信傳》：「徐摛子陵及信，既有盛才，文並綺艷，故世號徐庾體焉。當時後進，競相模範，每有一文，京都莫不傳誦。」又〈庾信傳〉後史臣曰：「子山之文，其體以淫放為本，其詞以輕險為宗，故能誇目侈於紅紫，蕩心逾於鄭衛。昔楊子雲有言：『詩人之賦麗以則，詞人之賦麗以淫。』若以庾氏方之，斯又詞賦之罪人也。」同書〈文閔諸子趙王招傳》：「博涉羣書，好屬文，學庾信體，詞多輕艷。」《隋書・柳䛒傳》：「初晉王屬文，為庾信體，及見曶已後，文體遂變。」由之足知當時綴文，競逐輕薄之一斑，及創此文體之作俑者矣。㊵魏之三祖：謂曹操及子丕、孫叡。㊶忽君人之大道：輕忽為人君之大道。㊷雕蟲：揚雄曰：「童子雕蟲篆刻。」蓋謂雕斫文詞。㊸江左：即江東，六朝時以左為東，故江左即江東也。㊹其弊彌甚：謂其弊陋益甚。㊺競一韻之奇：競一韻腳之奇險。㊻爭一字之巧：爭一字之工巧。㊼連篇累牘：連篇，謂連接許多篇幅；累牘，謂累積層層木牘；篇牘，皆書寫文字之材具。㊽不出月露之形：謂所言者不外月華湛露之狀。㊾積案盈箱：謂所撰文什，累積几案，盈滿巾箱。㊿唯是風雲之狀：唯是，但是，月露風雲，後代則通作風花雪月，言其徒事觀賞，而不切於實務也。(51)世俗：俗亦世，世俗、即世人或俗人。(52)以此相高：猶以此為高。(53)朝廷據茲擢士：謂天子憑此拔擢士子。(54)祿利：俸祿利潤，換言之，亦即官爵。(55)愛尚：愛好崇尚。(56)閭里：閭亦里，皆二十五家，此處猶鄉里也。(57)童昏：謂童幼昏蒙，未有知識。童昏通作童蒙。(58)貴遊：《周禮．地官．師氏》：「凡國之貴遊子弟學焉。」鄭注：「貴遊子弟，王公之子弟；遊、無官司者。」(59)揔丱：揔同總。《詩．齊風．甫田》：「總角丱兮。」傳：「總角，聚兩髦也。」疏：「總聚其髮，以為兩角。」丱，束髮兩角貌，音慣。(60)六甲：胡三省曰：「古者八歲入小學，學六甲五方書計之事。六甲，謂六十甲子也。」(61)五言：五言詩。(62)伊傅：伊尹、傅說。(63)關心：猶用心。(64)何嘗入耳：謂何曾傾聽。(65)以傲誕為清虛：以傲慢怪誕之說，為合於清靜玄虛之言。(66)緣情：《文選．陸機文賦》：「詩緣情而綺靡，賦體物而瀏亮。」李注：「詩以言志，故曰緣情。」(67)以緣情為勳績：按此句正與上引

《文選．曹植與楊德祖書》之：「豈徒以翰墨為勳績」之含意相同，特此言詩而該文謂文，為微異耳。(六八)儒素：按素、六朝乃指儒而言。其佐證甚多。《文選．任昉為范尚書讓表》：「臣本自諸生，家承素業，門無富貴，易農而仕。」《顏氏家訓．誡兵》：「頃世亂離，衣冠之士，雖無身手，或聚徒眾，違棄素業，徼倖戰功。」《晉書．李重傳》：「時燕國中正劉沈舉霍原為寒素，司徒府不從。……沈為中正，親執銓衡，陳原隱居求志，篤古好學，學不為利，行不要名，絕跡窮山，韞韣道藝，外無希世之容，內全遯逸之節，行成名立，縉紳慕之，委質受屈，千里而應，有孫孟之風，嚴鄭之操。」(六九)指儒素為古拙：指務儒術者為樸拙而不時髦。(七〇)用詞賦為君子：按此亦見上引《文選．曹植與楊德祖書》。用，猶以，謂以擅詞賦者為君子。(七一)文筆：猶上之文翰。《文心雕龍．總術》：「今人常言有文有筆，以為無韻者筆也，有韻者文也。」六朝史籍載諸文人之撰述，常有文筆若干卷之語，可參稽，茲不詳。(七二)軌模：軌度模範。(七三)搆無用以為用也：撰搆無用之文以用之。(七四)如聞：猶似聞，因未獲確切證據，故未敢明言之，而用此語，與風聞頗相類。(七五)仍踵：謂仍舊履沿。(七六)躬仁孝之行者：謂親操仁孝之行者。(七七)擯落私門：謂被擯擠而屈居自己家中。(七八)不加收齒：不施收錄齒列。(七九)工輕薄之藝者：謂工於文詞者。(八〇)天朝：謂天子之廷，亦即朝廷。(八一)未遵風教：未遵守風軌教令。(八二)采察：采訪檢察。(八三)送臺推劾：謂送交御史臺推檢劾問。(八四)士大夫：指官吏及縉紳而言。(八五)矜伐干進：謂矜誇自己之才能，而干求升進。(八六)以懲風軌：謂以懲處敗壞風軌者。(八七)隋主不喜詞華……詔以謂前後所奏，頒示四方：按此段乃錄自《隋書．李諤傳》，除有刪削外，字句大致相同。(八八)和親：和好結親。(八九)更封千金公主為大義公主：更，改。千金公主，宇文氏女，初請於沙鉢略欲復讐，及沙鉢略兵敗眾離，乃謂為隋主女，隋因改封之為大義公主。(九〇)乘之：謂乘而伐之。(九一)從天生大突厥、天下賢聖天子：按此乃沙鉢略致隋天子書之頭款。從天生大突厥，乃謂大突厥係由天而生，以明其神聖與崇高也。天下賢聖天子，乃自贊之辭。此頭款以華言簡括書之，則為大突厥聖賢天子。(九二)皇帝婦父：《隋書・突厥傳》作：「皇帝是婦父。」語較明確，然《通鑑》以下句又有是字，嫌重複，因刪去之。(九三)翁比：謂可比作翁，翁指父及岳父而言，意為乃余之諸父。(九四)此為女夫：謂余既為汝女之夫。(九五)乃是兒例：謂乃是兒子之類。(九六)兩境雖殊：謂雖係兩國。(九七)情義如一：謂情義則如一家之人。(九八)乃至：猶以至。(九九)上天為證：謂蒼天可為見證。(一〇〇)終不違負：始終決不違背。(一〇一)此國羊馬，皆黃帝之畜：〈突厥傳〉作：「此國所有羊馬，都是皇帝畜生。」皇帝乃指隋天子而言，是黃帝當改作皇帝。(一〇二)彼之繒綵，皆此國之物：彼指隋言，謂隋所有之繒綵，皆以為賜贈我突厥者。蓋上四句皆為：「彼此有何異也。」之說而設。(一〇三)得書知大有善意：〈突厥傳〉，善意作好心。蓋沙鉢略所致之書，全係俗淺白話，故隋帝復書，亦用語體之制，此當保存原書本貌，不可多事改易。(一〇四)今日視沙鉢略與兒子不異：〈突厥傳〉作：「今日看沙鉢略共兒子不異。」全為白話，頗饒趣味，又兒子一稱，在隋似更帶親切之意。《隋書・張大淵傳》：「高祖命升御坐而宴之，謂大淵曰：『卿可為朕兒，朕為卿父。』」文中所言，可為上說之佐證。(一〇五)往彼省女，復省沙鉢略也：〈突厥傳〉，二省字皆作看字，意較親切質直。(一〇六)陳兵：陳列兵士於左右。(一〇七)坐見慶則，稱病不能起：稱病、謂言有病，坐而不起，乃為傲慢不敬之狀、⑱諭之：曉諭之。⑲私謂：猶暗謂。⑳可汗豺狼性：謂可汗乃係豺狼之性，言其甚為兇暴。㉑過與爭：過份與之相爭。㉒齧人：噬人。㉓突厥沙鉢略可汗數為隋所敗……過與爭，將齧人：按此段乃錄自《隋書・突厥傳》，以文中所載二書皆係語體，而《通鑑》則皆改作文言，故字句改易頗多。㉔天子可汗不起：謂天子與可汗，地位相埒，故可不起坐。㉕安敢違意：安敢異議可汗不起之意。㉖可賀敦：突厥皇后之稱。㉗奈何不敬婦翁：謂如何可不敬可賀敦之父。婦翁，〈突厥傳〉作婦公，蓋公猶翁，二者之意相同。㉘達官：胡三省曰：「突厥子弟，曰特勒；大臣，曰葉護，曰屈律啜，曰阿波，曰俟利發，曰吐屯，曰俟斤，曰閻洪達，曰頡利發，曰達干：皆達官也。」㉙起拜頓顙：頓顙，謂以額貼地而稍停之，乃跪拜中之最敬儀式。㉚長孫晟謂沙鉢略曰……乃起拜頓顙：按此段乃錄自《隋書・長孫覽附晟傳》，字句大致相同。㉛璽書：皇帝之書，用璽以封，故曰璽書。㉜以戴於首：謂將璽書置於頂上。此當係突厥之最敬禮制。㉝既而大慚，與羣下相聚慟哭：按〈突厥傳〉作：「既而大慚，其羣下因相聚慟哭。」是相聚慟哭者，乃其羣下，非有沙鉢略參加在內。若云沙鉢略與羣下相聚慟哭，則與下之：「沙鉢略曰：『得為大隋天子奴，虞僕射之力也。』贈慶則馬千匹。」之情節不符。故其羣下之其，不可改為與字。㉞乃起拜頓顙……幷以從妹妻之：按此段乃錄自《隋書・突厥傳》，字句大致相同。㉟當識朕意：當知朕之意思。㊱勿以言辭相折：勿以言辭口舌相折服。㊲三閤各高數十丈，連延數十間：按《陳書・沈皇后傳》後史臣曰作：「閣高數丈，並數十間。」所云並數十間者，乃謂每閣中皆有數十間之房間。以喻其廣闊也。㉘牖：亦窗。㉙壁帶：壁中橫木。㉚縣楣：縣讀懸，縣楣，橫木施於前後兩楹之間，下不裝構，今人謂之掛楣。㉛欄檻：皆所以憑依，施於簷下階際者，曰欄；施於窗牖之間者，曰檻。㉜沈檀：沈，沈香，檀，檀香，皆香木名。㉝外施珠簾：外施，外置，外懸。按此時施簾之風頗盛，戶牖間皆有懸之者，《北齊書・斛律金附光傳》所載：「光入，嘗在朝堂垂簾而坐。祖珽不知，乘馬過其前。」可窺知此風尚之一斑。㉞外施珠簾，內有寶牀寶帳：按六朝末甚重真珠之飾，其所謂寶，亦多指珠翠金玉而言。爰移錄數則，以明此時重珠玉之概況。《北齊書・後主穆后傳》：「武成時，為胡后造真珠裙褲，所費不可稱計。……又遣商胡齎錦綵三萬疋，與弔使同往，欲市真珠，為皇后造七寶車，周人不與交易，然而竟造焉。」同書〈文襄六王蘭陵王長恭傳〉：「及蘭陵死，妃鄭氏以頸珠施佛，廣寧王使贖之。」《隋書・文獻獨孤皇后傳》：「突厥嘗與中國交市，有明珠一篋，價值八百萬，幽州總管陰壽白后市之。后曰：『非我所須也。』」同書〈煬帝蕭后傳〉：「因為述志賦，其詞曰：『珠簾玉箔之奇，金屋瑤臺之美。』」足知斯時對珠寶之愛好矣。㉟服玩：服飾玩用。㊱瑰麗：奇麗。㊲近古：謂近多年來。㊳微風暫至：猶微風陣至。㊴引水：猶導水。㊵卉：百草總名。㊶張貴妃：即張麗華。㊷複道：架於空中之甬道，以通往來者。㊸又有王李二美人，張薛二淑媛，袁昭儀，何婕妤，江修容：胡三省曰：「梁制，貴妃、貴嬪、貴姬，是為三夫人。淑瑗、淑儀、淑容、昭華、昭儀、昭容、脩華、脩儀、脩容，是為九嬪。婕妤、容華、充華、承徽、列榮五職，位亞九嬪。美人、才人、良人三職，散位。」㊹迭遊其上：謂遞遊於三閣之上。(45)是歲，上於光昭殿前起臨春、結綺、望仙三閣……袁大捨等為女學士：按此段乃錄自《陳書・後主沈后傳》後史臣曰，字句大致相同。(46)散騎常侍王瑳：按《陳書・江總傳》，王瑳作王瑗。又〈後主紀〉至德三年文，亦有前度支尚書王瑗之文。是王瑳當係王瑗之訛。(47)尊卑之序：尊卑之等第。(48)狎客：謂狎習之賓客，亦即弄臣。(49)僕射江總雖為宰輔……謂之狎客：按此段乃錄自《陳書・江總傳》，而稍有溢出。(50)被以新聲：猶譜以新聲。(51)分部迭進：謂將習歌之宮女，分為若干部，而依次遞進，以歌唱也。(52)有玉樹後庭花、臨春樂等：《隋書・音樂志》上：「後主又於清樂中，造黃鸝留及玉樹後庭花、金釵兩臂垂等曲，與幸臣等製，其歌詞綺艷相高，極於輕薄，男女唱和，其音甚哀。」(53)大略：猶大概。(54)皆美諸妃嬪之容色：皆贊美諸妃嬪之容貌顏色。(55)酣歌：酣酒歌唱。(56)兵家女：猶軍人之女。(57)得幸：得進幸。(58)其光可鑑：謂髮之光澤，可以照人。(59)有神彩：有精神光彩。(60)詳華：詳審華麗。(61)瞻視眄睞：仰觀曰瞻，正觀曰視，斜視曰眄，旁視曰睞。(62)光采溢目：雙目充溢光采。(63)善候：善於伺候。(64)又有厭魅之術：胡三省曰：「厭魅，所謂婦人媚道也。」(65)上倚隱囊：隱囊，為囊實以細輭，置諸坐側，坐倦則斜傾身軀以憑之。(66)共決之：共決斷之。(67)條疏：條貫疏分。(68)遺脫：遺失脫漏。(69)人間：猶世間。(70)白：告。(71)寵異：寵幸優異。(72)冠絕後庭：謂高過後庭。(73)近習：猶近侍。(74)援引宗戚：援輔引進，宗族親戚。(75)貨賂公行：賂，財貨，謂公然收取財貨。(76)賞罰之命，不出於外：謂出命不由中書，而出於宮掖。(77)孔張之權：孔謂孔貴嬪，張謂張貴妃。(78)熏灼四方：謂其勢燄之盛，上沖霄漢，旁鑠四方。(79)諂附：諂諛趨附。(80)上每飲酒，使諸妃嬪……大臣執政，皆從風謟附：按此段乃揉合《陳書・後主張貴妃傳》，及傳後史臣曰之文而成。次序雖有變易，然字句則多相同。(81)每有惡事：惡事，即上所言之過失。(82)文飾：謂文過飾非。(83)斥之：斥謫之。(84)頗涉書史：謂頗涉獵經史。(85)彊記：謂記誦者甚多。(86)明閑：明曉閑習。(87)心筭口占：《漢書・陳遵傳》注：「占，隱度也，口隱其辭以授吏也。」謂心中籌度而口宣出之。(88)應時條理：謂應時而發，皆有條理。(89)大被親幸：甚被親幸。(90)不問士庶：不論士庶。(91)並責關市之征：皆責之交關市之稅。(92)又增重其舊：又增重其舊稅。(93)簿領：管領之簿籍之事。(94)纖毫不差：謂絲毫無誤。(95)不達大體：不明體要。(96)苛碎：苛察煩碎。(97)無厭：不知厭足。(98)嗟怨：嗟歎怨恨。(99)常格：謂通常標準。(100)汲引：提拔援引。(101)珥貂蟬：珥、插。《隋書・禮儀志》七：「貂蟬，案漢官：『侍內金蟬左貂，』金取剛固，蟬取高潔也。開皇時加散騎常侍，在門下者，皆有貂蟬。」(102)舉朝莫及：全朝中無及之者。(103)行伍：《周禮》：「五人為伍。」《左傳》杜注：「二十五人為行。」(104)匹夫敵耳：謂只可敵一人。(105)文武解體：謂文武官員，心皆渙散。

三年（西元五八五年）

㈠春，正月，戊午朔，日有食之。

㈡隋主命禮部尚書牛弘脩五禮㈠，勒成㈡百卷，戊辰，詔行新禮。

三月，戊午，隋以尚書左僕射高熲為左領軍大將軍。

㈢豐州刺史㈢章大寶，昭達之子也，在州貪縱㈣，朝廷以太僕卿李暈代之，暈將至，辛酉，大寶襲殺暈，舉兵反㈤。

㈣隋大司徒郢公王誼，與隋主有舊㈥，其子尚帝女蘭陵公主，帝待之恩禮稍薄，誼頗怨望㈦，或告誼自言：「名應圖讖㈧，相表㈨當王。」公卿奏誼大逆不道，壬寅，賜誼死㈩㈠。戊申，隋主還長安。

㈤章大寶遣其將楊通攻建安，不克，臺軍㈢將至，大寶眾潰，逃入山，為追兵所擒，夷三族㈢。

㈥隋度支尚書長孫平㈣，奏令民間，每秋，家出粟麥一石以下，貧富為差㈤，儲之當社㈥，委社司檢校㈦，以備凶年，名曰義倉。隋主從之㈧。五月，甲申，初詔郡縣置義倉。平，儉之子也。時民間多妄稱老小，以免賦役㈨，山東承北齊之弊政，戶口租調，姦偽⑩尤多，隋主命州縣大索貌閱㈡，戶口不實者，里正黨長㈢遠配

㉓，大功以下㉔，皆令析籍㉕，以防容隱㉖。於是計帳㉗得新附一百六十四萬餘口，高熲請為輸籍法㉘，徧下諸州，帝從之，自是姦無所容㉙矣。諸州調物㉚，每歲，河南自潼關，河北自蒲坂輸長安者，相屬㉛於路，晝夜不絕者數月㉜。

(七)梁主殂，謚曰孝明皇帝㉝，廟號世宗，世宗孝慈儉約，境內安之，太子琮嗣位。

(八)初，突厥阿波可汗既與沙鉢略有隙，阿波浸彊㉞，東距都斤㉟，西越金山，龜茲㊱、鐵勒、伊吾及西域諸胡，悉附之，號西突厥㊲，隋主亦遣上大將軍元契使于阿波以撫之。

(九)秋，七月，庚申，遣散騎常侍王話等聘於隋㊳。

(十)突厥沙鉢略既為達頭所困㊴，又畏契丹，遣使告急於隋，請將部落度漠南，寄居白道川㊵。隋主許之，命晉王廣以兵援之，給以衣食，賜之車服鼓吹。沙鉢略因西擊阿波，破之，而阿拔國乘虛，掠其妻子，官軍㊶為擊阿拔，敗之，所獲悉與沙鉢略。沙鉢略大喜，乃立約，以磧㊷為界，因上表曰：「天無二日，土無二王㊸，大隋皇帝，真皇帝也，豈敢阻兵㊹恃險，偷竊名號㊺。今感慕淳風㊻，歸心有道，屈膝稽顙，永為藩附㊼。」遣其子庫合真入朝。【考異】隋突厥傳作窟合真，今從帝紀。八月，丙戌，庫合真至長安，隋主下詔曰：「沙鉢往雖與和㊽，猶是二國㊾，今作君臣，便成一體㊿。」因命肅告(五一)郊廟，普頒遠近，凡賜沙鉢略詔，不稱其名，宴庫合真於內殿，引見皇后(五二)，賞勞甚厚。沙鉢略大悅，自是歲時(五三)貢獻不絕(五四)。

(十)九月，將軍湛文徹侵隋和州，隋儀同三司費寶首擊擒之。

(十一)丙子，隋使李若等來聘。

冬，十月，壬辰，隋以上柱國楊素為信州總管(五五)(五六)。

(十二)初，北地傅縡以庶子事上於東宮，及即位，遷祕書監、右衛將軍，兼中書通事舍人，負才使氣，人多怨之。施文慶、沈客卿共譖縡受高麗使金(五七)，上收縡(五八)下獄，縡於獄中上書曰：「夫君人者，恭事上帝，子愛下民(五九)，省嗜欲，遠諂佞(六〇)，未明求衣(六一)，日旰忘食(六二)，是以澤被區宇(六三)，慶流子孫(六四)。陛下頃來，酒色過度，不虔郊廟大神(六五)，專媚淫昏之鬼(六六)，小人在側，宦豎弄權，惡忠直若仇讎，視生民如草芥(六七)，後宮曳綺繡，廄馬餘菽粟(六八)，百姓流離，殭尸蔽野，貨賄公行，帑藏損耗(六九)，神怒民怨，眾叛親離，臣恐東南王氣(七〇)，自斯而盡。」書奏，上大怒，頃之，意稍解(七一)，遣使謂縡曰：「我欲赦卿，卿能改過不？」對曰：「臣心如面，臣面可改，則臣心可改(七二)。」上益怒，令宦者李善慶窮治(七三)其事，遂賜死獄中(七四)。上每當郊祀，常稱疾不行，故縡言及之。

(十四)是歲，梁大將軍戚昕以舟師襲公安(七五)，不克而還。隋主徵梁主叔父太尉、吳王岑入朝，拜大將軍，封懷義公，因留不遣(七六)，復置江陵總管以監之。梁大將軍許世武密以城召荊州刺史、宜黃侯慧紀，謀泄，梁主殺之。慧紀，高祖之從孫也。

(十五)隋主使司農少卿崔仲方發丁三萬於朔方、靈武，築長城，東距河，西至綏州(七七)，綿歷(七八)七百里，以遏(七九)胡寇(八〇)。

【今註】(一)脩五禮：五禮：吉、凶、軍、賓、嘉。(二)勒成：部勒成。(三)豐州刺史：《隋書・地理志》下：「建安郡，陳置閩州，仍廢，後又置豐州。」(四)貪縱：貪污縱恣。(五)豐州刺史章大寶……大寶襲殺暈，舉兵反：按此段乃錄自《陳書・章昭達傳》，字句大致相同。(六)與隋主有舊：《隋書・

王誼傳》：「上見誼愴然曰：『朕與公舊為同學。』」㈦怨望：望亦怨。㈧圖讖：圖籙讖文。㈨相表：相貌儀表。㈩隋大司徒郢公王誼……壬寅賜誼死：按此段乃錄自《隋書．王誼傳》，字句大致相同。⑪壬寅，賜誼死：按《隋書．高祖紀》開皇五年：「夏四月壬寅，上柱國王誼謀反伏誅。」是壬寅上當添夏四月三字。⑫臺軍：即臺省之軍。⑬章大寶遣其將楊通攻建安……為追兵所擒，夷三族：按此段乃錄自《陳書．章昭達傳》，字句大致相同。⑭隋度支尚書長孫平：《通鑑》至德元年（開皇三年）四月：「隋改度支尚書為民部尚書。」是度支尚書乃史官沿仍舊稱，其實當書曰民部尚書。又〈食貨志〉作工部尚書長孫平，核《隋書．長孫平傳》：「開皇三年徵拜度支尚書，後數載轉工部尚書。」是斯時尚未為工部尚書，史官乃隨意書呼之耳。⑮貧富為差：以貧富為差等。⑯儲之當社：〈長孫平傳〉作：「儲之閭巷。」是當社即閭巷之社。⑰委社司檢校：社司，司社之吏，檢校即檢察，按此詞六朝常用之。《世說新語．賢媛》許允為吏部郎條：「允對曰：『陛下檢校為稱職與不，若不稱職，臣受其罪。既檢校，皆官得其人。』」同書〈仇隟〉注引中興書：「王述既顯授，又檢校會稽郡，求其得失，主者疲於課對。」《晉書．王羲之傳》：「近檢校諸縣，無不皆爾，饒姚近十萬斛，重斂以資姦吏，令國用空乏，良可嘆也。……述後檢察會稽郡，辯其刑政。」《隋書．房陵王勇傳》：「近臣素顯言之曰：『臣奉勅向京，令皇太子檢校劉居士餘黨。……爾作右僕射，委寄不輕，自檢校之，何關我事！』」同書〈長孫覽附晟傳〉：「雍閭欲勿與，謬答曰：『檢校客內，無此色人。』」凡文中之檢校，皆係檢察之意。尤以王羲之傳文，前書檢校，後作檢察，則檢校之為檢察，更屬昭然若揭。⑱隋度支尚書長孫平……名曰義倉，隋主從之：按此段乃錄自《隋書·長孫平傳》，字句大致相同。⑲時民間多妄稱老小，以免賦役：《隋書·食貨志》：「周制，男女三歲已下為黃，十歲已下為小，六十為老，乃免。」⑳姦偽：姦詐虛偽。㉑大索貌閱：大加搜索閱其貌以驗老小之實。㉒里正黨長：《隋書·食貨志》：「及頒新令，制人五家為保，保有長；保五為閭，閭四為族，皆有正。畿外置里正比閭正，黨長比族正，以相檢察焉。」㉓遠配：流於遠方而配以役戍。㉔大功以下：堂兄弟其服大功。㉕析籍：謂異居。㉖容隱：容藏隱匿。㉗計帳：會計帳簿。㉘高熲請為輸籍法：其法為凡民間課輸，皆籍其數，使州縣長吏，不得以走弄出沒。㉙姦無所容：姦無所藏。㉚調物：調輸之物。㉛相屬：相連屬。㉜時民間多妄稱老小……晝夜不絕者數月：按此段乃錄自《隋書·食貨志》，字句大致相同。㉝梁主殂，謚曰孝明皇帝：按《周書·蕭詧附巋傳》作：「謚曰孝文皇帝。」說不相同。㉞浸彊：漸彊。㉟都斤：突厥中山名，沙鉢略初立，曾建牙於此。㊱龜茲：音丘慈。㊲初突厥阿波可汗……號西突厥：按此段乃錄自《隋書·西突厥傳》，字句大致相同。㊳秋七月庚申，遣散騎常侍王話等聘於隋：按此乃錄自《隋書·高祖紀》開皇五年文，夫《隋書》所載陳使來聘之月日，皆為陳使抵達隋廷之日期，而此則列為陳遣使出發之時日，知其顯有訛誤。又散騎常侍上，《隋書》有一兼字，當從添。㊴既為達頭所困：達頭資阿波以兵，使攻沙鉢略，故云為其所困。㊵寄居白道川：欲南傍長城下，倚隋為援。㊶官軍：謂隋軍。㊷磧：沙漠，音ㄑㄧˋ。㊸土無二王：謂大地之上，無同時存立之二君主。㊹阻兵：恃兵。㊺偷竊名號：偷竊帝王之名號。㊻淳風：淳厚之風俗。淳風有道，皆指隋而言。㊼求為藩附：永為藩屏附屬。㊽沙鉢往雖與和：按《隋書》皆作沙鉢略，此當添略字。往謂已往。㊾猶是二國：謂尚是兩國。㊿便成一體：謂便成一家。(五一)肅告：敬告。(五二)引見皇后：引見之於皇后。(五三)歲時：謂年節及四季。(五四)突厥沙鉢略既為達頭所困……自是歲時貢獻不絕：按此段乃錄自《隋書・突厥傳》，字句大致相同。(五五)信州總管：《隋書・地理志》上：「巴東郡，梁置信州，後周置總管府。」(五六)九月，將軍湛文徹侵隋和州……楊素為信州總管：按此段乃錄自《隋書・高祖紀》開皇五年文，字句大致相同。(五七)受高麗使金：謂受高麗使者之金銀。(五八)收縡：收錄縡。(五九)子愛下民：謂應愛民如子。(六〇)遠謟佞：猶去謟佞。(六一)未明求衣：謂天未明即著衣而起治事。(六二)日旰忘食：時雖晚而猶未進飲食。(六三)區宇：猶天下。(六四)慶流子孫：慶賞流傳於子孫。(六五)不虔郊廟大神：虔，敬，大神，作之神已足，蓋言係郊廟之神，則其重要性，已顯露無遺，不煩改作大字，反陷於庸俗之誚。(六六)淫昏之鬼：《陳書・後主張貴妃傳》：「又好厭魅之術，假鬼道以惑後主，置淫祀於宮中，聚諸妖巫使之鼓舞。」所言者乃指此。(六七)如草芥：以喻最卑賤也。(六八)廄馬餘菽粟：謂廄馬所食之菽粟，常有遺剩。(六九)帑藏損耗：府庫中所藏之財貨，大為減損消耗。(七〇)東南王氣：謂江東王者氣數。(七一)意稍解：謂怒稍解。(七二)對曰臣心如面，臣面可改，則臣心可改：寓意乃為臣心決不可改。(七三)窮治：極治。(七四)初北地傅縡……遂賜死獄中：按此段乃錄自《陳書・傅縡傳》，字句幾全相同。(七五)公安：陳荊州治所。(七六)因留不遣：謂因留之而不遣歸。(七七)綏州：《隋書・地理志》上：「雕陰郡，西魏置綏州。」(七八)綿歷：綿延經歷。(七九)遏：

防止。㈧隋主使司農少卿崔仲方……以遏胡冠：按此段乃錄自《隋書·崔仲方傳》，字句大致相同。

四年（西元五八六年）

㈠梁改元廣運。

㈡甲子，党項羌㊀請降於隋。

庚午，隋頒曆於突厥。

二月，隋始令刺史上佐㊁，每歲暮更入朝㊂，上考課㊃㊄。

丁亥，隋復令崔仲方發丁十五萬㊅於朔方以東，緣邊險要，築數十城㊆。

㈢丙申，立皇弟叔謨為巴東王，叔顯為臨江王㊇，叔坦為新會王㊈，叔隆為新寧王㊉。

㈣庚子，隋大赦。

三月，己未，洛陽男子高德上書，請隋主為太上皇，傳位皇太子，帝曰：「朕承天命，撫育蒼生⑪，日旰孜孜⑫，猶恐不逮⑬，豈效近代帝王⑭，傳位於子，自求逸樂⑮者哉⑯！」

㈤夏，四月，己亥，遣周磻等聘於隋(一七)。

五月，丁巳，立皇子莊為會稽王。

㈥秋，八月，隋遣散騎常侍裴豪等來聘(一八)。

戊申，隋申明公李穆卒，葬以殊禮。

㈦閏月，丁卯，隋太子勇鎮洛陽。

隋上柱國、郕公梁士彥討尉遲迥，所當必破，代迥為相州刺史，隋主忌之，召還長安。上柱國、杞公宇文忻與隋主少相厚(一九)，善用兵，有威名(二〇)，隋主亦忌之，以譴去官(二一)。以柱國、舒公劉昉皆被疏遠(二二)，閑居無事，頗懷怨望，數相往來，陰謀不軌。忻欲使士彥於蒲州(二三)起兵，己為內應，士彥之甥裴通預其謀，而告之(二四)，帝隱其事，以士彥為晉州(二五)刺史，欲觀其意。士彥忻然謂昉等曰：「天也(二六)。」又請儀同三司薛摩兒為長史，帝亦許之，後與公卿朝謁(二七)，帝令左右執士彥、忻、昉於行間(二八)，詰之，初猶不伏，捕薛摩兒，適至，命之庭對(二九)，摩兒具論始末，士彥失色(三〇)，顧謂摩兒曰：「汝殺我。」丙子，士彥、忻、昉皆伏誅(三一)，叔姪兄弟免死除

名(三二)。九月，辛巳，隋主素服臨射殿，命百官射三家資物(三三)，以為
誡(三四)(三五)。

(八)冬，十月，己酉，隋以兵部尚書楊尚希為禮部尚書。隋主每旦臨朝，日昃(三六)不倦(三七)尚希諫曰：「周文王以憂勤(三八)損壽，武王以安樂延年(三九)(四〇)，願陛下舉大綱(四一)，責成(四二)宰輔，繁碎之務，非人主所宜親(四三)也。」帝善之，而不能從(四四)。

(九)癸丑，隋置山南道行臺於襄州(四五)，以秦王俊為尚書令，俊妃崔氏生男，隋主喜，頒賜羣官(四六)，直祕書內省(四七)、博陵李文博家素貧，人往賀之(四八)，文博曰：「賞罰之設，功過所存，今王妃生男，於羣官何事(四九)，乃妄(五〇)受賞也。」聞者愧之(五一)。

(十)癸亥，以尚書僕射江總為尚書令，吏部尚書謝伷為僕射。

(十一)十一月，己卯，大赦。

(十二)吐谷渾可汗夸呂，在位百年(五二)，屢因喜怒，廢殺太子，後太子懼，謀執夸呂而降，請兵於隋邊吏，秦州總管(五三)河間王弘請以兵應之，隋主不許。太子謀洩，為夸呂所殺，復立其少子嵬王訶為太

子。疊州刺史(五四)杜粲(五五)請因其釁而討之，隋主又不許。是歲嵬王訶復懼誅，謀帥部落萬五千戶降隋，遣使詣闕(五六)，請兵迎之。隋主曰：「渾賊風俗，特異人倫(五七)，父既不慈，子復不孝，朕以德訓人(五八)。何有成其惡逆乎(五九)！」乃謂使者曰：「父有過失，子當諫爭(六〇)，豈可潛謀非法，受不孝之名，溥天之下(六一)，皆朕臣妾(六二)，各為善事，即稱朕心(六三)。嵬王既欲歸朕，唯教嵬王為臣子之法，不可遠遣兵馬，助為惡事。」嵬王訶乃止(六四)。

【今註】㊀党項羌：《隋書・党項傳》：党項羌者，三苗之後也。其中有宕昌、白狼，皆自稱獮猴種。東接臨洮、西平，西拒葉護，南北數千里，處山谷間，每姓別為部落。」㊁二月，隋始令刺史上佐：按《隋書・高祖紀》開皇六年二月文，隋始上，有丙戌二字，當從添。上佐，謂較重要之僚佐，指長史、司馬言。㊂每歲暮更入朝：每歲暮更迭入朝，朝拜天子。㊃上考課：奉上州內僚佐所考之課績。㊄党項羌請降於隋……更入朝，上考課：按此段乃錄自《隋書・高祖紀》開皇六年文，字句大致相同。㊅發丁十五萬：按《隋書・高祖紀》開皇六年文，十五萬作十一萬，此從《隋書・崔仲方傳》之文。㊆丁亥，隋復令崔仲方發丁十五萬……築數十城：按此段乃錄自《隋書・崔仲方傳》，字句大致相同。㊇臨江王：《隋書・地理志》下：「歷陽郡、烏江縣，陳為臨江郡。」㊈新會王：《隋書・地理志》下：「南海郡、新會縣，舊置新會郡」。⑩新寧王：《隋書・地理志》下：「信安郡、新興縣，梁置新寧郡。」⑪撫育蒼生：謂安撫字育天下百姓。⑫孜孜：勤勞不輟貌。⑬不逮：不及。⑭豈效近代帝王：此指齊武成、周天元而言。⑮逸樂：安逸快樂。⑯庚子，隋大赦……自求逸樂者哉：按此段乃錄自《隋書・高祖紀》，字句幾全相同。⑰四月己亥，遣周磻等聘於隋：按《隋書・高祖紀》開皇六年文作：「四月己亥，陳遣兼散騎常侍周磻等來聘。」一記聘使例書其官職，周磻上當添兼散騎常侍五字。又己亥乃抵隋之日，其係錯誤，已見上說。⑱秋八月，隋遣散騎常侍裴豪等來聘：按《隋書・高祖紀》開皇六年八月文作：「辛卯，遣散騎常侍裴豪聘于陳。」一隋遣上當添辛卯二字。⑲少相厚：謂少年時頗相友善。⑳有威名：有威勢名聲。㉑以譴去官：昕時為右領軍大將軍，以譴責罷官。㉒以柱國舒公劉昉，皆被疏遠：按據上下文，此當改作柱國舒公劉昉，亦被疏遠，而於下閑居上添三人二字，則似較貫連，且為符恰。㉓蒲州：蒲坂，河津之要，去長安三百餘里。㉔預其謀而告之：按《隋書・梁士彥傳》，而告之作而奏之。奏者奏告人君，故作奏即足知其係告君上，若作告之，則不免令人生不知告誰之感。故而告之一句，或於告之下添一帝字，或將告改依原文之奏，則眉目清晰，而無模糊之弊矣。㉕晉州：晉州為北齊之舊都，乃昔周齊爭奪之重鎮。㉖天也：謂天意令我成功。㉗與公卿朝謁：與公卿朝謁皇帝。㉘行間：朝列之間。㉙庭對：於殿庭面質其事。㉚失色：變色。㉛隋上柱國郕公梁士彥……士彥、忻、昉皆伏誅：按此段乃揉合《隋書・梁士彥傳》及〈宇文忻傳〉而成，字句大致相同。㉜除名：除去名籍。㉝命百官射三家資物：將三家資物陳列之，而令百官射取。㉞以為誡：以為鑒誡。㉟隋主素服臨射殿……以為誡：按此段乃錄自《隋書・高祖紀》及〈劉昉傳〉，字句大致相同。㊱日昃：日側。㊲不倦：謂尚不休息。㊳憂勤：謂憂勤國事。㊴延年：猶延壽。㊵周文王以憂勤損壽，武王以安樂延年：胡三省曰：「鄭玄注禮記，有是言。」㊶舉大綱：謂掌握重要綱領。㊷責成：責求成績。㊸所宜親：所宜躬親為之。㊹隋以兵部尚書楊尚希為禮部尚書……帝善之，而不能從：按此段乃錄自《隋書・楊尚希傳》，字句大致相同。㊺襄州：治襄陽。㊻頒賜羣官：頒賞賜之物於羣官。㊼直秘書內省：胡三省曰：「隋氏開獻書之路，召天下工書之士，補續殘缺，為正副二本，藏于宮中，其餘以實秘書內外之閣，故置直秘書內省之官。」㊽人往賀之：《隋書・李文博傳》作：「人謂其悅。」是文乃指李文博言。蓋以文博素貧，今突得賜物，理應喜悅。如改作人往賀之，則於情理上，未免有過份之感，蓋喜悅則可，而因之向彼道賀，則殊嫌輕浮孟浪也。㊾於羣官何事：謂羣官有何功勞。㊿妄：胡妄。(51)後妃崔氏生男……聞者愧之：按此段乃錄自《隋書・李文博傳》，字句大致相同。(52)吐谷渾可汗夸呂，在位百年：按《通鑑》作夸呂，乃從《北史・吐谷渾傳》之文，《隋書・吐谷渾傳》，夸呂則皆作呂夸。(53)秦州總管：《隋書・地理志》上：「天水郡，舊秦州，後周置總管府。」(54)疊州刺史：《隋書・地理志》上：「臨洮郡，疊川縣，後周置疊州。」(55)杜粲：按《北史・吐谷渾傳》，作杜祭，《通鑑》此處則從《隋書・吐谷渾傳》。《通鑑》於人名，忽從《北史》，又忽從《隋書》，而俱無所從之堅強證據，亦事之不可解者。(56)詣闕：至闕廷。(57)特異人倫：謂與人倫常道不同。(五八)以德訓人，以道德教訓百姓。(五九)何有成其惡逆乎：謂何可成其惡逆之行。(六〇)諫爭：爭與諍同。(六一)溥天之下：謂全天下之人。(六二)皆朕臣妾：男為臣，女為妾。(六三)即稱朕心：猶即滿朕意。(六四)吐谷渾可汗夸呂……寬王訶乃止：按此段乃錄自《隋書・吐谷渾傳》，而非《北史・吐谷渾傳》，字句與《隋書》大致相同。

禎明元年（西元五八七年）

㈠春，正月，戊寅，大赦，改元。

㈡癸巳，隋主享太廟。

乙未，隋制諸州，歲貢士三人㊀。

二月，丁巳，隋主朝日於東郊㊁。

㈢遣兼散騎常侍王享等聘於隋㊂。

㈣隋發丁男十萬餘人脩長城，二旬而罷㊃㊄。夏四月，於揚州開山陽瀆以通運㊅。

㈤突厥沙鉢略可汗遣其子入貢於隋，因請獵於恆代之間㊆，隋主許之，仍遣人㊇，賜以酒食，沙鉢略帥部落再拜受賜。沙鉢略尋卒，隋為之廢朝(九)三日，遣太常弔祭。初，沙鉢略以其子雍虞閭懦弱，遺令立其弟葉護(一〇)處羅侯，雍虞閭遣使迎處羅侯，將立之，處羅侯曰：「我突厥自木杆可汗以來，多以弟代兄(一一)，以庶奪嫡，失先祖之法，不相敬畏(一二)，汝當嗣位，我不憚拜汝(一三)。」雍虞閭曰：「叔與我父，共根連體(一四)，我枝葉也，豈可使根本反從枝葉(一五)，叔父屈於卑幼乎！且亡父之命，何可廢也，願叔(一六)勿疑。」遣使相讓者五六，處羅侯竟立(一七)，是為莫何可汗，以雍虞閭為葉護，遣使上表言狀(一八)，隋使車騎將軍長孫晟持節(一九)拜之，賜以鼓吹幡旗。莫何勇而有謀，以隋所賜旗鼓，西擊阿波，阿波之眾，以為得隋兵助之，多望風降附，遂生擒阿波，【考異】隋突厥傳前云：「沙鉢略西擊阿波，破擒之。」後又云：「處羅侯生擒阿波。」長孫晟傳曰：「處羅侯因臣奏曰，阿波為天所滅，與五六千騎在山谷間，伏聽詔旨，當取之以獻。」按前云沙鉢略破擒之，擒衍字耳。處羅侯云當取以獻，則是得否未可必，隋安得豫議其死生乎？今從突厥傳。上書請其死生之命(二〇)(二一)。隋主下其議，樂安公元諧(二二)請就彼梟首(二三)，武陽公李充請生取入朝(二四)，顯戮(二五)以示百姓。隋主謂長孫晟：「於卿何如(二六)？」晟對曰：「若突厥背誕(二七)，須齊之以刑(二八)，今其昆弟自相夷滅(二九)，阿波之惡，非負國家(三〇)，因其(三一)困窮，取而為戮，恐非招遠之道㉝。不如兩存之㉞。」左僕射高熲曰：「骨肉相殘，教之蠹也㉟，宜存養㊱，以示寬大。」隋主從之㊲。

㈥甲戌，隋遣兼散騎常侍楊同等來聘。

㈦五月，乙亥朔，日有食之。

㈧秋，七月，己丑，隋衛昭王爽卒。

八月，隋主徵梁主入朝，梁主帥其羣臣二百餘人發江陵，庚申，至長安。隋主以梁主在外，遣武鄉公崔弘度將兵戍江陵，軍至都州㊳，梁主叔父太傅、安平王巖，弟荊州刺史、義興王瓛㊴等，恐弘度襲之，乙丑，遣都官尚書沈君公詣荊州刺史、宜黃侯慧紀請降。九月，庚寅，慧紀引兵至江陵城下，辛卯，巖等驅文武男女十萬口來奔。隋主聞之，廢梁國，遣尚書左僕射高熲安集遺民㊵，梁中宗、世宗，各給守冢十戶，拜梁主琮上柱國，賜爵莒公㊶。

㈨甲午，大赦㊷。

㈩冬，十月，隋主如同州㊸，癸亥，如蒲州。

(十一)十一月，丙子，以蕭巖為開府儀同三司、東揚州刺史，蕭瓛為吳州刺史。

丁亥，以豫章王叔英兼司徒[44]。

(十二)甲午，隋主如馮翊，親祠故社[45]，戊戌，還長安。是行也，內史令李德林以疾不從，隋主自同州敕書追之[46]，與議伐陳之計，及還，帝馬上舉鞭南指曰：「待平陳之日，以七寶裝嚴公[47]，使自山以東[48]，無及公者[49][50]。」

(十三)初隋主受禪以來，與陳鄰好甚篤[51]，每獲陳諜，皆給衣馬，禮遣之[52]，而高宗猶不禁侵掠[53]，故太建之末，隋師入寇。會高宗殂，隋主即命班師，遣使赴弔，書稱姓名頓首[54]，帝答之益驕，書末云：「想彼統內[55]，如宜此宇宙清泰[56]。」隋主不悅，以示朝臣，上柱國楊素以為主辱臣死[57]再拜請罪。隋主問取陳之策於高熲，對曰：「江北地寒，田收差晚[58]，江南水田早熟，量[59]彼收穫之際，微徵[60]士馬，聲言[61]掩襲，彼必屯兵守禦，足得廢其農時[62]。彼既聚兵，我便解甲，再三若此，彼以為常，後更集兵，彼必不信，猶豫之頃[63]，我乃濟師[64]，登陸而戰，兵氣益倍。又江南土薄[65]，舍多茅竹[66]，所有儲積，皆非地窖[67]，若密遣行人，因風縱火[68]，待彼脩立[69]，復更燒之，不出數年，自可財力[70]俱盡。」隋主用其策，陳人始困[71]。於是楊素、賀若弼，及光州刺史[72]高勱、虢州刺史[73]崔仲方等，爭獻平江南之策。

仲方上書曰：「今唯須武昌以下，蘄、和、滁、方、吳、海等州[74]，更帖[75]精兵，密營度計[76]，益、信、襄、荊、基、郢[77]等州，速造舟楫，多張形勢，為水戰之具[78]，蜀漢二江，是其上流[79]，水路衝要必爭之所，賊雖於流頭、荊門、延州、公安、巴陵、隱磯、夏首、蘄口、湓城[80]置船，然終聚漢口、峽口[81]，以水戰大決。若賊必以上流有軍，令精兵赴援者，下流諸將，即須擇便橫度；如擁眾[82]自衛，上江諸軍，鼓行[83]以前。彼雖恃九江五湖之險，非德無以為固[84]，徒有三吳百越之兵，非恩不能自立矣[85]。」隋主以仲方為基州刺史[86]。

及受蕭巖等降，隋主益忿，謂高熲曰：「我為民父母，豈可限一衣帶水[87]，不拯之乎[88]！」命大作戰船，人請密之[89]，隋主曰：

「吾將顯行天誅(九〇)，何密之有！」使投其柹(九一)於江曰：「若彼懼而能改，吾復何求(九二)！」楊素在永安，造大艦名曰五牙，上起樓五層，高百餘尺，左右前後置六拍竿(九三)，並高(九四)五十尺，容戰士八百人；次曰黃龍，置兵百人，自餘平乘舴艋，各有等差(九五)(九六)。

晉州刺史皇甫續(九七)將之官，稽首言陳有三可滅，帝問其狀，曰：「大呑小，一也，以有道伐無道，二也，納叛臣蕭巖，於我有詞(九八)，三也。陛下若命將出師，臣願展絲髮之效(九九)。」隋主勞而遣(一〇〇)之(一〇一)。

(十四)時江南妖異特衆，臨平湖草久塞，忽然自開(一〇二)，帝惡之，乃自賣於佛寺為奴，以厭之(一〇三)。又於建康造大皇寺，起七級浮圖(一〇四)，未畢，火從中起而焚之。吳興章華好學，善屬文，朝臣以華素無伐閱(一〇五)，競排詆(一〇六)之，除太市令。華鬱鬱不得志，上書極諫，略曰(一〇七)：「昔高祖南平百越(一〇八)，北誅逆虜(一〇九)，世祖東定吳會(一一〇)，西破王琳，高宗克復淮南，辟(一一一)地千里，三祖之功勤(一一二)亦至矣(一一三)。陛下即位，於今五年，不思先帝之艱難，不知天命之可畏，溺於嬖寵、惑(一一四)於酒色，祠七廟(二五)而不出，拜三妃而臨軒(二六)，老臣宿將(二七)，棄之草莽(二八)，諂佞讒邪，升之朝廷。今疆場日蹙(二九)，隋軍壓境(三〇)，陛下如不改絃易張(三一)，臣見麋鹿復遊於姑蘇矣(三二)。」帝大怒，即日斬之(三三)。

【今註】㊀隋制諸州歲貢士三人：按諸州所貢者，即所謂秀才是也。㊁隋主朝日於東郊：《隋書．禮儀志》二：「禮、天子以春分朝日於東郊，秋分夕月於西郊。隋開皇初於國東春明門外為壇，如其郊，每以春分朝日，用特牲、青幣、青圭有邸。」㊂二月，遣兼散騎常侍王亨等聘於隋：按《隋書．高祖紀》開皇七年二月文作：「己巳，陳遣兼散騎常侍王亨等來聘。」《通鑑》此處或知不應錄《隋書》所載之時日，以致錯誤，遂將己巳二字刪去。如此固可除去謬失，然不書時日，亦未免湮沒史實，頗為不當。故此同類遣使事件，理應另撰新辭，求其既能將時日括入，而又符合事實，則自妥善矣。又亨、〈高祖紀〉作亨。㊃隋發丁男十萬餘人脩長城，二旬而罷：按《隋書．高祖紀》開皇七年二月文作：「是月，發丁男十萬餘脩長城。」當從添是月二字。㊄隋主亨太廟……脩長城，二旬而罷：按此段乃錄自《隋書．高祖紀》開皇七年文，字句大致相同。㊅於揚州開山陽瀆以通運：按《隋書．高祖紀》開皇七年文作：「夏四月庚戌，於揚州開山陽瀆以通運漕。」當從添庚戌及漕字。又揚州治廣陵，山陽縣屬之。胡三省曰：「按春秋，吳城邗溝通江淮，山陽瀆通於廣陵，尚矣。隋時特開而深廣之，將以伐陳也。」㊆恆代之間：拓拔氏始都平城，建為代都，置司州及代都尹。後遷洛陽，改司州為恆州，故曰恆代。⑱仍遣人：因遣人。⑲廢朝：謂停止朝會，以誌哀悼。⑳葉護：突厥達官。㉑我突厥自木杆可汗以來，多以弟代兄：據《隋書・突厥傳》，逸可汗捨其子而立木杆，木杆捨其子而立佗鉢，佗鉢臨卒，欲捨其子菴羅而立大邏便。故云然。㉒不相敬畏：謂大邏便詈辱菴羅，又與沙鉢略為敵，達頭又從而助之。㉓我不憚拜汝：謂我不畏恨，而甘願拜汝為君。㉔共根連體：猶共根連本。㉕豈可使根本反從枝葉：蓋根本絕無從枝葉之理。㉖願叔：望叔。㉗竟立：終立。㉘上表言狀：上表章言其經過狀況。㉙持節：凡任持節者，皆授以便宜行事之特權。㉚上書請其死生之命：謂莫何不敢專殺阿波，而上疏請命令於隋廷。㉛突厥沙鉢略可汗遣其子入貢……上書請其死生之命：按此段乃錄自《隋書・突厥傳》，字句大致相同。㉜樂安西元諧：按《隋書・長孫覽附晟傳》，元諧作元楷。《通鑑》以《隋書・元諧傳》諧封樂安郡公，遂改楷為諧。此改正甚是。㉝就彼梟首：謂就在彼處，當地梟首。㉞生取入朝：謂令生俘之，送入隋朝。㉟顯戮：謂公開殺戮之。㊱於卿何如：猶卿意如何。㊲背誕：杜預曰：「謂背命放誕。」㊳須齊之以刑：謂以刑懲整飭之。㊴夷滅：猶殘殺。㊵非負國家：非有負於國家。㊶因其：猶乘其。㊷恐非招遠之道：謂恐非招徠遠人之法。㊸不如兩存之：謂不及使其兩國俱得存立。㊹隋主下其議……不如兩存之：按此段乃錄自《隋書・長孫覽附晟傳》，字句大致相同。㊺教之蠹也：謂為教化之蠹，亦即損害教化。㊻宜存養：謂宜勿戮。㊼左僕射高熲曰……以示寬大，隋主從之：按此數句乃錄自《隋書・突厥傳》，字句大致相同。㊽軍至都州：按《周書・蕭詧附琮傳》，都州作鄀州。查《隋書・地理志》下：「竟陵郡、樂鄉縣，西魏置都州。」是都明為都之訛。㊴梁主弟荊州刺史義興王瓛：按《陳書・陳慧紀傳》，義興王作晉熙王。㊵安集遺民：安集遺留之居民。㊶隋主徵梁主入朝……拜梁主琮上柱國，賜爵莒公：按此段乃以《周書・蕭詧附琮傳》為底本，而間有溢出。㊷九月甲午，大赦：陳此次大赦，乃為慶賀蕭巖率文武男女十萬口來歸而舉行者。㊸冬十月，隋主如同州：按《隋書・高祖紀》開皇七年文作：「十月庚申，行幸同州。」十月下當添庚申二字。㊹十一月丙子，以蕭巖為開府儀同三司……豫章王叔英兼司徒：按此段乃錄自《陳書・後主紀》禎明元年文，字句大致相同。㊺如馮翊，親祠故社：隋主生於馮翊，猶漢祀豐枌榆社之意。然親祀則禮重於漢矣。㊻追之：召之。㊼七寶裝嚴公：按七寶乃指七種珍寶而言，此為六朝流行之名稱，《北齊書・後主穆后傳》：「又遣商胡齎錦綵三萬疋，與弔使同往，欲市真珠，為皇后造七寶車。」是其佐證。裝嚴，《漢樂府・焦仲卿妻》有：「新婦起嚴妝」，是裝嚴乃係好好裝扮之意。㊽自山以東：猶自函谷關以東。㊾無及公者：無及公之富貴者。㊿是行也，內史令李德林以疾不從……自山以東，無及公者：按此段乃錄自《隋書・李德林傳》，字句大致相同。㊿甚篤：甚厚。㊿禮遣之：以禮遣歸之。㊿猶不禁侵掠：仍不禁止侵掠之發生。㊿書稱姓名頓首：謂所上之國書，稱楊堅頓首。㊿想彼統內：彼指隋，謂隋主統轄之境內。㊿如宜此宇宙清泰：如宜疑當作宜如。此宇宙指陳言，然宇宙含有天下之意，是兼括有隋土。故隋主見之不悅也。㊿主辱臣死：主上受辱，則臣罪宜死。㊿田收差晚：田禾收穫稍晚。㊿量：量度。㊿微徵：少徵。㊿聲言：猶揚言。㊿足得廢其農時：謂足以停廢農收之時。

(六三)猶豫之頃：謂在猶豫不定之間。(六四)濟師：謂舉兵渡江。(六五)土薄：猶謂土地卑下。(六六)舍多茅竹：屋舍多以草茅竹木構成。(六七)皆非地窖：以土地卑下，故不能營地窖以儲什物。(六八)縱火：放火。(六九)脩立：脩立房舍。(七〇)財力：財物人力。(七一)隋主問取陳之策於高熲……隋主用其策，陳人始困：按此段乃錄自《隋書‧高熲傳》，字句幾全相同。(七二)光州刺史：《隋書‧地理志》下：「弋陽郡，梁置光州。」(七三)虢州刺史：《隋書‧地理志》中：「弘農郡，盧氏縣，開皇初郡廢，州改為虢州。」(七四)蘄、和、滁、方、吳、海等州：《隋書‧地理志》下：「蘄春郡，後齊置羅州，後周改曰蘄州。歷陽郡，後齊立和州。江都郡，清流縣，舊置南譙州，開皇初改為滁州。江都郡，六合縣，後齊置秦州，後周改州曰方州。江都郡，梁置南兗州，後周改為吳州。東海郡，東魏改為海州。」(七五)更帖：帖添。(七六)度計：規度計劃。(七七)益、信、襄、荊、基、郢：《隋書‧地理志》上：「蜀郡，舊置益州。巴東郡，梁置信州。」又《地理志》下：「襄陽郡，江左並僑置雍州，西魏改曰襄州。南郡，舊置荊州。竟陵郡，豐鄉縣，西魏置基州。弋陽郡、定城縣，後齊置南郢州。」(七八)為水戰之具：猶為水戰之準備。(七九)蜀漢二江，是其上流：胡三省曰：「蜀江出三峽，過南郡。漢江過襄陽、竟陵、沔陽，而二江合流。國於東南者，二江其上流也。」(八〇)賊艑於流頭、荊門、延州、公安、巴陵、隱磯、夏首、蘄口、湓城：《水經注》：「江水過夷陵而東，至流頭灘，其水峻激奔暴，魚鼈所不能游，行者苦之。又出西陵峽而東，歷荊門虎牙之門。」荊門之下為延州。同書：「又東過南郡而東，右與油水合，謂之油口，油口、即公安也。又東過長沙下雋縣北，與湘水會匯為洞庭，而得巴陵。又東至彭城磯，磯北對隱磯。夏首即夏口，以夏水入江而得名。屈原哀郢，過夏首而西浮。」同書：「江水又東過蘄春縣，與蘄水會，謂之蘄口。又東至尋陽，得湓浦，有湓城。」(八一)漢口峽口：漢口即夏口，峽口謂西陵峽口。(八二)擁眾：據士眾。(八三)鼓行：擊鼓而行。(八四)非德無以為固：非有恩德，不足恃為險固，而可據守不下。(八五)非恩不能自立矣：非有恩澤，則必不能存立。(八六)仲方上書曰……隋主以仲方為基州刺史：按此段乃錄自《隋書・崔仲方傳》，字句幾全相同。(八七)一衣帶水：謂如一衣帶寬度之水流，蓋極言其狹窄也。(八八)隋主益忿謂高熲曰……不拯之乎：按此數句乃錄自《南史・陳後主紀》，字句大致相同。(八九)人請密之：謂有人請秘密進行，以免為敵人所知。(九〇)顯行天誅，謂明行天之誅討。(九一)柹：斫木札。(九二)吾復何求：謂吾尚何求。(九三)拍竿：拍竿發之，以擊敵船。(九四)並高：皆高。(九五)平乘、舴艋，各有等差：平乘舴艋為船艦名。《隋書・楊素傳》，等字位於舴艋下，較為符恰。蓋所謂等者，乃平乘舴艋之外，尚有其他船隻，特以等字總括之，而不復列舉焉。(九六)楊素在永安……自餘平乘舴艋，各有等差：按此段乃錄自《隋書・楊素傳》，字句大致相同。(九七)晉州刺史皇甫續：按《隋書・皇甫績傳》，皆作績，當改從之。(九八)有詞：猶有口實。(九九)展絲髮之效：展，陳；絲髮，喻微小；效，功勞。(一〇〇)勞而遣：慰勞而遣之赴任。(一〇一)晉州刺史皇甫續將之官……隋主勞而遣之：按此段乃錄自《隋書・皇甫績傳》，字句大致相同。(一〇二)臨平湖草久塞，忽然自開：胡三省曰：「臨平湖在餘杭郡錢塘縣，此湖常蓁塞，故老相傳，湖開則天下平。」(一〇三)以厭之：以厭勝之。(一〇四)浮圖：佛塔。(一〇五)素無伐閱：素，昔，顏師古曰：「伐，積功；閱，經歷。」(一〇六)排詆：排斥詆毀。(一〇七)略曰：大略曰。

⑲昔高祖南平百越：高祖，陳霸先。平百越，謂平盧子略、李賁、元景仲、蘭裕、蕭勃。⑳北誅逆虜：謂平侯景。㉑世祖東定吳會：吳會，謂吳郡、會稽。此指破斬杜龕張彪而言。㉒辟：同闢。㉓功勤：猶功勞。㉔亦至矣：謂亦甚高矣。㉕惑：迷惑。㉖祠七廟：《禮記》曰：「天子七廟，三昭三穆，與太祖之廟而七。」㉗拜三妃而臨軒：三妃，謂龔孔張。臨軒，謂出臨軒檻，而親冊封之。㉘宿將：舊將。㉙棄之草莽：謂棄之於草莽之間。㉚蹙：縮。㉛壓境：壓於境上。㉜改絃易張：《漢書・董仲舒傳》：「對策曰：『竊譬之琴瑟，不調甚者，必解而改張之，迺可鼓也。』」改絃易張，謂改換他絃，而更張設之，以喻：「為政而不行甚者，必變而更化之，迺可理也。」（董仲舒對策中語。）㉝臣見麋鹿復遊於姑蘇矣：胡三省曰：「伍子胥諫吳王而不聽，曰：『臣見麋鹿遊於姑蘇矣。』」意謂社稷丘墟，惟有麋鹿狐兔遊於其中。㉞即日：猶即時。

二年（西元五八八年）

㈠春，正月，辛巳，立皇子恮為東陽王，恬為錢塘王。遣散騎常侍袁雅等聘於隋㊀，又遣散騎常侍、九江周羅睺將兵屯峽口㊁，侵隋峽州㊂。

㈡三月，甲戌，隋遣兼散騎常侍程尚賢等來聘。戊寅，隋主下詔曰：「陳叔寶據手掌㊃之地，恣溪壑之欲㊄，刼奪閭閻㊅，資產俱竭，驅逼內外㊆，勞役弗已，窮奢極侈，俾㊇晝作夜，斬直言之客，滅無罪之家，欺天造惡㊈，祭鬼求恩，盛粉黛而執干戈㊉，曳羅綺而呼警蹕⑪，自古昏亂⑫，罕或能比⑬。君子潛逃，小人得志，天災地孽⑭。物怪人妖，衣冠鉗口⑮，道路以目⑯。重以背德違言，搖蕩⑰疆場，晝伏夜遊，鼠竊狗盜，天之所覆⑱，無非朕臣⑲，每關聽覽⑳，有懷傷惻㉑。可出師授律㉒，應機誅殄㉓，在期一舉㉔，永清吳越㉕。」又送璽書，暴帝二十惡，仍散寫詔書三十萬紙㉖，遍諭江外㉗。

㊂太子胤性聰敏，好文學，然頗有過失，詹事袁憲切諫，不聽。時沈后無寵，而近侍左右㉘，數於東宮往來，太子亦數使人至后所，帝疑其怨望，甚惡之。張孔二貴妃日夜構成后及太子之短㉙，孔範之徒，又於外助之㉚。帝欲立張貴妃子始安王深為嗣，嘗從容言之，吏部尚書蔡徵順旨稱贊㉛，袁憲厲色㉜折之㉝，曰：「皇太子國家儲副㉞，億兆宅心㉟，卿是何人，輕言㊱廢立。」帝卒從徵

議(三七)。夏，五月，庚子，廢太子胤為吳興王(三八)，立揚州刺史始安王深為太子。徵，景歷之子也。深亦聰惠，有志操，容止儼然(三九)，雖左右近侍，未嘗見其喜慍(四〇)(四一)。帝聞袁憲嘗諫胤，即用憲為尚書僕射。帝遇沈后素薄，張貴妃專後宮之政，后澹然(四二)未嘗有所忌怨，身居儉約(四三)，衣服無錦繡之飾，唯尋閱(四四)經史，及釋典(四五)(四六)為事。數上書諫爭，帝欲廢之，而立張貴妃，會國亡不果。

冬，十月，己亥，立皇子蕃為吳郡王。

(四)己未，隋置淮南行省於壽春(四七)，以晉王廣為尚書令。帝遣兼散騎常侍王琬、兼通直散騎常侍許善心聘於隋(四八)，隋人留於客館(四九)，琬等屢請還，不聽。甲子，隋以出師，有事於太廟(五〇)，命晉王廣、秦王俊、清河公楊素，皆為行軍元帥。廣出六合(五一)，俊出襄陽，素出永安，荊州刺史劉仁恩出江陵(五二)，蘄州刺史王世積出蘄春(五三)，廬州總管韓擒虎出廬江(五四)，吳州總管賀若弼出廣陵(五五)，青州總管(五六)弘農燕榮出東海，凡總管九十，兵五十一萬八千，皆受晉王節度(五七)，東接滄海，西拒巴蜀，旌旗舟楫，橫亙(五八)數千里(五九)，以左僕射高熲為晉王元帥長史，右僕射王韶為司馬（六〇），軍中事皆取決焉，區處（六一）支度，無所凝滯（六二）（六三）。十一月，丁卯，隋主親餞將士，乙亥，至定城（六四），陳師誓眾（六五）。

㈤丙子，立皇弟叔榮為新昌王，叔匡為太原王。

㈥隋主如河東（六六）。十二月，庚子，還長安。

㈦突厥莫何可汗西擊鄰國（六七），中流矢而卒，國人立雍虞閭號頡伽施多那都藍可汗（六八）。

㈧隋軍臨江，高熲謂行臺吏部郎中薛道衡（六九）曰：「今茲（七〇）大舉，江東必可克乎？」道衡曰：「克之，嘗聞郭璞（七一）有言，『江東分王三百年（七二），復與中國合（七三）』，今此數將周（七四），一也。主上恭儉勤勞，叔寶荒淫驕侈，一也。國之安危，在所委任，彼以江總為相，唯事詩酒（七五），拔小人施文慶，委以政事，蕭摩訶、任蠻奴為大將，皆一夫之用耳（七六），三也。我有道而大，彼無德而小，量其甲士不過十萬，西自巫峽，東至滄海，分之則勢懸（七七）而力弱，聚之則守此而失彼，四也。席卷（七八）之勢，事在不疑（七九）。」熲忻然曰：「得君言成敗之理，令人豁然(八〇)。木以才學相期(八一)，不意籌略(八二)乃爾(八三)(八四)。」秦王俊督諸軍屯漢口，為上流節度。詔以散騎常侍周羅睺都督巴峽緣江諸軍事，以拒之。楊素引舟師下三峽，軍至流頭灘，將軍戚昕以青龍百餘艘守狼尾灘(八五)，地勢險峭(八六)，隋人患之，素曰：「勝負大計，在此一舉，若晝日(八七)下船(八八)，彼見我虛實，灘流迅激，制不由人(八九)，則吾失其便，不如以夜掩之。」素親帥黃龍數千艘，銜枚而下(九〇)，遣開府儀同三司王長襲引步卒，自南岸擊昕別柵，大將軍劉仁恩帥甲騎，自北岸趣白沙，遲明(九一)而至，擊之，昕敗走，悉俘其眾，勞而遣之(九二)，秋毫不犯。素帥水軍東下，舟艫被江(九三)，旌甲曜日(九四)。素坐平乘大船，容貌雄偉，陳人望之，皆懼曰：「清河公(九五)即江神也(九六)。」

江濱鎮戍(九七)聞隋軍將至，相繼(九八)奏聞，施文慶、沈客卿並抑(九九)而不言(一〇〇)。初，上以蕭巖、蕭瓛，梁之宗室，擁眾來奔，心忌之，故遠散其眾，以巖為東揚州刺史，瓛為吳州刺史，使領軍任忠(一〇一)出守吳興郡(一〇二)，以襟帶(一〇三)二州。使南平王嶷鎮江州，永嘉王彥鎮南徐州[104]，尋召二王赴明年元會[105]，命緣江諸防船艦，悉從二王還都，為威勢，以示梁人之來者[106]，由是江中無一鬬船。上流諸州兵，皆阻楊素軍[107]，不得至，湘州刺史晉熙王叔文，在職既久，大得人和，上以其據有上流，陰忌之[108]，自度素[109]與羣臣少恩，恐不為用，無可任者。乃擢施文慶為都督、湘州刺史，配[110]以精兵二千，欲令西上，仍徵叔文還朝。文慶深喜其事，然懼出外之後，執事者持己短長[111]，因進其黨沈客卿以自代，未發間，二人共掌機密。護軍將軍樊毅言於僕射袁憲曰：「京口采石，俱是要地，各須銳兵五千，幷出金翅[112]二百，緣江上下，以為防備。」憲及驃騎將軍蕭摩訶，皆以為然，乃與文武羣臣共議，請如毅策。施文慶恐無兵從己，廢其述職[113]，而客卿又利文慶之任[114]，已得專權，俱言於朝必有議論[115]，不假面陳，但作文啓，即為通奏[116]，憲等以為然。二人齎啓入白帝曰：「此是常事，邊城將帥足以當之[117]，若出人船[118]，必恐驚擾[119]。」及隋軍臨江，間諜驟至[120]，憲等殷勤奏請，至於再三，文慶曰：「元會將逼[121]，南郊之日，太子多從[122]，今若出兵，事便廢闕。」帝曰：「今且出兵，若北邊無事，因以水軍從郊㉓，何為不可？」又曰：「如此，則聲聞鄰境，便謂國弱。」後又以貨動江總㉔，總內為之游說，帝重違㉕其意，而迫羣官之請，乃令付外詳議㉖，總又抑憲等，由是議久不決。帝從容謂侍臣曰：「王氣在此，齊兵三來，周師再來，無不摧敗㉗，彼何為者邪㉘！」都官尚書孔範曰：「長江天塹㉙，古以為限隔南北㉚，今日虜軍，豈能飛度邪！邊將欲作㉛功勞，妄言事急，臣每患官卑，虜若度江，臣定作太尉公矣㉜。」或妄言北軍馬死，範曰：「此是我馬，何為而死㉝！」帝笑以為然，故不為深備㉞，奏伎㉟縱酒，賦詩不輟。

(九)是歲，吐谷渾裨王㊱拓跋木彌，請以千餘家降隋，隋主曰：「普天之下，皆是朕臣，朕之撫育，俱存仁孝㊲，渾賊㊳惛狂，妻子懷怖，並思歸化㊴，自救危亡，然叛夫背父，不可收納。又其本意，正自㊵避死，今若違拒㊶，又復不仁，若更有音信㊷，但宜慰撫，任其自拔㊸，不須出兵應接。其妹夫及甥欲來，亦任其意，不勞勸誘㊹也。」河南王移茲裒卒，隋主令其弟樹歸襲統㊺其眾㊻。

【今註】 ㊀遣散騎常侍袁雅等聘於隋：按此事不載於《陳書》帝紀，而書於《隋書・高祖紀》開皇八年，文云：「正月乙亥，陳遣散騎常侍袁雅等來聘。」《通鑑》知以陳為主之遣使，決非在乙亥之日，遂不錄乙亥二字。㊁遣散騎常侍袁雅等聘於隋，又遣散騎常侍、九江周羅睺，將兵屯峽口：據《通鑑》之遣及又遣，似此二事，發生於同一日內。然準之《陳書》，實非如此。《陳書・後主紀》禎明二年正月文作：「是月，遣散騎常侍周羅睺帥兵屯峽口。」是遣周羅睺之確切日期，姚思廉修史時，已不知之，不得已，因而籠統書曰是月。則是月二字，決不可省，當據以添入。㊂峽州：《隋書・地理志》下：「夷陵郡，梁置宜州，後周改曰硤州。」㊃據手掌之地：手掌，喻地之小，謂其大僅如手掌一般。㊄恣溪壑之欲：恣，縱；溪壑難盈，故以為喻。㊅閭閻：閻，里中門，閭閻、猶閭里。㊆內外：指京師內外之人㊇俾：以。㊈欺天造惡：欺罔蒼天而為惡行。㊉盛粉黛而執干戈：盛列紛黛而使執干戈。⑪曳羅綺而呼警蹕：謂使曳羅綺者，任警戒清道之務。⑫自古昏亂：謂自古以來，昏亂之君。⑬罕或能比：謂少有能比擬者。⑭地孽：地上之妖孽。⑮鉗口：謂鉗口不言。⑯道路以目：道路行人，以目相視，謂懷怒而不敢言。⑰搖蕩：猶攪擾。⑱天之所覆：謂昊天之所覆育。⑲無非朕臣：謂無一人而非朕之臣妾。⑳每關聽覽：關，通，此猶加，謂每加聽覽。㉑有懷傷惻：輒興起傷惻之心。㉒授律：授以戎律。㉓應機誅殄：隨應事機，加以誅戮殄滅。㉔在期一舉：按《隋書・高祖紀》，在期作在斯，期當改作斯。㉕隋遣兼散騎常侍程尚賢……永清吳越：按此段乃錄自《隋書・高祖紀》開皇八年文，字句大致相同。㉖仍散寫詔書三十萬紙：謂因依詔書之文，抄寫三十萬張。㉗江外：中原以江南為江外。㉘而近侍左右：謂沈后之近侍及左右之人。㉙日夜構成后及太子之短：謂日夜言沈后及太子之罪，而使陳主信之。㉚太子胤性聰敏，好文學……孔範之徒，又於外助之：按此段乃錄自《陳書・後主諸子吳興王胤傳》，字句大致相同。㉛順旨稱贊：順承帝旨而盛加稱贊。㉜厲色：嚴厲其容色。㉝折之：撓折之。㉞儲副：謂儲蓄之副貳，此正言太子乃為未來之君主。㉟宅心：猶寄心。㊱輕言：謂隨意妄言。㊲帝欲立張貴妃子始安王深為嗣……帝卒從徵議：按此段乃錄自《陳書・袁憲傳》，字句幾全相同。㊳夏五月庚子，廢太子胤為吳興王：按《陳書・後主紀》禎明二年文作：「六月庚子，廢皇太子胤為吳興王。」以上文之六月戊戌推之，知六月中有庚子之日，則五月自當改作六月。㊴容止儼然：謂舉止莊恭。㊵未嘗見其喜慍：慍、怒，謂未嘗見其喜怒之色。㊶深亦聰惠……未嘗見其喜慍：按此段乃錄自《陳書・後主諸子皇太子深傳》，字句幾全相同。㊷澹然：謂不重視之。㊸身居儉約：按《陳書・後主沈后傳》，身居作居處，較佳。㊹尋閱：披尋閱覽。㊺釋典：佛經。㊻帝遇沈后素薄……及釋典為事：按此段乃錄自《陳書・後主沈皇后傳》，字句大致相同。㊼隋置淮南行省於壽春：按《隋書・高祖紀》開皇八年文作：「置淮南行臺省於壽春。」行臺省即行臺尚書省，當從添臺字。㊽帝遣兼散騎常侍王琬、兼通直散騎常侍許善心聘于隋：按《隋書・高祖紀》開皇八年十月文作：「辛酉，陳遣兼散騎常侍王琬、兼通直散騎常侍許善心來聘。」《通鑑》未能設法將此日期書入。又《通鑑》於陳宣帝及後主時遣赴隋廷之使，例書其正使，而不載其副介，今則二使俱錄載之，亦與其義例，頗有出入。

(四九)客館：招待賓客之館舍。(五〇)有事於太廟：即享太廟。(五一)六合：《隋書．地理志》下，屬江都郡，今江蘇省六合縣。(五二)荊州刺史劉仁恩出江陵：荊州，治江陵。(五三)蘄州刺史出蘄春：蘄州，治蘄春，蘄音其。(五四)廬州總管出廬江：廬州，治廬江。(五五)吳州總管出廣陵：《隋書．地理志》下：「江都郡，後周改為吳州，治廣陵。」(五六)青州總管：《隋書．地理志》中：「北海郡，舊置青州，後周置總管府。」(五七)節度：節制度量。(五八)橫亙：謂東西綿亙。(五九)隋以出師，有事於太廟……橫亙數千里：按此段乃錄自《隋書．高祖紀》開皇八年文，字句大致相同。(六〇)右僕射王韶為司馬：據《隋書．王韶傳》，韶所任者為行臺右僕射，行臺右僕射較臺省右僕射，位望相差頗巨，此當添行臺二字。蓋若僅書作右僕射，則依例乃係臺省之右僕射，然此與事實不合，故行臺二字，必當添書。(六一)區處：謂區別處分。(六二)無所凝滯：《隋書．王韶傳》，凝滯作壅滯，二字意同。(六三)以左僕射高熲為晉王元帥長史……無所凝滯：按此數句乃揉合《隋書．高熲傳》及〈王韶傳〉二傳而成，字句大致相同。(六四)至定城：《述征記》：「定城去潼關三十里，夾道各一城。」(六五)陳師誓眾：謂陳列師眾，而誓約之。

(六六)如河東：至蒲州。(六七)突厥莫何可汗西擊鄰國：按《隋書．突厥傳》：「沙鉢略上表曰：『大突厥伊利俱盧設始波羅莫何可汗、臣攝圖言。』」是莫何乃沙鉢略可汗之號，而其死，據突厥傳乃為病卒。至於西征中流矢而卒者，檢《突厥傳》，乃係處羅侯葉護可汗。本此，則莫何可汗自當改作葉護可汗。(六八)突厥莫何可汗西擊鄰國……號都藍可汗：按此段乃錄自《隋書．突厥傳》，字句大致相同。

(六九)高熲謂行臺吏部郎中薛道衡：按《隋書．薛道衡傳》作：「八年伐陳，授淮南道行臺尚書吏部郎，兼掌文翰。」核同書〈百官志〉下：「尚書省六曹，各侍郎一人，以貳尚書之職。諸曹侍郎並改為郎。」是郎中當如〈薛道衡傳〉，刪去中字。(七〇)今茲：今此。(七一)郭璞：晉人，知數之士，《晉書》有傳。(七二)江東分王三百年：謂江東與中原，各分建王業，達三百年時。(七三)復與中國合：謂又與中原合而為一。(七四)今此數將周：謂今此年數將滿。考晉元帝南渡，即王位於建康，歲在丁丑，是年歲在戊申，中凡歷二百七十二年，距三百年之數，相差無多，故云將滿也。(七五)唯事詩酒：唯以賦詩飲酒為事。(七六)皆一夫之用耳：謂一匹夫之用，僅敵一人而已。(七七)勢懸：勢力相差懸絕。(七八)席卷：卷通捲。(七九)不疑：謂無須置疑。(八〇)令人豁然：謂令人豁然開朗。(八一)相期：期許。(八二)籌略：籌畫經略。(八三)乃爾：乃竟如此。謂意料之所不及。(八四)隋軍臨江，高熲謂行臺吏部郎中薛道衡曰……不意籌略乃爾：按此段乃錄自《隋書・薛道衡傳》，而字句則多有改易。(八五)狼尾灘：《水經注》：「江水過流頭灘，又東逕古宜昌縣北，又東逕狼尾灘。」(八六)險峭：險阻峻峭。(八七)晝日：即白晝。(八八)下船：即行船，以係自上流而下，故曰下。(八九)制不由人：人，己，謂不能由我控制。(九〇)銜枚而下：銜枚本指馬銜枚，此乃不許作聲之意。(九一)遲明：及明。(九二)勞而遣之：謂慰勞而遣釋之。(九三)被江：猶蔽江。(九四)旌甲曜日：謂旌旗胄甲與日映輝。(九五)清河公：楊素之封號。(九六)楊素引舟師下三峽……清河公即江神也：按此段乃錄自《隋書・楊素傳》，字句大致相同。(九七)江濱鎮戍：謂緣江之鎮主戍主。(九八)相繼：猶絡繹。(九九)抑：抑置。(一〇〇)江濱鎮戍……並抑而不言：按此數句乃錄自《陳書・後主紀》禎明二年文，字句大致相同。(一〇一)使領軍任忠：領軍，領軍將軍。(一〇二)吳興郡：《隋書・地理志》下：「吳郡、烏程縣，舊置吳興郡，平陳郡廢。」③襟帶：猶圍抱，意為監視。④鎮江州、鎮南徐州：江州治尋陽，南徐州治京口。⑤元會：正月元旦之會。⑥為威勢以示梁人之來者：謂向梁人炫耀其威勢，以使之不敢萌有異念。⑦皆阻楊素軍：謂皆為楊素軍之所羈牽。⑧陰忌之：暗嫉之。⑨素：平常。⑩配：配給。⑪執己短長：謂言其短，長乃類及，此處無意。⑫金翅：船名，言其速如飛也。⑬述職：《孟子．梁惠王》：「諸侯朝於天子曰述職。」此以出守藩方為述職。⑭之任：往赴所職。⑮俱言於朝，必有議論：謂二人俱言，若對朝廷必有陳說。⑯不假面陳，但作文啓，即為通奏：謂不須見君親陳，但作表啓，便為通達。⑰當之：猶任之。⑱人船：軍人及船艦。⑲此恐驚擾：謂此舉恐使百姓驚擾。⑳驟至：頻至。㉑逼：近。㉒南郊之日，太子多從：《隋書．禮儀志》一：「陳制亦以間歲正月上辛，用特牛一，祀天地於南北二郊。」蓋南郊已為稀有盛典，且是次後主諸子多擬參加，故言其不可因此廢止。㉓因以水軍從郊：謂因以水軍護從郊祀。㉔又以貨動江總：謂以財貨買動江總。㉕重違：難違。㉖付外詳議：謂付外廷詳加討論。㉗齊兵三來，周師再來無不摧敗：齊師三來：謂梁敬帝紹泰元年，徐嗣徽、任約以齊師襲建康，據石頭；太平元年，復襲破采石，與齊蕭軌同入寇，逼建康；世祖天嘉元年，齊將劉伯球、慕容恃德助王琳下蕪湖，皆敗。周師再來：謂天嘉元年，獨孤盛、賀若敦入湘川；臨海王光大元年，宇文直、元定助華皎，皆敗。㉘彼何為者邪：謂今彼來何為，意謂亦不過來送死而已。㉙塹：溝，音ㄑㄧㄢ。㉚長江天塹，古以為限隔南北：胡三省曰：「魏文帝伐吳，臨江，見江濤洶湧，歎曰，『固天所以限南北也。』」㉛欲作：

欲立。㉜臣定作太尉公矣：死範白謂兼資文武，故大言已可立功。而太尉乃主武事之最高官爵，故言立功之後，定可作太尉公焉。㉝或妄言北軍馬死。範曰，此是我馬，何為而死：謂此馬將為我有，何為而竟先死，蓋惋惜其不待為我所有，而竟先死也。亦足見孔範之驕妄矣。㉞深備：嚴密防備。㉟奏伎：使女樂奏技。㊱裨王：猶副王，除正王外，皆可名曰裨王。㊲俱存仁孝：《隋書・吐谷渾傳》作：「俱以仁孝為本。」此句當謂俱存仁孝之意。㊳渾賊：謂吐谷渾王。㊴歸化：謂歸附而服從朝廷之教化。㊵正自：只自。㊶違拒：違背拒絕。㊷音信：音問信使。㊸任其自拔：聽其自拔營來歸。㊹勸誘：勸說引誘。㊺襲統：繼位而統率。㊻是歲、吐谷渾裨王拓跋木彌……令其弟樹歸襲統其眾：按此段乃錄自《隋書・吐谷渾傳》，字句大致相同。

資治通鑑今註十五冊出版進度表

冊　次	紀　年	出版時間
1	周紀　秦紀　漢紀	100 年 11 月
2	漢紀	100 年 11 月
3	漢紀	101 年 1 月
4	漢紀　魏紀	101 年 2 月
5	晉紀	101 年 3 月
6	晉紀	101 年 4 月
7	宋紀　齊紀	101 年 4 月
8	齊紀　梁紀	101 年 5 月
9	梁紀　陳紀	101 年 5 月
10	隋紀　唐紀	101 年 6 月
11	唐紀	101 年 7 月
12	唐紀	101 年 8 月
13	唐紀	101 年 9 月
14	後梁紀　後唐紀	101 年 10 月
15	後唐紀　後晉紀 後漢紀　後周紀	101 年 10 月

資治通鑑今註　第九冊

梁紀　陳紀

主編◆國立編譯館中華叢書編審委員會
校註者◆李宗侗 夏德儀等
發行人◆施嘉明
總編輯◆方鵬程
執行編輯◆葉幗英 徐平 王窈姿
校對◆趙偵宇 艾佳玟
美術設計◆吳郁婷

出版發行：臺灣商務印書館股份有限公司
臺北市重慶南路一段三十七號
電話：（02）2371-3712
讀者服務專線：0800056196
郵撥：0000165-1
網路書店：www.cptw.com.tw
E-mail：ecptw@cptw.com.tw

局版北市業字第 993 號
初版一刷：1975 年 12 月
二版一刷：2012 年 5 月
定價：新台幣 1300 元

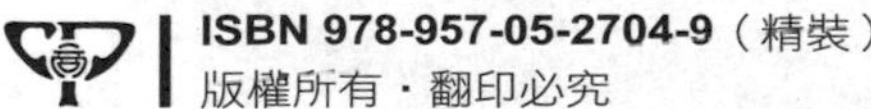
ISBN 978-957-05-2704-9（精裝）

資治通鑑今註．第九冊．梁紀陳紀／李宗侗，夏德儀等註譯；國立編譯館中華叢書編審委員會主編．--二版．-- 臺北市：臺灣商務，2012．05
面；　公分．

ISBN 978-957-05-2704-9(精裝)

1．資治通鑑　2.注釋

610.23　　101005649

讀者回函卡

感謝您對本館的支持，為加強對您的服務，請填妥此卡，免付郵資寄回，可隨時收到本館最新出版訊息，及享受各種優惠。

■ 姓名：________________ 性別：□ 男 □ 女

■ 出生日期：________年________月________日

■ 職業：□學生 □公務(含軍警) □家管 □服務 □金融 □製造 □資訊 □大眾傳播 □自由業 □農漁牧 □退休 □其他

■ 學歷：□高中以下（含高中）□大專 □研究所（含以上）

■ 地址：________________________________

____

■ 電話：(H) ________________ (O) ________________

■ E-mail：________________________________

■ 購買書名：________________________________

■ 您從何處得知本書？

□網路 □DM廣告 □報紙廣告 □報紙專欄 □傳單

□書店 □親友介紹 □電視廣播 □雜誌廣告 □其他

■ 您喜歡閱讀哪一類別的書籍？

□哲學・宗教 □藝術・心靈 □人文・科普 □商業・投資

□社會・文化 □親子・學習 □生活・休閒 □醫學・養生

□文學・小說 □歷史・傳記

■ 您對本書的意見？（A/滿意 B/尚可 C/須改進）

內容________編輯________校對________翻譯________

封面設計________價格________其他________

■ 您的建議：________________________________

____

※ 歡迎您隨時至本館網路書店發表書評及留下任何意見

臺灣商務印書館 The Commercial Press, Ltd.

台北市100重慶南路一段三十七號 電話：(02)23115538

讀者服務專線：0800056196 傳真：(02)23710274

郵撥：0000165-1號 E-mail：ecptw@cptw.com.tw

網路書店網址：http://www.cptw.com.tw 部落格：http://blog.yam.com/ecptw

臉書：http://facebook.com/ecptw

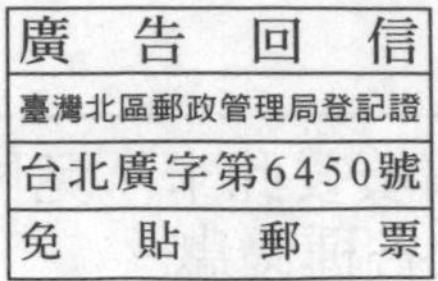

100台北市重慶南路一段37號

臺灣商務印書館 收

對摺寄回，謝謝！

傳統現代 並翼而翔

Flying with the wings of tradtion and modernity.